林穗芳 著

林穗芳自选集

editus

redigere

edere

publicare

liber

punctuare

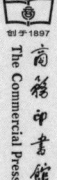
商务印书馆
The Commercial Press

图书在版编目（CIP）数据

林穗芳自选集 / 林穗芳著 . — 北京：商务印书馆，2024
ISBN 978-7-100-23888-5

Ⅰ.①林… Ⅱ.①林… Ⅲ.①编辑工作－中国－文集 Ⅳ.①G232-53

中国国家版本馆CIP数据核字（2024）第083745号

权利保留，侵权必究。

林穗芳自选集

林穗芳 著

商 务 印 书 馆 出 版
（北京王府井大街36号 邮政编码 100710）
商 务 印 书 馆 发 行
三河尚艺印装有限公司印刷
ISBN 978 - 7 - 100 - 23888 - 5

2024年12月第1版　　开本 880×1260　1/32
2024年12月第1次印刷　印张 24　插页 4

定价：128.00元

林穗芳先生

序

林穗芳因病逝世已经 4 年。他生病的时候曾几次给我电话，要跟我见面谈谈。我说不急，等你身体好些再谈，现在你安心养病。没有想到，他竟一病不起。我们谈话的约定落空，留下了永久的遗憾。我后悔当时没有抓紧去看他。

我和林穗芳没有直接共事。我们的接触缘于编辑学研究。他对编辑学研究的执着和贡献给我印象很深。大家公认，他是我国编辑学建设的带头人之一。他的研究成果带有为编辑学建设奠定基础的重大意义。

20 世纪 80 年代以来，我国编辑理论研究迅速兴起。一大批长期从事编辑工作、有着丰富实践经验的老编辑，投身编辑理论研究，取得了重大成果，推动了编辑理论研究的开创和发展。林穗芳是其中的一位杰出代表。当时，围绕一系列重大问题，学术探讨，各抒己见，思想活跃，争论激烈。林穗芳陆续写了不少论文，通过大量的充分的考证和严谨的科学的分析，提出了自己的见解，回答了若干重大问题，在编辑学界产生了广泛的影响。

关于编辑学的性质。开宗明义，需要回答。

1986 年，林穗芳提出："编辑学是出版学的一个分支，是一门综合性、边缘性和应用性学科，主要从属于社会科学。""编辑学的综合性是由两种因素决定的：一是研究对象的综合性——各种不同学科的书籍的编辑工作，二是编辑工作本身包含各种成分——科学（专业）编辑、文字编辑、技术编辑、地图编辑、美术编辑等。所谓边缘性，一方面指编辑学运用各种学科的方法从不同的角度研究同一对象——编辑,另一方面指编辑学的研究对象同各种学科的研究对象有交叉。""编辑学是直接为图书生产和培训编辑人员服务的,属于应用学科。""编辑学虽然也使用自然科学和技术科学的研究方法,但主要还是使用社会科学的方法。"(均见《关于图书编辑学的性质和研究对象》)林穗芳直接讲的是图书编辑学。共性寓于个性之中。他对图书编辑学的分析,包括对"综合性、边缘性和应用性学科"的分析,揭示了普通编辑学具备的共性元素。

1998年,林穗芳作出进一步解释:"编辑学就整体说来不从属于出版学,但图书编辑学是从属于出版学的。""如果把编辑学归入文化构建和传播研究领域,或简单地说,归入文化传播学,则可把编辑的基本社会职能——参与精神产品的准备和传播——显示出来,同时可表明编辑学理论的应用范围,也有别于大众传播学。文化传播有纵向(时间)的和横向(空间)的,包括文化的创新、积累、继承、发展和普及,编辑在其中都起重大作用。"(见《撰写和完善〈编辑学理论纲要〉需要探讨的一些问题》)林穗芳明确认定编辑学属于文化传播学。

2001年,林穗芳更加充分地解释了他的意见:"编辑学作为一门新兴学科在学科体系中处于什么地位,学界有不同意见。解决这个问题有助于揭示各种编辑活动的共性,认识编辑学与邻近学科的关系。把编辑学归入文化学太笼统,也不宜归入大众传播学。《纲要》认为:编辑学在总的学科体系中属于人文社会科学;在人文社会科学中,它和文化传播学有直接的隶属关系,是文化传播学的下属分支学科。我觉得这样定位符合编辑学的性质。有学者提出是否存在'文化传播学'这样一个学科可以把编辑学归入其属下的问题。这个顾虑是不必要的。树木没有主干,就没有分支。学科的发展则不一样,主干学科和分支学科是不分先后的。学科的发展史表明,分支学科比主干学科先出现、后出现或两者同时创生都是可能的。例如作为语言学的一个分支学科的语法学,它的出现就先于主干学科语言学。"(见《对我国编辑学理论研究深化的重大贡献——喜读阙道隆〈编辑学理论纲要〉》)。林穗芳阐述了编辑学从属于文化传播学的道理，给了阙道隆有力的支持。

关于编辑概念。这既是历史的起点，又是逻辑的起点。涉及古今中外，不同意见最多。

1986年，林穗芳在研究国内外关于"编辑"概念的多种解释之后，提出："现参照各家的说法，试提一个很不成熟的'编辑'释义方案，供讨论。"这个方案是："收集和研究有关出版的信息，按照一定的方针制订并组织著译力量实现选题计划，审读、评价、选择、加工、整理稿件或其他材料，增添必要的辅文，同著译者和其他有关人员一起通力协作，从内容、形式和技术各方面使其适于出版，并在出版前后向读者宣传介绍。"(见《关于图书编辑学的性质和研究对象》)说实在的，这个方案涉及的内容相当完整，只是还需要更加概括。

1994年，林穗芳给出了新的概括。"笔者在提交1993年第六届国际出版学研讨会的文章《明确基本概念是出版科学研究的重要课题》第四部分《编辑学和编辑概念》中对涉及图书、报刊、广播、电视等传播媒体的'编辑'一词的涵义曾试作如下界定：'对主要是别人的作品和材料进行选择和加工以供复制向公众传播。'""释义突出编辑'选择'和'加工'这两个特征，其中'选择'是第一位的，选题、组稿、审稿等工作环节是为稿件（作品和材料）的选择作准备，'加工'是使被选用的稿件符合复制传播的要求而必须做的工作。……'以供复制向公众传播'说明图书、报刊、广播、电视等新闻出版媒介的编辑目的。"（见《"编辑"和"著作"概念及有关问题》）应该说，这个新的概括相当到位。同年，林穗芳还有更新的概括："现代各种传播机构的编辑工作的基本内容为：依照一定的方针开发选题，选择和加工稿件以供复制向公众传播。"（见《试论独立的编辑职业的形成》）这个表述更加精炼。

林穗芳对古今编辑概念的演变及其异同进行了深入探讨，对所谓的两种"编辑"进行了大量的考察，对之作出了明确的界定。1995年，林穗芳提出："两种'编辑'的基本区别在于：第一种编辑是著作方式的一种，编辑的主体是作者，对所编成的作品享有著作权；第二种编辑是出版工作的一部分或一种专业工作，编辑主体是编辑工作者，对所编辑的稿件（作者交来的作品）无著作权，在信息传播过程中处于作者和读者之间的中介地位。两种'编辑'的区别主要在于性质不同，而不在于时代不同。"（见《做好编辑学理论研究的奠基工作》）林穗芳把编辑活动和著述活动加以区别，对这个长期争论很大的问题，给予了科学的回答。

关于编辑规律。探讨编辑规律是编辑学的主要任务。

1987年，林穗芳提出："社会主义图书编辑工作的基本规律试表述如下以供讨论：以社会效益为最高准则，以准确而全面的评价为基础，组织、选择、加工稿件以供出版。""稿件的组织、选择、加工三者的关系是：以选择为中心，组织为选择作准备，加工是在选择的基础上提高。"（见《图书编辑工作的本质、规律及其他》）这个概括明显带有早期的痕迹，而且限于图书编辑。

2002年，林穗芳对编辑基本规律进行了再探索。他说："编辑学的主要任务是研究编辑规律。""编辑规律有基本规律、普遍规律、特殊规律之分。""十几年来陆续读了许多有关编辑规律和原理的文章，感到对提高认识很有帮助。本文依照自己目前的肤浅理解把编辑的基本规律试表述如下以供讨论指正：在为作品的内容向公众传播作准备的过程中作者和读者／用户之间的供需关系的矛盾在全面而准确评价的基础上依照质量第一和社会效益第一的原则加以调节和解决。"他解释："作品泛指图书、报刊文章、新闻报道、乐曲、电影、广播电视节目等各种形式的作品。……"还说："研究编辑规律先从图书编辑入手，再扩大到包括图书、期刊、报纸在内的出版物编辑，然后进一步扩大到各种传媒的编辑，是合乎事物发展规律和人的认识规律的。"（见《编辑基本规律新探》）林穗芳的这些分析很重要，因为直接涉及普通编辑学的建设。编辑学研究的最终目标就是完成普通编辑学。

关于编辑学的国际用语。林穗芳凭借他通晓多国语言的深厚功底，经过比较研究，确认了与编辑学一词对应的英文词和法文词，解决了编辑学的国际用语问题。中国编辑学会正式接受了林穗芳的这个建议。与此同时，通过这个研究，林穗芳还澄清了一个历史事实：在世界上，首先提出编辑学的是中国。这个判断具有很高的学术价值。迄今为止，还没有看到与此相反的意见。

我侧重说明林穗芳在编辑学研究上的贡献。事实上，林穗芳还对出版学理论进行了深入的研究，对编辑工作和出版工作进行了深入的研究，特别是对语言文字规范问题进行了深入的研究。所有这些丰硕的研究成果，汇集成为一方璀璨的文化宝盒。这是林穗芳留给人民的宝贵文化遗产。面对林穗芳的心血结晶，我们的崇敬之情油然而生。

林穗芳自称为"外语编辑"，显然是过谦。林穗芳是一位在出版界、翻译界享有很高声望的资深编辑家、出版家。他经手编辑的重要书籍包括翻译书籍，可以列出一张长长的书单。他同时又是一位有杰出贡献的编辑学家、出版学家，是学科带头人。在他身上，编辑学、出版学的理论和编辑工作、出版工作的实践，实现了相互推动、相得益彰的紧密结合。一方面，收集、考证古今中外的大量实例，为理论研究提供坚实的客观基础；另一方面，结合实际进行严谨的细致的分析研究，完成了科学的理论概括。因此，林穗芳的研究成果，不仅具有很强的说服力，而且具有很强的启发性。

林穗芳生前拟定了自选集的目录初稿，还撰写了编选说明。全书约70万字，皇皇巨著。然而可惜，生前未及出版。经编辑学界王华良、刘光裕、邵益文等热情推动，由中国编辑研究资料中心叶新主持及余皓、黄敬滢参与认真整理，蒙林穗芳的哲嗣林梅村认可，并得到商务印书馆于殿利大力支持，此书终于出版。

《林穗芳自选集》的问世，有特殊意义。一则，保存这一段历史，保存这一批学术研究成果；二则，实现林穗芳的遗愿，表达同仁对他的深切怀念。我相信，林穗芳思想理论的进一步传播，必将对编辑学、出版学研究的深化和编辑出版工作质量的优化，提供新的推动。

刘 杲

2013 年 7 月 22 日于北京

时年八十有二

目 录
CONTENTS

理论探索

关于图书编辑学的性质和研究对象　　3
图书编辑工作的本质、规律及其他　　13
"编辑"和"著作"概念及有关问题　　22
试论独立的编辑职业的形成　　35
做好编辑学理论研究的奠基工作　　47
关于"编辑学"国际用语定名问题的通信　　55
关于"著作"概念和著作方式的历史发展　　63
编辑学和编辑史中的"编辑"概念应当保持一致
　　——兼论开展编辑模式历史比较研究的必要性　　73
《辞海》新版对"编辑"定义的修订在编辑学上的意义　　79
"编辑"词义从古到今的演变　　82
撰写和完善《编辑学理论纲要》需要探讨的一些问题　　104
对我国编辑学理论研究深化的重大贡献
　　——喜读阙道隆《编辑学理论纲要》　　112
编辑基本规律新探　　121
明确"出版"概念,加强出版学研究　　134
关于《世界版权公约》"出版"定义的译法问题　　151

"出版"概念和出版史研究　　　　　　　　　　　　　154

"书籍"的词源和概念　　　　　　　　　　　　　　175

"杂志"和"期刊"的词源和概念　　　　　　　　　184

出版物·印刷品·图书·小册子　　　　　　　　　195

编辑工作的中心环节是什么？　　　　　　　　　　211

编辑的首要职责是什么？　　　　　　　　　　　　215

责任编辑的主要职责
　　——西方组稿编辑重选题组稿轻审读加工吗？　221

"标点"的词源和概念
　　——兼论独立的标点学科的必要性　　　　　　228

出版工作研究

关于加速我国图书出版业现代化问题　　　　　　　247

关于出版改革实际步骤的两点设想　　　　　　　　259

重在树立精品意识　　　　　　　　　　　　　　　266

国外出版业的发展趋势和我们的对策　　　　　　　269

谈谈图书出版统计标准化问题　　　　　　　　　　282

再谈图书出版统计标准化与国际接轨问题　　　　　285

出版业发展不可缺少的信息工具——在版书目　　288

翻译书编辑工作

谈谈外书编辑的业务学习和工作问题　　　　　　　299

翻译读物编辑工作　　　　　　　　　　　　　　　307

使像样的译本多起来
　　——谈谈出版社对翻译出版外国政治学术著作的要求　323

对《中国文化西传欧洲史》译稿的复审意见　　　　*331*
关于英语倍数的翻译问题　　　　*336*

辞书编纂和稿件审校

列宁对辞书编辑出版工作的要求　　　　*343*
对《汉语多用字典》的审读意见　　　　*355*
关于编纂历时性汉语新词典的设想
　　——基于中外一些语文词典比较借鉴　　　　*384*

书籍辅文和附件

谈谈书籍辅文　　　　*449*
书籍辅文和出版文化　　　　*457*
书籍辅文及附件加工　　　　*463*
编辑要认真核对引文　　　　*481*
为书籍编制索引，是编辑应尽的职责　　　　*487*

语言文字规范问题

认真学习和贯彻新颁布的两项国家标准
　　——《标点符号用法》和《出版物上数字用法的规定》　　　　*491*
《国家通用语言文字法》与编辑出版工作　　　　*497*
"水平"没有好坏之分　　　　*504*
"通讯"与"通信"的区别　　　　*507*
汉语拼音阳平符号以什么体式为准　　　　*511*
英语文字规范的一些基本知识　　　　*516*

出版物编校质量和编辑培训

提高编校质量，消灭报纸差错
　　——写在我国报纸编校质量三次抽查评比之后　　533
重要的是勤学习严要求　　587
编辑加工作业题答卷评析　　592
提高图书编校质量：问题和措施　　607

外国出版业研究

欧洲文艺复兴时期杰出的编辑出版家马恕提乌斯和阿尔丁出版社　　623
列宁和社会主义出版事业　　647
比较·鉴别·探讨
　　——1979年夏参加中国代表团访英观感　　674
美国出版业简况和关于我国出版改革的几点设想　　681
出版中介人的职能　　704

附录

我自学外文的体会
　　——1964年夏在中国科协组织的一次报告会上的发言　　711

《林穗芳自选集》的编选说明及目录　　733

理论探索

关于图书编辑学的性质和研究对象

编辑是人类最古老的职业之一。许多世纪以来各种学科的知识不断经过编辑之手向社会广泛传播，为世界文明和进步作出不可估量的贡献。这些浩如烟海的知识的编辑、传播是大有学问的。在现代科学的基础上创立具有中国特色的图书编辑学（以下简称"编辑学"），是社会主义建设新时期出版事业发展的需要。

"编辑学"这个学科名称在我国产生，标志着人们对编辑工作认识的提高。有关出版的学科名称，在欧美书刊中比较常见的是"图书学"，未见使用"编辑学""出版学"这些术语。1969年日本出版学会成立时曾倡议使用editology作为"出版学"的国际用语。现代英语edit意为"编辑"，它的语源拉丁语editus及现代法语éditer、西班牙语editar、意大利语editare等的含义都是"出版"，用edit来作"出版学"的词根，大概是考虑它比publish（英语"出版"）更富国际性。日本《出版事典》"出版学"条说，出版学是综合书志学、图书学、读书学、印刷学的学科，其中没有提到编辑学，整本事典根本没有"编辑学"这一条。清水英夫的《现代出版学》有一章讲"编辑权"，而没有涉及"编辑学"的问题。俄语也没有"编辑学"这个术语。редактирование意为"编辑""编辑工作"，不包含"学"的意思。中国人民大学出版社1956年出版的苏联倍林斯基《书刊编辑学教学大纲》中译本书名的译法不大准

原刊于《出版与发行》1987年第2期，收入中国出版发行科学研究所科研处编：《编辑学论集》，中国书籍出版社1987年版。

确，按照原著书名 программа по курсу редактирования 似应译《书刊编辑课教学大纲》。苏联出版界把"编辑理论和实践"或"编辑理论"作为研究编辑的学科名称。编辑理论是对编辑及与编辑有关的各种问题的看法，它可以包含各种不同的看法，而编辑学仅仅是按照一定观点组织起来的自成体系的那一部分编辑理论，不是各种编辑理论的总和，因此使用"编辑学"作为研究编辑的学科的名称，似乎更合适。

在国际范围内，"编辑学"这个术语很可能是我们首先使用的。按照国际术语学的命名规则，似可考虑使用 redactology（英语形式）或 rédactologie（法语形式）作为"编辑学"的国际用语。redact 一词在欧美主要语言中都只有"编辑"而无"出版"的意思，不会有歧义。

一、关于编辑学的性质

笔者认为，编辑学是出版学的一个分支，是一综合性、边缘性和应用性学科，主要从属于社会科学。

编辑学的综合性是由两种因素决定的，一是研究对象的综合性——各种不同学科的书籍的编辑工作，二是编辑工作本身包含各种成分——科学（专业）编辑、文字编辑、技术编辑、地图编辑、美术编辑等。所谓边缘性，一方面指编辑学运用各种学科的方法从不同角度研究同一对象——编辑，另一方面指编辑学的研究对象同各种学科的研究对象有交叉。

同编辑学有联系的学科是非常多的，其中有逻辑学、语言学（文字学、语音学、语法学、修辞学、语义学、社会语言学、翻译学）、文学、艺术、美学、社会学、心理学、教育学、统计学、法学、制图学、印刷学、发行学、出版管理学、校勘学、目录学、图书馆学、新闻学、情报学、数学、信息论、系统论、控制论等。例如，书面语是编辑学和语言学的研究对象，通过书面语表现出来的思维形式是编辑学和逻辑学的研究对象，任何书稿的审查都要进行语言分析和逻辑分析。古籍的整理和编辑加工离不开校勘学，教科书的编辑必须运用教育学的原理，统计表格的编制要吸取现代统计学的成就，等等。

编辑学在某些领域同多种学科交叉，但是也有自己特定的研究对象，否则不成为独立的学科。例如书面语的规范化是编辑学和语言学都关心的问题，语言学要确立语言的规范，指导人们如何区分语言规范和违背语言规范的错误，但是对产生这些错误的原因是不过问的，而后者正是编辑学的研究对象。编辑学要对书稿中出现的违背语言规范的各种各样的错误进行分析，找出产生错误的规律，据以提出防止错误的措施。翻译标准（信、达、雅、通顺、准确、易懂、等值翻译等）是翻译学的研究对象。译稿的采用标准是编辑学的研究对象。译稿的采用标准要以翻译标准为依据，但又不等同于翻译标准，因为完全符合翻译标准的译稿几乎是没有的。译文达到什么水平才可以采用，取决于一系列复杂的因素，其中包括某一语种现有翻译人员的实际水平，翻译书的性质、出版时间要求、发行方式和读者对象等。这些都是编辑学要研究的问题，翻译学是不管的。

综合性学科有不同类型，例如编辑学和社会学、科学学属一个类型，东方学和斯拉夫学则属另一类型。东方学研究东方国家的人种、历史、语言、文艺、哲学、宗教、民俗等，按地区又可分汉学、阿拉伯学、印度学等。这些学科的研究对象只是形式上相同，彼此没有什么内在的联系。因此，东方学与其说是一门综合性学科，不如说是一些学科的综合。编辑学虽然也可分社会科学书籍编辑学、文艺书籍编辑学、科技书籍编辑学等，但这些部门编辑学之间的关系是很密切的，其共性往往大于个性。作为具有内在联系的完整的知识体系，编辑学应当被看作一门综合性学科，而不是几门学科的综合。

为了做好本职工作，编辑须要有杂学——各种各样的知识。这个道理编辑学在探讨编辑人员应具备的条件时无疑要加以论证，但是把编辑学看作一门杂学则是不适宜的。综合性学科是有特定研究对象的自成体系的学科，杂学则是没有研究对象的各种各样没有必然联系的知识的总和，两者性质不同，不可混淆。

整体化是现代科学发展的趋势，综合性学科、边缘学科越来越多，但不能说原来的学科界限已完全消失。在社会科学范围内可以有综合性学科，在自然科学范围也可以有综合性学科，还有横跨社会科学和自然科学的综合性学科。说编辑学主要从属社会科学所依据的理由有两点。首先，编辑学的研究对象是一种社会文化现象，它把出版物主要作为精神产品而不是主要作为物质产品来研究，把出版物作为物质产品来研究是印刷学的任务。其次，编辑学虽然也使用自然科学和技术科学的研究方法，但主要还是使用社会科学的研究方法。

编辑学是直接为图书生产和培训编辑人员服务的，所以属于应用科学。不过，理论科学和应用科学是相对的，任何应用科学都要建立在一定的理论基础上。我们的编辑学的理论基础是辩证唯物主义和历史唯物主义、马列主义关于文化和出版的学说、党的出版方针以及现代的科学方法论等。应用科学是用事实、建议、规律和理论来解决实际问题的，编辑学也有自己的理论。关于编辑工作的共性的研究，关于编辑学同其他学科关系的研究，对编辑社会历史功能的看法，对编辑工作发展趋势的预测都可列入理论编辑学的范畴。这些理论研究的目的也是为图书生产服务的。它们的存在并不能改变编辑学作为应用学科的性质。

编辑学同其他应用学科一样具有规定性和描写性两个方面。规定性指有关编辑工作的规范和惯例，例如，关于体例格式和统一用字用词的建议或规定、齐清定的要求、校对符号的用法等。简单地说，规定性就是已被模式化的那一部分编辑工作经验。描写性包括客观地描写实际的编辑过程，揭示在这一过程中客观存在的规律，对处理各种问题提供一般原则的指导。规定性在医学中占突出的地位，什么病用什么药或什么药治什么病，在医书中都有明确的说明。编辑学则不同，它以描写性为主、规定性为辅。每一本书的情况都不一样，解决问题主要靠学识，靠掌握规律，发挥创造性，不能指望编辑学对每一种书稿的毛病都开出现成的"处方"。

二、有关编辑学研究对象的几个问题

1. 编辑的含义

具有明确的研究对象是一门学科存在的前提。编辑学顾名思义以编辑以及与编辑有关的一切为研究对象，但编辑所指的是什么，需要首先弄清楚。这个概念是发展变化的，在古代和现代，其内涵和外延不完全相同。

据现在所了解的资料，我国"编辑"一词最早载于公元 7 世纪唐代史籍（《南史》和《唐大诏令集》等书），比英语 redact 的出现早几百年。依照《辞源》的解释，这个词的原意是"收集材料，整理成书"。欧洲大多数语言的"编辑"一词源自拉丁语 redigere 及其过去分词 redactus，其本义也是"收集""整理"。现代编辑工作内容已大大扩展和复杂化了。国内外对此存在着不同的看法，试看从各种词典摘下来的一些有代表性的释义。

（1）"对资料或现成的作品进行整理、加工"（《现代汉语词典》）。

（2）"指新闻出版机构从事组织、审读、编选、加工整理稿件等工作。是定稿付印前的重要环节"（《辞海》）。

（3）"按照在一定的编辑方针指导下制订的编辑计划，以作品原稿为工作对象，进行创造性的整理编排，使之形成出版物的形态，这种具有学识性的、技术性的工作称为编辑"（日本《出版事典》）。

（4）"为刊行出版物而对原稿进行审读、修正和整理"（朝鲜民主主义人民共和国《朝鲜语小词典》）。

（5）"出版过程的一个组成部分，其内容是编辑人员（通常是同作者在一起）对原稿进行创造性加工，目的在于提高其思想、政治、科学和文字质量，为印制出版作准备"（苏联《图书学词典》）。

（6）"加工，润色，整理，修正；为出版作准备"（南斯拉夫《大众百科词典》）。

（7）"加工稿件以供出版"（民主德国《迈尔新百科词典》。这部新词典对编辑［人员］的释义较详："报刊、广播电台、电视台和出版社的专业人员，从专业、政治、思想和语言的角度编选、加工新闻、文学、艺术和科学各方面的稿件，使适于出版或播送，或者自己撰写；此外编辑还得物色和指导作者、准备图片资料"）。

（8）"生产、编选和修订文字材料、摄影材料和视听材料，使其适于出版的艺术"（美国《作家词典》）。

（9）"通过选择、整理、加注释，使作品、日记、书信等适于出版"（美国《韦氏新世界词典》）。

（10）"加辅文，为出版作准备；出版前进行选择、修改和检查"（英国《企鹅英语词典》）。

欧美各国的词典对"编辑"一词最普遍、最概括的释义是"为出版准备稿件"（英语为 to prepare a manuscript for publication，其他一些外语也是用类似的说法）。"准备"是个模糊语，主要指加工整理，也可包含其他内容。上述各种释义所讲编辑工作范围有大有小。值得注意的是日本《出版事典》提到方针、计划，《迈尔新百科词典》提到编辑自己动手撰写和对作者的指导，《企鹅英语词典》提到加辅文，和我国"述而不作，编而不著"这些传统说法有所不同。

编辑的起点在这些释义中没有涉及，但大都以加工整理为编辑的终点。《辞海》还特别说明编辑是"定稿付印前的重要环节"，好像编辑工作到此为止。这里存在两个需要解决的问题：编辑的起点和终点是什么？在给编辑下定义时要不要这些因素？编书的目的是供读者使用，编辑只管发稿，不管书出版以后的命运，不能认为已经尽了自己的职责。新书的宣传既然不是可有可无的，把它看作编辑的终点是顺理成章的事。至于读者对新书的反应以及其他有关出版的信息收集研究，那是制订选题计划和重印计划的依据，应当看作新的编辑过程的起点。在"编辑"一词的释义中反映编辑的起点和终点，其好处是使读者获得一个比较完整的概念，也有助于明确编辑学的研究对象。现参照各家的说法，试提一个很不成熟的"编辑"释义方案，供讨论：

"收集和研究有关出版的信息，按照一定的方针制订并组织著译力量实现选题计划，审读、评价、选择、加工、整理稿件或其他材料，增添必要的辅文，同著译者和其他有关人员一起通力协作，从内容、形式和技术各方面使其适于出版，并在出版前后向读者宣传介绍。"

2. 编辑工作的中心环节

科学地描写编辑过程，说明每个工作环节在这个过程中的地位及其相互关系，是编辑学的主要任务之一。编辑工作是整个出版工作的中心环节，编辑工作的中心环节又是什么？弄清这个问题对指导编辑工作具有重大意义。在国内外有关的书刊中可以看到以下几种不同的看法。

（1）"审稿是编辑工作的中心环节，是决定书稿质量的关键"；

（2）"审稿是决定书籍质量的重要步骤"；

（3）"审稿和对书稿的加工整理可以说是编辑工作的中心环节"；

（4）"审读加工的过程是这个（编辑工作）总过程的核心和主体"；

（5）"编辑加工对于出书质量起着最后的决定性作用"；

（6）"对原稿的编辑加工、协助作者提高原稿质量是编辑工作的主要内容"；

（7）"编辑加工是最重要的、最耗费时间的工作"。

编辑工作只能有一个中心环节。审稿和加工是两个不同的环节，不可能都成为中心。笔者赞成第一种看法，即审稿是编辑工作的中心环节。理由有三点：第一，决定书稿命运——采用不采用，是在审稿阶段，不在选题或加工阶段。第二，不是所有的书稿都经过选题、组稿、审稿、加工、发稿等各道工序，自动投来的稿子自然在原定选题计划之外，不采用的书稿无须加工，但所有的书稿都要经过审查才能确定如何处理。第三，编辑加工是保证书稿质量的重要关键，但不是主要关键，主要关键在审稿。审稿把关不严，让平庸的作品获得通过，加工编辑本事再大，也难以使它成为佳作，如果出现这种情况，那么编辑就成了主要的作者，不是原来意义的编辑了。

认为编辑的主要任务就是改稿这种传统观念已不符合时代要求了。作品的修改是创作的一部分，把作品改好首先和主要是作者的事情，编辑的首要职责在于把好审稿关，不让好作品被埋没，也不让坏作品通过。至于提高被采用的书稿的质量，那是第二位的任务。

主张编辑加工是全面提高书稿质量关键的同志，强调在审稿阶段注意力要放在大的方面，带全局性的方面，不宜放在局部问题、枝节问题、技术性问题上。这样做，后三类问题和书稿退改时作者未能解决的大问题，需统统留待加工阶段解决，这无异把应当由作者做的事情有意包在编辑身上。

在决定书稿取舍时从大处着眼是对的，但在退改时就不能只提大问题了。无论是思想内容或文字规格，凡是应当由作者解决的问题都要向他提出来。只有提了详尽的退改意见，并且确信作者尽了最大努力进行修改之后，才可以进行编辑加工。如果我们在理论上承认编辑工作的中心环节和决定书稿质量的主要关键是审稿，那么我们在实践中就要设法尽量减轻编辑加工的负担，把更多的时间和精力用于把好审稿关，或用于加强其他薄弱的工作环节。

3. 编辑工作的实质

编辑工作的实质是什么？这个问题比编辑工作的中心环节的问题更抽象，因而更难回答。但这是编辑学研究对象的一个核心问题。

编辑工作是"文字工作""创造性劳动""为他人做嫁衣"，这类说法只说明编辑工作的某一方面的特征，不反映编辑工作的实质。实质是最重要的特征，它贯穿编辑过程的始终。仔细分析一下图书编辑过程，可以看出编辑工作的每一个环节都是以对工作对象的评价为基础的。选题工作无非是选择要以书的形式加以传播的知识，评判某一种知识的传播价值是制定选题的依据。组稿的主要依据是对作者的专业水平和写作能力的评价。审查写作提纲的目的在于评判它是否符合要求，以便帮助作者修改。书稿交来后，编辑的任务就是准确而全面地评判它的优缺点和社会价值，在这个基础上决定取舍，对基本符合要求、准备采用的书稿提出修改意见。所谓编辑加工无非是编辑在对书稿评价的基础上形成的修改意见的一种表现形式。编辑把自己对所编图书的评价以口头或文字形式告诉读者就是图书评介或图书宣传。

综上所述，编辑工作的实质似可归结为编辑对稿件和其他工作对象的评价。这种看法如能成立，编辑学研究的重点就可放在制定编辑对稿件和其他工作对象评价的原则、标准和方法等方面。

三、制定与研究对象有关的科学概念体系

一门学科的创立除了要明确研究对象，最重要的恐怕是制定与研究对象有关的科学概念体系。应当说我国编辑学的概念体系还未形成，许多名词概念有待科学阐明。就拿"编辑"和"编辑学"这些最基本的概念来说，至今还没有公认的定义；说编辑学是研究编辑工作规律的学科是同义反复，等于什么也没有说。

编辑过程往往被说成"编辑工艺流程"，研究这一过程的学问被称为"编辑工艺学"，这些说法的科学性值得怀疑。编辑是科学，也是艺术，但艺术不等于工艺。按照《辞海》的解释，工艺是"人类在劳动中积累起来并经过总结的技术经验"，工艺流程是"从原料投入到成品出产，顺序连续地通过设备或管理的加工过程"。把这两个术语的使用范围从工业生产扩大到创造精神产品的编辑工作显然不合适。用技术手段不能解决选题、组稿和审稿的根本问题，这自不必说。对原稿的加工又如何呢？有的同志说这段工作之所以称为工艺，是由于它几乎是印刷工作在编辑领域内的延伸，其目的是使稿件达到投入生产的工艺要求；完

成这项任务所需要的不在于专业学识的精深，而在于编辑业务本身的技能的熟练程度。我们知道编辑加工包括内容加工、文字加工和技术性加工三个方面。其目的不仅仅在于，甚至主要不在于使稿件达到投入生产的工艺要求。每一本书稿的内容和文字都不一样，解决这两方面的问题主要靠学识和文字修养，而不是靠技能和印刷工艺知识。把研究整个编辑过程的学问称为编辑工艺学会使人误会编辑学属于技术科学。

编辑学术语标准化是亟待解决的一个问题。例如书籍正文以外部分——书名、前言、后记、目录、注释、参考书目、索引等，现有"辅文""附件""附录""零件"等多种叫法。称"辅文"比较科学，因为这个名称本身表明了它的性质——便于读者阅读和利用正文的辅助材料。"辅文"可以作为编辑学的专门用语，"附件"则不能，机器的零件或部件、随同文件发的物品都可以称"附件"。正文和辅文是相互依存的，没有辅文就无所谓正文，也就没有书。而附件往往是可有可无的，例如报告没有附件仍然是报告。一词多义，这是任何术语都应当避免的。

附录是辅助材料的一种，是固定放在正文后面的，而辅助材料有许多是放在正文前面的（如出版说明、凡例、序言等），因此，用"附录"作为辅助材料的总称也不合适。辅文到底包含哪些项目？是否正文以外的所有材料都算辅文？这是编辑学要回答的问题。

"加工"和"整理"这两个概念也常常发生混淆。有些文章曾试图说明两者的区别，但问题没有完全解决，不但各家的说法不一致，有时甚至自相矛盾。例如，改正错漏字句，有人说是加工，也有人说是整理，如此等等。

目前正在编纂的《出版词典》编辑部分选收名词术语上千条，内容十分丰富，可以想象得到，释义的任务将是相当艰巨的。在总结我国编辑工作经验和充分吸取国内外出版科学研究成果的基础上，给这些名词术语以准确的说明，无疑将为我国编辑学概念体系的确立作出重大贡献。

图书编辑工作的本质、规律及其他

研究编辑规律要从了解事物本质入手

规律是事物在发展过程中内在的必然的联系,这种联系是由事物的本质决定的。规律也就是事物本质的联系。列宁在《黑格尔〈逻辑学〉一书摘要》中提请读者注意"规律是本质的现象",接着指出:"……规律和本质是表示人对现象、对世界的认识深化的同一类的(同一序列的)概念,或者说得更确切些,是同等程度的概念。"[①]可见,规律和本质是属于同一范畴的密切相关的两个概念。要弄清某一事物的规律,必须首先弄清它的本质。规律有基本的和非基本的、普遍的和特有的,把编辑工作的规律分成内部和外部两个层次未必妥当。事物的发展固然依赖于客观条件,但是外因要通过内因才能起作用。所有的规律都是内在的、与事物的本质相联系的。如果所表述的某一事物的规律与它的本质无关,恐怕不能说是该事物固有的规律。研究事物的规律,特别是事物的基本规律,须要从了解它的本质入手。

至于编辑工作的性质,在各种书刊中发表过许多不同的说法,常见的有:编辑工作是"一种创造性的精神活动",是"具有创造性的智力劳动性质的工作",是"文字工作",是"宣传教育工作",是"塑造

原刊于《出版发行研究》1988年第1期,收入《论编辑和编辑学》,中国书籍出版社1991年版,《出版科研论文选萃》,浙江教育出版社1992年版。

① 《列宁全集》中文第1版第38卷,第159页。编者注:本书中"《列宁全集》中文第1版"指由中共中央编译局根据俄文第4版翻译、人民出版社于1955—1963年陆续出版的中文版。

人类灵魂的工作",是"科学文化工作",是"一种社会文化现象",是"一种社会组织活动",是"为他人做嫁衣",等等。这些说法都是对的,是符合实际情况的,但它们只说明编辑工作某一方面的特征,没有揭示编辑工作的本质。本质是一种事物区别于另一种事物的根本属性,它决定事物的性质、面貌和发展。"创造性的精神劳动"无疑是编辑工作的特征之一,但把它看作"编辑工作的基本特征"就值得商榷。写作、翻译、绘画、雕塑等都是创造性的精神劳动,使编辑工作与它们相区别的应当是比这更深刻的本质。

如果说翻译的基本特征是以原作为依据用另一种语言进行艺术再创作,那么编辑工作的基本特征是否可以归结为"对原稿的选择和加工"?这种说法看来更接近于编辑工作的本质,它使我们看到了创作劳动(原稿的写作)与编辑劳动(原稿的选择和加工)相区别的特征。翻译对原作是不能进行加工的,那是编辑的任务。

人们认识事物有一个逐步深入的过程。列宁在《黑格尔〈哲学史讲演录〉一书摘要》中谈到人的认识规律时指出人对事物的认识是"从现象到本质、从不甚深刻的本质到更深刻的本质的深化的无限过程"[①]。如果把对稿件的选择和加工再作进一步的分析,我们就会发现编辑工作的这两个基本环节都是以对稿件的评价为基础的。审稿是为了评判稿件的质量和价值,据以决定取舍。这一点比较容易看清楚,对稿件的加工又何尝不是如此?编辑在评判稿件的优缺点的基础上形成的修改意见随后体现在稿件上,就是编辑加工。编辑工作的其他环节,包括选题、组稿、审查写作提纲和图书宣传等等,无一不以编辑对工作对象的评价为基础。所以,笔者觉得"编辑工作的实质似可归结为编辑对稿件和其他工作对象的评价",在《关于图书编辑学的性质和研究对象》(《出版与发行》1987年第2期)一文中曾提出这个粗浅的看法,现在联系编辑

---

① 《列宁全集》中文第1版第38卷,第239页。

工作的规律问题作些补充说明。

社会主义编辑工作的基本规律

编辑工作的内容和形式从古代到现代有了极大的发展，但它的本质没有发生根本的变化。我国第一位大编辑家孔子删诗书、订礼乐、修春秋、赞易道，都离不开对前人作品的评价。他编选的是他认为有传授价值的作品，通过修订来提高它们的价值；他删削的是他认为没有传授价值或重复的部分。用司马迁的话来说，就是"去其重，取可施于礼义"（《史记·孔子世家》）。在现代，在国内外，随着电子技术在出版部门推广，将有越来越多的编辑劳动实现自动化，但是属于编辑工作本质部分的劳动，机器只能辅助而无法代替。哪怕最先进的电脑也不可能回答被输入的书稿有什么优缺点、值不值得出版的问题。

古今中外一切编辑工作都没有例外地以对稿件的评价为基础，只是价值观念和评价标准因时、因地、因人、因制（制度）而有所不同。

在社会主义制度下，编辑工作是为人民、为社会主义服务的，这就决定编书必须以社会效益为最高准则，把图书的质量放在第一位。也就是说，要使图书从内容到形式符合读者和社会的不断增长的需要，并有利于社会主义物质文明和精神文明的建设。在资本主义制度下，出版企业是资本家赚钱的工具，他们并不讳言这一点。美国出版家约翰·德索尔在所写《图书出版业》（纽约鲍克公司1973年版）一书中承认，在西方"图书出版业大都是为获得利润而经营的企业"。1973年4月他在美国《出版商周刊》发表的一篇文章的题目就是《在图书出版业中怎样才能赚钱》。资本主义的出版业以销售为中心，编辑工作处于从属地位，西方出版社的机构设置和管理方式都说明这个事实。在制定选题时他们所考虑的主要问题甚至唯一的问题是"有销路吗？"（Will it Sell？）它们叫得最响的口号是"顾客至上"。什么有利可图就出什么，腐朽、庸俗、诲淫诲盗、离奇古怪的图书充斥市场，而有价值的专门学术著作因为销路窄,在商业出版社很难获得出版的机会。

图书是以它的思想内容为使用者服务的,我们首先要注意它影响精神世界和指导实践活动的社会效益。图书既然作为商品出售,也得同时注意它的经济效益。两者产生矛盾时,社会主义的出版社要把社会效益放在第一位,资本主义的出版社则总是把经济效益放在第一位,准确地说,把获得最大限度的利润放在第一位。

根据以上看法,社会主义图书编辑工作的基本规律试表述如下以供讨论:以社会效益为最高准则,以准确而全面的评价为基础,组织、选择、加工稿件以供出版。"以社会效益为最高准则"是贯彻整个编辑工作过程的指导原则,它使社会主义图书编辑工作与资本主义图书编辑工作区别开来;"以准确而全面的评价为基础"的提法用来说明编辑工作的本质,使编辑工作与其他精神劳动区别开来;"组织、选择、加工稿件以供出版",描述编辑工作的基本过程和目的。

稿件的组织、选择、加工三者的关系是:以选择为中心,组织为选择作准备,加工是在选择的基础上提高。出书质量、出版社工作的成效,主要取决于对稿件的选择(对翻译书来说,首先取决于对原著的选择,其次才是对译稿的选择)。选题计划体现出版社的出书方向,确实非常重要,但选题本身不能保证著作的质量,著作的质量主要取决于作者的水平。经验表明不是每一个选题都能物色到最适当的作者。在所有的稿件中名家写的只占很小一部分,而且名家写的东西并非篇篇都是佳作。因此,无论是组来的或作者自动投来的稿件都有一个选择的问题。

如果逐层剖析,我们可以看到社会主义出版工作是以编辑工作为中心的,编辑工作又以审稿为中心环节,审稿的中心任务是决定稿件的取舍,其次才是帮助作者提高决定采用的稿件的质量。稿件的选择、取舍是全部编辑工作的最重要、最有决定性的步骤,而选择、取舍的主要依据则是对它的优缺点和社会价值的评判。评判不当,使好作品被埋没,坏作品获得通过,是编辑工作最大的失误。

编辑工作是一环套一环的，每一个环节都不可忽视。前一环节工作没做好，后一环节的工作就会受影响。说编辑工作以审稿为中心，是基于这样的考虑：这个环节是决定出书质量的主要关键。稿件准备阶段的工作成效如何，要在审读阶段接受检验。原来的选题、组稿不适当，这时可以纠正。明确编辑工作的中心环节，不等于削弱其他环节。相反，只有明确中心环节，才能更好地掌握编辑工作规律，妥善处理各个环节的关系。

进一步完善审稿制度

编辑对书稿的评价与报刊发表的图书评论不同。报刊文章可以评论全书，也可以任意选择一个方面来评论，评价高一点低一点，甚至根本否定，关系都不大，因为这不妨碍别人阅读，另写评论表示不同看法。编辑的评价对书稿的命运——能否问世——有决定性的影响，编辑的判断失误多半无法改正。因此，编辑行使自己的权力必须极其慎重，对书稿的评价要在集思广益的基础上力求做到准确、全面。

三级审稿制度是出版社依靠集体力量来保证出版物质量的一项基本工作制度。资本主义国家的出版社各行其是，没有统一的审稿制度。三审制由国家主管机关规定从1952年起在全国国营出版社普遍实行，大概是借鉴苏联的经验。罗马尼亚的出版社实行四级审稿制（总编辑三审、社长终审），要求更加严格。社会主义国家多级审稿制的本质特点在于个人对党、对人民负责与集体研究相结合——这是列宁倡导并身体力行的编辑工作的根本原则。

列宁要求党领导的报刊和出版社编辑部应当是团结一致的、有高度原则性的实干的集体，每个编辑都应当非常称职，能够独立负责，对每一个问题都有自己的见解而又不自以为是，能虚心听取别人的意见。他反复讲过，编辑工作必须依靠集体力量和集体智慧才能做好。特别是重要的稿件，他强调"仔细考虑和集体商量是必要的"①。列宁主持的编辑部没有一篇文章不经过集体审议就发稿。《火星报》有六个编委，意见不能协调一致时采取表决的办法（普列汉诺夫一人两票，其余一人一票），按多数意见处理。十月革命后，为消除粗制滥造的现象和保证出版物的质量，列宁又提出在出版工作中建立个人责任制，要求每一种书都有一个责任编辑，责任编辑和国家出版局编辑部委员对自己审处的书稿都要签字负责。

苏联出版社现设社会编辑委员会，是对三审制的重要补充和发展，参加人员有出版社的主要领导干部、业务骨干与社外有关方面的专家学者、书店的代表。这是编辑工作的咨询机构，是出版社联系社会的桥梁。它的主要任务是协助出版社审查选题计划，研究重点书和成套书的编辑问题，对有争议的书稿提出处理意见。这种开门办社的办法当然更有利于集思广益。

我国出版社比苏联出版社有更大的自主权，这首先表现在选题计划我国出版社有权自己决定，苏联出版社则要上报主管机关批准然后才能执行。因为终审权在总编辑，总编辑有权否定复审和初审的意见，选题和书稿的取舍权在我国出版社实际上是集中在一个人的手里。多数人要服从一个人的处理意见，怎能把这种审稿制度称为民主集中制的体现呢？为了完善三审制，看来需要制定一些实施细则以防止终审权被滥用和保证民主切实得到发扬。比如，可考虑作这样规定：初审者和复审者不同意终审意见时，问题应提交有初审者和复审者参加的总编会议讨论，终审者（总编辑）的意见与多数意见不一致时仍按终审意见执行，但讨论情况须上报上级领导机关备案，以加强终审者和领导机关的责任。民主德国迪茨出版社的选题计划在总编辑同意后须要提交选题委员会（由社长、总编辑、部室主任、印制科长、宣传科长、出口科长组

---

① 《列宁全集》中文第 1 版第 36 卷，第 359 页。

成）审查批准，这是在关键问题上集思广益、防止个人决策失误的一个组织措施。

谁是责任编辑

长期以来，在我国编辑工作中存在着一种重加工、轻审稿的倾向。许多现象都说明了这一点。这首先表现在编辑用于加工的时间过多，用于审稿的时间太少。审稿强调抓大问题，把小问题留待编辑加工时解决。有些书稿没有经过认真审查就转入加工。提翻译选题往往只用很短的时间翻阅一下目录和前言，编出一个内容简介就算了事，很少能做到把正文粗读一遍。待译稿交来，却不惜用几个月的时间逐字逐句修改润色，精雕细刻。如果一部书稿审读和加工不是一个人，通常由加工编辑发稿，于是加工编辑就成了责任编辑。有些出版社规定责任编辑可得样书一册，这本样书自然落到加工编辑手里，审稿编辑无份。这就产生了一个问题：到底谁是责任编辑？

按照《辞源》《现代汉语词典》的解释，"编辑"就是"收集材料，整理成书"，"对资料或现成的作品进行整理加工"。这类传统观念对人们产生了根深蒂固的影响，以为编辑的任务就是"加工整理"。这些定义已不符合现在编辑工作的基本情况。决定出书质量的主要关键在审稿，不在加工。审稿编辑对出书质量应当比加工编辑承担更大的责任，如果两人都是责任编辑，第一责任编辑应当是审稿编辑（审稿和组稿通常是一个人）。在西方出版社，责任编辑必是组稿编辑（负责选题、组稿、审稿），加工编辑对稿件所作的一切修改，必须经组稿编辑审核同意。

笔者无意贬低编辑加工对保证书稿质量的重要作用，只不过希望编辑分清主次，把主要精力用来解决主要矛盾，为顺利解决次要矛盾创造条件。减轻编辑加工负担的最有效的办法莫过于把审稿工作做得细一些，问题无论大小，凡是应当由作者解决的，退改时都应当举例向作者说明。加工属创作劳动，本来是作者自己的事情，编辑提出详尽的修改意见请作者自己动手改，编辑再作检查，效果肯定要比编辑越俎代庖好得多。此外，掌握加工规律也是十分重要的，凡是可改可不改的就不改，这样可节省改稿时间，避免无谓的劳动。

提高编辑修养的主要方向

编辑需要具备哪些修养，过去大家已谈得很多。特别是编辑要当杂家的观点经过反复宣传，已深入人心。知识面广一些，无疑是搞好编辑工作的必要条件。但这还远远不够。翻译家也是杂家，他们来当编辑未必都能胜任。基于对编辑工作本质的认识，笔者觉得在广博的知识基础上还须注意培养编辑对作者、作品、时代要求和社会需要等等的鉴识能力，使他们成为本行的鉴识家。这是提高编辑修养的主要方向。

鉴定一部书稿的质量有主题、政治、科学（专业）、艺术、事实材料、文字、逻辑、结构、体例规格等多种尺度，判断一部书稿的价值还须了解读者和社会的需要，与同类书比较长短优劣，把这些因素综合地加以考虑才能确定是否适宜出版。对作者的鉴识归根到底要通过对他的作品（包括写作提纲等）的鉴识。因此对稿件和其他作品的质量和价值能作出准确而全面的分析判断，并能提出恰当的处理意见，在笔者看来是编辑水平的最高表现。如果招考编辑，不用考许多门学科，只要找一本适当的书稿请应考者从编辑出版的角度写一篇审读意见，基本上可以判断他是否胜任编辑的职务。

我国编辑对图书的出版承担政治责任，不承担经济亏损的责任。在选题计划和书稿审读报告中几乎看不到编辑对这些选题和书稿的经济效益的测算和估计。全国的编辑能够根据不同的印数测算自己所发的书稿的生产成本、定价和盈亏的恐怕寥寥无几。这没有什么奇怪，因为他们没有受过这方面的训练，也不要求他们这样做。在现行的体制下，图书的成本、盈亏测算是在发稿后由生产和财务部门进行的，同编辑工作是脱节的。

在西方出版社，图书的盈亏测算是在选题阶段、在书稿决定采用前进行的。编辑要算经济账。如果说我们的编辑最怕出政治差错，那么，西方编辑最怕的是出赔钱书。他们的选题报告通常包括两部分。一是关于作者情况和书的内容、特点的介绍；二是在调查研究基础上作出的对销路的估计，其中包括书的篇幅、计划印数、定价、成本、盈亏测算等。有时提出几种印数和定价方案以供选择。参加研究选题会议的有公司老板、总经理、编辑、出版、推销、发行、财务等部门的负责人。

培养编辑对图书的经济效益的鉴识能力，是提高编辑水平的一个重要方面。我们迄今采取的许多措施，包括出版专业职务试行条例等，都是鼓励编辑向专家学者方向发展的。在当前出版社实现由生产型向生产经营型转变的过程中，不仅需要有大批的专家学者型的编辑，而且需要有大批的企业家型的编辑。出版社如果没有越来越多的编辑学会用企业家的战略眼光看待编辑工作，就难以开创新的局面，在众多出版社争取读者的激烈的竞争中取胜。过去发表的许多编辑学论著，对如何把好政治关和文字关都讲得非常透彻，至于如何提高书的经济效益则很少涉及，好像编辑工作与此无关。人民出版社不久以前出版的《编辑工作二十讲》有一讲专门给编辑讲"图书的成本与经营管理"，经营管理进入编辑学，这是一个可喜的进步。

"编辑"和"著作"概念及有关问题

前几年探讨编辑概念时,曾参考西方各种辞书的有关解释,把"编辑"一词的含义概括为"为出版准备稿件"。"准备"是个模糊语,为了能说明现代图书编辑工作的起点和终点,所以又提出了一个内容较详尽的解义方案。[①]现在看来,两种释义都有局限性,因为编辑工作已远远超出图书和出版物的范围,最好能找到一种可以涵盖古今各种类型的编辑工作的释义,这就需要探讨古今编辑概念的演变及其异同。

一、"编辑"概念

作为动词的"编"字和"辑"字,不晚于汉代分别获得"编次"和"收集"的意义。"辑"通"缉"。从唐初到清代,"编辑"和"编缉"两种写法都有,民国以后才逐渐固定写作"编辑"。"编"和"缉"连用,似乎早于和"辑"连用。《魏书·李琰之传》:"修撰国史……前后再居史职,无所编缉。""编缉"一词可能最早见于此书。《魏书》是北齐的中书令兼著作郎魏收奉诏于天保二年至五年(公元551—554年)修撰的北魏和东魏史。李琰之(公元553年卒)是北魏大臣,当过著作郎、中书侍郎、国子祭酒、黄门郎、左仆射、左光禄大夫、荆州刺史,曾多次出任修撰国史的官职,传记中说他"经史百家无所不览",可是没有编出什么值得称道的成果。《魏书》在北宋初已有缺佚,其中包括《李

原刊于《编辑学刊》1994年第4期。

① 见拙文《关于图书编辑学的性质和研究对象》,载《出版发行研究》1987年第2期。

琰之传》，宋人据《北史》补成今本。李延寿修《北史》时曾采录北朝各代史书的纪传，其中包括当时尚完整的《魏书》，于唐贞观十七年（公元643年）成书。《北史·序传》中有关李琰之部分和《魏书》中的李琰之传从内容到文字表达方式都大同小异，上句作"……前后再居史事，无所编缉"，仅一字之差。《北史》基本上是把记载北朝历史的《魏书》《北齐书》《周书》等汇合起来加以删节而编成。删节多为奏议等以突出叙事部分。因此，"编缉"一词的最先使用者很可能是魏收，但也有可能是李延寿。这个双音节词在句中用来描述史官的修撰活动，"无所编缉"，也就是无所编撰或编纂，这是它最初的含义。

李延寿稍晚于唐显庆四年（公元659年）完成的《南史》中也使用了这个词。该书《刘苞传》说这位梁代学者"少好学，能属文，家有旧书，例皆残蠹，手自编缉，筐筐盈满"，这里的"编缉"指具体的整理修补行为。

唐高宗咸亨年间的诏令："修撰国史，义存典实，自非操履忠正，识量该通，才学有闻，难堪斯任。如闻近日以来，但居此职，即知修撰，非唯编辑讹舛，亦恐泄漏史事。"这里的"编辑"指修撰的方式方法。

《唐大诏令集》卷82仪凤元年（公元676年）《颁行新令制》："然以万机事广，恐听览之或遗；四海务殷，虑编辑之多缺。"这里的"编辑"指资料的收集整理。

唐颜真卿的伯父颜元孙《〈千禄字书〉序》："若总据《说文》，使下笔多碍，当去泰去甚，使轻重合宜，不揆庸虚，久思编辑。"这里的"编辑"已明确地涉及材料的删节取舍，使符合要求，不限于编排次序。

《辞源》修订本把"编辑"的古义概括为"收集材料，整理成书"。《辞海》的定义"指新闻出版机构从事组织、审读、编选、加工整理稿件等工作。是定稿付印前的重要环节"则是解释现代编辑概念，未把印刷业产生以前的编辑活动包括在内。

"编辑"和"编集"都是汉语固有词。现代日语的"編集"源自汉语，本来也写作"編輯"，在法律文件中最初见于明治六年（1873年）制定的《新闻纸发行条例》，因"輯"字通"集"，在第二次世界大战后随着当用汉字的普及，改用"編集"表记。

欧洲大多数语言的"编辑"一词源自拉丁语 *redigere* 及其过去分词 *redactus*。例如法语 rédiger 和英语 redact 均首见于 15 世纪，比汉语"编辑"一词的产生晚八九百年。其词义的逐步演变过程为：带回（bring back）→删削或归结（reduce to a certain state）→整理（arrange in order）→编辑（edit）。

西语和汉语的编辑概念不同源，但"殊途同归"，在词义演变过程中获得了共同的意义——整理。这是编辑实践发展规律的一种反映。但是整理材料不过是编辑工作的一个方面，不一定是主要的方面。为了给编辑概念下定义，得设法找出古今编辑工作都具有的基本特征。"选择"也许可以认为是这样一个特征。对于所收集到的资料一般都要经过选择才会编入书中。例如我国最早的一部诗歌总集《诗经》实际上是两周诗歌名篇选集，据《史记·孔子世家》说，诗原有"三千余篇"，最后编定时只保留"三百五篇"，也就是说 90% 被舍去，编者在选择上所下的功夫无疑是巨大的。《文选》是梁昭明太子召集名士研读了近三万卷书，按照自己所定的标准"事出于沈思，义归乎翰藻"精选出来的文章英华数百篇，对后世有深远的影响。许多被赋予"全书""全集""大全"等名称的书籍，所收材料也是经过选择的，并不真正的"全"。例如《列宁全集》俄文第 4 版就不全，有些著作因不符合当时编者的选择标准就未收。

到了现代，随着出版物的品种增多，市场竞争激化，编辑的选择性普遍加强了。从选题、选作者到选材料、选作品都离不开一个选字。编辑工作的重点已从材料的收集和整理转到稿件的选择。由于现代编辑工作的日益社会化，原来由编辑承担的任务，包括选题、组稿、审读和加工等，大部分都可委托别人代做，唯独稿件的选择别人只能协助而不能代替编辑作出决定。一个出版社的成败受许多因素的制约，但归根到底取决于接受出版的稿件的选择是否适当。

笔者在提交1993年第六届国际出版学研讨会的文章《明确基本概念是出版科学研究的重要课题》第四部分《编辑学和编辑概念》中对涉及图书、报刊、广播、电视等传播媒介的"编辑"一词的含义曾试作如下界定："对主要是别人的作品和材料进行选择和加工以供复制向公众传播。"（载《新闻出版报》1993年8月25日）释义突出编辑"选择"和"加工"这两个特征，其中"选择"是第一位的，选题、组稿、审稿等工作环节是为稿件（作品和材料）的选择作准备，"加工"是使被选用的稿件符合复制传播的要求而必须做的工作。"整理"不过是许多加工方式的一种，"加工"一词可以包含"整理"的意思，所以这里不照习惯把"加工"和"整理"并提。在"作品和材料"前加"对主要是别人的"，用意在于把编辑劳动同著作劳动区别开来，但不排除作品和材料可以有一小部分是属于编辑的，如编辑说明、编者按、编者注等。"以供复制向公众传播"说明图书、报刊、广播、电视等新闻出版媒介的编辑目的。

二、"著作"概念

"著作"的概念古今有不同的理解。《辞源》修订本作如下的区别："古多指著书或作文"；"今凡用文字传述知识，表达意见、思想、感情等都叫著作"。《现代汉语词典》和《汉语大词典》的解释为：①"用文字表达意见、知识、思想、感情等"，②"著作的成品"。

现代的著作已不限于文字作品，按照我国著作权法，以语言、音响、图像或其他符号形式表现的作品都属于著作。"作品"和"著作"是同义词。1986年出版的《汉语大词典》第1卷仍沿用传统的定义，把"作品"解释为"指文学艺术创作的成品"。《中华人民共和国著作权法实施条例》已把"作品"的概念扩大到科学著作。按照该条例的解释，"作品"是指"文学、艺术和科学领域内，具有独创性并能以某种有形形式复制的智力创作成果"。日本1970年制定的《著作权法》对"著作物"的定义为"具有创作性地表达思想或感情的作品，属于文艺、学术、美术或音乐的范畴"。日本《国语大辞典》小学馆1981年版的释义与此一致。

在内容或形式上具有独创性是著作活动不可缺少的因素。例如记述一次新的考古发掘结果的报告或描述自己的科学实验成果的报告是著作，以不同于别人的表达形式介绍知识的通俗读物也是著作。综上所述，著作活动的概念似可理解为：在文学、艺术和科学领域内表达思想、感情、知识、经验，反映客观事物，其内容或表现方式具有独创性。著作活动除了用文字外也可用口述、作曲、绘图、摄影等方式进行，因此表达思想感情等似乎不必加"用文字"这样的限制词。

著作有狭义和广义之分。我国国家标准GB 3792.2—85《普通图书著录规则》列举了26种著作方式，其中包括"著""编著""辑、编、编辑""主编""改编""缩写""讲（口述）""搜集、整理""译、节译""编译""校""注""句读、标点""制定、提出""作曲""绘""摄"等。对每一种著作方式的使用场合都作了具体说明。"著"：用于创作性文字，即根据自己的见解撰写的著作，包括"撰""写""创作""述"等。"编著"：用于除具有自己撰写的文字外，另有整理他人著作材料，包括"编写""编纂"等。"辑、编、编辑"：用于将零散资料或草稿著作汇编成书。仅编排次序而不整理内容，称"辑"；对内容加以编整，称"编"或"编辑"，包括"整理""编定""编订""选辑""编辑"等。该著录规则所讲的"著"（"创作性文字"），是狭义的著作；至于"著作方式"中的"著作"则是广义的著作，指作品的形成方式，与《著作权法》中的著作所指一致。国家标准GB 3792.7—87《古籍著录规则》列举了9种著作方式，并分别作了解释。"撰"：著述。"编"：将多种著作整理、编排为一种书。"辑"：收集他人的著述或零散的文字，汇集为一种书。"修、纂"：主要指官修书的著作方式，主持其事为"修"，实际编写为"纂"。

上述国家标准把"撰""写""创作""述"归入著述类，把"编""辑""整理""编定""编订""选辑"归入编辑类，把介于著述和编辑之间的"编写""编纂"归入编著类。"编纂"和"编辑"在古代和现代有时可以互训。但现代的用法倾向于把它们区别开来。前者可作为"编著"的同义词使用，后者不能。《古籍著录规则》把"纂"的词义解释为"编写"，而不是"编辑"。司马迁的《史记》属编纂的作品，可归入编著或著述类，但不宜归入编辑类。司马迁在《报任安书》中说他"著此书"欲以"成一家之言"，可见他认为自己是《史记》的著者，而非编（辑）者。

编辑是一种创造性智力活动，把编辑列为著作方式的一种是有道理的。独创性既可表现在撰述或创作活动中，也可表现在编辑活动中。例如清初编的《唐诗三百首》和武汉大学中文系选注的《新选唐诗三百首》在选材和体例方面就各具特色。鲁迅说："选本可以借古人文章寓自己的意见。……读者虽读古人书，却得到了选者之意。"日本《著作权法》第十二条规定："编辑物在其素材的选择或编排方面具有创造性者，作为著作物予以保护。"我国《著作权法》第十四条也规定："编辑作品由编辑人享有著作权，但行使著作权时，不得侵犯原作品的著作权。"编辑劳动在法律上被承认是一种不同于原作的著作活动。

三、与"编辑"和"著作"概念有关的问题

作为著作方式一种的"编辑"和作为出版工作一部分的"编辑"代表不同的概念。因此，在探讨编辑概念时必须注意区分"作品编辑者"（编辑作品的作者）和"出版社编辑"。前者享有著作权，名字通常印在扉页上；后者是获得出版权的出版社的成员，名字印在版权记录页

上。例如《三中全会以来重要文献选编》（人民出版社1982年版）是中共中央文献研究室编辑的，该室作为这部作品的编辑者享有著作权，在扉页上署名"中共中央文献研究室编"。"作品编辑者"包括主编者、汇编者、选编者、节编者、改编者等，因为名字要印在扉页上，俄文称тнгульнмй редактор，直译"在扉页上署名的编辑者"，意为"作品编辑者"。"出版社编辑"则称издателгский редактор，其中包括出版社的责任编辑、文字编辑、美术编辑和技术编辑等。

关于编辑产生的时间，一种看法认为有图书就有编辑，另一种看法认为有出版才有编辑，似乎意见有分歧，其实所理解的编辑概念不一样，各有各的道理。依愚见，在出版编辑产生之前就已经有属于著作范畴的编辑，即作品（图书）编辑者，出版社编辑是作品编辑的继承和发展。但作品编辑没有被出版社编辑所取代，而是转变成为出版社编辑所需稿件的一个来源。

我国图书和图书编辑活动产生于周代。殷代典册是经过整理集中保存的档案，具有书籍的某些功能，如记言记事、积累经验以备查考等，但还不是正式的书籍。这是因为：（1）书籍是社会传播媒介，必须使公众能够得到。殷代甲骨档案限于王室成员和高级官吏这个小范围内查阅，就是他们也不能将其作为读物据为己有。（2）作品需经复制向公众传播才能成为书籍，殷代典册是档案原件，非复制品。即使在现代，未经出版而保存在档案馆里的文献材料原件，虽整理装订成册也不能认为是书籍。

我国有文献可考的最早一种书是西周晚期的学童识字课本《史籀篇》，《汉书·艺文志》有著录，说共15篇，许慎看到当时尚存的9篇，在《说文·叙》称该书为"周宣王太史籀"所撰。魏晋以后，此书全失，现已无法了解编纂情况。不过有大量史料表明周代史官、采诗官、乐官等文化官最早参与了图书编辑或编纂活动。

最先把古代儒家的六种教材称为"六经"，并提到"六经"和孔子的关系的是《庄子·天运》："孔子谓老聃曰：'丘治《诗》《书》《礼》《乐》《易》《春秋》六经，自以为久矣，孰知其故矣'。""治"在这里作治学即研究讲。这样说来，"六经"在孔子之前早已成书。后来又出现了与此不同的"六经"为孔子所编的说法，是否如此，这是两千多年来一直有争议的问题。《乐》已失传或者根本没有成书。今本《尚书》和《周易》已非孔子时的原貌。目前恐怕只能根据有关《诗经》和《春秋》成书情况的一些材料作点分析和判断了。

《史记·孔子世家》："古者，诗三千余篇，及至孔子，去其重，取可施于礼义"，得"三百五篇，孔子皆弦歌之"。孔子按照自己的取舍标准，把诸多采集来的诗歌加以精选，然后逐一进行审处，使其合乐，这无疑是编辑活动。

有学者认为《诗经》成书时间不晚于周景王三年（鲁襄公二十九年、公元544年），编集者大概是周室乐官太师，当时孔子才七八岁。其依据是《左传·襄公二十九年》有关吴公子季札访鲁赏乐等记载：鲁乐工为季札演奏的诗歌从分类、名目到次第都同今本《诗经》差不多。《左传》和《国语》所记载的诗歌有250多处，95%以上都见于今本《诗经》，只有5篇未见。但是这不能排除孔子后来对这部诗集作进一步删订的可能性。不管是谁，是一人还是先后经过多人之手把这部诗集编成，不容置疑的是在周代已有作品编辑者存在。

传世的《春秋》恐非孔子所作，也非他编定或删定。今本中有他的生卒年月。鲁襄公"二十有一年。……十有一月。庚子。孔子生"，鲁哀公"十有六年夏。四月，己丑。孔丘卒"。[1]孔子不会给《春秋》加上自己的生年；加上自己的卒年则绝对不可能，这些想必是孔子的后学所加。有些论著把开创我国史书编年体例归功于孔子，并引证章学诚《校雠通义》："二十三史，皆《春秋》家学也。"《春秋》开创编年体先

---

[1] 洪业等编纂：《春秋经传引得》上册，上海古籍出版社1983年版，第295、492页。

例不等于孔子开创这一先例。在孔子出生之前就有鲁国历代史官世代相承集体编录的《春秋》在流传。该书以鲁隐公元年开始按年、季、月、日顺序记下了二百多年的历史事件，其中包括37次日食发生时间。如果这种编年体例不是春秋初期或更早的史官所创，晋、齐、楚、宋等国史官均按这套约定俗成的体例记录本国发生的大事并相互通报，晚生的孔子或其他人是无法把《春秋》中所载的各国历史事件理出年代顺序来的。

正像现在的教师讲课不会完全照本宣科一样，孔子利用鲁史官编的《春秋》作教材时也会按照自己的需要作修改，即所谓"修《春秋》"。"不修春秋"早已失传，但有片断的资料保存于其他古籍中，从有些研究者将其与今本《春秋》所作的比较可以看出，孔子或孔子的后学对"不修春秋"的处理有四种方式：（1）没有把握的不改；（2）不符合要求的删去（"为尊者讳"）；（3）作纯属文字性的修改；（4）作涉及观点的修改。通过春秋笔法对历史人物和事件进行褒贬属第四种，春秋笔法已到了使"乱臣贼子惧"的地步，这样的修改想必为数不少。孔子所谓"述而不作"与其说是一种编辑方式，不如说是一种著述方式。利用已有的历史资料阐述自己的政治主张，在今天看来是一种著述活动。既然上述四种情况都存在于经过修改的《春秋》中，就有理由认为它的成书方式属于编著，而不属于编辑。我国最早的书籍的成书方式多属《诗经》和《春秋》两种模式，即编辑或编著。

为了弄清作品编辑和出版社编辑的关系，需要明确出版活动产生的时间。有人把抄本出版时期大致定在公元前6世纪至公元8世纪，所理解的"出版"是"公之于众"（见《编辑学刊》1992年第2期，第5页）。公元前6世纪是春秋后期、孔子的时代。西方"出版"的概念来源于"公之于众"，但仅仅把作品"公之于众"可供传抄还不能构成出版行为。"出版"是一种行业活动，在历史上有人复制（包括抄写）图书向公众出售并以此为业之后才出现出版业的萌芽。根据《中华人民共和国著作权法实施条例》,"出版"是"指将作品编辑加工后,经过复制向公众发行","发行"是"指为满足公众的合理要求,通过出售、出租等方式向公众提供一定数量的作品复制件"。在孔子的时代,作品的传抄是为了自用或收藏,还没有人以抄写图书出售为业。如果"公之于众"就是"出版",那么早在周宣王时代(公元前827—前782年)就该有图书出版了,因为那时周太史已编出课本《史籀篇》向学童传授,这样出版还得提前,有图书就有出版了。

依愚见,我国抄本出版业的萌芽产生于西汉末期,以扬雄(公元前53—公元18年)在《法言·吾子》中提到的书肆出现为标志,有书肆就会有人将经过前人或时人编辑加工的作品抄写复制向公众出售或出租。在现代出版业中图书免费分配也被认为是一种发行方式。但从历史上看图书发行是从出售开始的,免费分配后来才有,并不占主要地位。扬雄和刘向、刘歆是同时代人,刘氏父子整理群籍主要是为了充实皇家图书馆藏书,在长安太学附近的"槐市"买卖的多属经传一类教学用书,带互通有无性质,显然不能满足社会多方面的需要,专门出售各类书籍的书肆便应运而生。"好书而不要诸仲尼,书肆也",扬雄的这句话意思是说好读诸子百家书籍而不专攻儒家经典,等于开书铺。可见当时书肆出售的书籍品种是相当多的,可惜不知道这些书籍的编辑者是谁。刘氏父子整理的书籍有许多底本来自民间,经他们编定后有些再流传到民间抄写出售的可能性是存在的。公元前3世纪古埃及亚历山大城已出现具有一定规模的出版活动,抄写复制所依据的主要是皇家图书馆收集并校定的标准本。

西方图书市场的形成比我国早。公元前5世纪后期在经济文化繁荣的雅典就出现了书肆(bibliopola)。古罗马的大藏书家、学者和富商提·庞·雅典库斯(T. F. Atticus,公元前109—前32年)于公元前1世纪60年代中期在罗马创办了一家正规的抄本出版社,史籍留下关于它的创办和经营情况的一些记载可以帮助我们了解早期抄本出版活动中作者、编辑和出版人的关系。

古罗马没有版权，任何人都可以抄书出售，粗制滥造的图书充斥市场。雅典库斯接受他的好友、罗马执政官和大演说家西塞罗（公元前106—前43年）的建议，创办了一个正规的出版社来出版发行高质量的图书，该社在罗马和外省都开设有销售机构。因为大批有文化的奴隶被用来当抄写员和校对，一种作品抄几百本短期内即可完成。雅典库斯亲自当西塞罗大量著作的编辑，其中包括《西塞罗致雅典库斯书信集》（公元前68—前44年）。这是出版人和编辑合一的例子。在古罗马被认为是最博学的作家马·特·瓦罗（公元前116—前27年）于公元前58年在该社出版了15卷本《群像》，其中包含700个希腊罗马名人传记，而画像和名字是刻在硬木上涂黑墨再盖印在莎草纸上的。这种带开创性的复制插图的方法据说是作者本人建议采用的。这是作者参与编辑出版活动的例子。雅典库斯的朋友、历史学家科内利乌斯·内波斯应邀为该社编辑拉丁文书籍，而古罗马最早的图书馆管理员、语法学家蒂拉尼昂则负责为该社编希腊文书籍，其中包括大型的柏拉图著作集。罗马独裁者苏拉将军于公元前86年征服雅典后把柏拉图和亚里士多德的遗著（手稿和抄本）劫回罗马，后来这些图书资料落到了蒂拉尼昂手中。柏拉图的重要哲学著作据信全部传世，没有一种遗失，这在很大程度上要归功于早期的抄版编辑出版者。过了一千五百多年之后，柏拉图著作集的第一个印刷版才于1513年问世。

亚里士多德著作集的第一个版本是作者去世二百多年之后由亚里士多德学园最后一任（第11任）园长、罗得岛的安德罗尼库斯大约于公元前60年编辑出版的。亚里士多德的遗著原稿为蒂拉尼昂所提供。安德罗尼库斯所做的工作包括：把作者在学园的讲稿、札记和小结等分类，定篇名，考证写作时间，辨别真伪，剪除浮辞，订正抄本差错，加诠释和评注，把所整理出的47种著作按作者的思想体系加以编排，最后写了一篇序文对自己的编辑方法作了说明，叙述亚里士多德的生平和学术成就，并介绍了自己的研究心得。这个抄写版后来成为流传至今的《亚里士多德全集》标准版的基础。亚里士多德著作据 2 世纪传记作家欧·拉尔修统计有 164 种。作者本人发表（"公之于众"）供人抄录的已佚失，只残留一些片断，这 47 种结集出版的得以保存下来。

政治家、演说家、诗人、哲学家、评论家、古典学者西塞罗的时代是古罗马人才辈出、出版业开始大发展的时期。可供编辑出版的不仅有散失在各处的古希腊哲学家的著作，而且还有当代作家用拉丁文写的大量作品。西塞罗本人传世的论著有演说 58 篇和诗文体书信 900 多篇。仅瓦罗一人写的著作据估计大约就有 74 种 620 卷。雅典库斯曾长期在雅典居住过，是精通希腊文和拉丁文的哲学家和史学家，同文化界人士有广泛的联系，而且具有经营企业的资本和才能，又得到官方的大力支持，所以能成为优秀的编辑出版家。

早期抄本出版社出版的既有创作的作品，也有编辑的作品，出版社编辑多由出版人或社外学者兼任，这种状况直到印刷出版业发展的初期并没有根本改变。例如南宋诗人陈起（13 世纪）在自己开办的书坊里当了几十年的编辑，但仍兼出版人。编辑专业化是近代资本主义出版企业出现以后的事，在我国是从 19 世纪下半期开始的。我国历代史馆设置的修撰一类官职，不是现代意义的编辑，他们所从事的主要是编辑活动，其编辑成果一般不向公众传播。

有人认为编著合一是古代编辑的特征，现代编辑工作仍包含一部分编著活动。对"编著合一"有两种解释，一种是著作者和编辑者合一，这种现象在古代是大量存在的。另一种解释是编辑和著述合一，这种合一似乎不宜归入编辑活动。早期的商务印书馆和现在某些教育出版社承担一部分教材的编写任务，出版社的编辑是以作者的身份参与这项工作的，对所编写的教材享有著作权，并且可以在扉页上以作者的身份署名。例如，初级中学教科书《中国历史》第 1—4 册（人民教育出版社）署"人民教育出版社历史室编著"，另外还有出版社责任编辑的署名。

编著合一属著述活动的一种方式，如果也可以归入编辑活动，编辑和著述的界限就区分不清楚了。编辑概念恐怕还是限制在对主要是别人的作品和材料进行选择和加工的范围内为好。

试论独立的编辑职业的形成

编辑是现代社会职业之一种,在书报刊出版机构及其他传播机构中都有以编辑作为自己的专业工作的人。在遥远的古代就已经存在编辑活动。编辑工作在何时成为一种独立的社会职业,是编辑史研究不能不涉及的课题。本文试就这个问题谈一点粗浅的看法。

一、古代出版业编辑活动的一些情况

编辑形成一种独立的社会职业需具备以下一些条件:1.在出版机构等传播机构内部具有明确的专业分工,编辑工作有专人负责;2.编辑工作具有普遍性和连续性,比较多的传播机构都有长期聘用的编辑人员,他们有一定的选题选稿权;3.社会上具有这样一种固定的专业,人们可选择来作为谋生手段。现代各种传播机构的编辑工作的基本内容为:依照一定的方针开发选题,选择和加工稿件以供复制向公众传播。编辑工作作为一种专业活动是从它成为出版工作的一部分之后开始的,因此独立的编辑职业的形成过程需结合出版史来研究。

手抄出版业先于印刷出版业产生。早在公元前5世纪雅典就出现了手抄出版业的萌芽。古希腊喜剧作家阿里斯托芬在现存的剧作《鸟》(写于公元前414年)中曾描写过有些雅典人一吃过早饭就跑到书肆浏览谈论新书。柏拉图曾在雅典书肆购买过毕达哥拉斯学派哲学家菲洛劳斯的三种论著,他自己的著作也被抄写出售,甚至远销西西里等地。当

原刊于《编辑学刊》1994年第6期。

时被抄写出版的书籍是如何编辑的,可惜史籍没有留下具体的记载。

在公元前 3—前 2 世纪,古埃及的亚历山大城发展成为"希腊化"世界的文化和出版中心。托勒密王朝在这里建立了当时世界最大的图书馆,藏书最多时达几十万卷纸草卷。历任馆长都是当代大名鼎鼎的知识渊博的学者,例如第三任馆长昔勒尼的卡里马科斯(约公元前 260—约前 240 年在任)是诗人、语法学家、评论家。他主持编纂了名为《皮纳克斯》的名著解题书目,又称《各种著名学者及其著作目录》,其中包含该馆最有价值的藏书约 9 万部。第六任馆长拜占庭的阿里斯托芬(公元前 195—前 180 年在任)是希腊文献校勘家、语法学家、辞典编纂家。他编订过荷马史诗,公元前 8 世纪诗人赫西奥德的《神谱》,以及公元前 7—前 4 世纪诗人、剧作家阿尔凯奥斯、品达罗斯、欧里庇德斯、雅典的阿里斯托芬的作品,对诗的韵律作了分析归纳,在一些剧作前面写了概要或评介。他对文献校勘方法的创新对后世学者有深远的影响。

亚历山大图书馆所做的工作包括书籍校勘、编订、抄写、校对、编目、保管、出借等,所编定的标准本还由本馆大批书吏抄制复本出售。可见该馆的性质与古代一般皇家图书馆和现代图书馆有所不同。英国作家赫·乔·韦尔斯说它是"国家图书馆与国家出版机构的结合","像一所大学出版社一样,也对外营业,出售书籍"。①亚历山大图书馆虽然执行了部分出版职能,这毕竟不是它的主业,因此该馆参与编辑工作的馆长及其他有关馆员还不能认为是专职的编辑人员。

古罗马第一家正规的抄本出版社是藏书家、学者、富商提·庞·雅典库斯(公元前 109—前 32 年)在公元前 1 世纪中期创办的。他自己参与编辑工作,负责编辑他的好友、罗马执政官西塞罗的著作,并聘请历史学家科·内波斯和古罗马最早的图书馆员、语法学家蒂拉尼昂当编辑。大作家马·特·瓦罗公元前 58 年在该社出版了 15 卷本《群像》,

---

① 赫·乔·韦尔斯:《世界史纲》,人民出版社 1982 年版,第 407 页。

该书的几百个人物画像采用印章式复制法据说是瓦罗本人出的主意。该社出的书有时由作者自己担任校对，在书末注明作者自校，这种版本特别珍贵。这些情况表明出版社的编辑工作往往由出版人、作者和专家学者兼任，专职编辑也会有，但不带普遍性。古罗马没有版权保护，任何出版商都可以抄书出售，粗制滥造的书籍充斥市场。非正规的出版社不会有多少专职编辑对作品进行认真加工。

以书肆出现为标志，我国在西汉末期产生了手抄出版业的萌芽。但早期书肆的组织形式目前所知甚少，看来所售书籍主要有三种来源。一是书商选择适销的作品自己抄写或雇人抄写，当时社会上存在以抄书为业的"佣书"和"经生"。校对通常由抄书人负责。二是以抄书为业的人主动把抄好的书送来出售。三是作者把自己的作品复本交书商出售或由书商抄写出售。最初以选择流传已久的古典作品的定本抄写出售居多，后来逐渐增加晚出的作品。西汉扬雄和东汉王充在书肆看到所卖书品种已经不少，其中有诸子百家的著作。总的说来，早期的书肆规模不大，一般不会有专职编辑。

唐代是手抄出版业和印刷出版业并存时期，所出版的往往是同一类书。小楷书手吴彩鸾与其夫文箫在唐大和年间（827—835年）以抄书售书为业。传世的抄本有《玉篇》《法苑珠林》《刊谬补缺切韵卷》和《唐韵》及佛本行经等，大多是已流传百年以上的工具书和宗教书籍。宋诗人陆游在蜀郡迎祥寺曾见过吴彩鸾所抄写的佛经60卷。从8世纪起，在唐朝首都长安及四川等地陆续出现印卖书籍的书坊、书肆。在长安留学的日本僧人宗叡于咸通六年（865年）曾把四川刻印的《玉篇》《唐韵》各一部及佛经134部带回国内。可见当时书商所选的多是前人已编辑或翻译好的销售量较大的书籍，同时代人的新作很少接受出版。《白氏长庆集》（825年）所以被编辑出版，那是因为唐代是诗歌黄金时代，白居易的诗作深受人民喜爱，争相传诵。

到了宋代，我国学术文化和出版业已相当发达，图书品种和新作大量增加，开始出现一些博学不仕、终身以编刻他人之书为业的人，从事编辑出版工作近 40 年的南宋诗人陈起（13 世纪）就是一个杰出的代表，同时代的许多诗人的作品经过他编辑出版得以传世。在个人一生中编刻图书最多的中国出版家是明末藏书楼和印书工场汲古阁的主人毛晋（1599—1659 年）。陈起和毛晋都是以出版人的身份兼做编辑工作，并非专职编辑。古代私营出版机构大都是以家族为基础兴办起来的，如果后继无人就会停办。出版商往往自己兼编辑，是否聘用专人协助编书根据需要而定，编辑作为一种专业职务在古代尚不带连续性和普遍性。

在抄本时期我国只有民间的出版机构，而不存在官方的常设出版机构，因为政府抄写复制的书籍主要是供入藏使用，有时皇帝也赐赠臣僚，但一般不向公众出售。印刷术发明以后，政府才设有出版发行部门，例如五代的国子监和清代的武英殿所编的书有一部分也售卖，但编发什么书完全由皇帝或高级官吏决定，编辑人员自身并没有选择权，编辑任务往往由临时指定的官员承担。实际上在我国历代王朝的官方出版机构中并不像现代那样存在有权开发选题、决定书稿取舍的专职编辑。

二、编辑作为一种独立的社会职业的形成

编辑工作形成一种独立的社会职业是同近代资本主义生产关系的确立有联系的。形成过程从西方近代报刊的出现开始，因为创办报刊就需要有专人担任编辑，负责稿件的组织、审查、选择、加工和编排。古代书籍的出版一般不定期、不限量，何时编成何时出。编辑可由政府官员、图书馆员、作者、专家学者或出版者兼任。书编成后，编辑可去可留，可改做他事，不一定要有专职编辑。定期出版的报刊则不同，只要继续办下去，编辑的职位就不能空缺，而且不能主要靠兼职人员来编。我国古代的朝报、邸报没有固定的形式，所报道的主要是皇帝谕旨、官员任免和臣僚奏章等朝廷政事，消息简短，内容不广，所以主编可由门下省给事中等高级官吏兼任，这些官员都不是专业编辑。

西方最早的印刷报纸是1566年意大利威尼斯城把手抄新闻改为单张印刷出售的《威尼斯公报》。第一种有固定刊名的定期刊物是奥地利人米夏埃尔·冯·艾钦格在1588—1598年出版的《博览会报道》半年刊。"博览会"是发行的场所，被借用来作刊物的名称，所报道的不是博览会的情况，而是系统介绍欧洲、近东政治、军事、商业等方面半年内发生的重大事件。该刊又被称为"新闻书"，春秋两季在德国法兰克福市上出售。艾钦格被认为是西方近代报刊业的先驱。第一份印刷的日报是德国的《莱比锡新闻》，1660年创刊时为周报，1663年改为日报。世界最早的学术性期刊《学者报》和《哲学汇刊》1665年1月和3月分别在巴黎和伦敦问世。由于宗教改革和早期资产阶级革命造成的有利条件，在17世纪各类报刊已遍及德国、荷兰、法国、意大利、英国等西欧各国。仅荷兰（尼德兰）一国到1626年已办新闻报刊约140种。与采访员、撰稿人有分工的专职编辑大批涌现。由此看来，近代编辑工作作为一种独立的社会职业始于16—17世纪的欧洲报刊。

书籍编辑作为一种独立的社会职业的形成比报刊要晚得多，在西方主要是从19世纪上半期开始的。在欧洲印刷业发展初期，编辑、印刷、发行往往是合一的，随着出版规模的扩大，编辑工作才逐渐分离出来，到19世纪末这个专业化过程才基本完成。

英国图书印刷出版业的创始人威廉·卡克斯顿1476年在威斯敏斯特创办了英国第一家印刷所，书籍的编选、翻译、印刷、销售都在他主持下进行。他出版书籍约100种，其中包括乔叟的《坎特伯雷故事集》和第一部带插图的英文百科全书《世界镜鉴》。他一生译过24种书，有22种是在自己的印刷所出版的。俄国出版业的奠基人和第一位知名的编辑是伊凡·费奥多罗夫，他与一位助手于1564年在莫斯科出版了俄国历史上第一本载明日期的印刷读物《使徒行传》。他对本书进行了美术装帧和版式设计，改进和增添了活字字体，对文字作了仔细的加工，在书末加跋语说明本书出版经过。法国埃蒂安纳·亨利一世大约于1505

年在巴黎创办了一家印刷所，他的儿子罗贝尔一世后来至日内瓦，总共传了五代，都是学者兼印刷商。他们编辑出版了希腊、罗马许多古典作品的第一个印刷版，尤以编词典著名。当然也有一些非学者出身的印刷出版商，例如荷兰埃尔泽菲尔家族1581—1712年世代经营印刷出版业（包括书店），编辑工作主要聘请专人来做。

18世纪末19世纪初，铅版整版浇铸技术、造纸机器、以蒸汽为动力的印刷机的发明使印刷速度明显加快，图书产量成倍增长（19世纪世界出版图书约800万种，为18世纪的4倍）。随着文化教育的普及，识字的人数增多。铁路交通与远洋运输条件的改善，生产规模和国内外市场的扩大，使人们认识到图书业原来编、印、发合一的组织形式已不能适应时代的要求，必须实行专业分工。图书出版业的重要职能——编辑出版及由此须承担的经济风险，于是逐渐由印刷商身上转移到书商身上，再进一步转到新式出版商，即具有现代含义的商业性出版社身上。

让我们简要地回顾一下对我国近代出版业影响最大的英国出版业的专业分工过程。在印刷出版业发展初期，一家印刷出版机构一年出书不多，卡克斯顿的印刷所平均一年出书7种（其中有些还是国王、贵族、富商交来印刷的特定的书籍），销售数量多不大。编印发可以由印刷所统管起来，但是英国国内市场狭小，产品必须打开国外销路。图书靠零售，不能大批销往远方。早在15世纪，伦敦就有商人把欧洲大陆印刷的书籍贩运回国，通过各地集市批发给零售商。到16世纪，伦敦的一些印刷出版商也开始利用集市批发所出图书。由于集市后来逐渐衰落，英国的大书商和出版商在17世纪晚期开始组织非正式的协调机构，以处理有关版权保护、印刷和图书批发的事务。到18世纪中期，出版社通常指定一家或几家书商批发本社出版的图书。到19世纪上半期，英国完成了产业革命，大机器生产基本上代替了工场手工业，图书产量猛增，图书特约批发制已不能满足需要，专业化的图书批发商（wholesale bookseller）应运而生，最大的一家是辛普-马歇尔公司，成立于 1838 年，其起源可上溯到 1814 年 W. 辛普金和 R. 马歇尔两个书商开始从事图书批发生意。W. H. 史密斯公司是英国最大的报纸批发商，也兼营图书批发。该公司是从 1812 年发展起来的，目前已成为英国最大的连锁书店。

为便于国家管理，英国规定从 1799 年起一切印刷商都必须在所有印刷品上印有自己的名字。当时在图书上记载的出版事项的标准格式为："由 X 为 Y 印制，由 Z 销售"（Printed by X for Y and sold by Z）。X 为印刷商，Y 为出版商，Z 为销售商。这时的出版商已是从印刷业分离出来、不再承担销售任务的新式出版商，他们拥有著作出版权。这种具有现代含义的新式出版商从 18 世纪末 19 世纪初逐渐增多。据约翰·费瑟编《书史词典》（伦敦 1986 年版）的解释，publisher（出版商）一词在 18 世纪晚期开始具有现代含义，即"组织书报出版并提供资金的版权所有者"，这个新义大约于 19 世纪 20 年代完全确定。古代书商本来具有图书出版和销售两种职能，英语"书商"（bookseller）一词大约从 19 世纪初起，专指图书销售商，特别是图书零售商（retail bookseller），不再具有出版商的含义。上述词语的含义变化是同图书印刷、出版、发行的职能分化相适应的。

英语 editor 一词首见于 1649 年，源自拉丁语 *edere*（产生、问世），本指"出版者"，意思同现代法语的 éditeur 一样。从 1712 年起，这个词的意思开始转变为"编辑工作者"。至 1791 年，editor 的词尾 -or（者）被截去，用"逆成"的方式产生动词 edit（编辑活动）。此后专用 publisher 来表示"出版商"。在 19 世纪初，西方出版商仍常常负责审稿。在公司规模扩大、稿件大量增加之后，不可能再继续这样做。大约从 19 世纪 30 年代起，英国大出版公司，特别是小说出版公司，开始雇用审稿编辑，后来逐渐制度化，到 19 世纪后期西方各国出版社普遍设置了专职的图书编辑，尽管有些小社至今仍由出版人兼任编版、开发选题，而审稿和加工则依靠社外力量来做。"加工编辑"（copy editor）的名称是 1899 年开始出现的，说明在 19 世纪晚期审稿和文字加工已分别有专职编辑负责。至于与"加工编辑"相对应的"组稿编辑"（acquisitions editor 或 commissioning editor）这一专任职务的设置则始于 20 世纪 40 年代美国的教育出版社，目的在于加强选题组稿工作。

在 19 世纪我国逐步沦为半封建半殖民地过程中，外国传教士和商人来华创办了我国近代最早的一批新闻出版机构，并吸收我国人参加编辑出版工作。英国人在 1815 年以前于澳门开设的东印度公司出版社是我国境内最早出现的带资本主义性质的出版社。它的英文名称为 The East India Company's Press（Macao）。Press 本义是印刷所，如果这个机构不仅仅印书，而且也编书出版的话，那么它就是印刷出版机构。英美两国的大学出版社不管是否有自己的印刷厂，都以 Press 做社名。

受英国伦敦布道会派遣在 1807 年第一个来华传教的罗伯特·马礼逊，从 1809 年起在东印度公司于广州开设的机构担任中文译员，首先把《圣经·新约》译成中文，1814 年于广州印刷出版。所编 6 卷本《华语字典》1815—1823 年陆续由澳门东印度公司出版社出版。该书分华英、英华部分，从《康熙字典》收汉字 4 万余字，有用例，均加英译，共 4595 页，这样大型的工具书没有我国人参与编校是出不成的。编者在该字典第一卷的出版说明中承认本书的排字、印刷、审稿、校对任务是在"本地人"帮助下完成的。已知其中有广东刻工梁发。

外国人在我国境内创办的第一家外文和中文报刊分别是澳门的葡文《蜜蜂华报》（1822 年）和广州的中文杂志《东西洋考每月统记传》（1833 年）。在 1894 年甲午战争以前中国报刊以外国人创办的占绝大多数，其中外文报刊 100 多种、中文报刊 70 多种。要把中文报刊办好不可能没有中国编辑。这些报刊中历史最长、影响较大的是上海《申报》，英商美查于 1872 年创办，以营利为目的。为争取读者，从创刊起均由中国人出任主笔，首任主笔是蒋芷湘。

秀才出身的资产阶级改良派王韬（1828—1897年）是我国书报刊出版史上传奇式的人物，我国近代编辑出版业的先驱。他于1849年应聘进英国传教士办的上海墨海书馆，从事图书编辑和译文加工工作长达13年之久。他自称："只为衣食计，但求心之所安，勿问其操何业。译书者彼操其意，我徒涂饰词句耳，其悖与否，固于我无涉也。"当时所采取的译书方式通常是由懂中文的西人口述原著意思，由"华士"笔录，有不明处共同商讨，译后由"华士"将初稿改正润色，使符合中国文法。该馆于1857年创办上海第一家中文刊物《六合丛谈》月刊，王韬曾参加编辑。由于上书为太平军将领献策，王韬遭清廷追捕，1862年避居香港，在那里译书、编书，1867年去英、法等资本主义国家考察，眼界顿开，认识到中国不变法不足以图存，下决心利用新闻出版工具启发民智，促进改革。1870年春由欧洲返回香港，为《华字日报》撰稿，曾出任主笔。1873年在香港与人集资创办了中华印务总局，这是中国民办的第一家近代出版社，既出书又出报。同年10月王韬仿效英国《泰晤士报》的模式，出版我国近代第一张以政论著称的报纸《循环日报》，自任主笔，每日刊登一篇时事评论，大部分出自他的手笔。中国人自办近代报刊始自19世纪70年代，至1894年有20种左右。

甲午战争失败后，清政府允许民间办企业，国内出现了创设新闻出版机构的第一个高潮，维新运动三四年间，仅上海一地就创办了十几家。资产阶级改良派领袖梁启超一人从1895年至1922年这27年中创办和主编报刊在十种以上。其中影响较大的有《中外纪闻》《时务报》《新民丛报》等。毛泽东和邹韬奋都讲过他们在青少年时代爱读《新民丛报》。

进入20世纪，以孙中山为代表的资产阶级革命派为加强革命宣传，在1900年1月创办了自己的第一家报纸《中国日报》。革命派的同盟会的主要机关报《民报》于1905年11月创刊，孙中山撰写了发刊词。封建帝制在辛亥革命中被推翻后出现了创办报刊的新高潮。据统计，1912

年全国报刊总数猛增至495种，为1901年的4倍。

图书编译出版机构在甲午战争以前以官办和外国教会办的占主要地位，规模较大的有京师同文馆（1862年）、江南制造局翻译馆（1868年）和广学会（1887年）等，其中设有专职的译文编辑，主要从事文字加工，对选题无决定权。这些机构编译出版的书籍首先是为洋务派和外国资本主义势力服务的。1897年2月和同年秋季，商务印书馆和维新派的大同译书局等在上海先后创立，标志着我国近代民营图书出版业由萌芽转入了新的发展时期。

商务印书馆创办至今已成为我国历史最悠久的出版机构，为我们考察图书编辑形成一种独立的社会职业的过程提供了方便。张元济（1867—1959年）于1902年进馆，出任编译所所长，帮助该馆创办人夏瑞芳等实现了以印书为主到编书为主的转变。从1903年起出版严复所译西方学术名著和林纾所译外国文学作品，1904年出版了为小学新编的《最新教科书》。张元济广延编辑人才，分部门设置专职编辑以保证书籍的质量。1903年刚从日本留学回国的高梦旦（1869—1936年）任国文部主任，主持新式小学教科书的编辑工作，后倡议设立辞典部，编《新字典》《辞源》。曾任我国早期学术杂志主编多年的杜亚泉（1873—1933年）于1904年应聘任理化部主任。曾获美国哥伦比亚大学硕士学位、经廷试授进士的邝富灼（1869—1931年）从1908年起任英文部主任编辑。上述三人被称为该馆编辑的"创业三杰"。由于设立了专业化的高水平的编辑机构，保证所出图书质量好又适销对路，该馆在不长的时间内由一个小印刷所发展成为我国近代最大的新式出版社。

蔡元培在1918年写的《夏瑞芳传》中回忆了商务印书馆创设编译所的情况，并把是否设置专门的编辑机构以保证图书质量作为区别旧式书肆和新式出版社的一个重要标志。他说清末废科举、立学校需要有教科书，而教师以授课之暇编纂的教材"限于日力，不能邃密，书肆诎于资而亟于利，以廉价购稿而印之，慰情胜无而已。近二十年，始有资本较富之书肆，特设编辑所，延热心教育之士专任其事。……其创始之者，实为商务印书馆"。他接着写到，张元济主持该馆编译所后，以重资购当代名士严复、伍光建、夏曾佑等人的著作，并且发行辞典、小说、杂志等，而以主要精力编小学教科书。一种课本选题确定之后，往往先找数人各自试编，"择其较善者，又经数人之检阅及订正，审为无遗憾焉而后写定。……以是出版后，大受教育界之欢迎，而同业之有事于教科书者，度不能以粗劣之作与之竞，则相率而效之。于是书肆之风气为之一变"①。

商务印书馆成功的经验不仅在当时迅速被推广，就是对后来成立的出版社也有深远的影响。中华书局的创业史就是一个有代表性的例证。陆费逵在1908年经高梦旦推荐进商务印书馆任国文部编辑，次年任出版部长，兼《教育杂志》主编、讲义部主任。民国元年（1912年）他在上海创办中华书局，也设置并逐步扩充专业化的编辑机构。编辑所下设中学部、小学部、字典部、英文部，后增设普通图书部、杂志部等。在1913年刚从南京政府卸任下来的教育部次长范源濂被聘任该局编辑长。随后梁启超等一批知名学者和编辑家也入局主编书刊。中华书局首先在教科书，然后在辞书、杂志、古籍出版的品种和质量上同商务印书馆展开竞争，在几年间就成为仅次于商务印书馆的全国第二大出版社。此后各类规模较大的出版社如世界书局等大都设有编辑机构和专职的图书编辑。

概括地说，编辑工作在我国是鸦片战争以后和五四运动以前逐渐形成一种独立的社会职业的，19世纪末至20世纪初是古代编辑工作向现代编辑工作转变的关键时期。在西欧，报刊编辑比图书编辑大约早200年形成独立的社会职业；在我国，这一过程是在同一时期内实现的，这与西方的新闻业和出版业的组织形式同时被引进和推广有关，但推广

---

① 高平叔编：《蔡元培全集》第3卷，中华书局1984年版，第228—229页。

速度前者似乎比后者要快些。

　　日本这方面的情况同中国有些近似。依照《平凡社大百科事典》（东京1985年版第13卷，第680页）的说法，在日本史上，编辑工作是在明治维新（1868—1873年）以后，随着近代新闻出版业的确立而成为独立的社会职业的。著作者和编辑工作者的分离过程首先从报刊开始，编辑的职能逐渐明确，编辑不仅接受作者投稿，而且鼓励作者写稿。《中央公论》的骨干泷田樗阴（1882—1925年）被认为是日本独立编辑工作者的先驱。

1994年9月26日于北京

做好编辑学理论研究的奠基工作

编辑学是一门新兴学科，目前似乎还处于奠基阶段，到它的科学理论体系的确立还有很长的路程要走，这表现在有关编辑学的研究对象、有关编辑学的一些基本概念仍存在着带根本性的意见分歧。拙作《"编辑"和"著作"概念及有关问题》在《编辑学刊》1994年第1期刊登后承同行的关注，从不同的角度给予评论和指正，深感对我了解分歧、提高认识很有帮助。本文想就一些需要进一步探讨的问题谈谈自己目前的认识。

一、两种"编辑"和古今"编辑"

"编辑"是个多义词，要联系使用的时代和语境才能确定所指意义。古代无编辑学，目前需要解决的问题是弄清作为一门现代学科的"编辑学"中"编辑"的含义，以明确编辑学的研究对象。这个"编辑"不应当是作为著作方式之一种的编辑（以下简称"第一种编辑"），而应当是作为出版工作一部分或作为一种专业工作的编辑（以下简称"第二种编辑"）。《辞源》修订本"编辑"条的释义"收集材料，整理成书"是讲成书的方式，显然是指第一种编辑，"成书"应当理解为"成为一种书籍形式的作品"，而不能理解为"出书"，"出书"便把出版包括进去了。

现代编辑是古代编辑的继承和发展。拙文试图说明"选择"是古

原刊于《编辑学刊》1995年第6期；收入俞建章主编：《编辑工作与编辑学研究》，江西教育出版社1996年版；《中国编辑研究（1996）》，人民教育出版社1996年版。

代编辑工作都具有的基本特征时举了《诗经》和昭明《文选》的编选作例子，正如徐庆凯先生所指出，显然是不适当的，因为两例都属于第一种编辑，即著述活动，与作为一种专业的编辑工作无关。不过，"选择"作为编辑工作的一个基本特征，我仍然认为古今都如此。

为了更明确地区分两种"编辑"，我在后来发表的《试论独立的编辑职业的形成》（载《编辑学刊》1994年第6期）中对现代各种传播机构的编辑工作的基本内容作了这样的表述："依照一定的方针开发选题，选择和加工稿件以供复制向公众传播。"对出版社说来，选题开发，包括作品从选题构思到出版的总体设计、组稿、与作者商定写作方案、对稿件内容提出修改意见等等，是出版社编辑特有的经常性任务，而不是作者特有的经常性任务。新的表述用"选择和加工稿件"代替"对别人的作品和材料进行选择和加工"，是考虑到两种"编辑"的客体不同，都用"作品和材料"来表示，容易发生混淆。"作品和材料"通常指作者的"编辑"客体，而"稿件"则特指出版社或其他传播机构编辑部收到的作者交来的作品。作者一般不把自己为编书而收集到的作品和材料称为"稿件"。出版社编辑为编书对作品选择和加工可以是一种著作方式，这时出版社编辑就成了编辑作品的作者，有权在扉页上以著作权人的身份署名。"供复制向公众传播"是第二种编辑活动直接的主要的目的，第一种编辑则不一定以此为目的，或不一定具有这样的条件。例如，教师编教材可能仅仅是为了供讲课用，不准备出版，或不具备出版条件。

两种"编辑"的基本区别在于：第一种编辑是著作方式的一种，编辑主体是作者，对所编成的作品享有著作权；第二种编辑是出版工作的一部分或一种专业工作，编辑主体是编辑工作者，对所编辑的稿件（作者交来的作品）无著作权，在信息传播过程中处于作者和读者之间的中介地位。两种"编辑"的区别主要在于性质不同，而不在于时代不同。古代"编辑"为著作方式的一种，现代"编辑"为一种专业工作，这样来区分古今"编辑"是不够确切的,因为在古代,自出版业产生以后就已经有两种"编辑"的存在,在现代也有两种"编辑"的存在。古代长达几千年,其间有手抄本出版业产生以前时期,有抄本出版业存在时期,有印刷出版业产生以后时期。因此不能不分古代的不同历史阶段,不分编辑的性质,笼统地谈论整个古代编辑的特征。

"编辑活动"和"编辑工作"的用法也须注意区别。"编辑活动"可用于作为著作方式一种的编辑,也可用于作为专业工作的编辑,但"编辑工作"通常指后一种编辑的工作。

古今编辑工作的共同点都具有"选择"和"加工"两个环节。"选题开发"这个环节在古代出版业的编辑工作中处于萌芽状态或初级阶段,不带有普遍性。到了现代,特别是在市场经济条件下,选题开发带有普遍性,作用越来越重要,其内容和形式日益完善和多样化,这可以说是古今编辑工作的一个重要区别。当然,还有其他许多区别,例如现代编辑工作社会化程度越来越高、分工越来越细、所用技术手段越来越先进等,因为不是本文讨论的重点,这里就不一一论列了。

二、"编著合一"不属于编辑活动

如何认识"编著合一"是编辑史有争议问题的一个焦点。"古代编辑的特征是编著合一"的提法值得商榷。首先,在古代就存在两种编辑,这样笼统地描述古代编辑的特征,会使读者产生错觉,以为古代只有一种编辑。其次,这一提法在逻辑上也有问题。"编著合一"在一些文章中是指编辑和著述(或著作活动)合一,这个"编辑"不包含著述成分,"古代编辑"中的"编辑"包含著述成分。在同一命题中用同一个词指不同的概念是不符合逻辑要求的。如果一定要这样表述,还得进一步说明前一个"编辑"与后一个"编辑"("编")有什么不同,意思才明确。有论者解释:"收集材料,整理成书"这一文化现象既是一种著作活动,也是一种编辑活动……前者可以理解为一个写作过程,后者可以理解为一个整理材料、制作载体、投入传播过程。《辞源》"编辑"条的八字释义明明讲的是成书的一种方式、一个过程,根本不涉及成书以后的复制和传播问题。一个过程被论者分解成两个过程,而且延伸到制作载体、投入传播。两个过程又如何"合一"呢?据称由一个人来完成便是合一。所举的例证有司马迁"成《史记》百三十篇,并自抄正副两册,一藏京师,一藏名山,以待传播于世,他所做的显然不仅是写作"(《出版发行研究》1995年第3期,第45页)。"成《史记》"无疑是写作,所以司马迁才成为大著作家、大史学家,但"抄正副两册"能说是编辑活动吗?司马迁靠抄书成为大编辑家,不知道"论方"有多少人赞同这个观点。"制作载体"属编辑活动的一部分,汉代以后的"佣书"和"经生",唐代以后的刻工,也"制作载体",他们统统参加了编辑活动,此说若能成立,编辑学的研究对象还得大大拓宽。

自孔子首开编辑实践之先河,整个中国古代时期的编辑活动基本上都不具有独立的属性,它始终依附于著述活动之中,特别依附于编撰(编纂)层次的著述活动之中——这个论点曾在不止一篇文章中发表过,看来颇有代表性。简而言之,整个中国古代编辑活动都是著述活动的一部分。持此论者还有人认为:在编著分离过程中,"编辑"有时可以专指著作,有时可以专指为出版作准备工作,这种情况一直延续到现代。如此说来,中国的编辑史从古至今都全部地或部分地包含或依附于著述活动。一部编辑史真不知道怎样才能如论者自己所要求的,避免写成写作史。

"编辑史"中的"编辑"概念与"编辑学"中的"编辑"概念应当是一致的,即指第二种编辑,而不应当是多义的——有时可指第一种编辑,有时又可指第二种编辑。

依愚见,"编著合一"既不属于第一种编辑活动,也不属于第二种编辑活动。顾名思义,它作为一种活动是指编辑与著述有机地结合成为一个整体,通常称为"编著",与"编著"同义的有"编撰""编纂""编写"等。"编著合一"属著作活动，是另一种著作方式，因而不是编辑学的研究对象。

三、今古"出版"概念怎样才能保持一致？

与"编辑"概念密切相关的"出版"概念，同"编辑"概念一样，其内涵也应保持今古一致。在《中华人民共和国著作权法》及其《实施条例》施行以后，有关的条款对"出版"含义所作的解释应当作为我们讨论今古"出版"概念的基础。

依照《实施条例》的说明，"出版"是指"将作品编辑加工后，经过复制向公众发行"，而"发行"则指"为满足公众合理要求，通过出售、出租等方式向公众提供一定数量的作品复制件"。"编辑""复制""发行"是构成出版行为的三个要素。《出版发行研究》1995年第2、3期连载的一篇文章断言《实施条例》所讲的是"狭义的出版概念，它是专对现代书报刊而言的"，这个说法缺乏根据，也不符合事实。据说广义的编辑可以有书刊编辑、音像编辑、软件编辑等，那么相应的广义的出版也应有图书出版、音像出版、软件出版等。只要看看《中华人民共和国著作权法》第三条与第三十九条、《实施条例》第四条，就可以清楚地知道不仅书报刊，而且音像制品、软件等各种作品的出版都在这些法规所指的出版范围之内。《实施条例》所讲的出版概念怎么会是"狭义"的呢？

上述文章认为出版指大众传播的各种形式，把信息"公之于众"，即把信息向大众传播，就是各种出版形式的共相，强调只有传播才是出版的本质规定，由此推断："出版的本质规定既然是'公之于众'，一切目的在于公之于众的大众传播形式均在出版的外延之内。"看来，"公之于众""出版""传播""大众传播"等不同的概念完全被搞混了。试问广播、电视是不是大众传播的形式，这些传播形式在不在"出版"的外延之内？"公之于众"的具体表现是什么？把作品张贴出来，或当众宣读，或让人传阅，算不算公之于众？这些传播形式能叫"出版"吗？

文章作者把《实施条例》所讲的出版概念定为"狭义"概念，目的在于否定它适用于衡量古代出版，说"衡量古代出版必须使用包容今古的广义概念，国际通行的'公之于众'的出版概念，正是一个广义出版概念"。个人给"出版"下定义，怎么说都可以。但是把"公之于众"作为国际通行的出版概念，则需要提供一些根据，让读者看看是否真正如此。

据我了解，西方许多语言的"出版"一词源自拉丁语 *publicare*，本义是"公之于众"。但词的意义是会演变的，词源意义与词的现代意义不一定相同。"公之于众"的方式有很多，如出版、发表、颁布、展示、宣读、播放、传阅、传抄等。出版只不过是其中的一种方式。"出版"是"公之于众"，但不能反过来说"公之于众"是"出版"，正如"人是动物"不能反过来说"动物是人"一样。要使"公之于众"成为出版行为，还要具备复制、发行等要素，在国内外均如此。

拙文《明确"出版"概念，加强出版学研究》（载《出版发行研究》1990 年第 6 期）介绍了国际流行的一些出版定义，其中包括：（1）"可供阅读的或视觉可以感知的著作物以有形的形式加以复制并向公众广泛发行"（《世界版权公约》1971 年修订本第六条）；（2）"发行或向公众提供用抄写、印刷或任何其他方法复制的书籍、地图、版画、照片、歌篇或其他作品"（《牛津英语大词典》1989 年版第 12 卷）。这里再补充介绍《保护文学艺术作品伯尔尼公约》1979 年修正本有关"出版"的说明。该公约第三条第三款称：作品"无论复制本以何种方式制作，只要可以满足公众的合理需要，即构成出版。戏剧、戏剧—音乐、电影音乐等的表演，文学作品的公开朗诵，以无线或有线广播传播文学艺术作品，艺术作品的展览，建筑物的建造等，均不构成出版"。可见，无论依照我国著作权法，还是依照国际版权公约，仅仅"公之于众"不足以构成出版行为。

既然"公之于众"不能作为现代出版概念,因而也就不可能成为适用于今古的出版概念。我们只能依据我国著作权法和国际版权公约所表述的现代出版概念去衡量古代图书生产和传播活动,初步符合所规定的条件的就是最早的出版活动,否则不是。

基于现代出版概念,我认为我国抄本出版业始于西汉末期,以书肆出现为标志(详见拙文《明确"出版"概念,加强出版学研究》)。这时"编辑""复制""发行"三个条件都已初步具备。抄写被国际承认是出版史上的一种复制形式,在书肆向公众出售作品抄写复制本是发行的最早的形式,向公众出售图书至今仍然是发行的主要方式。判断一个国家的某一个历史时期是否存在出版活动,一个简便的办法就是看当时是否有作品复制本向公众出售。的确,"出版"不等于"出版业",但是不能离开出版业来谈出版。没有出版业,何来出版物?一个人能生产出版物,把编辑、复制、发行全包起来吗? 在出版业产生以前和产生以后,图书传抄都起了传播文化的作用,但传播不等于出版。图书传抄主要是为了自用或保存,不是为了通过出售等发行方式向公众提供作品复制件,因而不构成出版行为。"公之于众"出版论比"传抄即出版"走得更远。据说"古代特有的'编著合一'的传播形式就是出版发端""原始的抄本既是作品又是编辑物和手抄出版物",似乎被编著出来的作品原件无须复制和发行,只要"公之于众"就是出版物。这类说法如果能成立,恐怕所有的编辑史和出版史都得改写。"古代编辑和出版都起源于书籍的产生"这一观点是不是像论者所说的"已形成较广泛的共识",笔者表示怀疑。那么,中国的书籍又产生于何时呢?有人说甲骨文是中国最早的书籍,如此说来,中国的编辑史和出版史都得从殷代写起。书籍必须是作品复制件,才能广泛传播知识,这是人们的常识。甲骨文是文字载体原件,带档案性质,没有编成书籍流传。韩仲民先生在《中国书籍编纂史稿》中就明确表示"不能把甲骨文称作最早的书籍",他认为中国最早的书籍形式是简册(见该书第5—6页)。

明确编辑学的研究对象及与此有关的一些基本概念，关系到这一学科的基础建设。理论体系建立在不科学、不牢固的基础上，很容易坍塌。十几年来编辑学理论研究成果比较显著，同研究者就有意见分歧的问题开展日益深入的讨论是分不开的。愿我们继续努力，把编辑学理论研究的奠基工作做好。

1995 年 7 月 26 日

关于"编辑学"国际用语定名问题的通信

一

孙　　同志：

　　现把所需英文材料及译文寄去供参考，收入《编辑学论集》（中国书籍出版社1987年版）的我那篇文章是提交1986年11月在武汉召开的出版研讨会的论文，最初是在《出版与发行》1987年第2期发表的。

　　美国《克利夫兰旗帜日报》报道的内容我曾在《明确基本概念是出版科学研究的重要课题》一文加以摘引，现把文章有关部分扩录如下——

　　考虑到"编辑学"这个术语很可能是在汉语中最先使用的，我在1986年于武汉举行的全国出版科学研讨会上建议采用redactology作为表示编辑概念的国际用语。美国《克利夫兰旗帜日报》1990年8月26日在一篇有关的报道中使用了这一用语。报道者写道："我想向西方读者介绍中国新近发展起来的一门科学——编辑学。在全世界一直对编辑出版工作进行研究，但把编辑工作作为一门严整的学问加以深入研究是很少见的。最近几年，中国编辑界开始研究编辑学，因而创造了'redactology'这个术语。自这门新科学在1983年开始兴起到现在，已有一些编辑学刊和十几种编辑学书籍问世。"该报介绍了王振铎教授等著《编辑学通论》，书名译为General Redactology（载《第六届国际出版学研讨会论文

原刊于《编辑之友》1996年第2期，收入邵益文、祝国华编：《编辑学研究文集》，陕西人民教育出版社1998年版。

集（1993）》，高等教育出版社 1994 年版，第 85—86 页）。

《克利夫兰旗帜日报》大概是通过河南大学的渠道获悉中国编辑学研究情况，所以报道中特别推荐了河南大学专家教授的研究成果。如果仍有什么不清楚的情况，请告知，我再就所知的作说明。

即请

编安！

林穗芳
1995.11.29

附 1：

关于编辑学的性质和研究对象（摘录）

"编辑学"这个学科名称的产生标志着人们对编辑工作认识的提高。有关出版的学科名称，在欧美书刊中比较常见的是"图书学"，未见使用"编辑学""出版学"这些术语。1969 年日本出版学会成立时曾倡议使用 editology 作为"出版学"的国际用语。现代英语 edit 意为"编辑"。它的语源拉丁语 *editus* 及现代法语 éditer、西班牙语 deitar、意大利语 deitare 等的含义都是"出版"。用 edit 来做"出版学"的词根大概是考虑它比 publish（英语"出版"）更富国际性。日本《出版事典》"出版学"条说，出版学是综合书志学、图书学、读书学、印刷学的学科。其中没有提到编辑学。整本事典也根本没有"编辑学"这一条。清水英夫的《现代出版学》有一章讲"编辑权"，但未涉及"编辑学"的问题。

俄语也没有"编辑学"这个术语。редактирование 意为"编辑""编辑工作"，不包含"学"的意思。中国人民大学出版社 1956 年出版的苏联倍林斯基《书刊编辑学教学大纲》中译本，书名的译法不大准确。按照原著书名 программа по курсу редактирования 似应译《书刊编辑课教学大纲》（курс 意为"课程"，不是"学"）。苏联出版界把"编辑理论和实践"或"编辑理论"作为研究编辑的学科的名称，印刷学院编辑系和大学新闻专业的一种基本教材也叫"编辑理论和实践"。编辑理论讲的是对编辑及与编辑有关的各种问题的看法，它可以包含各种不同的看法；而编辑学仅仅是按照一定观点组织起来的自成体系的那一部分编辑理论，不是各种编辑理论的总和。因此使用"编辑学"作为研究编辑的学科的名称，似乎更合适。

在国际范围内，"编辑学"这一术语很可能是我国首先使用的。按照国际术语学的命名规则，似可考虑使用 redactology（英语形式）或 rédactologie（法语形式）作为"编辑学"的国际用语。redact 一词在欧美各种语言中都只有"编辑"而无"出版"的意思。

——选自《编辑学论集》

附2：

《国际知识分子名人录》第 10 版（1993—1994 年度）
英国剑桥国际传记中心编

林穗芳（摘录）

1956 年进北京人民出版社工作至今，主要编外国历史和国际政治方面的书籍，1983 年任编审（教授）。为适应本职工作需要，除俄、法、德、西、日语等几种大语种外，他还自学朝、越、阿尔巴尼亚、罗、塞、保、匈等十来种小语种。所掌握的语言知识，使他能大大拓宽外语书翻译的选题范围，自己根据原文核对各种译文的准确性，并作必要的编辑加工。林编辑的畅销书中有卡尔·桑德堡著《林肯传》（英文书名《草原年代和战争年代》）中译本（1978 年），他加了约 300 条评注以助读。林作为中华人民共和国出版代表团成员曾于 1979 年访问英国。回国后开始研究中外出版理论和实践。1988 年被聘为中国出版科学研究所特约研究员。林在出版方面有许多论著。其中《列宁和编辑出版工作》在 1989 年获全国出版理论优秀图书奖。《关于编辑的本质和规律》在 1991 年获全国出版科研优秀论文奖。中国于 20 世纪 80 年代初开始把编辑工作作为一门新的学科进行研究。1986年在武汉举行的全国出版科学研讨会上，林建议以 Redactology 一词作为"编辑学"的国际用语，1990年8月26日美国《克利夫兰旗帜日报》采用了这个术语，这在英语国家很可能是第一次使用。1990年林被授予韬奋出版奖——每隔两年授予中国出版界人士的最高奖。从1991年至1992年，林三次参加中国中央、省、市三级报纸编校质量的抽查评比，并写了几篇综述评比结果的文章。1991年林被中华人民共和国国务院授予终身的特殊政府津贴，以表彰他对国家出版事业发展的突出贡献。

二

山西人民出版社《编辑之友》孙　　同志：

您好！承询问有关"Editology"（编辑学）一词在我国创用的情况，经与该词在我国的创始人丁光生教授联系，作了回顾，现简述如下：

1983年11月25日丁光生教授来京至中华医学会访问时，我们曾谈到"编辑学"一词在英文字典中尚无相应的名词，当时丁教授说他来考虑提一个。1984年9月，在中华医学会外宾接待室与美国友人 Gastel（盖斯特）博士座谈后，丁教授在黑板上写"Editorology"和"Editology"二词，当时在座的有近20人，大家认为前者属"编辑家学"，一致认为后者为好。"Edit"（编辑）加上"ology"（学）构成"Editology"（编辑学），如 Biology（生物学）、Physiology（生理学）等均是这样构成。1985年上海自然科学学术期刊编辑工作者协会（现名"上海科学技术期刊编辑学会"）其英文命名即为"Shanghai Editology Society of Science Periodicals"，丁光生教授任该会理事长。1987年3月，中国科学技术期刊编辑学会召开成立大会前，我们讨论了学会英文名称，大家一致同意丁教授的建议，定名为"China Editology Society of Science Periodicals"。

1987年7月，丁光生教授赴土耳其伊斯坦布尔参加"国际药理学术会议",在会上公开宣布"中国科学技术期刊编辑学会"成立的消息时,当时有人称"Editology"一词法国人曾用过,但未给出文献。1989年《编辑学报》创刊,采用"ACTA EDITOLOGICA"为该刊的拉丁文刊名。1991年2月16日《上海科技报》通讯栏朱克华记者撰写的《一个惜时如命的科学家——记著名药理学家丁光生教授》一文中记述了此事。1991年10月齐志英同志出席国际科学编辑联合会(IFSE),在美国伍兹霍尔召开"第六届国际科学编辑会议"时,在大会报告中介绍的"Editology"一词引起了大家的讨论和争议(《编辑学报》1992年第4期,第51—52页)。当时,又有人说日本人先用过此词,也没有指明出处。1994年6月中华医学会在北京召开"国际生物医学期刊会",会上我介绍了"中国科学技术期刊编辑学会"的活动后,与会者"就编辑学是否已形成独立学科和'Editology'一词的创立问题,展开了热烈的讨论"(《编辑学报》1994年第6期,第128页)。1994年《英国医学杂志》(*British Medical Journal*)主编理查德·史密斯(Richard Smith)参加此会后,9月在他们杂志上(*BMJ*, 1994, 309: 74)报道了这次会议和创用"Editology"的消息。同年《欧洲科学编辑》杂志(*European Science Editing*, 1994, 53: 19)刊出一则《你看首创是在这儿》的资料中写道:"Roger Bénichoux 指出法国以'Editologie'命名的期刊开始于1981年,在《地球与生命科学编辑》(*Earth and Life Science Editing*)杂志1982年5月曾经报道。"最近贵刊发表王振铎教授撰写的《编辑、出版与编辑学、出版学》一文中提到:"1969年3月日本出版学会成立时,担任学会副会长的寿岳文章教授,创造了一个英文词 Editology,作为'出版学'的国际学术用语,……"文中还提到"'编辑学'一词 Redactology,是欧美语言中不曾有过的术语,这个术语出自中国知名的编辑学家林穗芳先生之手。他在《出版发行研究》杂志1987年第2期上发表的《关于图书编辑学的性质和研究对象》一文,第一次创造了这个术语,……"据知林先生这一篇文章是1986年11月在武汉召开的

"出版研究会"上宣读的论文。

从以上的史实来看，在 20 世纪 80 年代初期国内和国外学者，在互不通气的情况下，各自独立地提出了"Editology"或"Redactology"作为当时字典上还没有的"编辑学"一词的术语。它正好说明古老的编辑活动，已经分别地开始了建立编辑学的尝试，并取得了积极的进展。这是十分可喜的大事。至于日本寿岳文章教授提出的"Editology"作为"出版学"的学术用语，因其内涵不同，就不讨论了。

个人管见，敬希指正。并请

编安

翁永庆
1996.3.11

附1：

一个惜时如命的科学家（摘录）

1980 年，丁光生"60 学吹打"，又奉命筹建《中国药理学报》，改行当编辑了。他一面学一面干，一面又在创新。他首先在国内采用了关键词和关键词索引，并对文章中的图表、摘要、索引等一律采用英文。这些改革受到国内外学者的一致好评。这些编辑新方法也被国内许多学术期刊竞相采用。他还发明了一个全新的英文单词：Editology（即编辑学）。1989 年创刊的由中国科技期刊编辑学会主编的《编辑学报》，封面上采用的就是这个英文新单词。丁光生本人也被评为优秀工作者和上海市劳动模范，而且，他的事迹还被收入由中宣部出版局主编的《编辑家列传》。

——摘自《上海科技报》1991 年 2 月 16 日

附 2：

首创是在这里

与医学杂志（指《英国医学杂志》——编者）的说法相反，中国没有创造"editology"（编辑学，即编辑科学研究）一词。Roger Bénichoux（罗杰·本尼考克斯）指出法国期刊《编辑学》创刊于 1981 年，而"editology"一词是在 1982 年 5 月的《地球与生命科学编辑》刊物上提出的。中国第一次提出"编辑学"一词是在 1988 年，开始使用是在 1989 年。……

——摘自《欧洲科学编辑》1994 年第 53 期

三

孙　同志：

1 月 20 日和 23 日来信及有关"编辑学"命名材料已收阅，现把所知情况奉告如下：

把 editology 作为"出版学"的国际用语是日本出版界于 1969 年最先提出来的。日本《出版事典》"出版学"条写道："1969 年 3 月与日本出版学会成立的同时我国首次提出并采用 editology 作为出版学的国际用语，其词根在拉丁语有出版的意思。"（日本出版新闻社 1971 年版，第 202 页）

拉丁语 *edere*（过去分词 *editus*）及由此派生的现代法语 éditer、西班牙语 editar、意大利语 editare、德语 edieren 的含义均为"出版"。英语 edit 也是源自拉丁语 edere，本义也为"出版"，但从 18 世纪起，英语改用 publish 作为"出版"的专门用语，而 edit 则专指"编辑"，失去了原有的"出版"的意思。日本学者正是考虑 edit 的词源意义和大多数西方语言的现代用法才倡议采用 editology 作为"出版学"的国际用语的。至于"编辑学"的国际用语问题，当时尚未提上议事日程。在日本人提出这个倡议之后 12 年，据说法国于 1981 年创刊以 Editologie 命名的杂志，我尚未看到，估计同日本人一样，所指的是"出版学"，而不是"编辑学"，因为"编辑学"这门学科尚未得到国际公认，我曾看到过德国马克斯·尼迈尔出版社 1987 年于屠林根创刊的德文年刊 Editio/International Jahrbuch für Editionswissenschaft，似可译为《出版／出版学国际年刊》。edition 据《德汉词典》的解释，意为"出版"（上海译文出版社 1983 年版，第 307 页），从内容看，该年刊是探讨出版问题的。

  editology 作为"编辑学"的名称，主要适用于英语，不适用于大多数西方语言。比 editology 更适宜作为"编辑学"的国际用语的是 redactology（英语形式）和 rédactologie（法语形式）等。因为词根 redact 在英、法、德、西、俄等西方主要语言及许多小语种都只有"编辑"而无"出版"的意思，因而不像 editology 那样会产生歧义。《中国编辑学会章程》（1992 年 10 月通过）第一条把中国编辑学会的英文名称定为 China Redactological Society（见《出版发行研究》1993 年第 1 期）。《第六届国际出版学研讨会论文集（1993）》（中英文对照本，高等教育出版社 1994 年版）把"编辑学"译为"redactology"。姜振寰主编《交叉科学学科辞典》"编辑学"条的英文译名也是"redactology"（见人民出版社 1990 年版，第 656 页）。

  《中国大百科全书·新闻出版》（1990 年版）"编辑学"条译"science of editorship"，不大准确。editorship 意为 the position, duties, or authority of an editor（美国《世界图书词典》1981 年版，第 870 页），指"编辑的职位、职责和职权"，编辑学研究的范围不以此为限，确切的译法似应为 science of editing。但这是用纯英语词语构成的学名，适用于英语，而不适宜作为国际通用学名，所谈粗浅看法有不当之处，请不吝指正。

  即请

大安！

林穗芳
1995.1.30

关于"著作"概念和著作方式的历史发展

关于"著作"概念，我在《"编辑"和"著作"概念及有关问题》一文（载《编辑学刊》1994年第1期）曾谈过一些浅见。考虑到这个问题与编辑学研究关系密切，所以拟从历史发展的角度再作进一步的探讨。

一、"著作"概念的产生与词义的演变

在文字产生以前，原始社会的先民就已经有了口头著作活动。民间大量流传的神话、故事和歌谣等就是口头著作。例如盘古开天辟地、女娲补天、燧人氏钻木取火、神农教民稼穑、黄帝擒蚩尤、鲧禹治水等神话、故事都是先有传说，后来才用文字记载下来的。

在西周时期（约前11世纪—前8世纪），我国先在诗歌领域产生著作概念的萌芽。《诗经》所收的诗有五首自身载明作者是谁。

《小雅·节南山》："家父作颂，以究王讻。"

《小雅·巷伯》："寺人孟子，作为此诗。"

《大雅·崧高》："吉甫作诵，其诗孔硕。"

《大雅·烝民》："吉甫作诵，穆如清风。"

《鲁颂·閟宫》："新庙奕奕，奚斯所作。"

家父是一位周大夫的名字。从官职名称"寺人"可知另一作者孟子是王宫内的近侍。吉甫是周宣王的大臣，又名尹吉甫，尹是官名。奚斯

原刊于《编辑学刊》1996年第5期，收入《中国编辑研究（1997）》，人民教育出版社1998年版。

是春秋鲁公子鱼的名字。《大雅》多为西周早期的作品,《小雅》大部分为西周晚期的作品,《鲁颂》全是东迁以后的作品。比西周诗歌更早的文献有《尚书》中的《商书》等,其中的誓、命、训、诰为殷商史官所记,但他们只知道自己在履行职责,并不认为这是创作。至于有些甲骨卜辞刻有贞问者和占卜者的名字,只不过为了记录王事,便于日后计算灵验情况,不是为了表明著作权的归属。

"著"用于著作的意义,在汉代已很常见,如"老子乃著书上下篇,言道德之意五千余言"(《史记·老子韩非列传》)。老子生活在春秋末期,略早于孔子(公元前551—前479年)和孙子,所著《老子》一书多处使用第一人称,例如"吾不知其名,字之曰道"(二十章)与"天下皆谓我道大,似不肖"(六十七章)。该书是流传至今的我国最早的一部私人著作,《论语》与《墨子》对它都有所引述。《孙子兵法》则是我国现存第二部最早的私人著作,吴王阖庐在公元前514年即位后召见孙武,拜他为将之前已读过他所著兵法十三篇。

孔子自称"述而不作",没有留下自己撰写的著作。他死后由弟子把各自记下的讲述内容整理成《论语》一书。"述"是阐述、传承,"作"是创新,孔子把二者加以区别,对后世有巨大影响。司马迁在《史记·太史公自序》称"余所谓述故事,整齐其世传,非所谓作也",也是强调利用已有的材料来写历史是"述",不是"作"。许慎在《说文解字·序》中称《左传》为"左丘明述"。班固在所撰《汉书·叙传》中自谓"……探纂前记,缀辑所闻,以述《汉书》"。依照朱熹集注的解释,"述,传旧而已;作,则创始也"。应当说,这种区分只是相对的。所有的作品都是在已有的文化基础上和一定的社会条件下产生的。被认为是"创始"的作品可能包含传旧的成分,"传旧"的作品也可能加进作者自己的创见和新意。《史记》正因为通古今之变,成一家之言并开创我国正史的写作体例而成为不朽之作,被鲁迅誉为"史家之绝唱,无韵之《离骚》"(《汉文学史纲要》)。

"著""作"二字合成一个双音节词使用，起初主要指文史方面的写作。《文选·班固〈答宾戏〉》："著作者，前烈之余事耳。"吕向注："著作，谓述作文史也。"魏晋等朝代设著作郎，为史官，掌编纂国史。唐刘知幾《史通·覈才》引《晋令》云："国史之任，委之著作，每著作郎初至，必撰名臣传一人。""文史"是把文章、诗歌等作品包括在内的。唐白居易《与元九书》："始知文章合为时而著，歌诗合为事而作。"

《国语辞典》（1947年版）对"著作"的释义为："古代专指撰述诗文，今指凡以自己之意见及技能制成者，皆谓之著作，如文艺、图画、雕刻、照片、模型等。"把著作的范围扩大，在法律上始自《大清著作权律》（1910年）。该律第一条规定："凡称著作物而专有重制之利益者，曰著作权。称著作物者，文艺、图画、帖本、照片、模型皆是。"这里的"文艺"指各类文字作品，此外，有些非文字作品也被列入著作物的范围。《中华民国国民政府著作权法》（1928年）第一条规定有著作权的著作物为："一、书籍论著及说部；二、乐谱剧本；三、图画字帖；四、照片雕刻模型；五、其他关于文艺学术及美术之著作物。"内容与旧法相比，没有太大的变化。

我国第一部著作权法《大清著作权律》是在西方和日本的有关立法影响下产生的。严复曾于1903年4月上书当时的学部大臣张百熙，要求实行"版权立法"以保护"著、述、译、纂"者的权利。值得注意的是他把"述""译""纂"同"著"一样列为著作方式。"著作权"一词作为法律用语，日本是在明治三十二年（1899年）制定的第一部《著作权法》中开始使用的，以代替明治初期（1875年）至明治中叶使用的"版权"一词，这个概念在英语称copyright（版权），在法语和德语分别称droit d'auteur和Urheberrecht（著作者权），欧洲大陆其他国家如俄国和西班牙等都是使用后一种更为确切的表达方式，因为所说的权利是与著作者及其著作相联系的，版权只不过是著作权的一部分。《大清著作权律》的"著作权"和"著作物"等术语大概是借自日本第一部

《著作权法》，两种法规第一条所规定的著作物的范围基本相同。

《中华人民共和国著作权法》及其《实施条例》以"作品"一词代替清朝和民国时期制定的著作权法所使用的同义词"著作物"，给著作权法所称的"作品"下了明确的定义，并列举了九大类作品，从其中可以看出现代知识产权观念的新发展。根据国内外现行的著作权法，我在拙文《"编辑"和"著作"概念及有关问题》中对自己所理解的著作活动的概念作了这样的表述："在文学、艺术和科学领域内表达思想、感情、知识、经验，反映客观事物，其内容或表现方式具有独创性。"构成著作的三要素是：（1）要以思想、感情、知识、经验为内容并且表达出来，表达方式可用言语或文字或其他符号，处在构思阶段的，如腹稿之类，因无法以有形的形式记录和复制传播，不能称为著作；（2）所表达出来的东西能归入文学、艺术或科学领域；（3）具有独创性。

著作权法的"著作"不同于"写作"（writing），在英语相应的词是 work，而不是 writings，后者指用文字符号写的著作，著作权法的著作不以文字作品为限，还包括口述作品、摄影作品等。至于著作权法的"著作者"，在英语相应的词则是 author，而不是 writer，后者特指撰写人、作家，不能泛指各类作品的作者。

二、著作方式

"著作方式"（functions performed by authors）又称"责任方式"，指著作者为履行自己的责任——创作某种作品而采用的方式。《图书情报词典》的解释为："责任者对文献的著作内容所承担责任的形式。表示著作的形成过程。"[①] 著作方式经历由低到高、由简单到复杂的发展过程，并随着著作概念的扩展而扩展。著作方式的选择既取决于著作内容、著作者的能力和受众（读者、听众、观众）的需要，又取决于社会文化发

---

① 《图书情报词典》，汉语大词典出版社1990年版，第817页。

展水平和物质技术条件所提供的可能性。从社会发展史看来，各国总是先有口述作品，后有文字作品。人类用文字从事写作长达几千年，到19世纪发明了摄影术才有可能用拍摄的方式创作完全不同于传统作品的新型作品。现代有了更多的可供人们选择的著作方式，其中包括使用多媒体等。

作为著作方式，"著"总是先于"编"，先有著成的作品，然后才有编成的作品。例如《诗经》就是收集和选择已有的作品编成的。先秦诸子之书也是先著后编的。韩非生前已有多种著作问世。司马迁在《史记·老子韩非列传》中说：韩非"善著书……作《孤愤》《五蠹》《内外储》《说林》《说难》十余万言"，秦王"见《孤愤》《五蠹》之书"，十分赞赏。《五蠹》有数千言，字数比老子的《道德经》还多，写在简册上就不是一部小书，从内容可知这完全是阐述自己主张的著作，非编辑作品。文集《韩非子》才是后来编成的。

自汉唐以来，著作方式及所用的名称不断增多，仅与阐释经典及其注文有关的便有"传""述""记""论""故""训""解""说""注""释""笺""微""隐""诠""疑""义""疏""疏义""正义""章句"等。"撰""纂""编""辑"等词与其他单字连用，又可产生众多的意义不同或相近的著作方式的名称。一词多义是普遍现象，古今用法也不尽相同，著录图书须遵照统一的分类标准。国家标准《古籍著录规则》列举了"撰""编""辑""注""译""修、纂""绘""书""篆刻"等9种著作方式，并对其含义按照现代的用法分别作了解释。"撰"在古代有著述和编集两种含义。萧统对所编《文选》自称"撰"。他在序言中写道："老庄之作，管孟之流，盖以立意为宗，不能以能文为本。今之所撰，又以略诸。"这里的"撰"字是用后一种含义，意思是说上述诸子的著作不符合编选要求，所以在他编集的这部文选中略去。现代汉语"撰"字指著述，已不能作编集讲，在著录时只能把《文选》归入"编"或"选辑"类。《资治通鉴》的著作方式作者司马光自称"编集"，可能是出于自谦，也可能是作者所理解的编集就是编纂，但今天按著作的实际内容要归入"撰"或"编撰"类。

现代图书著作方式更加多样化，在国家标准《普通图书著录规则》中列举了26种，用于美术、工艺美术作品及音乐、曲谱创作的"作、作曲、作词"与用于摄影作品的"摄"等许多种方式都是《古籍著录规则》所没有的。除传统的图书外，《中华人民共和国著作权法》把舞蹈作品与电视、录像作品及计算机软件等也列为著作权保护客体，著作概念与著作方式也随之扩大。

著作有广义与狭义之分。用《古籍著录规则》与《普通图书著录规则》所举的各种著作方式产生的图书以及受我国著作权法保护的各类作品属广义的著作。一般认为以"著"和"撰"方式创作的作品属于狭义的著作。"编著"是介于"编"和"著"之间的一种著作方式，其中著的成分大于编的，接近狭义的著作。《水经注》四十卷征引前人与当代的地理著作370余种，所记载的水道有1252条，比三国时的《水经》原著所记137条增加了8倍多，注文约30万字，也比经文字数多20倍，其内容已基本脱离原著成为另一种著作，所以该书被著录为"（北魏）郦道元撰"。

著作权法的"演绎作品"（derivative works）又称"二次著作"（secondary works），是指根据已有的作品再创作而成的另一作品，属广义的著作。演绎作品据以产生的作品是"原作"（original works），又称"一次著作"（primary works）。演绎作品的创作方式有摘要、缩写、编辑、改编、翻译、注释、整理等。演绎作品的著作权受保护，但行使时不得侵犯原作品的著作权。

国内外的著作权法都有明文把编辑作品列入著作的范围。我国《著作权法》第十四条指出："编辑作品由编辑人享有著作权，但行使著作权时，不得侵犯原作品的著作权。"这里的"编辑"是指"根据特定要求选择若干作品或者作品的片段汇集编排成为一部作品"（《中华人民共和国著作权法实施条例》第四条）。日本著作权法（1970年制定）第十二条规定："1.编辑物在素材的选择与编排方面具有创作性者，作为著作物予以保护。2.构成该编辑物各部分的著作物之著作者的权利不受前项规定的影响。"据日本《出版事典》有关条目的解释，编辑作品（"编集著作物"）在图书方面是指依特定的主题编成的选集、论文集、创作集、诗文集、随想集、法令与判例集、教科书、一部分学习参考书、辞书、年鉴、手册等。

三、区分古代著作活动与编辑活动

区分古代著作活动与古代编辑活动的界限是编辑史研究的一个重要问题。古代编辑活动与现代编辑活动都是编辑史的组成部分，两者活动的内容、方式、范围不尽相同，但本质特征应当是一致的。这个一致拿出版业来说就包括：无论古今，编辑为出版而选择、整理加工自己组来或别人投来的书稿，均不属著作活动。"撰""编""辑""注""修、纂"等在《古籍著录规则》中与"著""编著""编写""编纂""辑""编""编辑""整理""编定""编订""选辑""改编""校""注""句读、标点""补编、补遗、续编"等在《普通图书著录规则》中所以称为"著作方式"，是因为它们直接与成书方式相联系，而不涉及出版问题，其中有些著作方式在出版业产生以前就已经存在了。著作权法所讲的"编辑""改编""注释""整理"（包括古籍的校点、补遗）都是指著作者的活动，因而享有著作权。有些论著把"编著合一"或把编纂、传注、整理、校雠、辑佚的结合作为古代编辑活动的特点或主要内容，这就模糊了著作活动与编辑活动的界限，难以为人们接受。"编著合一"依愚见属著作活动，不属编辑活动，过去已讨论过，这里不再重复。"传注"显然是一种著作活动，作者是要发表自己的见解的，很难理解怎么会变成编辑活动。《说文解字注》的作注，与作为另一种著作方式的"编辑"有别，与出版机构的编辑活动则毫不相干，所以在《辞源》中署"段玉裁撰"。"校雠（校勘）"在现代看来也是著作方式之一，"杨树达著《马氏文通刊误》""周祖谟著《广韵校本》""马继祖著《辽史校刊记》"，署"著"是有法理依据的，因为所谓"著"是指校刊部分为著者所作，而不是指原著。

　　古籍的整理，包括标点、校勘、注释、辑佚等，出版社编辑一般不直接从事，主要由社外专家来做。关于这个问题，上海古籍出版社总编辑钱伯城写道："古籍编辑工作，就是把……经过作者整理加工和挑选鉴定的书稿，加以审读、提出意见，帮助作者作必要的修改，然后进行编辑的再加工，发给印刷厂排印或影印。"[①]可见古籍的标点、校勘、注释、辑佚等整理工作是属于著作活动，如果出版社某一个编辑自己完成一部未经整理过的古籍的点校，他完全有资格以作者（点校者）的身份署名。至于古籍的辑佚，则不大可能由编辑去做。像《全上古三代秦汉三国六朝文》这样的辑佚书，收三千几百个作者的佚文，清代学者严可均历时27年才大体编定，还没来得及付梓就谢世了。别人在这个基础上整理加工都非常困难，在古代和现代哪家出版机构有那么多的时间和财力会安排编辑直接从事应由作者去做的古籍辑佚工作呢？

　　严军《"编辑"词义考》一文（载《杭州师范学院学报》1996年第2期）对古代"编辑"词义详加考证，并提出依词义来划分编辑属著作活动还是非著作活动的主张。文章把古"编辑"词义归纳为三：（1）搜集材料，按次序编排成书（指资料书）；（2）对现成作品整理、加工；（3）编著或编撰（如《水浒传》《史记》《汉书》《说文解字》《文献通考》）。作者认为第三个义项属著作活动，以这种方式写成的作品不应列入编辑史的范畴。但前两项编辑活动属不属于著作活动呢？看来严文认为不属于。文章说"在古代非著作活动的编辑活动大量存在，许多作家的文集均由亲友编辑，而著作权并不由编辑者享有"，在引证了"至正

[①]《编辑工作基础教程》，东方出版社1990年版，第206页。

元年十有一月，闽宪韩公征先生文稿本，与先生幼子翁归及同门之友编辑之"（《四库全书·集部》）这条元代的历史资料之后解释："此编辑系对别人作品整理、编次之义，并不署名。"问题涉及对"著作"概念如何理解。如果指"一次著作"，即构成文集的各篇文章，编辑者自然不享有著作权；如果把被改编成的文集整体作为编辑作品，即"二次著作"，编辑者就享有著作权，可以署某某人"编"。按照《古籍著录规则》的规定，一部著作集所收为同一著者的著作时，以该著者为第一著者，以编辑者为其他著者，多人著作集以编辑者为第一著者。示例为："孟浩然集　三卷／（唐）孟浩然撰；（唐）王士源编"。白居易的好友元稹于长庆四年为他编《白氏长庆集》五十卷并作序，此书自然也可援例著录为"（唐）白居易撰；（唐）元稹编"。如果有人照样重版时不是署元稹编，而是署自己编或别的什么人编，那就是侵权的行为。

　　在古代非著作活动的编辑活动确实是大量存在的，它存在于出版工作中。在古籍中所以难以找到表示非著作活动的"编辑"一词的用例，大概是因为其词源及词义的演变在古代一直同著作活动相联系，编辑活动作为出版工作一部分这一观念的形成是比较晚近的事情。商务印书馆1902年成立的编书机构称"编译所"，中华书局1912年成立的编书机构才称"编辑所"。这不是说在古代的出版机构中不存在编辑活动，但在古籍中还找不到概括这一活动的用语，现在不得不用同一个词来表达两种不同的概念，即"编辑"一词既表示一种著作方式，又表示出版和其他传播专业的属非著作活动的一部分工作。作为一门现代学科，"编辑学"中的"编辑"所表达的只能是后一种概念，如果把前一种性质不同的概念也包括进来，没有了特定研究对象，这门学科是建立不起来的。作为一种著作方式，"编辑"有时可以与"编纂"互训；作为出版工作一部分，则不能与"编纂"通用。出版社的编辑工作不能又称编纂工作。出版社的编辑有时也承担一些书的编纂任务，这时编辑具有著作权，可以著作者的身份在书上署名。编辑如果承担某本书的翻译任务，同样也可以以译者（翻译作品的作者）的身份署名。但这只是一些编辑有时兼任著作者或译者，不能因此得出结论说编辑工作带有编著合一或编译合一的特征。出版机构编辑所从事的主要是为出版准备稿件这种非著作性的编辑活动。

我国古代官方出版机构主要出经史类书籍，再有就是大型的丛书类书，而民间出版机构除了那些禁书外，几乎无所不出。据统计，我国从先秦到清末共出书十几万种，现存约八万种。由官方出的恐怕只占极少的一部分，绝大部分为民间所出。看来有必要加强对古代民间出版史资料的发掘与研究以充实我国编辑史的内容。

编辑学和编辑史中的"编辑"概念应当保持一致
——兼论开展编辑模式历史比较研究的必要性

西方很早就开始把图书学和书史作为独立的学科来研究。在18世纪70年代第一个提出"图书学"(Bücherkunde)这个术语并写出专著的人是奥地利学者、维也纳皇家图书馆馆长迈克尔·丹尼斯(Miehael Denis, 1729—1800年)。他的试图建立论述图书学体系的理论著作《书志学和图书学纲要》(*Grundriss der Bibliographie und Bücherkunde*)1774年在维也纳问世。在19世纪80年代初第一个提出"书史"(Histoire du livre)这个术语并写出专著的人是法国学者E.韦尔代(E. Verdet),他在1861—1864年在巴黎出版了《从远古至1789年的法国书史》(*Histoire du livre en France depuis les temps les plus reculés jusqu'au 1789*)。我国近代版本目录学家叶德辉的《书林清话》(成书于清末,经修改后于1920年刊行)以读书笔记的形式记载了不少有关古代雕印和书业的资料,但还不是系统的书史著作,当时"书史"的概念尚未形成。1935年陈彬和、查猛济的《中国书史》问世,我国有了第一部概括性的书史著作。经过许多世代学者的研究,图书学和书史的理论体系已经基本确立,因有不少成熟的成果可供借鉴,对图书概念等的理解比较一致,有争议的问题较少。

"编辑学"和"编辑史"概念的形成比"图书学"和"书史"晚得多。西方和我国在古代都无编辑学和编辑史的专著,这两个学科的名称

原刊于《编辑学刊》1997年第6期,有删节,收入《中国编辑研究(1998)》,人民教育出版社1999年版。

是我国现代学者最先提出来的。"编辑学"和"编辑史"中的"编辑"概念应作如何理解，两个学科的"编辑"概念是否应当保持一致，是学科建设带根本性的问题。"编辑"一词虽然不晚于唐初就已经产生，但"编辑"的概念古今不同，编辑学作为新兴学科无疑应当建立在现代意义的编辑概念的基础上。编辑学要研究历史上的编辑活动，如果承认编辑史是编辑科学体系的一部分，"编辑学"和"编辑史"中的"编辑"概念就应当保持一致，正如"出版学"和"出版史"中的"出版"概念、"经济学"和"经济史"中的"经济"概念等等应当保持一致一样，这个研究方法应当适用于一切现代学科。"出版"是近代才引进的概念，有今义而无古义，写出版史只能以今义为基础。"经济"一词有今义，也有古义，写古代经济史也必须以今义为基础。"经济"的古义是"经世济民"，用这个古义写的历史著作，还能叫"经济史"吗？显然不能。"收集材料，整理成书"，是《辞源》归纳出来的"编辑"的古义，与出版业无联系；《辞海》及其他一些权威性工具书所给出的今义是与新闻出版业相联系的。"编辑"的古义和今义不同，我们也就不能用"编辑"的古义来撰写作为现代学科之一的编辑学或编辑史。

"编辑学的研究对象，是编辑劳动及其客观规律"，这是《中国编辑研究》年刊《发刊词》归纳的现在比较趋向一致的看法。"编辑"一词既可指作为著作方式之一种的编辑（第一种编辑），也可指作出版工作一部分的编辑（第二种编辑）。目前争论的焦点在于：要不要区分两种性质不同的"编辑"，是否所有被称为"编辑"的活动都属于编辑学的研究对象。两种性质不同的"编辑"是客观存在，有大量的实例可以说明。《现代汉语词典》（修订本）署"中国社会科学院语言研究所词典编辑室编"，《修订说明》说"在这次修订工作中，商务印书馆编辑部、出版部不少同志为我们做了许多工作"。词典编者所做的编辑工作（收集资料、编写、修订）属于著作活动，在性质上显然不同于商务印书馆编辑部所做的作为出版工作一部分的编辑工作。作为著作机构的"词典编辑室"可改称"词典编纂室",这里的"编辑"和"编纂"同义。例如,商务印书馆1957年出版的《汉词词典(简本)》就署"中国大辞典编纂处编",而出版社的"编辑部"则不能改称"编纂部",因为它不是著作机构。

出版社编辑有时会承担部分辞书的编纂任务,但这一部分任务并非出版工作所固有的,依其性质属于著作活动,社内外的编纂者都有权以著作人的身份在书上署名。人民出版社1990年出版一本科学词典,选题是本社一位编辑策划的,并担任副主编。他在职称评审申报材料中把此书作为自己作品之一写入主要学术成果栏,而把此书的选题策划作为自己的编辑业绩的一部分。中国出版科学研究所的一位同志是《编辑实用百科全书》的责任编辑兼该书"编辑专业教育与科学研究"分支的负责人,她以责任编辑的身份和以著作人的身份在书上的署名是分开的,由此可见,著作活动和出版社编辑活动的界限是需要而且能够分清楚的。教材不管用什么名义出书,编者都是享有著作权的。例如,国家教委八五规划教材中专《语文》课本(高等教育出版社1994年版)署"全国中等专业学校教材编写组编",高中《语文》课本(人民教育出版社1990年版)署"人民教育出版社语文二室编",这两种书的编写都属于著作活动,后一种书并没有因为是本社编的而改变其著作性质。至于文章资料的汇编或选编,则要看是作为著作方式之一种还是作为出版工作的一部分,如果是后者,自然属于编辑活动。出版社可以不承担辞书的编纂、教材的编写等任务,把这些工作完全委托社外的人来做。而选题、组稿、审稿、加工等编辑工作出版社则非做不可,如果完全委托社外的人来做,出版社将不复存在。编辑学的研究对象应当是能体现本质特征的那些活动,要是把出版社编辑可承担也可不承担的任务也包括进来,编辑学的研究对象就会被无限度地扩大,成为不确定的东西。例如,某些出版社有时也承担翻译任务,如果因此把翻译也作为编辑学的研究对象,翻译学和编辑学的研究对象的界限就难以划清。书籍的编纂是编纂学的研究对象。学苑出版社新出的一本书叫《地区百科全书编纂学的理论与实践》，把百科全书作为编纂学的研究对象还是作为编辑学的研究对象更合适呢？这是不言自明的。百科全书出版社的编辑人员大量参加百科全书的编辑工作，并不能改变百科全书的成书属编纂性质。

书籍的产生和传播过程分撰写（及其他著作方式）、编辑、复制、发行等。说明编辑学的研究对象是编辑活动，不是著作活动，并不是说编辑活动与著作活动无关，著作活动没有可供编辑活动借鉴的东西。编辑学要研究编辑活动与著作活动的关系，但是把著作活动归入作者范畴来研究，而不能将其视为编辑活动的一部分。首先要分清编辑活动与著作活动的界限，然后才能谈到两者的联系。编辑活动的形式是多种多样的，谁也说不清共有多少种，但依性质可以分成两种，即属于著作活动的编辑和属于非著作活动的编辑。出版业及其他传播业中作为非著作活动的编辑活动具有中介性，这是它不同于著作活动的本质特征。区分两种性质不同的编辑的目的，在于明确著作活动和编辑活动的界限，便于界定编辑学的研究对象。作者、编辑、读者是编辑学的三个重要范畴，三种人作为个体所担任的具体角色可以临时互换，比如编辑或读者写书当作者，作者或者读者来出版社参加编辑工作，这并不影响这三个范畴的划分。但是如果把著作活动或部分著作活动看作编辑活动，编辑和作者这两个范畴的界限就无法分清。

过去有一种较常见的说法是我国古代编辑活动的特点是融编纂、著述、校雠为一体的，看不到在我国古代出版机构存在大量的不同于编纂、著述、校雠的编辑活动。1996年新出的一部编辑出版史认为编辑学的研究重点是当代编辑工作规律、出版编辑的特殊性，而编辑出版史"既研究作品编辑，又研究作为出版工作一部分的编辑"。承认历史上存在两种编辑——作为著作方式之一种的、不属于出版工作的编辑（作品编辑）和作为出版工作一部分、不属于著作活动的编辑（出版编辑），这是编辑史研究的一个重大进展。现在需要进一步明确的问题是：如果编辑学不把著作活动作为研究对象，编辑史的研究对象是否包括著作活动？编辑史的研究对象如果要包括著作活动，为什么编辑学的研究对象不包括著作活动？这看上去是方法论之争，实际上是涉及编辑学和编辑史研究全局的大问题。把著作活动的编辑活动同样作为编辑学和编辑史的研究对象，必然会在理论上和写作上产生难以解决的矛盾和问题。有一种观点认为"编辑出版史的下属学科有图书编纂史、编辑史、出版史、印刷史、发行史、藏书史、目录学史等"。图书馆学家和目录学家是否同意把藏书史和目录学史归入编辑出版史，这里暂且不论。既然"图书编纂史"和"编辑史"分属不同的学科，为什么又把图书编纂同出版编辑一样作为编辑史的研究对象呢？换句话说，编辑史如果包括图书编纂史，图书编纂史又怎能成为与编辑史平行的学科？

　　有的编辑史论著不仅把古人称为"编辑"的活动，而且把古人称为"著作"的活动也作为编辑史的一部分。魏晋以降许多朝代都设有著作专官。著作郎所从事的明明是修史、修起居注等著作活动，著作郎所在的著作局（曹）有的论著称为"编纂机构"，"编纂机构"所从事的活动又被称为"编辑活动"，于是历代著作机构的种类繁多的著作活动，包括著作郎陈寿修撰《三国志》等，统统成了"编辑活动"。这样来写编辑史，现代意义的编辑活动被淹没在著作活动之中便是不可避免了。《史记》的成书方式不是"编辑"而是"著""述"，这是作者自己说的："仆诚已著此书……"（《报任安书》），"余所谓述故事……"（《太史公自序》）。他著此书的目的是"究天人之际，通古今之变，成一家之言"。他要成为什么家？全世界都公认他是大史学家、大文学家、大著作家，在一些论者笔下他却成了"大编辑家"。这么说来，二十四史的著述都属于编辑活动，其作者都是编辑家了。这样一来，为了保持编辑史的连贯性，二十四史的"编辑"情况就得一部接一部写下来。与此同时，还得考虑二十四史以外及以后的史书（例如民国史和中华人民共和国史）的"编辑"要不要作为编辑史的研究对象，否则所建立的编辑史体系就是不完整的。

有论者主张：把著述分"原创型"和"非原创型"，"著"属于前者，"编"属于后者，介于两者之间的为"编著"，凡是非原创型的书籍编辑的规律都是书籍编辑学的研究对象。所说的"非原创型"编辑是把"编"和"编著"包括在内的。论者担心，不这样，书籍编辑学将会显得十分单薄贫乏，真正的变成"编辑无学"了。事实上，有的编辑史正是这样写的，内容同书史和出版史没有多大差别，在书中所看到的主要是作品的著述、编纂和出版，几乎看不到古代出版机构中的编辑活动，难怪读者要问编辑之学在哪里。

今天的编辑工作是对古代编辑工作的继承和发展，这是没有疑义的。但有研究者强调"今天的出版社编辑显然是对历史上作品编辑的继承和发展"，这就转换了概念，至少说法是不全面的。今天的出版社编辑应当首先是历史上的出版机构编辑的继承和发展，其次才能谈到作品编辑与出版编辑的关系。编辑史要同编辑学一样，以出版业和其他传播业中的编辑活动为研究对象，建立自己的理论体系，才能使人确信编辑有学。任何事物的发展都有一个由简单到复杂、由低级到高级的过程。早期出版业的编辑活动很幼稚，有关的历史资料很少，这是很自然的现象，早期的出版史料保存下来的不是也很少，我们至今无法断定我国印刷术发明的确切年代吗？研究者的任务是努力发掘和收集有关资料，以加深对研究对象的了解，认识到什么程度就写到什么程度，不必急于求成，把无关的资料拿来充数。一种编辑史以两种编辑活动为研究对象，容易造成概念混淆，条理不清。韩仲民《中国书籍编纂史稿》的写作体例就处理得比较好，它不把属于出版工作一部分的编辑活动掺和进来。把编纂史和编辑史区分开来，使人们对编辑史研究的空白领域和薄弱环节看得更清楚，会更有利于编辑学科的建设。

《辞海》新版对"编辑"定义的修订在编辑学上的意义

"编辑"概念如何界定关系到这门新兴学科的基础建设，自然备受关注。权威工具书对"编辑"的定义往往是学界讨论"编辑"概念的出发点或立论的依据。《辞海》每次修订再版都对"编辑"条释文作修改，以反映我国编辑学研究的进展，因而值得我们特别重视。

1979年版"编辑"条的释文为"指新闻出版机构从事组织、审读、编选、加工整理稿件等工作，是定稿付印前的重要环节。指从事编辑工作的人员"，把编辑工作看作是新闻出版工作的一部分，所解释的是现代编辑概念。考虑到编辑活动范围不限于新闻出版机构，1989年版把第一个义项改为"新闻出版和电影等机构从事组织、审读、编选、加工整理稿件等工作。是定稿付印（或摄制）前的重要环节"，将编辑活动的范围扩大到新闻出版机构以外，包括电影业，其他内容没有变动。1999年版把义项由前两版的两项扩大到五项，即："组织、审读、挑选和加工作品的工作，是传播媒介工作的中心环节。用电子计算机处理信息时增删修改数据、编排程序的一项工作。根据特定要求选择若干作品或作品的片段，收集编排成为一部或一套作品的著作方式。指从事编辑工作的人员。我国新闻出版专业技术职务之一。"新的释义更充分、更明确地界定了编辑活动的范围。作品到定稿付印时编辑工作并没有结束，用"传播媒介工作的中心环节"自然

《新闻出版报》以《"编辑"的编辑学定义》为题在2000年3月3日发表了主要内容。

比用"定稿付印前的重要环节"能更好地说明编辑工作在出版工作中的地位及其与其他环节的关系。编辑工作无疑是出版工作的中心环节，至于编辑工作是不是报纸、广播、电影、电视等其他传播媒介工作的中心环节，在学界则存在不同的意见，《辞海》把编辑工作的中心地位扩大到一切传播媒介，将促进编辑学这个重大问题的讨论进一步开展。

《辞海》新版"编辑"条第三个义项的设置，意义尤为重大，它反映了学界在90年代对编辑学的核心范畴"编辑"概念研究所达到的新水平。"收集材料，整理成书"是不是一种著作方式，长期以来一直是编辑学和编辑史研究中争论最热烈的问题之一，因为这涉及这两门学科的研究对象的界定。《辞源》所解释的是词语的古义，"编辑"一词古人多用于著作活动，至今尚未发现用来表示出版工作的书证。"整理成书"意为"整理成书籍形式的作品"，可以理解为一种著作方式。但也有学者认为古代编辑活动是编著合一的，"收集材料，整理成书"既是一种著作活动，也是一种编辑活动。这样，著作和编辑的界限还是划分不清，必须另找划分的方法。1994年以来越来越多的学者主张或赞成区分作为著作方式之一种的"编辑"与作为出版等专业工作一部分的"编辑"。《辞海》作为一部权威工具书，在新版确认"编辑"可以是一种著作方式，并专设一个义项说明作为一种著作方式的"编辑"在性质上不同于作为传播媒介工作一部分的"编辑"，意义深远。作者、编辑（编辑工作人员）和读者是编辑学的三大范畴，"根据特定要求选择若干作品或作品的片段，汇集编排成一部或一套作品"，如果是一种著作方式，则归入作者活动，如果是出版等专业工作的一部分，则归入编辑活动，"收集材料，整理成书"自然也应当同样处理。

研究表明，在古代就存在性质不同的编辑活动，如朝廷著作机构的编辑活动同编纂活动一样属于著作方式之一种，其性质不同于书坊等民间出版机构的编辑活动。《辞源》的"编辑"条释文不像《辞海》的释文那样表明编辑活动的性质,结果引起无休止的争论。《辞源》如能像《辞海》那样每十年修订再版一次,以反映学界研究古汉语的新成果,将更受读者的欢迎。

"编辑"词义从古到今的演变

"编辑"概念是编辑学研究的一个核心范畴。"编辑"概念是怎样形成和发展变化的,"编著合一"是不是古代编辑的特征,编辑出版史要不要划分编辑活动和著作活动的界限,"编辑"一词怎样进入近现代新闻出版词汇,这些都是讨论的热点。本文想通过考察"编辑"词义从古到今的演变来谈谈自己的一些看法。

《辞源》给"编辑"下的定义是:"收集材料,整理成书",可惜缺少书证,不知道使用的具体时代和语境,其含义至今仍然是个争论不休的问题。"定义即用法"。最近从网上查阅中国部分古籍全文检索资料库,了解到"编辑"及有关词语在二十五史等史籍中使用的一些情况,感到通过历代的用例掌握"编辑"词义的演变对明确古今"编辑"概念很有帮助。下面介绍查阅的结果,并作点说明和分析。

一、"编辑"及有关词语在二十五史中的使用频率

下表所讲某个词在二十五史点校本中出现的处数是以段落为计算单位的,在同一段落中出现一次或多次者均算一处。

词语大体按这样的原则分类排序:带"著""作""撰""述"字、不带"编"字的为第一类,带"编"字、不带"校"字的为第二类,带"纂"字、不带"编"字的为第三类,带"校"字的为第四类。

原刊于《编辑学刊》2001年第2、3期。

词语	著述	撰著	撰次	撰述	修撰	编次	编著	编缉
出现处数	282	20	49	81	977	96	3	10
首见于	汉书	后汉书	后汉书	三国志	魏书	史记	后汉书	魏书
类别	一	一	一	一	一	二	二	二

词语	编辑	编集	编修	编述	编撰	编纂	编写	纂集
出现处数	32	22	1155	3	2	36	0	41
首见于	宋史	旧唐书	旧唐书	旧唐书	明史	宋史	—	汉书
类别	二	二	二	二	二	二	—	三

词语	纂修	纂述	纂辑	纂缉	校理	编校	校对	
出现处数	188	23	26	2	297	19	14	
首见于	汉书	新唐书	宋史	明史	汉书	宋史	宋史	—
类别	三	三	三	三	四	四	四	

依照事物发展规律，著作活动的产生总是先于编辑活动，先有作的诗文，然后有编的诗文集。表示著作活动的单词也比表示编辑活动的单词出现早。《诗经》中有五首诗自身提到诗的创作及其作者，例如："寺人孟子，作为此诗"（《小雅·巷伯》）；"吉甫作诵，其诗孔硕"（《大雅·嵩高》）。《大雅》和《小雅》中的诗多为西周时期的作品。《公羊传·隐公六年》"《春秋》编年，四时具，然后为年"中的"编"和《国语·晋语八》"及为成师，居太傅，端刑法，辑训典，国无奸民"中的"辑"使用时均晚于《诗经》中表示创作活动的"作"。《史记·老子韩非列传》讲道："关令尹喜曰：'子将隐矣，彊为吾著书。'于是老子乃著书上下篇，言道德之意五千余言而去。""著书"一语出自老子的同时代人关令尹喜之口，可能在当时即春秋末期就已经使用。在《楚辞·招魂》"结撰至思，兰芳假些"中已用"撰"字表示著述、写作。到司马迁时代，"著""作""述""撰""著书"等词语的使用已很普遍。从上表可以看出，"著述""撰述""撰次""撰著"等众多的表示著作活

动的双音节词均比双音节词"编辑"出现早。"修撰"除见于《魏书》外，还见于《梁书》和《周书》，"修撰"虽然同"编辑"都是在南北朝时期出现的，可能略早于"编辑"，使用则广泛得多。

带"编"字的双音节词大多数出现比"编辑"晚，只有"编著"和"编次"等少数例外。"编著"的现代含义是"编写""著述"，在古代最初的含义是"编撰著录"，对象主要是官府的律令，后来使用范围扩大到非法律图书。《韩非子·难三》："法者，编著之图籍，设之于官府，而布之于百姓者也。""编著"在二十五史中仅出现三处。第一处见《后汉书·皇后纪序》："向使因设外戚之禁，编著《甲令》，改正后妃之制，贻厥方来，岂不休哉！"其余两处见《宋史》。"编次"在《史记》中首次出现时指按次序编排："追迹三代之礼，序《书传》，上纪唐虞之际，下至秦缪，编次其事。"（《史记·孔子世家》）到三国时期已用来表示修撰国史："汉武帝以迁有良史之才，欲使毕成所撰，忍不加诛，书卒成立，垂之无穷。今曜在吴，亦汉之史迁也。……今《吴书》当垂千载，编次诸史，后之才士论次善恶，非得良史才如曜者，实不可使阙不朽之书。"（《三国志·吴书·韦曜传》）

二、"编缉"/"编辑"从产生到清末的使用情况

"编缉"一词是在南北朝时期开始使用的，在二十五史中出现十处，首见于北齐魏收《魏书·李琰之传》"修撰国史……前后再居史职，无所编缉"，意为"修撰"，属于著述活动。"编"是个多义词，在上古时代就有"编写"的意思，例如《庄子·大宗师》："或编曲或鼓琴，相和而歌。""编缉"的第二个用例见于唐初李百药《北齐书·魏收传》："所引史官，恐其凌逼，唯取学流先相依附者。房延佑、辛元植、眭仲让虽夙涉朝位，并非史才。刁柔、裴昂之以儒业见知，全不堪编缉。""全不堪编缉"意为全不能担当修史的重任。这里的"编缉"还是"修撰"的意思。可见"编缉"一词的产生同史官魏收开始的修

撰国史活动有关。在李延寿继其后编成的《南史》和《北史》中，"编辑"一词共出现八处，大都表示"修撰""著述"，唯一的例外是《南史·刘苞传》"少好学，能属文，家有旧书，例皆残蠹，手自编辑，筐箧盈满"中的"编辑"，用来表示对旧书的整理修补。李延寿在《北史》的《魏收传》中继续按《魏书》的原意使用"编辑"表示国史的修撰，讲到为他人立传时也是用"编辑"表示传记的编写。例如《北史·循吏列传序》："案魏立良吏传，有张恂、鹿生、张膺……苏淑。齐立循吏传，有张华原、宋世良……路去病。周书不立此篇。隋循吏传有梁彦光、樊叔略……房恭懿，各附其家传，其余皆依时代编辑，以备循吏篇云。"李延寿在《北史·序传》中描述其父李大师与己先后从事南史与北史的修撰，称之为"编辑"。他写道："大师少有著述之志……家本多书，因编辑前所修书。贞观二年五月，终于郑州荥阳县野舍，时年五十九。既所撰未毕，以为没齿之恨焉。所制文笔诗赋，播迁及遭火，多致失落，存者十卷。"接着说他如何继承和完成父志："延寿与敬播俱在中书侍郎颜师古、给事中孔颖达下删削。既家有旧本，思欲追终先志，其齐、梁、陈五代旧事所未见，因于编辑之暇，昼夜抄录之。至五年，以内忧去职。服阕，从官蜀中，以所得编次之。然尚多阙，未得及终。……至于魏、齐、周、隋、宋、齐、梁、陈正史，并手自写，本纪依司马迁体，以次连缀之。又从此八代正史外，更勘杂史于正史所无者一千余卷，皆以编入。其烦冗者，即削去之。始末修撰，凡十六载。始宋，凡八代，为《北史》、《南史》二书，合一百八十卷。"文中连用的"编辑""修""撰""编次""修撰"等是同义词，李延寿视为"著述"活动。他在这里使用不同的词表达同一著作方式——编写（史书），看来是出于修辞需要，即避免用词重复。

　　魏收、李百药、李延寿是现在可以确认的"编辑"一词的三个最初使用者。李百药和李延寿都是贞观时的史臣，修史所依据的主要是南北朝时期的史料，所以沿用"编辑"一词。从唐高宗和武后时期开始，

"编缉"逐渐为"编辑"所取代。现在已知的最早的"编辑"用例之一见于《唐大诏令集》卷82仪凤元年《颁行新令制》:"然以万机事广,恐听览之或遗;四海务殷,虑编辑之多缺。南宫故事,综核已殚;内史旧章,搜罗殆尽。"关于编辑的意图和原则,诏命说"但政贵有恒,词务体要。道广则难备,事简则易从。故自永徽(高宗登基后最初使用的年号,公元650—655年)已来,诏敕搃令沙汰,详稽得失,甄别异同,原始要终,捐华摭实。其有在俗非便,事纵省而悉除;于时适宜,文虽繁而必录。随义删定,以类区分。上禀先规,下齐庶政",所得与新令有关的材料,"仍令有司编次,具有卷帙施行"。由此可见,"编辑"是指为一定的目的(在这里是为施政的需要)广泛收集材料,按所定的标准加以选择取舍,然后将得到的成果整理成书。在诏命中"编辑"和"编次"为同义词,前者的含义较宽,后者的含义较窄,侧重于具体的整理工作。武后时颜元孙撰《干禄字书·序》说:"自改篆行隶,渐失本真。若总据《说文》,便下笔多碍,当去泰去甚,使轻重合宜,不揆庸虚,久思编辑。"《干禄字书》是一部刊正汉字形体的书,大多分列俗、通、正三体,加以辨别,供为官和应试者参考。这部字书还把《说文解字》按部首排列的形序法改为按声韵排列的音序法,这是一项重大的创新。作者说他很久以前就想根据汉字字体的发展变化,删繁就简,编这样一部多少有别于《说文》的适合时代需要的字书。序中所用的"编辑"意为"编纂"。

唐代的制诏和字书用"编辑"取代"编缉",表明"编辑"这时已成为规范词,从此以后,"编缉"便很少使用了。在《南史》和《北史》以后的正史中仅《明史·艺文志》"《稽制录》一卷编缉功臣服舍制度"一处使用了"编缉"。顺便提一下,不时看到有些编辑学论著引用《魏书·李琰之传》和《南史·刘苞传》时把"编缉"误作"编辑",如果注意到时代不同用字有区别,这类差错是可以避免的。《魏书》其他地方使用"编缉"的同义词"缉著"也是用"缉",如《魏书·高允传》:

"允修撰国记，与俱缉著。"

虽然"编辑"一词在唐代已经产生，但未见于《旧唐书》《新唐书》《旧五代史》《新五代史》《元史》，在《清史稿》之前仅见于《进〈旧五代史〉表》《宋史》《明史》。

绍兴二十三年"乙酉，命敕令所编辑中兴以后宽恤诏令"(《宋史·高宗纪八》)，这是《宋史》中的第一个用例，"编辑"表示汇编。

《宋史·礼一》："南渡中兴，锐意修复，高宗尝谓辅臣曰：'晋武平吴之后，上下不知有礼，旋致祸乱。周礼不秉，其何能国？'孝宗继志，典章文物，有可称述。治平日久，经学大明，诸儒如王普、董弅等多以礼名家。当时尝续编太常因革礼矣，淳熙复有编辑之旨。其后朱熹讲明详备，尝欲取礼仪、周官、二戴记为本，编次朝廷公卿大夫士民之礼，尽取汉、晋而下及唐诸儒之说，考订辩正，以为当代之典，未及成书而殁。"这是《宋史》中的第二个用例，可以作为《辞源》的"编辑"释义"收集材料，整理成书"的典型书证。这里的"编辑"和"编次"作为同义词同时使用。

《宋史·艺文志序》："仁宗即新作崇文院，翰林学士张观等编四库书，仿开元四部录为崇文总目，书凡三万六百六十九卷，神宗改官制，遂废馆职，以崇文院为秘书省，秘阁经籍图书以秘书郎主之，编辑校定，正其脱误，则主于校书郎。"这里的"编辑"侧重于书籍校理工作，由校书郎负责，自然不包含撰著的意思。

《明史·礼一》："礼官及诸儒臣又编集郊庙山川等仪，乃古帝王祭祀感格可垂鉴戒者，名曰《存心录》。(洪武)二年诏诸儒臣修礼书。明年告成，赐名《大明集礼》。其书准五礼而益以冠服、车辂、仪仗、卤簿、字学、音乐，凡升降仪节，制度名数，纤悉毕具。又屡敕仪礼臣李善长、傅瓛、宋濂、詹同、陶安、刘基、魏观、崔亮、牛谅、陶凯、朱升、乐韶凤、李原名等，编辑成集。"这里的"编辑"与"编集"同义。

《明史·艺文志》："《外戚传》三卷　永乐中，编辑汉以后可为法戒者。成祖制序。"这里的"编辑"意为编写，收集来的材料需要按一定的观点加以编写才能成为传记。

《明史·陈于陛传》："我朝史籍，止有列圣实录，正史阙焉未讲。伏睹朝野所撰次，可备采择者无虑数百种。倘不及时网罗，岁月浸邈，卷帙散脱，耆旧渐凋，事迹罕据，欲成信史，将不可得。惟陛下立下明诏，设局编辑，使一代经制典章，犁然可考。"这里建议开设的"局"可以说是专设的机构，它的任务是收集史料供保存和写书使用。

《清史稿·圣祖纪》：康熙四十年"三月戊子，上御经筵。丁酉，张鹏翮请以治河方略纂集成书。上斥之曰：'朕于河务之书，罔不披阅，大约坐言则易，实行则难。河性无定，岂可执一法以绳之。编辑成书，非但后人难以仿行，即揆之己心，亦难自信。张鹏翮试编辑之！'"这是《清史稿》的第一个用例，这里的"编辑"作为"纂集"的同义词使用。

《清史稿·世宗纪序》："诏《古今图书集成》一书尚未竣事，宜速举渊通之士编辑成书。"这里的"编辑"是纂修、汇编的意思。这部大型类书最初的书名就是《古今图书汇编》。

《清史稿·方苞传》："雍正二年，苞乞归里葬母。三年，还京师，入直如故。居数年特授左中允。三迁内阁学士。苞以足疾辞，上命专令修书，不必诣内阁治事。寻明教习庶吉士，充一统志总裁、皇清文颖副总裁。……苞初蒙圣祖恩宥，奋欲以学术见诸政事。当地及左都御史徐元梦雅重苞。苞见朝政得失，有所论列，既，命专事编辑，终圣祖朝，未尝授以官。"这里的"编辑"指"修书"，不限于某一类书籍，被作为一项专职工作看待。

清馆臣邵晋涵等《进〈旧五代史〉表》（乾隆四十年）向乾隆帝报告《旧五代史》辑本的成书经过："臣等已将《永乐大典》所录《旧五代史》，依目编辑，勒一百五十卷，谨分装五十八册，各加考证、粘签进呈。敬请刊诸秘殿，颁在学宫，搜散佚于七百余年，广体裁于二十三史。著名山之录，允宜传播人间。"奏章中的"编辑"指把辑佚得到的材料加以整理成书，不包含撰著的意思。宋薛居正等编写《旧五代史》原著才是撰著。这里"编辑"可以作为《辞源》的"编辑"释义的另一典型书证。

在二十四史中，"编缉"和"编辑"共使用22处，编缉／编辑对象是史书（8处）、旧书（1处）、传记（3处）、礼乐书（5处）、诏令（1处）、馆阁书（2处）、言行录（2处）；在《清史稿》中，"编辑"使用20处，编辑对象是治河方略（1处）、漕运书（2处）、丛书（2处）、聚珍版（1处）、各国宪政（1处）、选举法（1处）、图说（1处）、《律历渊源》（1处）、《性礼经义》（1处）、金石志（1处）、外交成案（1处）、文集（1处）、春秋注疏（1处）、医书（1处）、一般图书（2处）、官报（1处）、其他（1处）。编辑活动在古代主要以书为对象，《清史稿》写到清末光绪年间政府设新官制、成立印铸局时才把使用范围扩大到报纸（见下文）。

三、"编辑"如何演变成为表示近现代新闻出版工作一个基本环节的用语

"编辑"一词在古代本来使用不多，到了近代，它在众多的相关词和同义词中"脱颖而出"，最后被确定用来表示新闻出版工作的一个基本环节，简单地说主要原因是：

新闻出版工作在本质上不是著述活动。随着人们认识的提高，明显表示著述活动的第一类词"著作""著述""撰著""撰次""撰述""修撰"等被排除在外。第二类词中的"编著""编修""编述""编撰"和第三类词中的"纂修""纂述"带"著""修""述""撰"字，表示它们与著述活动不可分割，不得不舍弃。"校理"的使用频率虽高，但"校勘""校对"意味突出，近现代校对日益同编辑工作分离，因此第四类带"校"的词也就不适用了。剩下来与"编缉"／"编辑"最接近的同

义词就是"编次""编集""编纂""纂集""纂辑""纂缉",需要探讨的是它们为什么"落选"。下面以统计数字说明这些同义词在二十五史中使用情况的消长:

● "编缉" 10 处——《魏书》1,《北齐书》1,《南史》1,《北史》6,《明史》1。

● "编辑" 32 处——《进〈旧五代史〉表》1,《宋史》5,《明史》6,《清史稿》20。

● "编次" 96 处——《史记》1,《三国志》1,《南齐书》1,《陈书》2,《魏书》1,《北史》3,《隋书》2,《旧唐书》16,《旧五代史》4,《宋史》28,《辽史》1,《金史》4,《元史》2,《明史》15,《清史稿》15。

● "编集" 22 处——《旧唐书》2,《新唐书》1,《旧五代史》3,《宋史》7,《辽史》1,《元史》3,《明史》5。《明史》和《清史稿》各有 1 处用于"编集士兵"和"编集练勇"不计算。

● "编纂" 36 处——《宋史》4,《元史》1,《明史》10,《清史稿》21。

● "纂集" 33 处——《汉书》1,《晋书》1,《宋书》3,《南齐书》2,《隋书》2,《旧唐书》7,《旧五代史》2,《宋史》7,《金史》1,《元史》5,《明史》1,《清史稿》1。有几处用于纂集兵马不计算。

● "纂辑" 26 处——《宋史》2,《明史》5,《清史稿》19。

● "纂缉" 2 处——《明史》2。

由于语言文字规范化的要求,"编缉"和"纂缉"已被"编辑"和"纂辑"淘汰,在二十五史中只用到《明史》为止。

"辑"字词也逐渐占了"集"字词的上风。在二十五史中,"编集"的对象是诗文、礼书、律令、条例、刑书、图谱、事迹、言行录、日历(按日记载朝政事务的册子)等。最早见于《旧唐书·白居易传》中引用白居易《与元稹书》:"微之!古人云:'穷则独善其身,达则兼济天下。'……故仆志在兼济,行在独善,奉而始终则为道,言而发明之则为诗。谓之讽谕诗,兼济之志也;谓之闲适诗,独善之义也。故览仆诗者,知仆之道焉。其余杂律师,或诱于一时一物,发于一笑一吟,率然成章,非平生所尚者,但以亲朋合散之际,取其释恨佐欢,今诠次之间,未能删去。他时有为我编集斯文者,略之可也。"这里的"编集"表示诗文的"编选结集",是它的本义。《旧五代史·刑法志》:"[周太祖广顺]五年七月,中书门下奏:'侍御史知杂事张湜等九人,奉诏编集刑书,悉有条贯,兵部尚书张昭等一十人,参详旨要,要加益损。臣质、臣溥据文评议,备见精审。其所编集者,用律为主;辞旨之有难解者,释以疏意;义理之有易了者,略其疏文。式令之有附近者次之。'"这里的"编集"指编纂,如果换成"编辑",也是表示编纂的意思。统计数字说明"编辑"一词在明代以前很少使用,到清代使用频率才开始明显增高。到《明史》,"编集"使用 22 处,"编辑"才使用 12 处,加上"编辑"也不过 22 处,此后"编集"使用越来越少,《清史稿》用于图书编集的一处也没有(如上述只有一处用于练勇的编集不计),而"编辑"的使用却越来越频繁,仅在《清史稿》就有 20 处。《新唐书·艺文志》从"《气论》一卷,苏鉴、徐玉等编集"开始把"编集"用作著录成书的方式,《明史·艺文志》多处继续这样使用,如"《存心录》十八卷,吴沉等编集""《省躬录》十卷,刘三吾等编集"。《清史稿》把成书方式主要改为"某某书某某人撰"和"某某书某某人辑",偶然也用"某某书某某人编",但不用"某某书某某人集"。"集"多作名词用于诗集、文集等书名,"辑"多作动词表示成书方式,这是两个字用法的分化。在现代,"编集"一般依照白居易最初的用法表示"编选结集",曾经有过的"编纂""修撰"等含义几乎不用了。同样,在历史上使用较多的"纂集"到清代也让位给"纂辑"。"纂辑"多用来表示大型图书的编集,如"《国朝会要》五百八十卷张从祖纂辑"(《宋史·艺文志六》),"安徽学政朱筠条奏明《永乐大典》内多古书,请开局纂辑，缮写各自为书"(《清史稿·艺文志一》)。

"编次"不仅出现较早，而且使用的持续时间长，从《史记》到《清史稿》几乎历代史籍都使用，大概是由于"编次"字面上侧重于依次编排论列，使用受局限，在《清史稿》中使用已少于"编辑"，此后就更少了。

"编纂"一词在唐代已经使用，见白居易《河南元公墓志铭》："观其述作编纂之旨，岂止于文章刀笔哉？"这里的"编纂"指编写纂集，与"述作"并列而属于不同的著作方式。在二十五史中首见于《宋史》："俨性夷旷，好贤乐善，优游策府凡十余年。所撰周正乐成一百二十卷，诏藏于史阁；其通礼未及编纂而卒。"(《窦俨传》)"撰"和"编纂"的对象是礼乐之书，是作为同义词使用的。同"编辑"一样，"编纂"的使用在清代呈增长的趋势，在《清史稿》中两者可以说是势均力敌的。该书所提到的编纂对象除礼乐之书外还有国史、字典、医书、章奏、法律、《孝经衍义》、《音韵阐微》、《石渠宝笈》、《秘殿珠林》、《四库全书》等。

进入19世纪后，随着近代中文报刊的出现，古代编书的一些用语扩大使用范围，有选择地用于新的传播媒介。《中国大百科全书·新闻出版》设专条介绍近代最早的中文期刊《察世俗每月统记传》："19世纪西方传教士出版的第一个中文刊物，历史上第一份中文近代报刊。月刊。1815年创刊于马来半岛西部城市马六甲。英国基督教（新教）传教士马礼逊和米怜主编，麦都思参加编辑。"王洪祥等著《中国新闻史（古近代部分）》则说《察世俗每月统记传》"由米怜（化名博爱者）一人编辑和撰稿"（中央民族学院出版社1988年版，第70页）。引文中的"主编"和"编辑"是用现代的规范词语描述历史情况，并非当时的用语。《察世俗每月统记传》创刊号在封面居中直排的刊名上方载有刊行时间"嘉庆乙亥年七月"，刊名左下侧署"博爱者纂"。此处的"纂"字如果译成英语就是"edited by"。这个"纂"字对编辑学研究特别重要，米怜作为该刊的 editor（主编者）选"纂"而舍"编""辑""编辑"，表明他认为汉语的"纂"与英语报刊的 edit 相当。期刊是从书籍分化出来的，早期的中文期刊和书籍的区别不明显，《察世俗每月统记传》的封面设计和装订形式同线装书无异。创办人称之为"书"，如在序文中说"《察世俗》书，必载道理各等也"，并在广告中说明"愿读《察世俗》之书者"可以在何时到何地去取。既然是"书"，办刊借用编书的一些习惯用语是很自然的事。作为刊物的主持人既要编稿，又要撰稿，"纂"有"汇集；编辑；编撰"（《汉语大词典》）之意，这个"纂"字看来是创办人经过精心选择认为比较合适才用上的。

编报刊的活动既然称"纂"，编报刊的人起初自然会袭用带"纂"字的官职名称，而不会称"编辑"，因为"编辑"在古代从不作编书官员的职称，也不指做编辑工作的人。明清两代有编纂官和纂修官。《明史·杨士奇传》讲道："王叔英复以史才荐（杨士奇）。遂诏入翰林，充编纂官。"《清史稿·艺文志一》说："高宗……诏设四库全书馆，皇子永瑢、大学士于敏中等为总裁，侍郎纪昀、大理寺卿陆锡熊等为总纂，其纂修等官则有戴震、邵晋涵、庄存与、任大椿、王念孙、姚鼐、翁方纲、朱筠等，与事者三百余人。"

王韬（1828—1897年）被认为是我国近代编辑家的先驱。有材料介绍他在《申报》担任过"编纂主任"。《中国翻译词典》说王韬"光绪十年（1884年）回上海，任格致书院掌院，兼任《申报》编纂主任，并从事著述"。这里的"编纂"显然是专指报纸编辑，与著述无关。另据复旦大学新闻系新闻史教研室《简明中国新闻史》，王韬在《申报》担任的职务也可能是"总编纂"。不过，"编纂主任"或"总编纂"的名称在新闻界并没有得到推广。

至于早期报刊主持编辑工作的人多称"主笔"，不称"主编"，原因大概有两点：一是"主编"一词当时尚未创造出来，"主笔"则是固有词，自明代以来即常用；二是当时对报刊负责人撰写评论的任务看得比较重,有些报刊负责人实际上是主要撰稿人,称之为"主笔"自然比较合适。王韬《论日报渐行于中土》写道:"西国之为日报主笔者,必精其选,非绝伦超群者不得预其列。"1874年他仿效英国《泰晤士报》的模式,在香港创办我国近代第一家以评论著称的报纸《循环日报》,自任主笔。该报每日刊登一篇时事评论,许多出自他手笔。郑观应在《盛世危言》中也是强调撰写时事评论的重要,以此说明日报主笔制在我国得到迅速推广的原因:"主笔者,触类引申,撰为论说,使知议员之优劣,政事之从违,故日报盛行,不胫而走。"主笔有时又称"总撰述",如1896年梁启超任上海《时务报》总撰述,1902年陈黻宸任上海《新世界学报》总撰述。梁启超在《清议报》(旬刊,1898年12月在日本横滨创刊)第100期发表的《〈清议报〉第一百册祝辞》(1901年12月)中阐述了他对报纸主要职能的看法,说固然"贵乎报纸之著述",但更要看重新闻报道:"报之所以惠人者不一端,而知今之最要,各国之报馆不徒重主笔也,也更重时事,或访问,或通讯,或电报,费重资求一新事不惜焉。"这反映报人对报纸性质认识的变化。既然报纸不能以撰写评论为主,报纸主要负责人称"主笔"或"总撰述"就不大合适,后来渐渐为"主编"或"总编辑"所取代。邹韬奋青少年时代,报刊主持编辑工作的人称"主编""总主笔""总编辑"的都有。他在自传《经历》(1937年)中回忆:"我读到中学初年级……有一天偶然在学校的阅报室里看到《申报》的《自由谈》登着领稿费的启事,才打定主意写点东西去试试看。那时的《自由谈》是由冷血先生主编。"1927年他到《时事新报》兼任秘书主任,了解到该报的一些情况:"总经理由潘公弼先生担任,总主笔由陈布雷先生担任。……他(指潘公弼。——引者)对于新闻业务的种种方面都很熟悉,因为他都经历过的。他在编辑方面,由校对到总编辑和总主笔都干过。"现在的规范用语是"主编""总编辑","总主笔""总撰述"已很少使用了,只是报刊专栏的主要撰稿人有时仍称"主笔"。《中国大百科全书·新闻出版》在词条"主笔"后括注的英译是 chief writer，再从英文回译成汉语便是"总撰述"或"主要写作者"了，同英语 editor-in-chief（首见于 1873 年）的意思是不一样的。既然 edit 译"编辑"，不译"撰述"，editor-in-chief 理应译"主编"或"总编辑"，而把"总撰述"淘汰。《时务报》"总撰述"下面有"撰述"，其他报刊则多称"编辑"。上海辞书出版社《出版词典》说："章炳麟清光绪二十三年（1897 年）到上海，任《时务报》撰述，宣扬改良思想，后去杭州任《经世报》编辑。"

编辑活动在古代主要以书为对象，《清史稿》写到清末政府设新官制时（光绪三十二年即 1906 年前后）才把使用范围扩大到官报："统计（局）掌握一计表，刊行年鉴。印铸（局）掌编辑官报。余依往制。详礼部。法制院掌编纂法规，修明法令，拟上候裁。"(《清史稿·职官志六》)这里的"编辑"和"编纂"看来是设新官制当时的用语，用法已有了明显的区别；"编纂法规"的"编纂"仍然是一种著作方式，"编辑官报"的"编辑"则不是一种著作方式，而是出版机构（印铸局）工作的一部分了。在现代，"编纂"多用来表示辞书和大型图书的成书方式，这个趋势在清前期已开始出现，例如《清史稿·圣祖纪三》康熙四十九年"三月己巳，上还京。乙亥，命编纂字典"（这本字典即后来的《康熙字典》），现在继续这样用，如"《辞源》的编纂始于 1908 年（光绪三十四年）"(《辞源》修订本·出版说明)，"辞书编纂符号详细地说明适用于各类辞书编纂使用的符号"（国家标准《辞书编纂符号》）。《光明日报》1997 年 10 月 20 日报道国家重点古籍整理出版项目"四库全书存目丛书"提前竣工时写道："1994 年成立以季羡林教授为总编纂的编纂委员会，延请海内外百余位专家参加编纂工作。"这里的"总编纂"与当年纂修《四库全书》时以纪昀为"总纂"是一脉相承的。

近代早期知名的出版机构（书局、书店、书社、书馆、印书馆等）多为外国传教士按照资本主义国家的模式设立，以编译西书为主要任务。清道光二十三年（1843 年）英国伦敦布道会在上海创办墨海书馆，设编辑和印刷两部。道光二十九年王韬应邀入馆任编辑，历13年，主要负责翻译书的编辑加工，由懂中文的西人口述原著意思，他笔录，然后润色文字，使符合中国文法。他回忆这段经历时写道："只为衣食计，但求心之所安，勿问其操何业。译书者彼操其意，我涂饰词句耳，其悖与否，固于我无涉也。"他从事的这种编辑工作显然是出版工作的一部分，与著述无关。清咸丰十年（1860年）基督教美国长老会在上海创办的美华书馆设有编辑、印刷、发行三所，为当时上海最大的出版机构。19世纪末20世纪初我国人创办的规模较大的出版机构也开始设立专门的编辑部门。蔡元培在1918年写的《夏瑞芳传》回忆了商务印书馆设编译所以及组织编写教科书的情况，并把是否设置专门的编辑部门以保证图书质量作为区别旧式书肆和新式出版社的一个重要标志。他写道："近20年，始有资本较富之书肆，特设编辑所，延热心教育之士专任其事。……其创始之者，实为商务印书馆。""编辑所"或"编辑部"的组成人员自然一般地称"编辑"，不会一般地称"编纂"。例如，邝富灼于1908年任商务印书馆英文部主任编辑，范源濂于1913年任中华书局的编辑长。

我国近代报刊和出版社的组织形式主要从西方引进，西方的新闻业和出版业的一些用语同时传入，用法的译法有一个规范化的过程。英语国家在新闻业和出版业中从事稿件组织、选择、加工的人通称"editor"（这个词在英语文献中首见于1649年，本义是"出版者"，1712年后意思转变为"编辑工作者""以编辑为业的人"，另用publisher专指"出版商"），我国也使用一种通称，与国际接轨。"editor"的最一般译法最后定为"编辑（者）"，而不是其他（如"编纂""撰述"），除业内人士逐渐认识新闻出版工作不是著述活动外，不能排除在某种程度上受日语译法影响的可能性。汉语"编辑""编集"等词在古代即为日语借用，日本在明治维新以后引进西方新闻出版业的组织形式，也常用来翻译英语的edit。明治三十二年（1899年）的《著作权法》第14条有"編集著作物"和"编辑物"等语。中日两国都使用汉字，都要用汉字翻译西方新闻出版业的一些用语，最初用英语 edit 的译法不会是一致的，在译名规范化过程中会互相借鉴。1862 年在上海创刊的《中外雜誌》最先用"雜誌"作期刊名称，1867 年在日本创刊的《西洋雜誌》（"雜"通"雑"）也照用这个汉语固有词作刊名，并首先以"雜誌"作为与英语 magazine 相对应的词，后来我国也采用这个译法，这是两国译名用语互相借鉴的一个例证。我国近代报刊有不少是在日本创办的，或由留日回国的学者创办，日本的编辑用语对我国编辑用语不能没有影响，这并不否定我国编辑用语对日本也会产生影响。首先，日语"编辑"一词就是借自汉语。因为汉字繁多，第二次世界大战结束后日本政府为教育和社会生活应用方便，限制汉字的使用范围，从 1946 年起推行国语审议会制定的《当用汉字表》，总共 1850 个字，其中有"集"无"辑"，原来并用的"编辑"和"编集"两个词便统一为"编集"。

二十五史等史籍所包含两千多年的语料表明：（1）"编辑"最初写作"编缉"，它的本义或词源义（初义）为修撰、编写，现已不这样使用。（2）"编辑"在古代是个多义的动词，除修撰、编写外，还可作编集、编纂讲。许多朝代设有修撰、编修、编纂、纂修、校理等官职，可用以指官员；史籍未见有馆阁设编辑官的记载，"编辑"也不指从事编辑活动的人。（3）编辑的对象主要是书籍，如史书、诗文集等需要在不同程度上依靠已有的作品和材料才能编成的书籍，原创性的作品不在其列。（4）"编辑"在古代一般用来表示作品的一种著作方式，在古籍中尚未发现用来表示出版工作一部分的书证。古人从未给双音节词"编辑"下过定义，《辞源》的释义"收集材料，整理成书"不过是今人（词条撰稿人和编者）根据自己的理解对"编辑"一词在古代的使用情况所作的不全面的概括，从字面和实际内容以及联系二十五史中有关书的用例来看所指的都是一种著作方式，而不是作为出版工作一部分的编辑活动。如认为是后者，须提供必要的书证才有说服力。上海辞书出社 2000 年出版的《古汉语大词典》对"编缉"的释义为"辑补书籍",并举了《南史·刘苞传》"……手自编缉,筐箧盈满"作用例;有了这个书证,所解释的"编缉"概念便不能理解为出版工作的一部分了。到近现代,"编辑"一词产生了新义,被用于新闻出版工作。现代出版社编辑人员收集一些文件资料汇编出书,可以认为是出版工作的一部分,但不能离开这个使用时代和语境,据此推论《辞源》所讲的古人"收集材料,整理成书"也是出版工作的一部分。

"编辑"在古代不是个常用词,20 世纪 90 年代末至 2000 年出版的几种古汉语词典(如《古代汉语词典》《古汉语大词典》《中华古汉语大辞典》等)都不收,在二十五史中"编辑"的使用频率只有"修撰"的 0.03%、"著述"的 0.11%。因此写编辑史时不宜把"编辑"的使用范围搞得过宽,用"编辑"来涵盖著述和修撰,例如现在把太史公司马迁著述《史记》、著作郎陈寿修撰《三国志》归入编辑范畴就不大适当。当然不能否认历史著作包含编辑成分,有的编辑成分多一点,有的少一点;但像《史记》和《三国志》这样的一些史书,就整体来说是属于著作的。

四、"编辑"词义和编辑出版学研究

既然在近现代"编辑"一词被用来表示新闻出版工作的一个环节,它的性质不同于原来表示著作活动的编辑,区分两种不同的编辑概念——作为著作方式之一种的"编辑"和作为出版工作一部分或作为一种专业工作的编辑,便成为编辑学研究的客观需要。著作者编书和出版机构编辑人员编书都称"编辑",两种编辑容易混淆,实际上在一些论著中已被混淆,所以强调要注意加以区分,这并不否定它们之间存在这样那样的联系。反映编辑实践和编辑学研究的发展,《辞海》1999 年版把"编辑"义项由前两版的 2 项扩大到 5 项,其中第一和第三个义项分别是:"①组织、审读、挑选和加工作品的工作。是传播媒介工作的

中心环节。""②根据特定要求选择若干作品或作品的片断，汇集编排成为一部或一套作品的著作方式。"把作为一种著作方式的编辑活动和作为传播媒介工作一个环节的编辑活动分设两个义项，表明它们是不同性质的活动。两种编辑观不仅适用现代，也适用于古代。古代也有出版业，古代出版机构的编辑活动在性质上是不同于作为著作方式之一种的编辑的。

正如经济学和经济史中的"经济"是现代概念、不是古代概念一样，编辑学和编辑史是新兴的学科，所讲的"编辑"也应当是现代概念而不是古代概念，这不是"以今非古"。要是依照古人的编辑概念写古代编辑活动，依照今人的编辑概念写现代编辑活动，这样的编辑史是不科学的、不成体系的。因为"编辑"在古代是个多义词，古人并不存在统一的一成不变的编辑概念。有的旧义（如用"编辑"表示国史修撰等著作活动）今天已经消失，中国通史、中华人民共和国史的"撰写"不能称"编辑"。编辑学的研究对象是编辑活动，不是著作活动，这个界限是要划分的，决不能含糊。如果不划分这个界限，编辑学没有特定的研究对象，也就建立不起来。划分"著作"和"编辑"的界限，不是说编辑学不要研究著作活动，编辑人员要出版或发表著作活动的成果，对其进行选择和加工，甚至介入著作活动，编辑学怎么可能对其不进行研究呢？"作者""编者""读者"是编辑学三大范畴，研究时要把著作活动（包括过去和现在称为"编辑"的著作活动）列入作者或著作范畴，不能同属于新闻出版工作（包括古代的出版工作）的编辑活动混淆。

书史上无疑存在"编著合一"的现象。但是说"编著合一"是我国古代编辑的特征，编著分离至近现代尚未彻底完成，则有不少问题值得商榷。譬如：说"编著合一"是我国古代编辑的特征，反过来也可以说"编著合一"是我国古代著作的特征，这样一来，古代编辑便没有专属于自己的特征了。按照现代的出版概念和图书分类，"编著"（编辑劳动和著作劳动合一）是归入著作范畴而不是归入编辑范畴的。至于著者和编者合一，以这样方式出版的书籍无论在古代还是现代都是少数。《史记·老子韩非列传》说老子"乃著书上下篇，言道德之意五千余言"，韩非"善著书……作《孤愤》、《五蠹》、《内外储》、《说林》、《说难》十余万言"，总不能说老子和韩非的这些书不是著作而是编辑作品吧。《诗经》《尚书》这些选编书也没有听说哪个著作者参加了编辑。从书史上举几本著作者自编书不足以说明问题，因为还有更多的书——多无数倍的书不是著作者自编的。像南宋陈起父子、明末毛晋等古代出版家出了那么多的书，有几本是著作者参加编辑的？著者和编者合一是编著合一，官员和编者合一、学者和编者合一、印刷者和编者合一、出版者和编者合一、编者和校对者合一则不是编著合一，两者不能混为一谈。我国古代出版机构没有称为"编辑"的人，但存在同著作分离的编辑活动和不以著作者身份从事编辑工作的人。随着出版事业的发展，专门从事编辑工作的人越来越多。到近现代，出版业内部在出版、编辑、校对、印刷、发行之间有了明确的分工，这种分工的过程同"编著分离"是两回事。作为一种著作方式，"编著合一"的现象将永远存在，不会消失。把编辑史说成是从编著合一到编著分离的过程并不符合历史事实。

区分两种编辑时依其出现的先后把作为著作方式之一种的"编辑"称为第一种编辑，把作为出版工作的一部分或一种专业工作的编辑称为第二种编辑，是为了论述的方便。第二种编辑并不限于书籍出版，在报刊从书籍分离出来后，第二种编辑也是这两种传播媒介工作的一部分。广播、影视、电子出版物等新媒体相继出现，编辑活动的范围也随着扩大。图书出版编辑、广播编辑、影视编辑、电子出版物编辑等属于第二种编辑内部的分类，作为著作方式之一种的"编辑"则属于另一种编辑，要与编纂、编著、编译、改编等列入著作范畴进行分类。

区分两种编辑涉及编辑和出版的关系，涉及出版概念和编辑出版学的研究。依愚见，作为出版工作一部分的编辑活动始于古代抄本出版业的萌芽时期，而不是始于现代印刷出版业编、印、发有了专业分工之时。西方学者把出版史划分抄本出版阶段和印刷出版阶段。德国出版史著作有 Handschriften-Verleger（抄本出版者）和 Drucker-Verleger（印刷出版者）之称。古希腊罗马人同我国古人一样，并没有"出版"概念，但存在现代概念的出版活动。西方的"出版"和"出版物"概念在法国产生于 14 世纪。法语 publier 一词来源于拉丁语 *publicare*。当初在 1175 年使用时意为"公于众""发布（消息等）"，到 1300 年前后才增加了"出版（书籍、作品）"的意义。英语 publish 一词通过法语 publier 为中介也是来源于拉丁语，在 1330 年前后开始使用时也是"公于众"的意思，到 1450 年前后才开始用来表示"出版"。publish 和 publier 现在都是多义词，有"公布""发布""散布""发表""出版""发行""刊登"等意义。要看使用时代和语境才能确定所指的具体意义。"publish the news"是把消息公于众，但这是"发布消息"，不是"出版消息"。西方早期的图书出版同发行是不分离的，都由书商承担。英语 booksellers（书商）一词直到 18 世纪晚期以前，仍兼指"retailers"（图书零售商）和"publishers"（出版商），而 publishers 则同时担负出版并销售本社产品的任务。出版、印刷和发行的专业分工是后来才逐步实现的。

最近看到一篇文章写道："'出版'就是制作载体，把信息'公之于众'。这个概念早在古希腊时期已经产生，直到现在仍被国际出版界所使用。"说古希腊时期已产生这样的"出版"概念不知道有什么事实依据。出版作品是把作品公于众，但不能反过来说把作品公于众就是出版。把作品写在竹帛上或纸上，不叫出版；抄写作品入藏私人或官府的书库，不叫出版；把写成的作品张贴出来，或当众宣读，或让人传阅，也不叫出版。要使作品公于众成为出版，必须具备一定的条件，这就是作品经过编辑、复制向公众发行。发行有出售、出租、分配等多种方式，出售是主要的。按照对出版概念这样的理解，拙作《明确"出版"概念，加强出版学研究》(《出版发行研究》1990 年第 6 期) 把书肆在西汉末期的出现看作我国出版事业的开端。如果有证据表明比这更早就有书籍被抄写复制向公众供应，我国抄本出版业的萌芽时期还可以再提前。但是认为有书籍就有出版，则不敢赞同。把书籍等同于出版物会造成概念的混乱，模糊书史和出版史的界限。

依照西方学者的观点，公元前 6 世纪—前 5 世纪（我国春秋时代）为西方抄本出版业萌芽时期。公元前 600 年前后，希腊已有书商把名人的诗作和演讲等抄写复制在纸草纸卷上以高价出售。公元前 5 世纪晚期，雅典出现"书肆"——bibliopola，这是当时的用语，由 biblio（书籍）+pola（销售者）构成。图书买卖的场所在 Agora（阿戈拉），希腊语意为"集市"，是古代雅典市民举行群众集会和政治辩论的场所。柏拉图曾在雅典的书肆购买过菲洛劳斯的三种哲学论著，他自己的讲演稿也被他的学生抄写出售或出租，他的《对话集》和雅典的其他商品一起远销西西里岛。当时抄本出版的编辑工作是怎样做的，目前还不大清楚。

公元前 1 世纪中期，提·庞·雅典库斯创办了古罗马第一家对后世有深远影响的正规抄本出版社，所留下的史料使我们对西方古代抄本编辑出版情况多少有所了解。该社拉丁文编辑部由史学家科·内波斯负责（该社拥有大批编辑、校对和抄写员及一些工作情况是从他的传世著作《雅典库斯传》得知的），希腊文编辑部则由语法学家蒂拉尼昂负责。罗马执政官、大演说家西塞罗的著作由他的好友雅典库斯本人负责编辑加工。该社所出 15 卷本《群像》作者马·特·瓦罗参加了装帧设计和校对工作，书末注明作者自校。其他大多数书籍的编辑工作没有著作者参与，像蒂拉尼昂编辑世界第一个《柏拉图著作集》抄版及其他希腊古典著作，更不可能有著作者的参与。书末注有"legi"字样者表示该书抄写后"经过校阅"，指经过出版社编辑校对人员校阅，以区别那些唯利是图的书商推出的粗制滥造的抄本，因为当时著作者没有版权，任何人都可以抄写作品出售。

印刷出版业初创时期，西方书籍绝大多数不是以"编著合一"的方式出版的。道理很简单，当时印刷出版书籍主要是把历代传世的抄本经过选择和编辑加工变成印本，已故的著作者不可能参加编辑，在世的著作者能亲自参加编辑的也不多。意大利文艺复兴时期马怒提乌斯在威尼斯创办的阿尔丁出版社，在它存在的 100 年间（15 世纪 90 年代中期至 16 世纪中期，我国为明代中叶）所出的近 1000 种书只有极少数是著作者参加编辑的。即使是该社编辑写的书，也要由其他编辑进行加工。例如荷兰学者伊拉斯莫在该社当编辑时以著作者身份编写的书——《格言集》，由该社的另一位编辑阿莱安德罗协助马怒提乌斯进行审读加工。今天出版社编辑写的书也得由其他人当责任编辑，这倒是编辑工作的一个特点。编辑不是一国现象，开展中外编辑发展史的比较研究，对解决编辑概念认识上的分歧会有所帮助。

撰写和完善《编辑学理论纲要》需要探讨的一些问题

编辑学的性质和学科定位

确定编辑学的性质、识辨它在整个科学体系中的地位及其同邻近学科的关系，是构建编辑学理论框架的必要条件。编辑学主要属于社会科学、应用科学，不属于基础科学、理论科学，它的研究对象是编辑活动及其客观规律，这是逐渐趋向一致的看法。学科结构是多层次的，一门学科的研究对象可以按照不同的物质层次和运动级别分类。社会科学、应用科学属于大的科学门类，编辑学上属的科学门类如能分得更小一些，便可更清楚地显示它的性质。编辑学无疑是社会科学领域相对独立的自成体系的学科，现在要弄清的是在社会科学之下，编辑学之上，还有没有中间一级学科，即编辑学直接从属的学科。如果有，是什么？解决这个问题的一个方法是研究分析编辑学同出版学、传播学、文化学等学科的关系，因为编辑学同这些学科的关系最密切。但泛泛地说它们的关系密切是不够的，还需要具体说明它们是属于邻近学科，还是具有交叉关系或从属关系。编辑学就整体说来不从属于出版学，图书编辑学是从属于出版学的。报纸编辑学从属于新闻学，郑兴东等著《报纸编辑学》认为"报纸编辑学是新闻学的一个分支，是研究报纸编辑工作的规律和方法的科学"。《编辑实用百科全书》的"新闻学"条也说"新闻编

原刊于《出版科学》1999年第1期，收入《中国编辑研究（2000）》，人民教育出版社2001年版。

辑学是实用编辑学的一个分支学科，图书编辑学则是出版学的一个分支学科"。除新闻、出版部门外，广播、影视等部门也存在编辑活动。既然书、报、刊、广播和影视工具都属于传播媒介，能不能说编辑学从属于传播学呢？传播学主要研究大众传播、信息生成后的传播，不研究书刊等精神产品的生成过程，书刊就其主体说来不属于大众传播媒介。编辑学研究的重点和起点与传播学不同，因此也不宜归入传播学。把编辑学看作文化学的一个分支有一定的道理，因为编辑活动属于社会文化活动。但这样归类同把编辑学归入社会科学一样，范围过于宽泛。既然认定编辑学属于应用科学，就须要指明它应用于什么领域。如果把编辑学归入文化构建和传播研究领域，或简单地说，归入文化传播学，则可把编辑的基本社会职能——参与精神产品的准备和传播——显示出来，同时可表明编辑学理论的应用范围，也有别于大众传播学。文化传播有纵向（时间）的和横向（空间）的，包括文化的创造、积累、继承、发展和普及，编辑在其中都起重大作用。

许多论著都讲到编辑学的综合性、交叉性、边缘性问题。姜振寰主编《交叉科学学科辞典》（人民出版社1990年版）把编辑学作为交叉科学之一，立有专条。但有学者认为编辑学具有综合性、交叉性而没有边缘性。探讨和阐明这些问题有助于加深对编辑学性质的认识。

关于编辑学和邻近学科的关系，最重要的是说明编辑学同编纂学、写作学、图书学、文献学、出版学、校雠学、校勘学、版本学、目录学、图书馆学等学科的关系及它们的研究对象的区别。

编辑科学知识结构的基本模式

我赞成有些学者提出的三分法，即把编辑科学的知识结构分成编辑业务、编辑史和编辑原理三大块。这种划分法主干突出，界限分明，便于写作和教学。编辑过程和编辑技术可归入编辑业务，不必分成两块，在写作时也很难把过程和技术截然分开。编辑学下面的分支学科——

书籍编辑学、报纸编辑学、期刊编辑学等仍旧可采用这样的三分法。涵盖各部门的编辑学称"普通编辑学",涵盖各部门的编辑史称"编辑通史",等等。

编辑学的方法论

《编辑学理论纲要》要提供研究编辑学方法论上的指导。每一种学科在考察研究自己的对象时都利用其他学科的知识作为研究方法,作为分析工具。事实上,任何学科的理论在本学科研究领域以外使用时,它就执行方法论的功能。编辑学是综合性社会科学,它使用的研究方法具有多样性,其中有一般的,也有特殊的。对编辑学特别重要的是功能法和类型学方法,这两种科学方法可以帮助我们揭示编辑活动的本质特征以及编辑学同邻近学科和交叉学科的关系。

编辑学和编辑史中的"编辑"概念应当保持一致

编辑学是建立在现代"编辑"概念基础上的新兴学科,无论对编辑进行共时研究还是历时研究,研究对象都应当保持一致。如果编辑学的研究对象是"编辑活动",而编辑史的研究对象却是"编辑活动+著作活动"或"编著合一",那么,所写的就不是编辑史。从"编著合一"到"编著分离"不能科学说明古代编辑发展过程,也不能解决编辑史的分期问题。说"编著分离"是从商务印书馆开始的,无异说古代没有真正的编辑活动。古代编辑活动内容庞杂,与成书有关的各种精神劳动几乎无所不包,是论者人为的,根本原因是没有分清"著作"和"编辑"的界限。真正的编辑史必须有别于编纂史、书史、出版史。面向大众和市场的民间出版机构的编辑活动以及历代编辑思想发展史是编辑史研究的薄弱环节,《编辑学理论纲要》对这方面的撰述似应加强。

书籍编辑和出版的关系

如果承认书籍编辑学是出版学的一个分支学科,就必须探讨书籍编辑和出版的关系。"出版"的概念是什么,出版活动始于何时,是研究"编辑"概念不能回避的问题。出版活动非我国所专有,解释"出版"概念既要符合国情,也要与国际接轨。不顾我国著作权法和国际版权公约关于"出版"的定义,对这一概念随心所欲加以解释是不会被公众接受的。书籍的产生早于出版业的产生。在出版业产生以后,世界就有了两种性质不同的编辑活动——出版业范围内的书籍编辑活动和出版业范围外的书籍编辑活动,前者是出版工作的一部分,后者是著作方式之一种。编辑学有必要说明两者的联系和区别。

关于编辑学的基本范畴

任何一门学科都是有一定的范畴和概念体系构成的,对基本范畴和概念的研究带有学科奠基的性质。许多论著都强调要加强对编辑学的基本范畴的研究,可是往往语焉不详,一笔带过,没有具体指明编辑学有哪些范畴,有的论著甚至一个范畴名称都不提。编辑学论著的写述范围和篇章结构不能代替范畴的划分和系统化。基本范畴不同于一般概念,应当是可以尽数的。一个学科的基本范畴和概念划分得越科学越清楚,这个学科的理论体系就越成熟。《编辑学理论纲要》最好能单设一个章节专门论述编辑学基本范畴的问题。从现有的研究成果来看,可列入编辑学的基本范畴的有:传播媒介、编辑主体和客体、作者(传者)、读者(受众)、编辑劳动、编辑过程、编辑模式、编辑方针、编辑构思、编辑风格等。

关于编辑模式的研究

自我国编辑工作由计划经济向市场经济转轨以来,对不同时期、不同国家的编辑模式的研究显得越来越重要了。目前至少可以粗分以下五种不同的编辑模式来进行历史比较研究，即中国古代编辑模式、西方古代编辑模式、社会主义计划经济条件下的编辑模式（包括中国和苏联）、社会主义市场经济条件下的编辑模式、资本主义市场经济条件下的编辑模式。通过比较可以得出书刊编辑工作古今中外都有共同的基本模式——依照一定方针开发选题，组织、选择、加工稿件以向公众传播。在古代的中国和西方，不存在编辑活动的交流。比较中国和西方在彼此隔离的条件下形成的各自的编辑模式的特点，最能揭示编辑活动的本质特征。在近代，我国新闻出版机构是按照西方的模式组建的，编辑作为一种独立的社会职业开始形成。新中国出版社的编辑机构是在50年代初参照苏联模式建立的，在组织形式上分编辑、编辑室主任和总编辑三级，在此基础上形成的三审制作为我国的基本编辑工作制度，一直延续至今。在社会主义市场经济条件下，编辑工作仍应当是出版工作的中心环节。在西方以营利为目的的出版社占大多数，其出版工作在实际上（不是在理论上）是以市场营销而不是以编辑工作为中心的。我们的编辑工作要重视市场营销，但不能以此为导向。西方以组稿（策划）编辑为中心的编辑模式有可供借鉴的东西，但介绍要全面，认为西方编辑重选题组稿轻审读加工的观点是不符合实际情况的。

编辑工作的中心环节是什么

"编辑工作的中心环节是什么"同"出版工作的中心环节是什么"一样都是现实编辑出版工作要求明确回答的问题。阐明编辑工作的中心环节具有重大理论意义。在看法尚不一致的情况下，《编辑学理论纲要》似可把有代表性的论点介绍一下，不作结论。赞成加工整理是中心环节的人不会很多，争议的焦点在于中心环节是选题还是审稿，还是两者并重。质量是图书的生命。编辑工作的各个环节相互关联，在不同的阶段、不同的层面对图书的质量起保障作用。对全局有较大影响的是选题和审稿这两个环节。选题工作是出版社工作的基础，具有导向作用。选题和审稿都很重要，都是编辑工作的基本环节，但中心环节只能有一个。认为中心环节在审稿是出于以下几点考虑：

1. 作品从选题到出书的整个过程中把好质量关是编辑的首要职责。在选题、审稿、加工三个阶段中最重要的是审稿阶段的把关。审稿在整个编辑过程中处于承上启下的中心地位。选题组稿为出版社保证有可靠的充足的稿源可供审稿选择。加工整理是在审稿的基础上进行的，使被采用的书稿更加完善，主要解决在细节方面存在的问题。

2. 交办稿和作者自投稿不是选题策划得来的，不采用的书稿无须进行编辑加工，交办的、自投的、约写的或其他渠道来的一切稿件都要经过审读才能确定如何处理。根据稿件的具体情况，编辑工作的某些环节可以节省，而审稿在任何场合下都是不可缺少的。三审制流于形式，是图书质量管理失控的主要原因。

3. 编辑工作从选题策划开始就要考虑如何采取各种有效措施来确保图书质量，实现选题的优化。但编辑的主观愿望能否实现是受客观条件制约的。理想的选题未必能找到理想的作者来写。在选题论证阶段所能看到的通常只是写作提纲，有时加上一两章样稿。作品（特别是小说、戏剧等文学读物）是否符合要求，要全部写出来之后才能作出准确的判断。采用一种简化的说法，编辑在选题组稿阶段要对题目和作者作出正确的选择，在审稿阶段则要对稿件作出正确的选择，显然，后一选择对决定出书质量具有更直接、更关键的意义。赫·贝利在《图书出版艺术与科学》一书中指出："决定稿件的取舍是编辑部的首要责任。"（美国得克萨斯大学出版社1980年版，第26页）"首要"在这里是"头等重要""最重要""居第一位"的意思，可见西方出版专家对决定稿件取舍的工作环节何等重视。选题策划的失误在审稿阶段可以补救——撤销、调整或改进原来的选题计划，审稿的失误则不容易发现和改正，比如采用了平庸的或格调低下的书稿，加工整理再认真细致，也不大可能使其变成精品。只定题目，未见书稿便批准选题并与作者签订出版合同，不管以后交来的书稿写成什么样子，审稿只能提修补意见，无否决权，赞助稿和关系稿的情况往往如此。这样，审稿要服从选题，自然不成其为中心环节，但这种做法是违反编辑工作规律的，如果变成了常规，最后必然导致书籍质量全面下降和出版社的衰败。

提高对图书重版（重印与再版）的意义的认识

目前能看到的编辑学论著对图书重版的重要意义大都说得不充分，对这项工作有必要比照中外编辑出版情况重新评估以提高认识。

1. 重版是使图书满足社会需要的基本手段。一种书的初版的印数总是比较少的，要靠重版来满足当前和长远的需要。社会的文化积累、文化继承和发展，离不开图书的重版。

2. 重版节约编辑力，降低生产成本，提高图书质量，延续图书生命力，从而扩大影响，造成名牌产品，提高出版社的知名度。

3. 图书重版是出版社赖以生存和发展的主要财源。

4. 图书重版率是衡量一个国家的出版发展水平、一个社的编辑工作成效与经营管理水平的重要尺度。

与西方发达国家比较，我国图书重版率是比较低的，大多数书出一版即绝。新中国成立以来，重版书所占比重为百分之十几、二十几、三十几至四十几。最高年份1962年为49.8%，1997年为45.3%，从未超过50%。

美国每年出版新书4万多种至5万多种，可供书（在版书）约150万种，为一年出版新书种数的二十几倍，说明其图书重版率高。我国的可供书没有正式的统计数字，可知的是全国最大的书市可供书为十来万种，相当于一年出书种数。高科技的发展已使图书重版变得容易了。我们要努力提高图书重版率，使重版书多于初版书，而且越来越多。策划新书选题时不能只顾眼前的效益，有多少赞助费，还得同时考虑是否有重版价值，把出版有生命力的图书放在优先地位。

现代信息技术引起编辑思维和编辑方式的新变化

目前印刷媒介虽然仍然是出版物的主流产品，应当看到多媒体出版物和网络出版将占越来越大的比重，其信息传输的质量和数量将远远超过印刷媒介。编辑思维和编辑方式要不断更新以适应这一发展趋势。例如，印刷媒介的信息传输是单向的，交互式光盘和网络出版的信息传输是双向的，在出版物内容涵盖的范围内，读者提出求解的问题，应能即时得到回答。多媒体出版物不是印刷版的简单延伸和补充，编辑在总体策划时不仅从一开始要创造性地考虑多媒体如何实现最佳的整合，还要充分估计读者的需求，设计便捷的导航系统和完善的检索工具。图书的印刷版在出版后总要过一定时期才能修订再版，而网络版一经推出，随时都可根据读者和作者在网络上的讨论意见修订再版，或把讨论意见、书评等直接附在书的末尾。学术期刊的网络版不像印刷版受篇幅的限制，只要有创见或重要参考价值都可以收入，编辑审稿选稿的标准也随之发生变化。高科技（如美国施乐公司开发的 DocuTech 系统）正在使人类梦寐以求的"按需出版"和"即时出版"成为现实，一种书只要实行数字化，便可永远保存，读者只需要一本，也可立即印制供应（美国按需出版机器公司印装一本书不超过五分钟），图书绝版的问题将不复存在。编辑如何在思想上和技能上为出版业正在发生的这场空前的大变革做好准备，是《编辑学理论纲要》要着重论述的一个问题。

对我国编辑学理论研究深化的重大贡献
——喜读阙道隆《编辑学理论纲要》

《编辑学理论纲要》(以下简称《纲要》)在《出版科学》分两期发表之前，我有幸读到中国编辑学会寄来的全文并参加座谈会，为阙道隆同志的这篇力作终于修改定稿、能随即提供在编辑出版领域从事实际工作、理论研究和教学的人员参考使用而感到无比高兴。

任何一门为社会承认的学科都有一个孕育、创生、确立、发展、成熟的过程。学科建设大体有六项评估标准：(1)研究对象是否明确界定；(2)学科性质及本学科同相关学科的关系是否清楚；(3)学科的理论体系是否构成，包括范畴和概念是否分出层次和具有严密的逻辑联系，是否有本学科的方法论；(4)是否有一批代表作品和教科书；(5)是否被高校设置为教学研修科目；(6)是否有学科建设带头人队伍。20世纪80年代初以来，我国编辑学研究取得了重大进展。拿上面六项标准来衡量，我国编辑学创生阶段似乎已经度过，目前正处于确立阶段，离成熟还很远。为什么这样说呢？因为编辑学作为一门学科已开始为社会所承认，十几所高校设置了编辑学专业，但地位还不巩固。说编辑学还不成熟，主要是以第三条标准来衡量，这方面的成果还太少，谁也说不清楚我国编辑学有哪几种或哪一种理论体系已经确立。

界定"编辑"概念、在这个基础上构建科学的理论框架，是编辑学确立和发展的必要前提。研究者要对"编辑"概念作出自己的解释是

原刊于《出版科学》2001年第4期。

不难的，因为可供参考的材料很多。查一种词典可以获得一种解释，查十种词典可以获得十种解释。辞书界和学术界对"编辑"概念的解释已多得不可胜数，见于文章介绍的已有几十种，但很少研究者在对"编辑"概念作出解释的同时具体提出自己构建的理论框架，有时只是说说思路，把轮廓大体勾画一下。要写出一份内容详尽、能较全面反映我国现阶段编辑理论研究水平的纲要实在不易，中国编辑学会组织和推动专家学者们大力攻坚是十分必要的。在编辑史、编辑业务和编辑理论研究中，后者处于核心地位。阙道隆的《编辑学理论纲要》的发表反映了我国编辑学研究20年来的长足进步，并在研究的核心领域填补了空缺，因而具有里程碑的意义。

为说明我国编辑学研究的进步和作者的重大贡献，不妨把《纲要》同作者过去主编、撰写的著作比较，同早期探讨编辑学理论框架的文章比较。20世纪80年代我国出版的第一部图书编辑学著作《实用编辑学》（1986年10月第1版）是阙道隆主编的，我国最早的图书编辑学理论框架可以说存在于这本书中，自然在出书之前他早已成竹在胸才会组织编写。该书到1995年印了5次，产生了重大的影响。1987年10月出版的《编辑学论集——第二届全国出版科学学术讨论会论文选编》，其中有多篇文章从不同的角度对编辑学理论框架或体系如何构建作了有益的探索，但大都属于"初探""略说""管窥""随想""思路""几点思考"的性质，设想的成分居多，一篇不过几千字。阙道隆所写的一篇《图书编辑学的研究内容》也是讨论怎样确定图书编辑学的知识内容和框架体系的，其中有他主编《实用编辑学》的实际体会，而不单纯是设想。例如，编辑学要研究的内容在文章中概括为编辑活动的性质、过程、主体、外部联系、组织管理和发展趋势六个方面，认为一本普通编辑学的书中不可能一一研究各类图书的编辑活动，但选择若干种重要门类的图书来研究它们的编辑工作特殊要求和规律还是有必要的。《实用编辑学》正是这样做的，因为要突出"实用"，所以其中讲述了九种图书和一种刊物的编辑工作。此后他在更大的范围内继续探索编辑学理论框架的构建问题，为《编辑实用百科全书》撰写的"编辑学"条有一节就是讲"编辑学的研究范围和学科体系"的。他牵头撰写的《书籍编辑学概论》体现了他对书籍编辑学理论框架的新设想。全书分上下两编，上编为原理和范畴（包括总论、编辑方针和原则、编辑构思、编辑艺术和风格等），下编为实践和方法（包括编辑过程、装帧艺术、书籍重印和再版等）。因为是"概论"，更多地讲书籍编辑活动带共性的东西，不像《实用编辑学》那样分门别类地介绍几类读物的编辑工作。从1996年起他出任《中国编辑研究》年刊主编，一直密切关注全国编辑学理论研究的进展。1998年年初他在《建立和完善编辑学的学科体系》一文中提出12个编辑理论研究课题，随后把研究课题转化为《〈编辑学理论纲要〉构想》（以下简称《构想》）在《出版科学》1999年第1期发表。这个《构想》不是凭空产生的，而是有几十年的编辑实践和十几年来所写的许多篇有关的理论文章做坚实的基础。仅仅为了"构想"二字能从标题中删去，又不知熬了多少不眠之夜、平添了多少白发，其中的艰辛不是过来人是无法体会的。

《纲要》既显示了作者对20年来我国编辑学研究主要成果的高度概括能力，又力求在理论上有所提高和创新。撰写《纲要》有三大难题：一是对众说纷纭的"编辑"概念问题如何处理；二是编辑的规律是什么，以及如何表述（如果找不出公认的编辑活动的客观规律，就不能认为编辑学已经真正确立）；三是编辑学有哪些基本范畴和概念，在《纲要》中怎样组成一个逻辑严密的体系。从文章的内容可以看出作者为把这三大难题解决好煞费苦心。在"编辑学研究中的编辑概念"一节中介绍几种有代表性的观点时，文章不是简单地引述原话，而是在引述之后用自己的话对这种观点的特点加以概括，帮助读者了解所介绍的几种观点的区别。最后指出各家编辑定义的共同点，并肯定"不同观点的争论，深化了编辑理论研究，形成了自由讨论、生动活泼的学术气氛"。

肯定这一点非常重要，正是得益于不同观点的争论，"编辑"概念的分歧在缩小，把"编撰""编著"视为编辑活动的学者越来越少了。在引述王振铎的编辑定义后，文章说"这是作者文化缔构编辑观的最新表述"；在介绍向新阳1995年提出编辑劳动的三条基本规律后，接着说"后来他又补充提出编辑劳动的第四条基本规律……对编辑规律进一步作了比较系统的阐述"；在介绍逸士1999年提出的三条编辑规律后，又说明"这是对编辑规律的最新表述"——所有这些都表明作者处处密切跟踪编辑理论研究的进展，力求把最新的研究成果纳入《纲要》，奉献给读者。作者在吸收已有研究成果的基础上提出三条编辑活动的普遍规律以推动对这个重大理论问题的研究。当然，如能在此基础上概括出一条基本规律，将更有助于提高认识，也更便于读者掌握。

"编辑价值"是作者为构筑自己的编辑理论体系新创设的范畴。全部编辑活动都涉及价值取向，并贯穿编者的价值观。在市场经济条件下，思想文化价值和商业价值等不同的价值目标冲突更加突出。作者强调必须坚持编辑活动以文化价值为本位价值，以出版传世之作为最高价值目标，在多种价值不可兼得时以本位价值为判断、取舍的首要标准。帮助读者树立正确的编辑价值观，对防止因价值导向失误而造成价值失落无疑是十分重要的。

"编辑模式"是近年编辑学研究提出的一个重要范畴。《构想》分"现代西方编辑模式""社会主义计划经济体制下的编辑模式"和"社会主义市场经济体制下的编辑模式"进行研究，后两种模式的社会性质是相同的。《纲要》依社会的不同性质改用新的三分法，即分为"古代中国封建主义编辑模式""现代西方资本主义编辑模式"和"当代中国社会主义编辑模式"进行研究，更符合科学要求，也更能凸现不同编辑模式的特点。

为了反映信息化时代编辑活动的最新发展，《纲要》增加了《构想》所没有的"网络环境中的传播媒介"和"网络出版中的编辑活动"等章节。网络传播出现后,有的论者对编辑活动存在的必要性产生了怀疑,认为职业编辑将退出历史舞台。应如何看待这个问题,编辑学理论必须作出明确的回答。《纲要》的回答是"实际上情况并非如此"。接着作者对自己的论据作了精辟的论述,认为编辑活动的产生和存在是由文化传播的客观矛盾决定的,在网络传播中这种矛盾不但没有消失,反而更加复杂化了,因而编辑活动需要加强,适应新的情况进行变革。作者强调:"各个出版单位和各种网络组织……都需要做好编辑工作;否则,不可能提高传播内容的质量,从而也不可能提高自己的竞争能力。"在西方,确实有些作者把自写自编的作品未经他人编辑便在网上发表,供读者浏览或下载。但严肃的作者一般都要请自由编辑或经纪人代为润色稿件。网络出版商对稿件的要求有宽有严,要求宽的对稿件可以不进行编辑加工便给予出版,但声明对产生的后果不负责任。例如美国博森图书公司就有这样的声明不负责任的出版条款:"C&M在线媒体公司〔博森的母公司〕对任何出版物的内容不负责任,对任何出版物的文本准确性也不负责任;对任何出版物含有任何虚假、造谣中伤、毁谤、亵渎或淫秽材料的任何指控也不承担责任……"这样制作出来的出版物,读者会放心使用吗?美国电子出版商协会要求其成员自律。协会创办人、梦幻无限公司的高级编辑邦纳·皮尔逊说:"我们履行编辑职责是十分认真的。电子出版商协会……应效法他们印刷出版界同行的经营模式。编辑是一切无补贴而付版税的印刷出版商担负的基本职能。我们也应当免费提供这方面的服务。"玛丽·沃尔夫在自己的网站编了一本《玛丽·沃尔夫电子出版商指南》,一家名叫"硬壳造词厂"的网络出版公司接受出版时竟不需要编辑,她为之愕然,觉得自己的作品还没有完美到无须编辑加工的地步。结果,出版社没有给她寄校样。一两周后,她的书在网上面世,她下载一份,通读了一遍,把发现的差错开列出来寄给出版社要求更正。出版社倒也痛快,立即把所指出的差错一一作了改正。玛丽·沃尔夫没有多费唇舌给这家出版社提意见,而是干脆把它买下，然后进行整顿。她说"出版我能发现的最好的书是我的首要目标之一。这当然意味着有严格的编辑要求"——如有某些作者拒绝作任何必要的修改，即使撤销他们的选题也在所不惜。注重编辑质量为她的出版社赢得了"优秀出版者"（quality publisher）的声誉，声誉反过来吸引更多的作者和读者。这里介绍一些实例意在说明：真正认识编辑的本质和存在价值，预测编辑的未来发展趋势，就不会为一时眼花缭乱的表面现象所迷惑；《纲要》在这个热门论题上所阐述的理论观点，无论从我国起步较晚的网络出版实践看来还是从发展较早的西方网络出版实践看来都是正确的。

阙道隆是我国编辑学建设的带头人之一。他"付出自己的全部力量"呕心沥血地写成的这篇理论纲要，我们应当特别珍视，使其充分发挥作用。它的重要性不仅在于作者从一个编辑学家的角度对我国 20 年来编辑学研究成果（其中也包括自己的心血）作了较全面的概括和升华，而且在于它在多方面为今后的编辑学研究提供了新的起点和基础。所谓"多方面"，大从理论框架构建、学科定位起，小至一般名词概念的阐释和编辑学用语的规范化，经《纲要》认可后都可以成为新的讨论的出发点。通过反复讨论、集思广益，《纲要》的内容便会更加完善，为尽可能多的人应用。

《纲要》着重研究书籍、期刊、报纸、音像制品、电子出版物的编辑理论，不涉及广播影视编辑活动，这是实事求是的做法。正如作者所指出的，因为这些传播媒介编辑活动的共性比较明显，研究成果比较多，在这个基础上构建编辑学理论框架的条件比较成熟。报纸是新闻媒介，也是广义的出版物之一种。可以说《纲要》的理论框架主要是以研究广义出版的编辑活动为基础建立起来的。鉴于我国从事书籍、期刊、报纸、音像制品、电子出版物编辑工作的人员所占的比重较大，高校编辑专业培养的学生也主要是输送到这些传播媒介机构工作，立足于出版的编辑理论也可供广播影视编辑工作者参考，因此《纲要》具有较强的应用价值。各种传播媒介之间有异性，也有共性。不同类型图书（比如著作和译作、专著和百科全书）的编辑活动有很大差异，并不妨碍研究者寻找共同点，写出图书编辑学通论。不同传播媒介的编辑活动之间的差异虽然更大，并不否定有共同发展规律的存在，问题是我们认识不认识或认识有深浅而已。在科学认识不同传播媒介的共性的基础上建立涵盖各种传播媒介的普通编辑学是可能的。随着出版数字化、多媒体化和网络化步伐的加快，出版媒介编辑同广播影视媒介编辑的差异日益缩小。拿工作手段来说，现在出版媒介在使用传统的线性编辑系统的同时，如有必要也可以像影视媒介那样使用非线性编辑系统。在《纲要》的基础上继续前进，加强对各种传播媒介编辑共性的研究，将为编写涵盖各种传播媒介的普通编辑学、构建另一种理论框架创造有利的条件。

编辑学作为一门新兴学科在学科体系中处于什么地位，学界有不同意见。解决这个问题有助于揭示各种编辑活动的共性，认识编辑学与邻近学科的关系。把编辑学归入文化学太笼统，也不宜归入大众传播学。《纲要》认为：编辑学在总的学科体系中属于人文社会科学；在人文社会科学中，它和文化传播学有直接的隶属关系，是文化传播学的下属分支学科。我觉得这样定位符合编辑学的性质。有学者提出是否存在"文化传播学"这样一个学科可以把编辑学归入其属下的问题。这个顾虑是不必要的。树木没有主干，就没有分支。学科的发展则不一样，主干学科和分支学科的关系是不分先后的。学科的发展史表明，分支学科比主干学科先出现、后出现或两者同时创生都是可能的。例如作为语言学的一个分支学科的语法学，它的出现就先于主干学科语言学。

《纲要》对编辑概念作了广义和狭义的区分，反映出作者编辑观点的新发展。狭义的编辑"指媒介组织中的一种专业工作。……专业编辑活动除具有选择性、加工性的基本特征外，还具有专业性、中介性的新特征"，广义的编辑"包括古代作为成书方式的编辑活动、各媒介组织中的专业编辑活动和社会上的非专业编辑活动"。作者认为，选择性、加工性是古今编辑活动都具有的共同特征，中介性则是出版业形成以后编辑活动具有的新特征。他指出："独有的研究对象，是一门学科存在的前提"；"政治性、思想性、知识性（学术性）、创造性，是许多文化活动都具有的共性，而选择性、加工性、中介性，则是编辑活动区别于其他文化活动的基本特征"。正因为编辑活动具有这三个基本特征才使编辑学具有独有的研究对象，才使编辑学有可能成为一门独立的学科。不仅出版业，现代各种传播媒介的编辑活动都具有这三个基本特征，因此作者确认"编辑学正在发展成为反映多种传播媒介编辑活动共性的独立学科"。编辑活动只具有选择性和加工性、不具有中介性，不足以使编辑活动区别于其他文化活动。编纂、编撰、编著、编写等活动也具有选择性和加工性，在出版业形成以前的编辑活动不具有中介性。所讲的"广义编辑"包含不具有专业性和中介性的编辑活动，外延难以明确界定，以这种广义编辑活动为研究对象能否建立一门独立的学科有待进一步探讨和接受实践检验。

编辑学和出版学关系密切，研究编辑学必然涉及出版学也要探讨和阐明的一些基本问题。《纲要》认为：编辑学和出版学、新闻学、大众传播学既有交叉，又有区别；作为一门独立学科，它和出版学、新闻学、大众传播学并无隶属关系。这反映多数学者的共识，但书刊编辑学和报纸编辑学呢，它们是否分别是出版学和新闻学的分支学科，学界的意见不一致。《纲要》作者如果表明自己对这个问题的看法，将有利于讨论。由于对"出版"概念理解不同，对出版的起点的看法也不同。把信息"公之于众"即出版；有图书便有出版（图书、编辑、出版同时产生）；编辑和复制作品向公众传播为出版；有印刷才有出版（有纸和印刷才有出版，实际上也是有印刷才有出版）——这些都是有代表性的看法。《纲要》讲到出版业的萌芽以书肆出现为标志（中国不晚于公元前53年至公元18年），显然认为出版早于印刷术和纸的发明。中国的编辑活动，作者认为始于正式书籍的诞生，早于出版。但"出版"概念在文章中没有具体说明，读者不能直接了解作者所理解的出版内涵是什么。"网络出版"同传统出版有很大的差异，如何给"网络出版"下定义是编辑学理论研究要解答的新问题。《纲要》提出"网络出版指以数字代码形式，将图、文、声、像等信息加工后，以网络为载体，通过计算机、阅读器或具有类似功能的设备读取使用，并可下载的传播媒介"，为读者提供了一个有参考价值的释义方案。

《纲要》的撰写和发表，不仅为编辑学理论研究提供了新的起点和基础，对出版学等邻近学科的研究也将起到有力的推动作用。我们期待有更多的编辑学理论模式问世，以加速编辑学走向成熟的进程。

编辑基本规律新探

编辑学理论研究有三大难点：一是编辑概念，二是编辑学理论框架，三是编辑规律。大中型词典一般都有对"编辑"含义的解释，可以信手摘来作为讨论编辑概念的出发点。编辑学理论框架存在于众多的编辑学著作中，只要有原著在手，就可以进行比较研究。唯独有关编辑规律的现成参考材料最少，研究更为困难，也就更有必要。假如编辑规律说不清楚，不能在较多的研究者当中达成共识，很难说编辑学这门新兴学科已经确立。

一、关于基本规律、普遍规律、特殊规律

探讨编辑规律首先要界定编辑的范围：所讲的编辑是指图书编辑、期刊编辑、新闻编辑、影视编辑、大众传媒编辑、跨媒体编辑，还有其他编辑。编辑规律有基本规律、普遍规律、特殊规律之分。"普遍"和"特殊"是相对的。图书有许多种类，如专著、通俗读物、教材、工具书等。各类图书编辑共同的规律是图书编辑的普遍规律；相对而言，只适用某一类图书编辑的规律便是特殊规律。文化产品质量与掌握最佳传播时机相统一的规律是一种编辑规律，但不是普遍规律，因为它只适用于一部分出版物，对于报纸、报道科技动态的期刊和辞书来说则不是普遍适用的。新闻的价值总是随着时间的流逝而减少，新闻编辑的规律是

原刊于《出版科学》2002年第2期，收入邵益文、孙鲁燕编：《编辑学的研究与教育》，机械工业出版社2002年版。

在保证内容的准确性和适宜于传播的前提下求快。快是新的保证，时过境迁的报道不再是新闻。网络上的动态新闻是 24 小时滚动广播的，新闻编辑由及时编辑变成了全时编辑；但是，网络技术并没有改变新闻编辑规律，而是使新闻编辑求快的规律得到更好的体现。

编辑是传媒工作的一个基本环节，这是新闻出版界和多数学者的共识。如果在"编辑"二字之前不加限制词或不加特别说明，"编辑的普遍规律"应当是从各种传媒（包括网络等新媒体）的编辑活动中归纳出来的带共同性的规律。"基本"有"根本的""主要的"意思，基本规律体现事物发展中的本质的必然的联系，在事物发展的全过程中起主导作用。从不同的角度、侧面或局部来考察，编辑的规律可以得出数量不定的若干条，认识一条，补充一条。基本规律是从全局考察得出来的，具有普遍性，是最高层次的规律，最好归纳成一条，其他规律则处于从属的地位。要是基本规律也列举多条，便没有主次之分了。

二、对编辑基本规律的再探索

1987 年在乌鲁木齐召开的编辑学研讨会上我曾这样表述社会主义图书编辑工作的基本规律："以社会效益为最高准则，以准确而全面的评价为基础，组织、选择、加工稿件以供出版。"[①] 十几年来陆续读了许多有关编辑规律和原理的文章，感到对提高认识很有帮助。本文依照自己目前的肤浅理解把编辑的基本规律试表述如下以供讨论指正："在为作品的内容向公众传播作准备的过程中作者和读者／用户之间的供需关系的矛盾在全面而准确评价的基础上依照质量第一和社会效益第一的原则加以调节和解决。"这个表述在下文简称"表述稿"，要点是：全面准确评价，两个"第一"。

---

① 见《图书编辑工作的本质、规律及其他》，载《出版发行研究》1988 年第 1 期；收入中国出版科学研究所科研办公室编：《论编辑和编辑学》，中国书籍出版社 1991 年版。

1987年探讨的是图书编辑工作的基本规律，现在要探讨的是涵盖各种传媒的编辑活动的基本规律，不能以图书出版为限，所以对表述的内容作了修改。作品泛指图书、报刊文章、新闻报道、乐曲、电影、广播电视节目等各种形式的作品。作品的编辑过程包括一系列互相衔接的工作环节，例如书籍的编辑过程通常划分选题、组稿、审读、选择、加工等环节，这些工作都是为书籍的出版（复制发行）作准备的。不同媒体的编辑工作环节的划分多少有所不同，例如书籍编辑和影视编辑的差别就比较大。编辑规律是贯穿编辑活动的全过程的，而不是仅仅与某几个环节有关，所以，试图用"为作品的内容向公众传播作准备"这个概括性的说法来表示作品在复制向公众传播前编辑所做的全部工作。

　　作品传播过程存在许多矛盾，如作品太少或不适合社会需要、载体笨重、制作技术落后、流通渠道不畅，等等。作品传播过程的各种矛盾集中表现为作者和读者/用户（以下简称"读者"，泛指视听者、用户、作品的消费者）之间供需关系的矛盾。读者对作品的需求是矛盾的主要方面，是决定作品被大量复制传播的主要因素。作品从进入流通领域开始就存在供需矛盾，这个矛盾不是处于分散状态的作者或读者一方能够独自解决的，中间需要有调节和解决矛盾的社会机制。本文把解决精神产品的供需矛盾作为探讨编辑规律的切入点，是受到王华良《编辑过程的基本矛盾》（《编辑学刊》2001年第2期）所阐述的理论观点启发的结果。他指出，作者是精神产品的生产者主体，读者是精神产品的消费者主体，编辑是精神产品供需矛盾的组织者主体，强调要"把编辑与作者、读者的关系作为编辑规律的重要内容来研究"。历史事实表明：精神产品的社会化，出版业（包括作为出版工作一部分的编辑工作）的产生，主要是为了适应读者的需要，而不是为了适应作者的需要。在古代，许多作品往往是在未经作者授权的情况下被复制在书肆出售的，有些作者在事后发现自己的作品被书商复制出售不但不加以制止（在有版权立法之前也无法制止），反而感到高兴，发现有差错甚至会主动帮助改正。可以作为例证的是东魏阳俊之所作名为《阳五伴侣》的六言歌辞，被书商"写而卖之，在市不绝。俊之尝过市，取而改之，言其字误。卖书者曰：'阳五，古之贤人，作此伴侣，君何所知，轻敢议论！'俊之大喜"。(《北史》卷四十七) 古代作者会把自己的作品复制若干份赠送亲友或呈献官府，或提供自己作品的定稿让人传抄；因受财力的限制，一般不会自己复制向公众免费发行。编辑出版者是作品复制传播的组织者和经济风险的承担者，他们最初是从已在社会上流传的、多半是前人的作品中选择读者较多也就是比较好销的加以出版，原有的作品不能满足读者的需要时才会约请作者根据读者的需要撰写新的著作。传媒的编辑（编者）处于作者和读者之间的中介地位，协调和解决作品的供需矛盾。他们的主要任务是解决精神产品的内容方面而不是解决精神产品的制作技术方面和生产数量方面的供需矛盾。数量供不应求，是否增加供应数量主要由出版者而不是由编辑决定。

关于作品的内容，传统的办法是以"硬复制件"——纸介质的书籍、期刊或封装型的音像制品、软盘、光盘等——的形式向公众供应，材料、规格等都是由出版者事先确定的，读者没有多少选择的余地。比如有些书籍会同时或先后出精装本与平装本，一般不会同时出小字本与大字本供选择。印好的书，读者只能整本买，不能只买自己所需要的那一部分。在信息网络上，作品的内容即所谓"电子内容"（e-content）是以"软复制件"的形式供应的，可以通过电子邮件把同样的内容分发给读者，或存放在网站待读待售。下载不下载，下载一部分还是全部，以什么格式下载于何种载体，由用户自主确定，网站不一定要求整本电子书下载，可根据下载的数量多寡收费。编辑的任务是把适于阅读和下载的内容准备好。电子书刊的复制所需要增加的成本同纸版书刊的复制成本相比是微不足道的。有人说电子出版商正在变成内容供应商，内容是主要由编辑负责准备的，在电子出版中编辑的作用越来越重要，这也可以说是一种发展规律。

处于作品传播过程起点的人或组织，表述稿称为"作者"，而不称为"精神产品的生产者"或"传者"，是考虑后两种说法可以把编辑者、出版者包括在内，不如用"作者"意思明确。处于传播过程终点的人或组织，表述稿称为"读者/用户"，不称为"受众"，是因为早期大众传播理论的用语有些已经过时。信息网络传播是双向互动的，人们主动寻找或选择信息多于被动"接受"传者发出的信息。在线读者不仅积极选择信息，有时还可以增加信息。读者给在线数据库（出版物之一种）补充它所欠缺的新资料，经编辑认可便会增添进去。作品有面向大众的，也有面向小众或个人的。在一些网站，作品的内容甚至可以由客户个人提出自己的要求定制。汉语"读者"或"用户"可以是群体或个人，"受众"指众多的人，受方如果是一个人，不能称为"受众"。"受众"是英语"audience"的对译。[①] 这个英语词意为"the reading, viewing, or listening public"（据《韦氏新大学词典》第九版），指"读者大众""观众"或"听众"，译作"受众"并不准确，因为"audience"有"众"而没有"受"的意思。原文如果是"receivers"，所指的才是"受众"。传播分传受双方，受方用"受者"（可指个人或群体）表示，也比用"受众"好。"视听者"也概括不全，盲文读者不能称为"视听者"。在找到公认的更合适的用语之前，表述稿暂用"读者/用户"的说法。

本质是一种事物区别于另一种事物的根本属性，它决定事物的性质、面貌和发展。"编辑工作本质上是一种创造性思维的脑力劳动，编辑过程就是创新过程。"这个观点在编辑论著中有一定的代表性。强调编辑的创造性和编辑需要有创新意识或创意无疑是对的，问题是讲编辑的本质特征时怎样使编辑劳动和著作劳动区别开来。写作也是一种创造性思维的脑力劳动，写作过程更需要处处注意创新。又如翻译、绘画、雕塑等创造性脑力劳动也都需要创新。使编辑劳动与这些脑力劳动相区

---

① 见《新闻学词典》，浙江人民出版社 1988 年版，第 206 页。

别的应当是比这更深刻的本质。列宁在谈到人的认识规律时指出，人对事物的认识是"从现象到本质、从不甚深刻的本质到更深刻的本质的深化的无限过程"①。规律是事物在发展过程中内在的必然的联系。编辑过程的各个环节必须有共同的基础才会产生必然联系，形成一个系统工程。这个共同的基础依愚见就是编辑工作的本质或实质。拙文《关于图书编辑学的性质和研究对象》（《出版发行研究》1987年第2期）曾把编辑工作的实质归结为"编辑对稿件和其他工作对象的评价"，那是针对图书编辑来说的。再扩展到其他媒体的编辑，编辑工作的实质可归结为"编辑对作品和其他工作对象的评价"。这里使用"评价"一词，除它的本义外，还带有鉴识、评估等关联意义。"其他工作对象"包括作者、作品经纪人、读者、文化资源、市场需求、出版商、印刷（制作）商、发行商、反馈信息等。所有编辑活动都是以对作品和其他工作对象的鉴识、评价、评估为基础的。

　　图书编辑在选题策划阶段要综合考虑多方面的因素，包括作品的内容和社会价值、作者人选、读者对象、生产预算、销路预测、促销手段、发行方式、可能发生的问题及对策等。进行项目总体设计主要靠编辑的鉴识、评估能力。在约稿之前编辑要根据实际材料（如写作提纲、样稿和作者过去发表过的著作）评估作者的写作能力，能否按要求把作品写好，是不是最佳人选。审稿要对书稿的内容、质量和社会价值进行全面而准确的评价，据以决定取舍，提出修改意见。评价不全面、不准确就会导致编辑工作的失误。编辑加工是在审稿的基础上进行的。加工编辑要检查审稿人指出的原稿中存在的主要缺陷作者是否已经消除，在细节方面还有什么问题需要处理，这些工作仍然带有评判的性质。编辑创新主要体现在总体编辑构思、组稿、选稿等前期的工作中，在书稿经

---

① 《列宁全集》中文第2版第55卷，第191页。编者注：本书中"《列宁全集》中文第2版"指由中共中央编译局根据俄文第5版等编译、人民出版社于1984—1990年陆续出版的中文版。

审读、退改、批准采用进入文字加工阶段，编辑的创新则有局限性。对书稿的修改不能违背作者的原意，依照作者和出版社商定的标准统一体例规格也没有什么创新可言。能根据社会通用的语言文字规范、按照作者的思路和写作风格改正书稿在内容表述上的种种瑕疵而不留编辑任何斧凿的痕迹，是真正的编辑高手。

作者和读者之间的矛盾一旦有编辑（编者）介入，必然在编者与作者之间、编者与读者之间产生矛盾。编者与出版主管人（社长、公司总裁等）、发行部门、印刷厂等也有矛盾，但这些是次要的矛盾，编辑过程的主要矛盾是编者与作者、读者的矛盾。处于中介地位的编者不是被动地接受来自矛盾双方的影响，他们从双方和多方吸取养料，经过消化提炼，使信息增值，形成自己的见解，之后反过来又能动地对矛盾双方施加影响，提出使双方能接受的解决矛盾的办法。从人际关系来说，编辑过程的主要矛盾可分解成编者与作者的矛盾、编者与读者的矛盾，但彼此不是孤立的，而是相互联系的。

作者与编者的矛盾集中于对稿件如何处理：采用不采用，要怎样修改才能采用。编者是第一读者和第一评判员，这时的编者从他们的社会职能来说不是作为个人而是作为读者大众的代表来评判稿件是否适合读者和社会需要，从而决定取舍。编者的评价对书稿的命运是起决定作用的，其作用与报刊发表的对成品书的评价大不相同（从这一点也可看出编辑劳动不同于一般写作劳动）。根据编者的决断，稿件根本不适合读者需要的不会采用，基本适合读者需要的才会考虑采用。提修改意见既要从读者的需要出发，又要考虑作者是否能够接受。读者与编者的矛盾集中于：是否有足够的品种供选择，是否质优价廉。古代书少，"文革"时期书荒，现在书多，结构要优化，质量要提高。质优价高尚可接受，质劣价高或价廉都是读者不可接受的。巧妇难为无米之炊，编者要和作者密切合作，共同努力才能把这些矛盾解决好。读者是作者与编者共同的服务对象，读者是矛盾的主要方面，编者与作者的矛盾实际上是怎样才能更好地为读者服务的矛盾。在编辑过程中编者与作者的矛盾和编者与读者的矛盾总的说来没有主次之分，它们常常是交错在一起的，只不过是在某个具体工作环节有时编者与作者的矛盾显得较突出，有时编者与读者的矛盾显得较突出而已。

三、把两个"第一"写进编辑基本规律表述稿的思考

精神产品是为满足消费者即读者的需要而生产的，读者不需要的不应当生产。但反过来说，不是读者需要什么就生产什么，对社会、对读者自身有害无益的即使有销路也不应当生产。编辑要履行把关、导向的职责。衡量一个编辑的业绩不仅要看他出版了什么，还要看他不出版什么。通过对作品和其他工作对象全面准确的评价找出矛盾所在之后用什么办法处理呢？表述稿以"质量第一和社会效益第一的原则"为处理矛盾的最高准则。

质量第一的原则适用于中外的编辑活动，是不会有争议的。举一个最近看到的例证。据《出版参考》2001年第23期报道，美国Rodale公司总裁斯蒂文·墨菲表示，"近几年我们许多图书的质量和内容均令人不满意"，"利润和巩固读者的状况在持续恶化"，今后为直销而出版的图书选题将"百分之一百地取决于编辑质量"。在社会主义市场经济条件下，编辑应当依照社会效益第一的原则处理作者和读者之间的矛盾，问题是社会效益第一的原则是否适用于资本主义市场经济条件下的编辑工作。社会效益的原则在编辑规律中如何表述好，尚待进一步探讨。目前两个"第一"并提是出于这样的考虑：精神产品的质量与社会效益是同步的，与经济效益有时则不一定同步；编辑工作要求质量第一，必然同时要求社会效益第一；把经济效益放在社会效益之上，就不能始终坚持质量第一。社会效益第一的原则并非不要经济效益，这个原则是以力求社会效益和经济效益的正确结合为前提的，只是两者不可兼得时，把社会效益放在第一位。由于社会制度不同，或者由于价值观不同，人们

对社会效益的内涵的理解也不会有所同。检验精神产品质量的首要标准总是社会效益，而不是经济效益。在两个效益不能统一时，社会主义把社会效益置于经济效益之上，资本主义把经济效益置于社会效益之上——这样区分恐怕是简单化了，不符合社会实际上存在的错综复杂的情况。

资本主义国家通常把出版机构划分为营利性的（商业性出版公司）和非营利性的（如政府和学术团体的出版机构），不是所有的出版机构都以营利为目的。以营利为目的，要求总体赚钱，并不要求每个编辑和每一本书都赚钱，更不等于必然要牺牲社会效益，不可能实现两个效益的统一。作为一种发展战略，有见识的出版家为了培养有前途的新作者或为公司创造品牌，虽赔本也会出大量好书。

《美国百科全书》1980年国际版第4卷"图书出版"条指出："美国一家出版商出售的全部图书有60%赔钱，36%不赔不赚，只有4%赚钱，这不是什么稀奇的现象。"兰登书屋是美国著名的商业性出版社，1994年2月28日书屋的主要负责人哈罗德·埃文斯在纽约国际笔会研讨会上透露，被《纽约时报》列入1993年最优秀图书名单的兰登版图书有20种共赔了70万美元，被列为美国图书馆协会优秀读物的8种图书则亏损了37万美元，但其间有两种畅销书赚了140万美元，弥补了亏损还有盈余。他认为，如果把每种书都看成赚钱的商品，会使出版界走上"死路"。

牛津大学出版社是世界最大的、历史最悠久的大学出版社，现在年出书4500多种，同湖北省13家图书出版社年出书量大体相当。它成立500多年来所出的书中，影响最大、社会效益最好的是按历史原则编纂的《牛津英语大词典》（*OED*）。它的创新特色是给中古以来的英语词立传，每一个词及每一个义项都收录首见书证，标明首见年份。从1858年英国语文学会通过编纂新英语词典的决议并开始招聘志愿读者提供词目和例证算起，到牛津大学出版社在1884—1928年把10卷本出齐为止,共用了70年。又经过61年的努力,在1989年发行第二版,共20卷。1990年该社投资3400万英镑启动修订计划,在2000年3月开始推出网络版,其中包括第二版正编20卷和增编3卷的全部内容以及新版(第三版)增加的新词条和经过修订的第二版部分词条,资料每季度更新一次。《牛津英语大词典》被认为是"有关英语及有关英语言语和思想史的最高权威"(《泰晤士报》),是编任何英语词典都不可缺少的工具书。尽管在《牛津英语大词典》的出版历史上从未给牛津大学出版社带来商业利润,出版社仍在不断地加大资金和人力的投入,矢志不渝地追求最高的质量和最大的社会效益。该社一百多年来为编好这部大词典积累了无比丰富的英语资料,由此带动的牛津英语词典系列在世界是赚大钱的。近年我国上海外语教育出版社第一批就引进了52种,其中有《牛津简明英语语言词典》《牛津英语词源词典》《牛津语言学词典》等。为什么一批就引进那么多种?答案很简单:名牌效应和质量信得过。除词典外,牛津大学出版社也以出版高质量的教材和学术著作著称。由于重视质量和社会效益,该社在经济上得到了丰厚的回报:每年向学校当局上缴税后利润的30%——在2003年以前每年至少上缴900万英镑,其余的可用于本社的扩大再生产。

探讨编辑规律需要把它同编辑方针区别开来。编辑方针是人为的、可变的。在不同的社会主义国家,或者在一个社会主义国家的不同历史时期,或者在资本主义国家的不同出版社,编辑方针会有所不同。编辑规律是必然的、不以人的意志为转移的。反映编辑规律的编辑方针是正确的,否则是错误的。有些资本主义国家宣扬暴力、色情、迷信的作品充斥市场,是部分出版商推行唯利是图的编辑方针的结果,同编辑规律无关。无论在何种社会制度下,精神垃圾总是没有生命力的,只有质量高和社会效益好的作品才能影响深远,世代流传。衡量作品的价值和传播效果主要不是看它能给出版者带来多少收益,而是看它对读者和社会产生什么影响和影响的大小。任何时代、任何国家的编辑都应当以出版能丰富人民的精神生活、能促进社会进步、具有长久生命力的传世之作为最高目标，只有为实现这个目标而作不懈的努力才能正确解决作者和读者之间的矛盾，推动编辑事业不断向前发展。基于这个认识，表述稿把两个"第一"作为必要的内容写进编辑的基本规律。

四、与探讨编辑规律有关的理论问题

编辑基本规律贯穿古今中外编辑活动的全过程，探索编辑基本规律必然要研究编辑活动的本质、特征、起点和发展变化，因而对编辑学理论研究的深化具有重大意义。

由于学界对"编辑"概念理解不同，所以本文一开始就表示探讨编辑规律首先要界定编辑的范围。文中把编辑界定为"编辑是传媒工作的一个基本环节"，是参照《辞海》1999年版的说法——"编辑"是"组织、审读、挑选和加工作品的工作。是传播媒介工作的中心环节"。稍有不同的是把"中心环节"改为"基本环节"，是考虑到编辑是新闻出版工作的中心环节，但在某些传媒如电影的制作过程中编辑是否处于中心地位尚有争议。有学者认为在新闻出版机构之外也有编辑活动，编辑学不能只研究某一种编辑，不研究另一种编辑，笔者深表赞同；但研究的目的不仅是区分不同性质的编辑，而且还要看有些被称"编辑"的活动（如"编著合一"）到底是不是编辑活动。研究传媒编辑的规律同研究更大范围的编辑活动的规律是不矛盾的。人们的认识是循序渐进、逐步加深的。图书编辑的历史最悠久，有关图书编辑活动的资料积累最多，研究编辑规律先从图书编辑入手，再扩大到包括图书、期刊、报纸在内的出版物编辑，然后进一步扩大到各种传媒的编辑，是合乎事物发展规律和人的认识规律的。能把图书编辑的基本规律、出版物编辑的基本规律、传媒编辑的基本规律、更大范围的编辑的基本规律一一找出来，对编辑学理论研究将起极大的推动作用。

编辑活动是编辑学的研究对象，这样说是指编辑活动是编辑学特定的研究对象,是编辑学赖以同其他学科区分的研究对象,不是说编辑学不研究编辑活动以外的东西,也不是说其他学科不能研究编辑活动。编辑学的主要任务是研究编辑规律,对创作、著述、翻译活动等著作活动也要研究,研究著作活动和编辑活动的关系;但不把著作活动作为编辑学的特定研究对象,不研究各种著作活动的规律,那是写作学、翻译学等学科的任务。至于编辑工作者出于自己的爱好或需要研究创作规律或翻译规律等,那是个人的事情,与编辑学的研究任务无关。

"编辑"是个多义词,不同性质的编辑活动要区别对待。《辞海》1999年版把作为传播媒介工作一个环节的编辑和作为著作方式的编辑分设两个义项,说明这两种编辑的性质是不同的。传媒的编辑工作带有中介性,作为著作方式一种的编辑活动不带中介性。前者是编辑学的特定研究对象,后者不是。探讨编辑规律把不带中介性的编辑活动作为作者的活动,便可同编者的活动——带中介性的编辑活动区别开来。自由编辑(独立编辑)不固定地受雇于某一个传统媒体,但他们同新闻出版单位的编辑工作者一样都是以编辑为业的,他们从事的是专业活动,是职业编辑。他们不是为新闻出版单位服务,就是为作者服务,他们的专业编辑活动具有中介性,因而也是编辑学的研究对象。有一个值得注意的现象是,自20世纪90年代中期以来,西方有越来越多的自由编辑单独或联合建立了自己的网站,向顾客提供编辑服务。网站是新的传播媒体,自由编辑的工作也就自然成了传媒工作的一部分。至于图书馆的编目工作,那是著作方式之一种,所编的书目如果出版的话,是要在版权页上和扉页上写明某某图书馆编的。假如有人擅自改用其他图书馆编者名义出版,那是侵犯著作权的行为。网络写手用文本编辑器写小说发表,既非编辑活动也非著编合一,纯属创作活动。

我国编辑活动的起点至少有四种说法:一是始于远古文字符号创造时期,二是始于殷商甲骨文献资料的收藏整理,三是始于正式书籍的诞生,四是始于出版业的形成。起点不同是由于对编辑概念理解不同。不管采用哪一种说法，研究编辑规律都必须保持编辑概念的同一性。本文采用两种起点论，也就是两种编辑观：作为著作方式一种的编辑始于正式书籍的产生，这种编辑不具有中介性；作为传媒专业工作一部分的编辑始于出版业的产生，这种编辑具有中介性。这是两种编辑的本质区别。两种不同的编辑具有各自的发展规律，不可能归纳成同一规律。本文的处理办法是在带中介性的编辑活动范围内探索编辑的基本规律，而把作为著作方式之一种的编辑放到作者范畴，研究它同带中介性的编辑活动的关系。

明确"出版"概念，加强出版学研究

明确研究对象是一门学科创立的最重要的前提，出版学也不例外。鉴于目前出版界对"出版"的理解还很不一致，对这个词的用法甚至存在着某种混乱现象。本文拟联系国内外一些论著的不同说法，用历史的和比较的方法，就"出版"的概念以及与此有关的出版事业的开端等问题作些探讨。

一、关于"出版"的概念

各种辞书对"出版"一词的释义影响最大的首推《现代汉语词典》和《辞海》。《现代汉语词典》（1978年初版）的解释"把书刊、图画等编印出来"，在10年之后为《汉语大词典》第2卷（上海1988年版）所沿用。《辞海》（1979年版）的解释"把著作物编印成为图书报刊的工作。……现代出版工作泛指出版、印刷、发行三方面的工作"，也差不多在10年之后为《编辑出版辞典》（北京1988年版）所沿用。《辞海》1989年增订版只对个别字句作了修改，带着重号的一句改为"泛指出版、印刷、发行三个环节"，前面一句未动。看了这些解释，感到有以下一些问题。

1．"出版"是否只限于"编印"，可以不包括"发行"？

2．"出版"作为一个方面的工作或一个工作环节与"印刷""发行"并列，意味着"出版"不包括"印刷""发行"，那么这个"出版"指什么？

原刊于《出版发行研究》1990年第6期。

3. 印刷是否是出版的必备条件，用抄写等非印刷方法复制图书出售，能不能称为出版？

为了弄清这些问题，我们先回顾一下"出版"的词源及其含义的演变。这个名词产生同我国雕版印刷术的发明有联系，其字面意义为"出于印版"或"印出"。在唐宋年间，汉语表示出版行为的用语如"上梓""梓行""刊行""开板""板印"等随着我国佛经、典籍的刊本及印刷术东传而进入日本语汇。日本人还参照这些汉语借词的构成法自造"上樱"（板材中国多用梓，日本多用樱）、"出板"等词作为同义词使用。《德川幕府时代书籍考》（1912年版）所载资料表明，"出板"一词在1756年已见于日本文献。日本《世界大百科事典》（平凡社1957年版）"出版"条解释，在木版印刷时代使用的是板木，所以当时写作"出板"，而不用"版"字。后来随着西方活版印刷术在日本推广，"出板"的写法逐渐为"出版"所取代。最先使用这个词的日本官方文件，据日本《出版事典》说是明治二年（1869年）颁布的《出版条例》。明治二十年（1887年）的《出版条例》（敕令76号）以法令的形式第一次对"出版"的概念作了如下规定："凡以机械、化学或任何其他方法印刷之文书图画予以发售或散布者，均为出版。"这个定义的实质为明治二十六年（1893年）的《出版法》以至昭和九年（1934年）的《著作权法》所继承，只是措词稍有不同。

据迄今查到的资料，这个日本汉字词中国人是梁启超最先在1889年8月8日（清光绪二十五年七月一日）用于他在日本写的《自由书》。1898年百日维新失败后梁逃往日本，广泛接触到日本明治维新以来翻译出版的西方政治学术著作，其中包括英国哲学家约翰·穆勒（John S. Mill）的 *On Liberty*（《论自由》，1859年），日译本书名为《自由之理》（中村正直译，1872年）。《自由书》就是梁启超阅读这些西洋名著日译本之后受其启发而写的札记。该书叙言写道："西儒约翰弥勒曰，人群之进化莫要于思想自由、言论自由、出版自由。三大自由皆备于我焉，以名吾书。己亥年七月一日著者识。"①著者在该书《自助论》一篇中还介绍了译者："日本中村正直者，维新之大儒也。"当年 12 月梁启超由东京赴檀香山途中写的《汗漫录》以及后来在 20 世纪初写的论著和书信都多次提到"出版"问题。约翰·穆勒的 On Liberty 在 1989 年，即日译本出版 27 年后，在我国由严复据英文原著译出，译稿曾一度遗失，1903 年春找回后，译者未作大的改动即匆匆交商务印书馆刊行。严复在"光绪二十九年岁次癸卯六月吉日"写的"译凡例"中交代："此译成于庚子前，既脱稿而未删润，嗣而乱作，与群籍俱散失矣。适为西人所得，至癸卯春，邮以见还，乃略加改削，以之出版行世"，书名据说在初译稿为《自由论》，正式出版时改为《群己权界论》，liberty 在书中译为"自繇"，都颇费解。全书未出现"出版"的译法，publish 有两处均译为"刊布"——"刊布自繇"和"言论著述刊布自繇"，② liberty of the press 是英国大诗人、政论家约翰·弥尔顿（John Milton）最早于 1644 年在一篇向国会争取出版自由的演说词中提出的概念，原意是指事先不经过官方审查许可、自由利用印刷机（press）印刷出版任何东西的权利，现通常译作"出版自由"，严复在《群己权界论》中译为"舆诵自繇"③。可见，"出版"一词最初是 19 世纪末借自日语，而非直接译自英语。只是到了 20 世纪初，这个用语在国内逐渐流行开来之后，严复也开始使用。他在 1903 年为《群己权界论》补写的"译凡例"中使用了"出版"，但没有把译文中的"刊布"改为"出版"，可能是因为当时用法尚未固定，两者都可用。直到光绪三十二年、三十四年，"出版"作为专业用语和政治用语先后写入《大清印刷物专律》（1906年）和《钦定宪法大纲》（1908 年），才从此正式取得法定用语的地位。

　　这个词既然是从日本传入的，对其含义的解释不免要受日本的影

---

① 见《饮冰室自由书》，上海广智书局 1905 年版。
② 约翰·穆勒著，严复译：《群己权界论》，商务印书馆 1981 年版，第 13、16 页。
③ 约翰·穆勒著，严复译：《群己权界论》，商务印书馆 1981 年版，第 17 页。

响。民国三年（1914年）北洋政府颁布的《出版法》规定："用机械或印版及其他化学材料印刷之文书图画出售或散布者，均为出版。"这个条文显然是参照日本的出版法规制定的。随后出版的《辞源》及许多旧辞书的解释均据此。

受汉字文化影响的东方国家，对"出版"的传统解释基本一致，都包含有印刷的意思。朝鲜和越南使用的汉字词"出版"，按照本国语的读音分别写作 chulpan（转写）和 xuất bản，以下是这两个国家一些有代表性的词典对其含义所作的解释。

1. "印刷图书之类使问世"（朝鲜民主主义人民共和国科学院语言文学研究所编《朝鲜语词典》平壤1962年版）。

2. "（书或词典、图画之类）印刷发行"（朝鲜民主主义人民共和国社会科学院语言学研究所编《现代朝鲜语词典》平壤1981年第2版）。

3. "以散布或发售为目的把文稿、文书或图画、乐谱之类印刷出来使问世。刊行"（申琦澈等编《新朝鲜语大词典》汉城1979年第7版）。

4. "印刷书籍或图画等使问世"（李熙昇编《国语大词典》汉城1981年第30版）。

5. "把书报印出来"（阮文坤编《汉越词典》西贡1960年版）。

在西方国家，"出版"一词在法语中出现较早。据《莱克西斯法语词典》（巴黎1975年版），现代法语 publier 一词产生于1175年，源自拉丁语 *publicare*（公于众）< *publicus*（公众的），本义为"公于众"，在1300年前后获得"出版"的意义，即"把一种书、一种作品公于众，使问世"。publication（源自拉丁语 *publicatio*），于1380年开始作"出版物"解。法国在14世纪出版的图书当然不会是印刷的，因为那时我国的印刷术尚未传到欧洲。

英语的 publish 也是源自拉丁语，不过经过法语作为媒介，产生于1330年前后，获得"出版"的意义是在15世纪中期谷登堡刚开始把活字用于印刷《42行圣经》的时候。《世界图书》月刊1990年第2期

《出版"考"》一文说:"从目前可以考据的情况看,英文中的 publish 在 1529 年才用来指出版,比谷登堡活字晚 80 年左右。"但据查按历史原则编纂的《牛津英语大词典》1989 年第 2 版第 12 卷 publish 条,这个词于 1450 年前后即开始用来表示出版,即活字印刷术于 1476 年从大陆传入英国之前 26 年,当时英国出版的书籍仍是手抄本。所举的旨见书证引自 1450 年前后的 Pecock MS(皮科克抄本),其下一条书证才是引自 1529 年的《圣经》英译本和其他一种出版物。按照该词典的解释,"出版"是指"发行或向公众提供用抄写、印刷或任何其他方法复制的书籍、地图、版画、照片、歌篇或其他作品"。可见为发行的目的,用抄写的方法复制的图书也被承认是出版物。

法语和英语的 publication 都可作"出版"或"出版物"讲,还有西班牙语、意大利语、德语和俄语等欧洲主要语言都有这个用拉丁词根构成的词,只是词尾写法略有不同。其着眼点在于"公众"(public),而不像汉字词"出版"的着眼点在于"印刷"。

现代法语还有一个比 publier 更常用的表示"出版"的词——éditer。前者泛指把著作物公于众,可用于作者发表著作,后者专门用来表示出版社的出版行为,其中包含对著作物的选择、加工、制作和发行等意思。这个词源自拉丁语 edere,由两部分构成。前缀 e- 意为"出""由里往外",词干 -dere 意为"生产""提供",合起来就是"生产出来""向外界提供""使出世",引申义为"使问世""出版"。现代德语和俄语的"出版"是用本国语的词素仿照此法构成。请看下面的对照比较。

拉丁语:*e+dere=edere*

法语:é+diter=éditer

德语:heraus+geben=herausgeben

俄语:из+дать=издать

(意义):(出)+(产)=(出产→使问世→出版)

还有西班牙语的 editar、意大利语的 editare、罗马尼亚语的 edita，与法语的 éditer 同源，它们的意义均为"出版"，唯独英语的 edit 例外，这个英语词已失去原有的"出版"的意思，现在只作"编辑"讲，而专用 publish 表示"出版"。

由上可见，欧洲主要语言有两套表示"出版"的用语，基本意义是"公于众""使问世"，词源同印刷没有联系。

1971年《世界版权公约》第6条给"出版"所下的定义是："可供阅读的或视觉可以感知的著作物以有形的形式加以复制并向公众广泛发行。"定义没有强调复制品必须是印刷的。事实上，现代出版业的发展早已冲破传统观念的束缚，接纳音像资料、缩微制品等非印刷品为出版物大家庭的成员。

为了明确"出版"的内涵，还须弄清"出版"和"发行"的关系。解放以前和解放初期的词典对"出版"的解释一般都包含印刷和发行两项内容，例如《四角号码新词典》（商务印书馆1951年版）的解释为"书籍印好发售"，从《现代汉语词典》开始，对"出版"的传统的定义作了部分带实质性的修改，即保留印刷项，新加编辑项，而把发行项去掉。在现代出版业中著作物在印制成书刊、图画发行之前都要经过编辑阶段，给"出版"的内涵增添编辑一项无疑是必要的、符合实际情况的，但把发行项去掉就有问题了。因为发行是出版不可缺少的一个要素，书刊编印好而不发行或不准备发行是不能称为出版的，这已成为人们的常识。报上发表某种书已经出版的消息，需要者知道了就会设法向书店或出版社购买。

参照国内外有关书刊的可取的说法，并考虑现代出版事业的发展，现提出一个关于"出版"的释义方案以供讨论研究："选择文字、图像或音响等方面的作品或资料进行加工，用印刷、电子或其他复制技术制作成为书籍、报纸、杂志、图片、缩微制品、音像制品或机读件等以供出售、传播。现代出版工作包含编辑、制作、发行、管理等环节。"如果采用概括的说法,"出版"就是"选择作品复制发行"。

这里采用"编辑、制作、发行、管理"的提法,而不用常见的"出版、印刷、发行"或"编辑、出版、印刷、发行"的提法,是因为在同一个命题中"出版"既是整体(在被定义项中),又不是整体(在定义项中),是逻辑所不能允许的。那样的话,"出版"所指还是不明。

二、中国和世界出版业的开端

出版业始于何时,研究人员对"出版"的概念理解不同,说法也不同。

第一种有代表性的观点是始于印刷术的发明。刘国钧等书史专家强调"有了印刷术,然后图书才可以说得上'出版',才开始有出版业"[①]。《新闻学词典》也认为"在印刷术发明以前,书报主要靠人工书写流传。印刷术发明以后,才开始有出版事业"(浙江人民出版社1988年版"出版"条)。

第二种观点是始于纸张的发明。《中国出版年鉴》1980年创刊号《中国出版事业发展概况》一文认为,我们的祖先是在西汉时期发明了原始的纸张开始了图书在中国出版的历史的。

第三种观点是把出版业的产生同纸张和印刷术两者相联系,说"中国是发明造纸术和印刷术的国家,也是首创出版事业的国家"[②]。

为什么图书印在纸上流传是出版,而人工书写在别的载体上就不算了呢?理由无非是抄写数量少、速度慢,质量不如印刷好,纸张比其他载体轻便耐用等。要知道,图书生产的数量不仅仅取决于制作技术,而且取决于统治阶级的政策、文化教育的普及程度和社会发展的需要等。数量多少并不能作为区分出版和非出版的界限。现在还没有哪一个国家

[①] 刘国钧:《中国书史简编》,郑如斯订补本,书目文献出版社1982年版,第64页。
[②] 朱光暄、薛钟英、王益:《"出版"探源》,《出版发行研究》1988年第5期。

规定一种书印数在多少以上才算出版物。国外现有一种"按需出版",学位论文、专门论著、绝版书等输入电脑存储,按订户需要供应,要一本也印。出书有快有慢,快慢不是出版的特征。如果复制数量不多,人工抄写倒比雕版印刷快得多。至于质量,在印刷术发明的初期,印刷的书比不上抄写的书,重要典籍的复制仍然以抄写为主。在整个唐代写本书多于印本书。自古以来,各国的文字载体从来不止一种,既然我们承认写在竹简、缣帛或纸张上的著作都是书,那就不能限定只有印在纸上的才是出版物。已知48部谷登堡的《42行圣经》,有36部印在普通纸上,有12部印在犊皮纸上,同样都是出版物,后一种版本更为珍贵。

最后还有一种观点是把图书的产生作为出版事业的开端。例如认为"殷代就有了正式书籍。古代书籍的产生,是我国出版事业产生的开端,又是发行事业产生的先决条件"[①]。这样我国出版事业的开端由唐代提早了1000多年。

按照笔者所理解的上述"出版"概念,考察出版事业的开端不能把着眼点局限于图书产生的物质技术条件,同时还要看制作出来的图书是否向公众发行,因为图书史和出版史不是等同的概念。

殷代的典册只见于文献记载,还说不清是什么样子。但可以肯定我国正式图书的产生不晚于春秋时代,孔子编定的六经就是我们可以举出书名的实例。不过他的学生和同时代人传抄这些经书是为了自用或收藏,不是成批复制使公众可以得到,因此不构成出版活动。

发行是出版的最后一个必要因素,没有发行就没有完全意义上的出版。从这个意义上说,发行事业的开端,也就是出版事业的开端。现代所理解的发行是指图书等出版物通过销售或赠送,在公众中传播。其中销售是主要的途径。

据史籍记载,我国在西汉末期出现了书肆,也就是说出现了以售书

---

① 吴柏龄:《我国古代图书发行事业的起源》,《出版发行研究》1989年第3期。

为业者。在古代，发行事业尚未专业化，图书制作和销售通常是合在一起的。书商为了使书肆有稳定的货源，必然要组织力量从事图书制作。当然这不排除此外还会有人自动抄书送来出售。到东汉时书肆已由长安—洛阳等大城市发展到小县城，并且出现了越来越多的以抄书为业的"佣书"。这些书肆的经营者和"佣书"也就是我国古代的出版工作者。因此，书肆在西汉末期的出现不仅是我国发行事业的开端，也可以看作我国出版事业的开端。

两汉的书籍主要是写在竹帛上，古纸刚刚发明，质地粗糙，还不大可能用来抄写书籍出售，即使有也是为数极少。迄今能看到的最早的纸书是晋人抄写的《三国志》残叶，汉代的纸书一本也没有发现。可见我国出版事业的起源同纸的发明没有必然联系。至于纸张的产生对后来出版事业的发展所起的无比重要的促进作用则是大家公认的历史事实。

世界出版业始于何时，国外尚无定论。但从已知的事实看来，古埃及、古希腊和古罗马的出版业产生比中国早。

古埃及早在公元前3000年就有了原始图书。在公元前2000年前后，出现了一种写在纸莎草上的符咒祷告集，这是为死者祈求冥福的陪葬用品，后称《死者书》。最有名的是一个名叫阿尼的人的《死者书》，图文并茂，制作精美，属第18王朝（公元前1570—前1304年）的遗物，现存不列颠博物馆。《死者书》除放进棺中作为死者出入阴间的通行券外，参加葬礼的亲友们也要留作纪念。殡仪业的经营者为适应这种需要成批制作《死者书》出售，编辑工作通常由祭司负责。所收的材料起初可根据需要者的意愿编选，内容差异甚大，有的长达100多章。到托勒密王朝（公元前322—前30年）时期，编选符咒的数量和排列顺序才标准化，新增添的符咒接着编号。已知符咒共有200多条，但从来没有一卷《死者书》把它们全部收进去。古埃及编制《死者书》出售是世界最早的出版活动的一种特殊形态，还不能认为是正式的出版业的开端。

按照各国学者比较一致的看法，在西方是古希腊最早在公元前5世纪产生了出版业的萌芽。在伯里克利（公元前495—前429年）当政时代，雅典完成了民主改革，文化繁荣，读书人增多，利用奴隶劳动抄书出售的书商应时而生。据联邦德国20卷本《布洛克豪斯百科全书》1967年版"图书贸易"条，其产生的时间大约在公元前429年。苏联列·伊·弗拉基米洛夫写的《世界书史》（莫斯科书籍出版社1988年版）则认为古希腊图书贸易始于伯罗奔尼撒战争时期（公元前431—前404年），两种说法基本上是一致的。公元前5—前4世纪古希腊的诗人、剧作家、哲学家、历史学家如欧波利斯、阿里斯托芬、柏拉图、色诺芬都在自己的著作中提到过雅典的书肆。柏拉图就曾用100米纳（古希腊货币单位）的巨款在市上买到了上一代著名哲学家菲洛劳斯的三种论著。

古希腊早期出版业的情况，因为有关的资料缺乏，我们了解得还不多。到公元前3世纪，即所谓希腊化时期，在托勒密王朝统治下的埃及，图书出版业已经发展到相当大的规模。亚历山大图书馆收藏希腊、罗马和东方国家的图书有几十万卷，是古代世界最大的图书馆。经该馆校订的版本成为标准本，由本馆书吏或馆外书商抄成复本出售。这项工作使亚历山大城在古代图书出版业中长期居于垄断地位。

从公元前1世纪西塞罗（公元前106—前43年）时代起，罗马逐渐发展成为一个独立的出版中心，不用依赖亚历山大城了。古罗马最有名的出版家、出版事业优良传统的奠基人是提图斯·庞波厄乌斯·雅典库斯（Titus Pomponius Atticus，公元前109—前32年）。他的名字前两段是本名，最后一段是因他曾经长期在雅典居住过而后加的姓。他于公元前66年在罗马创办了一家正规的写本出版社。

雅典库斯是个非常富有的作家和学者，热心出版事业，与罗马执政官、大演说家西塞罗过从甚密，并承担他的著作出版任务。雅典库斯不满足于经销亚历山大城出版的希腊古典名著，自己雇佣一批精通语文的学者编书，并训练许多从雅典带来的有文化素养的奴隶专门抄写希腊文和拉丁文著作。雅典库斯的朋友、历史学家科内利乌斯·内波斯及语法学家蒂拉尼昂就曾应邀当过该社的编辑。随着销售业务的扩展，除罗马城外，他还在外省开设了许多书店。西塞罗在给他的一封信中写道："我那篇关于利加里乌斯的演说你销得不错，我以后的全部著作都委托你来负责。"西塞罗的书信现存900多封，其中有396封是写给雅典库斯的。在西塞罗死后，由雅典库斯编辑出版，书名为《西塞罗致雅典库斯书信集》，在1345年被重新发现。公元前68—前44年写的这些书信，共16卷，是古罗马的极其珍贵的历史资料。此外，雅典库斯还出版过狄摩斯尼和柏拉图等人的著作。他的出版社出的书不仅数量充足、价格便宜，而且以内容准确著称，被称为"雅典基亚纳版"（Attikiana），是后来的学者和印刷出版者努力搜集的对象。古罗马的书籍通常一版出几百本，也有超千本的。因为是使用大量的熟练奴隶劳动，直接写在纸莎草纸或羊皮纸上，不像印刷要排版，所以在短期内即可完成。如果是一本小书，作者交来24小时后即可取。这些情况表明，在读者和作者之间起中介作用的出版者和编辑于写本时代就已经出现了。

这样看来，中国抄写出版业在西汉末期的产生（以公元前53—公元18年的语文学家扬雄最早提到的书肆出现为标志），比西方抄写出版业的产生（以公元前5世纪在雅典出现书肆为标志）晚400多年，比有实物和文献资料可以查证的古罗马雅典库斯经营的出版业也晚半个世纪。因此不宜一般地说我国是首创出版业的国家，说我们是首创印刷出版业的国家恐怕更准确些。

无论从我国还是从外国的出版历史看来，世界出版业的开端都早于造纸术和印刷术的发明。《不列颠大百科全书》第14版"出版"条开头作了这样的定性叙述："出版是对书写的著作物的选择、复制和发行。尽管它在现代已变得依赖于印刷和纸张，但它的产生比这两者都要早。"但该书第15版却把"出版"的定义改为"出版是涉及印刷物的选择、准备（preparation，意指编辑加工、制作等）和销售的活动"。两版的条文大概不是出自同一个撰稿人之手，这说明对"出版"的理解在西方的研究者中间存在一定的分歧。第15版的定义似乎不如14版准确，因为：（1）出版者的选择不限于印刷物，更多的是对未印刷出版的著作物加以选择；（2）现代的出版物除印刷物之外还包括用非印刷方法生产的出版物；（3）定义把出版限制在印刷物的范围之内，随后叙述出版业形成的历史时又说"在西塞罗时代，古罗马人的书籍出版业已完全建成"，这是自相矛盾的。我们知道，西塞罗时代的书籍是抄写出售的，从那时起西方出版业还要经历1500年的漫长而缓慢的发展过程才进入印刷阶段。

三、关于出版学的性质和研究范围

关于出版理论，当前迫切需要探讨的还有出版学的性质和研究范围的问题。

出版是社会文化现象，出版学属新兴的社会科学之一，这是大家比较一致的看法。但是再进一步问出版学属社会科学的哪一个门类，说法就大不一样了。由于受起源于美国的传播理论的影响，目前在国内外都有不少论著认为书籍和杂志属于大众媒介，把出版研究纳入大众传播学的范畴。

《新闻学词典》（浙江人民出版社1988年版）说大众传播"指一个媒介同时向具有不同社会背景、兴趣爱好的公众传递信息"，大众传播学"研究大众媒介向为数众多的公众迅速、广泛传递信息的现象与规律"，研究对象包括"报纸、杂志、广播、电视、通讯社、广告、书籍、电影、戏剧、音乐和公共关系"。所列举的"5种大众媒介产业"为"报业、杂志业、书籍出版业、广播业、电影业"。在台湾出版界有人甚至强调："今天大众传播媒介中最重要的是报纸、杂志和书籍等印刷物，这些开始得比较早些,其次才是收音机、电视和电影等。"[1] 早在日本出版学会正式成立前两年,清水英夫就在《读书人》1967 年 7 月 31 日号发表文章论证出版学的可能性和必要性,指出"……现代出版界占主流('大势')的是印数大的杂志和大量出版的书籍,而这些是所谓大众媒介已成为国际认识"[2]。

报纸、广播、电视、电影无疑属于大众媒介,但把书籍和杂志也包括其中,缺乏充分的有说服力的论据。在各种媒介中书籍的"个性"最强,绝大多数的书都有特定的读者对象——从事某种专业的人,或属于某一阶层、社会集团、年龄梯度的人,或具有某种兴趣爱好的人等,以大众为对象的书只是少数。一种媒介是否以大众为对象,足不出户就可以检验。家里得了一张电影票,谁有兴趣都可以去看。精彩的电视节目全家男女老少都会坐在一起收看,日报和晚报全家有阅读能力的人都会传阅,而家庭成员按各自需要购买的书适于全家使用的就为数甚少了。

广播、电视在瞬间可以把信息传播到全市、全国、全世界,信息扩散确实迅速广泛。书籍从作者交稿到出版往往要几个月甚至一年以上。从出版地点运送到边远地区又不知道要经过多少时间,有许多书根本到不了边远地区。广播、电视数以亿计的人可以同时收听,而书一次只能一个人看。我们社的图书馆是向本单位全体职工开放的,借文学名著的人较多,可是有不少专业书入藏一二十年了,从登记卡上可以看出借阅者寥寥无几,有些书从来没有人借阅过。

大量印行的书籍被认为是大众媒介,可是印数多少才算"大量"并没有一定的标准。出书品种越多,读者选择性越强。自 20 世纪 70 年代末期以来,我国书籍平均印数连年下降,1979 年图书平均每种印数 23 万册,1988 年降到 9.4 万册。据 1989 年 12 月 15 日《中国日报》报道,

---

[1] 张觉明:《现代杂志编辑学》,中国书籍出版社 1987 年版,第 14 页。
[2] 清水英夫:《现代出版论》,东京理想出版社 1980 年版,第 20 页。

我国主要出版基地之一上海市 43.6% 的书籍印数在 1 万册以下。印数在 1 万册以下的书无论用什么标准恐怕都不能叫大量印行。印数大的主要是课本，1979 年平均每种 57.7 万册，1988 年为 24.9 万册。课本是分学科的，只适用于一定年龄和文化水平的学生，不属于大众读物。把课本除外，其他图书发行量在 50 万册以上的，据初步统计新中国成立以来不过 1000 多种，不超过 40 年出版图书总数的 2‰。

日本《出版事典》"大众传播"条把"报纸、杂志、广播、电视、电影、印数大的畅销书和唱片"作为"大众传播的主要形态"。可是日本每年的畅销书是屈指可数的。据日本《出版消息》1985 年 12 月下旬号报道，1985 年突破 100 万册的畅销书 1 本也没有，销售 6 万册的书就能列入畅销书前 20 名。

杂志是介于书籍和报纸之间的出版物，是新闻学和出版学的"争夺"对象，都把它纳入本学科的研究范围。新闻学把它视为新闻媒介，事实上，随着广播、电视的普及以及科学文化的发展，杂志所起的新闻工具的作用越来越小，而其传播各学科知识和科研信息的作用则不断增强。从所发挥的社会功能看来，杂志与其说接近报纸，不如说接近书籍。

现代杂志多数是专业性的，服务对象主要是有关专业的读者，因而印数有限；以大众为对象、销售数量大的一般杂志所占的比例不大。《朗曼当代英语词典》说杂志"刊登写作、照片、广告，通常有一个特定的主题，或以某个群体的人们为对象"，是符合实际情况的。

日本是世界上杂志出版业最发达的国家之一。日本《出版年鉴》1988 年版的杂志目录栏收录市面上零售的一般杂志 3780 种，此外还收学术杂志 5507 种和官厅刊物 401 种。学术杂志和官厅刊物属专业杂志自不待言，所谓一般杂志也有相当大一部分为专业杂志，不是以大众为对象的。

从以上分析可以看出，书籍和杂志就其主体来说不是大众媒介，把书刊出版作为大众传播的一个领域并不适宜。大众传播学主要研究报纸、广播、电视等新闻媒介，所以又被称为广义的新闻学，而狭义的出版学主要研究图书、杂志等非新闻媒介。研究的重点不同，研究的起点也不同。图书出版业在公元前早已存在，大众传播业在19世纪以后才开始产生，晚了约2000年。英国学者梅尔文·德弗勒等编《大众传播理论》（伦敦朗曼出版社1989年第5版）根本不把书刊列入大众媒介。该书认为供普通人看的报纸在19世纪30年代出现[1]。是向大众传播时代过渡的起点，直到20世纪初期电影、广播和电视相继发明和后来逐渐普及，大众传播时代才真正开始到来。

如果把相对说来处于中间状态的报纸和杂志暂且不论，仅把大众传播和出版的两极——广播电视和图书加以比较，就可以更加明显看出它们的差别有多大。

了解大众传播和出版的差别，有助于认识出版学的性质和明确出版的社会功能——不仅要满足大众的共同需要，而且要满足不同阶层、不同专业、不同爱好的读者的特殊需要；不仅要满足社会的当前需要，而且要力求满足社会的长远需要。同时应当承认大众传播学的某些原理和方法，出版学也是可以借鉴的。例如，美国政治学者哈罗德·拉斯韦尔提出著名的"5W传播模式"，即"什么人说"（传播者）、"说什么"（信息）、"通过什么渠道"（媒介）、"对什么人说"（受传者）和"产生什么效果"（影响）。苏联列宁格勒大学社会学实验室主任雅多夫对此作了两点补充："在什么样的环境下"和"有什么倾向性"。还有强调传播渠道的"把关"作用和"反馈"功能等等其他一些模式，对我们研究分析出版过程都是有帮助的。可以认为大众传播学是出版学的邻近学科。

除中国、日本、朝鲜外，未看到其他国家使用"出版学"这个术语。在苏联、波兰等国，出版理论是纳入图书学的范畴进行研究的，因

---

[1] 指美国本杰明·戴伊1833年创办"一便士报纸"《纽约太阳报》，每份售价1美分，其口号是"它为一切人发光"，1835年同样性质的日报《纽约先驱报》创刊，随后在世界许多地方掀起了出版大众化廉价报纸的热潮。

为按照它们的理论现代图书学的研究范围是把图书的生产、传播、收藏和利用包括在内的。不过，现代出版物不限于图书，我国出版行政机关进行出版物统计的"图书"项只包括书、小册子和图片，而杂志算另一类出版物。不属于图书范围的新型出版物的品种越来越多。因此把研究出版的学问作为图书学的一个分支，也不完全适合我国和世界的情况。

此外，国内外还有人把图书出版列入文化学、文献学、图书馆学、公示学、信息科学的研究范围，都有一定的理由。

考虑到出版作为一种社会文化现象涉及许多领域，出版学的研究对象包含多种成分，每种成分的结构又极其复杂，需要运用各种学科的理论和方法从不同的角度进行综合研究。笔者倾向于把狭义的出版学（以书刊为主体，不包括报纸）看作思想、科学、文化传播领域的自成体系的综合性社会科学。出版学的研究对象包含3个主要成分：1. 读者（阅听人）——出版工作的服务对象和出发点，他们既是阅读出版物的社会主体，又是作者、出版者和出版物施加影响的社会客体；2. 出版物——出版者用以为读者服务的主要产品；3. 出版业——实现出版物编辑、制作和传播过程的人员和组织。简单地说，出版学就是研究读者、出版物、出版业及其相互关系以揭示出版的规律和社会作用的综合性社会科学。

出版学是个多层次的结构，其中包括：出版学原理，出版概论，出版史，出版未来学，比较出版学；读者（结构、需要、心理）研究，出版物（类型、形制、功能）研究，出版业组织管理；编辑学，图书艺术，出版物制作方法，发行学，出版物宣传等。出版学与其他学科相结合，还可以产生一些边缘学科，如出版伦理学、出版经济学、出版法制学、出版统计学、出版文化学、出版人才学等。出版下面的各个层次和分野都可以从历史、理论、应用、发展趋势、比较（各国、各地区、各时期比较）等角度进行研究，建立编辑概论、编辑史、发行概论、发行史、读者心理学、电子技术在编辑出版工作中的应用等分支学科。

日本《平凡社大百科事典》第7卷1985年版"出版学"条（清水

英夫撰写）说:"出版学是把出版作为社会文化现象科学地进行调查研究的学问。与作为传播学的新闻学有类似性，但研究对象不一定以作为大众媒介的出版为限。在与出版有关的研究领域，从来就有书志学、书籍学、图书馆学、读书学、印刷学，要把它们加以综合，并借助邻近的学科就出版的功能、过程、效果等问题从历史和现实的角度加以阐明。"日本《出版事典》(1971年版)"出版学"条的内容与此差不多，也是把书志学（目录学）、图书馆学等5种学科列入与出版有关的研究领域。我国出版界有人把目录学列为出版学的一个分支（是否合适需要讨论，目录学家并不认为目录学从属于出版学），但我国无论出版界还是图书馆学界似乎都没有人把图书馆学纳入出版学的范畴，看来日本出版界所构拟的出版学体系的覆盖面比较宽，涉及图书的收藏、著录和利用等，有点近似图书学体系。

大众传播和出版的差别

	广播、电视	图书
媒介性质	电子媒介	印刷媒介
信息符号	音像为主	文字为主
内容	新闻、娱乐节目为主，不一定有系统性	知识和理论为主，有系统性
主要功能	舆论工具	文化传播和积累工具
对象	人数众多，分属不同阶层和行业，无从预知	人数一般较少，多属一定阶层和行业，往往可以预知
可接受性	不受文化水平限制	受文化水平限制
覆盖面	极广	较窄
传播速度	极快	较慢
持久性	过目过耳即逝	长期留存，反复使用
选择性	受节目安排时间限制	自由选择
利用方法	借助设备	直接阅读
媒介历史	不长	悠久

关于《世界版权公约》"出版"定义的译法问题

国际版权公约的"出版"定义是我们研究现代出版概念的重要依据，经常被引用。拙文《明确"出版"概念，加强出版学研究》（载《出版发行研究》1990年第6期）引用《世界版权公约》（1971年7月24日巴黎修订本）第六条的"出版"定义，当时不知道从什么地方可找到正式的中译本，便据英文本自译为"可供阅读的或视觉可以感知的著作物以有形的形式加以复制并向公众广泛发行"。后来为《编辑实用百科全书》撰写"出版物"条把译文改为"可供阅读或者通过视觉可以感知的作品，以有形的形式加以复制并向公众发行"[①]。用语依照《中华人民共和国著作权法》把"著作物"改为"作品"，但这仅仅是用语的规范化，不是实质性的改动。实质性的问题是"可供阅读或者视觉可以感知的"是不是"作品"的定语，我当初翻译时没有弄清楚。多年来拙译曾为其他一些出版学论著转引，最近审读两本新编写的教材初稿又看到上述两种译法都有人引用，我担心自己的译法不妥会造成误导，所以建议教材的编写者设法查找权威的译文加以引用为好。最近我找到法文本和德文本同英文本对照比较，加深了对条文原意的理解。因为不同的语言文字对同一内容的表达方式多少总会有些差别，英文本是最通用的正式有效文本，现仍以英文本为准并借鉴从其他书籍看到的一些中译本

原刊于《出版参考》2002年第7期。
① 边春光主编：《编辑实用百科全书》，中国书籍出版社1994年版，第7页。

的译法，对旧译加以更改，提出一种新译文供研究参考，不妥之处望读者给予指正：

《世界版权公约》(*Universal Copyright Convention*) 第六条英文本原文："Publication", as used in this convention, means the reproduction in tangible form and the general distribution to the public of copies of a work from which it can be read or otherwise visually perceived.

（参考译文：本公约所用"出版"一词，系指作品以有形形式复制，并把复制件向公众发行，使作品能供阅读或观赏。）

依照我现在的理解，英文本中的 which 指代 copies（复制件），it 指代 a work（作品），原文的意思不是对"可供阅读的或视觉可以感知的作品"加以复制，而是对作品加以复制向公众发行，使较多的人能够读到或视觉可以感知该作品，这是公约本条款所要说明的出版目的。把"可供阅读的或视觉可以感知的"作为"作品"的定语，就意味着限定复制的范围——只复制这样的作品，其他方面的作品不复制，这不符合原意。本来曾考虑改译为"本公约所用'出版'一词，系指作品以有形形式复制并向公众发行，以供阅读或观赏"，这样表述文字较简洁，也符合汉语说话习惯。原文的"copies"（复制件）虽然没有译出，被复制的是作品，被发行的是作品复制件，还是可以意会。英文及其他西文则不能这样处理，因为西文的名词形态分单数和复数，被复制的作品是单数名词，被发行的复制件是复数名词，必须分开说。翻译不同于写作，特别是法律性条文要求措辞严密，译文中应当出现"复制件"的字样以明确表示发行的是复制件。起初考虑改成"……系指作品以有形形式复制，并把复制件向公众发行，以供阅读或观赏"，供阅读的是作品还是复制件呢？中文可以有两解。为了紧扣原文，避免产生歧义，最后把"以供阅读或观赏"改成"使作品能供阅读或观赏"。在"阅读"前再重复使用"作品"一词，以明确表示与"阅读"直接关联的是"作品"，不是"复制件"。德文本"das Werk zulesen"是这样处理的，前头在复制一词前已出现过"das Werk"(作品)一词,这里在"lesen"(阅读)前再重复使用这个名词。法文本"de la lire"则同英文本一样在"阅读"前使用代词,法语代词"la"是阴性单数,指代前面的阴性单数名词作品,而不是指代前面的阳性复数名词"exemplaires"(复制件)。这两种文本都可以帮助我们判断英文本"it can be read"的代词"it"是指 work(作品),不是指 copies(复制件)。

"出版"概念和出版史研究

"出版"概念涉及出版活动的起源和范围、早期出版物与书籍的关系、出版业的产生和发展，这些问题同出版史研究有密切联系。1990年1月笔者写了《明确"出版"概念，加强出版学研究》一文寄《出版发行研究》杂志，在1990年第6期刊出。拙文中讲道：（1）西文和汉语的"出版"词源不同。法语 publier 和英语 publish 来源于拉丁语的 *publicare*，本义为"公于众"，作"出版"解时着眼点在于"公众"，不像来源于日语的汉字词"出版"，把着眼点放在"印刷"（出于印版）。（2）现代"出版"概念采用概括的说法是"选择作品复制发行"，作品的载体不限于纸，复制的方式不限于印刷。（3）出版业的萌芽以书肆出现为标志，在西方最早产生于公元前5世纪的希腊，在中国产生于西汉末期。

拙文是在《中华人民共和国著作权法》（简称《著作权法》）颁行之前写的。文章发表后在一次会议上见到出版界一位老前辈时，他亲切而又郑重地对我说我的文章是对传统出版观念的挑战，我不禁一惊，虽然文章受到了重视，但论点是否能得到赞同，会不会遭到非议，未免有些担心。到1991年《中华人民共和国著作权法实施条例》（简称《著作权法实施条例》）发布，看到其中有专项给"出版"下了定义，心里才感到踏实。十几年来我国出版史研究获得了重大进展，不容讳言，对涉及出版概念和出版史的一些问题还存在着不同的看法。经过修正的我国著

原题为《有关出版史研究的几个问题》，刊于《出版史料》2003年第2期。

作权法（简称《著作权法》修正本）已于 2001 年 10 月 27 日公布施行，为我们进一步探讨这些问题提供了有利的条件和时机。

1. 国际版权公约和我国著作权法的"出版"定义

我国著作权法与国际版权公约是接轨的。《世界版权公约》（1952 年 9 月 6 日在日内瓦缔结，1971 年 7 月 24 日在巴黎修订）第六条规定："本公约所用'出版'（publication）一词，系指作品以有形形式复制，并把复制件向公众发行（distribution to the public），使作品能供阅读或观赏。"依照《著作权法实施条例》第五条第（六）项对《著作权法》"出版"含义的解释，"出版，指将作品编辑加工后，经过复制向公众发行"。编辑、复制、发行是出版的三要素。《著作权法》修正本第五十七条说明该法"第二条所称的出版，指作品的复制发行"。这里提"复制发行"而没有提"编辑"是有道理的：（1）《著作权法》第十四条"编辑作品由编辑人享有著作权……"和《实施条例》第五条第（十一）项"编辑，指根据特定要求选择若干作品或作品的片断汇集编排成为一部作品"中的"编辑"是指著作方式之一种，而《著作权法实施条例》第五条第（六）项所讲的"编辑"则是出版工作的一个环节，为避免"一语两解"，《著作权法》修正本把作为著作方式之一种的"编辑"改称"汇编"，在出版定义中不再出现"编辑"字样。（2）《世界版权公约》的出版定义也没有提编辑。（3）作品在复制前必然要进行选择和加工，这是不言而喻的。作品的选择和加工就是编辑活动。在定义中不提编辑，并不意味着在出版过程中不存在编辑活动；但不能不提发行，对作品仅仅进行编辑加工和复制而不发行或不准备发行，不构成出版。

2. 传统"出版"概念和印刷的关系

"出版"是外来词，在 19 世纪末期由我国留日学者从日语引进汉语，用法自然会受到日语的影响。据王益同志在《"出版"再探源》[①]的考证，黄遵宪使用这个词早于梁启超。他在1879年与日本友人龟谷省轩的笔谈中讲到"今日内务省出版之书，层出不穷，无一人为此事，亦一大憾事"（"此事"指编一部完整的日本历史书），《黄遵宪与日本友人笔谈遗稿》至1968年才由早稻田大学东洋文学研究会出版。黄遵宪在所编《日本国志》（19世纪70—80年代编写，大约在1890年或1896年年初以前出版）中提到"明治五年，仿西法设出版条例，著书者给以版权，许之专卖，于是士夫多以著书谋利益者"，这是中文出版物第一次出现"出版"一词。

实际上日本设出版条例始自明治二年（1869年），明治五年（1872年）的出版条例不过是前者的延续。值得注意的是这条书证表明："出版"一词在中文出版物中首次使用，既同日本和西方出版法规联系又涉及版权问题。必须了解日本和西方出版法规中的出版定义与版权概念，才能从词源上更好地掌握汉语"出版"的本义。"版权"是日本在明治初年至明治中叶的出版法规的用语，相当于"著作权"。明治八年（1875年）的出版条例第一次给版权下定义："凡著作图书或翻译外国图书，出版时授予30年的专卖权。此项专卖权称为版权。"明治二十年（1887年）的出版条例第一次从法规上给出版概念作了如下界定："凡以机械、化学或任何其他方法印刷之文书图画予以发售或散布者，均为出版。"这个定义为明治二十六年（1893年）制定的日本第一部出版法所继承。需要特别注意日本的法定出版概念不仅与印刷联系，更重要的是规定要把印本"发售或散布"（即向公众发行）才能构成出版。在明治二十六年与出版法同时制定颁行的法律还有版权法。明治三十二年（1899年）日本政府把过去的版权法、脚本乐谱条例和摄影版权条例的内容加以整合，制定颁行《著作权法》。把"版权"（来源于英语

---

① 原刊于《出版发行研究》1999年第6期，收入王益：《不倦地追求——王益出版印刷发行文集三编》，印刷工业出版社、中国书籍出版社2001年版。

copyright）改称"著作权"（来源于法语 droit d'auteur）的原因，据说是因为版权只不过是著作权的一部分。我国第一部版权法《大清著作权律》(1910 年颁布）以"著作权"而不以从黄遵宪起已使用了几十年的"版权"命名，显然是受日本著作权法的影响。其中的"著作物"等许多用语也和日本著作权法相同。我国现在是把"版权"和"著作权"作为同义语使用的。

英国诗人、《失乐园》作者约翰·弥尔顿在 1644 年向英国国会发表的争取言论出版自由权利的演说"Areopagitica, A Speech for the Liberty of Unlicensed Printing"（《争取无证印刷自由的演说》），《中国大百科全书·外国文学》《简明不列颠百科全书》中文版和陆谷孙主编《英汉大词典》的有关条目都依照现在的习惯译法把这部作品的名称译作《论出版自由》，英文原文"liberty of printing"直译是"印刷自由"，实际的意思是以印刷复制为手段的出版自由，或者用"出版"一词通用前老一点的说法——"刊布自由"。200 多年后英国哲学家约翰·穆勒（John Stuart Mill, 1806—1873）的《论自由》(On Liberty, 1859）一书论述思想、言论、著述、出版等种种自由。表示"出版自由"的英语原文有"liberty of publishing..., liberty of the press"等。"出版自由"是该书日译本《自由之理》（中村正直译，1872 年出版）采用的译法。梁启超 1899 年在日本读了《自由之理》之后深受启发，在所写读书笔记《自由书》中论述"思想自由、言论自由、出版自由"三大自由，其中的"出版"是借用日译本的现成译法，并非自译。没有证据表明梁启超著作中的"出版"等用语来源于黄遵宪，梁启超自己则说他直接受日本"维新之大儒"中村正直的影响。严复大概未看到穆勒这部名著的日译本，他的中译本（书名为《群己权界论》，在 1898—1899 年译成，1903 年由商务印书馆刊行）是据英文原著翻译的。书中把 liberty of publishing opinions 译为"刊布自繇"，把 liberty of the press 译为"舆诵自繇"（"自繇"即"自由"），全书译文未出现"出版"字样。"出版"

仅在1903年写的《译凡例》中说明他的译本"出版行世"的经过时使用过一次，看来是因为这时——20世纪初——这个日语借词已经比汉语固有词"刊布"更为流行。跟现在的中文和日文固定词组"言论出版自由"相对应的英文是"freedom of speech and the press"，传播言论需要通过一定的媒介，"press"特指印刷媒介。言论、出版自由的观念在法律上得到确认是从18世纪后半期各种权利法典和人权宣言开始的，那时最有影响的舆论工具——报刊等出版物都是印出来的。

民国三年（1914年）北洋政府颁布的《出版法》规定："用机械、印版及其他化学材料印刷之文书出售或散布者，均为出版。"这个条文从措辞可以看出是参照日本出版法制定的。印刷是出版的必要条件，这是我国传统的出版观念，从词源看来确实如此。这个传统观念一直保持到20世纪80年代。《现代汉语词典》（70—80年代版）、《辞海》（1979年和1989年版）、《汉语大词典》第2卷（1988年版）对"出版"的释义都是把出版限定在"编印"或"印刷、发行"的范围。1991年颁行的《中华人民共和国著作权法实施条例》把"出版"界定为"将作品编辑加工后，经过复制向公众发行"，标志着传统的出版概念在法规上被突破。出版活动再也不以印刷为限，以非印刷方式复制作品只要符合规定也可视为出版活动。此后权威性辞书《辞海》1999年版对"出版"一词的释义作了相应的改动。

3. 出版活动和出版业的开端是否应以书肆的出现为主要标志

有些中国出版史论著在介绍雕版印刷术发明之后才开始讲述书籍的出版，不提在这以前的抄本流通时期存在书籍出版活动。出版史研究要解决的是：印刷术用于书籍制作发行以前，抄本复制出售算不算出版活动；中国和世界出版活动与出版业的开端以什么为主要标志。中外出版活动和出版业虽然各有自己的特点，但中外出版概念应当保持一致，否则国际版权公约就无法签订。前面说过，我国人从黄遵宪把"出版"一词引进汉语开始，出版概念便是同外国出版历史和版权法规相联系的。因此有必要对中外学者如何处理出版史的重大问题作点比较研究，吸取可借鉴之处。

《不列颠百科全书》第 14 版"出版史"条"出版业的萌芽阶段"（Beginnings of Publishing）一节是从古希腊讲起的。第一句话就是："具有现代意义的出版业的最初迹象是在古希腊出现的，但仅仅是迹象而已，细节不清楚。"接着讲到公元前 5 世纪，有文化素养的读者日益增多，人们开始复制（copy）书籍。在欧波利斯和柏拉图时代（公元前 5—前 4 世纪），已有购买书籍的可能性的记载。德国学者爱德华·舍恩施泰特（Eduard Schönstedt）在《图书出版社：历史、结构、经济原则、核算和营销》（斯图加特 1991 年版）一书中写道：在古希腊悲剧作家欧里庇得斯（约公元前 480—约前 406 年）时代，"已能把一些作品抄写复制多份以取代一些书籍自抄自用，'版'（Auflage）便是这样开始。书商（bibliopoles）当时已把从事这项工作作为职业。西方书业（Buchhandel）从而在公元前 5 世纪已诞生。鉴于书商大都兼任出售者和抄写者，因此要自己承担生产费用和经营风险，这已同出版社（Verlag）十分接近。"（上书第 16 页）德语"Auflage"相当于英语的"edition"，指"一次复制发行量""版次""版本"等，某种作品以同样方式一次复制若干本出售是出一"版"，第一次把某种作品以同样方式复制若干本出售便是出第一版。

从西方的一些出版史资料得知，伯罗奔尼撒战争时期（公元前 431—前 404 年）在希腊出现抄本出版业的萌芽，其标志是有书商复制书籍抄本（纸草纸书卷）在雅典书肆出售，并销往外地。起初书商自己复制，后来雇用抄书手复制。书籍买卖的主要地点在阿戈拉（Αγορά/Agora），"Αγορά"在希腊语意为"集市""市场"，是古希腊雅典市民举行群众集会和政治辩论的场所。当时已有"书商"（βιβλιοπώλης/bibliopōlēs）和"书肆"（βιβλιοθήκη/bibliothēkē）这些用语。βιβλιοπώλης 由"βιβλιο

（书）+πώλης（销售者）"构成，相当于英语的bookseller。βιβλιοθήκη由"βιβλιο（书）+θήκη（存放处所）"构成，最初作"藏书室""书肆"讲，"图书馆"是后起的意义。法语"bibliothèque"（图书馆）一词源自古希腊语，设在车站等处的"bibliothèque"至今仍有"书（报）亭"的含义。古希腊的一些作家在传世著作中有时提到书籍制作和买卖情况。阿里斯托芬在他的喜剧《鸟》（公元前414年）中曾描述一些雅典人吃完早饭直奔书肆，看到有什么新书便议论一番。他在另一部喜剧《蛙》（公元前405年）中说欧里庇得斯拥有很多书籍。欧里庇得斯只有一个奴隶为他抄书，有了书肆后从书肆购买自然成为他丰富藏书的一个重要来源。希腊古典作家喜欢在大庭广众中宣读自己的作品，例如大史学家希罗多德就曾在公元前456年举行的奥林匹克运动会上宣读过自己的著作。到公元前5世纪中期，写书在希腊还是个新鲜事，柏拉图的老师苏格拉底只讲课不写书。到柏拉图（公元前427—前347年）时代，因为有了书肆，写书出版和购书入藏渐成社会风气。柏拉图曾以100米纳（古希腊货币单位）的价格在市肆上购得上一代著名哲学家菲洛劳斯的三种论著。他自己的著作也被人（其中大概有他的弟子）抄写复制出售、出租，他的《对话》甚至远销到西西里岛。

现存的古希腊抄本最早是公元前4世纪的，但有关抄本的编辑出版过程的史料缺乏。到罗马共和国后期和罗马帝国前期，西方抄本出版业已经成型，并且有了较大规模的发展，出版史论著已经可以对某些细节作描述，能说得出作者名、出版商或书商名、编辑名、书名、复制方法、版本规格、一次复制量、定价、稿酬办法、销路、卖不掉的书的处理情况等。

古罗马人借用希腊语"βιβλιοπώλης"，把"书商"称为"bibliopola(e)"（见《马提雅尔著作集》第4卷和第13卷）；而"书铺"则用拉丁语，叫作"taberna libraria"（见西塞罗《学园派哲学》）。"taberna"的本义是"小木屋"，"taberna libraria"直译便是"书屋"。书铺通常设在广场和繁华街道旁边，抄本复制和售卖往往是在一起的。有些书铺门上或柱子上列有在售书籍的书名；有时计时出租书籍供阅读或抄写，但这种现象不普遍。一处书铺遗址的正门是朝大街开的，后院有两所大房舍，一所是制作抄本的作坊，一所是抄书奴隶的住处，因此有些书铺实际上是"前店后坊"式出版发行机构。

出身于富裕骑士家庭的学者和藏书家提·庞·阿提库斯（又译"雅典库斯"，T. P. Atticus，公元前109—前32年）是古罗马执政官西塞罗（公元前106—前43年）的好朋友和文学顾问。鉴于当时许多书商出售的书籍质量不高，大量粗制滥造的抄本充斥市场，他于公元前1世纪中期依西塞罗的建议创办一家书坊，编辑制作高质量的抄本出售，德国学者称这是古罗马第一家正规的"抄本出版社"（Handschriften-Verlag）。阿提库斯首先保证把西塞罗本人的著作出好。他训练大批有文化教养的奴隶当抄书手，聘请语法学家蒂拉尼昂（Tyrannion）和历史学家科·内波斯（C. Nepos）分别主持希腊文书籍和拉丁文书籍的编辑工作。除罗马外，在外省也分设所出书籍的零售点（retail branches）。复制抄本常用的一种方法是听写：一人朗读，多人（有时可以多达几十个有文化的奴隶）笔录。一批书的产量有时高达500—1000卷。世界第一部《柏拉图著作集》希腊文版是该社出版的，由蒂拉尼昂负责编辑。世界第一部大型书籍插图本是该社于公元前58年出版的，这就是当代大作家马·特·瓦罗的15卷本《群像》，包含700个希腊和罗马名人传记，使用的是羊皮纸。画像是采用印章式复制法盖到书上去的，据信是瓦罗本人出的主意。书末注明该书由作者自校，这种版本当然十分珍贵。阿提库斯书坊制作的书籍内容准确、装帧精美，史称"雅典基亚纳版"（Attikiana），是西方书史上具有标志性的精品。西塞罗的著作由阿提库斯负责编辑，并亲自抓推销抓出了成效，不负这位当代最大的演说家的期望。西塞罗写信表示嘉许："我那篇关于利加里乌斯（Ligarius）的演说你销得那么好，我以后的全部著作都委托给你来负责。"西塞罗的书信传世的有 900 多封，有 396 封是公元前 68—前 44 年写给阿提库斯的，西塞罗在公元前 43 年去世后，二人的通信由阿提库斯结集出版，书名为《西塞罗致阿提库斯书信集》，1345 年被重新发现。这些史料使后世研究西塞罗时代古罗马的出版情况有了可靠的依据。威廉·斯密斯编《古希腊罗马词典》（伦敦 1875 年印刷版，2000 年网络版）"书籍"（liber）条说，古罗马人把抄写装订书籍的奴隶称为"librarii"，并交代出处见"（Cic. ad Att. iv.17）"，意思是说见"《西塞罗致阿提库斯书信集》第 4 卷第 17 页"。只要点击此处，屏幕上便会显示西塞罗的这封信的拉丁文全文。在阿提库斯的书坊当过编辑的内波斯也有著作传世，从其中可查到阿提库斯的小传和所办书坊的一些情况。

到 1 世纪，古罗马的书业有了更大的发展。铭辞作家、诗人马·瓦·马提雅尔（M.V. Martial）在世时出版过十几卷诗集和铭辞集，自诩他的书"人人手里或衣袋里都有"。从他的记述得知，作者像通常放在书的第一页。他说他的第一本铭辞集平装本（plain binding）售价 6 塞斯特提乌斯（罗马帝国货币单位，4 塞斯特提乌斯＝1 迪纳里乌斯），精装本（sumptuous binding）售价为 5 迪纳里乌斯。他抱怨到他的第十三本书只售 4 塞斯特提乌斯。不过他坦承这个售价有一半是利润，有点不好意思地暗示书商特里丰（Tryphon）让他分享的份额太少。当时用纸草纸制作的书籍普遍是卷轴式（scroll）的，马提雅尔在公元 84—86 年向读者介绍，到什么地方找哪些书商可以买到新出现的册页式书籍（codex）。

苏联学者列·伊·弗拉基米洛夫在《世界书史》（莫斯科书籍出版社 1988 年版）一书中对古罗马出版商所做的编辑校对工作有这样一段描述："抄写书籍忙中自然会出差错，这项工作如果以听写的方式进行，尤其容易出错。像阿提库斯那样的一些出版商（издатели），雇用熟练的校对员，力求把经过很好编辑加工并同底本仔细校对过的抄本奉献给读者。在抄本校完之后，校对员签署：legi（已校阅）。有时作者本人审校部分校样，这样的版本由于为数不多，价钱特别高。"该书接着回顾希腊化时期埃及首都亚历山大城出版业的盛况:"除纸草纸抄本的编辑、抄写、校对、粘合人员外,出版商还雇用装帧专业人员——插图画家、装订技师等。在例如亚历山大城的一些大型书籍出版企业(книгоиздательские предприятия),不存在纸草纸供应的困难,有时每家雇佣专业人员达100—150人。此外,亚历山大城有藏书最丰富的图书馆,出版社(издательства)可以利用它的库藏。"(上书第30页)

微软公司《恩卡塔百科全书》2001年电子版"书籍出版"条说:"在古罗马,最初的一些出版商(the first publishers)是有文学鉴赏力的富人,他们能供养值钱的奴隶来当抄书手。"

西方学者一般把古代出版史划分抄本出版和印刷出版两个时期。德国学者把在出版业这两个不同发展时期从事书籍制作、销售的人分别称为"Handschriften-Verleger"(抄本出版商)和"Drucker-Veleger"(印刷出版商)。

上面所讲西方早期出版业的发展情况和史料,有些笔者在过去所写的文章中介绍过,有些是新补充的。现在谈谈从中得出的一些看法。《不列颠百科全书》所说"具有现代意义的出版业的最初迹象是在古希腊出现的",原文是"First signs of in modern sense appeared in ancient Greece"。publishing一词产生于1580年前后,有"出版活动"和"出版业"的意思。据《AND简明词典》(伦敦分类数据有限公司1999年版)的解释,publishing是"出版者的活动和行业(trade),包括书籍、杂志、报纸、音像制品、以计算机为基础的信息等材料的组织、生产和营销"。另据兰登书屋《韦氏大词典》2001年版的解释,publishing是"出版者的活动和企业(business),特别与书刊有关"。公元前5世纪希腊出现了书商、书肆,所出售的是新书,也就是说当时有人以抄写复制书籍向公众发行为业,因此《不列颠百科全书》认为当时古希腊出现了现代意义的出版业的萌芽,这个说法是能够成立的。书肆有新书出售,必然有人选择作品按照一定的文字规格进行抄写复制。对要复制出售的作品的选择以及使复制本符合底本和文字规范，是编辑工作的重要内容。如果古代出版业的萌芽以书肆出现为主要标志，书肆在古希腊出现比其他国家早，古希腊出版业的开端也就是世界出版业的开端。在现代用印刷的和非印刷的手段复制书籍向公众发行都属于出版活动，没有理由认为在古代用非印刷手段——抄写——复制书籍向公众发行不是出版。现代出版和发行有分有合，以分为主，古代出版和发行基本上是合一的。复制抄本向公众出售的书商、书肆（书铺、书坊），实际上也是出版商、出版社，只是古今的名称不同而已。如果不承认他们是出版商、所办的是出版社、所从事的是出版活动，那么引用和翻译外国出版史论著和史料便会发生困难。像上面引述的"最初的一些出版商"（the first publishers）、"抄本出版商"（Handschriften-Verleger）、"抄本出版社"（Handschriften-Verlag）、"出版商"（издатели）、"出版社"（издательства）、"书籍出版企业"（книгоиздательские предприятия），可以把"商"换成"者"，无法把"出版"换成别的译法，不翻译而用转述的办法也很难找到适当的字眼来表述。写一部世界出版史，总不能用两种出版概念去写：写中国部分用一种，写西方部分用另一种。用"有印刷才有出版"这个传统观点去写，西方出版史便要缩短两千年——从公元前5世纪后移到15世纪。这样写法要考虑能否为西方学术界和读者接受的问题。

"出版"一词借自日语，日本出版界并不否定抄本复制发行属于出版活动。日本《出版事典》（东京出版新闻社1971年版）"出版"（publishing）条说："在印刷术尚未行世的时代，无论东方或西方，书籍均以手抄复制的方法向少数读者散布，这应当认为是出版的原始形态。"出版的原始形态也就是出版的萌芽状态。"向少数读者散布"的日文原文是"少数の読者に頒布されて"。据《出版事典》的《颁布》条解释，日语"颁布"是与英语"distribution"（中文可译"发行"）对应的用语，其含义是"把著作物的有形复制件分配给特定的或不特定的多数人"。该词条接着写道:"著作权法对'颁布'的定义是:'将复制件有偿或无偿地转让或贷给公众。'"这是日本《著作权法》第2条第20项的规定。日本《NAVIX大事典》(又名《当代知识百科全书》)东京讲谈社1997年版"出版"条的释义"著作物复制、发行、贩卖。一般指书籍、杂志的刊行",不把印刷作为出版的必要条件,把印刷发行("刊行")的范围加以一定的限制,既符合国际版权公约的规定,又反映日本出版活动的实际情况。

我国有的学者对抄本出版业的萌芽以书肆出现为主要标志不持异议,但认为出版业需要有一个形成过程,出版活动早于出版业的产生。不错,出版业需要有一个形成过程,但这个形成过程主要以古代书肆出现为起点的,有书肆才有图书的发行,才有出版活动。西汉前期官府或藏书家向民间收购图书,私人把家中的图书卖给官府或藏书家,这些是现成的书籍,不是为出售而制作的。这类图书买卖只是有需要时偶尔进行,不是行业活动,而出版是带有文化和经济两重性和持续性的行业活动。书肆就是出版行业的萌芽,所从事的是原始的出版活动。很难想象在原始的出版活动之前还有什么出版活动。从世界历史看,从人类有书籍制作活动开始到抄本出版业的形成经历了一个漫长的过程。公元前四千纪末三千纪初有了最早制作的书籍——西亚苏美尔人的泥版书和古埃及人的纸草书,但制作书籍不等于出版书籍,人类社会的经济和文化还需要经过两三千年的发展,教育有了一定程度的普及,识字的人增多,渴望得到书籍,搜集、收购或自抄不能满足需求,需要有一定的社会机制来调节和解决书籍供需的矛盾,于是有越来越多的作品被复制向公众出售、散布,这才是出版活动,这种出版活动主要是以出版为业的人进行的,是介于作者和读者之间的出版者的活动。

当然,这里所讲的出版活动是以国际版权公约和我国著作权法规定的标准来衡量的。编辑、复制和发行是构成出版的三个不可缺少的要素。编辑古已有之。国家技术监督局发布、1989年起实施的《中华人民共和国国家标准印刷技术术语·复制》认定手工复制同印刷复制一样都是一种复制方式，《牛津英语大词典》第2版第12卷"publish"条明确指出："出版"是指"发行或向公众提供用抄写、印刷或任何其他方法复制的书籍、地图、版画、照片、歌篇或其他作品"。手抄复制的作品可以成为出版物，如何理解"发行"的含义便成为解决古代出版史起点问题的关键。依照《著作权法实施条例》第五条第（五）项的解释，"发行"指"为满足公众的合理需求，通过出售、出租等方式向公众提供一定数量的作品复制件"。发行方式除出售、出租外还有免费分配、赠与等。出售是古代和现代图书首要和主要的发行方式。从古到今没有一个政府、组织或个人有足够的财力、物力和人力能够把作品复制件事先准备好，持续不断地无偿提供给需要的人。出版业正是为满足公众对作品的合理需求而产生的。公众需求的作品，书商会把作品复制件甚至作品原件陈列在书肆待需要者选购或者送货上门，也可以按照需要者的要求复制。从扬雄所说"好书而不要诸仲尼，书肆也"（《法言·吾子》）可知，西汉书肆已出售诸子百家的书。《后汉书·王充传》说王充"家贫无书，常游洛阳市肆，阅所卖书，一见辄能诵忆，遂博通众流百家之言"，可见到了东汉，书肆供读者选购的图书品种已经相当多。书肆想必设在一定的场所而且不止一处有，王充才会"常游"，所需要的书此处书肆没有，便会转到他处看有没有。公众是社会上众多的人，不是特定的某一个人。私下授受不算向公众提供。在我国历史上，在汉代书肆出现之前还没有可靠的文献证明有人按公众的需求复制作品、把一定数量的复制件无偿提供需要者，因此是否存在复制作品向公众出售的活动便成为我们考察判断是否存在图书发行活动（也就是是否存在出版活动）的主要依据。作品传抄或借抄如果是供自己或供入藏使用，不是把作品复制件提供公众，不属于出版活动。作品在公众中流传，那是一种传播方式，如果不涉及作品的复制发行，那也不是出版活动。比如明末清初史学家谈迁的编年体明史《国榷》靠抄本流传，辗转传抄了300多年到解放后才复制（印刷）发行，成为出版物。在这以前流传的抄本没有史料证明是为向公众提供而复制的，所以不能认为是出版物。

有学者认为学术问题的讨论不宜以法规为准，因为法规说不定什么时候会修改。这个理由不能成立，因为人类对事物的客观规律的认识是逐步加深的，非法规的观点未必是真理，发现有错误也得修正。学术讨论以不以现行法规的观点为准，可由学者自己来决断。与众说纷纭的"编辑"概念不同，"出版"概念在国际版权公约中有明确的界定，为包括我国在内的众多的签约国所接受，没有其他任何一个出版定义得到公认的广泛程度能超过它。将来国际版权公约对出版定义作修改，如果我国仍然是签约国，也会对自己的著作权法的出版定义作相应的修改，这样，中外的出版概念还是一致的。世界贸易组织的《与贸易有关的知识产权协议》（TRIPS）要求"全体成员均应遵守《伯尔尼公约》1971年文本第一至二十一条及公约附录的规定"，2002年3月6日起正式生效的《世界知识产权组织版权条约》（WCT）也有同样的规定，并使《伯尔尼公约》的条款适用于数字环境与网络传播。《伯尔尼公约》第三条有关出版的定义（下面要谈到），至今仍然是有效的。在我国古代，出版概念尚未形成。我们研究古代出版史，在现代众多的出版定义中应当首先考虑国际版权公约的出版定义是否适用。依愚见，国际版权公约的出版定义不仅适用现代书籍的出版，也适用于古代书籍的出版，古代书籍的生产和流通发展到初步具备国际版权公约所规定的出版要素时可以认为是出版活动，否则不是。当然，如果有学者认为国际版权公约的出版定义不适用于古代出版史，完全可以提出自己不同的看法；但要言之成理，自圆其说，才能成一家之言，为读者接受。

4. "公之于众"能否作为"出版"的定义

有论者认为《著作权法实施条例》界定的出版概念"难以适应宏观出版史研究"，主张"采用'公之于众'的概念对'出版'作整体概括。所谓公之于众，即（将信息或知识）向大众传播"（见《中国出版》1997年第3期《"出版"概念与出版史》，《中国编辑研究（1988）》转载）。在《结构方法与编辑出版学》（《出版科学》2001年第1期）中重申："'出版'就是制作载体，把信息'公之于众'。这个概念早在古希腊时期已经产生，直到现在仍被国际出版界所使用。它指的是通过某种方式将信息向大众传播的一类社会现象，可以包括声音、文字、图像等各种大众传播形态。""制作载体，把信息'公之于众'"完全可以作为自己的"出版"概念提出来讨论，但是说这个"出版"概念早在古希腊时期已经产生而且直到现在仍被国际出版界所使用，则需要有事实依据。关于西文"出版"的词源，笔者在过去写的文章中作过探讨（说过西文"出版"一词来源于拉丁语，没有说过来源于古希腊语），现在把所了解的有关史料作点补充说明。

"出版"概念在西方是到中世纪才产生的，在古希腊罗马时期尚未形成。法语 publier 在1175年来源于拉丁语 *publicare*（公于众）< *publicus*（公众的），意为"公于众"，如 publier un nouvelle, la répandre, la divulguer（发表、散布、透露一条消息，即把消息公于众）。这时（1175年）和这时以前的拉丁语 *publicare* 同法语 publier 一样有"公于众""公布""发表"等意思，无"出版"的意思。例如 *publicare oratiunculam* 意为"发表短篇演说"，但不能译成"出版短篇演说"。大约在1300年，法语 publier 开始用于书籍、文字作品，获得"出版"的意义，如 publier un livre, un écrit, le faire paraître（出版一本书、一种文字作品，使之问世）。上面所讲法语 publier 的词源和词义演变是依照《莱克西斯法语词典》（巴黎拉鲁斯出版社1975年版）等书的说法。据《牛津英语大词典》1989年第2版，英语"publish"在1330年前后直接来源于法语 publier，起初的意思为"公于众"，词典中表示"出版"含义的首见书证引自1450年前后的抄本（1476年活字印刷术才从大陆传入英国）。意大利语、西班牙语、德语、俄语等现代欧洲主要语言表示

"出版"概念的用语，不是源自中世纪的拉丁语就是用本族语语素构成，同古希腊语无关。现代希腊语用 εκδίδω（ekdidō）表示"出版、发行"，用 δημοσιεύω（dēmosieuō）表示"公于众、发表"，同拉丁语 *publicare* 无关。笔者所了解的情况如此。"公之于众"即出版源自古希腊说，如果作者另有根据，要举出例证才能使这个论点有说服力。至于这样的出版概念"现在仍被国际出版界所使用"，作者在《"出版"概念与出版史》一文中曾举过一个证据，说他最初见于美国出版家小赫伯特·S.贝利《书籍出版的艺术与技巧》(黑龙江教育出版社 1988 年版)：

> 该书的第一章开宗明义地指出："这部书是写关于书籍出版的。书籍出版和杂志出版或报纸出版大不相同。在通常的定义'出版'即'公之于众'上，我们再加上'以书的形式'。为方便和简练起见，我们把书籍出版简称为'出版'。当然，把事情公之于众的方法很多，包括无线电和电视广播以及站在房顶上大声喊话。然而，书籍出版是具有特殊的社会意义和文化意义的另一种活动。"读此书后，正值编辑概念讨论之时，我即意识到这一出版概念的优越之处。

问题出在"'出版'即'公之于众'"上。中译本在这里不应当用汉字词"出版"，而应当直接写贝利原著所用的英语单词（手边没有原著，所用的大概是 publish、publication 一类词），因为贝利在他的书中所讲解的是一个英语单词的"通常的定义"，不是讲解汉字词"出版"的定义。这段话中其他地方的"出版"，如"书籍出版""杂志出版""报纸出版"等，把意思译出即可，不必附"book publishing"之类原文，因为"publishing"和"书籍""杂志""报纸"连用，只能译作"出版"。单独解释 publish 或 publication 的词义就必须写原文，因为这两个单词是个多义词，在不同的语境有不同的意思。下面摘引《企鹅英语词典》（伦敦 1978 年版）对 publish 一词的释义加以说明。

publish *v/t* make generally known, declare publicly; issue (a book, piece of music *etc*) to the public; write and arrange for the distribution of (a book); (*leg*)(*of libel*) communicate to more than one person.

试译成中文供比较：

publish *v/t* 使大家知道，公开宣布；（一种书、音乐作品等）向公众发行；书写（一种书）和安排发行；（律）（有关诽谤）向不止一人传布。

这里的 publish 只能写原文，不能换成"出版"；换成"出版"便变成"出版"不仅有公之于众、发行，而且有散布诽谤的含义了。我们知道从任何汉语词典都查不到"'出版'即'公之于众'"这样的定义。英语 publish 所包含"公之于众"和"出版"这两种不同的意思，不是在任何场合下都可以互相替换的。"把事情公之于众的方法很多，包括无线电和电视广播以及站在房顶上大声喊话"——这里的"公之于众"不能换成"出版"，因为"把事情出版"是不可理解的，"广播"和"喊话"不属于出版活动，《伯尔尼公约》第三条明文规定"戏剧、音乐剧或电影作品的上演，音乐作品的演奏，文学作品的当众朗诵，文学或艺术作品的有线或无线播送，美术作品的展出和建筑作品的建造，不构成出版"。把"有线广播"和"无线广播"列入"音声出版"，那是《"出版"概念与出版史》作者的观点，不是贝利和国际公约的观点。

把"公之于众"作为出版定义在我国和国际出版法规中是找不到任何依据的。我国《著作权法》没有把"公之于众"作为出版定义，而是将其作为"发表"的同义语。第十条第一款第（一）项规定："发表权，即作品是否公之于众的权利。"第二十二条第一款第（五）项"报纸、期刊、广播电台、电视台等媒体刊登或者播放在公共集会上发表的讲话……"中的"发表"就是"公之于众",含义不同于"出版"。这里的"发表"改成"公于众"讲得通,如果改成"出版"则是用词不当,检查出版物编校质量完全可以作为差错来处理。又如把一部作品原稿张挂在城门上征求意见可以说是公之于众或发表,但不能认为这部作品已在城门上"出版"。

5. 甲骨卜辞、金石文、简册、帛书是不是出版物

回答甲骨卜辞、金石文、简册、帛书是不是出版物的问题,首先要看所说的出版物使用什么定义。日本《出版事典》给出版物下的定义是"以纸张或其他材料印制成某种形式而加以发行的产品",把出版物限于印刷品已不符合现代的出版实践,但载体不以纸张为限而产品必须发行才是出版物这点值得注意。西方的词典对"publication(s)"(出版物)最常见的定义是"已出版的作品"。例如:《莱克西斯法语词典》巴黎 1975 年版的定义是"已出版的作品、文本"(œuvre, texte publiés);《新牛津英语词典简编》英国牛津 1993 年版的定义是"一种已出版的作品(a work published);一种为向公众出售而制作发行的书等(a book etc. produced and issued for public sale)"《伯尔尼公约》第三条对"已出版的作品"即对"出版物"的定义是:"'已出版的作品'(法文本 œuvres publiées／英文本 published works)指经作者同意出版的作品,只要考虑作品的性质、使复制件的供应能满足公众的合理需要,无论复制件以何种方式制作均可。戏剧、音乐剧或电影作品的上演,音乐作品的演奏,文学作品的当众朗诵,文学或艺术作品的有线或无线播送,美术作品的展出和建筑作品的建造,不构成出版。"这个定义对包括我国在内的所有签约国都有约束力,其内容与我国《著作权法实施条例》的"发行"定义"为满足公众的合理需求,通过出售、出租等方式向公众提供一定数量的作品复制件"十分近似。由此可见版权法所规定的出版物必须具备三个要素:(1)被复制的是作品;(2)为满足公众需求的目

的而复制；(3)向公众提供的是作品复制件，不是作品原件。向公众提供——出售或赠与，意味着作品复制件所有权的转移。

　　甲骨卜辞包括龟册是殷王室的档案材料，不但不能归公众所有，甚至不让公众阅读，按照上述标准不属于出版物。金石文是著录在钟鼎、金版、玉版、石片、碑碣等物体上的文字，最多几百字，主要用于记事、颂功等目的，不是为了向公众传布知识，是不是书籍是个有争议的问题。可以肯定这些不是提供给公众的作品复制件，因而不是出版物。书史专家钱存训认为："古代文字之刻于甲骨、金石，印于陶泥者，皆不能称为'书'。书籍的起源，当追溯到竹简木牍，编以书绳，聚简成篇，如同今日的书籍册页一般。"(《印刷术发明前的中国书和文字记录·竹简和木牍》)。武王灭商后周公对殷商贵族的训话"惟殷先人，有册有典，殷革夏命"(《尚书·多士》)中的册典讲得不具体，又没有实物保存下来，是不是书籍没有定论。《墨子·明鬼》"古者圣王必以鬼神为其务，鬼神厚矣，又恐后世子孙不能知也，故书之竹帛传遗后世子孙"中所说"书之竹帛"是把讲鬼神之事书写在竹帛上保存下来好传给后人。这些竹帛仍然带有档案材料的性质，还不是提供给公众的作品复制件。但我国不晚于周代已有的正式的书籍，是多数学者的共识。"孔子……读《易》，韦编三绝"(《史记·孔子世家》)这段文献记录字数不多，所包含的信息量很大。它表明：《易》是一种读物，编连成册，其中有丰富的内容，被反复阅读，因而是名副其实的书籍；这本书在春秋时期已经流传，孔子是读者之一。但是并非所有的书籍都是出版物。在先秦时期流通的书籍还没有充分具备出版物的条件。东汉史学家荀悦(公元148—209年)"家贫无书，每至市间阅篇牍，一见多能忆诵"(《太平御览》卷六一三)，这个书证表明在东汉市肆出售的书籍是简牍，不是纸抄本。在书肆出售的简牍可能有多种多样的来源，新书、旧书、异书、孤本和手稿都会有，其中为向公众出售而复制的是出版物。可以认为，在汉代书肆复制出售的简牍书是我国最早的出版物。马王堆三号汉墓出土的文物中有《老子》

《战国纵横家书》等20多种帛书，证明我国上古有书写在缣帛上的书籍存在。要是汉代或汉代以后的书肆、书坊有帛书同简牍书和纸书一样被复制出售，那也是出版物。东魏阳俊之的作品《阳五伴侣》被书商"写而卖之，在市不绝"（《北史》卷四十七），可以作为纸抄本出版物的一个例证。还没有史料能证明在先秦时期有人复制作品出售，因此那时的简牍书和帛书还不是版权法上所说的出版物。

6. 出版史的分期应以什么为标准

出版史的起点现有四种观点：一是有文字著录便有出版；二是出版发端于图书或书籍的产生，龟册或简册是我国最早的书籍；三是出版始于作品被复制向公众发行；四是有印刷才有出版。各有各的道理。笔者持第三种观点的原因主要是考虑出版不是一国特有，中外"出版"概念要保持一致，如果不一致，世界出版史便很难写。要使中外"出版"概念保持一致，一个切实可行的办法就是依据我国和国际版权法加以解释以求较多的学者和读者达成共识。

认为出版发端于书籍的产生，必然连带产生书史和出版史、书籍和出版物要不要区别和如何区别的问题。如果古代书史和古代出版史内容一样或基本一样，为什么要使用两种不同的名称呢？现在有的出版史论著不给出版物下定义，回避书籍和出版物的区别，这不是解决问题的办法。世界上不存在没有出版物的出版活动，没有出版业也就没有为满足公众需求的出版物的制作和发行。以复制书籍抄本出售的书肆、书坊的出现作为古代出版业萌芽的标志，据此可以确定世界和中国及其他国家的出版活动和出版业的开端。以"公之于众"为出版，不能确定出版的外延和各国出版活动始于何时，只好含糊了事，这不符合科学研究的要求。出版物的产生比书籍晚，就世界范围来说晚两三千年。离开出版物和出版业去写古代出版活动，就很可能把出版史写成书史。

出版史和书史的主要研究对象和起点不同，分期的标准也应当有别。纸张和印刷术的发明对出版业的发展无疑起了无比巨大的促进作用，但出版产生的必要条件不是这两者，而是作品的复制和发行。出版早于纸张和印刷术的发明，手抄被承认是一种复制方式。有的出版史论著按照书史的传统分期法把我国出版史分为四个阶段：一、简策帛书阶段；二、西汉发明纸后手抄的纸本书阶段；三、雕版印刷发明开始的阶段；四、19世纪初引进西方新的近代印刷技术开始的阶段。前两个阶段以载体为标准，后两个阶段以复制方式为标准，不是使用同一标准。这种分期法缺乏连贯性，也不适用于外国出版史。在中国造纸术传入欧洲之前，西方主要用纸草纸和牛羊皮作作品载体。欧洲雕版印刷阶段从14世纪末算起只有几十年便转入活版印刷，雕版印刷品的数量微不足道；而在我国，雕版印刷阶段有一千多年。如果把作品复制发行的萌芽和复制方式（而不是把载体性质）作为分期的首要标准，分为出版产生以前时期（出版前史）、抄本出版时期、印刷出版时期、电子出版时期（或印刷出版和电子出版并存时期），这种分期法对世界各国出版史都适用。所得到的结果是抄本出版时期西方（从公元前5世纪晚期算起）比我国（从公元前1世纪晚期算起）大约早400年，印刷出版时期我国（从7世纪算起）比西方（从15世纪算起）大约早800年。各个出版时期还可以根据各国的具体情况划分阶段。例如抄本出版时期按载体再划分，我国可分为简牍抄本阶段和纸抄本阶段，西方分为纸草纸和牛羊皮抄本阶段和纸抄本阶段等。

有关古代抄本出版的情况我们目前所知甚少，更多的史料有待研究者去深入发掘，目前知道多少就写多少，不可能把历史上的各个出版时期都写得很"饱满"。时代越早，传世的史料越少，对通史、书史、出版史、印刷史说来都如此。书史和出版史既然研究对象不同，使用名称也不同，所写的内容也应当不同。严格划分书史和出版史的不同界限，有利于促进出版史的研究。如果古代出版史的内容和书史相同或大同小异，无异否定自身的存在价值。

"书籍"的词源和概念

（一）

"书"字在汉语中有十几种含义，本文只试图探讨一下作为读物或出版物一种的"书"及其同义词"书籍""图书"的词源和概念，所知外国有关资料也略为介绍，以便进行比较研究。

文字的产生是书籍出现的基本条件，但文字必须书写或用其他方式记录在可携带的载体上供人阅读才能成为书籍。从各国书籍形成的历史，我们看到一个有趣的现象：中外"书"字的来源多与文字及书写文字的行为、工具或材料有联系。

在漫长的历史过程中，汉语的"书"字在形、音、义方面都发生过明显的变化。我们现在使用的简体"书"字，是把繁体"書"字依照草书的笔画简化而成。甲骨文"书"字缺，小篆"书"字近似金文，但笔画稍复杂些，在《说文解字》中作"書"。这是形符"聿"加声符"者"构成的形声字。从隶书开始，"书"字的下半部"者"简化为"曰"，使其失去声符的作用，"书"字的读音也逐渐发生变化。依照王力《汉语语音史》构拟的汉语历代音系，"书"字的音值演变情况如下：ɕia（先秦）—ɕiə（汉至南北朝）—ɕio（隋至中唐）—ɕiu（晚唐至元）—ʂy（明清）—ʂu（现代）。演变的特点是发音部位后高化。

"聿"是"笔"的本字，金文像三个右指握一管笔的形状。"书"字

原刊于《编辑学刊》1993 年第 1 期。

最初的意义是用手拿笔书写、记述，后引申为所书写的文字。清王筠《说文句读·聿部》："书写其本义也，因而所写之字谓之书。""书"的字义再进一步发展，成为泛指用文字记录于某种载体上的东西，也就是书籍、文献了。《说文·叙》："箸于竹帛谓之书"；《正字通·曰部》："凡载籍谓之书。"

"书"字是个多义词，脱离上下文，往往不知所指的是书写行为还是书写的东西，于是出现了泛指典籍、书册的双音词"书籍"。《三国志·王粲传》："吾家书籍文章，尽当与之。"

"图书"一词起源于神话。《易·系辞上》："河出图，洛出书，圣人则之。"按照汉代学者的解说，伏义时有龙马负图出黄河，便据以画八卦；夏禹时有神龟出于洛水，背上的裂纹如文字，据以成九畴。现代有学者认为，河图洛书实际上是上古无文字的游牧时期的气象图和方位图。不管"图书"最初指什么样的图画和符号，这两个字在战国秦汉时期已联成词，用来表示书籍。《韩非子·大体》："豪杰不著名于图书，不录功于盘盂。"

朝鲜、越南和日本在古代从汉语吸收了"图书""书籍""卷""册"等一系列与书有关的词语。它们的读音也是模仿汉语古音。例如日语"书"字音读 sho（syo），就是南朝至隋唐时期传入的读音。不过有些借词的现代含义和用法已和汉语不同，例如日本常用"本"字来表示书籍本身，而不作为书籍的量词。此外，这三国都各有一些用汉字自造的与书籍有关的词语，有的还为汉语所吸收，例如"出版物""读物"就是来自日语。

现代朝鲜语的"书"字——sɔ，用于固定词组，一般不单独使用。表示书籍的概念主要使用"册"字——tshek[①]。朝鲜语词典有"书籍"

[①] 由于印刷技术的原因，朝文用拉丁字母转写表示近似的音值，其他外文字母表示长短音或变音的附加符号有的从略。

条，但往往不加解释，叫读者查阅"册"条。朝鲜科学院语言文学研究所编《朝鲜语小词典》对"册"字的解释为："把包含一定内容的文字记录在若干张纸页上装订成本子的出版物。""册房"在朝鲜语是"书店"的同义语。"看书"译成朝鲜语要把"书"字译为 tshek。朝鲜人以"册"字代替"书"字作为表示书籍概念的常用语，大概是因为他们更注重读物的形式——是否装订成册。

越南更是用"册"（sách）代替"书"（thu'）作为表示"书籍"（thu'tịch）概念的基本用语。"看书""有书大家读""书报""教科书"中的书字译成越南语都要改用 sách，thu' 单独使用通常指书信，如 xem sách 是"看书"，xem thu' 则为"看信"。thu' 用于"图书""书院"等固定词组中才表示书籍。

世界最早的图书是美索不达米亚的泥版书（苏美尔语 dub，英语 clay tablets）和古埃及的纸草书。在苏美尔古都乌鲁克（今伊拉克南部）遗址出土的有属公元前 4000 年的泥版，用图形文字表示轮子；有属公元前 3200 年的泥版，用楔形文字记载账目等。描写乌鲁克国王的长篇史诗《吉尔伽美什史诗》是世界最早用文字记载下来的文学作品，泥版写成年代属公元前二千纪初期。纸草书卷是对西方古代文明具有深远影响的一种书籍形式。英语的 paper 及欧洲许多语言的"纸"字都是从纸草（papyrus）一词派生出来的。纸草是一种类似芦苇的植物，盛产于尼罗河畔沼泽地，古埃及人大约从公元前四千纪末三千纪初起制作纸草纸做书写材料，后来广泛地传播到地中海沿岸国家。在古埃及第一王朝的墓室中曾发现一卷约公元前 3000 年的纸草卷，是现在已知的最古老的纸草文献。

希腊罗马的"书"字也是从书写材料产生的。公元前 9—前 8 世纪荷马和赫西奥德时代的作品，除一些铭文外，没有实物留存下来。据信兽皮是当时使用的书写材料之一。据《牛津古典词典》，荷马史诗中的"书"字——diphthéra，在希腊爱奥尼亚语中本意就是兽皮。但后来形成的标准希腊语的"书"字——biblíon 则来源于地名 Byblos（或 Biblos），这是古代腓尼基最大的商港（今黎巴嫩的朱拜勒），古埃及的纸草纸主要由此输入希腊。这个地名的小词 biblíon（= 词根 bibl < os > + 小词缀 íon）便被用来表示纸草纸及用纸草纸写成的书，至今这个词仍然是希腊语书籍的通称。在希罗多德时代（公元前 5 世纪），用这个字作为词根构成的合成词已大批产生，其中有 bibliopola（书商）、bibliotheca（书铺，后引申为图书馆）、bibliographos（抄书人，后引申为目录学家）等。Byblos 也是英语圣经 Bible 一词的来源，俄语圣经 ъгьлця 则由 biblíon 的复数 biblia 转写而成。

拉丁语的"书"字——liber（复数 libri）本意为"树的内皮"，因为古罗马人早期常用树的内皮做书写材料，在改用纸草纸后，liber 仍作为表示书籍概念的用语未变。罗曼（拉丁）语族多数语言的"书"字，如意大利语和西班牙语（以及主要用罗曼语词素创制的世界语）的 libro、法语的 livre（书证首见于 1080 年）、葡萄牙语的 livro 以及不属罗曼语族的阿尔巴尼亚语的 libër，均源自拉丁语。bibli- 和 libr- 已成为国际词素，用以构成一系列与书或书业有关的词语。

欧洲的山毛榉（德语 Buche、英语 beech），树皮光滑，木质坚硬。大约在公元 3—8 世纪，古日耳曼人用它来制简刻字记事。他们称山毛榉和有文字的山毛榉木简为 bokiz。弗·克鲁格编《德语词源词典》（柏林 1975 年版）称："德语 Buch（书籍）源自山毛榉木简，把这些载有文字的木简编连在一起便成为书籍。"美国《韦氏新大学词典》（1983 年版）说："book 源自古英语 bōc；与古高地德语 buoh（书）同源；也许与古英语 bōc（山毛榉）同源，大概是由于日耳曼人在早期曾经在山毛榉木简上刻字。"《牛津英语大词典》1933 年版也认为 book 的来源与山毛榉有关，本义为"书写的木简"。

德语和英语等属日耳曼语族的诸语言的"书"字和"山毛榉"在古代写法相同或相似，而且山毛榉确实曾经用来做书写材料，因此产生两者同源说是很自然的。但是近年西方词源学家根据进一步的考证，提出英语和德语的书字起源于"字母"的新看法。《兰登书屋英语词典》1987 年第 2 版明确指出："book 与哥特语 boka（字母）同源，而不像大家知道的习惯说法那样，与 beech（山毛榉）有关系。"《牛津英语大词典》1989 年第 2 版也改用新说，认为 book "显然来源于 bôka（字母）、复数 bôkôs（文书、文献）"。《杜登德语通用词典》（曼海姆 1989 年版）也表示 "Buch（书籍）大概源自文字符号、字母；后来指书写的东西"，没有再提在词源上同山毛榉有联系了。

讲中国古代文明对世界的影响，总要提到中国造纸术和印刷术经过中亚传到西方。一个鲜为人知的事实是东欧一些语言的"书"字也是从中国传过去的，不过它们所借用的是汉语"经""卷"两字。"经"和"卷"的中古音分别为 king（古灵切）和 kiuen（居倦切）。"经"是典范性的书，"卷"是成卷的书，在古代往往作为"书"的同义词，如"开卷有益""手不释卷"。

据德国马克斯·法斯梅尔编《俄语词源词典》（海德尔堡 1950—1958 年德文版、莫斯科进步出版社 1967 年版），"书籍"一词的写法在古斯拉夫语作 кънга，现代俄语和保加利亚语作 книга，塞尔维亚语 knjiga，斯洛文尼亚语 knjíga，捷克语 kniha，波兰语 księga，均应认为起源于汉字 küen（卷），中间经过古突厥语 küinig（古维吾尔语 kuin, kuinbitig）、古伏尔加河地区保加利亚和古多瑙河地区保加利亚语 küiniv，作为媒介进入斯拉夫语。该词典还认为古匈牙利语 könyü 和现代匈牙利语 könyv（书籍）也是借自古多瑙河地区保加利亚语，而最初起源于汉字 king（经）。

法国罗·埃斯卡皮受联合国教科文组织委托编写的《书籍革命》（巴黎 1965 年法文版、莫斯科书籍出版社 1972 年俄文版）提到俄语的 книга 大概源自汉语的 king（经）字，是通过突厥语和蒙古语进入俄语的。捷克约·利尔编《捷克语简明词源词典》（布拉格国家教育出版社

1978年版)确认捷克语的 kniha(书籍)源自汉语 king。

阿拉伯语的 kita: b(书籍)一词的来源同汉语的书字一样与书写行为有联系,而与书写材料无关。阿拉伯语的构词法通常为:三个辅音字母为词根组成的框架+元音符号或词缀。例如词根 k—t—b 表示书写的抽象概念,加元音构成:kita: b(写成的作品,书籍);ka: tib(书写的人,作者)。

梵文 pustaka(书,卷)据法国比较语言学家高蒂奥(Robert Gauthiot)的考证,是源自古伊朗语的 pōst(皮)。

印尼语的书字有三个:1. pustaka,拼法同梵文"书"字一样,使用较早。2. kitab,借自阿拉伯语,受伊斯兰教文化影响,多用来表示宗教经典,如《可兰经》。3. buku,源自西方语言,在现代使用比前两个"书"字更广泛,但同英语 book 一样,除主要表示书籍外,也可指簿册。

(二)

千百年来中国书籍一直以卷册为主要形式,我们由此形成了对书籍的传统概念。我国现代一些最权威、影响最大的辞书关于书或书籍的定义,几乎都要表达书籍形式的这一特点。

《现代汉语词典》、《汉语大字典》第2卷、《汉语大词典》第5卷"书"条:"装订成册的著作。"《辞海》1979年版"书籍"条:"用文字、图画或其他符号,在一定的材料上记录知识、表达思想并制成卷册的著作物。"这类定义的一个问题是不能使书籍同期刊、剪贴本、出版前的打印稿本等区分开来。

联合国教科文组织1964年巴黎大会通过的建议提出:"在一国出版、使公众可以得到、不算封皮页数至少有49页(pages)的非定期印刷出版物为书(book)",小册子正文至少要有5页、最多48页。这个定义注意到书籍的社会功能(公众可得到)及其与期刊的区别(非定期出版),这是它高出我国一些传统定义之处。但是它是为特定目的——

实现现代书籍出版统计国际标准化服务的，因而有它的局限性。49页的书和48页的小册子在统计时可归入两类，但一页之差不说明两者在本质上有什么不同。事实上联合国教科文组织每年公布各国出版书籍种数时通常包含小册子，而只是把图片除外。

小册子在我国指"篇幅小的书"，对小册子页数未作正式规定。有的小册子未达到"至少5页"的标准，只要是正式出版的，也作为书的一种统计，1985年国家出版社出版的书中有一种是中央领导同志的重要讲话，正文印在封面和封底的背面，总共4个页面，全书是一张折页，并不成册，但也算是书。

国家统计局规定"单张地图和地图册一样作为地理类书籍一种统计"。新闻出版署在《出版工作》1989年8期公布1988年我国出版图书的总印数，其中书籍（不包括图片）为"307812万册（张）"，我们注意到"册"字后加了"张"字，这说明按国家统计标准，书籍也有单张的。由此可见，我国现代书籍的形式不以印制成册的为限。在印刷术发明以前，古代书籍也都不是制成卷册的。例如马王堆汉墓出土的帛书大都是折叠存放的，只有一种卷在一块长木片上。

随着科学技术的进步，以非纸质材料为载体的出版物越来越多。早在30年代就出现了"说话的书"（talking book）——主要供盲人用的书刊录音唱片。现代许多新型出版物也常被称为"书"，例如有声书籍（audiobook）、磁带书（book on tape）、光盘书（book on CD-rom）、电子书（electro-book）、缩微胶片书籍（book on microfiche）等。近年我国还开设了"音像书店"（不称"音像制品商店"）。美国简·彼得斯编《书业词典》（纽约鲍克公司1983年第6版）说："书籍一词的含义正在扩大，包括用其他出版形式记录文本的载体，例如在屏幕上显示文本的电子数据库、录像盘等。"该词典还认为："按不大正式的说法，书可以是任何材质的书页或书叶的集子，通常加以装订，有的不加装订，包括成卷册的手稿或复制品；书籍也可以是刻在石头上，或记在泥版上，或以其他各种形式出现。"

《辞海》1989年版对1979年版的书籍定义"……制成卷册的著作物"修订为"……制成卷册或缩微胶片等的著作物",不再以印刷品及制成卷册为限了,这是对传统定义的一个突破。但是把缩微制品、音像资料等非印刷出版物列入图书,仅仅代表出版界一部分人的看法,并没有得到公认。如何写进定义值得研究。国际社会进行出版物分类时仍然是把作为印刷品的书籍与非印刷的缩微制品和音像制品等分开的。我国参考国际标准制定的国家标准GB 3792.4—85《非书资料著录规则》把这些制品列入非书资料,如果在定义中确认缩微胶片是书的一种而不提国家标准与此不同的规定,似欠周全。

书籍是信息、符号和载体三者的结合,缺一不可。从不同的角度可以给书籍下不同的定义。从编辑出版的角度首先要考虑书的内容结构。现试提一个释义方案以供讨论:书籍是用文字、图画、声音或其他符号按一定的主题和结构系统组成一个独立的整体,以印刷或非印刷的方式复制在供携带的载体上以向公众传播的作品。现代书籍多用纸张印制成册,不定期出版,可修订再版;除印刷版外还有用胶质、磁性、光学或电子材料等制作的缩微版、录音版、录像版、电子版、多载体混合版等。书籍以非印刷形式出版,通常列入非书资料,但也可认为是书籍的新形式。

这里有几点意思需要说明:1. 释义方案用"复制……向公众传播"等词语是想表示书籍的社会功能;2. 设法从内容结构和出版方式上表示书籍的特点,使其同期刊等其他出版物区别出来,例如期刊不能像书那样可以修订再版;3. "多用纸张印制成册"不排除非成册的书籍形式;4. 记录作品的材料用"供携带的载体"代替"一定的材料"等常用说法,意在把石刻、铜器铭文等不是供携带用的作品排除在外。《中国大百科全书·新闻出版》的"中国书籍史"条把东汉熹平石经以至清代石刻大藏经都视为典型的名副其实的正规书籍,值得商榷。写在竹简上的

《尚书》《周易》等中国经典以及西亚古代的泥版书虽然笨重,但读者能携带,可以认为是正式的书籍。石经不是供携带用的,不可能在读者当中流通,视为文物或示范文献比视为正规书籍更适当。

书、书籍和图书是同义词,但不是等义词。《图书情报词典》(汉语大词典出版社1990年版)"图书"条说"'图书'又称'书'、'书籍'",不讲这些用语有什么区别,这样就把它们等同看待了。其实,它们的意义和用法不是在任何场合下都完全一样的。"书"是普遍概念和个体概念,可数,"书籍"是书的总称,通常代表集合概念,可说"一本书",不宜说"一本书籍",正如可说"一个词",不宜说"一个词汇"一样。

"图书"和"书籍"有时通用,在需要区分的场合,"图书"的外延要比"书籍"广泛。国家统计局批准的出版物统计办法规定:图书"指由出版社出版的书籍、课本、图片"。广义的图书,除图和书外,还可指甲骨文、金石拓片、报纸、期刊、缩微制品等各类读物,有些图书馆学和书史著作是这样说的。图书也是集合概念,不指单本书。我国有些辞书和专著这样写述联合国教科文组织的定义:"现在联合国教科文组织明确规定,在49页以上才作为图书加以统计";"根据联合国教科文组织的规定,现代图书的篇幅应在48页以上"。"48页以上"和"49页以上"两种不同的说法属于翻译的问题,不会产生歧义的译法是"至少49页"。这里主要想指出联合国教科文组织是给作为普遍概念和个体概念的"书"(book,英文定义book前有冠词a,指一本书)下定义,不是给"图书"或"书籍"下定义。"图书"或"书籍"作为集合概念是不可能计算页数的。因此上述引文中的"图书"要改为"书"才符合定义的原意。"书"和"小册子"可以合称"书籍"。我们报道联合国教科文组织每年公布各国出版书籍种数时,最好使用"书籍种数"而不使用"图书种数"的说法,因为统计数字不含图片。联合国教科文组织统计年鉴每年刊载我国的出书种数,是图书种数减去图片种数后的数字。

"杂志"和"期刊"的词源和概念

长期以来我国对新闻出版的研究偏重于报纸和图书，近年发表的有关杂志、期刊的论著明显增多，这是个可喜的现象。对于"杂志"和"期刊"的词源和概念，研究者有不同的说法，这里想介绍一下所知的情况，并谈谈个人的浅见。

刘正埮、高名凯等编《汉语外来语词典》认为中文"杂志"一词源自日文"雑誌"，意译英语 magazine。张觉明的《现代杂志编辑学》也认为"杂志一词应是渊源于日本语言文字的移植"，说"Magazine 一字在中文的译名并不是'杂志'（此词系日人先用，日本人把各种定期出版物都叫杂志），而是一个很特别的名词，叫作'统纪传'"。"统纪传"应为"统记传"，所指的是英国传教士马礼逊、米怜等人 1815—1821 年在马六甲刊行的最早的中文杂志《察世俗每月统记传》（Chinese Monthly Magazine）。读发刊词可知刊名"察世俗"非 Chinese 的音译，而是表示刊物的任务为观察世俗各种事物，"统记传"则表示该刊是一种传媒，把所观察到的一切统统记载下来加以传播。这多少表达了创办人当时对 magazine 含义的理解，强调无所不记。

在日本最早以"雑誌"命名的刊物是《西洋雑誌》，柳河春三在 1867 年创办，里面内容主要是编译、解说荷兰等西欧国家的科学、文化、历史刊物上发表的材料。创刊号说明："本杂志创刊的目的，乃类似西洋诸国月月出版的マガジン（magazine），广集天下奇谈，应能一

原刊于《编辑学刊》1993 年第 2 期。

新耳目。"该刊前 5 期为月刊,中断一个时期后到 1869 年出了第 6 期就停刊了。

事实上"杂志"一词作为刊物名称并非日本人先用,在日本《西洋雜誌》出版前 5 年,我国就出现了第一种以"杂志"命名的期刊,称《中外雜誌》(Shanghai Miscellany)。该刊由英国来华传教士麦高恩(John Macgowan)主编,同治元年至七年(1862—1868 年)在上海出版,每月一期,每期 12—15 页,除报道一般新闻外,还刊载宗教、科学和文学方面的作品。英文刊名所用的 Miscellany 一词,依《柯林斯英语词典》的解释,意为"把各种作品,尤其是把不同作者写的文章、诗歌等汇编成一册的杂集"。中文刊名《中外雜誌》是原来使用的名称,出版时就印于封面上,非后人所译。我国近代刊行时间最长的大型综合性期刊《東方雜誌》,1904 年在上海创刊,所用的英文名称为 Eastern Miscellany。英美一般不用 Miscellany 作刊名,我国《中外雜誌》和《東方雜誌》的英文刊名都使用这个词,显然是因为它比 Magazine 或其他词更能准确地表达中文"雜誌"的意思。不管怎样,这两个实例至少可以说明,我国早期的刊物以"雜誌"为刊名,并非受英语 Magazine 影响的结果。

"雜誌"(作记事的文章或书籍讲时,"志"通"誌")是汉语固有词,在古代曾用于书名。宋周辉撰写的《清波雜志》正编 12 卷,别志 3 卷,记述宋人官制和杂事。清王念孙的《讀書雜志》是一部校正《逸周书》等 9 种古籍的文字差错的读书笔记和杂录,共 82 卷。早期的书刊区别不明显,《察世俗每月统记传》的封面设计和装订形式同线装书无异,创办人称之为"书"(序文:"《察世俗》书,必载道理各等也",广告:"愿读《察世俗》之书者,请每月初一二三等日,打发人来到弟之寓所受之")。"统记传"的名称很奇特,不易为中国读者所理解,后来改用中国固有的能表达刊物内容"杂"的特点的书名作刊名是很自然的事。

在明治维新前，日本大量传播中国早期介绍西方情况的书刊，《中外雜誌》即其中之一种。小野秀雄的《各国报业简史》称该刊"文久年间（1861—1863年），日本传写尤为普遍"，因此不能排除日本《西洋雜誌》的取名曾受这家中文杂志影响的可能性。不过是《西洋雜誌》首先借用这个汉字词来翻译英文的 magazine，这个译法后来为我国普遍采用，成为定译。但须要指出，汉字词"杂志"的外延大于英语的 magazine，也可用来翻译 journal（学术性杂志）、review（评论性杂志）等。

刊是从书分化出来的，用书名作刊名并不是中国出版史特有的现象，日本如此，英国也如此。在《西洋雜誌》创刊之前，日本已把"雜誌"一词用作随笔集的名称。英文 magazine 一词产生于 1583 年，源自阿拉伯语 makhāzin，意为"储藏物品的场所"，即"仓库"（storehouse）。这个名词是由阿拉伯语动词 khazazna（储藏）转化而成，1596 年特指"军火库"，后再引申为"知识库""信息库"（storehouse of information）。《牛津英语大词典》1989 年第 2 版说，从 1639 年起用于书名，指有关某个特定主题的知识库。所举的书名例证有 The Marines Magazine（《海员知识库》）、Penman's Magazine（《作家知识库》）等。1731 年英国出版家爱德华·凯夫创办的月刊《绅士杂志》（Gentleman's Magazine），最先使用 magazine 一词作为面向大众的综合性期刊的名称，所刊登的材料主要为时评、散文、故事、诗歌等。这个刊物又名 Monthly Intellegencer，意为"每月信息报道者"，并不像汉字词"杂志"会使人产生内容"杂"的直接联想。《牛津英语大词典》对 magazine 一词的解释为"一种刊载不同作者的文章、主要是面向一般读者而不是面向学者或专业读者的期刊"。美国传教士办的《察世俗每月统记传》就是这样一种性质的刊物。周期性是期刊的第一特征，中国、日本、朝鲜、越南都把汉字词"杂志"作为期刊的同义词使用，突出一个"杂"字，这反映受汉字文化影响的东方国家对期刊的特有看法。

国际公认的世界第一种学术性期刊（准确地说是以学术为主的期刊）是法国学者德尼·德萨洛 1665 年 1 月 5 日在巴黎创办的《学者报》(*Le Journal des Sçavans*，刊名写法后改为 *Le Journal des Savants*)，该刊的创办得到法兰西学院院士、法国财政总监让-巴·柯尔贝尔的大力支持。《学者报》于 1792 年停刊，1806 年复刊，1902 年起先后归法兰西研究院、法国铭文与文艺学院出版。最初为周刊，每期 12 页，主要刊载欧洲各国新书目录、重要图书摘要与评介、作家生平、科学发现、哲学与艺术研究情况，此外也刊登法院的判决等。《学者报》还被国内外许多研究者认为是世界第一种真正的杂志，因为它具备了近代杂志的基本特点：（1）定期出版；（2）具有连续性，准备无限期地出版下去；（3）刊载不同作者的多种多样的作品，不像报纸以新闻为主；（4）出版周期短，时效性比书强；（5）出版经官方许可。该刊一出版，立即引起法国国内外社会各界人士的注意，纷起仿效，在德国和意大利还分别出了拉丁文版和意文版。

法语 journal 一词产生于 1119 年，源自拉丁语形容词 *diunālis*，意为"每日的"，从 1631 年起可作名词使用，意为日记、日志，后引申为日报、报纸、期刊。德尼·德萨洛第一个使用 journal 作刊名，他办的刊物本文译《学者报》，不译《学者杂志》，是考虑到当时的报刊尚未完全分化，法语的 journal 和汉语的"报"一样，既可指报纸，也可指期刊，特别是学术性期刊（如《复旦学报》译 *Fudan Journal*）。在法国《学者报》出版后两个月，即 1665 年 3 月 6 日，英国皇家学会会刊《哲学汇刊》(*Philosophical Transactions*) 问世。这是英国最早的纯学术性的刊物，只刊登自然科学研究情况和论著，不涉及社会科学或其他领域的问题。

所谓"消遣性"期刊在西方出版比学术性期刊要晚些。较著名的有 1675 年杜诺·德维塞在巴黎创办的《风流信使》和 1692—1694 年彼·安·莫托在伦敦刊行的《绅士报》(*Gentleman's Journal*)。《绅士报》虽然同《学者报》一样以 Journal 作为刊名，但所刊载的是散文、诗歌、书信和故事等。据《不列颠百科全书》说，凯夫的《绅士杂志》是以莫托的《绅士报》为样板办起来的。除刊名换了一个字眼之外，两者的读者对象和选材范围没有什么大的差异。

我国海峡两岸都有学者认为世界最早的杂志是英国凯夫在 1731 年创办的《绅士杂志》，介绍西方杂志演进史就从它写起。这涉及对"杂志"的概念如何理解的问题。

我国的"杂志"和英美的 magazine 不是等同的概念。学术性期刊和非学术性期刊在我国都可称为"杂志"，英美的 magazine 不过是期刊的一种，主要指供一般读者阅读的非学术性期刊。据美国《新哥伦比亚百科全书》1975 年版解释，"期刊（Periodical）是定期刊行的出版物。它不同于报纸的开本，页面较小，通常装订，按周、月、季或按其他时间间隔出版，而不是每日出版。科技学术刊物（journals）和带插图的大量发行的杂志（magazine）都属于期刊的范围。德尼·德萨洛主编的《学者报》（1665—1792）被认为是第一种期刊。它作为一种文学、科学和艺术周刊，在欧洲到处为人仿效。至 17 世纪末，模仿法国《学者报》的期刊开始在英国出现。……《绅士杂志》（1731—1868）最先用 magazine 一词来表示一种消遣性期刊（a periodical for entertainment）"。

magazine 作为仓库，可用来储藏某一类物品，如军火或图书，也可储藏杂物；作为一种刊物，可以刊登某一类作品，如散文、小说、诗歌之中的任何一类，也可以三类都登。magazine 和 journal 在多数情况下，内容都是杂的，它们之间的区别不在于内容杂不杂，而在于读者对象和用途不同。

在英国《绅士杂志》问世前三年，俄国有了第一种期刊，它是作为《圣彼得堡新闻报》的附刊出版的，称《新闻报每月历史、系谱和地理集解》。俄语的 журнал 源自法语的 journal，写法于 1720 年定型。在报刊产生分化以后，журнал 被用来专指期刊（杂志），不像法语的 journal

到现在还可用于报纸。法语表示期刊（杂志）的概念现通常使用 revue 或 périodique。英语杂志 magazine，现代俄语也译为 журнал，магазин 则指商店、仓库、箱盒等，不用作杂志名称。

德语 Zeitschrift（期刊或译杂志）是德语固有词，由 Zeit（时间、时期）+schrift（文字）两部分组成，在17世纪指"年代记"（Chronik）等，到18世纪由此引申出"期刊"的意义。

"期刊"这一概念的产生比报纸和杂志本身晚得多，在外国、中国都如此。先看国外的情况。

早期的报纸是不定期的，近代定期的出版物起源于16世纪西欧出版商为配合德国法兰克福春秋两季图书博览会而定期编发（半年一次）的新书目录。常用的名称有《博览会书目》（*Messkatalogue*）等。起初是各个出版社介绍本版书。1564年德国奥格斯堡一个名叫格奥尔格·维勒的书商开始编印法兰克福展销图书综合目录。该目录的第一本版本的全名为《1564年将在法兰克福秋季博览会出售以便到会的书商和书业的各位朋友利用的新书目录》，共10页，介绍新书250种，一年两期介绍500种，到1627年停刊。1588—1598年奥地利人米夏埃尔·冯·艾钦格（Michael Von Eyzinger）出版世界上第一种有固定刊名的定期刊物《博览会报道》（*Messrelationen*），每年两期，"博览会"是发行的场所，被借用来作为刊物名称，所报道的不是博览会情况，而是系统介绍欧洲、近东政治，以及军事、商业等方面半年内发生的重大事件。该刊春秋两季在法兰克福书市上出售，创办人艾钦格被认为是近代西方期刊业的先驱。

早期有固定名称的定期出版物以报道新闻为主，被归入报纸类，以传播各种知识和思想为主的定期出版物即杂志又始于何时呢？英国、日本和我国都有研究者认为德国神学家、诗人和剧作家约翰·里斯特1663—1668年在汉堡出版的《启示月谈》（*Erbauliche Monatsunteredungen*）是世界最早的杂志。《月谈》共出了6卷。作者以对话的形式概括地阐述了自己对文化和时代精神的看法，内容涉及现实社会问题、科学认识问题及文学问题等。《启示月谈》虽然带期刊性质，毕竟不同于由许多作者撰稿的杂志，德国学者一般把它列为里斯特个人的作品，而不认为是德国或世界最早的杂志。因此把《启示月谈》看作德国杂志的前身可能更符合它的性质。许多德国参考书也都承认世界第一种真正的杂志是法国《学者报》。

西方早期的报刊使用公报、报道、信使、新闻、纪闻、汇刊、杂志等多种多样的名称，过了一二百年之后才形成"期刊"的概念。英语 periodical 一词首见于 1601 年，源自拉丁语 *periodicus*，意为"周期的"，至 1798 年即比英国第一份期刊《哲学汇刊》晚了 123 年才获得"期刊"（a periodical publication）的意义。英语日刊（日报）、季刊、月刊、周刊的概念至 19 世纪 20—30 年代才产生（Daily 1823, Quarterly 1830, Monthly 1833, Weekly 1833），法语的 périodique（周期的）则更晚，至 1874 年才被赋予"期刊"的新义。

中文"期刊"一词非汉语固有词，《辞源》中未收，大概是来源于 periodical 的意译，最初译"定期刊物"，再缩略成"期刊"。1920 年上海新中国印书馆出版的《汉英大辞典》有"杂志"条（译 journal, magazine），无"期刊"条。《鲁迅书信集》最早提到"期刊"是鲁迅 1926 年 10 月 29 日致李霁野的信："至于期刊……倘若做的人少，就改为月刊。"[①] 假定汉语"期刊"一词产生于 20 世纪 20 年代，距第一份中文杂志《察世俗每月统记传》的问世也超过了 100 年。此词 1936 年出版的《辞海》也未收，可能是因为当时使用尚不普遍。中国大辞典编纂处编《国语辞典》1947 年版有"期刊"条，但解作"定期出版之书报"，没有把杂志包括在内。按照目前的用法，期刊通常是指杂志。

英语国家通常把 periodical 和 periodical publication 作同义语使用，

---

① 《鲁迅书信集》上卷，人民文学出版社 1976 年版，第 101 页。

中文均译作"期刊"①。但我国的期刊按国家的出版物统计标准专指杂志，不包括报纸；国外的期刊有时包括报纸，有时不包括，说法不一。

联合国教科文组织1964年第十三次大会通过的《关于书籍和期刊（periodicals）出版统计国际标准化的建议》是把报纸包括在期刊之内的。《建议》提出："无限期地连续发行的系列出版物，不管出版是否定期，只要各期都连续编号或标明日期，即被认为是期刊。"期刊被分作两类：（1）综合性报纸；（2）其他期刊，包括专业性报纸、杂志、画报等。1985年第二十三次大会对1964年的《建议》作了修改，并通过了《关于书籍、报纸（newspapers）和期刊（periodicals）出版发行统计国际标准化的建议修正案》，把报纸从期刊中分离出来作为与期刊平行的一大类进行统计，上述期刊的定义不变，但名称改用了一个其细微差别不易察觉的新术语——periodic（词尾不带-al）publications，因为有定期的和不定期的，不宜译"定期出版物"，暂且译"周期性出版物"，其概念相当于汉语的"报刊"。periodic publications 分两类：（1）报纸（newspapers），指"面向一般公众的周期性出版物，主要目的在于书面报道与公共事务、国际问题和政治等等有关的时事问题，提供原始资料"。每周至少出版4次的报纸为"日报"（daily newspapers），每周出版3次或少于3次的为"非日报"（non-daily newspapers）。（2）期刊（periodicals），指"有关普遍感兴趣的问题的周期性出版物，或者主要刊载关于专门问题（如有关法律、金融、贸易、医学、时装、体育问题等）的研究著作和事实报道的周期性出版物"。《建议修正案》说："这个定义包括专业性的学报（journals）、评论刊物（reviews）、杂志（magazines）及其他期刊"，但以做广告为目的或临时性的刊物除外。期刊被分成两大类：（1）面向一般公众的期刊；（2）面向专业读者的期刊。

---

① 见《新英汉词典》，上海人民出版社1975年版，第971页；清华大学《英汉技术词典》编写组编：《英汉技术词典》，国防工业出版社1978年版，第1510页。

日本有"杂志"而无"期刊"的说法。日本的"定期刊行物"包括报纸和杂志。据日本《出版事典》（东京出版新闻社1971年版）的解释，"定期刊行物"是具有同一题名，标明日期或刊行编号（卷、号）的连续发行的出版物，按一定的时间间隔发行是通例，日刊或以周为单位刊行时属于报纸还是杂志，依出版的目的和形式而定。

美国布朗斯通主编的《出版词典》（纽约1982年版）说：期刊（periodical）广义指准备连续发行的任何出版物，不管出版是否定期，其中包括报纸、杂志（magazine），活页出版物、简讯及其他一些连续出版物，但一般不包括年刊。狭义的期刊通常不包括报纸，有时也不包括不定期的连续出版物。

英国《哈罗德图书馆员词典》（1984年第5版）说：期刊（periodical）是一种具有单独题名的出版物，事先不确定出版到哪一期为止，其中刊载多个撰稿人的文章、故事或其他作品，按照《英美编目条例》，以传播新闻为主要功能的报纸以及学术团体的论文集、会议录和会刊等连续出版物不列入期刊。

俄语的журнал指杂志，即狭义的期刊。据1978年苏联制定的国家标准ГОСТ16447—78《出版物的主要类型·术语和定义》，杂志是"定期的文字出版物，刊载有关社会政治、科学、生产等各种问题的文章或文摘，文学作品，插图和照片，并经官方批准作为一种出版物出版"。俄语的лернодическое издание虽然在字面上相当于英语的periodical publication，但不宜照英语译成"期刊"，因为它的外延大于杂志，甚至大于报刊。据上述苏联国家标准和《图书馆业术语词典》莫斯科1986年版，这个术语的定义为"出版时间有一定的间隔，每年期数固定、内容不重复、装帧形式相同、各期有编号和（或）注明日期、具有同一题名、篇幅和开本通常一样的出版物"，其中包括报纸（газеты）、杂志（журнал，或译期刊）、定期出版的文集和公报等。这样看来，лериодическое издание似可译为"定期出版物"或"周期性出版物"，以便同"期刊"相区别。

我国有些辞书，如《现代汉语词典》和《汉语大词典》第6卷，对"期刊"的解释均为"定期出版的刊物"，与国家标准和实际用法不一致。不定期出版的刊物，政府是作为期刊进行登记和统计的。我国国家标准 GB 3792.3—85《连续出版物著录规则》把期刊列为连续出版物的一种，连续出版物可以是定期或不定期的。新闻出版署1988年发布的《期刊管理暂行规定》说期刊"是指有固定名称，用卷、期或年、月顺序编号，成册的连续出版物"，没有把不定期的连续出版物排除在外。《中国大百科全书·新闻出版》的"杂志"条认为杂志是"有固定刊名，以期、卷、号或年、月为序，定期或不定期连续出版的印刷读物。……定期出版的又称期刊"。这样，杂志就成了期刊的上位概念，期刊被看作杂志的一种。与此相反，张觉明的《现代杂志编辑学》认为杂志下属于期刊，说"杂志，在图书分类上是属于期刊的一种，而期刊则泛指一切连续性出版的读物，它包括杂志、报纸和集刊三类"。不过，我国政府部门和多数人通常是把期刊和杂志作为同义语使用的，杂志不管是否定期出版，都是期刊，在"图书、报纸、杂志"三类出版物并提时可把"杂志"换成"期刊"，反之亦然。当然，它们的用法不是毫无区别。例如，"杂志"一词可作刊物的名称，"期刊"则不能，期刊按广义的用法可以包括报纸，杂志则不能。

从理论上讲，期刊按出版频率可分日刊、周二刊、周刊、旬刊、半月刊、月刊、双月刊、季刊、年刊、隔年刊（如两年出版一次的《国际名人录》）。事实上每周出版两次以上的期刊是很少的，而年刊、隔年刊通常作为书看待，出版时使用书号。美国图书馆协会《ALA图书馆和信息科学词典》认为期刊是每年出版通常多于一期的连续出版物。我国国家标准《连续出版物著录规则》把报纸、期刊、年度出版物（年鉴等）、学会会刊等并列，说明年度出版物按这个规定不属于期刊。《图书情报词典》说期刊"每年至少出两期"[1],反映了上述国家标准的精神。但书和刊的区分不是绝对的,既有定期出版的书,也有不定期出版的刊。年度出版物从出版的周期性、连续性看来像期刊,从内容看来又像书,可视为"两栖"类出版物。国外有些出版社给自己出版的年度出版物同时印上书号和刊号。例如《1986年英国在版书目》的国际标准书号为 ISBN 0850211727,国际标准刊号为 0068-1350。

---

[1] 《图书情报词典》,汉语大词典出版社1990年版,第897页。

出版物·印刷品·图书·小册子

出版物 用文字、图像、声音或其他符号记录在供携带的载体上,经过编辑、复制和装帧向公众传播或出售的作品。出版物是人类表达思想、传播信息、普及知识、积累文化、丰富生活、促进社会进步的重要工具。它是富于一定的物质结构的精神产品,其使用价值主要在于它的思想内容。在19世纪晚期至20世纪早期电影、广播、电视相继出现之前,出版物一直是主要的社会文化传播媒介。它便于个人携带保存,使用不受时间和空间的限制。

"出版"的概念和词源 出版的字面意思是"出于印版"或"印出",这个概念的产生同印刷术的发明有直接联系。中国的雕版印刷最晚始于唐初,此后到清代,印刷出版物出现过雕本、刻本、板本、刊本、印本、印刷物等多种名称,出版行为称"刻售""印卖""梓行""印行""刊行"等。唐宋以来,汉语表示出版行为的用语,如"开板""上梓"等,随着中国书籍和印刷术的东传而进入日本词汇。在木版印刷时代,日本参照这些汉语自造"出板""上樱"(板木中国多用梓,日本多用樱)等词作为同义词使用。《德川幕府时代书籍考》(1912年)所载资料表明,"出板"一词1756年已见于日本文献。西方近代活版印刷术传入后,日本开始把"出板"写作"出版",并逐渐固定下来。在官方法规中,首见于明治二年(1869年)颁布的出版条例。明治二十年(1887年)颁布的版权条例(赦令76号),第一次以法令的形式给"出

原载于《编辑实用百科全书》,中国书籍出版社1994年版。

版"的概念下定义:"凡以机械、化学或任何其他方法印刷之文书图画予以发售或颁布者,均为出版。"

据迄今查到的资料,最先使用这个日本汉字词的中国人是梁启超。1898年百日维新失败后他逃往日本,广泛接触到日本明治维新以来翻译出版的西方政治学术著作,其中包括英国哲学家约翰·穆勒(John S. Mill, 1806—1873)的《论自由》(*On Liberty*),日译本书名为《自由之理》(中村正直译,1872年)。梁读后深受启发,写了一本名为《自由书》的读书札记。1899年8月8日(光绪二十五年七月一日),他在读书叙言中写道:"西儒约翰弥勒曰,人群之进化莫要于思想自由、言论自由、出版自由。三大自由皆备于我焉,以名吾书。己亥年七月一日著者识。"[①] 同年严复把穆勒这一著作直接从英文译成中文,书中的publish不是译"出版",而是译成"刊布"[②]。在日本出版物及留日归国人士的影响下,"出版"一词20世纪初在中国国内使用渐广,光绪三十二年(1906年)写入《印刷物专律》,从此取得法定用语的地位。

西方国家"出版"的概念在写本时代就已经产生,其着眼点在于把作品"公于众",使作品"问世",而不管作品的复制方式如何。法语publier和英语publish均源自拉丁语 *publicare*,本义为"公于众",分别于1300年和1450年前后获得"出版"的意义。名词publication,法国于1380年开始用来指"出版物"。西方国家另一套表示"出版"的用语,如法语的éditer、德语herausgeben、俄语издать,本义为"出产""向外界提供",引申为"使问世",相当于汉语"出书"的"出"字,在词源上同印刷没有联系。1971年《世界版权公约》第六条给"出版"所下的定义是:"可供阅读或者通过视觉可以感知的作品,以有形的形式加以复制并向公众发行。"复制和发行的方式都是不受限制的。

[①] 见《饮冰室自由书》,上海广智书局1905年版。
[②] 见约翰·穆勒著,严复译:《群己权界论》,商务印书馆1981年版,第13页。

按照《牛津英语大词典》(1989年第2版)的解释,"出版"指"向公众提供用抄写、印刷或任何其他方法复制的书籍、地图、版画、照片、歌篇或其他作品"。为使作品从内容到形式适于公众阅读和复制,事先的编辑工作(对作品的选择和加工等)是不可缺少的,据1991年6月公布的《中华人民共和国著作权法实施条例》所下的定义,"出版"是"指将作品编辑加工后,经过复制向公众发行"。

出版物的产生 作品转化为出版物一般要具备以下四个条件:①经过编辑,具有适于阅读或吸取的内容;②具有一定的物质形式;③经过复制;④向公众发行,如出售、出租等。载体通常使用轻便耐久的材料。诗文、字画等作品原件未经复制,不是出版物;作品复制后入藏,不向公众传播,也不是出版物。出版物不一定是印刷的,印刷品也不全是出版物。例如,纸币是一种印刷品,虽然在公众中流通,其作用是充当商品交换的媒介,不是传播信息、供阅读使用的,因而不属于出版物。

中国早期出版物的产生,是从西汉出现手抄书复本交易市场开始的。扬雄(公元前53—公元18年)在所著《法言·吾子篇》中提到的"书肆",就是这样一种图书市场。在这以前虽然早已有抄写的书籍存在,但抄写的目的主要是自用和保存,不是为了制作复本向公众出售,所以先秦时期抄写的书籍还不能看作出版物。发行是出版的三个环节(编辑、复制、发行)的最后一个不可缺少的环节,没有发行也就没有完全意义上的出版。按照这样的理解,发行业的开端,也就是出版业的开端。到东汉时,在大城市书店出售的出版物——手抄复制的书籍已相当多,读者可自由翻阅,任意选购。《后汉书·王充传》记载,好博览的王充(公元27—约97年)"常游洛阳市肆,阅所卖书,一见辄能诵忆,遂博通众流百家之言"。

西方手抄出版物的产生早于中国。古希腊的雅典在公元前5世纪就出现了"书肆"(bibliopola)和图书贸易,书商利用奴隶劳动抄书出售。阿里斯托芬（Aristophanes，约公元前450—前380年）在他的剧作《鸟》（公元前414年）中，曾描述雅典人早饭过后即跑到书肆看新出的图书，并进行讨论。古罗马第一个大出版家是非常富有的学者提·庞·雅典库斯（T. P. Atticus，公元前109—前32年）。他于公元前1世纪60年代中期在罗马创办写本出版社，集中了大批编辑、校对和抄写员，首先出版他的好友罗马执政官、雄辩家西塞罗（M. T. Cicero，公元前106—前43年）的著作和书信集。该社还利用原在亚里士多德私人图书馆收藏的柏拉图著作，编辑出版了这位古希腊大哲学家的著作集豪华版。大作家瓦罗（M. T. Varro，公元前116—前27年）写的《群像》（Images），载有荷马等希腊、罗马700个名人的传略和画像。这是古罗马最早的带插图的书之一，共15卷，所使用的是羊皮纸，于公元前58年由雅典库斯的出版社出版。

印刷出版物最先出现于唐代的中国。随着印刷术的推广和改进，逐渐在世界范围内取代手写的出版物。印刷复制至今是出版物的主要生产方式。

出版物的种类 广义的出版物包括书籍、报纸、杂志、图片、画册、挂历、音像制品及印刷宣传品等，狭义的不包括报纸。出版物有不同的分类方法。按信息符号可分为文字、图像、摄影、乐谱、音像等出版物。按信息接收方式可分为视觉、听觉、触觉、味觉出版物。按著述性质、加工深度可分一次、二次、三次文献和原著、译本、改编本等。按制作方式可分写本、印本等；印本又可分为雕本、铅印、影印、缩印等。按装订可分简策式、卷轴式、册页式和精装、平装等。按开本可分对开、4开、8开、16开、32开、64开等。按期限可分定期和不定期出版物。按出版频率可分日刊、周二刊、周刊、半月刊、月刊、双月刊、季刊、半年刊、年刊等。按连续性可分连续的和非连续的。按结构可分一卷本、多卷本、单行本、活页出版物等。按版本、版次可分原本、翻印本和初版、再版、修订版、增订版以及本版、外版等。按出物的读者对象和用途可分青年读物、少年儿童读物和专著、教材、工具书等。按学科可分社会科学书籍、科学技术书籍、文学读物等。按发行方式可分公开发行出版物、内部发行出版物等。1987年国家统计局对全国出版物如何分类统计上报作了新的规定：统计范围包括图书、杂志、报纸。图书分书籍、课本、图片三大类。书籍主要按学科分18类：（1）马、恩、列、斯著作，毛泽东著作；（2）哲学；（3）政治；（4）经济；（5）军事；（6）法律；（7）文化、教育；（8）艺术；（9）语言、文字；（10）文学；（11）历史；（12）地理；（13）自然科学；（14）医药卫生；（15）工业技术；（16）农业技术；（17）综合参考；（18）少年儿童读物。课本按对象和用途分大专、中专和技校、中学、小学、业余教育、扫盲课本以及教学用书七大类。图片分自然科学、年画和其他三类。活页文选、活页歌篇和影印书列入附录。出版物的分类有时是相对的，为特定的目的服务的。如课本本属书籍的一种，统计时从书籍中分出是为了特定的需要，不表示课本和书籍是两类不同的出版物。有些出版物带有跨类的性质，如年鉴、年刊属"两栖"出版物，有时归入图书类，分配书号；有时分入期刊类，分配刊号。在国外更常见的做法是书号和刊号都分配，同时印在版权页上。如伦敦《欧罗巴年鉴1983年》(*The Europe Yearbook 1983*) 上下卷的国际标准书号分别为ISBN 0905118847和ISBN 0905118855，国际标准刊号为ISSN 0071-2302。

  传统出版物属印刷型，阅读、利用方便；但体积大，分量重，多占空间，长期大量保管困难。由于新技术的推广，近年非印刷的新型出版物逐渐增多，主要有缩微型、音像型和机读型三种，采用磁化电子、光学等技术手段把文字、图像、声音或其他符号的信息记录在磁性或光学材料（胶片、胶卷、磁带、磁盘、光盘等）上而制成。有的出版物是新型出版物和传统出版物的结合，较常见的是盒装配声图书或配书录音带（book and audio cassette packages），多用于儿童读物和外语教材。一张10厘米×15厘米的超缩微胶片可拍摄文献资料3200页，一张直径

9厘米的光盘可存储50万页。新型出版物的优点是体积小，信息量大，复制容易，而且可以带声音和活动的图像，特别适用于教学、科研、存储备查的资料和保存绝版书。但是新型出版物与可以直接阅读的印刷出版物不同，需要配合一定的装置、设备（包括缩微阅读器、录音机、录像机、微机、光盘驱动器等）才能利用，连续阅读，眼睛也容易疲劳。新型出版物和传统出版物各有长短，可以互相补充，用其所长。随着生产技术的改进和成本的降低，新型出版物将会得到更大的普及，但不会完全替代传统出版物。

图书 历史最悠久的文化传播媒介，历代积累的知识最全面、最充实的体现者，人类进步的阶梯。图书产生的历史条件、物质基础和文化背景，各国不同，图书的内容和形式又不断地发展变化，因此没有古今中外普遍适用的严格的定义。目前实际使用中，广义的图书指书籍、报纸、期刊、画册、图片等各类出版物；狭义指图和书，泛指书籍，不包括报纸和期刊。本条介绍狭义的图书。

"图书"和"书籍"有时通用。"书籍"是"书"的总称，属集合概念，不可数，不宜说"一本书籍"。"书"属普遍概念、具体概念，可数："一本书"、"两册书"。书籍是用文字、图像、声音或其他符号，按一定的主体和结构组成一个独立的整体，以印刷或非印刷方式复制在供携带的载体上以向公众传播的作品。

联合国教科文组织为便于进行出版统计，1964年在巴黎召开的第十三次大会上通过了《关于书籍和期刊出版统计国际标准化的建议》，提出："书"（book）是"在某一个国家出版并使公众可以得到、不计算封皮页数至少49页（pages）的非定期印刷出版物"；5—48页为"小册子"。通过购买获得出版物，或免费分配给一定范围的读者，都被认为是"使公众可以得到"。4页以下的出版物、单张的图片等不作为书籍统计。

图书的词源 "图书"一词源自《易·系辞》："河出图，洛出书，圣人则之。""图书"二字合在一起使用，较早见于《韩非子·大体》："豪杰不著名于图书，不录功于盘盂。"按照古代的一种神话传说，龙马负图出黄河，伏羲据以画八卦，后来成为《周易》的来源，洛水出神龟，背负文，夏禹治水据以成"九畴"（《尚书·洪范》）。据现代学者考证，《河图》可能是无文字时代古人用记号表示的气候图，《洛水》则是游牧时代刻在石上的方位图。"书"字的本义为"记载""书写"，后引申为"所写之字"（《广雅·释言》《说文句读·聿部》）。《易·系辞》谓"上古结绳而治，后世圣人易之以书契"："书契"就是指文字，"契"含有刻字记事之意。安阳殷都遗址发现刻在甲骨文上的文字，称"殷墟书契"，距今已有3000多年的历史。《说文解字·叙》说"著于竹帛谓之书"，可见"书"字获得书籍、著作的意义，是竹帛被用来做文字载体以后的事。

　　西方一些国家"书"字的起源也同文字或书写材料有关。希腊语的biblíon（书）源自地名byblos（比布鲁斯）。这是古代腓尼基最大的一个商港，今为黎巴嫩的朱拜勒。古埃及的书写材料纸草主要由此输入希腊，这个地名便被借用来表示纸草及用纸草写成的书。拉丁语 *liber* 本义是"树的内皮"，古罗马人用来做书写材料，使这个词获得"书"的意义。拉丁语族的一些语言中的"书"，例如意大利语和西班牙语的libro、法语的livre都同属这个来源。bibli- 和 libr- 现已成为表示"书"的意义的国际词素。欧洲的山毛榉树皮光滑，木质坚硬。古代日耳曼人利用这种树干制简，刻字记事。"书"，德语写作 Buch，英语写作 book，依照传统的说法，可能源自古日耳曼语 bokiz（山毛榉）。西方新出版的一些工具书，如美国《兰登书屋英语词典》（纽约1987年版），根据最新的考证，认为英语的 book（书）源自歌特语 bôka（字母），不是源自山毛榉。德国马·法斯默尔编的《俄语词源词典》（海德尔堡1950—1958年德文版，莫斯科进步出版社1967年俄文版），认为俄语 книга 及其他一些斯拉夫语的"书"字，源自古汉语"经"（king）、"卷"

(küen),通过突厥语 küinig 进入古斯拉夫语时写作 кънига。

世界古今图书的主要形制 图书在形成和发展过程中,由于使用物质载体和制作方法不同,形式差异甚大,在纸和印刷术发明后渐趋一致。古今图书主要有以下几种类型。

简册 据陕西考古研究所对 1986 年 3 月镐京考古队发掘出土的骨刻文字的研究,中国最早的文字产生于龙山文化晚期,即黄帝时代和夏代初期。到商代形成了比较成熟的文字系统,主要写在甲骨上。《尚书·多士》提到"惟殷先人,有册有典"。殷代典册,是龟册还是简册,或是两者并存,尚无定论。刻写在甲骨、金石上的文字,是书籍的前身。这些文字材料大都是卜辞、誓词、诰命、法令、账目、祭典、战功等记录,作为档案或纪念物留存,不是经过选择、编订和复制后向公众传播的读物,所以还不是正式的书籍。一般认为中国最早的成型的书籍是简册(策)。"册"字从甲骨文和钟鼎文的字形来看,很像用绳编连的一捆竹简,而"典"字则象征着置于几上的简册。竹木易朽,迄今出土的简牍约 5 万件,全是战国至魏晋的遗物。出土竹简中,年代最早的是湖北随县战国早期(公元前 433 年)曾侯乙墓的竹简(1978 年出土),内容记载丧仪所用兵甲马车等。中国见于著录的最早的一本书,是周代蒙童识字课本《史籀篇》。据《汉书·艺文志》注,该书为周宣王(公元前 827—前 782 年)太史作。因为是课本,使用的无疑是便于书写、比较易得的竹简。

帛书 出现比简册略晚。据《论语》《墨子》《晏子春秋》和《韩非子》等古籍记载,缣帛用作书写材料,不晚于公元前 7 世纪—前 6 世纪(春秋时代)。1942 年在长沙战国楚墓出土的"缯书"上有彩绘奇形图像和 1000 余字,多不可识,是现存最古的帛书画。长篇帛书 1973 年第一次在长沙马王堆西汉墓中大批出土,是公元前 2 世纪或更早的遗物,共 28 件,12 万字以上,其中有《老子》《战国策》《周易》和整部佚书《战国纵横家书》等。帛书有卷轴式,也有折叠存放的。从战国到西汉，是简册和帛书的鼎盛时期。

泥版书 人类最古老的书籍形式是美索不达米亚（西亚两河流域）的泥版书（clay tablet，苏美尔语 dub）。所用的楔形文字，是公元前四千纪苏美尔人在图形符号的基础上创造的，后为阿卡德人、巴比伦人、赫梯人、亚述人、波斯人及西亚其他一些民族所接受，经过改造增补，一直用到公元1世纪。早期泥版书的内容大都同土地、谷物、家畜、账目和法规有关。制作方法是软黏土版上先用细线打上行格，再用芦茎或骨质尖笔在上面压刻所需的文字，然后晾干或烘干。长篇文书在每块泥版末尾有篇名（通常是文书头几个字）和编号。为防止错乱，往往在第一块泥版末行加一标志，然后重复第二块首行内容，或在第二块开头重复第一块泥版末行内容，以示衔接。19世纪以来，泥版在美索不达米亚大量出土，达几百万块，已公布于世的约50万块。年代最早的，是在苏美尔古都乌鲁克（今伊拉克南部）遗址出土的。其中有公元前4000年的用象形字表示轮子的泥版，以及公元前3200年的记有账目的泥版。19世纪中叶，在亚述王朝首都尼尼微（今伊拉克北部）遗址，发现最后一个国王亚述巴尼拔（Assurbanipal，公元前669—前633年）的王宫图书馆，其中藏有苏美尔、巴比伦和亚述等语言的楔形文字泥版25000—27000块（现大部分保存在不列颠博物馆），幅面多为24厘米×16厘米，厚2.5厘米。文书内容广泛，有宗教铭文、神话故事、历史文献、法律条文、经济报表、文学作品、医学数学著作和各种辞书等，分类存放。墙上刻有排架目录，不列颠博物馆保存有目录残片。最著名的作品是描写乌鲁克国王的长篇史诗《吉尔加美什史诗》(*Gilgamesh Epic*)。泥版写成年代属公元前二千纪初期。这是世界最早的用文字记载下来的文学作品。宫中欠缺的古籍和珍本，亚述巴尼拔令僧侣书吏到各地搜集，经过仔细编订、抄写和著录后入藏。每块泥版上印有"亚述君主王上王亚述巴尼拔王宫"字样。书吏给每种书加书名，并注明是原本还是抄本。如是抄本则交代原本在何处收藏。接着交代抄录者姓名、抄录日期，有时还注明全书行数。

纸草书 据现存资料，古埃及文字产生于公元前四千纪，大概比西亚古文稍晚。早期文字多为图形符号，主要用于墓志碑铭，称"圣书体"。中期发展成为表意和表音符号，常用来在纸草之上书写经文，称"僧侣体"。晚期笔画经过简化，用于日常生活中，如写信、记账等，称"大众体"。"纸草卷"（papyrus scroll）是对西方古代文明具有深远影响的一种书籍形式。英语 paper 及西方许多国家的"纸"字，都是从"纸草"一词派生出来的。纸草是一种类似芦苇的莎草科植物，盛产于古埃及尼罗河畔沼泽地。古埃及人大约从公元前四千纪末、前三千纪初起制作纸草纸，这种书写材料后来广泛地传播到希腊、罗马和地中海沿岸国家。用纸草纸写的最后一个重要文件，是罗马教皇 1022 年致德国教会的训谕。纸草纸的制作方法是：去掉纸草外皮，把松软的草髓剖成薄片，长条直铺一层，再在其上横铺一层短条，用槌猛打使其互相黏合，压平晒干后，再用浮石、贝壳或象牙等把表面磨光，厚度同粗布差不多。可按需要的长度粘连，一卷中等篇幅高 30 厘米，长 8—12 米，不超过 20 张纸。现存不列颠博物馆最长的一卷达 46 米，高 40 厘米。通常用末端斜削的芦秆笔蘸墨在光洁平滑的正面上书写。书写时转变拿笔角度，可写出所需要的粗细不同的线条。纸草纸很脆，折叠易断裂，只能卷起存放。书卷装在皮制的圆筒内或外裹羊皮纸，相当于现代书籍的书皮。卷轴的一端挂书名标签（titulus），后发展成为书名页（title page）。古埃及国王托勒密一世（Ptolemy I，公元前 323—前 285 年）在首都亚历山大城建立了当时"希腊化世界"最大的图书馆，藏书据说有几十万卷，包括几乎所有的古希腊重要文献和一部分东方典籍。在古埃及第一王朝的墓葬中曾出土过一卷约公元前 3000 年的纸草纸，是现在已知的最古老的纸草文献。法国考古学家埃·普利斯（Émile Prisse d'Avennes，1807—1879 年）。在古埃及首都底比斯发现大约在公元前 2500 年用僧侣体书写的纸草卷，是教示人们如何处世的对话体作品，现存巴黎卢佛尔博物馆,从古埃及人的陪葬品、图文并茂的《死者书》可以看出,古埃及的图书艺术在十八王朝时期(公元前1567—前1320年)已达到很高的水平。

羊皮书 公元前2世纪,由于古埃及的纸草纸供应不足,古罗马开始改用当时小亚细亚的培格蒙盛产的羊皮纸(parchment)。这种纸是可以就地取材,任何地方都能制作,比纸草纸耐用,通常使用芦秆笔或羽毛笔两面书写。最初的羊皮书同纸草书一样,都是卷轴式的。古罗马人有一种蜡板(涂上一层厚蜡的长方形小木板),用于学校作业、记事或通信。用金属尖笔或骨针在蜡上写字,不需保留时擦去再写。一块不够可再加一块或几块,从一侧的穿孔用绳子编连成册,随意开合。因卷轴书阅读不方便,古罗马人从公元前1世纪开始把他们这种传统的蜡板写字本的装订形式用于书籍。羊皮纸不再卷起,而是裁成书页穿连,外加木板夹住。古罗马的书籍形式从此由卷轴式(volumen)逐渐向册页式(codex)过渡,至4世纪末基本完成,比中国书籍采用册页制早几百年。到7世纪中叶,欧洲大部分地区已改用羊皮纸或犊皮纸(vellum)代替纸草纸作为书写材料。在中世纪欧洲,制书作坊主要设在大寺院,13世纪扩展到大学中心,版式设计、抄写、彩饰(段句开头、着重文字和标题写彩色字)、插图、装订等都有专人负责。

贝叶书 古印度文字产生于公元前30世纪中叶,主要保存在石、陶、骨、铜制的印章上,总共只有几百个符号,至今未能确切解读。公元前20世纪中期,讲印欧语的雅利安人从西北方进入南亚次大陆。他们曾用泥版、布帛、桦树皮做书写材料,从公元7世纪起多用棕榈树叶来写佛经,称"贝叶经"。贝叶是贝多罗叶的简称。"贝多罗"是梵语pattra的译音,意为"树叶",非树名。用来作书写材料的是多罗树(talipot)的叶子。这是一种扇形大叶棕榈树,梵语"多罗"(tala或tali)就是"扇叶棕榈树"之意。唐玄奘在《大唐西域记》卷十一《恭建那补罗国》中提到:"城北不远,有多罗树林,周三十余里,其叶长广,其色光润,诸国书写,莫不采用。"这种树高18—30米,叶长达2—3米,通常裁成宽10—15厘米,长30—60厘米的窄长条,把若干张写好的贝叶叠在一起,扎眼用细绳穿连,外加夹板以防散乱。这种装订形式称"梵夹装"。《宋史·天竺国传》记载:"僧道圆自西域还,得……贝叶梵经四十夹来献。"到11世纪末,印度才普遍使用纸张。

纸写书 人类使用黏土、纸草、甲骨、金石、竹木、缣帛做书写材料,经历了三四千年的漫长岁月,到中国汉代才出现植物纤维纸,使书籍有了比较理想的载体。经过一段简、帛、纸并用时期,到公元404年即东晋元兴三年桓玄下诏才完全以纸代简,而缣帛仍继续使用到6世纪(南北朝)。初期的纸写书仿效帛书的卷轴形式,讲究的由卷、轴、褾、带、签、帙等六部分组成。纸张的应用促进了图书的普及,例如西晋范蔚私人藏书就达7000卷之多。现存最早的纸书都是晋人所写,其中包括在新疆出土的《三国志》写本残卷。

中国纸在3—7世纪先后传入今越南、朝鲜、日本。有文献记载,早在公元950年纸就传入西班牙。欧洲现存最古的纸写书是11世纪初的《圣书记》,为西班牙布尔戈斯市的一家寺院所收藏。造纸术西传主要经过阿拉伯人。大食国在公元751年与中国发生边境冲突,利用被俘的唐朝军队中的造纸工人在中亚撒马尔罕开设造纸厂。1150年,阿拉伯人又在西班牙东南部城市哈蒂瓦(Jativa)建立了欧洲第一家造纸厂。14世纪时法、意、德、荷等国都已建立了自己的造纸厂,植物纤维纸逐渐取代羊皮纸成为主要书写材料。

印本书 印刷术是继造纸术之后中国古代又一伟大发明。多数书史专家认为雕版印刷发明时间在唐代初期,现存实物证明不晚于8世纪中期。中国的印刷品和印刷术很早传入朝鲜。1966年在朝鲜庆州佛国寺释迦塔顶部发现一卷木版印制的汉字佛经《无垢净光大陀罗尼经》,高约6厘米,全长630厘米,多为7字1行,专家鉴定刻印时间在公元704—751年(武周长安四年至唐玄宗天宝十年)之间,这是世界现存最早的印刷品。自身载有日期的现存最早的印刷品，是英国人斯坦因1907 年在敦煌千佛洞发现的一卷《金刚经》，高约 30 厘米（1 英尺），全长 488 厘米（16 英尺），上有"咸通九年（公元 868 年）四月十五日王玠为二亲敬造普施"字样。

卷轴书须舒卷收卷，使用不便。雕版印刷的推广，使中国书籍形式在晚唐和五代开始向册页制过渡，即印好的散页不粘连成长卷，而是从中缝处对折起来装订成册。

北宋毕昇（？—1051 年）在 1040—1048 年发明活字印刷，所使用的是胶泥活字。金属活字则属朝鲜首创。朝鲜于 13 世纪 30 年代用铜活字印成《评定礼文》50 卷，于 1436 年又铸造铅字印《通鉴纲目》，这是世界最早的铅印书。中国雕版印刷术在 13—14 世纪经中亚传入欧洲。最初用于印饰纺织品、纸牌。14 世纪末 15 世纪初，德国和荷兰等国开始用木版印刷图书。最初印单张的圣徒像等宗教画，后来印普及性的成册书籍。著名的有《平民圣经》等，用的是比羊皮纸价廉的普通纸张。在 15 世纪中叶，德国约翰·古登堡（Johann Gudenberg，14 世纪 90 年代—1468 年）发明金属活字印刷术以前，西欧各国已普遍出版雕印书籍，现存 33 种，约 100 册。古登堡的印刷术在技术上较先进，很快推广到全欧及欧洲以外地区。

现代书籍的主要特点 早期的书籍无书名、篇名、作者名，不分章节段落，无标点符号，不编页码，无扉页和版本记录。依靠编辑、整理、抄写、印制、出版人员在许多世代所做的贡献，书籍的形制才逐渐完备，到 19 世纪基本定型。尽管现代新型出版物不断增多，纸印册页式书籍至今仍然是书籍的主要形式。与报纸和期刊比较，书的特点是：①每种书都有单独的名称，不像报刊各期以同一名称出版；②主题集中，论述较深入、系统，内容较稳定，有效时间较长；③装帧形式有独创性，开型一般比报刊小，在正文前有扉页；④篇幅不固定，出版不定期，出版周期较长；⑤可以修订再版。书和期刊没有绝对的界限，年鉴和丛刊等是介于书和期刊之间的出版物。

任何一本书的内容都由正文和辅文组成，两者是主从关系，但互相依存，缺一不可。正文是著作的本文，书的主体部分，其层次有篇、章、节、段、句等。辅文指一本书中帮助读者更好地理解和利用正文内容的材料，以及印在书上向使用者（包括读者、购买者、书商、图书馆、资料室、科研和情报单位等）提供的有关本书的各种信息。

辅文种类很多，按其在正文的位置来划分，有文前的（序、前言等），文后的（跋、后记等），文上的（书眉、标题），文中的（夹注），文下的（脚注），文旁的（旁题）。按功能可分以下三大类：①识别性辅文，包括书名，作者姓名，出版社有关责任人员姓名，卷次、册次、版次、印次，出版者、印刷者、发行者名称和地点，发排、付印、出版时间，开本、印张、字数，书号，定价，发行方式等。书籍的识别标志集中刊印在版本记录页上。书名、作者名和出版社名是识别一本书的主要标志，因此不仅印在版本记录页上，而且印在封面、书脊和扉页等易引人注目的部位。②说明和参考性辅文，包括编者说明、出版说明、凡例、序言（自序、他序、译序、代序）、后记、注释、附录、参考书目、勘误表等。③检索性辅文，主要有目录、索引、书眉等。

中国和世界书籍出版数量 据1946年《新中华》杂志第4卷第7期上发表的统计，以及《出版工作》等刊物公布的数字。中国从先秦至清末共出版图书181755种（部），估计尚保存七八万种。辛亥革命到中华人民共和国成立前（1911—1949年9月）共出版图书（书籍、课本、图片）959079种（其中初版669036种），总印数1207.46亿册（张）。其中图片108659种（初版85388种），总印数192.06亿张。台湾省1950—1989年出版图书约18万种未包括在上述数字之内。近几年中国大陆出版图书的数量：1990年80224（初版552541）种，总册数56.36亿册（张），其中图片5993（初版5470）种，印数23017万张（册）；1991年89615（初版58467）种，总印数61.39亿册（张），其中图片 6340（初版 5694）种，印数 2.05 亿张（册）；1992 年 4513（初版 4108）种，印数 1.49 亿张（册）。据《联合国教科文组织统计年鉴》统计，全世界出版书籍：1955 年 26.9 万种，1960 年 33.2 万种，1965 年 42.6 万种，1970 年 52.1 万种，1975 年 57.2 万种，1980 年 71.55 万种，1985 年 79.85 万种，1989 年 84.2 万种。世界累计印数最多的书是基督教《圣经》，到 1975 年为 25 亿册（到 1969 年为止，它整部被译成 244 种文字）。下表是在前人统计的基础上经补充新资料而编制成的。因为许多国家的早期出版物没有可参考的统计资料，表中所列数字仍然很不完全，不过可以从中大体看出世界各时期图书出版高速增长的情况。

自印刷术发明以来各时期世界图书出版种数初步统计表

时期	本时期种数	递增率	累计种数
7—14 世纪	3 万	1（基数）	3 万
15 世纪	5 万	1.7 倍	8 万
16 世纪	25 万	5 倍	33 万
17 世纪	100 万	4 倍	133 万
18 世纪	200 万	2 倍	333 万
19 世纪	800 万	4 倍	1133 万
20 世纪（1900—1989）	3001 万	3.8 倍	4134 万

小册子 册子形式的出版物的一种，内容专一，篇幅不长，开本较小，一般用普通纸做封皮，用铁丝平订或骑马订。小册子现实性较强，出版及时，在历史上多用于宣传作者在宗教、时事政治、文学批评等问题上的主张，是影响舆论的重要工具。

"小册子"最初指记事用的小本。宋孙升在《孙公谈圃》卷中讲道："曾鲁公七十余，苦痢疾，乡人陈应之，用水梅花腊茶，服之遂愈。子孝宽言，其父异其术，亲记一小册子后。"后来引申指篇幅小的书。日本在西方印刷术传入以前的所谓"和本"时代，就已使用"小册子"这个词。英语"小册子"pamphlet 一词，源自 12 世纪民间流行的一首拉丁文爱情诗的简名"Pamphilus"，最初于 1344 年用来表示小薄本的读物。这种形式的出版物产生于欧洲活版印刷术发明之前，装帧不讲究，随着活版印刷术的推广而大为流行。15—16 世纪，西欧各国就宗教改革问题出版了不少论战性的小册子。例如德国宗教改革家马丁·路德（Matin Luther，1483—1543 年），1520 年写的第一本小册子《告德意志民族的基督教贵族书》（*An den Christlichen Adel deutsches Nation*）第 1 版印了 4000 册，连续印了 15 版。小册子是当时各种思想流派和政治集团论战的最重要的手段。在美国独立战争、法国大革命、俄国十月革命和中国民主革命时期，小册子对传播新思想都起过重大作用。

关于小册子的页数，过去各国规定不一样：冰岛不足 17 页，捷克不足 32 页，比利时不足 40 页，加拿大、芬兰、挪威不足 49 页，黎巴嫩、南非不足 50 页，匈牙利不足 64 页，意大利、摩纳哥、爱尔兰、日本不足 100 页。美国 1959 年以前不足 65 页，1959 年起不足 49 页。许多国家对小册子的页数没有明确的规定。为了便于进行国际出版统计，联合国教科文组织 1964 年在巴黎召开的第十三次大会通过《关于书籍和期刊出版统计国际标准化的建议》，规定：小册子（pamphlet）是"在某一个国家出版、使公众可以得到、不计算封皮，页数至少 5 页（pages）、最多 48 页的非定期印刷出版物"，超过 48 页的为"书"。中国对小册子的页数未作规定，在进行出版统计时小册子作为书籍看待，不单列。在需要区别"书"和"小册子"时，按上述国际标准处理。

编辑工作的中心环节是什么？

这是10年前曾提出来探讨过的老问题，当时我认为编辑工作的中心环节是审稿[①]。1995年被安排给第一期全国出版社社长、总编辑岗位培训班讲审读加工课，我在讲课提纲中重申"选题、审稿和加工是编辑工作过程的三个基本环节、审稿处于中心地位，它是决定图书质量的主要关键"。主办单位把讲课提纲印发给有关方面征求意见，有同志提出："审稿处于中心地位"似可不提，目前对此可能有不同的看法，在市场经济发展、竞争激烈的今天，人们认为选题、组稿同样重要，甚至更重要。我采纳了这个建议，有争议的提法确实不宜作为知识性的东西在课堂上讲授。

不久前看到1996年发表的一篇有关的文章，其中指出图书选题工作处于"图书质量管理的核心地位"，并说这是出版界的"共识"。的确，出版界有相当多的同志是这样看的，认为随着计划经济向市场经济转变，编辑工作的重心应向选题、组稿转移，但是现在恐怕还不能说在这个问题上已达成共识。仅在《编辑工作与编辑学研究》（江西教育出版社1996年版）一书中就可看到对这个问题有如下不同的认识：

1. "选题工作是出版社的中心工作。编辑的选题意识及能力就是出版社生存发展的关键因素。"——第108页
2. "在社会主义市场经济条件下……编辑的职责是多方面的，最主

原刊于《编辑之友》1997年第6期。

① 见中国出版发行科学研究所科研处编：《编辑学论集》，中国书籍出版社1987年版，第218页。

要、最基本的是两个方面：一是设计选题组织稿件，二是编辑加工，保证图书质量。"——第154页

3."编辑工作是出版工作的中心环节，审读（包括文字加工）又是编辑工作的中心环节，这是图书出版工作的主要规律之一。"——第207页

从其他材料来源看到：

4."编辑加工是出版物最关键的一道工序，是出版工艺流程的一个中心环节。"——转引自《编辑学刊》1997年第3期，第43页

赞成加工整理是中心环节的人不会很多，争议的焦点在于中心环节是选题还是审稿，还是两者并重。质量是图书的生命。编辑工作的各个环节相互关联，在不同的阶段、不同的层面对图书的质量起保障作用。对全局有较大影响的是选题和审稿这两个环节。选题工作是出版社工作的基础，具有导向作用。对它的重要性《书籍编辑学概论》（辽宁教育出版社1995年版）作了较充分的说明：

"选题工作是一项基础性工作，体现出书的方向、宗旨和奋斗目标，是编辑方针的具体化，对编辑工作的全过程起指导、调控作用。选题工作体现编辑工作的规划设计功能，出书的总体设计和每本书的具体设计，都是通过制订选题计划来实现的。"——第259页

选题和审稿都很重要，都是编辑工作的基本环节，但中心环节只能有一个。说中心环节在审稿是出于以下几点考虑：

1. 作品从选题到出书的整个过程中把好质量关是编辑的首要职责。在选题、审稿、加工三个阶段中最重要的是审稿阶段的把关。审稿在整个编辑过程中处于承上启下的中心地位。选题组稿为出版社保证有可靠的充足的稿源可供审稿选择。加工整理是在审稿的基础上进行的，使被采用的书稿更加完善，主要解决在细节方面存在的问题。

2. 交办稿和作者自投稿不是选题策划得来的，不采用的书稿无须进行编辑加工，交办的、自投的、约写的或其他渠道来的一切稿件都要经

过审读才能确定如何处理。根据稿件的具体情况，编辑工作的某些环节可以节省，而审稿在任何场合下都是不可缺少的。三审制流于形式，是图书质量管理失控的主要原因。

3. 编辑工作从选题策划开始就要考虑如何采取各种有效措施来确保图书质量，实现选题的优化。但编辑的主观愿望能否实现是受客观条件制约的。理想的选题未必能找到理想的作者来写。在选题论证阶段所能看到的通常只是写作提纲，有时加上一两章样稿。作品（特别是小说、戏剧等文学读物）是否符合要求，要全部写出来之后才能作出准确的判断。采用一种简化的说法，编辑在选题组稿阶段要对题目和作者作出正确的选择，在审稿阶段则要对稿件作出正确的选择，显然，后一选择对决定出书质量具有更直接、更关键的意义。赫·贝利在《图书出版艺术与科学》一书中指出："决定稿件的取舍是编辑部的首要责任（prime responsibility）。"（美国得克萨斯大学出版社1980年版，第26页）"首要"在这里是"头等重要""最重要""居第一位"的意思，可见西方出版专家对决定稿件取舍的工作环节何等重视。选题策划的失误在审稿阶段可以补救——撤销、调整或改进原来的选题计划，审稿的失误则不容易发现和改正，比如采用了平庸的或格调低下的书稿，加工整理再认真细致，也不大可能使其变成精品。只定题目，未见书稿便批准选题并与作者签订出版合同，不管以后交来的书稿写成什么样子，审稿只能提修补意见，无否决权，赞助稿和关系稿的情况往往如此。这样，审稿要服从选题，自然不成其为中心环节，但这种做法是违反编辑工作规律的，如果变成了常规，最后必然导致书籍质量全面下降和出版社的衰败。

选题策划的作用在市场经济条件下应当比过去受到更大的重视。所有的编辑都应当增强策划意识。策划编辑近年在我国一些出版社出现以及策划编辑和责任编辑同时在书上署名，为编辑学提出了新的研究课题。首先要弄清策划编辑和责任编辑各自的职责是什么，策划编辑管不管审读加工，责任编辑对别人策划出来的书稿有无否决权。如果策划编辑不管审读加工，责任编辑认为质量不好，不同意出版交他审读加工的书稿，书出来了，谁对它的质量负主要责任？让不同意出版的编辑负主要责任显然不公平。别人策划的书籍亏损了，没有一个责任编辑会愿意把账算在自己的头上。如果由策划编辑承担主要责任，为什么不名正言顺地称他为责任编辑呢？比较合理的做法是负责策划的编辑也管审稿，在选题批准后同作者保持密切联系，共同努力落实选题设想，书稿交来后负责审读，在观点、内容、结构、体例等方面提出修改意见，解决各种带实质性的问题，直至基本符合出版要求、决定采用为止。对批准采用的书稿的加工整理可由策划编辑自己做，也可委托别的编辑按照自己的要求做，并对别人加工整理的质量负责检查。负责策划的编辑是第一责任人，其次才是负责加工的编辑。

  编辑过程过去通常划分为三个阶段：选题、组稿属前期，审稿、加工、发稿属中期，审改校样、检查样书属后期。也可考虑分成两大阶段：选题、组稿、审稿为选题开发阶段，其后为加工成书阶段。选题开发工作对书籍的品种、质量和出版社的兴衰成败起主要的决定作用。分清主次是为了更好地认识编辑工作规律和各个环节的关系，对编辑工作作更科学的组织安排，不是说后续的工作环节不重要、可以忽视。没有后续的工作环节作坚强的后盾，选题开发就会落空，不能把书出好。目前的书稿加工任务非常繁重，往往占去编辑的大部分时间。书稿中的差错改不胜改，顾此失彼，误改的、漏改的都会有，时间心血耗费了不少，可能仍然是吃力不讨好，书出来后被检查为不合格品。为什么会出现这种现象，最直接的原因是审稿关没有把好。要是把编辑工作的重点由加工转到审稿，多花些时间认真审读，对书稿质量作出准确全面的判断，把存在差错的方方面面都举例指出来，让作者自己去改，基本改好了才接受。书稿遗漏的差错少了，编辑就可能以较少的时间集中精力打歼灭战。这样，不但加工的负担减轻了，而且质量更有保证，编辑就有可能把更多的精力投入选题开发，形成各个工作环节的良性循环。

编辑的首要职责是什么？

不久前看到《新华文摘》1993年第7期摘要刊登的出国留学人员座谈出版改革实录《中外出版交融点上的思考》（原载《新闻出版报》1993年5月12日，以下简称《实录》），其中谈到了出版社体制从生产型向生产经营型转变的问题，说"出版社以编辑为中心的传统出版体制并未突破。这种计划经济条件下的出版社体制，实质着眼于'看稿'、'把关'，而并非经营"。《实录》提出我们的编辑工作职责应当重新界定，认为"开发出来的选题要适销对路，这是编辑工作的'魂'，是编辑的首要职责"。明确在社会主义市场经济条件下编辑的首要职责，对当前我国出版改革具有重大现实意义。图书作为商品出售，出版社实行企业管理，要求编辑开发选题注意适销对路无疑是正确的，但把这提到编辑的首要职责的高度，甚至说成是编辑工作的"魂"，是否适当就值得商榷了。

1. 怎样看待"适销对路"的问题

图书的使用价值主要在于它的思想内容。人们购买图书不是为了获得印有图文的纸张，而是为了看它的思想内容，或者说为了获得其中刊载的对自己有用的知识和信息。图书的思想内容对人们的精神世界和实践活动可以产生积极的或消极的影响。社会效益高、销路不大的赔钱

原刊于《出版科学》1994年第1期，收入邵益文、祝国华编：《编辑学研究文集》，陕西人民教育出版社1998年版。

书，要创造条件出；会产生不良社会效果的坏书，除供批判研究使用者外，即使能迎合一部分读者需要、获取暴利，也不应当出。因此，"适销对路"不能作为我们开发选题的唯一的或首要的标准。

在资本主义市场经济体制下，并非所有出版社都以营利为目的。像大学出版社等非营利性出版社，开发选题也要考虑销路，但决定取舍的主要标准不是销路大小，而是学术价值。美国历史最悠久的大学出版社约翰·霍普金斯大学出版社每年出书150—160种，大多数印1200—1500册，社长杰克·格尔纳说："我社所出的图书多少都有学术价值，我们搞出版不是为了赚钱（We don't publish to make money）。"[①] 美国规模最大的大学出版社芝加哥大学出版社每年出书约240种，既出"畅销书"（bestsellers），也出所谓"销售量最少的书"（least-sellers）。该社拥有常备书3000种，即为一年出书种数的12.5倍。许多经营得好的大学出版社不依赖学校补助，主要靠学术价值高、有持久生命力的常备书不断重印，以弥补新书亏损。至于占多数的商业性出版社则确实是以营利为目的，为了牟取最大限度的利润，往往牺牲质量也在所不惜。

我们的出版社转上市场经济的轨道，也要讲营利，但营利是手段，发展社会主义出版事业的手段，实现社会效益的手段。因此，我们的出版社不能奉行与资本主义商业性出版社同样的原则。经济效益和社会效益要尽可能兼顾。两者不可兼得时要坚持质量第一、社会效益第一。对于某些耗资巨大、自力无法完成的重点项目还可争取国家的扶持。1993年11月通过的《中共中央关于建立社会主义市场经济体制若干问题的决定》在讲到深化文化体制改革时强调："要把社会效益放在首位，正确处理精神产品社会效益与经济效益的关系。对需要扶持的文化艺术精粹，国家要有重点地给予必要的资助。"对于我们的出版社来说，坚持为人民服务、为社会主义服务的方针，提高图书质量，以书养书，以盈

---

① 美国《出版商周刊》1991年5月24日，第16页。

补亏，应当是繁荣我国图书出版事业的主要途径，必要时可在有关领域开展多种经营，以副辅主。如果办出版社无利可图，不能解决自负盈亏的问题，为什么申请办社的单位越来越多？

2. 编辑要不要"看稿""把关"？

编辑"把关"并非我国计划经济条件下特有的产物。早在20世纪40年代西方传播学者就提出了这个概念，编辑被称为"守门人"，即"把关人"。任何信息、作品或商品都必须通过一定的门区或关口才能进入传播场或市场。不设关口，或把关不严，伪劣的作品或商品就会充斥社会。编辑看稿把关所起的是选题或稿件优化的作用，必须牢牢把住。这个关无论在计划经济体制下还是市场经济体制下都是至关重要的，不能突破。"把关"无非是按照出版社的方针任务和价值标准来选择作品，符合要求的准予通过，不符合要求的拒之门外，这正是编辑的职责所在，不看稿怎样知道作品符合要求或适销对路呢？

编辑是干什么的？《实录》作了明确的回答："编辑是文字匠，是伏案者吗？不是！是跑市场的。"接着援引日本编辑作为例证，说"日本出版社的编辑主要任务是组稿，有的甚至不改稿（提出意见由作者修改，文责自负），50%以上的力量放在市场调查上"。总之，编辑似乎应把主要精力用于搞市场调查和组稿上，而看稿、改稿、文字加工等则居次要地位，甚至可不进行。效果如何呢？据说"日本的图书90%以上适销对路"，不知道所依据的是什么调查材料。日本《出版年鉴》刊载的统计数字与此不同。1979—1988年日本图书的退货率为33%—39.5%，这10年每年平均的退货率为36%，高于美国。美国《图书馆和信息科学百科全书》"市场营销"条说图书退货率美国为1/4，日本为1/3。1994年1月10日美国《出版商周刊》以"书如此多，可选的如此少"为题报道了"日本国内出版业的退货率估计从33%起，有的高达70%"。正常的退货率据信在1/10左右。西方出版大国的退货率为什么长期居高不下，除市场需求难以准确预测、出版社出书和书店进货都有一定的盲目性等因素外，最主要的原因是图书品种增长过快，出版商重视推销，忽视图书的内容和质量，竞相出版热门书和名人作品，印数过大。多印可降低单位成本，印少了据说面子也不好看，有损"出版社形象"云云。

《实录》肯定我国一些出版社设置组稿编辑是使编辑工作向市场方向迈进一大步。组稿编辑的任务是否限于组稿，不要伏案看稿改稿呢？组稿编辑是美国教育出版社在40年代最先设置的，因为教科书利润大、投资大、风险也大，为保证本社出的教科书能在激烈的市场竞争中取胜——为学校普遍采用，所以设了这种专职编辑，后来逐渐推广到其他书籍出版社。

组稿编辑在美国出版社中居什么地位，是怎样进行工作的呢？组稿编辑是一本书的责任编辑，在出版社通常居中心地位。一般工作程序如下：（1）提选题。浏览各种刊物，走访高等学校、研究机关、文化团体等有关单位，参加作家和学者会议，了解学术和出版动态，调查图书市场情况。在这个基础上形成选题设想，征求领导和专家意见，经初步认可，开始物色作者（往往通过文稿经纪人），共同商定写作提纲，请作者写出一两章样稿，然后正式提选题。有时也根据作者自动投来的稿件提选题。选题材料包括对书稿的评价（学术著作要送外审，得到1—3个专家的肯定）、图书成本计算表和赢利计划表，提交有社长、总经理、总编辑和出版（生产）、推销、发行、财务部主任和组稿编辑参加的会议讨论。在商业性出版社，图书的社会效益也要考虑，但经济效益是决定选题能否获得通过的主要因素。（2）签订合同。选题批准后，组稿编辑同作者或作者代理人商议出版条件，包括预付款额、版税标准、交稿日期、附属版权收入在作者和出版社之间的分配比例、图书发行范围等。（3）稿件的审查修改。在写作过程中同作者保持经常的联系，帮助作者写好改好。审稿要从主题思想、篇章结构、观点、材料和篇幅等方面提出改进意见,除注意有无诽谤他人的内容、有无剽窃行为、在学术上请专家把关外,主要考虑内容怎样写才能扩大销路。书稿经过修改认为可以接受出版后,通常交助手或加工编辑(社内的或社外的)按照自己提示的要求进行加工整理,然后发排。(4)参与推销活动。(5)提出重印书目。

美国威廉·莫罗出版公司副总裁兼高级编辑帕特·戈尔比兹说,作为商业性出版社的高级组稿编辑,她对所组的每一本书稿不是只管一段,从摆在案头上最初的选题设想阶段起,直到立在书店的货架上为止,她都要充当监护人。在组稿后"与作者合作"的内容包括:(1)对原稿的审读修改。与作者一起确定书籍的结构,删去超出主题范围的内容,然后进行"逐行的编辑加工"(line editing)。她写道:"在这个最后阶段,编辑注意文字的细节。作者是否以最有效的方式表达自己的意思?一句含糊的话是否能把意思改得清楚些?……如作改动,我力求符合作者的口气,保持文风和观点的完整性(所有的改动自然要经作者复核认可)。"(2)加工整理。稿件经过最后修改后交给加工编辑进行"逐字的通读加工"(go over the manuscript literally word by word),如改正拼写错误,提出有关内容的问题、批注排版格式等。加工整理完毕后安排时间请作者和编辑在一起把稿件改动处过一遍,解决存在的问题。戈尔比兹说:"所有对原稿的编辑工作我都是在家里做的。我需要独自处于安静的环境中,足不出户,关起房门,没有电话铃声,没有干扰。对这项工作我需要全神贯注,没有事情使我分心。对稿件的编辑加工比其他各种事情更需要专心致志。"[①] 我国一些出版社卖书号、放弃三审制所造成的恶果已为人们所了解。在上面不厌其详地介绍美国出版社编辑工作的一些实际做法之后,编辑除跑市场之外还要不要集中精力伏案看稿、把关、做必要的文

[①] 帕特·戈尔比兹:《谈谈怎样当高级组稿编辑》,载杰·格罗斯编:《编辑谈编辑工作》,纽约哈珀-罗出版社1985年版,第129—142页。

字加工的问题，就不必多费唇舌，可留待读者作出自己的判断了。

3. 编辑的首要职责和素质要求

书籍是人类进步的阶梯。出版社的首要任务是为满足社会发展的需要多出好书。如果这个看法能成立，就有理由认为在作品从选题到出书的整个过程中把好质量关是编辑的首要职责。书籍出版后编辑参与推销活动、组织书评等也是不可忽视的，但与出版前把质量关相比毕竟是居第二位的。在选题、审稿、加工三个阶段中最重要的是审稿阶段的把关。选题阶段的失误，在审稿阶段还可以补救；审稿的失误——让坏作品出笼，好作品被埋没，以后再来改正就困难了。了解市场信息，有社会活动能力，善于同作者打交道，熟悉出版业务，懂经营管理之道——这些无疑都是现代编辑需要具备的素质。但是依愚见，完成编辑首要职责需要具备的最基本的素质则为较高的鉴识能力，因为对于新作者要判断其是否有培养前途，对选题要判断其是否有开发价值，对成稿要准确、全面评价其优缺点，文字、思想、科学或艺术水平的高低，对市场需求的变化要有一定的预见性，等等。要提高自己的鉴识能力，编辑必须不断努力充实各个方面的知识，而学好语文则是掌握一切知识的基础。读过《文心雕龙》的人都知道要在文字上成为能工巧匠多么不容易，现在用"错误百出"已不足以形容某些出版物文字差错之多。忽视语文基本功的训练，对作品的文字质量优劣缺乏鉴别能力或不屑去鉴别，就不能认为是称职的或尽职的编辑。

责任编辑的主要职责
——西方组稿编辑重选题组稿轻审读加工吗？

"责任编辑"这一名称大概是20世纪50年代新中国出版事业初创时期从俄文翻译过来的。苏维埃国家出版社建立个人工作责任制是列宁倡导的。他在1920年12月11日写给国家出版局的信中要求出版每一本书时毫无例外地都要有"责任编辑"和"责任校对"签字。[①]

为研究借鉴苏联出版经验提供参考资料，生活·读书·新知三联书店于1953年出版了维·阿·马尔库斯《书籍出版事业的组织和经营》（俄文原著1949年版）一书中译本。关于苏联出版社的组织机构，该书写道："每个编辑室设主任一人，领导全室工作，并服从总编辑领导。编辑室的工作人员，有责任编辑、文字编辑、助理编辑和秘书。"（第44页）作者称责任编辑是"直接处理稿件的人"，其职责包括审稿、改稿，与作者联系，指导文字编辑进行加工或自己进行加工，看校样，检查样书等。最后才提了一句"责任编辑参加编制选题计划，选择著作人和书评家"（第48页）。选题组稿工作主要放在总编辑和编辑室主任的职责中写述，在责任编辑的职责中被置于次要的地位。

叶·伊·沙姆林编《图书学用语词典》"责任编辑"（ведущий редактор）条称"责任编辑是负责对准备出版的稿件进行编辑加工并监督该书的生产进程直至签字批准发行的出版工作者"（莫斯科苏俄出版

原刊于《编辑学刊》1995年第4期，人民大学书报资料中心《出版工作·图书评介》月刊1995年第10期转载，收入赵劲主编：《中国出版理论与实务》，中国书籍出版社2000年版。

① 见《列宁全集》中文第2版第50卷，第46页。

社 1958 年版，第 43 页），这仅仅涉及稿件决定采用以后的编辑工作，今天看来应属于责任编辑主要职责的选题策划、组稿、审稿等不在所讲的责任编辑工作范围之内。

苏联出版委员会 1967 年 8 月 31 日颁布的《书稿编辑出版规范条例》第七条中规定："选题或作品列入出版计划时或进行编辑加工时需要指定编辑，从此时起该编辑即成为责任编辑。"在当时苏联的出版社，书稿决定出版之后才会有责任编辑，这与选题权高度集中、出版社选题计划报主管领导机关协调批准后才能实施不无关系。

我国出版总署 1952 年 10 月制定的《关于国营出版社编辑机构及工作制度的规定》要求"每种书籍版权页上必须注明该书的著作人、编辑、美术编辑、技术编辑、出版者和印刷者，以明责任"。这里的"编辑"所指的实际上是责任编辑，但在整个文件中还没有出现"责任编辑"的称谓。出版总署 1954 年 4 月修订公布的《关于图书版本记录的规定》提出"除著作者、编辑者、翻译者姓名外，需要时可以载明负责的校订者、责任编辑，优秀的装帧设计者、插图者及校对者的姓名"。这是收入《出版工作文件初编（1949—1957）》（文化部出版事业管理局 1958 年编印）的政府出版文件中第一次使用"责任编辑"的名称。

人民出版社 1955 年 2 月制定的《书稿审读办法》和《书稿加工整理办法》都涉及责任编辑的职责。当时责任编辑只能由正式编辑担任，负责书稿审读加工，助理编辑协助整理。1959 年 9 月制定的《人民出版社书稿编辑和出版工作的基本规定》对此作了修改，责任编辑由编辑组长（室主任）指定，编辑或助理编辑都可以担任。《规定》指出："责任编辑是书稿的主要编辑，他应当对原稿的质量作出基本评价，提出处理意见"；"决定采用的稿件，一般由责任编辑负责进行加工整理。某些大部头的书稿，必要时可由其他编辑协助"。《规定》强调"选题计划是出版工作的基础"，说明把著译者选择好是保证书稿质量的一个关键，但是没有把选题组稿与责任编辑的职责联系起来，到书稿进入审读阶段才由编辑组长指定责任编辑担任初审。有些大部头的书稿审读和加工如果分别由两个编辑担任，发稿手续通常由加工编辑办理。加工编辑在发稿单责任编辑栏填写自己的名字，也有权在版权页责任编辑栏印上自己的名字，并把一年发稿种数和字数作为自己的工作成绩来统计。选题组稿编辑如果不审读加工不算责任编辑，审稿编辑如果不加工，也往往不算责任编辑，这样加工编辑作为责任编辑就成为一本书的主要编辑，这种现象不能认为是合理的。

以上介绍的情况说明，在计划经济条件下，我国出版社的编辑因受苏联模式的影响，一般说来对选题开发不如对书稿的审读加工重视。中央宣传部和新闻出版署1988年发布的《出版社改革试行办法》实施以后，情况有了改变。许多出版社为实现由生产型向生产经营型转变，采取了一系列改革措施，有些出版社开始设立组稿编辑或策划编辑。1989年7月修订的《人民出版社编辑出版工作基本规定》明确地把"提出选题"和"根据已批准的选题组织著译"列为责任编辑的职责，后来又在编辑部设立策划编辑室着重开发大型系列化书籍。

英美出版社的"责任编辑"（sponsoring editor），通常由负责选题开发、选购书稿的高级编辑担任，有多种名称，如 acquiring editor, procurement editor, project editor, list-building editor, developmental editor 等。最常用的是 acquisitions editor（以下简称 AE），1979年中国出版代表团访英考察报告将其译作"组稿编辑"，以后就这样用开了。西文 acquisition 的意思是"获得、取得、购得"（参阅《韦氏新大学词典》第九版和《法汉词典》），也可指"获得物"。它的复数形式 acquisitions，用于图书馆是指获得或购得的图书资料，用于出版社编辑则指获得或购得的书稿，在市场经济条件下，获得书稿的主要方式是购买，因此西方出版社的 AE 现已习惯译作"组稿编辑"，本意实际上是选购书稿的编辑，即"购稿编辑"。在西方出版界看来，选购稿件是编辑的第一位任务，没有适销对路的书稿，一切都无从谈起。如果确定购买作者自己计划写的或编辑建议写的书稿，便同作者签订约稿合同，预付商定数额的稿费，这时 AE 所履行的是组稿职能。已完成的书稿经审读认为符合或基本符合要求，确定购买，便同作者或文稿经纪人签订出版合同，这时 AE 所履行的是审稿选稿的职能。AE 通常要帮助作者把约写的或自投的书稿改好，使适合市场需要和本社要求。因此，不能按照中文"组稿编辑"的字面意思来理解西方 AE 的职能。我国《出版词典》有关的条目说："组稿编辑"是"编辑部门中分工负责与著译者联系，并根据既定的出版计划，向适宜的著译者组织稿件的编辑。这种职务分工在国外一些新闻出版机构中较通行"（1992 年版，第 133 页）。这反映我国出版界中存在的对西方"组稿编辑"职能的一种看法，其实际职能如前述不限于组稿。

美国威廉·莫罗出版公司副总裁兼高级编辑帕特·戈尔比兹在《谈谈怎样当高级组稿编辑》一文中介绍了自己当小说和非小说组稿编辑的经验，以下一段是文章要点。

她说，"组稿编辑的第一位任务是购买书稿"，在购买之前先从编辑的角度加以评估，然后向出版人提出选题报告，包括选题内容介绍、出版成本和销路的估计数字。选题形式是多种多样的，从几页写作提纲到全稿都有。选题报告由公司总裁、出版人会同市场营销经理审议批准后便与作者商谈出版条件，签订合同。以上是组稿编辑工作的第一阶段。她在第二阶段竭尽全力帮助作者把书写好改好。为避免各种干扰，书稿审读加工都是在家里进行的。研究如何修改的会议多在出版社办公室进行。初稿的问题逐页同作者讨论一遍，直接把修改意见写在稿上，或由她的助手打印出来交给作者，编辑也保存一份。退改一般不超过三次，很少退第四次，退第四次很难指望作者能把稿子改好。她着重在内容结构和意思表达方面逐行加工后再交文字加工部逐字进行加工整理。第三阶段的任务是所编的书出版后以多种方式参加推销活动。[①]

西方的组稿编辑是市场竞争的产物。在各类图书中销售量最大的一

[①] 见杰·格罗斯编：《编辑谈编辑工作》，纽约哈珀-罗出版社 1985 年版，第 129—142 页。

类图书是学校教科书。美国教科书出版社和大出版公司教科书编辑部在20世纪40年代首先设置这种专职编辑（后来推广到其他书籍出版社），以主要精力开发选题，指望自己所出的教科书能以质量取胜，为讲课教师和社区教育行政当局选中。通常是从有经验、有名望的优秀教师中挑选编写者，几乎每写好一章编辑就审阅提修改意见，还要把书稿送其他一些学校讲同一课程的教师评审，看是否适用。这样反复修改几次，直到满意为止。教科书的选题方针是少而精，不要求发稿量像一般书籍编辑那么多。教科书不是直接向学生而是向讲课教师推销的，教师要看到样书才能决定是否选作教材，通知学生订购。某一门基础课教师在全国或某一个地区可能有几千个，出版社得掌握他们的名单，把几千册样书分送他们以供选择。教科书投资大，风险也大，如果营销人员不支持，没有一本教科书选题会获得批准。

　　专家学者出身的编辑对市场需要往往不了解，美国教科书出版社的组稿编辑多为熟悉学校销售网络的推销人员出身，有统计材料说约占75%。为弥补推销人员出身的组稿编辑专业知识的不足，有些出版社设"开发编辑"（developmental editor）协助组稿编辑开发选题或单独开发选题。他们的职责同组稿编辑差不多，但学识水平较高。从美国《出版商周刊》刊登的招聘广告可以看出对开发编辑的要求。

　　辛辛那提西南出版公司是一家教科书出版社，它对会计书籍开发编辑的要求是："与组稿编辑、作者和评审人合作开发优质书稿；负责审读书稿，使内容清楚、连贯、准确；同装帧设计人员、摄影人员一起研究封面设计、内文版式设计和插图问题；调节书稿的流程，物色评审人，给市场营销经理提供用于制订营销计划所需资料；协助营销经理和组稿编辑在全国销售会议和其他会议上推广介绍；配合推销人员向顾客推广介绍；参加专业活动。条件：具有在大学任教两年的经验，获会计或工商管理学硕士学位者优先；最好熟悉会计表格软件并具有出版经验。"①

---

　　① 《出版商周刊》1991年3月15日，第61页。

该公司对中学数学教科书开发编辑的要求是:"开发编辑接受管理编辑分配任务和监督;参与稿件和软件开发前的策划工作,包括财务分析和内容分析;参加稿件和软件从初稿到定稿的实质性编辑加工(substantial editing);与编辑人员、装帧设计人员协调选题生产计划;参加物色和选择作者;参与新产品的开发与获取;注意课程和市场动向;从事专业活动。条件:具有中学或高于中学的数学教学经验;获以数学为主的学士学位,获硕士学位者优先;最好具有与此职位有关的出版经验。"①

选题开发和文字加工,西方出版社分设专职编辑负责,是为了加强选题开发,同时也是为了使文字加工做得更细更好。并不是所有的组稿编辑都擅长文字加工,文字加工需逐字逐句进行,是很费时间的。学识水平高的组稿编辑搞文字加工自然胜任愉快,因为他们的薪金较高,公司老板不愿意在这方面多占用他们的时间。但是,作为责任编辑,组稿编辑要对委托别人按照自己要求进行的文字加工的质量负责,对文字编辑加工过的稿件要进行检查,解决所提出的疑问或转给作者解决,文字加工编辑不会越过组稿编辑直接同作者联系。我国赴英进修的一位编辑带回的材料中有英国一家科技出版社的组稿编辑1987年2月24日写给苏联科学院化学物理研究所某教授的一封信,信的开头写道:"我收到对大作进行文字加工的助理编辑提出的一些疑问,拟请帮助解答一下,以便改入有关的段落。随信附上有关的那几页供审阅,有问题处已用红笔标明。……"所开列的疑问及说明文字这里从略。信末落款为"物理科学组稿编辑卡罗琳·谢泼德"。

有人说"传统"编辑的主要特点是接受任务、审读加工,随着计划经济向市场经济转变,编辑工作的重心应向选题组稿转移,像西方编辑那样把主要时间和精力用于跑市场、抓选题,改变过去埋首案头的习惯。为适应社会主义市场经济发展的需要,加强选题组稿工作无疑是十

---

① 《出版商周刊》1991年2月1日,第85页。

分必要的，但不能因此忽视或削弱书稿审读加工，尤其是不能把选题组稿和审读加工对立起来。组来的书稿不认真审读加工，怎能保证它的质量？赫·贝利在《图书出版艺术与科学》一书中说："决定稿件取舍是编辑部的首要责任"，对于决定采用的书稿"完成实质性编辑加工以后，编辑（有时是从一开始就抓这个选题的同一个编辑，更常见的是一位专职的文字加工编辑）将从头至尾把书稿至少通读两遍，通常是三遍或更多遍，仔细审阅每一章、每一节和每一句，检查是否前后一致，拼写与标点有无错误，设法改进文字组织与措辞，删除冗词赘言，请求把意思不清楚之处改清楚，提出对作者说来不存在但读者会产生的问题。"[1] 我们知道西方出版公司的老板一般是不看稿的，但组稿编辑不能不看稿，不看稿就无法正确履行编辑的首要职责——决定书稿取舍。对书稿的实质性编辑加工（侧重于内容方面的加工）也是在审读的基础上进行的，通常由组稿编辑或开发编辑负责。

责任编辑是在图书编辑出版的全过程中起主导作用并对图书的社会效益与经济效益负主要责任的编辑。在现代出版社，特别是在市场经济条件下，选题开发应当是责任编辑的主要职责。当我们谈论选题开发的时候，不可忘记这个概念不仅指选题策划、组稿，还包含审稿、选稿和内容加工。编辑协助作者修改、增删书稿的内容，使其更符合选题设计的要求，或者看了书稿内容之后，改变原来的选题设计，这些都属于选题开发范围以内的事情。选题内容开发好，责任编辑可以委托别人进行文字加工，但要对文字加工的质量负责。西方正规出版社的责任编辑重视选题开发，并不忽视文字加工。近年在我国出版社出现重选题组稿、轻审读加工的倾向所造成的恶果——图书质量严重滑坡——经过新闻出版署组织三次图书编校质量抽查，已为大家看清楚了。作为责任编辑，一定要明确自己的主要职责，正确处理好编辑出版工作各个环节的关系。

---

[1] 赫·贝利:《图书出版艺术与科学》，美国得克萨斯大学出版社 1980 年版，第 26、32 页。

"标点"的词源和概念
——兼论独立的标点学科的必要性

"标点"古称"句读",为什么要改用现在的名称?两者在概念上有什么不同?我们现在使用的标点符号大多数借自西方,西方的标点名称和概念是怎样演变的?标点的性质是什么?标点法属于什么学科?这些都是人们感兴趣的问题。在这里笔者拟介绍所了解的一点情况,对尚有争议的问题也顺便谈谈自己的一些粗浅的看法。

一、词源和新式标点的采用

我国先秦文献已使用句读符号。"句读"二字连用,首见于东汉经学家何休《春秋公羊传解诂·序》:"讲诵师言,至于百万,犹有不解,时加酿嘲辞,援引他经,失其句读,以无为有,甚可闵笑者,不可胜记也。"汉代学者对句读十分重视,认为讲诵、理解、援引经典和前人著作,句读都是不可缺少的。在西汉成书的《礼记》就讲到古人把句读即析章断句等作为读书的基本训练之一:"古之教者,家有塾,党有庠,术有序,国有学,比年入学,中年考校。一年视离经辨志,三年视敬业乐群。"孔颖达疏:"离经,谓离析经理,使章句断绝也;辨志,谓辨其志意趋向习学何经矣。"

有史料说,"唐人已有圈点之法而宋人则盛行"(清罗汝怀《绿漪草堂文集》卷十六)。圈点作为句读符号起初在阅读、校勘书籍时使用,

---

原刊于《语文建设》1997年第4、5期。

宋中叶以后也见于刻本。刻本加圈点是从福建开始，然后推广到各地的。南宋岳珂（1183—1243年）在《刊正九经三传沿革例》中留下了明确的历史记载："监蜀诸本皆无句读，唯建本始仿馆阁校书式从旁加圈点，开卷了然，于学者为便。"但有些古书上印的浓圈密点是鉴赏符号，不属于句读范围。

"标点"一词最早见于《宋史·儒林传·何基》："凡所读，无不加标点，义显意明，有自不待论说而自见者。"何基（1188—1269年）是南宋理学家，他的老师是朱熹的弟子黄榦，著有《批点四书法》《点抹例》与《勉斋句读例》等。这里的"标点"大概是指读书时标记句读或要义的符号，包括点抹等，原书没有，读者为使文句意义清楚自己加上去的，文意自明处则不加。此外，可能还有一些是为帮助记忆而作的标记。《宋史》成书于元至正五年（1345年），尽管这里所讲的标点有一些可能与现代意义的标点不同，但其中指出了"标点"的重要功能——使所读"义显意明"，这是很可贵的。元人标点的书曾有人收藏。清人钱泰吉《曝书杂记》记载："常熟毛黼季，藏元人标点《五经》"。上引句的"标点"是名词，这里的"标点"作动词用，说明使用范围已扩大。所加标点是什么样子的，可惜没有实物留存下来，无法具体比较古人所讲的"句读"与"标点"的异同。"标点"一词从元代至清末，其使用的广度与频率远不如"句读"，这与古代标点主要使用句读点（。和、）有关。

清末民初为新式标点逐渐取代传统标点时期。第一个把西方多种标点形式及其基本用法介绍给国人的是张德彝（1847—1918年）。他曾经在清同文馆受过三年西化教育，后从事翻译和外交工作，在1868—1869年所写的《欧美环游记》中用"句读勾勒"的传统说法介绍西方各国书籍的新式标点。

随着中西文化交流的加强，经过比较，国人逐渐看到西方标点有可借鉴之处。最早的新式标点方案是清末切音字运动推动者创制的。王炳耀 1897 年在香港出版的《拼音字谱》一书中自拟了一个标点系统，包括 10 种标点。后来陆续有人提出过多种不同的方案。

20 世纪初国内外出版的中文报刊使用标点的情况是混乱的，即使是同一报刊，使用标点的体例也不统一。例如，同盟会会员刘师培 1903 年 4 月 28 日在东京出版的《衡报》第一号，文字直排，标点有三种格式。发刊词全文连续排，除着重的文句加圈外，不用任何标点断句；论水灾一文则一律用空格把各个句段分隔开，着重的文句也加圈；国内各地水灾简讯每一条都是一顿到底。可见这家在 1903 年创办的报纸所使用的仍是传统标点。

1904 年出版的严复《英文汉诂》是我国书籍最早的横排本，其中使用了新式标点。新文化运动兴起时，使用新式标点的白话文作者与报刊显著增多。鼓吹最早的是《科学》杂志，1915 年于上海创刊，虽是横排，也探讨直行标点用法。后来《新青年》《太平洋》《新潮》《每周评论》《北京法政学报》等直行的杂志也尽量采用新式标点。但是各个报刊之间以及同一报刊的不同作者之间使用标点是不一致的。

为推广新式标点和统一用法，1919 年 4 月马裕藻、周作人、朱希祖、刘复、钱玄同、胡适六人在国语统一筹备会第一次大会上，向北洋政府教育部提出《请颁行新式标点符号议案》，获得通过，经胡适于 11 月作了修改，称为《请颁行新式标点符号议案（修正案）》，由教育部于 1920 年 2 月发《通令采用新式标点符号文》（第 53 号训令），正式颁行。标点符号用法主要根据当代白话文作品使用情况制定，由政府颁布，在我国历史上是第一次，全国从此有了一个可以共同遵循的标准，其重大意义不可低估。《议案》制定的标点符号共有 12 种，即句号（。或 .）、点号（、或 ,）、分号（；）、冒号（：）、问号（？）、惊叹号（！）、引号（『』「」）、破折号（——）、删节号（……）、夹注号（（）〔〕）、私名号（___）、书名号（____）。私名号与书名号在直行文字用于左边，横行用于下边。关于这些新式标点符号的来源，《议案》说

"大致是采用西洋最通用的符号,另外斟酌中国文字的需要,变通一两种,并加入一两种"。该案附则有两项重要规定:"每句之末,最好是空一格";"每段开端,必须低两格"。商务印书馆于同年出版的一套中等学校教科书与《白话文范》,采用了这套新式标点符号。

"句读"一词自东汉以来用了一千多年,"圈点"作为句读符号自唐宋起也用了好几百年,但句读符号主要指(。)(.)(、)等用来点断文句的句号和读号("点的符号"),并不能把专名号、引号等用来标示词语性质的符号("标的符号")概括在内。胡适曾试图用"文字符号"来概括句读符号与其他符号,在《论句读及文字符号》一文中写道:"凡以示句读所在及其区别之符号,曰句读之符号。句读之外,尚有他种文字上之关系,亦可以符号表示之。如引语符号,本名符号之类,合句读符号而言之,统名曰文字符号。"这样,句读符号以外的其他文字符号还是没有一个专门的名称,而且"文字符号"含义广泛,不能特指标点符号,例如语音符号也是一种文字符号。1917 年钱玄同发表《论应用之文亟宜改良》(《新青年》第 3 卷第 5 号),强调"无论何种文章……必施句读及符号",文中把"·,;;"与"。、"等列入"句读"类,而把"()『』"与人名号、地名号等列入"符号"类,"句读"与"符号"便被截然分开了。句读圈点不作为符号看待,同句读符号通常把圈点包括在内是有矛盾的。1918 年高元在《北京法政学报》第 8 期发表的《论新标点的用法》一文[①],把新标点与传统的句读加以区别,赋予"标点"一词以新的含义,在当时产生了重大影响。鉴于旧有的"文字符号""句读符号"等名称不能包括"点的符号"与"标的符号"这两项意义,《请颁行新式标点符号议案》起草人采用高元的文章所用的"标点"两字,把他们建议颁行的一套新符号定名为"标点符号",这一名称一直沿用至今。

[①] 编者注:此文题目应为《新标点之用法》,《法政学报》第 1 卷第 8 期发表时间为 1919 年 1 月。

西文"标点"一词源自中世纪晚期拉丁语 *punctuare*，意为用"点"（*punctum*）标示或刺孔。法语 ponctuation（标点）一词于 16 世纪上半期获得"给文字加标点"的意义。英语 punctuation 一词首见于 1539 年，起初指给希伯来文的辅音字母加"元音附点"，而给英文加标点在 15—18 世纪初则用 pointing（也是源自拉丁语的 *punctum*）来表示。17 世纪中期至 18 世纪，两个词的意义互换，即给英文加标点用 punctuation 来表示，而给希伯来文或阿拉伯文加元音附点则用 pointing 来表示。英国 1859 年出版的《标点手册》(*A Manual of Punctuation*) 使用了 punctuation-marks（标点符号）这一术语，反映用语转换在 19 世纪已经完成。

俄语标点符号称 знаки препинания。препинания 源自动词 препинать，指以某种障碍阻止、使停顿，作为名词单独使用是"停顿"的意思；与 знаки（符号）连用则为"标点符号"，本意是"停顿符号"。词源说明当初俄罗斯人所理解的标点同言语停顿密切相关。俄语"标点"单独使用（不与"符号"连用）时早先也是用 препинание（单数第一格）这个固有词，后来同西欧国家一样使用来源于拉丁语的 пунктуация（相当于英语的 punctuation），指"标点""标点法""标点系统"等。至于"标点符号"，仍用 знаки препинания。

日语的句读点，据信是古代训读汉文时作为训点的一种演变而成。平安时代初期（8 世纪末—10 世纪，唐后期至五代）的点本有使用句读点的实例，明确使用句读点是从江户时代（1603—1867 年）初期开始的，但用法缺乏基本准则。日本最早使用西式标点的书籍是 16 世纪末 17 世纪初西方传教士在日本散布或在当地出版的宗教印刷品，共几十种，其中使用了句号、逗号、分号、冒号、问号、叹号等。但是，当时西式标点并没有得到推广，积极引进是在明治维新以后。论述日语句读法较早的有 1887 年（明治二十年）出版的权田直助著《国文句读考》。《平凡社大百科事典》第 4 卷第 795 页的有关条目说：日本在

1910年（明治四十三年）进行了句读法标准化最初的尝试，文部省颁布了《句读法案》，供编审国定教科书统一体例使用。第二次世界大战后，随着公文改为横书，罗马字教育普及，汉字限量使用，假名的使用范围扩大以及用假名拼写的外来语增多，横行的和直行的文稿所用标点都比以前繁复。1946年（昭和二十一年）文部省国语调查室公布《句读符号使用法（草案）》(《くぎり符号の使ひ方（案）》)，作为学习句读法的一种方案。除传统的句读点（。）(、)外，陆续增加的标点符号有：中圆点（·）、单引号（''）、双引号（""）、括弧（（ ））、六角括号（〔 〕）、省略号（……）、连接号（＝）、疑问号（？）、感叹号（！）；横排的标点形式与西式的一致，如句号（。）、逗号（，）、引号（""''）等。"标点符号"的名称日本《出版事典》(东京出版新闻社1971年版）改为"记述记号"，不过大多数书籍通常仍照传统说法称为"句读点"。例如日本《国语大辞典》(东京小学馆1982年版，第744页）说"句读点"是指"句点和读点"，或"句点、读点之外再含叹号、问号、中圆点、逗号等各类用于标记文章的辅助符号的总称"。英语的punctuation在日本的各种辞书一般都是译作"句读""句读点"或"句读法"等。

我国古代的句读术语很早以来为朝鲜语言学界所借用，朝鲜科学院语言文学研究所编《朝鲜语小词典》(平壤1956年版）立有"句读法"和"句读点"条。20世纪50年代苏联出版的《朝俄词典》和《俄朝词典》用"句读点"来对译俄语的"标点符号"。1962年朝鲜高等教育图书出版社出版的《现代朝鲜语法》解释"kutuceom"（句读点）时使用了新的名称——"muncangpuho"（文章符号），朝鲜语的muncang有"文章"和"句子"两解。在六七十年代两种名称都有人用，进入80年代以来，则多用新的名称，韩国也是如此。现在"muncangpuho"已取代"kutuceom"成为表示现代朝鲜语/韩国语"标点符号"的标准用语。

标点符号依照功能分成两大类：(1) 分隔号（separation marks），

即点号；(2)标号（specification marks）。如前述，西文"标点"一词是以拉丁语的"点"字为词根构成的，在字面上不含"标"的意思，汉语"标点"在字面上把两种意思都包含在内，有助于全面理解标点概念。

二、"标点"的概念

1990年国家语委和新闻出版署发布的《标点符号用法》说明："标点符号是书面语中不可缺少的部分，用来表示停顿、语气以及词语的性质和作用。"标点符号和文字的关系没有涉及。经修订后在1996年作为国家标准颁布的《标点符号用法》，对标点符号的概念作了更精确的表述："标点符号是辅助文字记录语言的符号，是书面语的有机组成部分，用来表示停顿、语气以及词语的性质和作用。"标点符号和文字的关系在这里就显示出来了：两者都是书面语的组成部分，记录语言以文字为主，标点符号为辅。"标点符号"的释义在《汉语大词典》和《现代汉语词典》(修订本)中分别为："用来标明句读、语气和专名的书写符号"和"用来表示停顿、语气以及词语性质和作用的书写符号"。

标点符号的性质明确了，还有"标点"概念需要弄清楚。下面是三种常用辞书对"标点"一词的解释。

标记句读的符号。——《辞源》(修订本)
(1)古时标记句读的符号；(2)标点符号；(3)给没有标点的著作加上标点符号。——《汉语大词典》第4卷
(1)标点符号；(2)给原来没有标点的著作(如古书)加上标点符号。——《现代汉语词典》(修订本)

问题在于：作动词使用的"标点"是否仅以"给(原来)没有标点的著作加上标点符号"为限？用非书写符号的形式如间隔安排等技术手段来给著作断句分段和切分词语，属不属于标点的范畴？

叶圣陶说:"现在的书籍报刊都分段落,加标点,从著者方面说,在表达明确上很有帮助;从读者方面说,阅读起来可以便捷不少。"(《精读指导举隅·前言》,商务印书馆 1942 年版)"加标点"不包括"分段落",这是对"标点"的一种理解。广义的标点似应包括分段,标点古书是包括分段的。钱伯城在《古籍的编辑整理工作》一文中写道:"标点,包括分段,以及应用新式标点……断句","古人的著作逻辑性不强,有时段落不清,因此分段时某些句应属上、应属下,颇费斟酌"。[1] 魏同贤在《古籍整理编辑工作》中也指出"标点"是"整理古籍基本的、常用的方式。按照文意标段分句,目的在于方便读者阅读"[2]。

"篇"是书面语实际应用的最大语言单位。在书面语交际当中,人们总是首先着眼于全篇,把一个语言片段放在篇中考察,才能弄清它与其他部分的关系,确定它的含义。"段"(paragraph)是连续性话语的组成部分、文章的构成单位,以一个要点为中心。分段是划分篇章结构的基础。一篇文章通常由若干段构成,短文也可以只有一段;一段通常由若干句组成,也可以只有一句。例如收入《诸子集成》的王弼本《老子》的一种点校本共分八十一章,每章一段,多为几句一段,最少的一句一段,第十八章:"大道废,有仁义;智慧出,有大伪;六亲不和,有孝慈;国家昏乱,有忠臣。"只有一个句子,自成一章。《孙子兵法》十三篇,一篇包括的段数多少不等,每篇都以"孙子曰:……"开篇。冒号是表示句内停顿的点号,可是用在"孙子曰"后面的冒号所引起的下文不是半句、一句或几句话,而是由许多段落组成的一个篇章。这样的句段属"超句句段"之一种。给古书断句不能不考虑一个句子在篇章结构中的地位:它属本段还是属上段或下段,或者自成一段?句中有没有超句句段?古代有章句之学,说明字、句、章、篇是按照一定的

---

[1] 戴文葆主编:《编辑工作基础教程》,东方出版社 1990 年版,第 207 页。
[2] 边春光主编:《编辑实用百科全书》,中国书籍出版社 1994 年版,第 376 页。

意义、思路、体式或句法、章法、篇法组织起来的。"文字有意以立句，句有数以连章，章有体以成篇。篇则章句之大者也。谓篇有所法，是谓章句复有所法也。"（汉王充《论衡·正说篇》）只讲句法，不及章法篇法，就无法分析文章，掌握全篇的逻辑意义关系。

　　分段或标段有使用书写符号和间隔安排两种方式。国际上通用的分段号为（¶）。我国使用过多种分段号。武威汉简在篇章与篇章之间使用大单圈号（○）或大圆点号（●）来分隔。宋真德秀批点法以"截|"为"节段"号。民国时期的公文标点有分段号。《国民政府训令第五○○号·附标点办法举例及行文格式》规定："每段末句有空白处，应用'='号截之，以防加添字句。"这个用于段末的符号在文件中名曰"截号"。黎锦熙在《国语运动史纲》一书（商务印书馆1934年版）中按照它的功能改称为"分段号"。如今普遍采用的是另一种分段形式——间隔安排，行文到段末即提行另起。这个办法我国古已有之。例如西周中期的青铜器曶（hū）鼎记有周王对曶的策命，今存铭文分三段，到段末均另起行头顶格写。《古今图书集成》清雍正四年内府铜活字印本，同许多古书一样采用提行顶格排的分段方式。现在的图书多采用西方自16世纪以来实行的段落首行缩进的办法，目的是为了使分段更明显。无论首行缩进还是顶格排，都属于以间隔安排来代替书写符号的标段方式。在电脑排版技术推广之后，有些书报的段落，特别是没有编号的并列项目（包括标题、要闻），在采用间隔安排的同时再在段首加（●）（▲）（■）（◆）之类项目符号来标示。项目内容从一个词到几个句子不等，各占一行或数行，自成段落。辞书的条目之中包含子目有时可插入分段号加以区分。例如，美国《韦氏新传记词典》大段（条目）用悬挂缩进（首行突出，第二行起缩进）方式排，小段（子目，如家族条目中的家庭成员）接排，小段与小段之间加分段号（¶）来分隔。这样既可以在格式上保持条目的独立性和完整性，又比较容易看清其中的段落层次。

词与词之间留间隔是拼音文字使用最广泛的、最基本的一种标点手段。《苏联大百科全书》第3版"标点符号"条认为词与词间的"空格"（пробел）也是一种符号形式，在功能上属标点符号之一，称之为"词的间隔号"（знакграницъ слов）。英国学者雷金纳德·斯凯尔顿（Reginald Skelton）对1942年7月7日《泰晤士报》的一篇社论使用标点情况作了统计。全文1072个词，共使用了约6400个铅字，包括字符、标点符号和空铅等。平均每千个词（words）使用4988个字符（characters）、878个空铅间隔（spaces）和134个标点符号。间隔数接近词数，假如不留间隔，需要增加多少标点才不会发生混淆，可想而知。

汉语使用非拼音的方块字，一般不用间隔来切分词语，但在必要的或适当的场合还是要使用的。世界现存最早的自身载明制作日期的印刷品为王玠于咸通九年（公元868年）印造的《金刚经》，上面没有书写的标点符号，一般说明文字从文意可以判断诵读时应停顿处，但音译的经文不明其意则无法断定念到哪个字可以停顿。所以本经中音译梵语的真言（经咒）采用空格的办法来分词："郍谟薄伽　跋帝　钵罗若　钵罗蜜多曳　唵……娑婆诃"。"郍谟"又写作"南无"，归敬之意（用于佛、菩萨或经典名之前），与后面的词连读。"薄伽"意为"世尊"，对释迦牟尼的尊称。"跋帝"是佛教最早的五名比丘之一。"钵罗若"指可以达到涅槃彼岸的智慧。"钵罗蜜多曳"为到彼岸、超度。"唵"是另起一句开头的发语词。"娑婆诃"有吉祥、息灾等义，用于佛经真言的末尾，相当于基督教祈祷词的结束语"阿门"。加空作为一种标点手段在现代汉语中使用更广泛。国家标准《出版物上数字用法的规定》大量使用空格来分隔示例，如：4.1.1条"示例：一律　一方面　十滴水　二倍体　三叶虫……第四方面军　十三届四中全会"。报纸报道长串人员名单，一般用空格来分隔人名。报刊的标题和要闻也常用空格代替标点符号，例如"励精图治　再创辉煌"与"服务大局　把握导向　把新闻宣传工作提高到新的水平"中的空格就相当于逗号。

有些空格是书写的标点符号所不能代替的。下面是 1997 年 2 月 19 日《光明日报》第 5 版摘自 2 月 7 日《中国图书商报》的一则书业消息全文：

近期其他书业要闻
● '97 图书市场将好于去年 经营环境有改善 市场趋向成熟 出版选题话题甚多
●《扫盲图解字典》陷入发行困境
● 邓小平图书热再度升温
● 网络旋风紧逼中国书业
● 全国新华书店负责人共商发货店改造大计

所摘登的五项要闻前面都有项目符号（●）作为醒目的区分标志，各自独立成段。第一项要闻共有四个要点，用空格隔开，这些空格起标点作用，而且又不是顿号、逗号、句号或其他任何标点所能代替的。

不可忘记许多标点符号与空格是配合使用的，某一种标点符号后加几分空印刷出版行业是有规定的。空格还有帮助区别标点符号的作用。例如英语的句点和缩语点号都为（.），形式是一样的，其区别在于句点后面还要加空格。使用具有检查英语拼写错误功能的计算机软件，如果在句点之后不加空即续写下一句的文字，屏幕上就会在句点前后文字的下方显示红色的曲线，提示拼写错误，加空后红色曲线即自动消失。这些情况都说明间隔安排和书写符号一样具有标点功能。

标点符号是辅助文字记录语言的符号，不是任何见于书面语的符号都属于标点符号。有一部出版百科辞典在分类词目表中把数学符号、生物学符号、医药学符号、气象符号和货币符号等也归入标点符号类，这就混淆了标点符号和其他符号的界限。语音符号在功能上也不同于标点符号，尽管两者在形体上有时相同或近似。"点书"是圈点书籍，所用的圈点是否属于标点要作具体分析才能作出准确的判断。唐李匡文《资暇集》卷上说:"稷下有谚曰'学识如何观点书'。点书之难,不惟句度义,兼在知字之正音借音。"书中的圈点如果用来分清句度义,属于标点;如果用来给字标音、标声调,则属于语音符号。在标声调的文字(如越南文)中声调符号是文字的一部分。

拼音文字的大写和变换字体属正写法系统,具有标点功能。例如,书报刊名称英语用斜体字表示,相当于汉语的书名号。表示着重的词句既可以加着重号,也可以改变字体(如用黑体)以代替着重号。引文单独排,使用与正文不同的字体,可以不再用引号。我国1996年发布的国家标准《汉语拼音正词法基本规则》也规定:"句子开头的字母和诗歌每行开头大写"与"专有名词的第一个字母大写"。句子开头的字母大写与句号配合,使上下句分隔的界限更明显。汉语拼音的专名大写相当于汉字的人名、地名等专名下加专名号(＿＿＿＿)。

"话语"或"语篇"(text)是话语语言学的研究对象,其研究范围已突破句子的界限,扩大到篇章。建立一种语言的标点系统也要考虑话语语言学等各种邻近学科的研究成果。所谓"话语"指口语或书面语的一个单位,有长有短。短的可能只有一个词,如商店门口告示牌上所写的"营业"或"休息";长的可能是一个句子、一段话、一次报告、一个故事、一篇文章或一本书。因此,话语可以分出篇、章、段、句(单句、复句、分句)、短语、词、词素等结构层次。段通常多于一句,也有一句一段的,这时段与句重合,但仍保持各自的标志。从实际使用情况看来,汉语标点依层次可分四种类型:(1)超句标点(suprasentential punctuation),大于句号的标点,如分段的符号或段落首尾缩进,朗读时段末的停顿比句末的停顿长。(2)句末标点(terminal punctuation of sentence),如句号、问号、叹号。(3)句内标点(internal punctuation of sentence),如逗号、顿号、分号、冒号等。(4)词内标点(internal punctuation of word),如用于词内的连接号(-),常见于带字母的词。

例如:半导体名词"P–N 结",已作为现代汉语名词收入《现代汉语词典》(修订本);"TPC-4 海底光缆"中的"TPC-4"是产品型号,应作为一个词看待。词内标点在汉语中使用虽不如拼音文字那么普遍,毕竟有这一层次的标点,在理论上要加以阐明。

国外一些权威性的辞书对"标点"有作广义解释的,也有作狭义解释的,了解一些有代表性的释义,有助于对标点概念的理解。

标点(punctuation)是整套符号,在文字中用来标示一篇话语(un text)的不同句子(phrases)之间与每个句子的主要成分之间的分隔,从而标示阅读所必需的停顿。标点是以书写符号表现有声句子的手段,它同声音的语调变化、停顿、中断相适应,从而同意思的细微差别相适应。它对句子成分或分或连,依具体情况而定。——《及埃百科词典》巴黎 1981 年版

标点(punctuation)是使用间隔安排(spacing)、约定符号及某些印刷手段以帮助理解与正确默读和朗读书写的和印刷的文本(texts)。——《不列颠百科全书》第 15 卷 1975 年版

标点是一套约定的用以明确文字意义的手段,这些手段可以同停顿、示意动作以及用来强调语义的语气变化相比拟。全部标点手段最基本的是间隔安排,它使一个句子当中的词与词互相分隔开来,并分出段落(paragraphs)。改变字号与字体(如使用大写字母和斜体字),以及使用句号、逗号、引号之类标志或特定符号也可达到标点的目的。——《新世纪百科全书》第 15 卷,美国辞书出版公司 1980 年版

词与词间的间隔、大写、引号、斜体字以及分段(paragraphing)之类安排,从用途看也可以认为是标点。标点有两个主要功能:(1)部分地表现话语中以停顿、强调、音高等传达的结构信号;(2)标志语法结构。问号、叹号、逗号代表升调、降调、平调

模式。——《美利坚百科全书》第 23 卷，美国格罗利耶公司 1986 年版

　　标点符号（знаки препинания）是书面语的组成部分，用以切分语言单位（语段、句子、短语、词、词素），标示词语之间的句法与逻辑关系，指明句子的交际类型与感情色彩，以及用以表达有关话语的外在信息（标示引文、话语不完整与缩写等）。标点符号有不同的类型：（1）划分大的语段界限的符号，即另起一段，段落首行缩进（абзац，красная строка）；（2）句子开头和末尾的符号（。？！……），用以标示句子的交际类型、感情色彩与不完整性；（3）标示句子各部分的关系的句内符号（，；：——），从两面切分词语的符号有括号、双逗号与双破折号；（4）切分词素（义素）或音节的词内符号，如复合词中的连接号与划分音节的连接号；（5）标示引文的引号；（6）缩写符号，如句点（.）、连接号（-）、斜线号（/）。——《苏联大百科全书》第 3 版第 9 卷 1972 年版

　　国外许多辞书介绍标点概念时都只讲句子、句子成分和词语的标点，未涉及间隔安排与分段等问题，上面介绍的法国《及埃百科词典》的释义不过是其中一个有代表性的例子。其后四种辞书对标点概念作了更宽泛的解释。

三、关于建立独立的语言学科"标点学"

　　长期以来标点是语言学研究最薄弱的领域之一。尽管没有人否认标点有学，但随便打开一本语言学词典，可以找出一大串学科条目，如"文字学""训诂学""文章学""语音学""音韵学""音位学""词汇学""语义学""语法学""修辞学""方言学"等等，有的连研究查字法标准化的"字序学"都立有条目，就是找不到"标点学"。"标点""标点符号""句读法"不能代替"标点学"。标点的用法有时放在文字学、

正写法或语法修辞里面顺带讲一讲。标点的用法与理论研究到底属于什么学科,应当明确。对于这个问题目前存在不同的看法。

1. 是否属于文字学?

《中国语言学大辞典》(江西教育出版社1991年版)对"标点符号"的解释为:"标号和点号的合称。一种文字体系的特殊成分。"该书据此在分类词目表中将其归入文字学,即归入文字范畴。我们知道标点符号是辅助文字记录书面语的,并非文字的组成部分。

2. 是否属于正写法?

"正写法"(orthography)又称"正字法""正词法"或"拼写法"。《中国大百科全书·语言文字》的"正写法"条说,"正写法指文字的形体标准和书写规则",认为"广义的正写法包括字和词的正确写法、标点符号使用法等;狭义的正写法不包括标点符号"。《中国语言学大辞典》持同样的观点,在解释"正字法"时说"标点符号也归属于正字法"。既然正写法是指文字的形体标准和书写规则,标点符号又不是文字,怎么会从属于正写法呢?讲正写法要涉及一些书写符号的用法,有的形体与标点符号一样或相像,但作拼写符号使用时,其性质不属于标点符号。例如,(')在《汉语拼音方案》的表示例"pi'ao"(皮袄)中是隔音号,属拼写符号(正写法符号),而在"'97"中则是缩写法,属标点符号。现行的《标点符号用法》有两字线(——)、一字线(—)、半字线(-)等多种形式的连接号。(-)用于汉语拼音的某些词语(如 ren-ji duihua 人机对话)当中和用于音节移行,《汉语拼音正词法基本规则》称之为"短横",不称为连接号,但它确实起连接作用。因此可以认为,有的标点符号兼具拼写符号的功能,或者说有的标点符号也是拼写符号。但是,标点符号的大多数与词语的拼写无关,所以标点符号就其主体或整体来说,恐怕不宜归入正写法。据《莱克西斯法语词典》(巴黎拉鲁斯出版社1975年版)的解释,"拼写符号(signes orthographiques)是完成词语拼写的符号"。所举的法语拼写符号的例子有：accent（闭音符、开音符、长音符）、tréma（分音符）、cédille（软音符）、apostrophe（缩写号或省文撇号）和 trait d'union（连接号或连字号）。前五种纯属表音的拼写符号，后两种符号即（'）与（-），也是标点符号，但只占少数。

3. 是否属于语法学？

《中国大百科全书·语言文字》有"标点符号"条，在条目分类目录中列为"汉语语法"条的子目。中等师范语文教科书《现代汉语知识》第 2 册（人民教育出版社 1995 年版）第 4 章"语法"第 8 节是"常用标点符号"。张道真《实用英语语法（第二次修订本）》（商务印书馆 1981 年版）的最后一章第 31 章是"标点符号"。《俄朝词典》（莫斯科国立外语与民族语言词典出版社 1954 年版）"пунктуация"（句读法）条指明这个词为语法术语。语法同标点有密切联系，讲语法同时讲标点是很自然的，但要明确标点法并不从属于语法。一段话、一篇文章，不管有没有标点，它的语法结构是客观存在的。标点系统不是一种语言的语法系统的一部分，使书面语的同语法结构有联系的必要停顿等显示得更清楚，不过是它的一种功能而已。可见把标点法看作语法学的一个部门未必合适。对大于句子和句群的语言单位的研究已超出传统语法学的研究范围。英国语法学家伦道夫·夸克等著《英语语法大全》（伦敦朗文出版集团 1985 年版）把《标点》和《重读、节律与语调》两章作为附录放在书末，没有列入正文与词法、句法等相提并论是有道理的。

标点在现代作品、出版物、公文和社会交际的其他书写材料中是无所不在的。它使用情况如何，对语言文字的规范化影响极大。字形（文字形体）、正写法与标点是书面语的三大组成部分。标点既然不属于文字、正写法和语法等系统，有必要在语言学下面建立一个与文字学、语法学等并行的独立学科加以研究。语言学的这个分支学科就是"标点学"，作为国际用语似可命名为"punctuationology"（英语形式）或"ponctuationologie"（法语形式）。

标点学作为一门独立的学科，必须有自己的不同于邻近学科的特定研究对象。以话语或语篇为对象，把划分篇章结构单位和语法单位都列入自己的研究范围，就是标点学与文章学、语法学不同之处。其他不同之处包括它还要研究印刷等方面的技术手段在标点中的应用。随着信息时代的到来和电子出版技术的普及，作者和编辑们使用的新符号越来越多，这一点在计算机书籍中尤为明显。哪些属于标点符号，哪些不属于，需要通过研究加以认定，使汉语的标点符号更加丰富。在80年代以前，缩写号（'）在我国出版物中是很少见的，在90年代这个从西方引进的标点符号由于在我国报刊中使用日广，近年出版的一些有关的参考书已把它列为汉语标点符号的一种。项目符号（●）作为标点符号的一种，大概不会有太大的争议。一篇文章或一则报道排到一栏或一页的末尾是否已经完了，要不要转到下栏或下页接着读，仅凭文意有时难以断定。国内外有些刊物，如我国的《外语教学与研究》和美国的《出版商周刊》，近年在文章的末尾普遍加（□）作为篇的终结标志，说明这类符号已成为篇末号的国际形式，能不能把篇末号列入标点系统，就属于标点学的研究范围。笔者近年参加过一些书报刊的质量检查，发现在字词、语法、修辞、逻辑、数字用法、常识、事实、外文拼写、技术规格等各类差错中，标点差错的数量占第一位。为什么会出现这种现象？怎样才能改变这种状况？提高出版物质量的现实任务和学科自身的建设都迫切要求我们加强标点的理论研究，重视标点知识的普及。

出版工作研究

关于加速我国图书出版业现代化问题

一、编印发的现代化思考

1. 电子计算机的应用

以电子计算机为核心的信息技术的应用和推广，宣告人类的信息化时代的到来。这一高新技术经过初创阶段，正以强劲的势头向全世界各地区、全社会各领域渗透，进入企业、机关、学校和家庭。国民经济生活的信息化，已成为社会现代化的一个根本标志。作为信息产业一个重要部门的图书出版业采用计算机技术本应当走在前面，可惜我们在这方面远远落后于科研、新闻、金融等部门，在本系统中出版社则落后于印刷、发行部门，而最落后的则是整个出版工作的起点和中心环节——编辑工作。

在西方，电子计算机从20世纪60年代开始进入出版界。1979年中国出版代表团访问英国时参观了电子技术在编辑、印刷、发行和图书馆工作中的应用情况。以编辑出版朗曼系列英语词典闻名于世的朗曼出版集团编辑部给我们进行了无纸编辑演示。剑桥大学东方系的专家给电脑发指令，在荧屏上显示了所储存的中国古诗19首。在请他显示代表团成员的名字时，有个"轶"字不在所收3600个汉字范围之内，临时造字因编码记错了，未能立即显示出来。汉字常用的就有几千个，输入电脑自然不如英文26个字母那么简单。要是能突破技术难关，使中国

原刊于《中国出版》1993年第10、11期，收入宋应离主编：《中国当代出版史料》，大象出版社2000年版。

的编辑在自己的办公桌上也有一台能处理中文书稿的机器该多好啊！当时这样想并不知道我国计算机专家、上海电工仪器研究所总工程师支秉彝在一年之前已设计出中国大陆第一个汉字信息处理系统，并推出了第一台汉字输入实验机。

进入 80 年代，我国专家继汉字编码输入这个关键问题基本解决后，又在词处理阶段对关系全局的汉语自动分词技术进行重点攻关，取得了突破性进展，切分精度达 95% 以上。1985 年北京大学等单位合作研制的具有世界先进水平的计算机——激光汉字编辑排版系统通过国家鉴定，后来又不断改进。汉字数据库管理系统、办公自动化系统（包括轻印刷系统、文档管理系统等）、情报检索系统、机器翻译系统等陆续建立，有些方面已接近或达到国际先进水平。中央关于国民经济和社会发展 10 年计划的"八五"计划纲要，要求大力推广电子计算机技术在各行各业的应用。据报道，1990 年 4 月我国计算机专家王选教授在中文及东方语言计算机处理国际会议上宣布：中国在第八个五年计划期间，至迟在 2000 年前可望普及电子编辑排版系统，结束汉字排印的"铅与火"时代。前景是令人鼓舞的。

现在距 2000 年只有 7 年，我们要有紧迫感，因为电子编辑出版系统不是把设备买来，一夜之间就能实现的。电子技术不仅改变了图书的生产方式，同时也改变作者、编辑、印刷、发行和出版管理人员的相互关系。制作适应图书生产方式与人际关系改变的软件以及掌握电子出版的操作系统都需要有一个过程。各种出版数据库的建立就是一项耗费时间的大工程。拿人民出版社来说，它的书稿档案中蕴藏着大量的对当前出版工作十分有用的珍贵资料，把建社四十几年来的全部书稿档案整理出来录入磁盘，没有几年时间是完成不了的。

有人在 1992 年 10 月作过初步估算，全国至少有 70% 的出版社配置了计算机。从实际情况来看，出版社配置的计算机多不在编辑部。出版社的一个编辑室能安装一部电话就算不错了。在一些管理干部心目中，计算机的最大用处是算账，首先给了财务部门。把计算机用来打印内部通知和每月工资表之类报表，实在是大材小用。

英文打字机自1867年开始投入使用以来，西方出版社接受的是打字稿，近几年又越来越多地接受磁盘稿，对打字稿用扫描的办法输入电脑，在荧屏上进行编辑加工。我国的编辑和校对世世代代看的是手写稿，常常为潦草的字难以辨认而伤透脑筋，出版物错字多，与此不无关系。我们已经丢掉了一个多世纪的机械打字时代，科学的进步使汉字信息与西文信息同样可以数字化，建立初级的电子编辑出版系统的费用已降到多数出版社能承受的地步，用"光和电"取代"铅与火"的现实可能性已展现在眼前，这个千载一遇的良机不能再坐失了。

在出版社建立电子编辑出版系统需要采取一些措施来消除认识上和技术上的障碍。首先要使出版社认识到这是改善经营管理、降低成本和增加利润的最灵验的科学手段，谁先建立，谁先受益。近年举办的一些青年编辑干部培训班都有计算机编排技术课。但是出版社编辑部如果没有计算机，学了也用不上。恐怕得多举办一些出版社领导干部的电子出版讲习班，请已率先实行电子化的出版社来传授经验。美国出版商协会每年都举办各种专题的讲习班或研讨班。最大的热点是电子出版，参加者多是各出版公司的高级经理；因为电子出版技术日新月异，不时有新成果推出，如果不及时了解和应用推广，就会在市场竞争中处于不利地位。

此外，还要设法沟通电子编辑出版硬软件研制部门和计算机技术服务公司同出版社的关系，使它们彼此了解一方需要什么，另一方能提供什么。因为汉字处理系统的标准化问题尚未完全解决，须要帮助出版社了解各种类型的硬件和软件的通用性和兼容性，以便作出最佳的选择。计算机要网络化才能发挥最大的效用。新华社和人民日报社都建立了自己的资料检索系统，并将在全国范围内共享这些资源。希望新闻出版署系统的联机出版数据库能及早建成，使全国各地的出版单位能随时输入和检索有关的出版信息。出版社需要了解的信息很多，比如确定一个选题时就需要知道同一类书全国已出版过多少种，在售的有多少种，印数和定价各多少等。没有这样一个全国性的出版数据库，就难以掌握全面的、最新的数字。

中文书稿的输入有键盘输入、语言输入、扫描输入等多种方式。技术比较成熟的是第一种方式，目前最普及的是"五笔字型"输入法。汉字自动识别系统特别适用于古籍和旧书的改版重印。录入电脑可自由改变版式、字体、字号，或对文字进行加工整理，增添索引等，使古旧书籍面貌一新，更适合现代读者的使用。

更新工具容易，改变传统的工作方式则比较困难。老编辑习惯在白纸黑字上用笔改稿，作者原稿和编辑改动区分得一清二楚，有疑问还可以在稿上做记号或批注。用电脑改稿，原作文字和编辑改动容易发生混淆，而且双手要按键，眼睛要在闪烁不定的荧屏和键盘之间来回不停地转动，确实不大方便。为解决这个问题，美国笔技公司于1992年10月推出一种不用键盘而用电子笔在荧屏上直接改稿的电脑，称"笔编机"（PenEdit）。它自身重2.3千克，像笔记本那么大（荧屏对角线25.4厘米，显示图像区20厘米×15厘米），与一台20兆赫386微处理器配合使用。这种电脑配有一个60兆字节的硬盘，软磁盘驱动器用电缆与机器侧面的接头处连接。文稿从磁盘输入时即以一定的字体在荧屏上显示，然后用磁笔在上面写字进行修改，就像在纸上修改一样。电脑阅读编辑所写的文字，用"手写"印刷体显示所作的修改，以便同原稿文字区分开来，编辑使用的符号同校对符号一样。如果要改变字体，在荧屏上标明有关词句，然后写上校对符号"B"，表示改黑体；写"I"表示改斜体；如果要保留，则写"E"，文稿就会恢复原样。用磁笔在荧屏上加工可以做到用铅笔在纸上做不到的事，例如令"百分比"自动换成"%"，把大段文字从一处移往别处等。笔编机还可以记录原稿加工前后的字数，修改的总数，编辑开机进行文字加工的次数，共用了多少时间等。

2. 直接制版

现代印刷机的速度越来越快，出版周期长的原因是印前准备工作费事；一部书稿用几百个小时拣字、拼版、打样、校对、改版、制版，上机后往往不用 24 个小时就全部印完了。改用电脑排版后，效率提高许多倍。但目前的激光照排速度仍跟不上印刷的速度，如何突破这个瓶颈，是国内外出版界所关注的问题。直接制版代表今后的一个发展方向。经过编辑加工和版式设计的电子稿，越过制作照相底片阶段，直接制版印刷，这样就可减少工序和出现差错的可能性，缩短出版时间和降低成本。海德尔堡美国公司 1992 年建立了一个新印刷厂，称"GTO—DI 多色直接成像印刷厂"，用电流把网点直接烧进印版。因为无须用水和化学药剂处理照相底片，这种制版法被称为"干烧法"。每 15 分钟出一整块直接成像的印版，印 500—5000 册的成本比使用传统的电子排版系统可降低一半。

3. 满足社会需要 ——备货问题

电子化或数字化不过是使出版业现代化的一种技术手段。出版业是否达到现代化的要求，还得看出版物的质量、品种、人均消费量和满足社会需要的程度。近几年，我国每年出书八九万种。人们在估价我国出版业的状况时喜欢说，我国出版业已跃居世界前列，世界每出书 10 种就有 1 种姓"中"。这确实是一项巨大的成绩。但是如果从产品经济转到市场经济的角度来看这个问题，我们就会发现，在任何一家书店都没有八九万种书可供读者选择。一般县级书店备书只有几千种，省市级书店经常备书在两万种以上的寥寥可数。全国在售图书有多少种，未见有正式的统计数字。全国性书市和订货会有 2 万—5 万种。北京市新华书店 1991 年全年销售图书不过 6 万多种。全国在售图书的数量由此可以大体作出判断。郑士德同志说："进入 80 年代……发货店的添货满足率仅为 10% 左右（日本为 90%），新书售缺了无处添进，'买'书怎么能不'难'?"①

德国不过几千万人,在售图书有 52 万多种,批发商实行送货上门,一般情况下在 24 小时内可将图书送达德国境内任何一个书店。②英国人口比德国少,惠特克公司编的《英国在版书目》1992 年版收英国在售图书 60 多万种。鲍克公司编的《美国在版书目》1992—1993 年版,收美国在售图书 120 万种(不包括中小学课本、一般小册子和单幅地图),相当于美国一年出书种数的十几倍,为全世界一年出书种数的一倍半,比我国大陆从 1950 年至 1991 年出版的图书累计种数还要多。美国英格拉姆等大批发公司提供一天 24 小时的订货服务。

进入 90 年代以来,超级书店在美国全国迅猛发展。到 1992 年已建立 100 多家,估计到 1993 年年底将达 300 家。所谓超级书店指经常备货在 7 万—10 万种以上的书店,为一般中型书店备货量的几倍。美国最大的图书零售商邦斯-诺布尔公司下属的连锁超级书店在 1993 年 1 月 30 日结束的财政年度销售金额比上一个财政年度上升 114%,它的小型书店的销售金额则下降了 1.6%。由于超级书店的扩展,邦斯-诺布尔公司雇员大增,全日工作的专职职工一年前为 4100 人,现为 6800 人,计时工作人员由 2400 人增至 5000 人。

法国是西方建立超级书店较早的国家,省会城市的超级书店规模也很大。例如,1985 年在伊尔-维尔省省会雷恩市开设的"图书广场书店"(Le Forum du Livre),现已发展成为这个历史名城的最大的书店,营业面积有 3300 平方米。常备书 9 万—11 万种,大多数直接从巴黎购进,平均在 7 天内可到货。该市人口现有 20 万人,合每两人一种书(与我国省会城市人口和书店备书情况比较,这简直是一种奇迹)。销售额可观,1992 年为 550 万美元。该店总经理是母公司拉布勒塔尼公司从

---

① 郑士德:《关于图书商品流通规律的探讨》,载中国出版科学研究所主编:《出版科研论文选粹》,浙江教育出版社 1992 年版,第 757 页。

② 见韩云:《德国图书销售业》,载《世界图书》1992 年第 7 期、1993 年第 4 期。

巴黎请来的经济学家，雷恩本地人。管理这么大的一个书店总共才 21 人。可见现代化管理方式和经济知识所起的作用。该公司的发展战略是把书店地址选在闹市区，但设在二三层楼上。这样，租金比地面一层便宜，租用面积可以大些。地方宽敞，使陈列品种增加，许多书采用卧式展架，便于读者翻阅。这家超级书店赚钱以后再开设第二家，不盲目发展。第二家连锁图书广场书店 1990 年在邻省大西洋海岸省省会南特市开张，全店 17 人，备书 7.5 万—8.5 万种。1993 年销售额估计可达 385 万美元，比 1992 年略有增加。南特市现有 24.5 万人，即每 3 人可在该店找到一种不同的书。第三家连锁图书广场书店 1992 年在阿尔卑斯滨海省省会尼斯市开张，常备书 7.5 万种，全店 16 人。这三家连锁书店备书相同的品种只占 30%，说明它们进货充分地考虑了本地区的需要。

法国图书广场书店的经验表明超级书店在省会城市也大有发展前途，只要经营管理有方是不会亏损的。我国人口比法国多 20 倍，具有更广阔的潜在图书市场。各省市的新华书店多处在闹市区，具有十分优越的发展条件。如果各省会城市至少有一家备书在 5 万—10 万种以上的大书店，目前买书难的状况将会大大缓解。

二、两个不容忽视的问题

在实现我国图书出版业现代化的过程中，有两个不容忽视的问题。

1. 创新求精，提高质量

计算机技术给编辑出版工作者发挥聪明才智开辟了新的天地，同时也对他们的工作提出了更高的要求。比如说出版中国音乐史，现代的读者不会满足于纯文字作品，如果配上名家用中国古今各种乐器演奏名曲选段的录音带，肯定会取得更好的效果。

目下内容重复、剽窃抄袭、平庸粗俗、格调低下的图书实在太多。报上刊登畅销书排行榜，对了解市场信息是有帮助的。但这些统计数字只说明过去，不说明未来。跟潮趋热，路子越走越窄，势必造成"交通堵塞"，图书积压。在市场竞争中有先见之明，匠心独运，创新求精，才能立于不败之地。

我国工具书的出版是近十几年的一大热点，品种越来越多，是个十分可喜的现象。但"求精"的要求似乎注意得不够，这是一个带普遍性的问题。我们不能要求每一个词条都解释得十分精确，但也不能太离谱。做编辑工作的都知道作品是由正文和辅文两部分组成的。有一部《汉俄英情报学词典》的两个词条却称之为"基本正文"和"辅助正文"，对前者的解释是"直接反映作品主要内容的正文"，对后者的解释是"补充基本正文的正文（前言、注释、附录、引文等）"。引文通常是正文的一部分，不属于辅文。作诸如此类解释的条目还多得很，这里就不一一列举了。

在信息化时代，国外出版界频繁使用的一个字眼是"update"（更新）。《中国出版》的英文刊名 CHINA PUBLISHING UPDATE 译法很新颖、很讲究，看来意在表示从本刊可以不断获得新的中国出版信息。特别是影响大的辞书，内容要不断更新和订正，才能保持它的权威性和持久的生命力。在 70 年代末问世的《现代汉语词典》是一部以创新和科学精神编写的中型语文词典，以准确性、规范性和实用性见长，很快就成为深受读者欢迎的通用最广的工具书。但是现代语言和客观事物是发展变化的，语言的研究水平是不断提高的。词典如果长期不加修订，它的权威性就会逐渐降低。

法国《小拉鲁斯词典》是一部语文条目和百科条目兼收、图文并茂的中型词典，80 年代的增订本有 1800 页。自 1906 年以来每年一小改、几年一大改，内容和编排设计不断更新，这是它 80 多年来享有盛誉的根本原因。列宁在 1921 年提出编写标准的现代俄语词典就要求以它为样板。"拉鲁斯"现已成为法语词典的代名词。

世界著名《不列颠百科全书》第 14 版和第 15 版也每年修订重印，即使在第二次世界大战期间也没有停止过。该公司下属的梅里埃姆-韦伯斯特公司总裁约瑟夫·埃斯波西托说："《不列颠百科全书》我们每年都出新版（指不改变版次的修订版），用电脑处理它的4400万个词，内容每年修订约10%。因为制作胶片成本高，工具书出版社通常要限制编辑修改的页数，一般不许超过3%或5%。像《不列颠百科全书》这样修订10%是比较少见的。"据报道，无胶片的直接制版印制技术问题现已基本上解决，在三五年内可望普及，这个前景使西方出版商深受鼓舞。埃斯波西托又说："这将使有信息须要修订的出版商，如工具书出版商，有可能比以前更经常、更彻底地更新（update）资料，因为这项技术将使修订的费用降低。"①

我们的词典如果年年修订有困难，那么三五年修订一次也好，像《辞海》那样10年修订一次也会受到读者的欢迎。10年不修订，时间就太长了。

与发达国家的图书比较，我国出版的图书除精装本以外，索引、参考书目和插图也都明显地比较少，其中有印刷技术和经济条件的原因，也有认识上的原因。

在信息"爆炸"的时代，连文摘都看不过来，哪有时间为查一个问题把整本书都翻遍！正因为如此，我们编辑出版工作才更加要为读者提供索引等方便条件。然而，目前我国不仅学术著作有索引的极少，就是许多工具书也缺少必要的索引。一位日本学者根据手头的我国出版的50本大事记、20种全国性年鉴、10本日记和回忆录作过统计，十之八九没有索引。不过从笔者所接触到的情况看来，原因主要不在于作者"'怕'麻烦"，而在于出版社不够重视。例如《各国社会党手册》（人民出版社1992年版）增加三个索引——人名索引、各国政党及其他政治组织索引和国际性政治组织索引，其中人名和政党名有上千个，编索引是很麻烦的。但作者非常乐意做，其他作者也是如此。笔者只知道外

---

① 见美国《出版商周刊》1992年11月16日和1993年3月29日。

文原著的索引在翻译时往往被出版社砍去，而未曾遇到过出版社向著译者提出编索引的要求而遭拒绝的情况。辞书至少要有按笔画和按拼音两种查法，使读者能选择一种较便捷的查法；现在许多辞书只有按笔画的一种查法，部首分类法有过多次变动，笔顺和笔画数也难以准确掌握。一个字要翻来覆去查几遍才能确定该辞书收没收。相反，如果只有一种拼音查法，不会拼音也就无法检索。《辞海》本有笔画查字表和汉语拼音索引，1989年修订本又增加了一种四角号码查法（共52页），这体现了精益求精的精神。

参考书目的作用在于说明作者利用资料的广度、深度以及新颖和可靠程度，并为读者提供进一步研究的线索，这不是交代引用材料来源的脚注所能代替得了的。重要学术著作附参考书目是国际惯例，同附索引一样都是使我国书籍现代化不可忽视的方面。需要附参考书目的学术著作在约稿时就应当向作者提出这个要求。

插图具有文字不能代替的作用。配上图片，效果肯定比纯文字说明好，道理不必多讲。随着我国印刷技术的进步，希望有更多图文并茂的图书问世。

西方出版社编辑每年发稿量通常在一二十种以上。美国《出版商周刊》刊登一些出版公司招聘组稿编辑的广告，要求每年的发稿量未见有少于8种的。我国图书编辑平均每年发稿3种，没有理由不保证质量。在编辑工作电子化以后，还要努力在提高质量的基础上增加发稿数量。

2. 以经济建设为中心改善品种结构，增加常备书

1978年以来，我国各类图书以文教类增长最快。1991年销售册数，文教类占28.3%（中小学课本占43.2%，不在内），社科类占4.4%，科技类占4.8%，文艺类占5.4%。与1990年比较，文教类增长了2%，社科类增长了1.5%，而科技类只增长0.8%。科技是第一生产力，科技书籍所占比例那么少，而文教类（不包括学校课本）一类的销售额远远超过其他三大类的总和，不能认为是合理的。原来的专业分工被打破，印数少的专业书不出，竟相出版那些以学生为对象的印数大的通俗作品和辅导读物（其中有不少是加重学生课外作业负担的考试复习题之类材料），必然会造成这样的后果。因此必须强调各出版社首先要把自己分工范围内的专业书出好，并保证供应。丢掉了专业，也就丢掉了自己的优势，实非明智之举。

我国的图书品种结构怎样才能适应社会主义经济市场发展的需要，有待主管部门和专家进行研究。以市场为导向的美国图书品种出版和销售情况可供参考。关于图书种数，美国出版商协会是分23类进行统计的。1988年全国出版55483种，占比重最大的前10类依次是：1. 经济学、社会学占15%（这一类多年来一直占第一位）；2. 小说10%；3. 儿童读物9%；4. 医学7%；5. 科学6.7%；6. 历史5.9%；7. 宗教4.9%；8. 技术4.8%；9. 综合4.5%；10. 文学4.1%。除综合类外，经济学、社会学和科技类（1，4，5，8）占33.7%，其他（2，3，6，7，10）占33.9%，两者的比例差不多。从销售情况看，1988年总销售额为132亿美元，一般图书占23%，专业图书（包括工商业、法律、医学、科技及其他专业）占18.2%，大中小学教科书占26.5%。专业图书和一般图书销售额也没有我国相差那么悬殊。这里要说明一下，美国政府出版物每年有几万种，相当大一部分是科技图书，不在上述统计数字之内。

与经济建设密切相关的是专业书。专门的学术著作不同于大众读物，发行所一次要一两千册或几百册是正常现象，西方国家也是如此。这类书籍要靠出版社自己扩大销路。为此出版社要掌握全国对口专业读者名单，向他们直接寄发订单，这是书店不可能做到的。收集和储存各地专业读者名单和印发订单，在出版社建立自己的电子编辑出版系统以后就不会像过去那么困难了；估计某一种专业书的需要量时也不致心里无数。

处在发行第一线、直接同广大读者接触的是书店，可是在书店里几乎看不到出版社的新书目录，这与书店一般不接受读者订购有关。书店的周转资金有限，不能要求每个书店在扩大图书销售品种的同时增加每一种书的储备量。解决的办法是少进勤添、接受订购，其前提是出版社要有适当的库存，售缺时能及时安排重印。

任何书都要接受读者和时间的检验。初版书带有试销性质，一次不可能印得很多。书只要适销对路，有生命力，就能增加重印次数，扭亏为盈。每一种书都要求初版能赚钱才出，这是思想上的一个误区。即使西方的图书市场也不是完全按这种指导思想来经营的。芝加哥大学出版社是美国规模最大的大学出版社，年销售额1700万美元。每年出版图书240种，期刊45种，既出畅销书（bestsellers），也出所谓"销售量最少的书"（least-sellers），靠常备书来弥补亏损。该社出版的《芝加哥文字技术规格手册》于1906年初版，内容详尽实用。例如英文省略号有三点和四点两种，其前后又可能有其他标点符号。用法如何掌握，该手册用大量的篇幅就它们在文章中可能出现的各种场合举实例作了具体的说明。它的规定为作者、编辑和出版社普遍采纳。1982年已出到第13版（增订版），共738页，每年仍销售1.8万册。1993年9月开始出第14版。如果我们也有一部手册对各种文字技术细节如何处理的问题（包括省略号后可不可以带句号的问题等）作详尽的说明，肯定也会受读者欢迎。名列芝加哥大学出版社十大畅销书榜首的是《学期论文、学术论文和学位论文写作手册》，每年销售15万册，到1991年共销售410万册。这些畅销书并没有超出大学出版社的出版范围。应当说，正因为发挥了自己专业分工的优势，才能编出这样的畅销书。芝加哥大学出版社的常备书已超过3000种，即为每年出书种数的12.5倍。目前我国每年出书约9万种，如果多数新书不是一版即绝，各个出版社都拥有比自己每年出版的新书多12倍的常备书，那么可供图书超百万种就将成为我国图书市场的现实，而不是什么海外奇谈了。

关于出版改革实际步骤的两点设想

江泽民同志在党的十四大报告中指出："加快我国经济发展，必须进一步解放思想，加快改革开放的步伐，不要被一些姓'社'姓'资'的抽象争论束缚自己的思想和手脚。社会主义要赢得同资本主义相比较的优势，必须大胆吸收和借鉴世界各国包括资本主义发达国家的一切反映现代社会化生产和商品经济一般规律的先进经营方式和管理方法。"我们面临的任务是改革与完善出版体制，使其适应新时期社会主义市场经济体制发展和精神文明建设的需要。根据国内外出版经营管理的经验及当前存在的问题，似可考虑在以下两个方面采取一些改革的实际步骤。

一、加强出版信息管理与服务工作

我们处于信息化时代，无论做什么工作都要及时准确掌握所需信息，作为决策的依据。出版业是生产信息的重要部门之一，可是我国出版业信息化的程度还很低。比如说，出版社制订选题规划、书店进货、读者购书，都要知道有关在售图书的各种信息——全国在售图书总共有多少种，同一类书有多少种，书名是什么，作者是谁，何处出版，篇幅多大，定价多少，如何才能购到，等等。这些信息从何处可以获得呢？目前我国还没有一个中心机构能提供这方面的信息查询服务。西方发达国家采取的办法是出版《在版书目》(Books in Print)。所谓"在版

原刊于《出版科学》1995年第4期。

书目"指出版社有储备、售缺即重印或再版以保证供应的图书,因此又称"可供图书"。我国的出版体制是20世纪50年代参照苏联的模式建立起来的。苏联出版行政机关注重图书产量的增长,每年公布图书生产计划完成情况,不编制全国性在版书目。我国也不编制,其他社会主义国家似乎也没有编过。在计划经济条件下,没有在版书目,出版社的日子也过得去,因为所出的书不管盈亏,均由国营书店包销,出版社只要按照主管机关批准的计划完成出书任务就行。在向市场经济转轨的过程中出现了买书难和卖书难,要使发行工作摆脱困境,全国性在版书目非有不可。在市场经济条件下,这是最有用和最需要的一种书目,它的作用是新书征订目录、图书广告和全国总书目所不能代替的。编制在版书目具有以下一些积极意义。

1. 促进图书的销售

我国是世界最大的潜在图书市场,读者数以亿计。不是众多的读者不想买书,而是他们不知道何处有自己所需要的书。有了在版书目,发货店、销货店、图书馆和消费者可据以选购选订。目前大多数基层销货店不接受读者订书,原因在于它们不知道发货店和出版社是否有货可供。有了在版书目,这个障碍便可排除。

2. 有利于提高图书的质量和重版率

编制全国性的在版书目是以出版社提供本社在版书目或有关信息为基础的。办得好的出版社的在版书或常备书(backlist)总是越积累越多。常备书的种数为一家出版社一年出版新书种数的几倍以至几十倍,这并非罕见的现象。美国最大的出版商西蒙与舒斯特出版公司年营业额在10亿美元以上。它正在把它的30万种常备书数字化,存储于电脑,随时都可以重印再版。我国金盾出版社成立以来所出的书平均每种印三次以上,而有的出版社一年所出全是初版书,一本重版(重印或再版)书也没有。一家出版社向优质高效阶段转移的任务执行得如何,只要看看它的社龄和常备书品种数量就会大致有所了解。一家出版社的领导一般都能准确说出本社一年出书多少种，但本社在当年当月储备有多少种可供图书就不一定能说得清楚了。要求各个出版社提供在版书目将有助于出版社领导知己知彼。常备书少的出版社在社会上和经济上感到有压力，自然要想办法改变这种落后状况。除了那些由作者自己出钱或由某个单位赞助出版的书，出一版就能赚钱的书毕竟是很少的，多数书要靠重版来扭亏为盈。因此，我们要致力于提高图书质量，多出有重版价值的好书，这样才能使图书市场可供品种越来越丰富。

3. 有助于加深了解我国出版业实际发展水平和更好地进行宏观调控

各国的出版统计标准不一致。有些国家所公布的每年出版书籍种数，不包括政府出版物、学校教科书、图片、连续多年重印书和内部读物等，有些国家的统计数字则把这些全都包括在内，因此仅凭各国自己公布的每年出书种数的统计数字，不足以了解一国的出版实力，进行高低的比较。衡量一国出版业的实际发展水平有一个更重要的指标就是全国在版书种数，即在市场上可以向顾客供应的图书种数。

以美国为例，鲍克公司编的《在版书目》1948年创刊时收书8.5万种，约为当年美国出版图书种数的10倍。该书目1990—1991年版收书约100万种，为1990年出书种数（46743种）的21倍多；1992—1993年版收书超过120万种，为1992年出书种数（49276种）的24倍多；1995—1996年版收书增至160万种。美国图书出版史上最高纪录为1987年的56027种。进入90年代以来，每年出书种数比80年代有所减少，保持在4.2万至4.9万多种之间，不超过5万种，但在版图书每年增长的幅度都在10万种以上。美国的经验表明，每年新书出版总量持平或有所减少，并不影响可供图书年年增长，关键在于所出的书重版率高，有较强的生命力。

德国和英国的可供图书近年分别为50多万和60多万种。苏联存在时期在大多数年份每年出书种数占世界第一位，但可供图书并不很多。据90年代初苏联书贸专家估计，最多10万—12万种，即不超过本国一年出书种数的2倍，只有美国可供图书的1/10左右。

我国可供图书近年曾经有人估计为30多万种，但这只是一时的估计数字，可供图书的数量年年都会有变化。我们需要有每年分类统计的准确数字，以便研究各类可供图书的增减情况，品种结构是否合理，每年选题出版计划对可供图书品种的消长有什么影响等。在设法控制初版书总量增长的同时，要确保可供图书一年多于一年，这样才能使图书市场日益繁荣。

为编制出版在版书目及提供各种出版信息，需要在主管部门领导下设立一个全国性的图书出版信息管理与服务中心。美国的做法可供借鉴。鲍克公司就是这样一个专业机构，它建立有全国性书目数据库，美国ISBN中心就设在该公司。它的数据库与美国各大出版公司联网，每种新书一出版，它就立即记录在案。该公司编制的美国《在版书目》有印刷版、光盘版、联机版、磁带版、缩微胶片版。一百几十万种书按美国国会图书分类法的6.5万个主题词分类著录，可按作者、主题、出版社、出版时间、国际标准书号等多种方式查阅。非印刷版的内容每月更新一次。无论查阅印刷版或非印刷版，有关某一种书或某一类书的情况立刻可以查明。

英国《在版书目》在19世纪就开始编制了。1874年第一版收135家出版商可供的图书3500种。美国的《在版书目》是四十多年前计算机技术还未开始在出版业中应用的时候创刊的。今天我国建立出版数据库和编制在版中文书目已具备更为优越的技术条件，问题在于如何采取组织措施加以落实。

二、建立和发展超级书店

1994年10月在武汉举办的第六届全国书市盛况空前，接待读者之众、现场销售额之大、订货码洋之高均超过前几届全国书市，买方和卖方皆大欢喜。据报道，在书市期间，觅书者如潮水般涌动，一次购书数万元者不乏其人。读者购买力之高出乎一些老新华书店工作者意料。

发人深省的是，就在《新闻出版报》报道这届规模宏大的书市胜利降下帷幕的同一天——10月9日，该报在读者之声专栏刊登余仁杰的一篇文章《想买到所需的书真难》。作者写道："现在书店都抱怨卖书难，许多新华书店或让出书柜设'服装柜'，或改行做别的生意。作为读者的我，却感到买书难，尤其是要买到所需要的书难。"我们在庆贺书市举办成功的同时，不能不考虑这样一个问题：外地不能前来参加书市的读者和书市闭幕以后的本地读者怎样才能购到所需要的书？

买书难是由于买者所需要的书当地买不到，也不知道在何处能买到；卖书难是由于卖者不知道读者在什么地方，实际有多少。武汉书市的主办单位和协办单位做了大量组织工作，使备货品种比较齐全，连音像制品共7万多种，展销的各种图书质量也好于往年，结果供销两旺，"两难"问题一下子都解决了。尽管这只限于一时一地，毕竟为我们普遍地持久地解决"两难"问题提供了有益的启示：在条件具备的大城市不妨试办一些"永不落幕的书市"，即具有全国性书市规模的"超级书店"。

自改革开放以来，各种"星级"豪华宾馆酒店、高达几十层的"世界级"金融商贸大厦一座座拔地而起，可是我国至今还没有一家符合国际标准的"超级书店"（book superstore），这与我国作为一个出版大国的地位是很不相称的。美国大连锁书店沃尔登书店总经理查理·卡梅洛依照西方的标准，认为一家超级书店备书至少7.5万至12.5万种，设在购物中心等处的常规书店（mall bookstore）备书1.5万至2万种。

美国最早的超级书店是20世纪20年代由独立书商阿道夫·克罗赫在芝加哥建立的。60年代中期连锁书店在美国兴起时，主要销售供大众阅读的畅销书，不求品种齐全。一家连锁书店的几十个、几百个门市部统一进货，把成千上万册书合到一张订单，从出版商或批发商那里获得高折扣，然后以九折至七折零售，因而比习惯按定价售书的独立书店更有竞争力。

连锁书店后来发现，书店的销售额同备货品种多寡密切相关。如果品种不多，顾客没有什么选择余地，销路也会受限制。从90年代初起，实力已大为增强的各大连锁书店采取新的发展战略，竞相建立超级书店。仅"巴恩斯-诺布尔"、"博德斯"、"皇冠"与"百万"四大连锁书店，在1995年1月结束的财务年度（以下简称"1994年度"）已在全国各地开设超级书店458家，并正以一年新建一百几十家的速度在增长，有时在一个大城市就有许多家。例如博德斯集团1995年在波士顿开设该集团在该市的第四家超级书店，备书17.5万种、音乐唱片7.5万种、录像带8500多种、多媒体2500种、报刊2000种。据说新开设的超级书店93%在12个月之后即开始赢利，一些小书店因亏损被关闭或合并。美国第一大连锁书店巴恩斯-诺布尔书店雇佣2万人，1994年度拥有书店966家，其中超级书店268家，销售额9.53亿美元，比1993年度增长55%；设在购物中心等处的常规书店698家，销售额6.47亿美元，比1993年度减少6%。该连锁书店1994年度销售额比上一年度增加21%，主要是靠超级书店实力增长获得的。它计划在1995年度（1996年1月结束的财务年度）再增设超级书店95家，预计该公司在本年度的收入有70%来自超级书店。

20年以前独立书店还是美国图书市场的霸主，此后每况愈下，1972年、1983年、1994年所占的份额分别为58%、40%、19%。而连锁书店所占的份额则不断扩大，在同期分别为11%、18%、27%。原来实力不及独立书店1/5的连锁书店如今已成为美国图书第一大销售渠道，独立书店退居第二位，紧跟其后的是图书俱乐部，占1994年图书市场份额的17%。

经验表明，在同一市区，1家备书10万种的大书店，其销售额往往大于10家备书1万种的小书店销售额的总和，有备货品种齐全的大书店存在，读者会无远弗至。读者能在一家大书店买齐所需的书就不会再到别处找小书店。超级书店在美国被称为"天赐的书业发展工具"。在信息化时代，建立大型书店已作为整个西方出版业的发展趋势。法国伊尔-维尔省省会雷恩市只有 20 万人，而当地由 21 人管理的超级书店"图书广场书店"备书却有 9 万至 11 万种之多，即合每两人一种书。据行家估计，一家书店备书 7 万至 10 万种，90% 以上的读者的需要会基本上得到满足。

我国一年出版图书在 1994 年已超过 10 万种，建立超级书店的货源当不成问题，社会联合举办大型书市成功的经验已提供了证明。重要的是建立一种有利于超级书店成长的出版体制，国家采取招商引资和大力扶持的政策措施。许多老新华书店处于城市繁华地段，不愁没有人愿意投资。采取社店联销方式，由双方承担风险，既可减轻书店的负担，又可保证货源不断，也值得一试。如果能做到各省会城市和计划单列市至少有一家超级书店，我国出版事业将会更好地适应社会主义市场经济发展和精神文明建设的要求。

重在树立精品意识

我国图书出版中存在不容忽视的"两多一少"的问题，即图书差错多、平庸书多、可供书品种少，这无疑与相当一部分编辑人员精品意识不强关系密切。

新闻出版署从1993年10月至1996年8月先后组织了5次图书编校质量检查，共检查图书129种，其中优质品和良好品合计9种，占7%，不合格品95种，占73.6%。新疆新闻出版局从1997年3月起对全区各出版社以6种文字出版的80种图书进行了质量检查，39种为合格品，其中4种为优质品，占5%，41种为不合格品，即不合格品仍多于合格品。这些检查结果表明，我国近年出版的图书差错多，优质品所占的比重太小，不合格品所占的比重太大。这个问题已引起全社会的关注，出版界从上到下也在反思，大力进行整治。

平庸书多，是令人忧虑的另一个问题。图书不合格品可以依据差错率量化，平庸书难以量化，但可依据其思想内容加以识别。许多平庸书得以出版，不是由于编辑判断失误，而往往是出于经济考虑或为了照顾关系降格以求的结果。

可供书品种少，读者从买书难就可以明显感觉到。大城市书店门市常年备货陈列的品种一般只有2万种，超过5万种的寥寥无几，至今尚未出现备货达10万种的超级书店，县店备货则多为几千种。发达国家的可供书数量是有统计资料可查的。据报，可供书日本大约有30万种、

原刊于《新闻出版天地》1997年第5期。

英国 50 万种、德国 70 万种、美国 130 万—150 万种。美国《在版书目》（美国 ISBN 中心鲍克公司编）1996—1997 年版收具有国际标准书号的在版书（即可供书）1352929 种，为 1994 年新出书 51863 种的 26 倍。可供书的销售情况又如何呢？据美国最大的图书批发商之一贝克与泰勒公司称，1996 年全年该公司共批发 2.5 万多家出版社的图书 110 多万种，现在能做到接到订单后 24 小时内发货。可供书多，才能使数以千计的超级书店（备货 7.5 万种至一二十万种或更多）遍布美国各大中城市。我国可供书种数没有正式统计数字，据估计大致相当于或略多于一年出版图书总数。1996 年 11 月在深圳举办的第七届全国书市汇集可供书之多也不过 10 余万种。我国可供书少，从每年出书版次结构不合理可以找到原因。在出版业发达的西方国家，重印书为年出新书种类的几倍以至二十几倍，而我国重印（重版）书从未超过全年出书总数的 50％，年年都是新书多于重印（重版）书，大多数新书出一版即绝。可供书怎么会多呢？

　　质量是图书的生命。粗制滥造出来的质量平庸低劣的图书是没有生命力的。我国新书大多数出一版即绝，同其中的不合格品多和平庸书多不无关系。"树立精品意识，提高出版质量"，是《中国出版工作者职业道德准则》的第三条。这条准则的提出切合时宜，具有重大现实意义。实施精品战略，就是要多出好书，不出坏书，少出平庸书。通过多出好书来带动我国图书整体出版质量的提高，更好地满足广大人民日益增长的需要。

　　图书整体出版质量的提高包含一项重要内容，就是品种结构的改善。又缺又滥是结构失衡的一种表现。这种现象在辞书方面表现尤其突出。有研究人员统计和估算，我国各类成语词典从 1978 年至 1995 年共出版 240 多种，可见重复出版问题的严重。如果在成语词典中能多出现几种像《现代汉语词典》那样的精品，这类热门书在低层次重复出版的势头就会得到有效的遏制。另一方面，辞书有许多缺门，因编辑难度大，至今无人去开发填补。例如，现在使用的《辞源（修订本）》收词范围以 1840 年以前的古汉语为限，我们很需要有一种近现代汉语词源词典。少出 100 种内容大同小异的成语词典，集中力量多出一种高质量的词源词典 —— 具有不断重印再版价值的近现代汉语词源词典，所产生的社会效益和经济效益恐怕要大得多。

英语是世界主要的通用语言，英语图书具有广阔的国际市场，容易打开销路。同时，我们要看到中文图书也有自己的优势。世界上以英语为第一语言的人口现有 3.7 亿，以英语为第二语言的人口约 9800 万，两者合计还不到我国人口的 1/2。再加上海外众多的华人和华侨，中文图书的潜在市场就更广阔了。多出一些像《汉英词典（修订版）》那样的精品，不愁打不进国外市场。

国外出版业的发展趋势和我们的对策

20世纪最后10年出版业所发生的变化大于先前的90年。美国出版业的面貌正是在这10年发生几乎令人不能辨认的巨大变化，最主要的表现在三个方面。

一、超级书店大发展

60年代在美国兴起的连锁书店多为中小型书店，备书一两万种至四五万种。在实力壮大以后，从90年代初起，连锁书店纷纷采取发展超级书店的新战略，每年平均建立一百多家。巴恩斯与诺布尔（以下简称"巴诺"）公司于1990年下半年在连锁书店中率先走上发展超级书店的道路，超级书店每年以新建几十家的速度增长，它的普通书店（多尔顿书店）则被大量裁减或合并。该公司1991年（实际指1992年1月底结束的财务年度）有书店863个，其中普通书店805个，超级书店58个，后者占公司总销售额9.2亿美元的16%。1998年（准确地说，1999年1月底结束的财务年度）巴诺的超级书店增至521个，销售额达25亿美元，占公司当年总销售额30亿美元的84%；普通书店减到484个，也就是说到1998年巴诺的超级书店在数量上也超过了普通书店。巴诺现已发展成为美国和世界最大的图书零售商。

美国和世界现今第二大图书零售商为博德斯集团公司，在1993年9月有超级书店31个，普通书店（沃尔登书店）1202个。1994年超级

原刊于《出版广角》2000年第2期。

书店增至75个，年销售额4.25亿美元，占集团总销售额15.11亿美元的28%。1998年（准确地说，1999年1月底结束的财务年度）普通书店减至903家，超级书店增至250个，销售额15.6亿美元，后者占集团总销售额25.95亿美元的60%。博德斯在1997年10月以4000万英镑购买英国伦敦连锁书店即布克书店，在那里建立超级书店，把美国超级书店的经营方式引进英国，在英国出版界引起强烈的震动。随后博德斯在澳大利亚和新加坡也开设了超级书店。

据统计，美国1991年有超级书店97家，现在已超过1000家，连中小城市都建立了许多超级书店。例如，北卡罗来纳大学所在地夏洛特市不过40万人，有9个超级书店；北卡罗来纳州工业城市海波因特71500人，在直径8英里的地区出现了5个超级书店；南卡罗来纳大学所在地、州首府哥伦比亚市1995年只有9.8万人，除已有的3个一般独立书店、8个宗教书店、9个大学书店和众多的多尔顿及沃尔登商城书店外，又开设了3个超级书店，共有书店面积12万平方英尺，平均每人1.2平方英尺。

超级书店的特点，首先是营业面积大，储备品种多，一般有一二十万种，至少7.5万种，除图书外，还有音像制品、软件和报刊等。其次是价格优惠，一律打折扣，五折至九折不等。三是环境舒适，设有阅览室、儿童休息室、咖啡座或小吃部等。四是营业时间长。巴诺的超级书店一般在3万平方英尺以上，年销售额在350万美元以上，而它的普通书店多尔顿书店平均每店的年销售额为80万美元。1995年10月巴诺在纽约百老汇大街开设的一个书店是最大超级书店之一，面积6万平方英尺，备书20万种、音乐CD 5万种、报刊3500种。博德斯集团的超级书店平均3.5万平方英尺，备书12.5万—15万种，音乐CD 7.5万种、录像制品8000种。平均每店约40人，其中经理1人、副经理5人、社区关系协调员1人、职工培训员1人、办公室3人，其余为售货员等。集团超级书店总部有28个采购员，50%统一进货，其余

50%按地区进货，需要同1.2万个卖主打交道，包括小出版社、大学出版社、地区出版社。

超级书店的书由总店集中购进，总店采购员非常熟悉书的行情，对顾客的需要反应敏捷，基层书店营业员则不大了解书。如果一本书得不到采购员的支持，很难打开销路。使一种书进入超级书店并不难，因为大多数书它们总要进一两本。对出版商的挑战是使自己的书在竞争中脱颖而出，赢得超级书店采购员的支持是第一关。超级书店的采购模式是多品种少册数，使出版商有机会展示更多的图书，增加销路，但也可能有更多的退货。超级书店要扩大市场才会成功，抢占其他书店原有市场只会引发血战。据说巴诺80%的营业额是来自新读者。大多数读者都希望在自己的住处附近有超级书店。超级书店在美国是成熟的概念，还不知何时达到饱和状态，例如博德斯集团就曾计划1999年在美国再开超级书店约50个。据预测，到21世纪初，美国超级书店包括连锁的和独立的将达到2000个。

二、按需印制的规模逐渐扩大

按照传统的出版模式，一种书的印数通常不是根据实际需要而是根据对实际需要的估计确定的。大家都知道印多了会积压，印少了供不应求，但印多少合适，实际能销售多少，谁也说不准。出版商总希望所出的书能多销，加大印数又是降低单位成本的主要方法，所以对接受出版的书往往比书商订货数或估计需要量多印一些（比如多印50%）以备用。出版商鼓励书商多进货，书商也愿意多进货以换取高折扣，反正卖不掉可以退货。如何使高退货率降下来，长期以来一直是困扰西方出版界的难题。一方面是图书大量积压，另一方面，许多有价值的著作因读者面窄，达不到出版商赢利所需要的印数，而被拒绝出版。一个出版大国一年出版新书不过几万种至十几万种，而绝版书则数以百万计。除新书外，顾客也希望能购买到绝版书。过去订购一本书，顾客可以耐心等待几个星期,自网上书店开办以后,顾客希望订购几天内就能得到书。传统的出版模式越来越不能适应信息化时代的多种多样的需求,须要大力革新。

自80年代末90年代初以来,随着数字印刷技术的推广,一种将使书业产生革命性变化的新出版模式正在悄悄到来,这就是图书即时按需印制(printing on demand)或图书即时按需出版(publishing on demand)。印制地点由过去集中于印刷厂一处扩散到设有数字印刷机的出版社、批发商和销货店。目前有施乐、柯达、IBM、Océ、Indigo、Xeikon、Elcorsy等公司生产的适合不同类型图书需要的黑白或彩色数字印刷机可供选择。各种机器印刷A4型纸的速度现已由原来每分钟100多页提高到1000页以上。数字化文本储存在机器内,印刷无须经过制版,折页、配页不必单独进行,印装500本不超过半小时。据最新的报道,赛特VersaMark数字印刷机第一个采用图书喷墨印刷系统,在8秒钟内可印刷和装订一本360页的书(见英国《书商》周刊1999年9月24日)。高新技术使印制书籍同照相一样"立等可取"。

早在1991年,纽约州特罗伊市的综合图书技术公司(Integrated Book Technologies)就开展图书即时按需印制业务,使用施乐、IBM和Océ的印刷机,主要印制装订成册的长条校样、专著、短版科技书和重印书。剑桥大学出版社、约翰·威利父子出版公司等著名学术出版社都委托综合图书技术公司出版重印书和短版书。一种书脱销后即重印几十册备用,单位成本虽然高于往常印1000册,但可使一种书永不绝版和永不存货过多。

教材在书店按需印制,在美国是康乃尔大学的校园书店经过特许在1992年最先开始的,随即推广到斯坦福、南加州等大学校园,成为美国大学书店增长最快的一项业务。按照各班级授课教师具体要求编印的教材同通用教科书不一样,通常要从许多不同的来源选取材料,包括报刊文章、书籍的部分章节和本系教师的论著等。教师选编教材的内容每个学期都可能会有部分变化，出版社不可能按照每一班级教师临时指定的内容在短期内小批量生产这样的教材，比较灵便的办法是在开学前由校园书店按教师指定的内容在店内编印，装订成册，向学生供应。当时使用较普遍的是施乐的 DocuTech 黑白印刷机，体积小，一个人可操作，印件用电子扫描方法录入，一分钟印刷装订 135 页。每页收取 0.05 美元的印制服务费，另加装订费，用厚纸做封面。因装帧不讲究，教师选编教材的价钱一般不会超过普通教科书的水平，一册多为几美元。版税由书店负责处理，主要通过版权结算中心（OCC）向作者和出版社支付。在大学书店，教师选编教材同某个特定课程所需的其他配套教科书一起摆在架上，如果售缺，随时可把储存在系统光盘内的数字化文本调出重印。1993 年秋季学期，康乃尔校园书店出版的教师选编教材选自 8 万个不同的来源，累计 350 万个印次。

美国国家科学院出版社（NAP）自 1863 年以来出版国家科学院（NAS）的著作，1996 年起在新设的网站提供该社 5000 多种常备书供全文检索或订购。读者可购全书，也可购若干页，或从不同的书中选择所需材料汇编成册，该社利用施乐 DocuTech 印刷机在社内印制供应顾客，按页计价。

美国第一大图书批发商英格拉姆图书公司依靠 IBM 的技术支持开展图书即时按需印制业务，1997 年 11 月成立闪电印制公司（Lightning Print Inc.），使用 IBM 的 InfoPrint 和 InfoColor 印刷系统以及灵活的 PageFlex 页面设计程序。只要接到出版商的订单和所提供的某一种书的数字化文本或印刷本，需要一册也承印。如果提供的是印刷本，只需几个小时便可用扫描方式录入闪电印制公司的数字书库（digital library），然后在半小时内把一本或几百本书印装完。从接到订单起 48 小时内把按需印制的书直接发给出版商指定的批发商、书店或个人。这样生产出来的一本 300 页的书，平装本成本只需 5 美元，精装本封面 5 美元，其正文也大约是 5 美元。作为试点，计划与 20—25 家出版社签订合同，每家提供若干种书，由闪电印制公司录入数字书库储存（储存费每种17美元一年），按零售商的需要即时印制，地上书店和网上书店都可以订货。大学出版社和一般图书出版社纷纷和它订立合同。最引人注目的进展是1999年2月剑桥大学出版社决定与英格拉姆合作，使其一部分书籍即时按需印制，第一批113种，第二批500种。这项最新的协议使闪电印制公司的数字书库储备书籍达1800种，从1998年10月至1999年2月储存种数增加3倍，每天收到订货数量也增加了3倍。

美国第二大图书批发商贝克与泰勒公司在1997年6月成立一个新的按需出版部门，称复制图书公司（Replica Books），同出版社和作者接洽获取某些无限期脱销书和绝版书的重版权，将其变成该公司电子"虚拟库存"的一部分，在接到订单后设计新封面，印制出售。复制图书公司以不同于原版的ISBN收入可供书目，精装本的价格每本比原版定价高5—10美元。到1999年5月，复制图书公司虚拟库存可提供即时印制服务的图书约有300种。原来主要以图书馆为对象，集中生产绝版书和无限期脱销书的精装本，现在也出高级平装本，扩大了品种也缩短了周转期。因为平装封皮较易制作，午前收到订单，当天发货。起初购买版权，以新的标准书号出版。根据最近制订的选题计划，复制图书公司也可以不拥有全部专有出版权，让原出版者保持对定价、开本、版式的决定权。公司网站www.replicabooks.com有即时按需印制图书目录（及书评、内容简介和封面等）供检索，欢迎出版商、图书馆、书商和读者提意见扩充选题。

美国最大的出版商西蒙与舒斯特公司1997年已有8000种书数字化，它也设立了按需生产中心（Demand Production Center），一天可印6000本。

施乐新成立的图书及时印制公司（Book in Time），在1998年法兰克福书展演示它将如何向全球提供图书及时印刷服务，不计录入施乐数字印刷系统的费用，印刷费每页0.02美元，每个封面0.90美元。计划到 2000 年在全世界开设 50—100 个图书及时印制中心（目前在波士顿和德国已有图书及时印制中心在运营），承担数据库管理、图书生产和全球发行任务，出版社只需把书稿发送到最近的图书及时印制中心，商定价钱和发行名单即可开印。

圣路易市的按需印制机器公司（On Demand Machine Corp.）准备推出一种任何书店都适用的完备的图书生产系统，计划 1999 年年底在丹佛市的一家备书 22 万种的超级书店（The Tattered Cover）首次试用，试印的 6000 种书籍储存于它研制的印书机（BookMachine）的数字书库中，顾客从中选取一种，几分钟可印装一本。

从上述情况可以看出图书即时按需印制正在使出版方式发生质的变化。出版过程由先印制后出售变为先出售后印制。书是定制的，顾客对书的用纸、开本、版式、字号、字体、装帧等有选择的自由。印刷商兼负图书出版发行任务，出版商、批发商和书店兼负图书印制任务，印刷、出版、发行三大部门的传统分工被突破。图书绝版和脱销的问题将不存在。待销的图书由实物库存改为虚拟库存，实物库存小书店为几千种，大书店一二十万种，最大的图书批发商如英格拉姆备书不过 40 万种。虚拟库存不受地面面积的限制，书店无论大小，只要技术条件版权许可，都可以储备数字化图书几万种以至数十万种，为顾客浏览方便，样书每种在门市陈列一本就够了。商机在于立即满足市场需要，图书在靠近最终消费者的地点印制，可以对个人需要立即作出反应。

彩色数字印刷机 1993 年才问世，目前即时按需印制的彩图特别是封皮同胶印尚有一定的差距，黑白印刷已接近胶印的水平。据估计，目前美国约有 25% 的学术书籍是数字印刷的。随着数字印刷技术的日益完善，将会有越来越多的图书改用这一技术按需印制出版，直至最后取代传统的出版模式。

三、网络化和多媒体发展迅速

世界商品数图书的品种最多,最适宜在网上销售,网上有无限的空间。购物环境全球化,其他商品如衣服鞋帽等无法从网上下载,图书得天独厚,可以在网上传输下载,从技术意义上说,这也是图书作为特殊商品的特殊性之一。巴巴拉·费雷里奇斯1991年在美国在线服务公司设立的"阅读美国"(Read USA)书店,是世界第一家网上书店,当时供书2000种,两周内发货。不到10年,美国几乎所有的大出版发行单位都在因特网上设立了站点。发展最快的是1995年7月在西雅图的一个汽车房里起家的亚马逊网上书店(Amazon.com)。创办人杰夫·贝佐斯(Jeff Bezos)原是华尔街对冲基金的经理,当时30岁。1994年春天,得知因特网的使用每年以2300%的惊人速度增长,他立即坐下来草拟了20种在网上销售最佳产品名单,图书高居榜首,主要是因为图书可供品种极多,仅英语图书就有300万种。他对销售前景有清楚的预见,决定售书后,收拾行装和妻子千里迢迢来到微软和其他软件公司的大本营西雅图,在这里可以更好地利用计算机专业人才。在路上,他决定以世界上最长的河流"亚马逊"命名。到西雅图一个月后,亚马逊在郊区他家住宅的汽车房中开业,雇佣四个人。起初供书300种,头5个月销售额51.1万美元,净亏损30.3万美元,第一年全年销售额1570万美元,净亏损580万美元。亚马逊致力于扩大规模,创造名牌效应,到目前仍不赢利,靠发行股票来弥补净亏损(1997年3100万美元、1998年7440万美元)。它的财源主要来自投资者的信心。为开拓欧洲市场,1998年5月贝佐斯购进外国两家网上书店,即英国的BookPages(书页)和德国的Telebuch(远程图书),把它们改成亚马逊英国网上书店(Amazon.co.uk)和亚马逊德国网上书店(Amazon.de)。前者供书140万种,据称是英国最大的网上书店;后者供德语书近40万种,据德国书业杂志《图书报道》最近对德国八家网上书店服务质量进行的调查评比，Amazon.de 名列榜首，供书快捷一项得满分，畅销书需要 3 天，任意选取的书需要 5 天。

由于经营有方，行情看好，短短几年间亚马逊已发展成为全球最大的网上书店，其成功的秘诀或经营的特点在于：（1）可供选择的品种多。其数据库有 5 万个美国出版社出版的近 300 万种书，包括在版书和绝版书，绝版书找到后才确定价格出售。它每月售出美国各大普通图书出版商全部目录开列的图书 80% 以上。（2）价格低。图书依类别不同打 10%—50% 的折扣。（3）购书方便。顾客足不出户便可订购。（4）发货快捷。目标是力求 95% 的订货当天发出，第二天到达顾客手里。计划在世界各地建立发行网点，就近发货。（5）退货少。自开张以来，它给出版社的退货率为 1%—2%，美国图书平均退货率约为 1/4 至 1/3。亚马逊的退货率低的部分原因是集中发行，大部分图书是接到订单以后才向批发商或出版社购买，由他们以亚马逊网上书店的名义发货给顾客。（6）宣传力度大，不惜花巨额广告费来提高自己的知名度。在创办的第二年就在网址主页头条地位和各种传媒宣传自己是"全球最大的书店"，可供品种超过 100 万种。1997 年建立的巴诺公司的网上书店（Barnesandnoble.com）是美国第二大网上书店（其数据库储存的品种包括在版书和绝版书也有 300 万种），占网上销售额的 10%，亚马逊占 80%。

网络给古旧书业带来勃勃生机。美国 1996 年一年就成立了三家大规模的网上古旧书搜索服务公司。书城公司（Biliocity）提供 750 家经销商的 360 万种图书信息，寻书公司（Bibliofind）提供 950 家经销商的 950 万种图书信息，前进图书交易公司（ABE）提供 4600 家经销商的 1100 万种图书信息。经销商每月支付一定的服务费，顾客找到所需的书后，直接同经销商联系。

面对国外出版业发展的这种大趋势，我们应采取什么对策？下面谈谈自己的一些粗浅的设想。

一、加大可供书数量

每年出书品种多、市场上可供书少、卖书买书难、退货率高，是我国出版业存在的一个突出矛盾。据黄国荣的文章报道，主发寄销的社科文艺类出版社退货比例达50%，销货店的订货退货率也达到20%（《新闻出版报》1999年8月4日）。全国有多少种可供书没有正式的准确的统计数字，据1999年11月6日《光明日报》报道，科文公司与中国书刊发行协会共同开发"中国可供书目"（CNBIP）项目，"建成了规模大、信息全的中国可供图书信息数据库，涵盖了国内现有的25万种图书"。1998年全国共出版图书130613种，也就是说可供书约为全年出书种数的两倍。英国1999年可供书88.7万多种，为年出书种数（1998年104638种）的8.5倍；德国1999年可供书约80万种，为年出书种数（1998年78024种）的10.2倍。鲍克公司1999年出版的美国《在版书目》（可供书目）收书近200万种，为我国可供书（暂以可以公开得到的数字25万种计）的近8倍。可供书少制约了书业的发展。科文书业信息技术有限公司与美国国际数据集团、卢森堡剑桥投资集团共同投资、在不久前开设的中文网上书店"当当"只有可供书18万种。地上书店备书超过10万种的在全国寥寥无几，像北京图书大厦能陈列16万种（1999年5月）图书的大书店恐怕在全国是独一无二的，全国性和地方性大型书市参展品种大体相当于或略多于当年出版的图书种数。例如，1999年9月长沙第十届全国书市展销各类出版物13万多种，10月北京书市展出图书和音像制品约15万种。

在市场经济条件下，可供书数字比年度图书生产统计数字更重要，更能反映一国总体出版水平。为了赶上发达国家的水平，使可供书为年出书种数的8—10倍，以现在年出书13万种计算，我国要有可供书100万—130万种。这是一个繁荣图书市场、合乎经济发展规律的客观要求。因为内容重复、可有可无和粗制滥造的书甚多，书店进货是有选择的，必须十里挑一，甚至百里挑一，你出什么我全部包销的时代早已过去。一位以销售学术著作为主的书店总经理说："我店不是没有备书10万种以上的能力，但现在挑不出那么多的书来，那些粗制滥造、质量低劣的书我不想摆在货架上。"为什么我国可供书少，怎样解决这个问题，很值得我们探讨。新中国成立以来，图书重印率为百分之十几至四十几，从未超过50%，大多数书出一版即绝。要采取的对策首先是优化结构、增加品种、提高质量、延长图书生命力、不断提高重印再版率和降低退货率。看一个出版社的重印再版率和退货率趋升还是趋降，就可大体了解它的经营管理水平。完善和推广电子出版技术，开拓短版书和重印书按需印制出版业务，有助于实现这个目标。

二、提供出版信息备查

可供查询的出版信息少是制约出版业发展的另一因素。西方自英国于1874年创办全国可供书目一百多年来的历史经验表明，可供书目是出版业发展不可缺少的信息工具，出版管理机构、出版社、图书批发中心、书店、国内外图书贸易机构、科研人员和读者都需要它。美国有些编辑一天访问亚马逊网上书店50次，了解图书供应情况，研究市场动态。大家都说图书重复出版问题严重，没有可供书目，怎样知道某个主题重复出版的书在市场上到底有多少？正式出版以准确的统计数字为依据的全国性的中文可供书目印刷版、光盘版和网络版是当务之急。美国可供书目印刷版每年出版一次，光盘版每月内容更新一次，不仅开列书名、作者名、出版社和书商地址、标准书号、定价，还有图书评介、折扣率、退货办法、传真号码、800主叫免费电话号码等，可供编制中文可供书目参考。可供书英语称 books in print（在版书），与 books out-of-print（绝版书）相对而言。有了可供书目（在版书目），才会有绝版书目。可供书目和绝版书目不是一成不变的，在某个出版社宣布为绝版的书，为外界了解后通过版权转让或按需印制也就会变成可供书。一些在多年前出版的有价值的书脱销了，没有绝版书目，外界不知道原出版社是否打算再版，不利于选题开发和图书生命的延续。

三、发展超级书店

在同一社区建立 10 家备书各 1 万种的普通书店，效益不如建立 1 家备书 10 万种以上的超级书店，这个道理是显而易见的，北京图书大厦的经验已经提供了很好的证明。许多书压在出版社的库房里卖不出去，是因为需要者在书店里看不到这些书，也不知道怎样才能买到。应当看到我国图书市场具有巨大潜力，今后要在大中城市多建一些超级书店，各省会和计划单列市至少有一家，像京、津、沪、渝、穗等大城市应有多家。相信各省市完全有这个经济实力，关键在于出版界能拿得出足够的有价值的可供书来。包含 3462 种书、约 8 亿字的文渊阁《四库全书》电子版在 1999 年 7 月问世，预示把我国现存 7 万—8 万种古籍全部数字化已不是很遥远的事情。我国 1949—1998 年出版的 124 万种新书（不包括重印书），也可从中选择市场有需要的加以重印或再版。这些都是可供书的来源。

四、应对日益增长的网上需求

近年我国上网人数增长很快，由 1995 年的 1 万增加到 1999 年 6 月 30 日的 400 万，有统计数字说我国上网人数现已上升到世界第八位。随着个人电脑在我国普及，上网人数还会成倍增加，我们要从中看出商机，把网络作为重要的销售渠道。充分满足社会需要，使过去、现在和将来出版的每一种书都能通过地上或网上的一定渠道让读者了解到和得到，是出版工作者的最大愿望和最高追求，这有可能在 21 世纪随着技术条件的成熟经过我们的努力成为现实。

存在了一千多年的纸印书的地位正在受到电子书的挑战。电子书在一块小芯片上可储存几十、几百种纸印书的内容，随意进行全文检索，读完了可换芯片或从网上下载其他可供书，字号可以放大或缩小以适合阅读者的视力，读到不理解的词语可加以点击通过内置或挂接的工具书使有关的解说立刻显示其旁。电子书的优越性是纸印书不能比拟的。它还处在襁褓时期，目前虽多不赚钱，但在成长以后将取代纸印书作为出版物主流产品的地位。早开发早得益，有战略眼光的出版家要为开发多媒体电子书和其他电子出版物及时作好技术和人才准备。

谈谈图书出版统计标准化问题

1980年创刊的《中国出版年鉴》公布我国历年图书出版统计数字，在1990年以前采用"初版+重版"的表述方式，如"1990年全国出版图书80224种（其中初版55254种，重版24970种）"。从1991年起改用"新版+重版"的表述方式，如"1991年全国共出版图书89615种（其中新版58467种，重版31148种）"。有时在总数后写"其中新出××种"，这个"新出"在1990年前指"初版"，在1991年后指"新版"。

"初版"沿用了多年之后为什么从1991年改用"新版"，需加以说明。意思一样就没有必要改动。如果概念不同，1950年至1990年初版书种数和1991年至1994年新版书种数合计时如何相加？"初版"也就是"第一版"，一看就明白。"新版"的准确定义在一般辞书中找不到，所以在特定场合使用时需要解释。按照一般的理解，"新版"指新的版本，即在内容上或形式上与以前的版本有所不同的本子，能否作为"初版"的同义词来使用，值得研究。

《出版词典》"版次"条说："凡著作物第一次出版的为第一版（也称'初版'），内容经重要变更后重行制版（或修补）出版的为第二版，依次类推。自第二版起各版次，习称'重版'、'再版'。"可见，"初版"和"第一版"同义，"重版"和"再版"同义。国家《关于图书版本记录的规定》对"版次"和"印次"作了明确的区分，"重版"和

原刊于《出版参考》1995年第15期。

"重印"不同义。第一版重印本内容没有改动或没有重要改动，不宜列入重版书统计。

过去出版统计一直把图书种数分为"初版"（或"新版"）和"重版"两类，那么各种版次的重印书应归入哪一类统计呢？让我们来看实际情况。《出版企业管理概论》写道："计算图书种数以年度为界。……每种书在同一年度内，不论印多少次，均作为一种统计。本年度初次出版的列为新书统计，以往年度出版在本年度重印的列入重印书统计；重印书凡内容经过重大修改增订，在版权页上载明变更版次的作为新书统计。新书总数和重印书总数合计数，为统计期内出版图书的种数。"[①] 这里所说的"新书"包括初版书和"变更版次"的书，即重版书。许多出版社都是按照这个办法编制统计报表的，出版行政机关无法把"重版书"从"新书"中分出，看来只好把包括初版书和重版书在内的"新书"都列入"初版"或"新版"统计，而把"重印书"列入"重版书"统计。初版书中有重版书，重版书中有重印书，这样便造成了图书出版统计的混乱。假如统计时分"新书"和"重印书"两类，"新书"下再分"初版"和"重版"两小类，"重版书"不含"重印书"，就不致造成统计的交叉重复，界限不清。看来需要由出版行政机关针对目前使用混乱的情况，对出版统计的一些基本用语重新加以解释，使大家有一个可以共同遵循的标准。

联合国教科文组织 1964 年关于出版统计国际标准化的建议所给出的一些有关定义如下：

"re-edition"（重版、再版）是不同于以前的版本的出版物，内容作了改动者为"revised-edition"（修订版），改变装帧设计者为"new edition"（新版）。

[①] 赵晓恩主编：《出版企业管理概论》，东方出版社 1991 年版，第 82 页。

"reprint"（重印书），在内容和装帧设计上不改变，改正前版的印刷错误者除外；由原出版者以外的其他出版者重印的则作为"再版书"（re-edition）看待。

英美每年出书种数分"new books"（新书）和"new editions"（新版）两类统计，重印书一般不统计。"新书"指初版书，"新版"则指内容经过修订的书或隔了多年之后才重印的书。

依照国际惯例，单张地图是不作为书籍统计的。而我国单张地图同地图册一样列入"书籍"类统计，例如1989年书籍印数为"284845册（张）"。在公布每年书籍出版数字时如能把其中包含的单张地图种数和印数加以注明，将更便于进行中外书籍出版数量比较。我们要把我国图书出版总数中的这些图书的数字减去再进行比较。

再谈图书出版统计标准化与国际接轨问题

1995年曾在《出版参考》第15期就图书出版统计标准化问题谈过一些想法，因为有些名词概念仍不清楚，所以想针对新情况补充说点浅见。

我国年出书种数的统计办法在1990年以前为"初版＋重版"，1991—1994年为"新版＋重版"，1995—1996年又恢复为"初版＋重版"，为什么作这样的变动，"初版""新版""重版"的概念是什么，在公布统计数字时未作解释。统计资料说："1995年全国出版图书101381种（其中初版59159种）……与上年相比，种数下降2.4%（新版下降15.2%）。"这里的"初版"和"新版"是什么关系，读者自然希望知道，从过去的一些统计资料和一般参考书查不到官方对"新版"的解释。

我国每年的出书种数统计是包括重印书的，重印书只能归入重版类。不清楚的是修订再版书目前是归入初版类还是归入重版类。如归入初版，显然不符合我国《关于图书版本记录的规定》和国际惯例；如归入重版，那就同重印书合在一起了。"重版"亦称"再版"，是个多义词："指图书第二版起的各版次。有时也指第一版第二次起的各个印次。"（《辞海》1979年版，第53页）统计资料在何种意义上使用"重版"的概念最好加以说明，这样才便于社会利用。"重版率"之类用语近年不断地在报刊上出现，读者难以断定所指的是重印书，是版次有变更的再版书，还是把重印和再版两者都涵盖在内。不久前向一篇文章的

原刊于《出版参考》1997年第17期。

作者问及所写的"重版率"含义是什么,回答说不能肯定,因为资料来源如此,大概是指重印书吧。这说明我国出版统计用语亟待规范化。

从30年代至80年代中期,英国每年公布的出书种数分成"新书"（new titles）和"新版与重印书"（new editions and reprints）两类;从80年代后期起公布的年出书种数分"新书"和"新版"两类,重印书一般不再包含在所公布的出版种数之内,隔了许多年之后重排出版的书才作为新版统计。与此不同,我国在年底出版的书,在第二年年初重印也作为第二年的一个品种统计。英国惠特克公司公布出版统计数字时,对所使用的名词概念是附加解释的。例如,1996年英国出版图书总数为101504种,其中新书（new books）78246种,新版（new editions）23258种。对"新书"的解释为"第一次出版的图书"（books published for the first time）,"新版"则指"以前出版过的图书的新版"（new editions of previously published books）。"修订版"（revised editions）是列入"新版"统计的。鲍克公司历年公布的美国年出书种数也是分成"新书"和"新版"两类,不包括重印书。韩国在80年代以前公布的年出书种数是包括重印书的,从90年代起不再包括,例如该国公布的1994年出书统计为29564种,所指的全是新书。

进入90年代以来,不时在报上看到我国"年出书种数居世界首位"之类报道,这是统计标准的不同给人造成的错觉。我国年出书种数包括当年的重印书,外国出书统计通常不包括重印书,拿我国新书加重印书的出版种数和别国的新书出版种数比较,自然是我们的种数多。要知道西方一些发达国家每年的重印书往往多达一二十万甚至二三十万种,比新书多许多倍。例如美国《在版书目》1996—1997年版收美国在营业中的出版社具有国际标准书号的在版书（可供书）1352929种,为1994年新出图书（新书和新版）51863种的26倍。

为了明确概念并与国际接轨,我国的图书出版统计似可分成初版（不包括修订再版）、重版（限于版次有变更者）和重印三类。把重印书分出来，使我们有可能在更科学的分类基础上进行中外出版业发展水平的分析比较。如果出版统计使用的"重版"本来就是指重印，不包括修订再版，使用不会产生歧义的"重印"来表述，岂不更好？修订再版书如果在版本记录页对版次作了变更——改成第二版、第三版等，仍归入初版类是不适宜的，所以需要单独设置一个既不同于初版也有别于重印的类别，称"重版"或"新版"或其他什么名称都可以，重要的是变更统计用语时，对它的含义加以解释。

出版业发展不可缺少的信息工具——在版书目

十几年前在北京图书馆第一次注意到英美编印的在版书目，当时对英美出版商愿意投资编印这样的庞然大物感到惊奇，对它的作用不大了解，也没有认真去思索。在我国出版业向市场经济转轨以后，才日益感觉到我国也需要尽快编制出自己的在版书目。

"在版书"是对英语"books in print"的一种较常见的译法。"在版书"和"再版书"同音，为避免混淆，有人又译作"可供书"。"在版"是与"绝版"（out of print）相对而言的，出版社的库存售完将重印或再版。接受订货后重印或再版需要有一定的时间，因此不是所有在版书都有现货。而"绝版"则是指库存售完后原出版社不准备重印或再版的书。

英国是在版书目的创始国，后来西方其他出版大国也陆续编印了本国的在版书目。英国的在版书目称《惠特克在版书目》（Whitaker's Books in Print），由惠特克父子公司出版，前身是《近期图书参考目录》（The Reference Catalogue of Current Literature），1874 年创刊时收 135 家出版社的图书 3.5 万种。1965 年至 80 年代曾改称《英国在版书目》（British Books in Print）。1971 年起用计算机编制。1986 年版收 11346 家出版社的在版书 404166 种，为英国当年出版图书种数——57846 种的近 7 倍。1989 年在版书增至 50 万种，近年没有大的变化，据 1997 年 3 月 3 日《英国书商》周刊报道仍为 50 万种。英国另一家图书信息供

原刊于《科技与出版》1998 年第 1 期，收入《中国编辑研究（1999）》，人民教育出版社 2000 年版。

应商图书数据有限公司（Book Data Ltd）1997年9月开设名为"书场"（Book Place）的因特网书店，其数据库列有140万种图书，据说所能提供的图书信息比过去任何时候都多，英国每一种在版书都可从中查到。

法国的在版书目叫作《可供书目》（Les Livres Disponibles），1971年起由法国书业联谊会（Cercle de la Libraire）出版，现有印刷版、光盘版（内容每月更新一次）和缩微平片版。近年收书约30万种，为年出书种数（约4万种）的7.5倍。法国这个书业信息中心1997年冬首次在因特网设立网址（www.electre.com），开列各法语国家的在版书共40万种、绝版书15万种、只读光盘1万种，每月增添图书1000种。目前因特网用户通常靠浏览主页把所需信息"拉出"（pull），而该网址采用新兴的"推送"（push）技术，把订户事先选定的领域的新书信息主动"送货上门"。

德国的在版书目也叫《可供书目》（Verzeichnis Lieferbarer Bücher），德国书商联合会主办，1971年创刊，近年收书60万—70万种，为年出版种数（1994年为70643种）的近10倍。

西班牙文的在版书目称《在售书目》（Libros en Venta）。美国鲍克公司1993年出版的《西班牙美洲和西班牙在售书目》收8000家出版社的西班牙文书籍18.5万种。

《日本书籍总目录》是日本的在版书目，1977年起由日本书商出版协会出版。1977—1978年版收2158家出版社的在版书187688种，1995年全国出版新书53900种。日本书商在因特网上新开设了联机订书系统"书网"，据称收入其数据库的日文书1997年达120万种。

久负盛名的是鲍克公司编的美国《在版书目》（Books in Print），1948年创刊时收美国357家出版社的在版书8.5万种。60年代后期开始用计算机编辑。该公司下设美国ISBN中心，1984年建立全国书目数据库，通过电子数据交换系统与各大出版社保持联系，每出一种新书，有关信息即记录在案。《在版书目》创刊40周年时出的1988—1989年版，收2.1万家出版社的在版书近80万种，为1988年新出书52069种的15.4倍。1990—1991年版收在版书超过100万种，为1990年新出书46743种的21倍多。1992—1993年版收4万多家出版社的在版书120多万种，为1992年新出书49276种的24倍多。1996—1997年版收在营业中的出版社具有国际标准书号的在版书1352929种，为1994年新出书51863种的26倍。鲍克公司的《在版书目》系列现有众多不同的品种：①纸印版10卷本，按作者和书名编排；另有5卷本《在版书目主题指南》（Subject Guide to Books in Print），把《在版书目》中的材料按主题重新编排。②《在版书目光盘》（Books in Print Plus），按美国国会图书馆分类法的主题类分6.5万个小类，可按作者、书名、主题、出版社、国际标准书号、定价、出版时间或数据库中任何一个词检索；内容每月更新一次；一年（1997年）订费1155美元。③《在版书目及书评光盘》（Books in Print with Book Reviews Plus），1996年版收在版书120多万种、书评全文23.5万篇（1997年版收26.5万篇），内容有18种检索法。④《联机在版书目》（Books in Print Online），用计算机联通鲍克公司的书目数据库，检索美国目前出版发行的图书，以及绝版书、无限期脱销书（OSI）和书评；数据库有24种检索法，内容每月更新一次。⑤磁带版和缩微平片版，平均每月更新一次。除上述综合性的在版书目外，还有各种专题的在版书目，如《在版儿童书目》《在版科技书目》等。

纽约穆泽公司利用鲍克公司的《在版书目》设计出一种供书店使用的交互式电子查书台——"穆泽查书台"（Muze for Books kiosk）。查书的方式十分简便，用手指轻触荧屏上的有关图标（分作者、书名、主题、关键词、地点、历史时期、出版社、开本、版次、定价、书号、出版时间、可供书店、畅销书、推荐书、获奖书等）逐步往下检索即可，例如检索范围可逐步缩小到巴黎18世纪10美元以下的小说纸皮本等。供检索的在版书（包括有声图书）达130多万种，共分7.5万类。30多万种书附有内容简介和书评，3万种书可在屏幕上显示封面。这个系统还提供一些图书在年内的销售情况和各媒介近期有关图书的新闻报道。穆泽查书台还可同本店的库存管理系统结合起来，从"本店是否有××书"到"我要购买这本书"的整个选购图书过程中出现的问题都能立即提供答案——告诉顾客所需要的书在本店的存架位置，或者在哪一家书店能买到；顾客可按照自己的需要让查书台打印出购书单或特别订单，凭单办理购书手续或委托书店代为订购。穆泽查书台经过长期的研制和试用，在一年前在全国正式推出，大受书店和读者欢迎：它使书店得以改善经营管理，优化和充实库存，提高本店的吸引力和竞争力，并有效地解决了读者购书难的问题。这种交互式图书信息系统特别适用于大书店。仅皇冠书店一家连锁店到1996年年底就安装了63台。截至1997年6月，全国书店共安装了约300台。拥有这种先进的助销工具的书店，营业额普遍增长，例如有的书店仅接受订单数就增加了20%。据说只要一天增加14.95美元的销售额，在10个月内即可收回购买一台穆泽查书台的费用。

美国在版书越来越多，使超级书店（备货7.5万—20万种或更多）自90年代初以来获得迅猛的发展，遍布全国各大中城市。巴恩斯与诺布尔、博德斯、皇冠、百万书店等四大全国性连锁店拥有的超级书店已由1993年的334家增至1996年的788家，平均每年增加151家，独立经营的超级书店和地区性连锁店的超级书店没有计算在内。

在版书易得，绝版书难求。设在美国西雅图的联机书店亚马逊公司（http://www.amazon.com）自称为"地球上最大的书店"，1997年4月在网址主页上宣布可为顾客查找图书250万种，其中在版书150万种、绝版书100万种。该店自身储备的图书比传统的书店少得多，主要依靠图书批发商迅速供货来执行来自160多个国家的订单。在版书有40万—60万种可从十几家大批发商直接进货，其余的在版书则需要分别向2万多家出版社订购。绝版书不保证能供应，在两个月内至半年内设法查找，找到后才定价钱，并以电子函件通知顾客查找结果。该公司的创办人杰夫·贝佐斯有一个雄心勃勃的计划，在世界各大洲设立发行中心，各种语言的在版书每一种至少储备一册。

美国最大的图书批发商之一贝克与泰勒公司（Baker & Taylor）最近刊登广告宣称："美国目前的在版书几乎每一种我们都能供应，没有竞争者能提供更多的书。"还说1996年该公司共批发2.5万多家出版社的图书110多万种，超过任何美国批发商，现在能做到接到订单后24小时内发货。贝克与泰勒公司正在筹建一个新的按需出版部门，称"复制图书公司"（Replica Books），计划有选择地重印一些过去无限期脱销书和绝版书。该公司拓宽业务范围和赢利途径，使绝版书回到市场，对作者、读者、原出版者说来也是个好消息。电子出版技术的长足进步使出版界早已存在的按需出版的设想逐渐变成现实。某些印量不大的书现已可用计算机直接制版印刷，无须经过费时费工的制作胶片阶段。选题计划主要是依据客户向贝克与泰勒公司订购图书的情况制订的。1997年内准备向原出版者或作者购买1000种绝版书的版权，这些书将成为该公司电子"虚拟库存"的一部分，接到订单即付印，估计在两个星期内可发货，每一种书的费用将比原来的封面定价高5—10美元。复制图书公司准备重印的图书将以不同于原版的国际标准书号收入美国《在版书目》和贝克与泰勒公司的书目数据库《书源》光盘。它在1997年11月推出的第一种重印书是美国女作家伊迪丝·华顿在1907年出版的畅销书《树果》。

从美国的上述经验看来，有在版书目就会有在版书目的副产品——绝版书目。某一种书在原出版社宣布绝版，另一家出版社认为有重印或再版价值，要求转让出版权，从而使一部分绝版书有可能变成在版书。相反地，没有全国的在版书目，也就不会有全国的绝版书目，绝版书潜在价值的利用自然会受到影响。有了在版书目和绝版书目，制作在一张光盘上，或从联机书目数据库读取，要了解某个主题的图书过去和现在的出版情况，目前是否有书可供，瞬间可获得准确的信息，这样的图书信息工具是任何现代化的出版业都不可缺少的。

近10年来，英国新出图书则几乎是年年大幅度地增长——1987年59836种，1990年63980种，1991年68348种，1992年78835种，1993年82322种，1994年88718种，1995年95064种（其中新书72146种、新版22918种），1996年101504种（其中新书78246种、新版23258种），而在版书的种数没有明显的增长，所占的比重随着新书种数激增而逐年下降。与此相反，美国在同期每年新出图书保持在4万多至5万多种之间，在版书则年年持续大幅度地增长。哪一种发展模式较好呢？显然，英国不如美国。惠特克公司近年建立了"书踪"（Book Track）电子信息服务系统，对英国图书销售情况进行跟踪调查报道。据报，销售量大的主要是重版书，5000种图书（占英国在版书的约1%），占全国市镇商业区图书销售额的50%，每年出版的新书能进入前5000名的不到2%。新书总量增长过快带来的后果是平均销售额下降，退货率上升。

俄罗斯图书委员会、目录学会和美国鲍克公司联合开发的世界第一种《俄文在版书目》光盘于1994年发行，共收书14万种，由此得知俄文在版书约为美国在版书的1/10。在世界的出版大国中尚无在版书目的只有我国了。

在版书目是任何其他书目不能代替的。各类征订目录只不过是某一种新书出版预告，顾客看不到书，只能凭几十、几百个字的内容介绍决定是否订购。《全国总书目》等回溯性书目内容比较全，但所反映的是一两年以前和更早的出版情况，需要的书不一定能买到。我国是拥有12亿人口的大国，对图书的需求量是很大的，卖书难和买书难的问题所以长期得不到缓解，一个重要原因就是在图书生产者和最终消费者之间缺乏灵便的信息沟通工具。有了在版书目，可查知目前何处有何书可供，同类书有多少，书店备货和读者购书不但会感到便利，而且能据以作出最佳选择。

1997年11月17日《新闻出版报》有报道说"据不完全的统计，长春书市12万种图书，选题重复的就占了近一半"。这提供了一条发人深省的重要信息。为避免出现这种大家都不愿意看到的结果，出版社优化选题必须及时掌握市场需求的变化和出版动态，与某个主题有关的图书有多少种正在市场上出售，是大量重复还是欠缺。内容不断更新的在版书目所提供的正是这种动态信息。有了它，出版社会据以自动调节本社的出版品种，国家主管部门更不必等待定期报表，随时都能够对全国的图书品种结构进行宏观调控。

在计划经济的条件下，衡量一国出版业的发展水平，人们往往会首先想到一年出版新书种数。在市场经济条件下，在版书种数是比新书种数更重要的衡量指标。我国在版书数量没有正式统计数字，可知的是1996年深圳七届全国书市和1997年长春八届全国书市汇集的图书品种大体相当于上一年全国出书种数，书店门市常年备货陈列的品种一般只有2万种，至今尚未出现备书10万种以上的大书店。我国在版书品种少，主要原因在于图书储存时间短，重版率低，大多数新书出一版即绝。新中国成立以来，图书重版率从未超过50%，大多数年份在百分之十几至百分之三十几之间，最高的一年是1962年，重版率为49.9%。可喜的是近几年努力实现阶段性转移见成效，重版率呈上升的趋势，1994年为32.8%，1995年增至41.6%，1996年达43.6%，重版书增长的幅度大于新书。使重版率超过50%，也就是使重版书多于新书，应当是我们近期的努力目标。只有不懈地努力提高图书质量，延长其生命力，使重版书所占的比重越来越大——比新书多几倍以至几十倍，才能使在版书品种极大地丰富，充分保证市场供应，更好地满足广大人民多方面和多层次的需要。

考察一个出版社的业绩，有一个简易而有效的办法是看它的重版率的高低升降，在版书品种的积累是否随着社龄的增长而逐年扩大。现在许多出版社都有年度出版目录而无在版书目，问出版社领导人一年全社出书种数，准能对答如流。若再问在版书有多少，未必能拿出当年当月的准确数字，只好靠估计了。编制全国在版书目要靠各出版社源源不绝地提供有关数据，这项工程的上马自然会推动各出版社建立本版书的信息数据库，从而促进出版管理的现代化。全国读者、作者、出版社、书店、图书馆、出版行政管理部门和国际图书贸易都迫切需要的这样一个图书信息工具——在版书目，希望在出版界的共同努力下能早日面世。

翻译书编辑工作

谈谈外书编辑的业务学习和工作问题

编辑的任务是以自己的全部智慧才能帮助别人把书出好,"为他人做嫁衣裳"。这种工作性质决定他们是无名英雄。尽管编辑在社会上"默默无闻",但人们对他们的要求是高的。假如原稿十处有问题,编辑改对了九处,那是应当的;有一处改错了,编辑就要承担后果。一部粗制滥造的作品出版了,人们会首先想到编辑不负责任。要当一个称职的编辑确实不容易。目前许多出版社为适应"四化"建设的需要,都在开展外国图书翻译出版业务,我想在这里就外书编辑的业务学习和工作问题谈谈自己的一些想法,希望得到批评指正。

关于提高中文水平

对一个青年外书编辑来说,在业务上最重要的是提高自己的哪一方面的水平呢?各人的情况不同,对这个问题的答案也就不可能一样。我认为最重要的是提高中文水平。过去我不是这样看的。记得最初调到出版社被分配到外国历史编辑组时,我认为最重要的是学好外文,其次是掌握专业——外国历史知识,再有就是熟悉编辑出版业务。就是没有想到还要学习中文。在出版社工作多年之后,我才逐渐体会到,从事编辑工作最基本的工具是中文。无论审稿、改稿、写出版说明和图书评介、给作者和读者写信等,都离不开它。

原刊于《编创之友》1981年第3期;收入《编辑杂谈》(第2集),北京出版社1983年版;《编辑札记》,山西人民出版社1984年版。

外书编辑主要处理由外文译成中文的书稿，中文和外文都要使用，更多的是使用中文。如果中文不好，很容易把人家的稿子改错，而且很难设想，中文不好，能把外文学好。

中文素养大致包含以下几方面的内容。

（一）具备消灭错别字的能力。这个要求不算高，实际做到并不太容易。据我们出版社一位老校对说，经他校对过的书稿几乎每份（一万至二万字）都发现有错别字，少者三五处，多者数十处。汉字是世界上最难学的文字之一。要使自己具备消灭错别字的能力，非作艰苦的努力不可。

（二）掌握一定的文学和语法知识。多看文艺作品可以丰富自己的语汇，提高写作能力，加深对社会生活的了解，好处很大，这是大家都知道的，用不着多说。这里我想强调一下学习汉语语法的重要性。有的同志可能看过几十部小说而汉语语法一本也没有看过。当作家不一定要学过语法，当编辑却非学不可。改人家的稿子，不能只凭语感，还要讲得出道理。看小说和看语法书的效果是不一样的。学了语法，看稿子能够随时对句子的结构进行分析，找出其中存在的语病，这时就会明显感觉到自己加工书稿的能力有所提高。

（三）熟练地掌握汉语拼音。看稿子不时要查字典。汉字按部首查是很费时间的，如果熟练地掌握汉语拼音知识，查字典就快得多。按音序编制索引，也需要掌握汉语拼音知识。懂汉语拼音对学习诗词和外语也会有所帮助。外国人名、地名在翻译书稿中是经常出现的。懂汉语拼音，了解外语语音和汉语语音的对应关系，就能更好地掌握外国人名、地名的译法。

（四）懂一点古文。处理书稿有时需要用古文知识。尤其是外书编辑，翻译书稿看多了，文风也受影响，写文章爱用长句。为了使自己的文字简洁、精练，读一点古文和古诗词是有好处的。

（五）掌握标点符号的用法。标点符号是文章的一部分，每一句话都少不了它。会不会用标点符号，可以反映一个人的文字水平。在做编辑工作之前，我不觉得标点符号的用法有什么复杂；到出版社接触一些书稿之后，才感到这方面的问题真不少。例如，破折号前后在什么情况下用逗号？引文最后的句号写在引号内还是引号外？带外文字母的外国人名译名（如 S. L. 兰格；S·L·兰格；斯·L·兰格；斯·L.兰格）各段之间的圆点，有时居中，有时写在右下脚，哪一种用法更符合规范？这些都是我过去没有很好注意的问题。我加工整理头几部书稿时，看到有些删节号后带句号，以为是对的，没有管。可是有时又看到有些删节号后面不带句号，感到用法需要统一。我找了一些介绍标点符号用法的书来看，才知道删节号后面不能带句号，因为删节号表示意思不完整，句号表示意思完整。两者并存是有矛盾的。这件事使我感到当编辑学习标点符号的用法很有必要。

掌握编辑工作的另一重要工具——外文

外文是从事编辑工作的另一个重要工具。掌握一种外文，等于一把打开知识宝库的钥匙，一生受用不尽。我们知道一个编辑不可能对每一部书稿所探讨的问题都有研究，可是审稿又要求他"站得高，看得远"。怎么办？一个最常用的办法就是比较——和我国已出版的同类著作比较。如果编辑懂外文，还可以和国外出版的同类著作比较，把书稿放在更大的范围内衡量它的学术水平的高低。特别是研究外国哲学、经济或历史问题的著作，审阅时与外国人的同类著作比较是十分必要的。

因为战线长、任务重、人力不足，一个外书编辑往往要处理几种文字译稿。有不少同志感到有必要在学好一种外文的基础上再学一两种，但又怕挤不出那么多时间。学外文做到"五会"，确实需要许多年时间，但是如果只要求"一会"（会读）或"两会"（会读、会笔译），学习过程就可以大大缩短。学五种外文做到"一会"，同学一种外文做到"五会"，所需时间也许差不多。在听、说、读、写、译中最容易的是读。

编辑工作主要要求恰恰是会读。"读"是看书面的东西，不像"听"那样要求反应灵敏，不像"说"那样要求发音准确，不像"写"那样要求语汇丰富、语法熟练，有看不懂的地方可以查词典，反复琢磨，或请教人家。只要借助词典能大体上看懂外文原著，就可以担负某些译稿的加工整理工作。

这里介绍一种以阅读为目的的自学外文的方法。先学习一两本基础教科书，掌握最基本的词汇和初步语法知识，再看一本系统的语法书，只要求了解该种外文有哪些语法范畴和变化规则，不要求一下子记住。然后找一些附有译文的简易读物对照阅读，先看外文，有不懂的地方再看译文。在阅读过程中要注意对句子的结构和词的形态变化进行语法分析，必要时查查词典或语法书。一时弄不懂可以放过去。此后对同类语法现象接触多了，就会看懂。阅读材料由浅入深，通过大量阅读来积累词汇和巩固语法知识。阅读材料要注意选择有现成译文的。现成译文就是你身边的老师。没有现成译文，就无从检验自己对原文的理解对不对。在阅读能力提高后可适当作些翻译练习：把读过的材料译成中文，再和现成的译文对照，改正自己译得不妥的地方；然后把译文还原成外文，对照原著改正自己的外文的错误。这是列宁学外文曾采用过的、行之有效的"还原翻译法"。

学习一种外文能否巩固提高，关键在于能否做到学用结合。在工作中接触得多，提高就快。因此，选学哪一种外文要根据自己工作的需要。一般说来，最有用的是英文，其次是俄文，再其次是日文。我国每年出版的外书，从英文翻译过来的最多。苏联出版的图书，尤其是政治、学术著作，无论观点还是材料，都与西方出版的图书有很大的不同，有参考价值和翻译价值的也不少。中日两国有悠久的历史文化联系，日本一直在大量出版有关我国的图书资料，这是西方国家所不及的。日文工具书同英文、俄文工具书一样，种类繁多。日本人编的外文词典比西方人编的更适合于东方人使用。例如研究社出版的《英和活用大辞典》，以大量的例句说明英文各类词的配搭关系，对我们就很有用。西方似乎没有出版过这类词典。

专业学习和编辑出版业务学习

专业学习是以专业化为前提的，如果专业不固定，就谈不到专业学习。对编辑人员说来，外文是工具，不是专业，外书编辑也应当实行专业化。不懂专业就无法判断某一种外国学术著作是否有翻译出版价值，审稿也判断不了译者是否具备足够的专业知识。有人以为，编辑只要懂外文，无论什么专业的译稿都可以审，这是一种误解。试问：我们都懂中文，是否任何中文专业书我们都能看懂？有不少同志提倡编辑要当"杂家"，如果所指的是各种知识都要懂一点，这无疑是对的，但不能以此否定编辑人员需要专业化。所谓专业化，是指专业范围相对固定，并且要尽可能缩小。例如，搞外国史的编辑固定搞外国史，不能历史、哲学、经济等什么都搞。学一种专业、多种外文，比学一种外文、多种专业更有利于编辑业务水平的提高。

编辑业务学习和工作的一个重要方面，是了解本专业范围的图书资料过去的出版情况，随时注意国内外新书出版消息和学术动态。这些业务知识是制定选题规划所不可缺少的。

熟悉各种工具书、参考书的用途和查阅方法，这是编辑的基本功之一。因为每处理一部书稿都会遇到各种各样的问题，编辑要知道什么问题查什么资料。除百科全书和各种专业词典外，以下几种外文工具书是外书编辑工作中经常使用的。

（1）**外国人名词典**。美国《韦氏人名词典》，收世界各国古今人名四万多条。日本《岩波西洋人名辞典》，收古今西洋人名二万多条，后附各国人名对照表。例如"约翰"条有：英 John（约翰），德 Johann（约翰），法 Jean（让），意 Giovanni（卓万尼），西 Juan（胡安），俄 Иван（伊凡），拉丁 Johannes（约翰奈斯）等。

（2）外国地名词典。美国《韦氏新地名词典》，收世界各国地名四万七千多条，内容包括地方沿革、地名的变更等。

（3）发音词典。西德《大杜登发音词典》，收词十几万个，用国际音标标注各国人名、地名、其他专名，以及一般词语的读法。

（4）世界史年表。美国兰格主编《世界史编年手册》和东德史学家集体编著《世界史大事年表》，这两种工具书观点和材料截然不同，可以对照使用。

学习编辑出版业务的一个好办法，是到校对科工作一段时期。我们出版社有不少编辑骨干，都是从校对科选拔上来的。在校对科工作，可以帮助自己熟悉图书技术规格和生产过程，培养认真、细致的工作作风，提高识别错别字的能力。有了校对经验，加工书稿和看校样时就知道应当注意哪些技术问题。

提高翻译书籍质量的关键

外书编辑工作有两个重点：一是选题，二是审稿。搞好选题是提高翻译书籍质量的关键。选题不当，其后翻译、编辑加工、排校、印刷、发行等一系列工作都是浪费劳力。

我们都承认选题工作重要，实际上并没有做到以它为重点，编辑的大部分时间都用于发稿。一本几十万字的外国学术著作，从翻译到出版一般要好几年，至少也要一两年，而选题往往只用几天，甚至几小时就确定了。一部译稿我们舍得花几个月的时间润饰文字，查对译名，统一技术规格，为什么在提选题之前，舍不得花一两个星期以至个把月时间，仔细审查一下原著的内容呢？译稿在编辑加工时读了一遍，在校样上又读一遍，为什么在提选题时不可以把原著读一遍呢？ 现在出书慢的原因有很多，但绝不在于研究选题占时间太多。

我们有不少书是根据外面的推荐意见批准选题的，责任编辑并没有审查过原著的内容。外面的推荐意见我们要认真考虑，但不能代替出社自己的审查。推荐者和出版者考虑问题的角度不尽相同。推荐者往往强调原著的优点和参考价值，对缺点和问题则很少涉及；而出版者恰恰需要了解原著有哪些缺点和问题，看是否妨碍出版。有的人并没有阅读全书，所写的推荐意见不过是原著前言译述加目录。出版社对原著内容了解不够，约人译出后才发现选题不当，这种情况过去是屡见不鲜的。因此，在确定翻译书的选题之前，编辑必须对原著内容进行仔细的审查。如果我们自己的力量不够，就到外面请有关专业人员审查。

译稿的审查

翻译书一般都很大，不要说逐字逐句加工，就是把译稿读一遍也很费时间。如果把不合乎要求的译稿接受下来，像改作文那样进行修改，那可不得了。因此，审稿关一定要把好。

先说说译文质量要达到什么标准才算符合出版要求。新中国成立后翻译界对翻译标准曾进行过多次讨论，至今还没有得出一致的看法。有些人认为翻译标准应当是"译文形式与原文内容的辩证统一""译文与原文等值"等。这些标准在理论上说说可以，在实际工作中并不好掌握。我们在审稿时所掌握的译文质量的三条标准是：忠实、通顺、统一。

"忠实"指完整地、准确地表达原文的意思，不增不减不改。"通顺"指译文符合汉语规范，明白易懂。这两条标准同严复所说的"信、达"是一致的，不同的是我们用"统一"代替"雅"。严复所说的"雅"指文字古雅，使用"汉以前的字法句法"，他自己就是使用文言文进行翻译，显然已不适用于现在。如果照今人的解释，"雅"指文采，那是译者自己的事情，不应由出版社在这方面提出什么具体要求。如果"雅"指译文要保持原著的风格，那么，这一要求已包含在"忠实"的标准之内。所谓"统一"是指译名、数字写法及其他技术规格在全书统一，包括正文本身统一，正文与目录、注释、索引、地图统一。译名等不统一是翻译书稿最常见的现象，编辑加工的大量时间都用在统一上面。可以说，"统一"的标准是在总结无数次处理译稿的经验的基础上提出来的。

检查译文质量可采取对读和通读相结合的方法。"对读"是指从译稿的前、中、后三部分抽查若干千字，对照原文阅读（如果是多人合译，每人的译文各抽查一部分）。目的是检查译者对原文的理解程度，译文是否符合原文的意思，有无错漏。"通读"是脱离原文阅读译稿若干万字（占全稿字数10%至20%），感觉到有问题时再核对原文。目的是检查译文是否通顺易懂（据以判断中文表达能力），译名是否妥当（据以判断专业水平），技术规格等是否统一（据以判断翻译的认真程度）。检查以正文为主，同时适当抽查注释、引文、表格、地图、索引和参考书目等不同项目。检查每一个项目都有一定的目的。例如，检查参考书目译文，是为了判断译者翻译各种文字书名的能力。

译稿如基本上符合忠实、通顺和统一的要求，即予采用，由编辑进行通读加工，必要时才查对原文。我们过去曾采用过对读加工，即逐字逐句对照原文加工的方法。这样，一个编辑一年发不了几部稿子。除特殊情况外，我们早已不采用这种方法。未达到要求、不能进行通读加工的译稿，就退译者修改，或另请人校订。

翻译书稿的审查，包括对内容的审查和对翻译质量的审查两个方面。由于对原著内容的审查在提选题时已进行过一次，因而在审查译稿时往往容易忽略对内容的审查。一本书从批准选题、组织翻译到交稿，往往要隔相当长一段时间，在这段时间，形势可能发生重大变化，使这本书不宜再出版。因为受外文水平或时间的限制，也可能有些重大问题在审查原著时没有发现，看中文译稿要比看外文原著顺当得多。因此，审查全书译稿时要注意检查有无妨碍出版的问题，不能只顾鉴定翻译质量。

1981年6月16日于北京

翻译读物编辑工作

翻译书籍是沟通中外思想、文化、科学和艺术的重要桥梁。马克思列宁主义就是通过翻译出版的媒介传播到我国来的。从这种意义上说，没有翻译工作就没有今天的物质文明和精神文明。

我国的翻译出版工作具有悠久的历史。迄今有文字可以查考的我国最早的翻译作品是战国时期的《越人歌》。西汉刘向《说苑·善说》篇记载了这首歌的原作和译文。从东汉桓帝末年开始的佛经翻译，一直持续到宋元，长达千余年之久。唐代佛经译场就建立了比较完备的翻译组织，翻译的职司多达十来种，其中的"证义""缀文""润文"，由从全国各大寺院选拔来的高僧分担，他们所做的是今天编辑对译文的核对、加工、整理工作。为避免译文被人误解而引起争论，玄奘主译的佛经在译校后，还请朝廷派几位有文才的大臣来审定，对"不安稳处，随事润色"。

我们党一贯重视翻译出版工作。1921年9月，刚诞生的党就在上海成立人民出版社，出版马列著作和其他革命翻译书籍。该社在《新青年》第九卷第五号刊登一篇《通告》，说明它的方针任务和出版物的性质。其中提到它刊行各种书籍是为满足读者研究"新主义新学说"的要求，"各书或编或译，都经严加选择，内容务求确实，文章务求畅达"。该社存在的短短一年多，就出版了《马克思全书》三种、《列宁全书》四种和《俄国共产党党纲》等共产主义丛书四种。其后党在不同时期成

原载于《实用编辑学》，中国书籍出版社1986年版，修改补充后载1995年第2版。

立的许多出版机构，都或多或少担负着出版翻译书的任务。

1943年5月，毛泽东同志主持中央书记处会议，决定把马列主义经典著作的翻译出版作为"党的重要任务之一"。1945年，他在党的七大闭幕式上谈到翻译出版工作的重要性时强调："《鲁迅全集》有一半以上都是翻译的外国的东西。所以轻视这个工作和对这个工作的动摇是不对的。不要轻视搞翻译的同志，没有翻译就没有共产党。同志们，如果不搞一点外国的东西，中国晓得什么是马列主义呢？"邓小平同志在党的第十二次全国代表大会上谈到我国的现代化建设时明确指出："无论是革命还是建设，都要注意学习和借鉴外国经验。"

在我国人民和专家学者当中能直接阅读外文原著的毕竟是极少数，世界各国人民最宝贵的精神财富——图书，只有经过翻译出版才能成为我国人人可以利用的民族财富。随着世界进入信息时代，人们越来越清楚地看到，加强翻译书籍编辑出版工作，更好吸取外国科学文化各个领域的优秀遗产和最新成果，已成为我国实现社会主义现代化不可缺少的条件。

据《联合国教科文组织统计年鉴》1984年版的统计，1982年全世界出版书籍765500种。苏联和联邦德国每年出版翻译书在7000种以上，我国每年出版翻译书才2000多种，即只占世界出书总数的1/300左右。有翻译价值的书籍当然远远超过此数。1985年8月我国406家出版社有编辑人员13000多人，其中搞翻译书的编辑工作的只占很小的一部分。据1986年4月中国翻译者协会第一次全国代表会议召开时所做的不完全统计，我国从事各种外文和国内民族语文翻译工作的人员约有50万人，比出版社编辑人员多几十倍。翻译界的潜力很大，可译的书也很多。相比之下翻译书籍的编辑力量显然严重不足，有些出版社连一个专职的翻译书编辑也没有，翻译书出版的数量、质量自然受到影响。

翻译书籍翻译工作研究既是编辑学的一个重要组成部分，又是介于翻译学和出版学之间的一个边缘学科。它的研究对象可以包括：翻译书籍出版史，国外图书和书评信息收集和研究方法，国家和读者对翻译书的需要，翻译书的出版方针，对译者的工作，译者和编辑的关系，翻译理论及其在编辑工作中的应用，书籍翻译工作的组织，翻译的方式（全译、节译、辑译、摘译、转译、回译、编译、译述），翻译书籍的编辑出版过程（选题、组稿、审稿、加工整理等），各类翻译书编辑工作的不同特点和规律，翻译书籍编辑人员应具备的条件和培训方法等。这里只就笔者在编辑工作过程中接触到的一些带普遍性的问题谈一点粗浅的看法。

一、选题

选题工作是图书编辑工作的首要环节，搞好翻译选题对贯彻"洋为中用"的方针和保证翻译书籍质量具有决定意义。著作选题一般是根据编写的设想决定的，书稿写出来不符合要求，还可以修改。翻译选题是在已出版的外文选题基础上确定的，原著的内容我们不能改，若选题不当，其后翻译、编辑加工、排印等都是人力、物力的浪费。

计划性是社会主义制度优越性的表现。抓翻译选题首先要抓长远规划的确定。有了长远规划，出版社在一个比较长的时期内就有了明确的奋斗目标，制订短期计划也就有了依据。没有长远规划，靠临时拼凑的选题是不可能体现党的出版方针、实现选题系列化和满足读者需要的。

苏维埃共和国成立第二年，阿·马·高尔基创办世界文学出版社，一开始就抓长远规划的制定。他组织一个班子编制了该社拟选译的西方18—20世纪和东方从古至今的文学名著的目录，总共开列了世界各国1200多个作家的作品约2800种，其中包括我国的《聊斋志异》等。出版范围之广泛当时在欧洲是首屈一指的。列宁称赞书目选得好，认为所列选的书籍都应该翻译出版。据人民委员会办公厅主任邦契-布鲁耶维奇回忆，列宁对书目进行了仔细研究之后说："阿列克塞·马克西莫维奇在我们这里办成了这件大事，制定了这样好的书目，我感到很高兴。

我们应当尽力帮助他把这项工作做好。这对我国广大读者将是十分有益的。"这个问题很快就提交人民委员会讨论，决定拨给世界文学出版社相当大一笔外汇，作为开展业务的经费。为实现这个规划，高尔基吸收了350名熟练的翻译、编辑和学术顾问参加工作。还在社内开办翻译干部培训班，研究文学翻译理论，同时大规模地开展各国古典文学原著的搜集工作。到1923年已搜集了外国图书约8万册，这使该社的图书馆成为全国最完备的外文图书馆。

我国出版界也不乏有识之士，翻译世界名著的长远规划动手并不晚。三十几年前人民出版社、生活·读书·新知三联书店、世界知识出版社曾制定《1956—1967年哲学、社会科学重要著作选译目录（草稿）》，其中包括哲学、政治学、经济学、历史学、国际关系和地理学等6个方面"基本的、急需的、代表性较大的重要著作"1303种，计划用十年时间完成。可惜不久，反右开始，这项工作就中断了。后来汉译世界学术名著丛书改由商务印书馆规划出版。

1984年中央领导同志提出，把东西方从古到今在学术发展上有重大意义的各个学科的名著，用二三十年时间翻译出版。有选译价值的世界名著估计不下一万种。已翻译出版的大概有两千种。为实现这个宏伟的任务，首先需要组织全国翻译界、学术界和出版界的力量，在充分调查研究的基础上制定选题规划。所谓充分调查研究，就是要通过各种途径了解：（1）国外图书信息，作者和出版者的情况，原著的内容、版本和收藏情况；（2）国内外对原著的评价；（3）我国学术研究的薄弱环节和空白点，国内学者的需要等。

在目前翻译选题工作中有两点需要改进：

1. 在决定翻译之前要以充分时间认真研究原著的内容，看是否真正有翻译价值。出版社自身对原著内容了解不够，往往根据洽译者单方面的推荐来确定选题，待书译出来之后才发现选题不当是常有的事。为防止出现这种情况，有的国家规定，翻译选题至少有两个专家推荐，出版社才能考虑接受。

2.健全选题协调制度。我国是一个拥有四百多个出版社的社会主义出版大国。靠出版社相互之间断断续续地发一些选题通报查重，不可能根本解决选题协调的问题。要了解某一本外文书是否有出版社在组织翻译，谁也回答不出来。资本主义国家的出版社也有选题计划，但他们的选题计划大都是保密的，以赚钱为目的，不可能在全国范围内协调。我们则有这个可能，也有这个必要。在社会主义条件下，出版社应当采用什么科学方法协调选题计划，是编辑学要研究的问题。目前国家出版局最好能先把全国翻译选题协调工作管起来。各出版社把翻译选题按一定格式上报，由出版局综合，定期向各出版社发通报。协调选题的意义不仅仅在于避免重复，更重要的是主管机关可借以了解情况，指导工作。

二、组稿

译稿质量首先取决于译者的选择是否得当。对于不了解的译者，无论是个人还是单位，都必须经过试译认为合格才可以约稿。过去有些书或者因为看重个人的学历、头衔，单位的招牌，或者因为碍于"情面"，只满足于一般了解，没有经过试译就约稿了。结果译出来根本不能用，一次又一次退改，质量始终提不高，只好另请人校订。70年代中期有一部学术著作上、中、下三册分别约三个单位翻译，上、下册早已出版发行，中册译者未选择好，从约译到现在已折腾了七八年，译稿尚未改好，影响此书的出版和配套发行，读者颇有意见。

马克思深知编辑工作的甘苦，对译者的选择是非常严格的。他向威廉·白拉克推荐巴黎公社委员利沙加勒的《巴黎公社史》，建议出版德译本，并亲自物色译者。首先洽译此书的尤·格龙齐希虽有约·莫斯特的推荐，马克思还是请他试了一个印张，以便"能够切实了解他完成这项任务的能力"。马克思仔细核对了试译稿后，认为修改他的译稿比自己从头到尾全部翻译更费时间，也就没有约他翻译下去。马克思考虑过的另一个对象是科柯斯基，本来很想用他，因为了解到"他的文字很不流畅，很不生动，而翻译这本书恰恰需要文字流畅生动"，只好作罢。最后，马克思看了伊佐尔德的试稿，同意约她翻译，条件是要她"不匆忙、不草率"。马克思还附有一张相当长的误译表，使她了解翻译时应当注意什么问题。起初，伊佐尔德相当准确地按照马克思的意见对译文作了修改，后来就越来越马虎了。她的正式译稿经马克思检查，发现有不少错误。虽然马克思一再提醒她注意，也没有认真改正。由于伊佐尔德"没有履行、也没有能力履行按合同所承担的义务"，"译文无论怎样修改也不能用"，马克思坚决主张白拉克辞退她，另外物色译者。

从道理上，我们都知道要尽可能物色水平高而又具有丰富翻译经验的译者。但在实际上，这样的译者并不多，特别是小语种的译者更难找。另一方面，新译者也需要培养提高，否则老译者越来越少，后继无人。因此，物色译者也得从实际出发，不可要求过高。解决的办法是以老带新，或者把中文、外文和专业等方面各有所长的人才组合在一起，依靠集体的力量来保证译文质量。

译者对技术规格往往不大熟悉，尽管出版社作了明确规定，也未必能完全按要求做到（例如边码的位置往往写得不对）。大部头的书籍最好请译者把先译出的一两章及译名对照表作为样稿交责任编辑审阅，有问题及早提醒译者注意，以免全书译完之后再返工。

翻译书的各种辅文最重要的是译序或出版说明，它是指导阅读必不可少的。一篇好的译序或出版说明，除了介绍作者情况、原著版本，还要以马克思主义观点对原稿的参考价值和问题做实事求是的、深入的分析，并尽可能介绍原著出版后有关领域学术研究的新进展。过去，请译者写的评价材料符合这个要求的不太多。这没有什么奇怪，因为翻译和评论是两回事。许多译者和编辑一样，也是杂家，对所译书籍所涉及的专业问题不一定有专门的研究。所以，翻译书的组稿不能以物色译者为限。重要的学术著作还得同时考虑物色译序的作者，通常是约有关领域的专家来写。

三、审稿

审查译稿要完成两项任务：(1) 按照出版要求和有关规定鉴定译文质量，看是否可以采用，并根据存在的问题提出处理意见；(2) 对原著的思想观点、学术或艺术价值进行复查。虽然在考虑选题时对原著的内容曾经审查过，由于受外文阅读能力或时间的限制等原因，当时审查可能不够仔细，或者由于从约译到交稿相隔时间很长，客观情况已发生了变化，所以有必要复查一下原著的内容，看继续出版是否适宜，在政治上有没有需要处理的问题。

译稿的出版要求和采用标准应当怎样掌握，需要结合国内外翻译理论和我国翻译界目前的水平来探讨。70年代，全国十几个省市出版社组译世界各国历史丛书时曾提出"准确、通顺、易懂"的要求。翻译界有人认为后两个要求把翻译标准降低了。持这种看法的同志不了解，翻译标准同出版社对译稿的要求不是一回事，两者既有联系，又有区别。翻译标准是译文在理论上可能达到的最高境界，出版社不可能要求译文达到这个境界才采用，而只能从实际出发提出最低的要求。如果能超过这个要求，把书译得生动、流畅，甚至"出神入化"，我们当然欢迎。事实上，从我们接触到的译稿看来，完全符合通顺、易懂要求的也并不太多。

我们审查译稿所掌握的标准是"准确、通顺、统一"。"准确"指译文符合原文的意思、精神、文体、风格等，对原文的意思不增不减不改，没有漏译。"通顺"指符合语法、逻辑，明白易懂。"通顺"和"易懂"合成了一条，另立一条"统一"，要求译稿从文字到体例符合各种规范，在这个基础上做到全书统一。译名、用字、体例规格不统一是译稿最普遍、最常见、最容易犯的毛病。"统一"的要求就是针对翻译书籍的这一特点提出来的。

检查译文质量可采取点面结合的方法。所谓的"点",就是有选择地对照原文审读若干千字,政治性、专业性比较强、内容比较艰深的段落都可以作为重点,主要检查译者对原文的理解程度和中文表达能力。所谓"面",就是脱离原文,审读正文不同章节和辅文(包括注释、参考书目、附录、索引等)若干万字,凭自己的知识发现问题,必要时才查对原文。错别字、常识性错误、译名和技术规格不统一等,用不着对原文就可发现。译文不通顺和意思不清楚、不连贯等毛病,事先不看原文比看原文更容易察觉。检查译文质量完全采用对读的方法是不可取的。因为对读速度慢、范围窄,不能在较短的时间内对译文质量作出比较全面的判断。

编辑审读译稿可根据自己掌握的情况,有意识地检查容易译错和容易疏忽的地方。例如,有些世界史译著常常把"日耳曼"和"德意志"两个不同的概念混淆。日耳曼人是古代住在欧洲西北部的一些部落,自德意志、英吉利等民族形成后在近现代已不存在日耳曼人、日耳曼国家。现代东欧各国和苏联伏尔加流域的 Germans 译"日耳曼人"是不妥的,应译"德意志人",19世纪的 Pangermanismus,据瓦里希《德语词典》解释是"为把所有德意志人联合到一个国家所做的努力",过去有些书译作"泛日耳曼主义",不符合原意,应译"泛德意志主义"。

外语的倍数译法也常常有错。英语 increase(by 或 to)10 times 是"增加 9 倍",不能译"增加 10 倍";10 times more than B 是"比 B 多 9 倍",不能译"比 B 多 10 倍"。我查了俄、德、法、西、意、荷、罗、塞、保、匈、阿尔巴尼亚、日、朝、越、印尼等国语言的有关资料,发现这些外语的倍数增长的基本表现法和英语一样都是把基数包括在内的。而汉语的基本表现法——"增加若干倍"和"多若干倍"都是不把基数包括在内的。到目前还未查到有哪种外语表现倍数增长像汉语一样不把基数包括在内。因此,把外语译成汉语,一般都要把原文字面的增长倍数减一,至少对欧洲语言和其他一些常用的外语来说是如此,如果要保持原文字面上的倍数不减，就得改变译法，把上面说的"增加9倍"改为"增加到10倍"，"比B多10倍"改为"10倍于B"。

俄语参考书和工具书已把倍数译法讲清楚，所以俄文书的译稿在这方面很少出错，其他外语的一些参考书和工具书对倍数译法讲得不那么清楚，甚至出错。例如：《法汉词典》第540页"quantite deux fois plus grande qu'unc autre"就误译为"比另一个数大二倍的数量"，其中"大二倍"应为"大一倍"。连工具书都如此，译稿中这类错误多就不奇怪了。在审稿时如发现原文和译文的倍数增长都一样，就值得怀疑，需要进一步研究是否译错了。

在译稿和出版物中不时可以看到"减少若干倍"这类错误说法，在《翻译通讯》上有人写文章指出："英语常说'减少若干倍'，汉语没有这种说法，英语表示倍数减少的句型翻译时要把倍数作分母，换成分数。"问题的实质不在语言习惯不同。事实上，英语和其他外语同汉语一样都没有"减少若干倍"的说法，因为这在科学上是讲不通的。既然是倍数，又怎能作分母，岂不自相矛盾？英语reduce N times或N times less本身就是分数（1/N），不是倍数，谈不到换算成分数的问题。据《韦氏新大学词典》（1973年版）和《韦氏新国际词典》（1981年版）的解释，times有"乘"或"除"两种意义：（1）用于增加或强比较是"乘"或"倍数"（multiplied instances）；（2）用于减少或弱比较是"除"或"分数"（equal fractional parts）。英美出版的大多数英语词典和我国出版的各种英汉词典都没有明确指出times除"乘"和"倍"外，还有"除"的意义，恐怕是翻译书中不时出现"减少若干倍"之类说法的重要原因。有些人写文章和新闻报道也受到这类不科学的翻译文字的影响。为了祖国语言的纯洁和健康发展，我们审稿时要注意这类问题，改正的办法是：reduce N times如译成"减少N倍"，就改为"减到1/N"，或"减少1-1/N"。

译者注要作为著作看待，从观点到材料都要认真审查，对注释的基本要求是准确、简明、得当。有些译者对所注释的问题不一定有研究，往往是从某一种外语工具书中找到了有关解释就照搬过来，而没有查考更多的资料，进行比较研究，因此观点和材料都可能有问题。有些译者把原著的意思理解错了，反而怀疑原文有误，这种情况不止一次发生过。例如：有一部越南史，译者把吴权"称王前三十年"误译为"公元三十年"，却加注说原文年代不正确，应为多少多少年。又有一处把法国殖民者"阻止阮氏朝廷禁教"译成"强迫阮氏朝廷禁教"，译者在所加的注释中引证了一段史实之后说原著"强迫阮氏朝廷禁教"可能是"干涉阮朝禁教"之误。译者纠正原著错误的注释一定要注意复核。如果没有确实的把握，要避免直接说原著有误。介绍另一种自己认为可信的说法，让读者自己比较鉴别，同样可达到加注的目的。

译稿交来能用的就比较少，许多都要退改一两次，有的要退改多次。为减少退改次数，第一次退改时出版社的修改意见要尽可能写得明确详尽一些，指出译稿存在哪些方面的问题，并以典型的例子加以说明。同类的例子不必多举，存在问题的方面不可少提。比如原著中的斜体字在译稿中没有标明，这方面的问题要是不提，译者就不会给补标。毛病比较多的译稿，除了对全稿存在的问题作上述的综合分析和归纳，还可以选择几页，把其中大大小小的毛病全部改出或另外开列出来，使译者了解自己的译稿需要修改到什么程度才符合要求。

修改的范围和方式——是局部还是全部要修改，是通读一遍润色文字，还是逐字逐句对照原文校订——要向译者讲清楚。否则，译者有可能把编辑指出的问题改一下，就把译稿交回，达不到预期的效果，在确信译者自己改不好时，要建议译者另请人协助校订，由于大家了解的原因，一般译者不大愿意这样做。因此，编辑在退改信中必须拿出充分的论据来说服译者。指出译稿的每一条错误都要有确实的把握，以免万一打"笔墨官司"时陷于被动。校订人最好先请译者自己找，译者找不到，出版社再代找。

退改信的措辞要十分注意掌握分寸，多用商量的口气。对译稿质量的评价不用带刺激性的有损译者自尊心的字眼。例如，"译稿质量差"可用"译稿离出版要求尚远"之类说法来代替；"译文错误百出"也可改用委婉的说法："译文不少的地方同原文的意思有出入"。怎样写退改信也属于编辑应该研究的一种编辑艺术。

四、加工整理

译稿基本上符合"准确、通顺、统一"的要求，没有重大原则性错误，其中存在的问题性质不严重、数量不多，编辑可以采取通读加工方式解决者，我们认为即可采用，进行加工整理。

译稿的加工整理通常分对读加工整理（逐句对照原文修改译稿）和通读加工整理（必要时才查原文）两种，对某一部译稿采用哪一种加工方法，当然要根据实际需要来确定。作为一个出版社，对译稿一般应当采用哪一种方法加工整理，历来有不同的看法。人民出版社在50年代对这个问题曾经发生过争论。后来经过长期的工作实践，认识逐渐趋于一致，对译稿一般采用通读加工的方法，未达到通读加工的要求者退译者修改。只有个别急需出版的重点书，来不及退译者修改，一时又找不到合适人校订，才由编辑对读加工。如果每一部译稿都采用这种加工方法，一个编辑一年发不了几部稿子。质量不好的译稿，即使由熟练的编辑对读加工一遍，也未必能把差错消灭干净。编辑的大量时间与其用于编辑加工，不如用于选题、审稿，在采用之前把好质量关。

对译稿进行加工整理时，要注意尊重译者行文的习惯和风格，坚持可改可不改即不改的原则。一个译名、一个用语、一个格式，本来没有错，你改一处，别处没改就会造成新的不统一。你改别处不知哪儿还有，一个个找起来太费时间。有时改呀改呀，觉得太多了改不干净，只好恢复原状，不如起初不改。除了改正错别字及统一规格等技术性修改，所有带实质性的改动都必须核对原文，切忌想当然。编辑所作的修改原则上都要请译者复核，这不仅是出于对译者的尊重，也是为了防止差错。

编辑对译稿加工整理，往往在技术性问题上花费不少时间。约译时要对译稿普遍存在的问题给译者提供一份详尽的注意事项。例如，在注意事项中可要求译者在译稿边旁注上原书页码，以便审稿或编索引时使用。没有边码，遇到疑难要核对原文，有时要从章节题一段一段找下来，十分麻烦。

原著如有两级以上的标题，到了译稿上就不易分辨出标题的大小。为了便于进行版式设计，不妨要求译者在译稿上注明标题的级别。有一本书把大小标题搞混了，到排出校样才发现，结果不得不重排。

外国人名缩写字的译法和隔音号的位置目前在书刊中还比较混乱，出版社主张怎样处理，要事先向译者说明。人民出版社的做法是：缩写字尽量设法找到全称，按第一个音节译出，不按字母读音译，查不到全称就不译，直接写外文字母；外国人名译名不管是否夹带外文缩写字，隔音号一律用中圆点，不用下脚点。

又如半字线（连接号）、一字线（范围号）和二字线（破折号），有些译者不大注意它们的区别，时常误用。他们不了解线条的长短有时会引起词义的变化，例如"劳埃德－琼斯假设"，用半字线表示这是一个复姓劳埃德－琼斯的人的假设，如果把半字线改为一字线就是劳埃德和琼斯两个人的假设了。这些符号使用不当，编辑得一个一个给缩短或延长，不胜其烦。因此有必要在注意事项中向译者说明它们的用法有什么区别。

省略号在句子末尾英文通常用四个点，第一个点是句号，其他外文多数用三个点，不另加句号。中文句子末尾的省略号之后加不加句号，1951年出版总署公布的标点符号用法未作规定。目前在出版物和书稿中两种情况都有。为促进标点符号用法的统一和规范化，出版社应说明自己倾向于哪一种用法。省略号表示有删节，句号表示意思完整，两者并存是矛盾的。省略号后以不用句号为宜，这样可和国际用法一致。为了表示句末的停顿，可用省略号后加空的办法代替句号。至于省略号前的句子如果是完整的，省略号之前用句号，这是没有问题的。

度量单位的译法国家早有规定。如 metre 译"米"，不译"公尺"；cm 译"厘米"，不译"公分"；mile 译"英里"，不译"哩"等。可是在译稿和出版物中仍不时可以看到已废止的译法。这同大多数外汉词典（包括新出的）仍保留旧译法而不加说明有关，我们应当提醒译者注意国家的规定。

人名和其他专名的译法的统一是个令人头痛的问题。没有索引的书籍要请译者提供一份译名对照表，不管译者是否愿意做，这点必须坚持。

有些校译者修改别人的译稿爱用铅笔，大概是为了表示"谦虚"。如果不把稿子退回去请译者自己用钢笔再描一遍，编辑就得一一代描。在注意事项中事先提醒译者正式改动用钢笔，铅笔改动无效，这种无谓的劳动就可减少或避免。

诸如此类的细节绝不可小看，它是编辑工作经验在实际工作中的应用与概括。随着对翻译出版工作规律的认识日益加深，注意事项的内容不断充实和完善，我们的编辑工作效率将会越来越高。

最后，谈一下书名问题。读者接触一本书是从书名开始的，如何定一个贴切、鲜明、简洁的书名，一下子把读者吸引住，这是编辑从提选题到书稿加工整理始终要注意的。

有一本政治小册子原书名长达 80 多个字，译者非常忠实地照译出来，这样长的书名我国读者是无法接受的。我们把它一分为二，取最后 19 个字作书名，其余作副题。有一本书名原来译作《在保加利亚建设社会主义的问题和方法》。为便于读者从图书馆书名卡查找有关这个国家的书籍，我们把"在"字去掉，使书名从国名开始。

书名不同于正文，翻译可以更加灵活些，原则是要符合贴切、鲜明、简洁的要求。列宁翻译维伯夫妇的巨著《工业民主》，就根据原著的内容并参照德译本给俄译本起了个意思更显豁的书名——《英国工联主义的理论与实践》。季米托洛夫的秘书写了一本回忆录，记述季米托洛夫在1945年回国到1949年逝世前的工作和生活情况，原著书名是《季米托洛夫的日日夜夜》，译者改成了《一个领袖的日日夜夜》。这样一来，什么人和什么时间都不清楚了。我们与译者商量，最后把书名改为《季米托洛夫的晚年》，并加副题"1945—1949年"。翻译书名不同于翻译电影片名，还是朴实一点好，有一部传记，原名为《叶卡捷琳娜大帝》，译作《风流女皇》未必可取。

五、翻译书籍编辑人员的培养

姜椿芳同志在《翻译工作新貌》一文中，在肯定翻译工作巨大成绩的同时指出："近年来在一些译本中，特别是在赶译、抢译的所谓畅销书中，出现了不少错误，有的甚至可以说是粗制滥造。这些情况是不能容许的。另一种比较普遍的现象是，有些翻译的书籍或报刊文章，译笔似乎流畅可读，但经不起检查，一核对原文，错误之多，简直令人吃惊。这种中文通顺甚至优美的外衣掩盖了译文的错误的情况在解放前的一些译本中不鲜其例，而对今天的翻译工作者来说，是应该引起特别注意的。"这些粗制滥造、错误很多的译本之所以能够出现，译者负有责任，出版社也难辞其咎，因为许多译稿没有经过懂该语种的编辑审查，只从中文看看认为过得去就发稿了。解决这个问题的关键在于培养合格的翻译书编辑，出版社没有这样的编辑就不要出翻译书。

编辑是杂家，与著作编辑比较，翻译书籍编辑是更杂的杂家。比如中国历史编辑，中国古代、近代、现代历史可以各分管一段，外国历史编辑不要说只管一国的历史的一段办不到，能够把分工范围固定在几个国家就算不错了。还有，著作编辑看的是中文书籍，翻译书籍编辑除看中文译稿外，还得看外文原著，分管几个国家就得看几种外文原著。当翻译书籍编辑要做到真正称职,必须具备七个条件:有相当的政治、理论修养;中文好;会外文;懂专业;知识面广;熟悉编辑业务;有翻译经验。这样的编辑人才从何而来呢?

苏联的出版社绝大多数编辑都是学各种专业的大学本科毕业生或研究生,未学过专业的要到大学里补课,学过的每隔几年也要到大学进修一次。这反映他们对编辑专业化的重视。大学毕业生、从其他部门转来的专业干部,到出版社工作一段时间再送到印刷学院编辑出版系学习业务。为了鼓励编辑和出版社其他工作人员学外语、在工作中使用外语,苏联国家出版委员会早在60年代就制定了《掌握外语的出版社工作人员职务工资增加办法》。学习西欧语言,按照国家规定的二年制教学大纲的要求考试及格者,月职务工资增加5%,三年制考试及格者增加10%;学习东方语言,按三年制教学大纲考试要求及格者,增加10%,四年制考试及格者增加20%,这种外语考试每隔两年进行一次,考试及格者的外语水平相当于外语院系本科或者大专毕业。

据1985年来华访问的匈牙利出版代表团介绍,匈牙利的出版社不向大学要毕业生,编辑是从发表过作品的作者和译者当中物色的。匈牙利的出版社少,编辑地位高,愿意到出版社工作的专家学者多,有条件这样做。但是,在目前条件下,我国出版社翻译书籍编辑的主要后备军还是大学毕业生和研究生。在大学毕业生和研究生中,外语院系的当然是一个重要来源。不过从实际情况看,学其他专业——科学技术和社会科学——的大学毕业生更适宜做对口专业的翻译书籍编辑工作,因为外语院系的学生除学语言文学外,一般不学其他专业,而学其他专业的大学毕业生一般都学过外语,其中也有外语学得好的,到出版社后还可结合业务继续学习,进一步提高外语水平。外语院系毕业生缺乏与所从事的专业有关的知识,不能很快适应这种要求。如果干了几年对这个专业培养不起兴趣(这种情况还是比较多的)再来改行,无论对国家还是对个人都是个损失。这也就是说,除外国文学翻译书籍编辑可以从外语院系毕业生中挑选外，其他各种专业的翻译书籍编辑应该首先从对口专业院系中外语学得比较好的毕业生中物色，也就是说，要把专业放在第一位，外语放在第二位。

为了鼓励编辑出版工作人员学习外语，作为尝试，出版社的奖金似可拨出一部分用来奖励外语考试及格并能够在工作中使用者（如能审读外文原著、提出比较好的选题，能鉴定译稿质量、改正翻译错误，能翻译出版社往来信件和担任口译等）。小语种比较难学，使用范围窄，愿学者少，可是出版翻译书的大出版社不能没有懂小语种的编辑，小语种知识奖应当高一些。编辑译书不仅要懂编辑业务，也需要通过实践掌握文字翻译的规律，出版社应创造条件，使青年编辑在老编辑或老译者帮助下翻译一些文章或书籍，这对工作会有好处，不能认为是不务正业。

使像样的译本多起来
——谈谈出版社对翻译出版外国政治学术著作的要求

1922年在《论战斗唯物主义的意义》一文中讲到无神论的宣传工作时,列宁强调"要密切注意用各种文字出版的一切有关文献,把这方面一切多少有些价值的东西翻译出来,或者至少摘要介绍",他同时指出"要像样的译本才能算数,但这样的译本还不怎么多"。[①]列宁的意见对我们今天各个领域的学术著作翻译出版工作仍然具有指导意义。

粗制滥造的作品是不能算数的,使像样的译本多起来是新中国成立以后翻译工作者和出版工作者的共同愿望。编出像样的译本,需要做好哪些工作,本文拟联系笔者所了解的人民出版社对翻译出版外国政治学术著作的要求,谈谈自己的粗浅想法。

一、关于选题问题

衡量一本翻译书的好坏,首先看原著的价值,其次再看译文的质量,原著毫无价值或平庸低劣,译文质量再好,也不能认为是本好书。因此,严肃的出版社总是首先注意把好选题关。如果选择不当,书译出来之后才发现不适宜出版,译者和出版社的时间和精力就白白浪费了。

据联合国教科文组织的统计,全世界出版的书籍1980年为72万种,1986年已达82万种。出版社定翻译选题不限于当年外国出版的新

原刊于《编辑之友》1992年第3期。
① 《列宁全集》中文第2版第43卷,第25、28页。

书，还要考虑历年出版的作品，书又不能从外表鉴别好坏，从浩瀚的书海中选出真正有价值的作品，有时比沙里淘金还难。

一本外国政治学术著作是否有翻译价值，需要从思想性、科学性和资料性三方面作出评价，并与国内外已出版的其他同类书籍比较高低。出版社编辑的外语水平一般说来不如译者，有些不常用的语种，出版社可能无人能看懂，因此总是希望译者把推荐意见写得详细些。他们不仅需要了解书的特点和用处，还需要知道书的缺点或问题。特别是涉及我国历史、现状及疆域等问题，更要知道作者是怎样说的。有些推荐意见写得很简单，是否应当选译，出版社很难据以作出决断。

人民出版社40年来先后出版的翻译书籍，共译自24种外文，即英、俄、德、法、西、意、希、阿尔巴尼亚、塞、罗、匈、波、捷、保、挪、日、朝、越、印尼、蒙、泰、柬、老、他加禄文。外国政治学术著作一般不采用转译的办法，原因是这类书籍大多数没有其他外文译本，即使有也不一定完善可靠，转译容易走样。例如我社自己编的四卷本《铁托选集》(1926—1980)，所收的著作均直接选自南斯拉夫本国出版的著作集、单行本和《战斗报》。苏联出版过一卷本的铁托言论集，所收的文章不多，涉及苏南关系部分的俄译文与塞文原著有不少出入。在学术著作方面，为了使我国史学界了解各国学者对本国历史的观点，我们尽可能选译本国学者写的代表作。例如我们邻国的历史，选了朝鲜民主主义人民共和国科学院编的《朝鲜通史》、越南著名史学家写的《越南史略》，没有选日本人写的朝鲜史和法国人写的越南史。古巴独立史我社之所以选译古巴史学家卢基森林所写的那一本，而没有选美国人写的，道理很简单，古巴人认为古巴不是靠美国获得独立的。至于大国对小国历史的观点，已有不少的书可供参考，要进一步了解也不难。

大书出版难，有些我们只需其中有用的资料，不必全译。有一本名为《苏南冲突真相》的书，我社一位前任总编辑看了中译本之后认为"除了几小节外，均属文不对题，我看有十分之一篇幅尽够了"。我社曾出版过一本服刑期满时纳粹战犯施佩尔写的回忆录《第三帝国内幕》，译前经萧乾同志审阅过，认为材料与美国记者写的四卷本《第三帝国的兴亡》基本上不重复，但是涉及建筑业的内容太多，与主题关系不大，翻译时依照他的意见作了删节。出版社欢迎译者推荐选题的同时就可以或应当删节部分提出意见，待商定再具体进行。

二、对译文的要求

按照我自己掌握的标准，对政治学术著作译文的要求主要有两条：一是在正确理解的基础上力求准确而通顺易懂地表达原意，二是译名、用语和技术规格符合规范。政治学术著作翻译的困难在于：原则严肃，概念抽象；情况多变，背景各异；自成体系，逻辑谨严；旁征博引，涉及面广（包括哲学、政治、经济、军事、文化、历史、地理、民族、各种国际问题等）；译名繁杂，以何为准。译者要具有较高的中文、外文和理论水平，多少熟悉有关的专业，具有寻根究底、一丝不苟的精神。任何一方面有严重缺陷都难以胜任。从实际情况看来，由于中文修养不够造成的差错较多，译稿修改也最费劲。翻译政治学术著作须要特别注意以下问题。

1. 防止理论性、政治性、原则性差错

这类问题要反复琢磨，字斟句酌，保证表述准确无误。

规律是客观存在的，不以人们的意志为转移。英语 establish 有"创立""发现""证实"等多种意思，在"创立社会进化规律"一句中译者偏偏选择了一种最不适当的译法。一部译稿甚至出现歪曲马克思主义的译句："马克思主义的基本原则有历史宿命论。"原文 determinism 在这里应译"决定论"。《英华大辞典》1957 年版这个词有"决定论""宿命论"等解释，不知道为什么 1984 年修订第二版把"决定论"去掉，只剩下"宿命论"，准确的译法应当是前者。"宿命论"英语通常是用 fatalism 来表示的。又有一句原意是"一种社会制度为另一种社会制度

所代替"被译成"社会制度互相交替"。这些例子表明基础理论知识是翻译不可缺少的。

"格言"是含有教育意义可作为准则的话,用于"伯恩施坦的'运动就是一切,目的是没有的'这一格言中",无异肯定了伯恩施坦的这一机会主义论断。"宁愿站着死,毋宁(决不)跪着生"一句用词不当造成译者意想不到的原则性错误,说明提高中文修养的重要性。

党的组织原则不同于军队和政权机关,党员个人要服从党的组织,但党员个人之间在党内不存在上下级关系。我们的党章现已采用"下级组织服从上级组织"这个更准确的提法代替过去党章的"下级服从上级"的提法。西班牙共产党文件原译稿"党员在行动上必须服从根据少数服从多数、下级服从上级的原则作出的指示和决议"一句中,"下级"和"上级"后面原文有"组织"一词被略去未译,而在另一句"党的全国代表大会是党的最高权力机关"中,又加了原文所没有的"权力"字样。法国共产党章程也是说"全国代表大会是党的最高机构"。中国共产党章程则采用"党的最高领导机关"的提法。各党有自己的规定。党章原文没有"权力"字样,译文中不应增加,以免同国家权力机关混淆。准确性的原则要求对原意不增、不减、不改。经译者同意,把"组织"补上,把"权力"删去了。

我国特有的政治用语翻译时不宜套用。一个波兰社会民主党人说的"要搞思想斗争,不要动拳头",被译成了"要文斗,不要武斗"。在一篇译稿中读到"组织上入党,思想上并未入党"时,我以为外国共产党也有类似我们党的提法,查对原文才知道原意是"没有为党彻底献身的精神",建议译者作了修改。

"掌握解释现实和批评资本主义社会和(的)马克思主义的方法","应该反对犯罪不是(只是)被压迫阶级的行为的观点","恐怖主义无论如何也是有(没有)合法依据的"——一字之差严重歪曲或颠倒了原意。政治性差错除了会产生不良影响,有时还会造成重大经济损失。一本翻译书，有一句话漏了个"不"字，把友党对农民的政策歪曲了，直到已开始发行才发现，不得不给全国有关的新华书店拍电报把书追回换页再发行。

2. 事实、数据表达要精确

事实和数据是学术著作立论的基础，使用者引证的依据，表达要十分准确。

"消灭资本主义前期的剥削方式"，原文要谈的意思是"消灭资本主义以前时期的剥削方式"，即消灭封建主义剥削方式，而资本主义前期的剥削方式则属于资本主义的剥削方式。

"西方学者翟理斯等谓直至17或18世纪中国著作的数量，比世界上全部书籍产量的总和还要多"，这是不可能的，因为世界全部书籍是把中国书籍包括在内的。译文的逻辑错误使引证的论据缺乏说服力。

关于英语 times 和其他外语表示倍数的词怎样理解和翻译，目前尚有一些问题需要作进一步探讨。我查了多种外语资料，属印欧语系的有日耳曼语族的英、德语，罗曼语族的法、西、意、罗语，斯拉夫语族的俄、塞、波、捷、保语，独立语族的阿尔巴尼亚语，属乌拉尔语系的有匈牙利语，发现它们不管用什么方式表示倍数增加，都把基数计算在内。而汉语则有两种表达方式，即（1）增加到 N 倍（包括基数），（2）增加 N－1 倍（不包括基数），两者所表达是同一数值。西方语言，例如英语的 increase（to，by）N times，不管带不带括号内的介词，意思都一样，即"增加 N－1 倍"。

与东方语言也作了一些比较。出乎意料，不仅属南岛语系的印度尼西亚语，就是在汉字文化圈内借用这个汉字词的日语和朝语，其倍数增长或大小比较所表达的概念也与西方语言一致，而不同于汉语。请看下面的比较。

英：three (3) times larger than A

法：trois (3) fois plus grand que A

日：Aより3倍大ぎい

朝：A boda 3be (倍) na kida

汉：比A大2倍

倍数的译法常常差一倍的原因，是译者未考虑到中外文这一概念的表达形同实不同，翻译时照抄原文字面上的倍数，有些工具书也这样做，以致以讹传讹。例如梁实秋主编的《远东英汉大辞典》，to increase tenfold 译"增加十倍", to increase by threefold 译"增加三倍", a tenfold increase 译"十倍的增加"，上述三个译例都应把倍数减一。《法汉词典》deux fois plus grande 译"大二倍"（上海译文出版社1979年版，第540页），应为"大一倍"。

在书报中不时出现"减少、下降、缩小若干倍"的说法。有人在纠正这类错误时写道：英语常说"减少多少倍"，汉语中没有这样的语法，应改译为"减少了或减少到几分之几"①，在汉语里只有倍增的句式，英语有倍增的表达，也有倍减的表达，英语表示倍减的句式在汉译时要换算成分数。② 在这里有一个概念需要澄清。英语及西方其他语言同汉语一样都没有"倍减"的说法，因为这在科学上是讲不通的。水池里的水或产品的成本减少一倍（如果可以这样说的话）是零，再减少一倍是多少呢？其实，英语的 times 用于数量增加，表示用乘法求倍数，即 increase N times= 基数×N，用于数量减少，表示用除法求分数，即 reduce N times= 基数÷N。法语的 fois, 德语的 -mal、-fach, 俄语的раз 等均如此，不存在倍数换算成分数的问题。

三、开展"翻译编辑学"的研究

迄今的翻译理论主要研究在保持内容不变的情况下怎样将作品从一

---

① 《翻译通讯》1982年第5期，第45页。
② 《中国翻译》1990年第4期，第18—20页。

种语言文字转换成另一种语言文字。从实际的翻译工作需要出发,似可把研究领域拓宽一些。所有作品的翻译出版都离不开编辑工作。编辑工作的好坏直接影响翻译书籍的质量。有些内容不健康的粗制滥造的译本得以充斥市场,首先同编辑把关不严有关。

事实上许多译者都曾经直接或间接地参与了编辑工作,如受委托编选外国某个政治家或学者的文集,编译某种专题资料,对大部头著作提出节译意见,按中国读者需要把原著索引加以改编,撰写译序,对别人的译稿进行加工整理,等等。桑德堡《林肯传》原著 1 卷本有近 100 万字,责任编辑同翻译小组一起节选成 48 万字,另从 6 卷本中补充了必要材料,加了 300 多条辅助阅读的注释(其中不少是介绍马克思和恩格斯对有关人物和事件的评论),并另编了 100 多个人物简介和林肯大事年表,这些工作远远超出了单纯翻译的范围。

原著的索引翻译时往往被删去,读者查阅不便。海斯等著的《世界史》翻译出版时采取另一种做法——把原著索引加以充实和改编。原著有个综合索引,所收地名很少,历史地名的译法在一般地图及参考书中不易查到。有些小地名不好译,例如德国统一前的两个小邦名——Reuss-Elder Line 和 Reuss-Younger Line,原译"罗伊斯旧邦线"和"罗伊斯新邦线",经订正改为"长系罗伊斯"和"幼系罗伊斯"。为了使翻译成果得到更好的利用,编辑同译者商定,把原来的综合索引分成人名、地名、族名和名目四类,全书 41 幅世界历史地图的地名采用英汉对照的形式全部收入索引。

维尔钦斯基编《马克思主义社会主义和共产主义词典》,原书是按英文词条的字母顺序排列的,没有目录和索引。中译本增加了按汉语拼音排列的中文目录,使读者对全书所收的词条一目了然,正文排了汉字和拼音字母书眉,书末附有汉字笔画索引和英文索引,比原书多了几个检索的方便。此外,对原著出版后去世的人物补上了卒年。

我社出版的外国共产党和社会主义国家主要领导人的著作集大都是

我社编选的，版本记录页上没有原著外文书名称，作者不懂中文，看不出是自己的著作。我社在出版卡达尔《论匈牙利社会主义建设》、《雅鲁泽尔斯基选集》、卡斯特罗《在古巴共产党第一、二、三次全国代表大会上的中心报告》时，请译者把中文扉页上的书名、作者名、出版社名等分别译成匈、波、西文，印在中文扉页前面一页的背面，这样就把原来单扉页变成了中外文对照的双扉页。

《列宁全集》中文第 2 版（60 卷），是中央编译局把编辑和翻译工作出色结合的产物，如果全部照搬俄文第 5 版，就不会有今天这套收集文献资料最丰富的《列宁全集》，也不会有如此众多经过精心撰写编制的适合我国读者需要的序言、注释、附录、年表和索引。新版书脊上增添了写作年代和分类的标志——著作卷、书信卷和笔记卷，便于读者查阅，这是编辑工作的又一项重大改进。

"翻译编辑学"可以说是翻译学与编辑学交叉的学科，它的主要任务是研究如何更好地为出版或发表准备译稿。为了使翻译作品更符合读者需要，翻译工作者和编辑工作者都可以从各自的角度进行研究，找出规律性的东西，共同提高认识，加强合作。我国出版界于 80 年代初提出把编辑学作为一门科学来进行研究。1986 年举行第二届出版科学讨论会时，我曾建议采用 redactology 作为"编辑学"的国际用语。[1] 美国《克利夫兰每日旗帜报》（*Cleveland Daily Banner*）1990 年 8 月 26 日报道我国编辑学研究进展情况时采用了这一术语，并承认这是中国出版界近年发展起来的一门 new science（新科学）。姜振寰主编的《交叉科学学科辞典》（人民出版社 1990 年版）"编辑学"条也使用了同样的英译名。既然这个术语美国报纸可以接受，"翻译编辑学"的英文名称不妨称为 redactology of translation。

---

[1] 见中国出版发行科学研究所科研处编：《编辑学论集》，中国书籍出版社 1987 年版，第 211 页。

对《中国文化西传欧洲史》译稿的复审意见

《中国文化西传欧洲史》[①] 我对照原文审读了第 1 卷译稿 29—31 页和 63—70 页、第 2 卷译稿 884—896 页，其他地方翻阅了某些段落。

据了解，译者过去在其他出版社出版过多种译著，不知原译质量如何。从这部译稿看来，译者对中西文化交流史是有研究的，但翻译上存在的问题较多，主要是：1. 文字粗糙、费解，语病多，有漏译；2. 对原意理解不透，随意翻译；3. 译名、用语和技术规格不统一；4. 作者译自中文的专名和引语等照理应当还原，译者却往往据法文意译，未同中文原始资料核对。例如康有为的一大段话，未交代依据何种中文版本，看来是从法文回译的，不是原话（见 896 页）。对原著一些明显的错误，译者也未查考。例如，意大利哲学家米兰多拉只活了 31 岁，其生卒年份为 1463—1494 年，而原著误作 1463—1606 年，那就是活了 143 岁，译者不考虑是否可能，照样翻译，未加注说明（见 894 页）。

译稿质量如此，只作小改不可能达到出版水平。看来需要逐字逐句对照原文仔细校订。校订者不仅要中文修养好、懂法文和其他外文（原著直接引用德文和英文等外文资料），而且要熟悉中国文化史，知道中文史料如何查法，同时，对如何统一翻译书的技术规格还得在行。校订

原刊于《出版科学》1994 年第 4 期。

[①] 编者注：作者是法国汉学家安田朴（Étiemble），原著 *L'Europe chinoise* 为两卷本，1988—1989 年由巴黎加利马尔出版社出版。中文译稿经责任编辑初审，认为译稿基本可用，后由林穗芳同志复审，发现仍存在不少问题，征得译者同意后作退稿处理。此复审意见写于 1992 年，我国尚未加入国际版权公约。

因为要将就原译，往往比重新翻译还要费劲。胜任而又愿意校订的人难找。校订人通常要求署名，译者未必乐意接受。由我们找人校订，如果译者对改动有异议，还得返工，来回磋商。因此，最好的处理办法是先请译者自己找合适的人校订。这样，署名和稿酬分配问题可由他们自行协商解决。

本书的人名，包括大量来华传教士人名的译法，是个相当复杂的问题，不仅译稿不统一，原著也不统一。例如，耶稣会士阳玛诺第 1 卷原文写作 Manoal Dias，第 2 卷原文又写作 Manuel Diaz，而《辞海》则为 Emmanuel Diaz。须请译者编制一份全书外国人名中外文对照表，附在书末，以取代目前偶尔在某些外国人名后括注外文名的办法。能编成人名索引则更好，这样不仅可保证译法统一，而且便于检索，有助于提高译本的使用价值。

抽查发现译稿中存在的问题现举例说明于后。可考虑选择一些比较重要的例子，加上责任编辑审读加工发现的问题，提供译者或校订者参考。例句中箭头左方是原稿译文，右方是我根据自己的理解提出供参考的一种修改方案，意见不一定对。

第 1 卷

29/9 页（斜线左边是译稿页码，右边是原著页码，下同）A："从 1980 年开始的平反昭雪活动" → "从 1980 年开始而于 5 年后完成的平反工作"。原文有 et parachevée cinq ans plus tard 漏译。

B："具有极左倾向的中间派" → "中间偏左分子"。"具有极左倾向"就不成为"中间派"了。

59/22 页："中国教省的巡按使阿泽维多神父" → "中国教省的巡视神父阿泽维多"。"巡按使"是中国封建王朝的地方民政官，不宜套用作外国神父的教职。

66/27 页 A："古登堡可能是纸张的发明人" → "古登堡可能是印刷

术的发明人"。原文 imprimerie 是"印刷术",不是"纸张"。纸张为中国人所发明是举世公认的。一个著名汉学家不会无知到这个地步,毫无根据地猜测纸张可能是德国人古登堡所发明。本页的另一句译文"古登堡就是在美因茨本地发明了造纸术"中的"造纸术"也应为"印刷术"。原文 cette technique(这项技术)所指的就是上文所说的"印刷术",因为上文只提到印刷术,没有提到造纸术(提到了纸张,但纸张不是造纸术,"这项技术"与纸张无关)。

B:本书书名在书稿扉页上译《中国文化西传欧洲史》(正式定名)、在前言中译《欧洲的中国热历史》,在绪论(本书66页)又译《中国化的欧洲》。这本书的书名有三种译法,《译者的话》对书名的译法未作任何交代,读者会以为作者写了三本不同的书。

67/27页 A:"美因茨—古登堡博物馆"。德文常用短横把地名与该地的组织机构名称隔开,中文的短横用法则是把两者连接起来表示并列关系,这里要把短横删去,或改为"市"。

B:"伟大的托尔瓦德森为伟大的古登堡建造"。后一个"伟大的"改为"更伟大的",德文原文 grösseren 为比较级。

C:本页正文和注释中有内容相同、重复出现的引文,但译文不一致。正文:"……深切怀念依然如旧";注释:"……以一种丝毫没有减弱的吸引力想念着"。

68/28页:"从美因茨开始了它〔印刷业〕的胜利发展"→"从美因茨开始了它的向全球的胜利发展"。德文原文有 über den Erdall 漏译。

69—70/28页:"日耳曼帝国主义"→"德意志帝国主义";"日耳曼的谎言"→"泛德意志的谎言"。日耳曼人是公元10世纪以前居住在欧洲西北部和北欧南部的许多说古代日耳曼语部落的总称,是近代德意志、奥地利、卢森堡、荷兰、英吉利、瑞典、丹麦、挪威等民族的祖先。现代已没有什么"日耳曼"和"日耳曼人"。德国帝国主义鼓吹的"泛德意志主义"(Pangermanismus)是要把所有说德语的民族(包括奥地利人等)统一在一个国家之内。"泛日耳曼"意味着把对头英吉利人等也包括在内,那不是本意,也是不可能的。历年《世界知识年鉴》"苏联"条和"罗马尼亚"条人口栏中的少数民族"日耳曼族"实为"德意志族"。

第2卷

886/12 页 A:"中国人陈受颐于1935年在天津出版《达尼埃尔·笛福对中国的严厉批评》"。这个中国人名是本名还是音译,所说的作品是用中文还是英文写的,是出版书(上述作品不像一本书)还是发表评论文章,译者最好能查明,有所交代。法文 publier 和英文 publish 不一定是"出版"书,也可指在报刊上"发表"文章,译什么要看具体情况才能确定。Daniel Defoe 是英国人,他的名字要照英文音译"丹尼尔",不宜照法文音译"达尼埃尔"。

B:"《第2届尚蒂伊国际汉学讨论会论文集》(尚蒂伊1977年版)"。1977年是会议在尚蒂伊召开的时间,论文集出版于1980年。

887/12 页:"远东亚洲"→"东亚"。"远东"是"亚洲"的一部分,这两个名词放在一起不可理解。原文 Asie Extrême 译"东亚"即可。译稿891页等还有"远东亚洲"的译法,须统一处理。

888/13 页 A:"但这并没有阻止他有时也自相矛盾一些"→"尽管如此,他还是有不少(plus qu'un peu)自相矛盾之处"。

B:"欧洲仅仅反对孔夫子有一种含糊不清的认识"→"欧洲对孔子只有一种模糊的认识"。原稿把"对"误作"反对"。

C:"埃德蒙·莱特还用法文发表了《儒教……和社会改革》一文,后来译作英文"→"埃德蒙·莱特还用英文和法文发表了《儒教……和社会改革》,法文是据英文翻译的"。正文"qui traduit《Confucianism... and Social Reform》"(据英文《儒教……和社会改革》翻译)及注释中的 traduction francaise(法译本)等字样都说明这篇文章是先用英文写、后译成法文的，而不是相反。可说明这篇文章的来龙去脉的脚注，不知道译者为什么删去。

890/14 页："来自东方的豪华"→"光明来自东方"（ex oriente lux）。上文讲"东学西渐"，即东方的文明向西传播。译者把这句拉丁文成语中的 lux（光明）误作法文的 luxe（豪华）了。

891/14 页："圣方济各·沙勿略亲自选择了该图书馆的藏书"→"圣方济各·沙勿略亲自选书，这些书后来成为该图书馆的藏书"。来华传教士沙勿略在世时该图书馆（北堂图书馆）尚未成立，不可能为该馆选择藏书。原著的意思不过说他所选的书为后来该馆的成立打下了基础。

895/16A："文艺复兴的人文主义的遥远先驱"→"文艺复兴时期的人文主义的远祖"。

B："安德烈·赛萨尔班"是据法文 André Césalpin 音译的。这是意大利人，按意文原名 Andrea Cesalpino 应译"安德烈亚·切萨尔皮诺"。依照"名从主人"的原则，外国人名本来要查出主人所用原文名字才可以翻译，译者为了省事，许多外国人名包括可以查到原文名字的名人，都据法文音译了。仅人名一项要订正译法，工作量就不小。（本文只摘录了一些简明而有代表性的例子，其余误译例句从略）

1992 年 1 月 10 日

关于英语倍数的翻译问题

我国翻译西方书籍如果从严复算起，已有将近一个世纪的历史。关于英语倍数的译法，翻译界不知讨论过多少次了，可是至今尚未取得完全一致的意见。在书刊中对英语倍数的译法仍然存在混乱现象。一个新出现的名词术语暂时存在两种或多种译法是可以理解的，但是一个自古以来就有的普通数学概念，同时存在两种不等值的译法，无论如何是说不过去的。因为这个问题比较重要，而且在翻译中经常会遇到，希望能够讨论出一个结果，所以不揣谫陋，也来谈谈自己的看法。

汉语"增加N元"、"增加N%"和"增加N倍"三种说法所表示的都是净增加数，不包括基数在内。英语a N yuan increase，a N Percent increase 和 a N-fold increase（或 Increase N-fold，increase N times），对三种数量增加的表示法在形式上相同，但含义不尽相同。前两种说法同汉语"增加N元"、"增加N%"一样，都是净增加数，最后一种说法同汉语不一样，它表示的不是净增加数，而是表示增加到N倍，净增加数是N-1倍。这里从美国出版的一部欧洲史举个例证：

"During the critical year of 1917 Party membership rose tenfold from 20,000 to 200,000."（在关键性的1917年，党员人数从二万增加到二十万，即增加了九倍。）rose tenfold 如果照字面译"增加十倍"就错了。

英语"increase N time"和汉语"增加N倍"相差一倍，仅仅以习

原刊于《中国翻译》1986年第3期。

惯的说法不同来解释是不够的，人们还是不知其所以然。看来需要从词义和语法的角度作些分析。increase 在这里是 to make or become greater 的意思，不能作 plus 或 add to 讲，因此，increase N times ≠ 基数 +N 倍。汉语"增加"在这里不等于 increase，而相当于 plus 或 add to，因此，"增加 N 倍"= 基数 +N 倍。再有，汉语"增加 N 倍"是动宾结构，英语 increase N times 是动补结构，意为"按 N 倍的数量增加"，不能把 N times 作为宾语译成"增加 N 倍"。

increase N times 和 increase by N times 一样，都是"基数乘 N"或"基数乘以 N"。句子里有无 by，取决于句法上是否需要，对数量的增减并无影响。凌渭民同志在《科技英语中数量的译法》一文（《翻译通讯》1982 年第 5 期）中认为"increase by..."句型不同于"increase..."句型，要译成"增加了 N 倍"，不能减一。例如，"increase by six times"译成"增加六倍"，"raise by six percent"译成"增大百分之六"。可惜凌文没有说明这样译有什么根据。百分比和倍数不是相同的概念，其译法不能混为一谈。raise by six percent 译成"增大百分之六"是对的，不等于 increase by six times 译成"增加六倍"也是对的。如果 raise six percent 和 raise by six percent 都只能译"增大百分之六"，后者多了一个 by，并不能使 six percent 增加一个 percent，为什么 by six times 多了一个 by 就使它的数量比 six times 多了一倍呢？这在逻辑上是讲不通的。

关于英语"倍数 + 强比较级"或"倍数 + over"这类句型的译法，意见分歧更大。不少同志主张倍数照译不减：A is N times more than B，译"A 比 B 多 N 倍"。我赞同倍数减一的译法，即"A 比 B 多 N–1 倍"。如不减就得改变句型，译成"A 为 B 的 N 倍"。理由是英语 more than 用于倍数（不包括百分数）时和 as many 或 as much 同义。A is 10 times more than B = A is 10 times as many as B.

雷馨编《英语分类句型》（1979 年版）是主张倍数不减的。例如，"This type of machine uses three times more fuel oil than that type does"，

书中译"这种类型的机器的耗油量比那种类型的多三倍","The grain out-put in that commune was two times (200%) over that of 1957",译"那个公社的粮食产量比1957年增加了两倍"。按照我的理解,第一句译文的倍数要减一,即耗油量"多两倍";第二句译文的倍数如以括号外的 two times 为准,也要减一,即粮食产量"增加了一倍"。英语 two times=200%,但 two times over ≠ 200% over。Three times over 才等于 200% over。如果 200% over=two times over 的说法能成立,那么,100% over 和 50% over 换成倍数就是 one times over 和 0.5 times over,这样的说法在英语是讲不通的。增加 100% 和增加 50% 换成倍数应当是 two times over 和 1.5 times over,即"增加一倍"和"增加半倍"。

凌渭民同志认为,不仅"倍数 + more than"句型,就是"倍数 + 形容词或副词原级 +as"句型,原文倍数也照译不减。例如,"twice broader than A"译"比A宽两倍","two times as fast as that one (airplane)"译"比那一架(飞机)快两倍"。我们知道 double 是 twice as many,如果 two times as fast 是"快两倍",twice as many 岂不成了"多两倍"?而 double 明明是"增加一倍"或"多一倍"。上面两个例句的正确译法应当是"比A宽一倍"和"比那一架快一倍"。

reduce N times 或 N times less 句型,在一些书中可以看到"减少若干倍"和"减少若干分之一"两种截然不同的译法。而且不仅在翻译书中,就是在我国报刊中也不时出现"减少若干倍"的说法。新华社的一条电讯中提到:"会议指出,在最近三十年内,计算机的体积缩小了四百多倍,价格下降了约二百倍。"① 针对这类说法,已有同志写文章指出:英语常说"减少若干倍",汉语没有这种说法,英语表示倍数减少的句型翻译时要把倍数作分母,换算成分数。这只说对了一半。事实上英语和其他外语同汉语一样都没有"减少若干倍"的说法。因为这在科

---

① 见《人民日报》1984年3月31日。

学上是讲不通的。既然是倍数，又怎能作分母，岂不自相矛盾？英语 reduce N times 或 N times less 中的 times 本身就是分数（1/N），不是倍数，谈不到换算成分数的问题。上述电讯把倍数改为分数，应当是"计算机的体积缩小到原来的四百分之一以下，价格下降到原来的二百分之一左右"，或者把分数换算成百分比，"计算机的体积缩小了百分之九十九点七五以上，价格下降了约百分之九十九点五"。

据《韦氏新大学词典》（1973 年版）和《韦氏新国际词典》（1981 年版）的解释，times 有"乘"和"除"两种意义：（1）用于增加或强比较是"乘"或"倍数"（multiplied instances），所举的例子为"five times greater"，即"基数 × 5"，"增大到五倍"；（2）用于减少或弱比较是"除"或"分数"（equal fractional parts），所举的例子有"seven times smaller"，即"基数 ÷ 7"，"缩小到七分之一"。有的译者不了解 times 有"除"的含义，看到 seven times smaller 很自然就译成"小七倍"了。

英美出版的大多数英语词典和我国出版的各种英汉词典都没有明确指出 times 除"乘"和"倍"外，还有"除"的意义，恐怕是翻译书中不时出现"减少若干倍"之类说法的重要原因。建议新编的英汉词典在 times 条写进类似如下的内容：（1）乘：three times 三倍；increase (by) three times 增加到三倍，增加两倍；three times larger than B (as large as B) 三倍于 B，为 B 的三倍，比 B 大两倍。比较：increase (by) 300% 增加百分之三百，增加三倍；300% higher than B，比 B 高百分之三百，比 B 高三倍。（2）除（用于减少或弱比较）：reduce (by) three times 减少到（减为）三分之一，减少三分之二；three times smaller than B，为 B 的三分之一，比 B 小三分之二。

英语 N times 和 N-fold 用于增减和强弱比较可以有许多说法，但万变不离其宗，用于增加和强比较是基数乘以 N，意为"增加到 N 倍"、"为比较对象的 N 倍"，用于减少或弱比较是"减少到 1/N"，"为比较对象的 1/N"。翻译时掌握这个原则就不至把倍数或分数译错。

辞书编纂和稿件审校

列宁对辞书编辑出版工作的要求

辞典是人类知识的结晶,是积累和传播知识的重要工具。辞典的编纂出版工作是文化科学事业的一项基本建设。一个国家的文化科学的发展水平,从所出版的辞典的种类、数量和质量就可以大体作出判断。

列宁一向支持辞典的出版工作。他的《卡尔·马克思(传略和马克思主义概述)》这篇有名的著作,就是为格拉纳特百科辞典第7版第28卷精心撰写的一个条目。1914年春,列宁开始动笔,由于在国外生活极不安定、党内有许多更迫切的任务需要完成,以及其他种种特殊原因,使写作不得不时断时续。列宁担心自己不能如期交稿,影响出版社出书。于是在7月21日写信通知格拉纳特出版社编辑部。他"曾多次想找时间继续写完它,但都未能如愿",在秋天以前肯定不能写完,希望该社"能找到另一位马克思主义者,从他那里如期得到文章"。[①] 不用说,写这样的条目,很难找到比列宁更合适的作者。该社宁可推迟交稿日期,也不愿意解约。编辑部秘书在7月25日答复列宁:"您的这封信几乎等于拒绝写马克思和马克思主义一稿,使我们大失所望……不仅俄国的名人,就是外国的名人我们都逐个理了一遍,找不到合适的作者。我们恳切请求您保留这篇文章。"在表示可以延期交稿之后,信中接着写道:"我们再次殷切地希望您和我们共同把这篇文章看作是有价值的必须做的工作,不要就此搁笔。"[②] 不久,第一次世界大战爆发,政

原载于林穗芳编著:《列宁和编辑出版工作》,中国书籍出版社1987年版。
① 《列宁全集》中文第1版第35卷,第137页。
② 《列宁全集》俄文第5版第26卷,第414页。

治形势发生变化，使列宁有可能安排出时间在 11 月份把文章写完。

辞典条文的一个基本要求就是以最少的篇幅最大限度地容纳最重要的内容。列宁给自己提出的要求是"辞典的读者应当能读到马克思的所有最重要的言论，否则编撰辞典的目的就没有达到"①。格拉纳特出版社和作者约定：文章限制在 75000 个字母左右。马克思的一生的业绩、他的全部学说和他的著作在各国出版的情况，用两个著作页（一个著作页相当于我国小 32 开的书籍的 20 页）的篇幅来概括，无疑是一个极其困难的任务。为了写好这个条目，列宁研究马克思所有重要的著作，包括德国社会民主党刊物新公布的材料。此外，还大量阅读了其他有关文献。据列宁夫人回忆，列宁为撰写词条中哲学唯物主义和辩证法两节，再次用心地研读了黑格尔及其他哲学家的著作。②读过列宁这篇文章的人都会感觉到这个困难的任务被列宁出色地解决了。这篇文章至今仍然是我们学习马克思学说的指南。我国编辑出版的四卷本《马克思恩格斯选集》把它和列宁写的另一篇文章《弗里德里希·恩格斯》冠于第一卷卷首，作为代序。

《卡尔·马克思》一文交稿后，列宁在 1915 年 1 月 4 日给格拉纳特出版社写信，表示愿意继续承担其他条目的编写任务。信中写道："如果辞典的后面几卷还有未分配出去的文章，我愿意为辞典的编纂效劳。……如果我能就政治经济学、政治、工人运动、哲学及其他问题写点文章，我是非常乐意的。"③

早在 1908 年秋，列宁就曾经为格拉纳特辞典写过一个条目——《19 世纪末俄国的土地问题》。因为沙皇书报检查机关通不过，当时未能发表，到十月革命后才在这部辞典第 36 卷刊登，1918 年由莫斯科生活和知识出版社第一次出单行本。

---

① 《列宁全集》中文第 1 版第 35 卷，第 157 页。
② 《回忆列宁》第一卷，人民出版社 1982 年版，第 514 页。
③ 《列宁全集》中文第 1 版第 36 卷，第 313 页。

克鲁普斯卡娅从事教育多年，对教育学很有研究。她在苏黎世计划编一部《教育辞典》，目的在于向读者介绍各国国民教育的情况及其特点，说明国民教育同一个国家的社会经济发展水平及过去的历史有不可分割的联系。①列宁大力支持这个计划，认为"它能够弥补俄国文献中的一个重大缺陷，会是一项非常有益的工作"。1917年2月，他给住在彼得格勒的姐夫马·季·叶利扎罗夫写信说："随着读者人数的增加和范围的扩大，现在俄国对辞典和辞典一类的书籍需求很大，并且还在急剧增加。一部好的《教育辞典》或《教育全书》是迫切需要的，而且应当大量出版。"列宁请叶利扎罗夫设法筹措资金，由自己来出版，如果这不可能，就另找出版者，以编者克鲁普斯卡娅的名义同他签订一项全面详细的合同。列宁在信中还提出印行的办法："此书可分两卷出版，分两栏排印，以1—2印张作为一分册发行，征求预定。"②《教育辞典》的编撰出版计划未能完成，因为不久之后得到二月革命的消息，克鲁普斯卡娅就同列宁回国投入新的斗争了。

辞典是列宁从事学习、写作、翻译、理论研究和革命工作不可缺少的工具。他的个人藏书中有大量各国出版的辞典。尽管自己在革命前主要靠稿费为生，收入有限，花每一分钱都得精打细算，有时还得举债，但是为了购买必需的工具书，列宁是不惜花钱的。在西伯利亚流放期间，列宁和夫人合译的维伯夫妇合著的《英国工联主义的理论和实践》一书，手边缺乏工具书和参考书，给翻译工作带来很大的困难。为了保证译文质量，列宁写信请家里设法购买《地名和专有名词辞典》或其他适用的工具书。信中写道："我不想在这方面省钱，因为稿费将来是不少的，而且初次尝试应该搞得好些。"③

1903年7月列宁正在写《答复对我们纲领的批评》一文，听说邦

---

① 根·奥比契金等：《克鲁普斯卡娅传》，王占标等译，人民出版社1983年版，第147页。
② 《列宁全集》中文第1版第37卷，第516—517页。
③ 《列宁全集》中文第1版第37卷，第115页。

契-布鲁耶维奇能从一个熟人那里搞到布罗克豪斯和叶弗朗百科辞典（革命前俄国最大的百科辞典之一），列宁写信请他务必帮助搞到载有"农民；农奴制；农奴制经济；徭役；代役租"等词条的各卷。信中说："我在赶写一篇文章，十分需要参考上述各卷。能否搞到？望告。"①

　　列宁刚就任政府首脑就考虑要为人民委员会准备必要的工具书，因为指导国家建设工作、起草报告、批阅文件、审查书稿、阅读各国书刊报纸随时都需要查阅。1918年1月18（31）日他给有关部门下达指示："请把政府房间中的参考书拨出二三书柜，送到斯莫尔尼交人民委员会使用。要《百科辞典》和手册（最新的），尤其是财政和经济方面的手册。"② 苏维埃政府从彼得格勒迁到莫斯科以后，供列宁使用的辞典不断增多。仅多卷本百科辞典就有：尤沙柯夫大百科全书、插图新拉鲁斯辞典、迈耶尔德语百科辞典和格拉纳特百科辞典等。列宁站在克里姆林宫办公室书架前拍的那张著名的照片是大家都熟悉的，他背后的书架整齐地放着的是86卷本布罗克豪斯和叶弗朗百科辞典。1920年夏天，列宁听图书室管理员说这部百科全书有新版，出了29卷，列宁便让她设法弄到了一套。但是手边的工具书总是不够用，列宁常常让自己的图书室管理员、秘书或家人代借。从列宁在1920年9月1日给鲁勉采夫博物院图书馆的便函可以看出他使用辞典范围多么广泛：

　　"如果按规则，参考书不准带回家，那末在晚上，在夜里，当图书馆下班的时候，可否借出。**明早送还**。

　　借一天，作参考用：

　　一、两部最好、最全的希腊语辞典，一部希德辞典，一部希法、希俄或希英辞典。

---

① 《列宁文稿》中文版第5卷，第115—116页。编者注：本书中"《列宁文稿》中文版"指由中共中央编译局译、人民出版社于1978年出版的中文版。

② 《列宁文稿》中文版第7卷，第41页。

二、几部最好的哲学辞典，哲学名词辞典：德文的，大概是埃斯勒编；英文的，大概是鲍尔温（Baldwin）编；法文的，大概是弗兰克编（如果没有更新的）；俄文的，借一部新的。"①

在克里姆林宫列宁让人民委员会办公厅添置的第一批书中有俄国作家、民族学家、彼得堡科学院通讯院士弗·伊·达里编的四卷本《俄语详解辞典》。

1919 年 8 月底列宁又托邦契-布鲁耶维奇给他购买达里辞典，书款邦契-布鲁耶维奇用人民委员会购书经费支付。书到后，列宁在 1920 年 1 月 4 日给他写了一张便条："我的书籍由我**个人**付款"，并把购书款如数附上。②

这部著名的辞典初版出版于 1863—1866 年，列宁大概从中学时代起就开始使用了，这次购到的是彼得堡 1903—1909 年增订第 3 版（彼得堡大学教授博杜安·德库尔特内增订）。为了查阅方便，列宁把它放在办公室写字台旁边一伸手就可以够着的旋转书架上，列宁管它叫"小风车"，这个书架是 1920 年按照他设计的式样做的。邦契-布鲁耶维奇说列宁"常常是边休息，边拿起达里辞典非常仔细地研究它"③。克鲁普斯卡娅也不止一次说过，列宁把看辞典作为一种"休息"，他可以一坐几个小时翻阅各种辞典，其中包括达里辞典。④

达里辞典是当时收词最多、流传甚广的一部俄语辞典。达里认为老百姓日常生活中使用的口语才是地道的俄语，辞典收集的应当是这生活的言语，而不是书面语，因此，他的辞典把民间（主要是各地农民，也包括手工业者）的语汇搜罗无遗。这部辞典是半个多世纪以前编的，后来虽经修订再版，但内容没有根本变化，所记录的仍然主要是 19 世纪

---

① 《列宁全集》中文第 1 版第 35 卷，第 452 页。
② 《列宁文稿》中文版第 8 卷，第 7 页。
③ 弗·德·邦契-布鲁耶维奇：《忆列宁》，冯连驸等译，人民出版社 1985 年版，第 309 页。
④ 娜·康·克鲁普斯卡娅：《论列宁》，中共中央编译局译，人民出版社 1960 年版，第 179 页。

60年代俄国农奴制度改革以前俄语的使用状况，显然不能满足新社会广大读者学习的需要。

列宁认为应当另编一本新的现代俄语辞典供所有人使用。1920年1月18日写信同卢那察尔斯基商量，信中说他不久以前仔细研究了"有名的达里辞典"，这"真是一件了不起的东西，但是要知道，这是一部充满方言的辞典，而且已经过时了，现在应该编撰一部现代俄语辞典，比如说一部包括现在使用的和从普希金到高尔基的经典作家们使用的词汇的辞典"。① 他深知编一部供全社会使用的本国语新辞典是一项艰巨的任务，参加的人必须懂行，而且人少了是不行的。他在信中建议"指定三十名科学家做这一工作，并发给他们红军口粮"②，以保证参加编辞典的专家们在困难的条件下生活有所保障。③

后来列宁又多次进行督促检查，落实任务。1920年5月5日给副教育人民委员米·尼·波克罗夫斯基的信中重申"有必要出版一部好的俄语辞典。不是达里辞典那样的，而是适于所有的人使用（和学习）的辞典，比如说，经典现代俄语辞典（大约从普希金到高尔基吧）"④。要波克罗夫斯基检查工作是否在进行，并写信告诉他。

过了一年，列宁在1921年5月6日给第二副教育人民委员叶·亚·利特肯斯写信，请他检查编纂现代简明俄语辞典的科学家委员会的工作情况。信中写道：

"关于这个问题我早就同波克罗夫斯基和卢那察尔斯基商量过许多次。

工作是否在进行？究竟做些什么？请了解一下，并写信把确实情况

---

① 《列宁全集》中文第1版第35卷，第432页。
② 后方红军口粮一份按2566卡计算。
③ 《列宁全集》中文第1版第35卷，第432页。
④ 《列宁全集》中文第1版第35卷，第444页。

告诉我。"①

5月9日利特肯斯写了如下的复信:"弗拉基米尔·伊里奇:关于俄语辞典的问题,波克罗夫斯基同志应当亲自向您报告。这件事情没有进展。"关于列宁要求汇报有关这项工作的情况,利特肯斯说他"已转告波克罗夫斯基同志了"。②

利特肯斯担任教育人民委员助理并全面负责行政管理工作是列宁提议的。③他在1921年提升为第二副教育人民委员后,更应当把行政工作担当起来。这样波克罗夫斯基就可以集中精力抓科研和创作。列宁看了利特肯斯的信后当天就写信对他提出批评,说关于辞典问题他这样处理"恰恰是不对的",他"不是使米·尼·波克罗夫斯基**摆脱**行政工作,反而把**行政工作**推给他了"。列宁指出,如果"事情**没有**进展",他作为行政领导人应该"了解一下**为什么**"。④

在这以前列宁给教育人民委员部负责人写信都是商量的口气,说明编纂一部新辞典的必要性,并提出自己的设想,征求他们的意见。因为迟迟不见行动,5月19日他给利特肯斯的信用命令口气,把编纂辞典作为一项任务下达,明确规定成立机构、订出计划和开始工作的期限。信中写道:

"(1)请指定3—5个优秀的语文学家组成一个委员会。他们必须在两个星期内订出计划,成立好健全的(工作)委员会,确定委员会的成员、期限等等。

(2)任务:编一部简明的(以"小拉鲁斯"为样本)俄语辞典(从普希金到高尔基)。标准的现代俄语辞典。采用新的正字法。

(3)科学院领导机关应根据他们(3—5人)的报告批准这项工作。

---

① 《列宁全集》中文第1版第35卷,第487页。
② 参见《列宁文稿》中文版第8卷,第771页。
③ 《列宁文稿》中文版第8卷,第330页。
④ 《列宁文稿》中文版第8卷,第587页。

这样我们在秋天以前就可以开始。"①

经过交换意见,列宁在 5 月底再次给利特肯斯写信——一个月内的第四封信,把辞典编纂计划最后确定下来:

"那末,关于辞典问题我们就这样商定:

(1)再过一个月左右(波克罗夫斯基不在),请您做出正式决定并指定一个或几个负责人。

(2)在这个决定的基础上制订一个工作计划,不仅要指明负责人,而且要指明开支和口粮的数量。

根据计划规定,应当从 8 月或 9 月起开始工作。"②

现把列宁关于编纂一部与达里辞典不同的"好的俄语辞典"的设想归纳一下,并联系有关的情况作些说明。

(1)在列宁看来,一部好的俄语辞典应当是"适于所有的人使用(和学习)的辞典"满足广大人民群众的需要是列宁考虑出版工作问题的根本出发点。

(2)达里辞典"充满方言",而且"已经过时",因此,新编的辞典应当是"标准的现代俄语辞典"。达里辞典把文学语言淹没在方言土语的汪洋大海之中,谈不到起语言规范化的作用。列宁是语言规范化的提倡者,他强调标准的俄语辞典要以经典作家的文学语言作为规范,这部辞典要包含(1)"现在使用的"和(2)"从普希金到高尔基"这些 19 世纪以来的经典作家所使用的词汇。普希金(1799—1837)作为俄国现代文学语言创始人的地位现在在苏联国内已没有什么争议,但在 20 年代以前远非如此。俄国现代文学语言的开端当时有人认为应当从俄国文学伤感主义的鼻祖尼·米·卡拉姆津(1766—1826),甚至从大科学家和诗人米·瓦·罗蒙诺索夫(1711—1765)算起。列宁提出从普希金算

---

① 《列宁全集》中文第 1 版第 35 卷,第 492 页。
② 《列宁全集》中文第 1 版第 35 卷,第 501 页。

起，在 20 年代属革新派的观点。① 高尔基既是结束俄国文学"经典时期"最后的一个大作家，又是无产阶级新文学的奠基人。同样，高尔基在俄国语言发展史上的地位当时也还没有得到公认。因此，列宁提出"从普希金到高尔基"这一主张不仅对指导标准的俄语辞典的编纂工作，而且对确立这两位大文学家的历史地位也有重大意义。

（3）教育人民委员部于 1917 年 12 月 13 日（1918 年 1 月 5 日）公布《实行新正字法法令》，曾遭到一些人反对，后来又在 1918 年 10 月 10 日以人民委员会的名义公布，赋予它更大的权威。新的正字法减少了几个字母，简化了俄文拼写法，便于儿童和文化程度低的人掌握。苏维埃政权成立三年来扫除了几百万文盲，他们学的是新的正字法。当时有不少书籍主要是文学名著，是利用革命前的纸型重印的，旧正字法仍在使用。与文学名著不同，辞典对人们学习和使用本国语言要起示范作用，因此，列宁特别指示新编的标准辞典要采用新的正字法。

（4）欧洲各国出版的辞典的优缺点列宁是十分了解的，他作为新编俄语辞典的样本提出来的《小拉鲁斯词典》是法国拉鲁斯出版社从 1906 年起出版的一卷本法语辞典，几乎每年都要修订再版一次，内容不断更新。列宁在克里姆林宫的个人藏书中有该书 1909 年版和 1910 年版，是他在国外侨居时购买的。它的主要特点是把一般语言辞典（说明词的意义、用法、语法形式、来源、同义词和反义词等）和百科辞典（解释各种专有名词和概念，介绍多方面的知识）合二为一。辞典附有大量插图，以直观的方式帮助作者理解所讲的事物。

（5）列宁还要求新编的俄语辞典必须是"简明的"，因为只有简明辞典才便于所有的人学习、使用（查阅和携带方便，价钱便宜），多卷本大型辞典不是所有人都需要，而且在短期内也不可能编出来。

---

① Е·А·列瓦绍夫、В·Н·佩图什科夫：《列宁和辞典》，莫斯科科学出版社 1975 年版，第 5 页。

利特肯斯收到列宁1921年5月底的指示后，立即筹建了现代俄语辞典编纂出版委员会，主任由教育人民委员部科学研究中心——科学机构管理局局长伊·伊·格利文科担任，副主任是俄语正字法和语言史专家、莫斯科方言研究会会长德·尼·乌沙可夫。参加编纂工作的有莫斯科和列宁格勒的三十几个专家学者。委员会按照列宁的设想制定了《〈俄语辞典〉编纂工作安排计划》，利特肯斯在1921年7月1日报列宁审查批准。列宁在标题下面画了两道线，没有表示不同意见。根据这个计划，词条素材选自19世纪和20世纪文学名著和当代书报杂志。辞典篇幅大致65—75印张，像《小拉鲁斯词典》一样。第一部分（一般词语）50—60印张，第二部分（人地名、历史事件和缩略语等约100条）10—15印张。计划制订者估计，如果具备所指出的物质技术条件，用一年时间有可能完成。事实证明，这是过于乐观的估计。

过了一个月列宁请秘书了解编纂工作进行情况。他在《计划》第一页上方批示：

"问利特肯斯，工作'停'了吗（还是仍在继续）？把利特肯斯的答复给我送来。"①

列宁要求编纂委员会每月汇报一次工作情况。1921年9月7日，利特肯斯送来编委会的工作汇报，并答应过一个月后拿出定期的简报。利特肯斯没有如期把简报送来，10月9日列宁在利特肯斯的来信上给秘书福季耶娃写了如下委托："已过去一个月了。请您索取简报，读后告诉我。"② 1922年1月，列宁又责成人民委员会办公厅主任哥尔布诺夫推动这项工作。

由于物质条件困难和委员会的成员普遍缺乏编辞典的经验（乌沙可夫当时主要研究方言，还不是辞典编纂学家），辞典编纂工作进行缓慢，

---

① 《列宁文稿》中文版第9卷，第261页。
② 《列宁文稿》中文版第9卷，第485页。

到1923年7月即比原订计划多一倍的时间才搞出一部分——前半部和史地部分的草稿,到1923年10月工作就完全停下来了。列宁当时病重,不知道此事,决定是由教育人民委员部部务委员会作出的,主要原因是经费困难,编纂工作也组织得不好,篇幅搞得过大,不符合列宁当初的要求。

辞典编纂工作直到1927年才恢复,由乌沙可夫任主编,书名称为《俄语详解辞典》,共分4卷,于1935—1940年出版。第1卷前言说明编纂者力求使辞典符合列宁提出的编纂一部标准的现代俄罗斯文学语言辞典的要求。但是这部辞典只实现了列宁的部分设想:词条素材主要取自"从普希金到高尔基"的文学名著、19世纪形成的科学书面语以及当代书报杂志。辞典收录了苏维埃时期出现的新词,方言词基本不收;注意辞典的规范化的任务,第一次在严格的科学基础上贯彻新正字法,在正确的写法之后注明典型的错误写法,在写法和读法不一致时交代正确的读法;标明词的重音位置。不过这是语言辞典,不是"小拉鲁斯"那样的语言—百科辞典。

十月革命前列宁就感到需要用真正的马克思主义观点编纂一部百科辞典,曾和加·达·莱特伊仁详细讨论过编纂事宜。国家出版局局长、后来的苏联小百科辞典主编、大百科全书副主编尼·列·美舍利亚科夫对苏维埃时期百科辞典的编纂情况是十分熟悉的。他说"列宁在十月革命后最初几年提出了编纂一部新的部头不大的普及性的苏维埃百科辞典的任务"[①]。当时由尼·尼·巴图林和高尔基等人组成一个编纂委员会。据巴图林保留下来的编委会组织工作会议记录,高尔基在会上提出辞典的每一部分都应由一个有关领域的权威人士来负责。但是他说,要由列宁来担任"超级编辑"(сверхредактор),负责最后定稿,成功才会有

---

① 《苏联大百科全书》第1版第64卷"百科全书"条。

保证。[1]

据老布尔什维克 Ф·Н·彼得罗夫教授回忆，1922年列宁曾指示教育人民委员部参照法国拉鲁斯辞典或俄国巴甫连科夫[2]百科辞典编辑出版一部一卷本《人民辞典》，其中要收最新的、与革命有关的条目。列宁称赞拉鲁斯百科辞典是容易查到各种知识的工具书。[3]依照列宁的愿望，苏联中央执行委员会在1924年通过了编纂苏联大百科全书的决议，在1926年开始出版。这是世界上第一套以马克思主义观点编纂的百科全书。苏联小百科辞典与大百科全书同时开始编纂，1929年出版。

---

[1] Е·А·列瓦绍夫、В·Н·佩图什科夫:《列宁和辞典》，莫斯科科学出版社1975年版，第17页。

[2] 弗·费·巴甫连科夫（1839—1900）是俄国进步的图书出版家，他出版的百科辞典内容简明扼要，插图丰富，在革命前出过四版。

[3] Ф·Н·彼得罗夫:《在列宁党内65年的回忆》，莫斯科1962年版，第138—139页。

对《汉语多用字典》的审读意见

我抽查了部分内容，觉得本书具有一些其他字典所没有的特色，如附认知码和五笔码，分字级。给字定词性很有用，这也是其他字典所少有的。为编成这样一部多用字典，作者和编辑都花费了不少心血。下面说说初步检查发现的问题和改进的建议。

1. 关于目录

目录中《汉语拼音方案》和《元素周期表》等九个附录的标题，要比"附录"二字低进一格，用小一号字。

2. 关于编写说明

本书把凡例写入编写说明。凡例交代字典的体例和用法，其作用与交代写作意图、写作人员、读者对象的编写说明不同，最好分开写。编写说明建议具体补充：（1）编者如何在书中贯彻国家教委九年义务教育语文教学大纲的要求；（2）本书的主要特点；（3）写作人员的构成（来自哪些工作单位）、字典的编写过程和审订情况。

编写说明第一项"小学高年级和初中学生以及具有初等文化程度以上的读者"中的"初等文化程度"，用词有别于前面的"小学高年级和初中"，但所指不明确。是否指初中文化程度以上？

编写说明没有交代是何时写的，第二项说"最近，国家教委全国中小学计算机教育研究中心发文向全国中小学校推荐使用认知码"中的"最近"可以理解为1999年或本书付印前夕，1988年3月九届人大一次会议以后"国家教委"已改为"教育部"。因此，"最近"要改用具体时间。"认知码"是谁制定和做什么用的，要像"五笔码"一样，简要介绍一下。

第六项介绍了规范字形、标准笔画数等依据，未提采用部首的依据，须说明本字典所用的 200 个部首与国家语委《汉字统一部首表（草案）修订稿》中规定的部首的关系。

第七项说"一般只注规范读音，不注又读"，这意味着一般不注，有些字注，何种情况下注又读，要举例说明。未经《普通话异读词审音表》审订的字本字典如何确定规范读音，也须说明。

第八项说"字头的意义不止一项的，注解时分别用 ❶❷❸ 表示……"，未涉及如何排序问题。义项可分本义、引申义、次引申义和假借义，一般义和专科义，常用义、次常用义和非常用义，动词义、名词义、形容词义、副词义等，专科义又可分地名义、姓氏义、民族义等。各义项的先后顺序本字典依据什么原则排列，须具体说明。这些原则应贯彻于全书，如果有些义项不是依据所说明的原则排列的，则要加以调整。如果义项排序没有统一的标准，则需要确定应遵循的标准。例如"京"字条（62 页）、"白"字条（368 页）把姓氏义放在民族义之前，"苗"字条（431 页）又把民族义放在姓氏义之前，体例就不统一。

第九项介绍字头下收带注解的复音词（或词组）外加六角括号标示，须说明这些复音词是根据什么标准确定收入的，为什么有些复音词依第一个字，有些不依第一个字收在有关的字头下。

第十三项特别说明释文酌收古义和方言义，可是本书没有给这些古义和方言义设置特殊标志。语文辞典通常以〈古〉（古义）、〈方〉（方言词）、〈口〉（口语词）、〈书〉（书面语）、〈文〉（文言词）、〈外〉（外来词）等符号标明被解释的字词的使用范围或来源，这跟给字词标示词性同样重要。本字典以"多用"来吸引读者，不知为什么在体例设计时把这项有用的内容略去，看来需要补上。例如"欤"字条"〈助〉表示疑问，用法与'乎'相当：在齐~？｜在鲁~？"，如果不加〈古〉的标志表示这是古代助词，读者就会以为"欤"同"乎"一样可用于现代汉语。又如"啥"字条（121页）的释义为"〈代〉什么：你姓~｜到~地方去？"，加〈方〉标明这是方言词，对读者掌握"啥"字的用法会有帮助。这些符号可改用方框表示，如 古 方 外 等，以便同表示词性的尖角号符号〈名〉〈代〉〈助〉等相区别。

第十五项"书前列有部首检字表，书后附有汉语拼音音序索引"，"书前"和"书后"可改为"正文前"和"正文后"，因为部首检字表前还有编写说明，汉语拼音音序索引后还有元素周期表，它们并不在书的最前面和最后面。即使在最前面和最后面，也不能叫"书前"和"书后"，因为它们也是书的一部分。

编写说明最后说"本字典的释义方面对《新华字典》、《现代汉语词典》等多有借鉴，在此仅向原作者致以谢意"，如果"多有借鉴"实际上是有许多地方照抄或摘抄，在这里"致以谢意"不解决问题，建议修改书的内容，换成自己的研究成果或自己的表达方式。有些用例可直接摘自某部作品或语文课本，但不宜抄用其他辞书特有的现成例句。

3. 关于收字

编写说明说本字典收规范字5347个，附繁体字、异体字约3000个。依此，全书共收字8300多个，比一般小字典少。《新华字典》是一部小型语文工具书，主要供中小学教师和学生使用，收字一万余（包括繁体字、异体字）。《汉语多用字典》（简称《多用》）的读者对象包括初中生，收字可能比《新编小学生字典》还少。《新编小学生字典》未说明收字数，据检字表开列的字（包括繁体字、异体字）计算，约9000个。"枳"是个通用字，《多用》"枸"字条（197页）在释文中使用了这个字，说"枸橘"即"枳"，可是本字典却没有"枳"字条，读者怎样知道它是什么意思呢？使用字头没有的字解释字义是违反常规的。《新编小学生字典》倒有"枳"字条。又如"宓"字（mì，安静，姓），《新编小学生字典》收了，《多用》未收。拉祜族的"祜"（hù）字《多用》也未收。拉祜族的中小学生从这本字典查不到本民族的名称，会有什么感想？而《新编小学生字典》不仅收了"怙"字，有释义和读音辨正，而且立有拉怙族条。《多用》"珲"字条（187页）说[瑷珲]的释文见"瑷"字条，但书中不收"瑷"字，找不到此条。《新编小学生字典》收了"瑷"字，有"瑷珲"条。

本书编写说明强调这本字典的宗旨是贯彻国家教委制订的九年义务教育语文教学大纲。经国家教委中小学教材审定委员会审查批准试用的九年义务教育三年制初中教科书《语文》第六册（北京出版社和开明出版社1996年出版）收了几篇文言文，据检查其中有以下的一些字《多用》未收：《左传·曹刿论战》中的"刿"（guì）；诸葛亮《出师表》"中道崩殂"中的"殂"（cú）字，"陟罚臧否"中的"陟"（zhì）字，人名"费祎"中的"祎"（yī）字，"咨诹善道"中的"诹"（zōu）字，欧阳修《醉翁亭记》"觥筹交错"中的"觥"（gōng）字，《诗经·君子于役》"鸡栖于埘"中的"埘"（shí）字，"曷其有佸"中的"佸"（huó）字。

字典收字要考虑学生阅读报刊的需要。随着澳门回归日益临近，澳门的一个岛名——氹仔岛或凼仔岛——不时出现在报刊上。"氹"和"凼"是同音同义字，一般辞书两个字都收。《中华人民共和国澳门特别行政区基本法》、中国地图出版社1993年《最新实用中国地图册》、澳门大学澳门研究中心1996年《澳门总览·澳门全图》都写作"氹仔岛"，《多用》只收"凼"（70页）字，不收"氹"字，读者从地图上或报刊上看到这个岛名用字从这本字典就查不到了。"氹仔岛"作为地名用字已经固定，或者说已经规范化，不会再改。看来《多用》不仅这两个字都要收，而且应以"氹"为正条，以"凼"为互见条。

建议把1988年《现代汉语通用字表》7000个字全部收入，再补充一些中小学生在课内外读物中可能读到的人地名、古文和科技语用字。如果确定收通用字表以外的字，字级便从3级增加到4级，那就需要考虑用什么符号标示，如用〈非通〉或〈罕〉等。

关于繁体字和异体字栏，抽查发现"杂"字条（191页）收了繁体字"雜",没有收异体字"襍","荡"字条(435页)收了繁体字"蕩",没有收异体字"瀁"。需要普遍检查一下,把遗漏的异体字补上。有些异体字与繁体字使用范围不尽相同,补上之后还需要对释文作相应的改动。如本书"荡"字条有五个义项,"瀁"字不适用义项❹"放荡"和义项❺"浅水湖",需要依照本书的体例加以标明。

4. 关于检索系统

本书给正文字条编了顺序码,用处不大,弊病却很多。(1)检索不便。音序索引使用字条顺序码检索,查阅不如部首检字表用页码检索方便。页码位置固定,很快可以找到;字条顺序码位置不定,要翻检多页,到最后全页扫描,仔细查找才能找到,很费眼力。(2)音序索引和检字表使用不同方式定位,体例不一。(3)如果收字有增减(可以说这几乎是不可避免的),顺序码得重编,给自己添麻烦。(4)多占篇幅,增加成本。

本书正文是按照部首和笔画排,为检索方便,最好给书眉上的字加笔画数,如187页书眉"珲球琐理望琉琴琵琳"改为"⑦珲球琐理望琉⑧琴琵琳",⑦⑧代表部首以外的笔画数。与书眉相配合,检字表各部首下面的字要全部分别标明笔画数。亅部(4页)的33个字、十部(5页)的23个字,没有分出笔画数;一部(4页)1—4画32个字合在一起,5画以上29个字(其中笔画最多的囊字22画)合在一起,可以分得细一些。

音序索引收字不齐全。"侗"字读音为tóng(见4页),在音序索引的tóng音节下中找不到此字。"倘"字在"倘佯"(141页)中读cháng,在音序索引的cháng音节下中找不到此字。

读者有时需要从繁体字和异体字查简化字,正文中字头后的繁体字和异体字最好列入检字表中(外加括号),以便检索。

部首检字表(1—41页)的书眉都印"部首检字表",不能起检索的作用,要改用下一级的小标题。例如把1—2页的书眉"部首检字表"

改为"部首目录",4—41页的书眉"部首检字表"改为当页出现的部首,如17页和32页的书眉分别改为"木支犬"和"竹臼血自舟色齐衣羊"等。

十部(5页)下列"孛""阜"字,这两个字不属十部,检字表的子部和阜部也有这两个字,在十部重复出现是为了便于检索,应加括号以示区别,说明它们本不属于十部。又如检字表八部也收不属于八部而属于皿部的"益"字,同样须加括号,余类推。

5. 关于释义和用例

释义和用例是字典的主体,字典质量的高低主要看这一部分。下面着重谈谈其中的一些问题。

5.1 大量抄用其他辞典的释义和用例

197—198页刊载"柚、柏、柢、枸、栅、柳、柱、栏、柒、染、柠、柁、枷、树、框、梆、桂、柞、柿、架"等20个字条,据检查释义部分,前17个字的内容与《新华字典》完全相同或大同小异,见下面的比较表:

《汉语多用字典》	《新华字典》
柚㈠[柚木]落叶乔木,叶大,对生,花白色或蓝色。木材坚硬耐久,<u>可用来造车、船等</u>。 ㈡常绿乔木,种类很多。果实比橘子大,多汁,味酸甜。果实<u>通称</u>柚子,<u>又叫</u>文旦。	柚㈠[柚木]落叶乔木,叶大,对生,花白色或蓝色。木材坚硬耐久,用来造车、船等。 ㈡常绿乔木,种类很多。果实叫柚子,也叫文旦,比橘子大,多汁,味酸甜。
柏㈠<u>柏树</u>,常绿乔木,有侧柏、圆柏、罗汉柏等多种。木质坚硬,纹理致密,可供建筑及制造器物之用。 ㈡[柏林]德国<u>的首都</u>。 ㈢[黄柏]落叶乔木,羽状复叶,开黄绿色小花,木材坚硬,茎可制黄色染料,树皮可入药。	柏㈠常绿乔木,有侧柏、圆柏、罗汉柏等多种。木质坚硬,纹理致密,可供建筑及制造器物之用。 ㈡[柏林]德国城市名。 ㈢[黄柏]落叶乔木,羽状复叶,开黄绿色小花,木材坚硬,茎可制黄色染料,树皮可入药。
柢　树木的根:根深~固。	柢　树木的根:根深~固。

续表

《汉语多用字典》	《新华字典》
枸㈠[枸橘]即"枳"。 ㈡[枸杞]落叶灌木，夏天开花，淡紫色。果实红色，叫枸杞子，可入药。 ㈢[枸橼]常绿乔木，初夏开花，白色，果实有香气，味很酸。也叫香橼。	枸㈠[枸橘]就是枳。 ㈡[枸杞]落叶灌木，夏天开花淡紫色花。果实红色，叫枸杞子，可入药。 ㈢[枸橼]常绿乔木，初夏开花，白色，果实有香气，味很酸。也叫香橼。
栅㈠栅栏，用竹、木、铁条等做成的阻拦物。 ㈡[栅极]电子管靠阴极的一个电极。	栅㈠栅栏，用竹、木、铁条等做成的阻拦物。 ㈡[栅极]电子管靠阴极的一个电极。
柳❶柳树，落叶乔木，枝细长下垂，叶狭长，春天开花，黄绿色。种子上有白色毛状物，成熟后随风飞散，叫柳絮。另有一种河柳，枝不下垂。	柳❶柳树，落叶乔木，枝细长下垂，叶狭长，春天开花，黄绿色。种子上有白色毛状物，成熟后随风飞散，叫柳絮。另有一种河柳，枝不下垂。
柱❶柱子，支撑屋顶的构件，多用木、石制成❷像柱子的东西。	柱❶柱子，支撑屋顶的构件，多用木、石制成❷像柱子的东西。
栏❶用以遮拦的东西❷养家畜的圈❸书刊在每版或每页上用线条、空白分成的各部分。	栏❶遮拦的东西❷养家畜的圈❸书刊在每版或每页上用线条、空白分成的各部分。
柒 "七"的大写。	柒 "七"字的大写。
染❶用染料着色❷感受疾病或沾上坏习惯。	染❶把东西放在颜料里使着色❷感受疾病或沾上坏习惯。
柠[柠檬]常绿小乔木，生长于热带、亚热带。果实椭圆形，两端尖，淡黄色，味酸，可制饮料。果实也叫柠檬。	柠[柠檬]常绿小乔木，生长于热带、亚热带。果实椭圆形，两端尖，淡黄色，味酸，可制饮料。果实也叫柠檬。
柁 房柁，房架前后两个柱子之间的大横梁。	柁 房柁，房架前后两个柱子之间的大横梁。
枷 旧时一种套在脖子上的刑具，用木板制成。	枷 旧时一种套在脖子上的刑具。
树❶木本植物的总称。❷种植；栽培。	树❶木本植物的总称。❷种植；栽培。
框❶嵌在墙上为安装门窗用的架子。❷镶在器物外围有撑架作用或保护作用的东西。	框❶安门的架子。❷镶在器物外围有撑架作用或保护作用的东西。
梆❶梆子，打更等用的响器，用竹或木制成。	梆❶梆子，打更等用的响器，用竹或木制成。

续表

《汉语多用字典》	《新华字典》
桂❶植物名。1.桂皮树，常绿乔木，花黄色，果实黑色，树皮可入药，又可调味。2.肉桂，常绿乔木，花白色，树皮有香气，可入药，又可做香料。3.月桂树，常绿乔木，花黄色，叶可做香料。4.桂花树<u>又叫木犀</u>，常绿小乔木，花白色或黄色，有特殊香气，供观赏，又可做香料。❷广西壮族自治区的别称。	桂❶植物名。1.桂皮树，常绿乔木，花黄色，果实黑色，树皮可入药，又可调味。2.肉桂，常绿乔木，花白色，树皮有香气，可入药，又可做香料。3.月桂树，常绿乔木，花黄色，叶可做香料。4.桂花树，又叫"木犀"，常绿小乔木，花白色或黄色，有特殊香气，供观赏，又可做香料。❷广西壮族自治区的别称。

表中《汉语多用字典》对 17 个字的释义使用了 681 个字符（单字和标点符号），其中 41 个字符（加下画线者）作了改动而不同于《新华字典》，占 6%。也就是说表中的释义 94% 抄自《新华字典》。有的改动并不妥当，如"桂"字条"桂花树，又叫'木犀'"改成"桂花树又叫木犀"，"桂花树"后面有停顿，不应把其后的逗号删去。

上面是查部首为"木"的字条，另外查朝代名，发现"宋"（156 页）、"周"（29 页）、"魏"（529 页）等朝代名的释义也是抄自《新华字典》。下面举一些抄自《现代汉语词典》（修订本）的释义：

《汉语多用字典》	《现代汉语词典》（修订本）
〔珐琅〕（185 页）用石英、长石、硝石和碳酸钠等加上铅和锡的氧化物烧制成的像釉子的物质。除在铜质或银质器物上，经过烧制，能形成不同的颜色的釉质表面，用来制造景泰蓝、证章、纪念章等。	【珐琅】（343 页）用石英、长石、硝石和碳酸钠等加上铅和锡的氧化物烧制成的像釉子的物质。除在铜质或银质器物上，经过烧制，能形成不同的颜色的釉质表面，用来制造景泰蓝、证章、纪念章等。
〔彳亍〕（139 页）〈动〉慢慢走，走走停停，独自在河边~。	【彳亍】（170 页）〈书〉慢慢走，走走停停，独自在河边~。

抄自《现代汉语词典》（修订本）的还有［倥侗］［倥偬］（53 页）等许多词条的释义，不一一列举。有时某个字的释义一部分抄自一本辞典，一部分抄自另一本辞典。例如：

《汉语多用字典》	《现代汉语词典》(修订本)和《新编小学生字典》
"一"字条（1页）：❶〈数〉数目，最小的整数。❷〈数〉同一：~家人｜~视同仁。❸〈数〉另一：番茄~名西红柿。❹〈形〉全；满：~冬｜~生。❺〈形〉专一：~心~意。❻〈副〉用在重叠的动词中间，表示稍微或短暂：看~看｜试~试。❼〈副〉跟"就"呼应，表示前后紧接着或表示每逢：~学就会｜~听就懂。	"一"字条：(《现汉》1417页：)❶数目，最小的整数。❷同一：~视同仁｜咱们是~家人。❸另一：番茄~名西红柿。❹全；满：~冬｜~生。❺专一：~心~意。(《新编小学生字典》第490页：)❻表示稍微或短暂：看~看｜试~试。❼跟"就"呼应，表示前后紧接着或表示每逢：~学就会｜~听就懂。

义项❶至❺抄自《现代汉语词典》(修订本)，义项❻❼与《新编小学生字典》大同小异，不同的是在"表示稍微或短暂"之前加了"用在重叠的动词中间"，按照本书体例给每个义项加了词性。

5.2 有些释义不准确、有误或过时

"秸"字条（366页）释义"农作物脱粒后剩下的茎：麦~｜豆~"，抄自《现代汉语词典》(修订本)，并不准确，稻子脱粒后剩下的茎是稻草，不叫"稻秸"。在"农作物"前须加"某些"之类限制词。

"妓"字条（174页）"妓女，被迫卖淫的女人"，解释不够准确，当妓女不全是被迫的。《现代汉语词典》(修订本)的解释是"以卖淫为业的女人"。

"胡"字条（304页）"古代泛称北方和西方各民族"，"各民族"是包括汉族在内的，应为"各少数民族"。"古代"前要加"我国"给北方和西方定位。

"亿"古代有大小两解，大指"万万"，小指"十万"。《多用》对"亿"的解释（34页）：❶数目，1万万。❷古代指10万。"指"前要加"也"字，否则读者会以为古代只有这样一种含义。

"好"字条（173页）"❽〈副〉请让开点，汽车~开过去。❾〈连〉用在数量词、时间词前面，表示多或久：~多｜~几年"。义项❾只举了用例，漏写词义，有了词义才好判断"好"字在这里定性为副词对不对。义项❾的词性似应是副词，不是连词。

"宦"字条（158页）"〈名〉做官"似应为"〈名〉宦官"，"做官"是动词性短语。

"端"字条（380页）释义"事情的开头：花~|开~"，"花"字疑有误，不知道"花端"作何解，如果指花的尖端，那也不是"事情的开头"，是否应为"发端"？

"粥"字条（169页）只有一个义项，序号❶应删去。

"渝"字条（254页）"四川重庆的别称"，重庆成为直辖市后已不属于四川省。

"巴"字条（18页）的释义"❺周朝国名，在今四川东部"，抄自《现代汉语词典》（修订本），并不准确，其地理位置应是今重庆市及四川东部和湖北西部一带。

"藁"字条（445页）说藁城是县名，"珲"字条（187页）说珲春是县名，应为市名，这两个县都已改设市。

《汉语多用字典》和《中华字典》都是新编的，经过比较一些条目后觉得《多用》的质量不如《中华字典》。例如：

《汉语多用字典》	《中华字典》
他（38页）❶〈代〉称自己和对方以外的某个人，一般指男性，有时泛指，不分性别。❷〈代〉别的；另外的：留作~用|~日。	他❶第三人称代词，称自己和对方以外的人，通常指男性，也用作泛指：~是我弟弟|不管~是谁，都得守纪律。❷别的：~人|~日|~乡之客。❸用在动词后，表示虚指：查~个水落石出。△在第三人称代词中，"他"代指男性；"她"代指女性；"它"代指无生命的事物或动物。在性别不明或没有必要区分时，用"他"可泛指任何人。"其他"的"他"不作"它"。
她（174页）〈代〉称你、我以外的女性第三人。	她❶第三人称代词，称自己和对方以外的女性：~是我姐姐。❷称自己敬重或珍爱的事物：如祖国、国旗等。
它（156页）〈代〉称人以外的事物。	它 第三人称代词，代指人以外的事物：~是一只看家狗。

《多用》这三个字条有四个方面不如《中华字典》：（1）义项少；（2）用例少；（3）没有辨别三字不同用法的提示；（4）释义表达方式不一致：解释"他"时用"称自己和对方以外"，解释"她"时又用"称你、我以外"。有关的释义，《现代汉语词典》（修订本）是"他代词。❶称自己和对方以外的某个人……""她代词。❶称自己和对方以外的某个女性"，《新华字典》是"他代词。❶称你、我以外的第三个人，一般指男性，有时泛指，不分性别""她代词，称你、我以外的女性第三人"，表达方式是一致的。《多用》的人称代词的释义大概不是一个人执笔，有时照抄《现代汉语词典》，有时照抄《新华字典》，没有自己的标准，表达方式自然不一致。"称你、我以外的女性第三人"的说法并不妥当，字典的释义又不是对话，"你、我"指谁呢？第三人称不等于第三人，说话的对方可能是一个人，也可能是更多的人，不一定是"你"一个人，如果说话的对方是两个人，"她"就是第四人而不是第三人了。《中华字典》自然也借鉴了《现代汉语词典》和《新华字典》，但它在这几个代词的释义中发扬了前者的长处，避开了后者的短处。

5.3 许多字的释义不够完备，或缺少必要的义项

义项是否比较完备是检查辞典质量的一个重要标准。本字典收字少，义项应当更充实，事实上《多用》的义项比一般辞典少。

"华"字是汉语最常用的字之一，读 huá 时本字典只举了三个义项："❶〈形〉光彩；光辉……❷〈名〉指中国……❸〈名〉汉（语）"。而从其他字典还可以查到八个《多用》不收的常用义项：❹〈形〉繁荣：繁华。❺〈形〉虚华；浮华：华而不实。❻〈形〉（头发）花白：华发｜华首。❼〈形〉敬辞，用于称对方有关的事物：华诞｜华章。❽〈名〉（美好）时光：韶华｜年华。❾〈名〉事物最美好的部分：含英咀华｜精华。❿〈名〉文才：才华｜风华。⓫〈名〉光环：月华｜日华。《多用》组词栏所列的词语，如"繁华"（属义项❹）、"华而不实"（属义项❺）、"年华"（属义项❽）、"精华"（属义项❾）、"才华""风华"（属义项❿），在

释义栏找不到对应的义项。"早生华发"是中学课文苏轼《赤壁怀古》里面有的,这本以中小学生为对象的字典应当使读者能找到对其中的"华"字的解释。

另一个常用字"古",在"古"字条(20页)只有两个义项:"❶〈形〉时代久远的;过去的:远~|厚~薄今。❷〈名〉姓。"其他字典提供的义项还有:❸〈名〉过去已久的年代,与今相对:古为今用。❹〈名〉古代的事物:考古|怀古。❺〈形〉质朴;淳厚;真挚:古朴|古道热肠。❻〈名〉指古体诗:五古|七古。《多用》义项❶的例词"远古""厚今薄古"中的"古"是名词,应属义项❸,《多用》由于欠缺这一义项,将其作为形容词归入义项❶显然是不对的,组词栏中的"古人""古籍""古琴"中的"古"字才属于义项❶。

释义详略要适当。"桂"字条(198页)用了一百几十个字解释"桂"是几种什么样的植物,语文工具书不同于百科词典,特别是小字典对"桂"作为植物名称不必解释得那么详细,"桂"也是水名(桂江)和姓,用几个字就可以讲清楚,字条却没有这两个义项。把解释"桂"字的植物义的用字减少一二十个,增添两个义项,并不难做到。

姓氏义是字的必要义项,可以作姓氏用的字有不少缺这个义项,例如"阙"(155页)、"杭"(195页)等字条同"桂"字条一样无姓氏义。

"黄"除表示颜色外,有时指淫秽、色情,这是中小学生也应知道的词义,否则"扫黄"的意思就无法解释,但本字典"黄"字条(535页)未列这项词义。"炎黄子孙"是常用语,《多用》"炎"字条(319页)和"黄"字条没有设"炎帝"和"黄帝"义项。

"翔"字条(422页)只有一个义项"〈动〉盘旋地飞;飞:飞~|滑~。△〈同〉飞【组词】~实 翱~飞~滑~",组词栏包含两组意义不同的例词,即"翔实"与"翱翔、飞翔、滑翔",可是释义栏只有本义"飞",缺用于"翔实"的假借义"详细"。看来本字条除动词义项外需要增设一个形容词义项,比如改成"❶〈动〉盘旋地飞;飞:飞~|

滑～|翱～。❷〈形〉详细：～实。△〈同〉飞；详"。同义词栏加"详"字。本字条组词栏例词不多，分别归到有关的义项下，组词栏可取消。

"新"字条（299页）只讲了作形容词和副词两种用法，没有讲作名词和动词的用法。例如常用的成语"推陈出新"的"新"就是名词。组词栏中的"改过自新"和"焕然一新"的"新"字是动词，如果只讲形、副两种词性，读者就无法对这两个用例的"新"字的词性进行正确的分析。

"枭"字在《现代汉语词典》（修订本）有五个义项，包括新义"魁首；首领：毒枭"，在《多用》（195页）只有两个（均抄自《现代汉语词典》）："❶〈形〉强横而有野心的。❷〈名〉旧时指私贩食盐的人。"有现代汉语不用的旧义（义项❷），没有现代汉语常用的上述新义（魁首），原因是这两条释义均抄自《现代汉语词典》老版本，看来没有参考新修订本。

"炒"字条（319页）只有一个义项"把食物放在锅里加热并随时翻动使熟"，组词栏有"炒股票"，按照上述词义是不可理解的。栏内另有"炒鱿鱼"这个近年从方言进入普通话的用语，用的是比喻义。为使读者能看懂这两个用语，就需要增加"倒买倒卖""解雇"两个新义。"抄"字所包含的抄作意义，在新闻报道中常用，似乎也可补充。

还有许多字的新义，《现代汉语词典》（修订本）收了，《多用》未收，如"的"字的"的士"义、"巴"字的"巴士"义，《现代汉语词典》（修订本）有，《多用》没有。

酒吧的"吧"是英语bar的音译，近年出现了茶吧、冰吧、氧吧、网吧、迪吧、吧女等以"吧"为词根组成的许多新词。《中华字典》给"吧"字设了两个名词义项——"供人们买酒饮酒的地方"和"提供某些时尚服务的场所"，用例有"吧台""氧吧""网吧"等。《多用》的"酒"字条的组词栏有"酒吧"，但"吧"字条（113页）只有象声词和助词义项，未收名词义项，读者从本字典就找不到对酒吧、网吧等词的

"吧"字的解释。

本书附录《中国地区简表》列有各省、直辖市、自治区的简称，这些简称都应作为一个义项加到有关的字条。书中有些加了，如"陕"指陕西，"沪"是上海的别称等；有些未加，如"黑""津"字没有说是黑龙江省、天津市的简称。"宁"字条（155页）说"宁"是"南京的别称"，应把"宁"也是宁夏回族自治区的简称列为一个义项。没有这个义项，"陕甘宁"的"宁"从"宁"字条中就找不到指宁夏的解释了。"新"字条（299页）也没有说"新"是新疆的简称，而"藏"字条（445页）却有一个义项是"指西藏"，都是自治区，不能"厚此薄彼"。

5.4 有些义项缺少例词

例词可以帮助读者加深对字义的理解和掌握字的用法，是释义栏的重要组成部分。本书有些义项缺少必要的例词。例如"乳"字条（19页）五个义项，四个有例词，第三个义项（乳房）无例词。"靓"字条（500页）"㈠〈动〉装饰；打扮。㈡〈形〉漂亮；好看"两个义项全无用例。

5.5 释义缺少图像配合

图像具有文字不能代替的作用，例如未见过的动植物、乐器的形状仅仅根据文字说明是想象不出来的。特别是供中小学生用的辞典更适宜用图像辅助文字描绘事物，本字典一个明显的缺陷是所有字条都是纯文字说明，没有一幅图像。在必要的地方是否适当加一些？《新编小学生字典》和《新华字典》都有一些图像配合文字说明。如《新编小学生字典》"磬"字条附古代乐器磬的图像，《新华字典》的"头"字条画有人头像，并标出发、额、眉、眼、耳、鼻、口等各部位的名称。

《多用》对"篆"（410页）、"隶"（525页）、"草"（433页）作为字体的解释都是"汉字形体的一种"，不能使读者了解这些字体有什么区别。对"楷"（205页）的解释——"楷书，现在通行的一种汉字字

体,是由隶书演变而来的",比只讲是"汉字形体的一种"具体一些,但读者还是看不出隶书和楷书有什么不同。《现代汉语规范字典》对"隶"的解释——"隶书,汉字字体的一种,由篆书演变而成,把圆转的线条变成方折的笔画,便于书写",说明了篆书和隶书的区别,写法可供借鉴。字的形体纯文字说明还不够,如果附上字体的样品,效果会更好。本字典"书"字条(15页)义项❷"字体:楷~|行~",似可补充"篆~|隶~|草~",然后附上同一个字的不同形体的样品供比较参考,在篆、隶、楷、行、草等字条的有关义项下加参见"书"字条。顺便提一下,"行"字条(139页)缺行书的义项,须补上。

6. 关于汉语拼音和注音

1958年公布的汉语拼音方案,字母A和G的小写按照西文印刷体分别写作a和g,因不便于书写教学,后普遍改用手写体的ɑ和ɡ。《多用》在附录的汉语拼音方案中使用Aa和Gg的格式,但有时ɑ和a混用,如:妈mā(阴平)、马mǎ(上声)、吗ma(轻声)、wāng(汪)。在正文的汉字注音和附录的汉语拼音音序索引中ɑ和ɡ混用,如"康kāng"(151页)和"bāng帮"(556页)。"巴"字条(18页)的两个读音注bā和ba,ɑ和a混用。两种格式统一用哪一种都可以,但不能混用。看来还是依照中小学通用语文课本统一用手写体的ɑ和ɡ更符合本字典的编写要求。

《多用》有些字的注音不全。"蕃"字条(444页)注了fán和fān两个读音,未注bō音。bō用于"吐蕃"的"蕃"(藏族先人的自称)。《通用字表》中的"蕃"字有这个读音。《多用》似应收这个读音和字义。"尺"字条(164页)只注chǐ一个读音,另一个读音chě(用于工尺的尺字)未注,读者从这本字典查不出"工尺"的读音。

轻声字的注音问题较多。

"子"字条(170页)的释文:"zǐ❶〈动〉古代指儿女,现在专指儿子。……⓫名词后缀:帽~|桌~。⓬个别量词后缀:一档~事|敲

了两下~门"。"子"字作名词后缀和某些量词后缀读轻声 zi, 不读上声 zǐ, 宜把轻声作为不同读音分出来, 自成一类, 如分作: "㈠ zǐ〈动〉古代指儿女, 现在专指儿子……。㈡ zi❶ 名词后缀: 帽~|桌~。❷ 个别量词后缀: 一档~事|敲了两下~门。"轻声"子"不仅可以附在"帽""桌"等名词性语素后面构成名词, 还可以附在形容词性、动词性语素后面构成名词, 如胖子、乱子、塞子、夹子等, 似可补充说明。此外, 在音序索引须加一个 zi 音节。

"头"字条(100 页) "tóu❶〈名〉脑袋。……❿ 词尾: 木~|外~"。问题同"子"字条一样, "头"作为词尾读轻声 tou, 不读阳平 tóu, 应另立音项, 说明用法, 并在音序索引加这一轻声音节。"后缀"和"词尾"指同一的东西, 作为释义用的语法术语应统一。

"们"字条(37 页)只注轻声 men 一个读音, 未注阳平 mén 的读音(如用于地名"图们江"), 本书在音序表中 mén 音节下面也没有列"们"字。

"量"字条(233 页)列举了"量"字的三种读音——liáng、liàng、liang, 没有提示三者如何区别。例如"㈠ liáng……❷〈动〉估计: 估~|思~" "㈡ liàng〈动〉……❹ 估计: ~力而行|~才录用", 词义和词性(估计, 动词)都一样, 但读音不同, 据什么加以区别, 须要提示。"思量"的"量"据《现代汉语词典》(修订本)和《汉英词典》读轻声, 均拼作 sī liang, 《多用》上述释义用例认为"思量"读阳平, 把它置于 liáng 类读音之下, 恐怕不对。"量"字读轻声《多用》只举了"掂量"一词来解释其词义, 读者无从了解"量"字与其他字组合成词还有没有轻声的读法。组词栏只有"量"读阳平和去声的例词, 去声词举了 20 个之多, 而轻声词一个也不举, 比例失衡。"思量"和"力量"的"量"读轻声, 本字典组词栏把它们分别归入阳平和去声类, 欠妥, 须抽出来另立轻声类归进去。"量"字读去声的释义用例举了"量力而行""量才录用", 在组词栏中又重复出现, 不如把篇幅腾出来, 在组词

栏把为数有限的轻声词如打量、比量、身量等尽量列举出来。

字音有变读最好能提示一下。如在"不"字条提示"不"字在去声字前变读为阳平，如"不要""不大"。考虑本书主要供中小学生用的，在释文中的难字或容易误读的字最好附注读音，比如"亏"字条（1 页）的释义中的"亏折"的"折"字后加注 shé，以表示在这里不读 zhé。

7. 关于复音词

复音词的选收标准不明确，体例不统一。

"过程""程"字条（367 页）义项 ❶❸❹❺ 是对单字"程"的解释，义项 ❷ 是对复音词［过程］的解释。复音词不是放在单字各个义项讲完之后，而是插在单字义项的中间，这里便产生一个体例问题：复音词何时放在最后，何时插入中间，插在中间什么地方？"过"和"程"都是常用词，具有独立意义，构词能力很强，"过程"有"进程""流程""历程"等多个同义词，不知道为什么要单单把"过程"作为需要注解的复音词收入"程"字条。复音词选收标准须要作出规定，并加以说明。

"哲"字条（118 页）"❷［哲学］〈名〉社会意识形态之一……"可改为"❷〈名〉哲学，社会意识形态之一……：文史哲"。"哲"可单独表示"哲学"的意义，如用于"文史哲"，不必设复音词。

"肖"字条的释文，本字典（105 页）为"❶〈名〉相似；像：惟妙惟~｜神情毕~。❷［肖像］〈名〉画像；相片"，《新华字典》为"〈名〉像；相似：子~其父。［肖像］〈名〉画像；相片"。《新华字典》把［肖像］作为加注解的复音词附在单字义项之后没有问题，而《多用》把［肖像］列为与第一个义项并立的第二个义项，则有问题，因为"肖像"的"肖"仍属第一个义项，"肖像"同"惟妙惟肖""神情毕肖"一样不过是第一个义项的一个用例而已。

"欧"字条（313 页）的释义为"❶〈名〉姓。❷〈名〉［欧阳］复姓。❸〈名〉指欧洲……"，缺"欧"是"电阻单位欧姆的简称"的义项。本书通常是把姓氏义放在其他义项之后，如"韩"字条（500页）"❶〈名〉周朝国名……❷〈名〉姓"，姓氏义在地名义之后，"欧"字条却把姓氏义放在地名义之前，连带产生的一个问题是把复音词［欧阳］插在两个单字义项❶和❸之间。如果把四个义项按照"❶〈名〉电阻单位欧姆的简称。❷〈名〉指欧洲……。❸〈名〉姓。❹〈名〉［欧阳］复姓"的顺序排列，体例就可以统一：先单字义项，后复音词义项；先一般义，后专名义；先地名义，后姓氏义。当然也可按其他顺序排列，但须全书统一。从本条还可以看出一个问题：复姓"欧阳"作为一个加注解的复音词收入字典，还有其他复姓如何选收，似乎没有明确的规定。"司"字条（108页）最后一个义项说"司"是姓，但未收复姓司马、司徒。

下面是有关复音词的正条和互见条的设置问题。

［倘佯］以"倘"字（141页）为正条，以第二个字"佯"（140页）为互见条。［刹那］的释义放在"刹"字条（74页），在第二个字"那"字头未设互见条。［芝罘］的释义放在第二个字"罘"字条（358页），在第一个字"芝"字头未设互见条。［秋千］30个字的释义既放入"秋"字条（365页），又放入"千"（19页）字条。"孑"字条和"孓"字条（170页）在同一页重复出现［孑孓］的释义"〈名〉蚊子的幼虫"。［万俟］在"万"字条（2页）和"俟"字条（50页）重复解释，而且用字不一样，前面说是"姓"，后面说是"复姓"。复音词的释义显然不必在两个字条重复出现，但在哪一个字条出现，在何种情况下设互见条，在何种情况下不设，是编者和读者都需要明确的体例问题。其他字典的处理办法也不大一致。如［孑孓］的释义，《中华字典》放在"孑"字条，在"孓"字头设互见条，《新华字典》放在"孓"字条，在"孑"字头未设互见条。放在"孓"字头似乎较好，因"孓"字不能单用，"孑"可以单用，但在"孑"字头恐怕需要设互见条［孑孓］。

要了解一个复音词的释义和读音，查《多用》必须把前后两个字都查到才能解决，而且互见条注"见××字条"不交代见第几页，查阅极不方便。如［参差］的释义"cēn［参差］〈形〉长短、高低、大小不齐……"放在"参"字头（143页），在"差"字头（420页）设互见条"cī 见'参'字条［参差］"。读者查到"参"字条之后，必须再查"差"字条才能知道"参差"的"差"读什么。本字典按部首和笔画排序本来就不如按拼音排序检索方便（先要在检字表中查到所属的部首，再要数笔画，把字找到，再看所在的页码，然后才能在正文中查找，按拼音排序的字典如果知道字的读音，就不必查音序表，可直接从正文中把字找到），互见条不注正条见于第几页，要读者再到检字表里查一次，实在太不爱惜读者的时间了。为提高检索速度，建议给不常见或容易误读的复音词同时注明两个字的读音，上面的"cēn［参差］"条，在"差"字后加注读音，如"cēn［参差 cī］"，以免读者把这里的"差"字误读为 chà 或 chā，或再花时间去查"差"的读音。在互见条加正条所在页码和另一个字的读音，如上述的"cī 见'参'字条［参差］"增加页码和读音，改为"cī 见420页'参'字条［参 cēn 差］"，使读者不用翻检字表便可知道找"参"字条见于第几页。

许多读者都不知道已被淘汰的英制计量单位名称"英两"现用的正式名称是"盎司"，"盎"字条（360页）似可加这个复音词。

"西"字条（389页）需要加一个表示事物的复音词"东西"（dōngxi），因为其中的"西"读轻声，不是表示方向的"西"（xī）。"西"字条只注 xī 一个读音，表示方向，组词栏中的"东西"便只能读 dōngxī，意为"东边和西边"或"从东到西"，不解决"东西"一词有表示不同意义的异读问题。

"颦"字条（395页）"效颦"一词的释义为"模仿他人而不得当"，读者知其然而不知所以然，似可简单介绍一下东施效颦的故事。来自成语典故的词，交代词源，有助于理解词义。

8. 关于组词栏

8.1 组词栏例词与释义栏例词大量重复

"寥"字条（162页）组词栏的4个例词"寥落""寂寥""寥寥无几""寥若晨星"，后3个可删去，因已作释义的用例。如果需要的话，可补充"寥廓"。

"樱"字条（208页）释义栏是对"樱花"和"樱桃"两个复音词的解释，组词栏又是这两个词，可取消这个组词栏。

"唠"字条（119页）第二个义项就是解释复音词［唠叨］的，没有必要专为它开一个组词栏。

"杭"字条（195页）所解释的就是［杭州］一词，不必专为"杭州"设一组词栏，如果要设组词栏，可列"杭绸""苏杭"而不再列"杭州"。

8.2 选词带有随意性

组词栏的选收标准在本书编写说明中没有交代，看来缺乏整体规划，选词往往带有随意性，不大考虑平衡与照应问题。例如前面提到过的"新"字条（299页），其组词栏作形容词、副词用的新字词（如"新春""新年""重新"）收了十个，作名词用的新字词语（如迎新、尝新、推陈出新）一个也没收。选词要兼顾各个义项，像"新春""新年"这样的同类词就可以减少以增加不同类型的词。

"胖"字条（305页）组词栏有"～乎乎"，"乎"字条（12页）组词栏有"胖～"（应为"胖～～"，少一个代字号）。"黄"字条（535页）组词栏中有"～澄澄"，而"澄"字条（260页）组词栏无"黄～～"。这里产生一个问题：这些以ABB方式构成的形容词生动形式，要不要在A字条和B字条互见？看来需要。见于A字条说明A字的组词能力；见于B字条说明B字的组词能力，作用不一样。特别是"黄澄澄"（小学课文有这个词）有变读，更不能不在"澄"字条出现，以便读者通过比较来掌握特殊读音。读者在"黄"字条看到"黄澄澄"，再到"澄"

字条查读音,"澄"字在《多用》只注 chéng 和 dèng 两个读音,读者据此很可能在"黄 chéngchéng"和"黄 dèngdèng"之间猜测"黄澄澄"读什么,然而这两个读音都不对。《多用》"澄"字组词栏如收"黄澄澄",再注明读 dēngdēng,便可消除误读的可能性。

"胖"字条收了"胖乎乎","胖墩墩"也可以收,并使其在"胖"字条和"墩"字条互见,目前《多用》"墩"字条(97页)组词栏收了"菜墩、桥墩、石墩、树墩"四个例词,其中的"墩"只有一个含义,构词方式都是一样的。"树墩""石墩"已作为释义栏的例词在前面出现过,可删去,再添加"胖墩墩"一词,就可使读者看出"墩"还有这样一种构词功能,至于"墩"字还可组成"矮墩墩""厚墩墩"等就可以类推了。

能重叠起来与其他字一起构词的字不多,哪些收入组词栏,哪些不收,要有一个通盘的考虑,确定一个标准。构词能力强的应当收。"丝""巴""溜"的重叠构词能力很强,如"甜丝丝、辣丝丝、冷丝丝、凉丝丝""眼巴巴、干巴巴、紧巴巴、皱巴巴、短巴巴""光溜溜、酸溜溜、贼溜溜、直溜溜、圆溜溜、稀溜溜",《多用》的组词栏一个也没收。如"丝"字条(4页)组词栏收了"丝绸、丝瓜、丝毫、蚕丝、灯丝、烟丝、丝织品、一丝不苟","蚕丝"已在释义栏作例词出现过,把它删去,换成"甜丝丝",使读者多了解一种"丝"字的构词能力,效果会更好。

有些字条的组词栏缺必要的例词,如"炎"字条和"黄"字条可加"炎黄子孙","摄"字条(291页)可加"摄氏度","杞"字条(193页)可加"杞人忧天"。"反"字条(22页)、"复"字条(146页)无"反来复去","翻"字条(447页)、"覆"字条(390页)无"翻来覆去",读者据本字典解决不了 fanlai-fuqu 该用什么字书写的问题。

组词栏对选收新词注意不够。"公"字条(30页)的组词栏列举了48个词语,其中没有"公关"。电脑和信息知识教育要从娃娃抓起。近年使用频繁的"鼠标、数据库、上网、网站、主页、网页、在线、下载"等网络用语、"寻呼、传呼、呼机"等电信用语,《多用》没有收。

9. 关于少数民族

关于少数民族名称,据抽查部分条目发现有如下问题:(1)拉祜族的"祜"字,如上述,没有收入本字典。(2)有些少数民族立有条目,有些没有。如珞巴族(186页)、仫佬族(37页)、白族(368页)、怒族(332页)、俄罗斯族(49页)有,门巴族(152页)、布依族和布朗族(131页)、达斡尔族(501页)、鄂伦春族(474页)、裕固族(418页)、朝鲜族(501页)无。(3)有些少数民族名称,如哈尼族、哈萨克族(117页),放在"哈"字的组词栏,没有像珞巴族等少数民族那样立义项加以解释。(4)个别少数民族在释义中说明分布地区,如"[珞巴族]〈名〉我国少数民族之一,分布在西藏",多数字条只讲某某民族是"我国少数民族之一",没有说明分布地区。(5)傈僳族的释义"〈名〉我国少数民族之一"在"傈"字条(55页)和"僳"字条(56页)重复出现。

我国 55 个少数民族的名称建议全部收入本字典并立项加以解释,说明分布地区。

10. 关于数字和计量单位

有些数字用法不一致。对"百"字(369页)的解释"十个十"用汉字数字,对"万"(2页)的解释"10 个 1 千"、对"千"的解释(19页)"10 个 1 百"用阿拉伯数字。按照《出版物上数字用法的规定》,"亿""万"可作单位,与阿拉伯数字配合使用,"千""百"一般不作为单位与阿拉伯数字混用。

公制也称米制,是 the metric system 的意译,法国在 18 世纪末首创。公制计量单位我国在 1959—1984 年使用过,1984 年以后我国已逐步改用与国际单位制(SI, 1960 年第十一届国际计量大会通过采用)接轨的法定计量单位。公制和国际单位制的计量标准不尽相同。1984 年

9月全国人大常委会通过的《中华人民共和国计量法》宣布："国家采用国际单位制。国际单位制计量单位和国家选定的其他计量单位，为国家法定计量单位。非国家法定计量单位应当废除。"本书解释计量单位仍普遍使用旧的说法，如"米"字条（423页）说"米"是"公制长度的主单位"，"克"字条（20页）说"克"是"公制重量或质量单位，1克等于1公斤的千分之一"。依照现行的国家标准，"米"是国际单位制中长度的基本单位，不称"公制"和"主单位"。国家标准GB 3100~3102—93《量和单位》使用"质量"代替"重量"作为物理量的标准化名称，"重量"只在人民生活和贸易中作为习惯用语使用，不宜把它放在质量的前面作为首选的用语。《辞海》新版"克"的释义"旧称公分。国际单位制中的质量单位，符号g。习惯上亦用作重量单位。1克＝1/1000千克"，其中交代了旧称（使读者明确不能再用"公分"），用国际单位制代替公制，把质量单位和重量单位分开说，给出了克的外文符号，用"千克"（不用同义词"公斤"）说明"克"和"千克"的换算关系，其编写体例可供参考。《多用》在解释国际单位制的各种单位名称时，最好给出单位符号，如"米"是m，"克"是g等，"升"是L或l等。"升"字条（98页）说"升"是"市制和公制相同，容积等于1立方分米"，按照释义的体例和逻辑顺序，应首先指出"升"是什么性质的单位，再讲它的体积或容量，法定单位制或国际单位制（不说公制）和市制的关系。

"公"字条（30页）"❾〈量〉指国际公制的计量单位：～里|～斤"，这项释义概念混乱，表述欠妥。"公"既不是量词，也不是计量单位，"公里"和"公斤"不应放在后面作为"公"字的用例，而应移到前面作为复音词条分别加以注解。

"丝"（129页）"〈量〉单位名，10丝是1毫，10毫是1厘"，释义含糊，应指明单位的性质。《现代汉语词典》把"丝"作为长度单位和重量单位分别加以解释，说明"通称1忽米为1丝"，使读者知道换算关系，可以借鉴。

"瓦"字条（223 页）"❸〈量〉瓦特，电的功率单位"，设了义项说明"瓦"是功率单位瓦特的简称，可是"安"字条（156 页）没有设义项说明"安"是电流单位安培的简称，"帕"字条（132 页）没有设义项说明"帕"是压强单位帕斯卡的简称。哪些计量单位的简称在本书设义项要通盘考虑一下。

11. 关于辨正栏

"辨正"是重要的栏目。现在的内容太单薄，只是在某些字条偶尔出现，出现的次数比《中华字典》同样性质的提示栏少得多。1986 年重新公布《简化字总表》时所作的几十条解释，似可适当地写入辨正栏，如"蚕"字上半从"天"，不从"夭"等。字的音形义任何一方面容易出现差错或读者可能产生疑惑，都不妨给予提示。

"背"字条（304 页）组词栏① bèi 背包，② bēi 背带、背篓，字义和构词方式相同，为什么两组词的"背"在读音不一样，就须要提示一下。

"应"字条（149—150 页）"㈠ yīng……答应：喊他不应"，表示这里"答应"的"应"读 yīng，可是在组词栏又把"答应"一词列入 yìng 类，而没有列入 yīng 类，似可加提示说明原因：在口语中单用时读 yīng，作为语素构成合成词（如答应、应允）时读 yìng。

"杉"字条（192 页）的辨正栏说"《普通话异读词审音表》规定文读 shān，口语读 shā"，读者可以理解为"杉"字在各种场合都有文语两种读法，其实审音表规定的两种读法各有特定的使用范围：㈠ shān 紫杉 红杉 水杉；㈡ shā（语）杉篙 杉木。

在充实辨正栏的同时还要注意使本字典自身在语言文字的规范化方面能起表率作用。《多用》有些字词的用法是混乱的。"想"字条（338 页）的组词栏有"想象"，无"想像"。"像"字条（56 页）组词栏有"想像""想像力"，"象"字条（76 页）的组词栏无"想象""想象力"，附录《标点符号简表》的引号的用法举例用"想象力"。

本书把"账"从属于"帐",不加解释,说同"帐❷❸"(262页)。"账"的组词栏有"~本 ~单 ~目 赖~ 算~","帐"的组词栏也有"~本 ~单 ~目 赖~ 算~"(132页),说明编者认为它们可以混用。从书中的一些用例看来,本书也是倾向于用"帐"的。如"亏"字的用例"亏你还是中学生,连这么简单的帐都不会算"(2页),"管"字的用例"管帐"(410页),"总"字组词栏"总帐"(33页)。而《现代汉语词典》(修订本)、《现代汉语规范字典》、《新华字典》等近年出版的辞书的"账"都自成条目,倾向于把"账"与"帐"区别开来。1999年新出的《中华字典》在"帐"字条特别提示:"帐—账:两字曾一度混用,现表示与钱财有关的意义时通常写作'账'。"

12. 关于附录

本书收了9个附录,《中华字典》收了17个附录,多了《汉字统一部首表(草案)修订稿》《部首查字法(草案)》《汉字笔画名称表》《新旧字形比较表》《汉字书写笔画规则表》《汉字偏旁名称表》《新旧部首定部对照表》《部分计量单位名称统一用字表》《姓氏频度表》《世界各国地区面积、人口、首都(或首府)一览表》等。《多用》似可参考《中华字典》增加一些有用的附录。《多用》有了《中国地区简表》,也应当有《世界地区简表》。下面说说在已有的附录中发现的问题。

《标点符号用法简表》过于简略,概括不全,国家标准《标点符号用法》有许多重要内容没有反映出来,有时随意加以修改。例如冒号只介绍了一种用法"表示提示性话语之后的停顿,用来提起下文",未讲"总结性话语的前边,也可以用冒号,以总结上文"。国家标准规定的破折号用法有四条:1.行文解释说明的语句,用破折号标明。2.话题突然转变,用破折号标明。3.声音延长,象声词后用破折号。4.事项列举分承,各项之前用破折号。《简表》的破折号用法有三条,删去了国家标准所讲的第三、四条,加了自己定的一条用法,即第二条"表示意思的递进",所举的用例为"团结——批评和自我批评——团结"(545页)。这里应当用破折号还是连接号,是个有争议的问题。1951年《标点符号用法》表示意思的跃进用破折号,示例有:"三人小组——就地停战——和平谈判——大举进攻。这一马歇尔公式对中国人民极不生疏……"。那时的《标点符号用法》还没有连接号。1996年施行的国家标准《标点符号用法》则认为连接"几个相关的项目表示递进式发展"属于连接号的用法,"中间用连接号"。所举的示例为"人类的发展可以分为古猿—猿人—古人—新人这四个阶段",句中用的是一字线连接号。国家教委办公厅文件《中国高等学校自然科学学报编排规范(修订版)》(教技厅[1998]1号)规定:"一字线'—'用于表示地域范围、走向、相关、递进等",明确表示递进用一字线连接号。破折号表示破,连接号表示连,把几个项目串联起来表示组合、相承、相关、链接、程序、递进等,重在连而不是破,自然应当用连接号。连接号的用法国家标准有五条,《简表》只剩下了一条,而把国家标准所讲的连接号第五条用法,即上述"几个相关的项目表示递进式发展,中间用连接号"改成破折号的用法,例句"人类的发展可以分为古猿—猿人—古人—新人这四个阶段"换成"团结——批评和自我批评——团结"。对标点用法有不同意见可以写文章自由讨论,《简表》解释标点符号用法似应以现行的国家标准为准,不宜把有争议的问题带进来。连接号的用例"抗日战争时期(1937年—1945年)"中第一个"年"字是多余的,可删去。

《标点符号简表》须要交代根据什么编制。

《认知码基本部件与基本笔画表》要注明材料来源。

《中国历代纪元简表》中略去东晋十六国中的十六国、五代十国中的十国以及西夏,恐怕不妥。年代起止时间没有必要重复使用"年"字,如"西晋|公元264年—317年"的第一个"年"可删去。如正文"宋"字条(156页)宋代起止时间"公元960—1279年"只在最后用

了一个"年"字。

《中国地区简表》中的栏目名称"省、直辖市自治区名称"(校样在"市"字后漏顿号)不能涵盖列入表中的香港、澳门地区。可参照《新编小学生字典》1999年修订本把名称改为"省、自治区、特别行政区、直辖市"。另一栏目名称"省会、自治区首府"不能概括所包含的内容,也须酌改。本栏所列的北京、天津、上海、香港岛、澳门半岛都不是省会或自治区首府。海南省的简称(应是"琼")在校样上是空缺的,不知道在胶片上是否已经补上。

《市制计量单位表》"名称|升|厘|分|寸"(553页第3行)中的"升"似应为"毫"。

《元素周期表》的原子量同《新华字典》一样录自1985年国际原子量表,资料太旧,《辞海》新版的元素周期表的原子量录自1997年国际原子量表,《多用》出版在后,要设法找到更近的国际原子量表,这样才能显示新书的价值。附注说"原子量末位数印正常字体的准至1,印小号字的准至3","正常字体"讲的是字体,"小号字"是字号,两者不是相对的概念,表中的小号字所用的也是"正常字体","印正常字体的"似可改为"印×号字的"。

* * * * *

具有科学性、规范性、时代性、独创性是对语文工具书的最基本的要求。在这四方面,《多用》都有不同程度的缺陷。主要问题是:抄用别人的东西多,属于自己的研究成果太少,在学术上不但未能很好地反映我国语文研究所达到的新水平,而且包含不少知识性的差错;体例不严整,缺乏系统性,成套的项目内容常常残缺不全,顾此失彼。这样的字典是没有存在的价值和竞争力的。听说本书已制作了胶片,看来需要修改才能付印。问题是如何修改。小改没有意义,大改才能出效益,上述审读意见是立足于大改书写的。

我最初以为本书编写是国家语委语言文字应用研究所作为一项课题

任务承担下来的，有一个领导机构负责把质量关，看了本书编写说明才知道作者是自由组合的，没有任何单位或部门对书的质量负责。一些有重大影响的辞书做法不同。《现代汉语词典》署中国社会科学院词典编辑室编，《新华字典》1998年修订本没有署编者名，但在修订说明中交代是"中国社会科学院语言研究所负责本次修订"，说明商务印书馆不是找个人负责修订，而要社科院语言研究所对修订质量负责。当然也有以个人名义署名的，如《现代汉语规范字典》署"首席顾问吕叔湘　主编李行健"，但同时在封面和扉页上以显著的地位说明该书的三重身份：国家语言文字工作委员会"八五"规划重点项目、中华社会科学资金资助项目、国家"八五"规划重点图书。当时的国家语委主任许嘉璐、副主任曹先擢也在顾问名单之中，读者一看就知道国家语委是对本书质量负责的。该书副主编有四人，除编写人员外还开列了五个特邀审稿人名单（其中有一位是李建国，国家语委《语文建设》杂志原主编，现任语文出版社副社长）。中华书局新出的《中华字典》署名更进了一步，署教育部语言文字应用研究所和中华书局编辑部合编，说明中华书局为编好此书投入的大量的编辑力量并对字典的质量有信心才会这样署名。据该书前言说，全书完成后，由三人进行统稿，中华书局辞书编辑室校读加工，并请教育部语言文字应用研究所和中华书局编辑部的数十位专业工作者予以审订。大量的投入得到了丰厚的回报。该书于1999年7月出版，到8月印了5次，共63万册。11月我在一次会议上见到中华书局总编室的一位同志，据她说已销了一百多万册。

《多用》编写人员有15位，不算少。编者名单列出了主编一人和编写人员15人的名字，未开列审订人的名字（不知道有没有），编写说明中也没有说是否有人审订，由哪些负责人统稿。如果众多的人分头撰写的条目全都由主编一人审订统稿，怎能保证质量？编辞典要有长期的资料积累和深厚的语文功底作为基础。仅依靠现有的编写人员能否按要求把书稿改好，这是第一个要考虑的问题。看来编写的组织形式需要改进，审订统稿力量需要加强。如果确定退改，要和编写人员一起拟订修改的总体方案、操作细则和分工协作办法。每一项专题内容，如全书的注音、繁体字和异体字、复音词、新词语、词性、组词、数字用法和计量单位解释、辨正、互见项、索引等，都要有专人负责检查。"珲"字条说见"瑗"字条，但书中不见有此条，这种差错一定要消除。如果决定增添图像、图片以辅助文字说明，也得有专人负责。义项的修改补充、科学排序是个大工程，不能孤立进行。比如某些字缺姓氏义，不容易发现。为防止缺漏，可指定专人利用《中华字典》附录《姓氏频度表》所收从第三次全国人口普查得出的 1436 个姓氏，逐个与《多用》的字头核对，缺姓氏义项或缺姓氏字头的给补上。如"丁"字条（1页）缺姓氏义，应补上；"阎"和"闫"是两个不同的姓，《多用》有"阎"（155 页）无"闫"，可考虑增加"闫"字头。

　　退改后交回的书稿仍然不能用，这是编者和出版社双方都不希望出现的情况。重大修改意见应当尽可能一次提完，避免不断追加修改意见反复退改。我没有编过语文工具书，由于受编辑经验和学识水平的限制，我审读部分内容所能发现的只是书中存在的大量问题很小的一部分。换一个专业人员审查，可以肯定还会发现更多的问题。《中华字典》出版前曾请中国辞书学会会长曹先擢、社科院语言研究所两位研究员、北京语言学会两位特级教师提提意见。曹先擢还是我社《东方语言词典》的学术顾问，这本《汉语多用字典》最好能请他或其他语文词典编纂专家审阅一下，就一些带根本性的问题提出改进意见，下一步如何组织修改，领导好作出决断。

关于编纂历时性汉语新词典的设想
——基于中外一些语文词典比较借鉴

辞书依时限可分为共时性的（synchronic）和历时性的（diachronic）。共时性词典为断代词典（period dictionaries），以当代或某个特定历史时期的词汇为描述、解释对象，选词、注音、释义、引例等以这个时期内使用的为限，一般不涉及这个时限以前的词语的历史演变。例如英国的《朗文当代英语词典》和法国的《拉鲁斯当代法语词典》完全不收当代人不用的词语，也不列词语的古义。《现代汉语词典》基本上属于共时性词典，分析词义以现代汉语为准；有少数词列了古义，并举出古代书证，如1996年修订本第1419页的"耆"字。历时性词典亦称历史性词典（historical dictionaries），以一种语言的词汇跨越不同时期的历史演变为描述、解释对象，如贯通古今的有《汉语大词典》，贯穿古代各个历史时期的有《辞源》。

本文提出在目前条件下编纂历时性汉语新词典的设想，对中外一些语文词典的编纂体例和方法作了比较，目的是借鉴先进经验，取长补短，使后出的词典内容更加完善，更符合与时俱进的要求。比较的对象主要是《汉语大词典》和《牛津英语大词典》，这两部词典都是编者各自的国家在历史上规模最大、收词和引证最多、最有代表性的历时性词典。为了能结合前人的成果具体说明改进意见，有时需要从这两部词典及其他辞书选取一些实例作分析比较。

原刊于《出版科学》2004年第1—3期。

一、关于收字范围、字形和字体

立为条目的字以形音义有书证可引的字为限，一般不超出信息产业部和国家技术监督局于 2000 年 3 月 17 日联合发布的强制性国家标准 GB 18030—2000《信息技术　信息交换用汉字编码字符集　基本集的扩充》所收 27533 个字的范围。由西文字母组成的和由西文字母开头的词语适当选收，如 HSK（汉语水平考试）、DNA（脱氧核糖核酸）、B 超等。GB 18030—2000 采用单字节、双字节和四字节三种方式对字符编码，其中包括生僻难字，增补的部首／构件，港澳台地区的用字，GB 13000.1—1993 的全部中日韩（CJK）统一汉字字符及其扩展 A 和扩展 B 的字符，蒙、藏、彝、维等少数民族文字的字符。

释文和现代例证一般用简化字，其余一般用繁体字。引自古籍的例证用字从原文，如果一律改用简化字和现代通行的正体字，便不能保持原貌，依靠电脑也难以一一还原。例如"於"和"于"在古代同时使用，"於"简化为"于"后，不查原始资料，仅凭用法难以确定"于"在原书为"於"还是"于"。又如"復""複"可简化为"复"，"覆"有时也可简化为"复"。"復本"是恢复纯朴的本性，"複本"是被收藏的同一书刊和文件的第一部之外的复本或单据的副本，都简化为"复本"。要还原成繁体字，得联系上下文看是什么意思：孤立的"复本"两个字，电脑无法确定繁体应当是"復本"还是"複本"。笔者试验了一下，"复命"（覆命、復命）、"复校"（復校）、"复瓿"（覆瓿）等词，令电脑换成繁体，均误作"複命""複校""複瓿"。特别是引自古籍抄本或珍本的例证，词典照原本使用异体字，使用者改为正体字或简化字并不难；词典改为正体字或简化字后，读者要还原就不大容易了。

依照初步设想，条目的基本结构包含：字头、始见年代、历代被收入哪些重要工具书、形体的演变过程、读音、词性、释义、例证等。有些条目必要时增设同源字栏、辨析栏、备考栏等。

被收入的重要工具书（包括字书、韵书、词典、断代或专科文字资料汇编）依照时代顺序列出，如《甲骨文合集》、《甲骨文合集补编》、《金文引得》、《金文语料库》光盘版、《战国文字编》（2002年版）、西汉《尔雅》《方言》、东汉《说文解字》、三国魏《广雅》、梁朝《玉篇》、宋《广韵》《类篇》《集韵》、明《字汇》《正字通》、清《康熙字典》、民国《中华大字典》、当代《汉语大字典》《新华字典》《现代汉语词典》等，以便读者了解所释字的出生或开始为社会接受的年代、寿命和出处，读者可依据提供的出处作进一步查考。李学勤主编《中华汉语工具书书库》收历代工具书共100卷，有报道说已由安徽教育出版社出版。始见的工具书必录，作为所列的工具书的第一本；后出的工具书选录，不必尽举。《说文》未收的字，始见于哪一种工具书，特别要交代清楚。历时性词典设置这样一个栏目，就为区分上古字、中古字、近古字和现代新造字提供了方便。与散见于一般文献不同，某字收入工具书表明该字已在社会上流传并为学界所接受，而且能给出含义。例如《说文》无"腿"字，有"脚"字，指小腿，说"脚，胫也"。《玉篇》收了"腿"字，说"腿，腿胫也"。先秦文献有"脚"字无"腿"字，说明"脚"是上古字，"腿"是中古才产生的后起字。比较《说文》和《玉篇》两种工具书，可知"脚"原有的表示小腿的意义在南北朝时期已转移，改用"腿"字表示。如果《玉篇》是最早收"腿"字的工具书，历时性词典的"腿"字条的工具书栏便要将其列在首位。《汉语大词典》和《汉语大字典简编》的"腿"字条最早的用例分别引自明代和宋代的作品，不能表明"腿"字是什么时代开始使用的、本义是什么。

我国能辨识的最早的文字是商代后期的甲骨文，距今约3300年。楷书是汉字演变的最后形态，古文字在楷书字头后选列有代表性的甲骨文、金文、战国古文（秦国大篆和六国文）、小篆、隶书、草书、行书、俗体等以反映字的形体的演变过程，必要时附字形解说，在字形后注明该例证的出处，在字形前交代例证的年代。试以《汉语大字典》

第 1 卷第 4 页 "于" 字条为例说明设想。该条列举了 "于" 字在上古的 14 种写法，依次是 1. × 佚五一八背　2. × 前一·四四·二　3. × 戍甫鼎　4. × 大豐簋　5. × 令簋　6. × 石鼓　7. × 三體石經·多士　8. × 矦馬盟書　9. × 說文·亏部　10. × 睡虎地简二一·二〇〇　11. × 縱橫家書一四二　12. × 老子甲後一八四　13. × 魯峻碑　14. × 衡方碑。代字号 "×" 代替原书所刊的字形，其后是出处，其前的序号为笔者所加。看来原书是依照隐含的历史顺序排列的，具体年代以标明为好。例如 "× 大豐簋" 前标注 "前 1046—前 1043 年（西周武王时期）"，"× 令簋" 前标注 "前 995—前 975 年（西周昭王时期）"，"× 石鼓" 前标注 "前 770—前 221 年（春秋战国时期）"，"× 三體石經·多士" 前标注 "公元 241 年（三国魏正始二年）"，"× 矦馬盟書" 前标注 "前 6—前 5 世纪（春秋晚期）"，"× 說文·亏部" 前标注 "公元 100—121 年（东汉永元十二年至建光元年）"……"× 衡方碑" 前标注 "公元 168 年（东汉建宁元年）"。时间以该文献实际的或推定的撰成年代或制作年代为准，不以该种字体的形成年代为准，年代表示法后面有一专节进行探讨。例证的字体性质须以某种方式标明，如《三體石經》碑文皆用古文、小篆及汉隶三种字体书写，要指明例证选用的字属于哪一种字体。14 个例证首先按字体归类，然后依年代顺序排列。从《三體石經·多士》的引证要是与从《矦馬盟書》和《說文》的引证属同一类字体，依例证出现的年代顺序要排在《矦馬盟書》和《說文》的后面而不是前面。为节省篇幅，工具书常用各种带有代号性质的缩略语（如书证 1 和 2 的 "佚" "前"），照辞书的惯例需要编一份本词典缩略语表置于第 1 卷的正文前，以便读者查阅书中所用缩略语的特定含义。

一字多体从甲骨文起就存在，例如 "文" "羊" 等字在甲骨文中既有简体又有繁体。笔画少的是简体，笔画多的是繁体。汉字演变的主要趋向是由繁趋简。但也有不少字由简趋繁，例如为了区别字形和字义而增添偏旁部件，导致大量形声字的产生。还有些字是先简后繁再简化的，简化后可能存在多种写法，多种简体字作为俗体与作为正体的繁体字并存。现用的法定简化字只有一种写法，大多数是从新中国成立之前已有的简体字中选取的，也有一些是在新中国成立之后制定《汉字简化方案》时采用的新字。依照周有光的研究，1956年1月国务院公布的《汉字简化方案》所列的简体字按照来源可分为古字（古本字和古同字）、俗字、草书楷化字、新字四类，按照形体可分省略、改形、代替三类（见《汉字改革概论》文字改革出版社1979年第3版）。简化字条目似可参照这种划分法解释字的来源和笔画简化方法。

明《正字通》和商务印书馆《学文化字典》1952年版收了"国"字作为"國"字的简体，太平天国曾以"国"为国号。据叶籁士在《简化汉字一夕谈》（语文出版社1995年版）中回忆，1955年9月的《汉字简化方案修订草案》本拟把"國"字简化为"囯"，即方框里是个"王"字，有委员以现在是人民当家，提出异议，"最后通过：'王'字加一点成为'玉'，这就是今天的简化字中'国'的由来"。他接着说："这个'国'字，跟日本对国字的简化碰巧完全一样。"其实，"国"字并非日语最先使用。据张书岩等编著《简化字溯源》（语文出版社1997年版），"国"字最早见于南北朝东魏的李氏造像，唐代的敦煌写本中也有"国"字："国師財見，盡說不能"（《敦煌變文集》卷六《数喜团王缘》）。《汉语大词典》的简化字条目仅交代某字为某个繁体字的简化字，如：国："國"的简化字（第3卷第625页）；边："邊"的简化字（第10卷第714页）；灭："滅"的简化字（第7卷第24页）。作为历时性词典，像一般词典一样仅交代某个字的简繁对应关系显然是不够的。在释文中有必要提供书证以表明字的来源，并解说简化的方式。"国"的情况已在上面介绍。"边"最早见于元写本《京本通俗小说》、元刻本《古今杂剧三十种》等书，1932年收入国语统一筹备委员会编的《国音常用字汇》。似可从元代的这些书中选取用例，说明这是约定俗成的简化字，简化的办法是用"力"代替"邊"字偏旁"辶"右上方笔画多的部分。"灭"字则说明这是摘取"滅"字中间的一个构件，是现代群众创造的新会意字，"火"上的"一"象征覆盖物，把火盖灭。

与简化字对应的繁体字在本词典共收了多少个，须要以某种方式表明。最适当的位置是在简化字条目中交代，因为某个简化字可能是多个繁体字（包括正体字和异体字）的简化字，如"杂"字是"雜""襍""雥"字的简化字。《汉语大词典》按照该书的体例在这个简化字的条目中仅交代"杂"是"'雜'的简化字"（第 4 卷第 746 页），也就是仅同该书作为正体字的一个繁体字关联，未同该书作为异体字的"襍"字关联。在"雜"条（第 11 卷第 868 页）字头后加［杂］，以这种方式表示同简化字的关联；但没有写"亦作'襍'"，以示同异体字的关联，在"襍"条（第 9 卷第 138 页）才交代"同'雜'"。这样，简化字、繁体字、异体字的联系显得太松散。有资料说我国古籍常用的异体字大约有 2 万个，不必全收；但收多少合适有待研究，《汉语大词典》所收的异体字似乎少了一些。"雜"字的异体字除"襍"外还可以再收"雥"字。这个字见于明《字汇·雔韵》和《康熙字典·隹部》，说是"俗雥字"，连商务印书馆出的一卷本《古今汉语词典》都收了。收"雥"字的好处是：（1）可以说明简化字"杂"是去掉"雜"的右偏旁而成。有本有关简化字的工具书解说，"杂"的简化方式是"雜"去掉右偏旁，再把左偏旁改为"杂"。实际上《汉字简化方案》并没有对"雜"字进行改造，只是选用在社会上早已流传的简体字"杂"罢了。"杂"字在工具书中最早见于 1936 年陈光尧《常用简字表》。（2）明确日语的常用字"雜"来自我国，非和制字。日、韩等国的常用汉字凡是借自我国的，在我国出版的历时性汉语词典中都应当能够查到。如果把"襍""雥"收入词典，"杂"条的释文似可采用这样的格式以示关联："雜（襍雥）"的简化字。"雜"字为正体字，括号内的为异体字、俗字。汉语"佛"日语写作"仏"，如"仏陀"。有一本研究新加坡、中国和日本的简体字的专著归纳日语现行简体字有九种简化方式，即同音代替、同义代替、采用古俗字、采用今俗字、更换偏旁、简省偏旁、草书楷化、简存轮廓、符号代替。书中所举符号代替的示例为"佛作仏"。其实，日语现用的"仏"字是借用汉语古俗字。此字较早见于北周《强独乐文帝庙造象碑》："愿法界众生，早得作仏。"唐开元寺三门楼题刻有"敬造阿弥陀仏，合家供养"等题名。这个俗字收入明《正字通·人部》，释文说"仏，古文佛"。日本太宰春台《倭楷正讹》确认以"佛"作"仏"为"华人所为省文者"。"厶"是古"私"字，在现代日语中被广泛用作简省的符号，如"廣"简化为"广"。像"仏"字这样的简体字，在我国古代使用频率极高，据说数以千万计，对汉字文化圈的国家有深远的影响，似可收入历时性汉语词典，并举出早期的书证供中外学者考镜源流使用。

与现代汉语词典不同，历时性汉语词典除收简化字、繁体字、异体字之外还需以适当方式说明本字、通假字、古今字、同源字的关系。有些条目似可参照《王力古汉语字典》设同源字栏，从语源学的角度说明一组同源字音近义通的历史根据。例如：在"集"字条交代"集、雜、輯、萃"为同源字，均有聚合义（第1608页）；在"練"字条（第933页）交代"練、湅、鍊、煉"为同源字，表示通过一定手段除去杂质获取纯度。

二、关于注音

从先秦传承到现在的字的单字条目可分上古音（周秦音）、中古音（以《切韵》增订本《广韵》等韵书为代表）、近古音（以《中原音韵》等韵书为代表）、现代音四段标注字音。现代音除普通话标准音外再加注主要方言读音以及朝、越、日语的汉字读音。《汉语大字典》分现代音、中古音、上古音三段标注。《汉语大词典》分中古音、近古音、现代音三段标注。不标注上古音，字音便没有源头。现代音是近古音直接演变的结果，不标近古音，便不知道现代音和中古音不同始自何时。作为历时性辞书本着"存字、存音、存源"的原则,最好能以国际音标把上古、中古、近古、现代四大时期的字音标注出来。普通话的读音用汉语拼音标注,通过对音表便可转换成国际音标;古汉语的声母、韵母和反切字所代表的音值,不能从汉字字音中直接得出,所以须要用国际音标标示。这方面从顾炎武、高本汉到王力以及现代其他音韵学家对古汉语音系、汉字音值的构拟都有许多重要成果可以充分利用。

1. 上古音

王力在汉语音韵学普及读物《汉语音韵》(中华书局 1963 年初版、1980 年再版)中提出上古音 32 声母、29 韵部之说,在晚年最后一部专著《汉语语音史》(中国社会科学出版社 1985 年版)中提出先秦有 33 个声母(增加一个俟母)和 30 个韵部,分述如下:

先秦 33 声母表

唇音	1. 帮母 p[p]　2. 滂母 ph[pʻ]　3. 並母 b[b]　4. 明母 m[m]		
舌音	(一) 舌头	5. 端母 t[t]　6. 透母 th[tʻ]　7. 定母 d[d]　8. 泥母 n[n]　9. 来母 l[l]	
	(二) 舌上	10. 照母 tj[t]　11. 穿母 thj[tʻ]　12. 神母 dj[d]　13. 日母 nj[n]　14. 喻母 j[ʎ]　15. 审母 sj[ɕ]　16. 禅母 zj[z]	
齿音	(一) 正齿	17. 庄母 tzh[ʧ]　18. 初母 tsh[ʧʻ]　19. 床母 dz[ʤ]　20. 山母 sh[ʃ]　21. 俟母 zh[ʒ]	
	(二) 齿头	22. 精母 tz[ts]　23. 清母 ts[tsʻ]　24. 从母 dz[dz]　25. 心母 s[s]　26. 邪母 z[z]	
牙音 (舌根音)	27. 见母 k[k]　28. 溪母 kh[kʻ]　29. 群母 g[g]　30. 疑母 ng[ŋ]　31. 晓母 x[x]　32. 匣母 h[ɣ]		
喉音	33. 影母 O(零声母)		

声母排序和表示拟测音值的国际音标照《汉语语音史》,分类(5 大类、7 小类)和国际音标的罗马字代号据王力主编《同源字典》(商务印书馆 1982 年第 1 版 1999 年第 5 次印刷本)。

先秦 30 韵部表

阴声		入声		阳声	
无韵尾	之部 ə	韵尾 -k	职部 ək	韵尾 -ŋ	蒸部 əŋ
	支部 e		锡部 ek		耕部 eŋ
	鱼部 a		铎部 ak		阳部 aŋ
	侯部 ɔ		屋部 ɔk		东部 ɔŋ
	宵部 o		沃部 ok		—
	幽部 u		觉部 uk		［冬］部 uŋ
韵尾 -i	微部 əi	韵尾 -t	物部 ət	韵尾 -n	文部 ən
	脂部 ei		质部 et		真部 en
	歌部 ai		月部 at		元部 an
—	—	韵尾 -p	缉部 əp	韵尾 -m	侵部 əm
	—		盍部 ap		谈部 am

先秦古韵分为 29 部（《诗经》韵）和战国时代的 30 部（《楚辞》韵多了一个从侵部分出的冬部），30 部的归类和拟音如表。

古音不标注音值，主要原因是对古音的拟测还没有定论，于是《辞源》等辞书继续沿用传统做法，古音以注出中古以来的反切为限，不涉及上古音，这是历时性词典的一大缺陷。《汉语大字典》进了一步，标注了上古音，但"上古音只标注韵部，以近人考订的三十部为准"（《凡例》）。"近人"是谁，没有指明。30 部的名称也没有分门别类开列出来，读者得自己到书中一个一个去查找。从第一卷第一页开始找，第一个字"一"质部、第二个字"二"脂部……这样把 30 部找出来顺次排列是不成体系的。《汉语大字典》采用的 30 部名称与王力所分的 30 部不尽相同，看来不是以王力的 30 部为准，或不完全以王力的 30 部为准。它的谆部和盍部（见于王念孙的 21 部和章炳麟的 23 部），王力称文部和叶部，"至"字《汉语大字典》归入脂部，王力不归入脂部，而归入质部。《汉语大字典》第 1 卷编纂时王力还健在，他是今人，不是

"近人"。如果指王力的 30 部，就会像《王力古汉语字典》的《凡例》那样，明确表示"上古韵部为王力三十部"。假如所说"近人"不是指某个人，就更有必要把 30 部所代表的音值标明。韵部名称相同，观点不同的音韵学家的拟音和韵字归部可能有差别。例如王念孙、江有诰、章炳麟都有脂部，但涵盖的范围宽窄不一样：江有诰的脂部，章炳麟分成脂、队、至三部，王力分成脂、微、物、质四部。即使同一个音韵学家对韵部的划分在不同时期也可能有变化，所以须要在历时性辞书中用国际音标把各个韵部所代表的拟测音值标出。

　　给上古字标注韵部，是历时性辞书注音工作可喜的进步。但仅仅标注韵部还不够，声母也得同时标注。汉字字音由声和韵两部分构成（零声母也是声母之一种），只标韵部，便缺少了字音的另一半，读者无法完整了解上古汉语的音节结构。要剖析双声叠韵词、双声联绵词、双声反义词，得说出声母是什么。例如"玄黄"（xuánhuáng）在现代普通话不是双声词，要说明在先秦是双声，最简明的办法莫过于指出它们的上古声母都是匣母 h[ɣ]。上古的通假字很多，音同、音近是通假的必要条件。所谓音同，指两字声、韵都相同；所谓音近，指声母相同、韵部相近，或韵部相同、声母相近。只知其韵，不知其声，或只知其声，不知其韵，就无法确定两个字是否具有通假关系，通假关系是属于音同通假还是音近通假。《礼记·儒行》："虽危，起居竟信其志。"郑玄注："'信'，读如屈伸之'伸'，假借字也。"有一部《古代汉语》教材解释说，"信"所以能借为"伸"，是由于"韵同声近"，并强调"对于古书中的通假字与本字的语音关系，我们不能简单地根据今天的汉字读音来衡量"。依照今天汉字的读音，"信"（xìn）和"伸"（shēn）的声和韵都不同了；教材的编者说它们的古音"韵同声近"必定有根据，须把它们在上古音系中归属什么声类和韵部指出来，读者才能更好地领会所要说的意思。从《汉语大字典》只能查到它们的韵部同属真部，解决"声近"问题的途径一般读者不一定熟悉。最方便的办法是在历时性辞书中把字所归属的声类和韵部都加以标明。如依照王力构拟的音系，"信"可标"心母真部"，"伸"则标"审母（审三）真部"，拟音分别为 [sen] 和 [ɕen]。s 为舌尖摩擦音，ɕ 为舌面摩擦音，声近；韵母都是 en，韵同。"信"和"伸"在上古"韵同声近"及其读音与现代的差异便一目了然。王力在《同源字典》中分析同源字在韵母方面有叠韵、对转、旁转、旁对转、通转五种关系，在声纽方面有双声、准双声、旁纽、准旁纽、邻纽五种关系，要是声纽和韵母用汉字而不用音标表示，这十种关系便很难说清楚。

"朝"的本义为早晨，引申出晨见，再引申为朝见、朝廷、朝代，"朝"字分化为字形相同、读音相近的两个同源词。一部古代汉语高校教学用书用《广韵》的反切和汉语拼音说明它们的读音相近："'朝'的本义读音为陟遥切（zhāo），各引申义音直遥切（cháo）。"上古读音这样处理有两个问题：（1）从《广韵》反切得出的是中古音，不是上古音。（2）对古音的拟测惯例须要用国际音标标示，汉语拼音是为现代汉语设计的，不适用于古音：用来标示古音，读者会以为中古陟遥切 =zhāo、直遥切 =cháo，其实不然。把现代读音用于反切，直遥 zh（íy）áo 切为 zháo，得不出 cháo 来。"朝"的本义和引申义的读音不同不是从中古开始的，从上古到中古以至现代，读音不同都在于声母；既然大家都公认这两个同源词的声母自上古以来就不同，把不同之处说清楚是古代汉语教材和历时性汉语词典不能回避的问题。按照王力构拟的上古音系，朝夕的"朝"（"朝"的本义）属端母 [t] 宵部，拟音为 [tio]；朝代的"朝"（"朝"的引申义）属定母 [d] 宵部，拟音为 [dio]；端／定 [t/d] 依发音部位属同类的声母（声纽），作为舌头音并列在一起，所以音韵学以"旁纽"的名称说明两者的关系。

2. 中古音

中古音一般指魏晋至宋初的语音。中古出现的韵书起承上启下的作用。我国古代第一部体系完整的韵书《切韵》（隋代陆法言撰）原著已佚，宋代成书、基本上保存了《切韵》语音系统的《广韵》显得特别重要。上古音系首先参照《广韵》往上推测，现代汉语口语不用的汉字，其普通话读音一般也是根据《广韵》（收录韵字 26194 个）和《集韵》（收录韵字 53525 个）提供的反切及语音演变规律加以推定。《广韵》分平上去入四声，共列 206 韵（按四声相承的关系，206 韵可串成 61 个韵部），没有标明声类。用系联法对《广韵》的反切上字进行分析，可得出它的声母系统。清末陈澧首创此法，最初得出 40 声类，后来的学者得出 41、47、51、59 类不等。《汉语大词典》采用 41 声类说。历时性词典在列出《广韵》（及其他韵书）的声类、韵目和反切的同时有必要注明所拟测的音值，因为读者从声类和韵目名称和反切字不能直接得出其音值，不同的学者使用的某些声母和韵母的名称虽相同，但所代表的音值不一定相同。

依照《汉语大词典》的《凡例》，古音"用反切标注。在《广韵》和《集韵》的反切后依次列声调、韵部与声类……"。例如："斜［xié 《广韵》似嗟切，平麻，邪］"（第 7 卷第 335 页）。释文所举的唐诗用例有：（1）"爱直莫爱夸，爱疾莫爱斜"（元稹《遣兴》）。（2）"一迳向池斜，池塘野草花"（韩愈《独钓》，后两句为"雨多添柳耳，水长减蒲芽"）。"斜"用普通话来读为 xié，与收音为"-a"的"夸""花""芽"字不押韵。假如词典在"似嗟切"后用国际音标标注"斜"字《广韵》反切的拟音为 zia，读者就不会产生这些诗句是否押韵的疑惑。有一本《古今字音对照手册》"斜"字的今音注"xié"，与其对照的古音注"似嗟切　假开三平麻邪"（指假摄开口三等平声麻韵邪母），对字音的描述比《汉语大词典》更具体、更详细，但没有用音标或拉丁字母标示古音，不研究汉语音韵学的一般读者看了还是不容易弄清楚古今音的区别在哪里，都用音标表音才便于对照。如果标明"斜"字的古音拟音为 zia，读者与 xié 比较，一眼便可看出古今音的声母和主要元音都不同。

3. 近古音

元朝周德清《中原音韵》（1341 年刊行）是北音韵书的创始著作，最先提出平分阴阳、入派三声之说。作者根据元朝的北曲用韵分出 19 个韵部。韵部主要元音和韵尾相同，韵头（介音）不一定相同，一个韵部包含韵母（小韵）一至四个不等，例如：桓欢部有 [on] 一个韵母，庚青部有 [əŋ][ieŋ][ueŋ][iueŋ] 四个韵母。若计算韵头的区别，19 部共包含 46 个韵母，比《广韵》的韵母少了许多，更符合当时的大都（北京）语音或北音实际。主要变化是：（1）韵部因大量并合调整而锐减，只有个别韵部是从原有的韵部新分出来的；（2）平声根据音高的不同分出阴阳；（3）以前的入声消失，分化转入阳平、上声和去声。它所反映的是现代汉语普通话语音系统的源头和基础。与传统的韵书不同，《中原音韵》不注反切，也不明确标出声母。该书的编写体例是：声、韵、调全同的合为一组，有一样不同的则分开；先分韵部，再在同一韵部下分声调（平声阴、平声阳、上声、去声），然后在同一声调下分字组，以大圈号分隔的各个字组只有声母或韵母（小韵）不同，据此分析比较可归纳出它的声母系统。罗常培归纳为 20 个声母，王力归纳为 25 个声母。王力在《汉语语音史》的《元代音系》一章中提供一些反切例证（取自语音系统与《中原音韵》相合的《中州音韵》），如：庚青部　筝争——之生切 [tşəŋ]；侵寻部　森参——尸甓切 [şəm]。上古以双唇鼻音 "m" 结尾的阳声韵在元代仍保留，至明末（16 世纪下半期）在包括北京话在内的一般北方话中转为舌尖鼻音 "n"。

4. 常用字古今声韵比较示例

古韵阴阳入相配，阴声韵收元音，阳声韵收鼻音 m、n、ŋ，入声韵收清塞音 p、t、k。入声韵与阳声韵相承，即 m—p、n—t、ŋ—k 对应。三个阳声韵尾和三个入声韵尾在广州话及其他一些现代方言中全部保留下来，在普通话中阳声韵尾只保留 "-n、-ŋ"，三个入声韵尾均消失。越、朝、日语的汉字读音在不同程度上有规律地反映古汉语读音的某些特点。"论东西南北结合"这个语句的古音包含一个阴声韵、三个阳声韵和三个入声韵，现列表把这些字的古今声韵加以比较（有多个读音的字在这里只标注在本句中使用的读音）。

七个常用字古今声韵比较

	西	南	论	东	合	结	北
普通话	xī	nán	lùn	dōng	hé	jié	běi
上古音	siei 心脂	nəm 泥侵	luən 来文	toŋ 端东	ɣəp 匣缉	kiet 见质	pək 帮职
中古音	siæi	nɑm	luən	ruŋ	ɣɑp	kiæt	pək
近古音	si	nam	luən	ruŋ	xɔ	kiæ	pɔi
北京话	ɕi	nan	luən	ruŋ	xə	tɕiɛ	pəi
广州话	sɐi	na:m	lɵn	ruŋ	hap	kit	pɐk
越南语	tây	nam	luận	đông	họ'p	kết	bắc
朝鲜语	seo	nam	leun	tong	hap	kyeol	puk
日本语	サイ sai	ナレ nan	ロン ron	トウ tō	ゴウ gō	ケツ ketsu	ホク hoku

表中所列古音音值主要依据王力在《汉语语音史》一书中的拟测。上古音的拟音后的汉字为声母和韵部名称。中古音和近古音分别为《广韵》和《中原音韵》的读音。现代音除普通话读音外还用国际音标标示北京话和广州话的读音。越南语读音直接用越南原文表示，bắc 音节末尾的"c"读作 [k]。朝鲜语的读音据 1992 年朝韩双方达成的统一转写方案把谚文字母转写为拉丁字母。通过比较可以看出，广州话保留的古音无论声母或韵母都多于北京话。越、朝、日三种语言的读音最接近汉语中古音和现代广州话的是越南语的读音——三个阳声韵尾和三个入声韵尾皆全。越南标准语有六个声调，锐声、玄声、问声、跌声、重声分别用 ' ` ? ~ . 标示，平声不标。朝鲜语保留三个阳声韵尾和两个入声韵尾——"p""k"，另一个入声韵尾"t"转成"l"。汉语方言的入声也有用 [l] 收尾的，如"割"中古读 [kat]，湖北通城现读作 [kol]，朝鲜

语读作 [hal]。日语以开音节为主，没有以 m、p、t、k 收音的字：韵尾"m"转为"n"；"ŋ"和"p"失落，前面的元音变成长音（表中的 ō）；"t"转为"tsu"，"k"转为"ku"，后面加元音，在汉语属于单音节的"结"和"北"在日语中变成了双音节的 ketsu 和 hoku。

笔者所设想的注音方式以"结"（jié）的字为例说明。《汉语大字典》注为 [jié《广韵》古屑切，入屑见。质部]，《汉语大词典》注为 [jié《广韵》古屑切，入屑，见]，拟扩充为：jié 见质 kiet—见屑入《广韵》古屑切 kiæt—见<u>车遮</u>上 kiæ—京 tɕiɛ³⁵ 阳平—粤 kit³³ 中入—（其他主要方言……）—越 két—朝결 kyeol—日ケツ ketsu。

在普通话读音 jié 后第一段是上古音，标声韵，不标调，声类韵部后面为拟音。第二段是中古音，标声韵调、反切和拟音。第三段是近古音，"车遮"为《中原音韵》的韵部名称，原著用两个字表示，所以加下画线连接以便同前面的声母"见"和后面的调类"上（声）"相区别，接着注出声韵的拟音。第四段"京"后是现代北京话的音值，在国际音标后注明调值和调类。第五段"粤"后是现代广州话的音值，同样在国际音标后注明调值和调类。第六段为吴、闽、赣、客、湘等其他主要方言的注音，注音方式同前，内容在这里从略（各大方言区以什么地点的方言为代表方言，词典编者研究编纂体例时确定）。最后为越、朝、日三种语言的读音，越南语用越文字母，朝鲜语用谚文字母加拉丁字母转写，日语用片假名加拉丁字母转写（暂用黑本式）表示。"结"字同大多数汉字的读音变化一样是受一定的语音规律支配的，因而是可解释的现象。清声字一律读上声，古入声有长入和短入之分。入声急促，短入的收音明显；长入把元音延长，塞音韵尾容易失落。"结"在中古还读作 kiæt，到近古在北音系中由入声（闭音节）转成舒声（开音节）kiæ，收音"t"失落；在现代广州话中仍保持收音"t"，但长入 kiæt 变成了短入"kit"。kiæ 的主要元音 æ 前的介音 i 为舌面元音，舌根音声母见母 [k] 受其影响，在现代普通话中转变为舌面音声母 [tɕ]。

5. 在历时性词典中标注汉字古音的拟音和标注现代方言读音的必要性和可行性

拼音文字从词的拼写形式的变化大体可以看出读音的变化，汉字自身不表音，需要借助音标来标示在某个时代的读音。《新华字典》和《现代汉语词典》等共时性字词典的注音部分以规范汉字在现代的读音为主要任务，所以只需注普通话读音，读者要了解古音和方音，可查韵书和方言词典。历时性词典的任务有所不同，它要说明汉字读音的源流。比如"瞤"字，《现代汉语词典》只交代词义、现代读音为 rún 和见于书面语就够了。但音节 run 在普通话口语中只有读去声 rùn（闰润）的音节，无读阳平的音节，"瞤"为什么规定读阳平 rún，历时性词典应当交代这个现代读音的来源——据中古音（《广韵》如匀切、日母谆韵平声）推定。在中古这个字读平声、不读去声，与在中古读去声的"闰""润"有别。既然"瞤"字据中古音推定它的现代音是必要的可行的，反过来说，"闰""润"等字据现代音 rùn 通过韵书（《广韵》如顺切、日母稕韵去声）上测它们的中古音也是必要的可行的。

普通话读音在现代汉语读音中居主流派的地位，但主流同支流一样也不过是流之一，不是全部，因此在历时性词典中需要加注主要方言读音，使读者对汉语语音体系历史演变的结果有比较全面的了解。古音的音值是以现代各种方音为起点结合历代的语音资料由近及远往上推测的，只根据普通话音系或某一种方言的音系拟测古音都不可能是全面的。加注主要方言读音不但可以提供对古音拟测的各种实际语音依据，也便于方言区的读者了解普通话读音和方音的异同和对应规律，学习普通话。此外，在古代不同时期从汉语传入越、朝、日语的汉字读音也可以认为是古汉语读音的流，对拟测和印证古汉语读音有重要参考价值。在历时性词典加注越、朝、日语的汉字读音，为外国人学习和研究汉语提供方便，还可以扩大词典的国际影响，促进中外文化交流。

给常用汉字标注现代汉语方言和越、朝、日语读音没有太大的困难，有待解决的关键性问题是构拟汉字上古音、中古音和近古音需要制定一个切实可行的、能为较多学者接受的、全书统一的标准。制定这样一个标准离不开已有的研究成果。首先是上古音拟测以哪一家的学说为基础。应当看到，现在编纂历时性词典与20世纪七八十年代着手编纂《汉语大词典》时的历史条件已大不相同。王力在1982年给郭锡良《汉字古音手册》写的序言中说"各家的古音学说虽不尽相同，毕竟有价值的几家也只是大同小异"。近二十多年来对古音的研究有了更大的进步，各家的意见分歧进一步缩小。经过时间的检验，王力的古音学说为越来越多的学者接受，已成为国内影响最大的一家。王力主编的高校教材《古代汉语》四卷本（1987年举行首届全国高等学校优秀教材评奖获特等奖）讲授的自然是他总结前人和自己的古音研究成果。书中上古韵母分30部，上古声母分32母，附有《上古韵母及常用字归部表》和《上古声母常用字归类表》。王力把前人给上古一个韵部拟多个元音改为拟一个主要元音，何九盈针对不同意见指出"我个人认为'一部一元音'说是王先生古音构拟学说的精华所在，因为在众多学说中王说最接近上古汉语的实际"[①]（上海辞书出版社2002年版）中说王力"主编的《古代汉语》（高等院校统编教材），在全国高校文科教学中有深远的影响。……现目前高校教学，多采用其古韵30部之说"。王宁主编的《古代汉语》（北京出版社2002年版）是高等院校中文系基础课教材和北京市自学高考指定教材，讲授上古音依照王力《汉语史稿》（1980年修订本）的意见列出上古32个声母及其拟音（他的晚年著作《汉语语音史》增加一个俟母，定为33个声母），上古韵部则依据《汉语语音史》列出30韵部及其拟音。既然先秦33声母和30韵部的划分及其拟音目前已经成熟到可以作为古音基本知识写进大学教科书向广大文科大学生传授的地步，我们没有理由不让它上词典

---

① 何九盈：《上古元音构拟问题》，《纪念王力先生百年诞辰学术论文集》，商务印书馆2002年版。

为广大读者使用、研究提供方便。以最有影响的一家的学说为基础在词典的条目中加注汉字古音的拟音，并不排除在不改变所构拟的体系的条件下吸取其他学者新的研究成果作局部的修正，同时在词典的凡例中说明学术界对拟音存在哪些不同的意见（比如王力对上古韵部的拟音没有以"i"为主要元音的韵部，有些学者认为应当有，把脂、质、真三部的主要元音改拟为"i"），在意见取得完全一致之前，求大同存小异是唯一可取的办法。

用历史比较法和音位分析法根据语音的系统性及其发展规律性对古音进行的拟测或构拟，英语称为"reconstruction"可译"重建"。不用说已经听不到的古音，即便是看见过的建筑物被拆除后重建，也不可能完全恢复原貌。但是，对古音的拟测是有理据的，不是臆测。拟音上典绝不会造成误导，因为词典的使用者都知道这是供参考的拟音，不是定音，最多得其近似。使用者如果认为不准确可以自己另拟。词典的任务是反映学术界现有的研究成果，随着研究的进展，发现原来的拟音有误可以在词典再版时改正。对上古声调系统的拟测分歧较大，连"大同小异"都尚未做到，词典中只好暂且不标。在词典中给汉字标注古音的拟音在国外早已有之（如瑞典高本汉的《汉文典（修订本）》1957年版、日本藤堂明保的《学研汉和大字典》1978年版），在国内王力编的《同源字典》也为我们开创了先例。如果说标注上古音的声韵拟音业已证明是可行的，那么再加注声韵调体系已基本弄清、学术界意见分歧较小的中古音和近古音的拟音更是可行的。

三、关于选词立目

选词立目要体现"源流并重"原则，不能偏重于古词语，常用的新词语不能忽略。例如1979年9月全国人大常委会通过《中华人民共和国环境保护法（试行）》，规定了环境保护的方针任务和环境保护机构的设置，1982年8月又通过了《中华人民共和国海洋环境保护法》。有的条文可以作为例证引用，帮助读者了解环保的概念。《新法编排汉语词典》（新华出版社1985年版）是一卷本中型词典，已为"环境保护"和"环保"这些常用的新词语设条立目。1989年出版的《汉语大词典》第4卷第636页有"環境"条（例证都不涉及环境保护），无"環境保镬"或"環保"条。"環"字头条目有好几十个，大都是现代汉语不用的旧词语，如"環主"（蒙蔽君主）、"環列之尹"（皇宫禁卫官）、"環珓"（迷信者占卜用具）、"環謁"（四处求见）等。

1984年2月22日，邓小平在会见外宾时阐述了以"一个国家，两种制度"的方式完成祖国统一大业的创造性构想；同年5月，"一国两制"的构想为第六届全国人民代表大会第二次会议通过，正式成为具有法律效力的国策；9月，我国政府依据这一方针同英国政府签署了关于香港问题的联合声明。这时"一个国家，两种制度"已成为我国内地和港澳台地区最流行的新词语之一。1986年出版的《汉语大词典》第1卷"一"字头的条目有1800余条，共115页，收词范围非常宽泛，像"一揮九制"（一提笔就能写出九道制书）、"一日九遷"等古词语，"一佛出世，二佛升天"等宗教用语，"一手交钱，一手交货"等俗语都收了。"一国两制"更应当收。受篇幅的限制，过于冷僻、在古籍中也十分罕见的旧词语倒可以适当精简；"一佛出世，二佛升天""一手交钱，一手交货"这类超出词与词组范围、内含逗号的复句与其立为"词目"，不如作为词的用例更适当。

四、关于词源

历时性英语词典十分重视词源，所有主条目都有词源栏，无论是固有词还是外来词都交代来源，连音译和意译汉语的词也不例外。例如，《新牛津英语大词典简编》（*NSOED*）1997年版的条目首先交代tea（茶叶）一词进入英语的年代为"17世纪中叶"，紧接着便是词源栏：[大概是通过荷兰语 *tee*（现为 *thee*）来自汉语（闽语）*te*、（普通话）*chá*]。

running dog（走狗）条的词源及词义：[意译汉语 *zǒugǒu*，源自 *zǒu* to run+*gǒu* dog] 驯服的政治仆从。词源栏解释了词的构成及外语语素的意义。《牛津英语大词典》的 running dog 条还提供了引自斯诺《西行漫记》和《毛泽东选集》第 4 卷英文版的例证。

  历时性汉语词典也有必要设词源栏说明外来词的源语并附外文原词。《汉语大词典》的《凡例》没有说明外来词的处理原则，从条文的实际内容来看，音译佛经产生的外来词一般都注明译自什么语种的什么词，如"佛陀"是"梵语 buddha 的音译"等。来自其他外语的词有些交代源语，有些不交代，甚至不指明是外来词。例如第 10 卷第 1304 页"逻辑"条只解释了"逻辑"具有哪些意义，没有说明这是个音译词，对词源自然更不作交代了。而《辞海》和《现代汉语词典》均交代"逻辑"的词源。《辞海》1979 年版说是"英文 logic 一词的音译（始自近代严复）"，1999 年版对词源作了更详细的解释："英文 logic 的音译。导源于希腊语 logos，有'思想'、'思维'、'理性'、'言语'等含义……1902 年严复译《穆勒名学》，将 logic 意译为'名学'，音译为'逻辑'。"出现在同一页上的外来词，《汉语大词典》的处理办法有时也不一致。例如第 5 卷第 778 页"普罗列塔利亚"条说明"普罗列塔利亚"是"法文 prolétariat、英文 proletariat 的音译。源出拉丁文 proletarius"；"普罗美修士"条说"普罗美修士"是"希腊神话中造福人类的神"，但没有附音译所依据的希腊语原文。第 5 卷第 954 页"沙皇"条："俄罗斯君主的称号。由古罗马政治家和军事统帅恺撒（Caesar）的名字转音而来。"汉语"沙皇"并非 Caesar 的直接转音，在释文中要把俄语原词 царь 交代出来，读者才能看明白。"沙皇"的词源和词的构成无须费多少笔墨便可交代清楚，如：["沙"音译俄语 царь<цезарь<拉丁语 Caesar 恺撒＋"皇"]。第 2 卷 399 页"冰激凌"条："英语 ice cream 的音译兼意译。亦译作'冰淇淋'。"这个复合词的两个构词成分实际上是先意译后音译。也有先音译后意译的，如"摩托车"；但第 6 卷第 823

页"摩托车"条只解释了词义,没有交代词源(译自 motor cycle)。为了统一体例,帮助读者了解词的构成,词源栏似可分别采用类似如下的表达方式:[意译兼音译英语 ice cream<ice 冰 +cream 激凌]和[音译兼意译英语 motorcycle<motor 摩托 +cycle 车]。

《汉语大词典》第 3 卷第 1243 页"康拜因"条:"英语 combine 的译音。能一次同时完成几种作业的组合式采收机。特指联合收割机";《新华词典》的"康拜因"条:"俄语音译词。联合收割机。""康拜因"的词源两部词典的说法不一样。英语 combine 一词在 20 世纪早期就获得联合收割机的新义,俄语 комбайн 源自英语 combine。汉语"康拜因"的直接词源即第一词源是英语还是俄语要靠历时性词典提供早期书证来确定,如果最初是直接译自俄语,词源似可这样表示:[音译俄语 комбайн< 英语 combine]。至于英语 combine 来源于晚期拉丁语 combinare 则可不追溯,因为 combinare 无联合收割机的意思。

外来词的借入往往通过某种外族语作为中介,而非直接来自源语。英语有许多源自拉丁语或希腊语的词,凡是通过法语或其他外语借入的,必定首先交代第一词源,然后逐步追溯到源头。近代汉语有大量借自西方的词语是经过日语中转进入汉语的,因为日语已把这些词语从拼音文字译成汉字,适合汉语使用的可直接借用,不必再翻译。作为一项处理原则,外来词通过什么途径进入汉语都应当交代:通过俄语就是通过俄语,通过日语就是通过日语,不能因为日语使用汉字词就另眼看待。例如《汉语大词典》第 1 卷第 1497 页"【俱樂部】英语 club 的音译,意即'总会'……"似可补充"借自日语'俱樂部'"。第 3 卷第 352 页"哲學"条释文开头为"源出希腊语 philosophia,意即爱智慧",随后是对这门学科的释义,没有交代从希腊语进入汉语的途径,也没有用例。"哲学",非汉语固有词,《辞源》和《古汉语大词典》都没有收这个词。日本最早的西方哲学传播者西周 1870 年在《百学连环》(学生听课笔记)中第一个用汉字作为语素创造"哲学"一词,用来翻译英语的 philosophy，说"哲学是诸学的统辖"，后来又在 1874 年出版的《百一新论》中作了进一步的阐述。黄遵宪（1848—1905）在留日期间积累资料撰成我国第一部综合介绍日本的巨著《日本国志》（19 世纪 80 年代写就，90 年代在国内初刻）。该书分 12 志（国统志、邻交志、天文志、地理志、职官志、食货志、兵志、刑法志、学术志、礼俗志、物产志、工艺志），共 40 卷。在《学术志》中介绍东京大学文学部"分为二科：一哲学（谓讲明道义）、政治学及理财学科，二和汉文学科"，这是日本学者创造的意译词"哲学"传入我国的开始。据此，汉语"哲学"的词源便可这样表述：[借自日语"哲學" < 英语 philosophy < 希腊语 philosophia < philo 爱 + sophia 智慧、学问]。黄遵宪《日本国志》一书中的用例可以作为始见书证。

汉语固有词和外来词的比例、外来词的源语语种和各个时代借入的数量，现在只能凭常识判断隋唐时期从梵语、鸦片战争至五四运动时期从英语和日语、20 世纪 50 年代从俄语、1978 年改革开放以来从英语借入的数量较多，没有准确的可供比较的统计数据。要是历时性汉语词典的编纂体例明确规定外来词必须交代来源（来源不明或不能确定的例外）并设置专栏由专人（比如设一个专职的外来词编辑）负责审查，使有关的内容不致因疏忽而遗漏，这样我们对历代外来词的情况便可以基本摸清，在这个基础上编一部内容较完备的汉语外来词词典就不难了。

五、释义和例证

1. 力求义项完备

作为贯通古今的大型历时性词典，所立条目的义项要力求完备，历史上各个时期先后使用过的词义都应当收。经历代辞书确认的词义自然要收，近年新发掘出来的词义也要收，能发掘多少就收多少。选词立目的数量是根据词典的篇幅确定的，可以多一点或少一点，义项一般不存在选择取舍的问题。如果某个义项因为不常用随意减少，读者会以为所查的词在历史上无这项意义。

《汉语大词典》明确地把"义项完备"作为自己的首要任务之一，实际上有许多词条的义项并不全，有些应收的未收。例如第 1 卷第 1081 页"以"字条（字头 1）有 13 个义项，比《汉语大字典》第 1 卷第 105—106 页"以"字条（字头 1）的 20 个义项少 7 个。《汉语大字典》的义项 ⓫ 为副词类义项，下面再分"表示程度深""表示同样""表示范围"等 5 个义项，都有用例。《汉语大词典》未立副词类义项，实际上比《汉语大字典》少了 12 个义项。《汉语大字典》的义项 ⓾ "以色列的简称"大词典可收可不收，但副词类义项不能不收。又如"仁"字条《汉语大词典》有 9 个义项，比《汉语大字典》17 个义项少 8 个。《汉语大词典》收字比《汉语大字典》少，符合分工的要求；但所收单字条目的义项一般不应少于大字典，因为大字典还要以相当多的篇幅描述、剖析字形的历史演变。与解形相比，释义在大词典占据更重要的地位；如果少了许多应收的义项，大词典的使用价值便会受影响。又如国际单位制的 7 个基本单位的名称都已进入汉语一般词汇，学校基础教科书常用，其中"开［尔文］""摩［尔］""坎［德拉］"等 3 个单位的全称和简称《汉语大词典》均未收。第 12 卷（1993 年出版）第 36 页"開"条有 40 个义项，全是使用较早的词义，包括开金的"开"和开本的"开"等，但未设作为"开尔文"简称的义项。连小字典都有的义项，如"热力学温度单位名称开尔文的简称，符号 K"（《新华词典》），大词典更应当设。

1989 年出版的《牛津英语大词典》第 2 版最长的条目为"set"，收了 430 多项词义，释文使用约 6 万个词、32 万个字符；"make"条有 267 项词义，释文用 4 万个词。"publish"一词该书收了 90 多条例证，包括：（1）词形栏表示词形的演变过程的例证 20 条（含作者名、文献名和例句）。从这些例证可以看出这个词在 14 世纪产生时写作 puplise、publice 等，至 17 世纪定型——写作 publish。（2）义项栏表示"公于众、公布、颁布、传布"等意义的例证 28 条。第一条例证即始见书证引自约 1330 年的文献。表示后起义"出版、发行"的例证 26 条。第一条引自约 1450 年的文献，英语"publish"一词的新义"出版"产生于此时。最后一条例证引自 1978 年的文献。14 至 20 世纪每个世纪都有多条例证。《汉语大词典》第 2 卷第 486 页"出版"条只收了 3 条用例（引自李伯元、巴金、周而复的著作），太少。第一条用例引自李伯元的《南亭笔记》，这位晚清报人不是使用"出版"一词的第一个中国人，他的《南亭笔记》在 20 世纪初期才成书。新编的历时性词典需要补充更早的例证。黄遵宪和梁启超在 19 世纪晚期已先后在《日本国志》和《自由书》中使用了这个日语借词。现代"出版"不限于作品的印刷复制，唱片、录像带等音像制品以非印刷方式制作发行也是出版，该条目的释义"把书刊、图画等编印出来"将"出版"限制在印刷型出版物范围之内，需要把定义拓宽，以便增加非印刷型出版物出版的例证。

2. 每个义项都需要有例证，尽可能提供包括始见书证在内的历代例证

词的生命是在使用中体现的。奥地利哲学家路·维特根斯坦有句名言："词的意义就是它在语言中的用法。"词义在概括过程中许多有关用法的信息不免要丢失，抽象的概念往往不好理解；只有通过用例使被释词处于一定的历史背景、使用环境、语言层次和结构关系之中，才能使读者真正掌握其含义和用法。语言是发展的，词义的变化主要有三种形式：扩大、缩小、转移。这些变化是通过实际用例体现出来的。皮埃尔·拉鲁斯在 1856 年推出的《法语新词典》在法语辞书界首开以例证支撑词义的先例，他宣称："一部没有例证的词典只是一堆枯骨。"此后拉鲁斯法语词典不断更新换代，这条准则始终恪守不变。

《汉语大词典》不仅一般中型汉语词典都会收的常用词有不少未列为词条，而且许多词条的义项缺少必要的用例。以"權"字收尾的词为例，"產權""越權""侵權""罷免權""辯護權""裁判權""豁免權"等词未收,"著作權""授權""所有權""債權""選舉權""表决權""審判權""宗主權"等词只有释义而无用例。下面具体说说提供用例的好处和必要性。要是第 9 卷第 431 页"著作權"条引用 1910 年制定的《大清著作权律》第一条"凡称著作物而专有重制之利益者,曰著作权"作例证,便可使读者了解"著作權"作为我国法定用语始于何时,最初的含义和现在有什么不同,一举两得。"著作"一词在汉代就已经产生,当时作者并没有什么与著作相联系的权利意识,自己的著作任读者复制传播,不要求报酬。提供了"著作權"的这个早期用例,便可使读者了解,我国经过了近两千年的发展,著作权的观念才得以在法律上确立。不提供例证,特别是早期的用例,历时性词典便没有起到自己应有的作用,同一般词典无异。该卷在 1992 年出版时,《中华人民共和国著作权法》公布已有两年。"著作權"条的释文还可以提示一下"著作權"和"版權"是同义词,使本条目和两年前(1990 年)出版的第 6 卷"版權"条关联,引导读者对两个条目的释文进行比较,更好地掌握词的含义。这两个条目一关联,编者自己就会发现"版權"条的释义——"作者或出版者对其作品享有的法定權利"——有欠妥之处:作品是作者的而不是出版者的,版权就是著作权,出版者并不享有著作权;作者把出版权转让,出版者才能享有。又如第 4 卷第 448 页"幾何"条义项 ❶"犹若干,多少……"作为一般用语提供了从《诗·小雅·巧言》至现代的 5 条用例。义项 ❷"数学中的一门分科。详'幾何學'"无用例。而"幾何學"条仅介绍了这门数学分科在世界的发展史,"幾何"和"幾何學"作为学科名称都没有提供例证。历时性词典不同于百科辞典,除解释概念外还须提供词语在历史上的用例。徐光启在 1607 年把欧几里得的《幾何原本》(前 6 卷)译成中文(后来收入《钦定四库全书》),其中讲到"凡論幾何,先從一點始,自點引之為線,線展為面,面積為體",提供这样一条书证可使读者了解"幾何"用作我国数学一门分科名称始于明代。至于"幾何學",较早的有 1870 年的用例:"初进馆者先在下班,学习外国公理公法,如算学、代数学、对数学、几何学、重学。"(见《中国近代学制史料》,华东师范大学出版社1985年版)

新编的历时性词典对过去出的辞书的释义要重新审查,所概括的词义有实际用例证明是准确的才收录,不可完全照搬。要是有些义项找不到例证宁可不立。比如"该"字《说文》的释文为"该,軍中約也。從言,亥聲。讀若'心中滿該'"。《汉语大字典》(简编本第1788页)将其立为15个义项的第一个义项:"❶军中戒约。见《说文·言部》。"但是没有提供用例,其后的❷"具备"、❸"包容;包括"、❹"充足;富有"、❺"广博"等义项都有用例。词的本义是造词时的意义,也就是词的初义或词源义。没有用例就无法验证《说文》的释义是否准确。"该"字的"具备"意义见于《管子·小问》和屈原《楚辞》等作品,后来引申为"包容""充足""广博"等。从这个语义层面看来,"具备"是"该"字的本义。"具备"不是"军中戒约"的引申义,两者的词义毫不相干。需要有实例证明在《管子》和《楚辞》之前已有古籍用"该"字表示"军中戒约"的意思,"军中戒约"作为"该"字的本义或初义才能成立。《说文》是权威性字典,从分析字形求字义是个可取的办法,但需要有实际用例作为佐证才可信。王力主编《古代汉语·凡例》认为"《说文》中所讲的本义有些是不可靠的",《王力古汉语字典》的处理办法比较好:把"具备""完备"作为第一义项,《说文》的释义"軍中約"不立为一个正式的义项,而是放到辨析栏中交代,并说明"典籍无此义书证。其他义与此义无关"。

《汉语大词典》第6卷第1065页"新"字条的释文:

❶伐木。《说文·斤部》:"新,取木也。"章炳麟《论承用"维新"二字之荒谬》:"且彼亦知'新'之為義乎?衣之始裁焉之'初',木之始伐谓之'新'。"❷初次出现的。与"舊"相对。

《诗·豳风·东山》:"其新孔嘉,其舊如之何?"❸……没有用过的。……❹更新;使之新。……

章文对"新"字的含义据《说文》作了解释,不能作为"新"字本义的用例看待。"新"字作"伐木""取木"解,而且居该条目 16 个义项之首,这个释义需要有上古用例而且是早于《诗》的用例作为根据才能成立;否则,第一义项的位置应让给"初次出现的"。其实在《诗》之前,《书·盘庚》已有"新邑""器非求舊,惟新"等语用"新"表示与"舊"对应之新;其他含有"新"字的文献,写作年代都比《书·盘庚》晚。

历时性词典的任务是描述词的历史和词的形音义的演变,一般不用自撰例;引例标明年代,可据以判断词及词义的产生和使用年代,区别词的初义和后起义、晚起义,或区别词的本义和引申义。最早的书证是词或词义的出生证,最晚的书证显示词或词义的寿命,历代书证反映词的成长过程。在历时性词典中词的意义理应按照产生的先后顺序排列,初义是词义的源头,排在最前头。西方历时性词典的编纂者特别重视"最早书证"或"始见书证"(earliest documentary evidence/première attestation écrite)搜集工作。始见书证(或称初见书证、首见书证)指词在书面语中首次出现的年代,而不一定是在语言中产生的年代。人类有了文字之后,第一次在文献中使用某个词,往往要比它在语言中的产生迟后若干年。始见书证之所以重要,是因为它最接近词的产生年代,词的初义或本义要靠它来确定,或者说它就是词义的源头,溯源必须溯到源头。不是所有的词的始见书证一时都能查明,但在编纂时要尽量设法搜集已知的最早书证,作为必选的引例收入词典,以后发现有更早的书证即记录下来,待词典修订再版时添进去。

《汉语大词典·后记》在回顾该词典的编纂历程时提到"第一阶段先后从一万多种古今图书报刊中收词制卡,积累资料卡片八百多万张,从中精选二百多万条第一手资料作为本词典确定词目和建立义项的依据", 说明所用的资料是经过精选的。《后记》还提到词典第一次编委会会议"要求广泛收录古今汉语著作中普通语词, 吸收语言文字的研究成果, 恰当地引用书证……", 但没有明确提出尽可能查找和选用始见书证或较早的书证。这一缺陷对全书的质量都有重大影响, 结果全书大多数义项的第一条例证都不是已知始见书证, 有些例证往往迟后几十年甚至几百年。例如:

"汗"为古代北方游牧民族统治者的称号。曹操在东汉建安年间(196—219)立鲜卑东部大人厥机之子沙末汗为亲汉王, 是见于文献记载的最早的汗:"素利、彌加、厥機皆為大人, 在遼西、右北平、漁陽塞外, 道遠初不為邊患, 然其種衆多於比能。建安中, 因閻柔上貢獻, 通市, 太祖皆表寵以為王。厥機死, 又立其子沙末汗為親漢王。"(《三国志·乌丸鲜卑东夷传》)而《汉语大词典》的有关条目的释文为:

汗[2] 古代鲜卑、柔然、突厥、回纥、蒙古等族对其统治者的称号。《广韵·平寒》:"汗, 可汗。蕃王稱。"《清史稿·土谢图汗》:"咸豐四年, 土謝圖汗、車臣汗兩部汗、王、公、台吉等請捐助軍需, 溫旨卻之。"(《汉语大词典》第5卷第905页)

所用的第一条例证引自宋代于1008年成书的《广韵》, 比能表明这个词的始见年代的陈寿(233—297)著《三国志》晚了700多年, 而且释义并不确切("蕃王"是古代对外族统治者的泛称, "汗"是古代北方游牧民族对本族统治者的称号), 选作例证并不合适。又如:

【可汗】亦作"可罕"。古代鲜卑、柔然、突厥、回纥、蒙古等民族中最高统治者的称号。《乐府诗集·梁鼓角横吹曲》:"昨夜見軍帖, 可汗大點兵。"《新唐书·突厥传上》:"至土門, 遂強大,

更號可汗，猶單于也。"（《汉语大词典》第 3 卷第 33 页）

根据释文以"可汗"为最高统治者的称号是从古代鲜卑族开始的，但没有提供书证。这个词作为最高统治者的称号始自柔然首领社仑（？—410），他在北魏天兴五年（402）统一漠北诸部时自称丘豆伐可汗（意为"驾驭开张之君主"，与开国皇帝的意思接近），史籍倒有记载："社仑远遁漠北，侵高车，深入其地，遂并褚部，凶势益振。……小國皆苦其寇抄，羁縻附之，於是自号丘豆伐可汗。'丘豆伐'犹魏言驾驭开张也，'可汗'犹魏言皇帝也。"（《魏书·蠕蠕传》）词典的释文似应首先选用《魏书》的例证，这条例证能表明"可汗"一词的创造者、产生年代及其本义。收于《乐府诗集·梁鼓角横吹曲》中的北朝民歌《木兰诗》是经过唐代文人加工的，用例"可汗大點兵"与词源没有联系。突厥最初臣属于柔然，被称为"锻奴"。突厥首领土门在公元 552 年发兵击败柔然，柔然可汗阿那環自杀，土门自立为伊利可汗，这是突厥汗国建立之始。从《新唐书·突厥传上》"至土门，遂强大，更號可汗"可知突厥君主原来的称号不是可汗，这个称号显然是从柔然汗国学来的。柔然语属阿尔泰语系，无文字，"可汗"一词最初是靠汉字记录下来、随着柔然的势力扩张逐渐向周边地区传播，并为后来的突厥、回纥、蒙古等民族的统治者所袭用。有一本关于汉语外来词的专著说"可汗"是"由古汉语借自突厥语 qaghan"，缺乏事实依据。古汉语"可汗"源自柔然语，《魏书》记载柔然首创这个称号比突厥首领首次使用这个称号早 150 年，古突厥文现存最早的文献为颉跌利施在位时（668—691）所建的《雀林碑》，比北齐天保五年（554）撰成的《魏书》晚 100 多年。英语 khan 是源自突厥语，不能说汉语"可汗"也是借自突厥语。《现代汉语词典》和《新华词典》说"汗"是"可汗的简称"既不准确（两者的意义并不等同，"汗"不一定是最高统治者的称号），也不符合历史事实。"汗"产生于前，不是由"可汗"简化而来。由此可见，在历时性词典中提供始见书证将有助于弄清史实、促进学术研究，因而是十分必要的。下面举一个晚起义用例迟后的例子：

【雜誌】亦作"雜志"。即期刊。茅盾《色盲》二："书桌上杂乱地堆着……杂志。"(《汉语大词典》第 11 卷第 878 页）

"雜志"在古代一般指零碎地记载传闻、逸事、掌故、读书心得的笔记，从宋代开始用于书名，如宋江休复《嘉佑雜志》、清王念孙《讀書雜志》。我国第一种以"雜誌"命名的期刊为 1862—1868 年在上海出版的《中外雜誌》，每月出一期。《汉语大词典》的"雜誌"条第一个用例摘自茅盾 1929 年的作品《色盲》。比 1862 年的始见年代晚了 67 年，不能使读者了解这个新的词义是何时产生的。刘正琰等编《汉语外来词词典》说汉语"杂志"表示期刊是源自日语"雜誌 zasshi"，与事实有出入。柳河春三在 1867 年创办的《西洋雜誌》是日本第一家以"雜誌"命名的期刊，比我国的《中外雜誌》晚了 5 年；《西洋雜誌》以"雜誌"为刊名受《中外雜誌》的影响倒是更有可能。"雜誌"的同义词"期刊"在 20 世纪 20 年代已经较常见。例如鲁迅在 1926 年 10 月 29 日致李霁野的信讲道："至于期刊，……倘做的人少，就改为月刊。"《汉语大词典》第 6 卷"期刊"条的第一个用例引自巴金在"文革"后写的反思作品《探索集·怀念烈文》，也晚了几十年。

上古词语查找始见书证有较大的难度，新中国成立后产生的新词语查找最早或较早的书证相对地说要容易一些。例如"经济特区"这个新词首次见于正式文件是在《广东省经济特区条例》（1980 年 8 月 26 日全国人大常委会第十五次会议批准）第一条："为发展对外经济合作和技术交流，促进社会主义现代化建设，在广东省深圳、珠海、汕头三市分别划出一定区域，设置经济特区。""经济特区"的早期书证不难查到，因为词典编纂方针没有明确规定尽可能查找最早的或较早的书证，引例便可由词条撰稿人选用自己认为合适的。《汉语大词典》第9卷"经济特区"条在释义后提供的唯一用例为:"《解放日报》1984.6.11:'经济特区主要是实行特殊的经济政策和特殊的经济管理体制。'"这样的用例不能提供词源信息,也不能作为定义来使用。从1980年到1984年,各地(特别是深圳、珠海、汕头三市)的报刊不断有关于"经济特区"的报道,这个词条换一个撰稿人可能会从《解放日报》以外的其他报刊选用他认为合适的例证。这样,引用什么例证便带有偶然性和随意性。如果明确规定各词条包括各义项第一条用例要尽可能查找和选用最早的或较早的书证,不管由谁来撰写条文,由谁来复审定稿,发现所收集和选用的例证中缺少早期的书证都得设法补救。

例证的选择,在考虑年代因素的同时还得兼顾词语的性质。《汉语大词典》第7卷第133页"无产者"条的例证"我们一定能、一定能和全世界无产者一起,把地球改造成一颗美妙的共产主义行星",是引自柯岩(1929—1978)的《在九月九日的黎明》诗。不如从《共产党宣言》较早的中译本引用"全世界无产者,联合起来!"作例证,因为中国人最初是从《共产党宣言》这句具有强大感召力的政治口号而不是从当代作家的诗句熟悉这个新词的。1964年钱学森致上海《光受激发射情报》编辑部的信中提出:"光受激发射这一名词似乎太长,说起来费事,能不能改称'激光?'"他创造的这个新词为科技界接受,从此推广开来。《汉语大词典》第6卷第171页"激光"条没有从产生这个新词的科技文献中查找最早的书证,而是从艾青后来写的《光的赞歌》诗中选择用例,有流无源,不能体现"源流并重"的原则。"霓虹"是自然界现象,汉语固有词;"霓虹灯"是工业产品,谐意翻译英语neonlamp:两个"霓虹"的词源和含义毫不相干。《汉语大词典》第11卷第702页"霓虹"条义项❶为"彩虹",用例引自元代作品。义项❷为"指霓虹灯"。萧三《重游塔什干》诗:'院外喷泉洗蓝天,城中霓虹蔽浩月'"。因受七言诗字数的限制,"灯"字在句中被省略。"霓虹"一般不作"霓虹灯"的简称,"指霓虹灯"只能是对萧三这句诗中所用"霓虹"一词的解释,不宜据此在词典中为"霓虹"增添这么一个义项。应另立"霓虹灯"条,如果不从工业文献中选择用例,采用剧本《霓虹灯下的哨兵》的例证也比用这个容易造成概念混乱的"简称"强。

下面对英汉两种大词典表示"编辑"意义的相应词条作简要的比较分析,借以说明自己对充实历时性汉语词典义项栏的设想。

《牛津英语大词典》"edit"一词按词性分立动词条和名词条。动词条有两大义项,义项 1 表示"出版",即"†1.publish(出版)..."。举了 1791 年的一条例证,表示"edit"一词在这一年始见时的初义为"出版"。前头的剑号†(废词废义的标志)标示此义已废,"edit"现已不作出版讲,现代仍在使用的义项则不加剑号。义项 2 表示"编辑"(包括书报刊和电影的编辑),下分 a、b、c、d 四个小项,引用 1793 年至 1969 年的例证共 8 条。从"edit"在 1793 年获得"编辑"意义起,直至 20 世纪每个世纪都有例证。词典交代"edit"作为名词来源于动词,表示编辑行为、编辑物,引用 20 世纪 60、70、80 年代的例证 8 条,第一条例证是 1960 年的,意味着"edit"作名词用始自这一年。

汉语"编辑"是个多义词,比英语"edit"一词早产生 1200 多年,仅在古代就具有"修撰""编纂""编集""编次""整理""辑补"等多种意义。《辞源》修订本"编辑"条只有一条释义——"收集材料,整理成书",好像"编辑"在古代是单义词。《汉语大词典》第 9 卷第 952 页"编辑"条从古到今也只收了 2 个义项、7 条例证。其中义项 ❶ "对资料或现成的作品进行整理、加工,编成书刊",收北齐、唐、宋、清初(17 世纪)和现代(20 世纪中期)的 5 条例证,不是每个世纪或每个大朝代都有,编辑对象全都是书,没有一条是涉及报刊编辑。需要补充用例使读者了解"编辑"一词如何逐渐扩大使用范围,陆续成为报刊和其他传媒工作的一个基本环节。"编辑"最初是用于修撰国史、编纂字书等著述活动,与作为新闻出版工作一部分的报刊编辑工作(非著述活动）在性质上是有区别的。从明末清初人周亮工（1612—1672）谈论"勝國遺事，編輯不難而難於發凡起例"至巴金写《把心交给读者》回忆他 1935 年"在上海为文化生活出版社编辑了几种丛书"，中间空缺了三个世纪无用例。这个时期正是"编辑"的盛年，不断出新义，从罕用词转变为常用词，有大量的表示报刊编辑活动的用例可供选择。历时性词典的任务是要找到"编辑"用于期刊和报纸的最早或较早的书证，把它们收进去。《清史稿》有关于清末（光绪三十二年即 1906 年前后）设新官制的记述，说"統計（局）掌統一計表，刊行年鑒。印鑄（局）掌編輯官報"，这是二十五史第一次超出书籍的范围，把"编辑"用于报纸，这类用例就可以收。《汉语大词典》的"編輯"条义项❶所收"編緝"一词的两条用例对编辑学研究都十分重要。第一条是始见书证"（修撰國史……）前後再居史職，無所編緝"（《魏书·李琰之传》），表明"編緝"的本义与修撰国史有关；第二条引自周亮工《与张瑶星书》（见上），表明"编辑"直到清初仍有人写作"編緝"。这类现代已不用的异形词如果有（或以后发现有）比这更晚的用例，宜收入词典；否则这一条可视为最晚的书证，表示"編緝"的寿命到此结束。"編輯"在南北朝有表示辑补书籍的用例（见《南史·刘苞传》），此义虽然后来不再用，也应收入历时性词典。

"编辑"条义项❷"出版、新闻单位的中级专业技术职称。亦泛称做编辑工作的人员"，把两个不同的义项合在一起，也是这个条目义项少的一个原因。"编辑"用来指出版、新闻单位的中级专业技术职称是从 20 世纪 80 年代开始的，比用来泛称做编辑工作的人员晚得多，宜从义项❷中分出，改作义项❸，并提供 80 年代的始见书证。明清两代有编纂官和纂修官，"编辑"在古代从不作编书官员的职称，也不指从事编辑工作的人。这个词本来仅指编辑活动，从何时开始引申为编辑人员，是编辑史研究需要了解的问题。上海辞书出版社《出版词典》说："章炳麟清光绪二十三年（1897）到上海，任《时务报》撰述，宣扬改良思想,后去杭州任《经世报》编辑"。"编辑"用来指编辑人员大概是在近代报刊产生之后,不会晚于19世纪末20世纪初;《汉语大词典》义项❷指做编辑工作的人员的两条用例摘自洪深和孙犁在新中国成立以后的作品,太晚。

3. 标注词性,归类编排

历时性词典的义项要按照时代顺序排列,这是没有疑义的。义项有多有少,多的可以达几十项,义项须标明词性,归类编排,使条理分明,便于查检。汉语词类分实词和虚词两大类,通常采用的排列顺序为:名词、动词、形容词、数词、量词等实词在前,介词、连词、助词等虚词在后,代词、副词作为半实半虚词或半虚半实词排在中间,叹词和拟声词(象声词)归入实词类还是归入虚词类,学术界的意见目前尚不一致。人民教育出版社中学语文室编《现代汉语知识》的汉语词类排列顺序为:名词、动词、形容词、数词、量词、代词、副词、介词、连词、助词(包括语气词)、叹词、拟声词。词典编者须规定本词典的词类如何划分和排序。

《辞源》《汉语大词典》《汉语大字典》等辞书给数词、量词、代词、副词、介词、连词、助词(语气词包括在内或独立)、叹词、象声词的义项标注了词性。并据此归类:但没有给名词、动词、形容词的义项标注词性,自然也不按名词、动词、形容词归类。无可否认,给汉语词标词性比给西语词标词性难度要大得多,有时不易确定,但不易确定不等于不能确定。有些词兼有两类或三类词的语法特点,可以活用;但一个词被收入某个义项中,说明它的含义已经明确,又有例句把它置于一定的语境中,那么它的词性就是有定的。把词性定错的可能性不能完全排除,但这是认识上的差错,不是词无定类。标出词性不但能提高词典的使用价值,而且有助于辨别和消除差错。下面以《辞源》修订本"于"字条(合订本第69页)的义项为例,看如何编排更合理(为便于排版,书名号由下画浪线改为《》):

于 1.yú ㊀超過。《荀子·勸學》:"冰,水爲之,而寒于水。" ㊁往,去。《詩·周南·桃夭》:"之子于歸,宜其室家。" ㊂取。《詩·豳風·七月》:"晝爾于茅,宵爾索綯。" ㊃廣大,尊顯。《禮記·檀弓下》:"諸侯之來辱敝邑者,易則易,于則于。" ㊄鍾唇,即鍾口兩角之間。《周禮·冬官·鳧氏》……。㊅草名。《後漢書·馬融傳》……。㊆介詞。1.在。通"於"。《詩·大雅·卷阿》:"鳳凰鳴矣,于彼高岡。" 2.及於,達到。《詩·小雅》……。3.對於。《論語·爲政》……。4.以。《書·盤庚上》:"予告汝于難,若射之有志。" 5.爲《詩·鄘風·定之方中》:"定之方中,作于楚宫。" ㊇連詞。與,和。《書·多方》……。㊈助詞,無義。《詩·周南·葛覃》:"黃鳥于飛。" ㊉姓。《元和姓纂》……

2.xū 歎詞。通"吁"。見"于吁"。

十个义项如果全都标明词性,依次为:动—动—动—形—名—名—介—连—助—名。实词义排在虚词义前面,但三个名词义并不集中,有一个排在虚词义后,看来是因为前两个是普通名词,后一个是专有名词(姓)。《辞源》不是大词典,义项并不完备,这里仅把原书所收的十个义项重新编排,按加注的词性归类,依在文献中出现的先后顺序排列,并加两个音项,拟改为:

于 1.yú ㊀介词 1.以。《書·盤庚上》:"予告汝于難,若射之有志。" 2.在。通"於"。《詩·大雅·卷阿》:"鳳凰鳴矣,于彼高岡。" 3.及於,達到。《詩·小雅》……。4.对於。《論語·爲政》……。5.犹"過",表示比較。《荀子·勸學》:"冰,水爲之,而寒于水。" ㊁连词 與,和。《書·多方》……。㊂助词,無實義,表語氣。《詩·周南·葛覃》:"黃鳥于飛。"《詩·周南·桃夭》:"之子于歸,宜其室家。" ㊃动词 取。《詩·豳風·七月》:

"書爾于茅，宵爾索綯。"㈤ 名词 1. 鍾唇，即鍾口兩角之間。《周禮·冬官》……2. 草名。《後漢書·馬融傳》……3. 姓。《元和姓纂》……

2.wéi 动词 通"爲"。《詩·鄘風·定之方中》："定之方中，作于楚宮。"

3.yū 形容词 通"迂"。廣大，尊顯。《禮記·檀弓下》："諸侯之來辱敝邑者，易則易，于則于。"

4.xū 叹词 通"吁"。見"于吁"。

对改动的说明：（1）词类顺序如何排列，《辞源》修订本体例中没有说明。从条文的实际处理办法看来，实词性义项一般是排在虚词性义项前面的：但这条一般原则不可绝对化，《辞源》的任务既然是"结合书证，重在溯源"（《出版说明》），义项及其所属的词类的排列顺序就应主要以在文献中出现的先后为准。许多介词是由动词虚化而来，但介词"于"不是。有学者研究介词"于"的起源时把原始汉语同古藏语作了比较，认为"介词'于'源于原始汉语的格助词"。[①] 就《辞源》的"于"条提供的例证而论，时间以引自《书·盘庚上》表示"于"的介词用法的例证为最早，因此现把介词类义项从原来的第七位提到第一位，介词类的几个义项再按用例的时间先后排列。（2）《荀子》是战国时期的著作，晚于《书》《诗》，不宜把根据《荀子》得出的义项排在根据《书》《诗》得出的义项前面。"冰，水爲之，而寒于水"的"于"《辞源》释为"超过"，作动词处理，意指冰的寒冷程度超过水。"寒于水"的主语"冰"承前省，"（冰）寒于水"（类似的句型有"霜叶红于二月花"）相当于"（冰）比水冷"，"于"的意思和语法功能同"比"一样，看作介词比看作动词更合适，因此把原来的义项㈠的词性和位置

[①] 时兵：《也论介词"于"的起源和发展》，《中国语文》2003 年第 4 期。

作了相应的改动，即改为介词类的最后一个义项，说明其作用是表示比较。(3) 原来的义项㊂"之子于歸"的"于"作为动词，现依照杨伯峻、何乐士《古汉语语法及发展》修订本和《王力古汉语字典》的见解作为语气助词处理，并入助词类义项，与"黃鳥于飛"的"于"同样对待。(4) 原义项㊈的释义改为"無實義，表語氣"，"于"作助词用，有虚词义，不能说"無義"。(5) "于"作为连词用的例证和作为介词用的第一条例证都引自《书》，连词和介词的词性相近，所以连词义项排在第二位，置于另一类虚词——助词之前。作助词用和作动词用的例证都引自《诗》，为使虚词类义项和实词类义项相对集中，所以"于"作助词用的义项排在第三位，置于连词义项之后、动词义项之前。"于"作名词用的例证引自《周礼》，《周礼》成书时间晚于《诗》，所以名词义项作为义项㊄排在动词义项之后。(6) 原义项㊉是介词义项，第5分项"作于楚宫"的"于"作"為"解，不是介词，而是动词，读若"wéi"，须从介词义项分出。归入动词类义项。由于读音不同于"yú"，按照辞书的体例，另立音项，"2.wéi"。(7) 原义项㊃"于則于"中的"于"作"廣大，尊顯"解，读为"迂"（yū），所以也从音项"yú"分出，另立音项"3.yū"，把原来的音项"2.xū"，改为"4.xū"。

"于"主要作虚词使用，现从《汉语大词典》选一个只作实词使用的"编"字条（第9卷第948页）的字头1为例，探讨义项如何按照词性和时代顺序编排较合适。

编 [biān] ❶ 穿联竹简的皮条或绳子。《史记·孔子世家》："（孔子）讀《易》，韋編三絕。" ❷ 书籍。唐韩愈《进学解》："……手不停於披百家之編。" ❸ 书的计数单位。指一部书或书的一部分。《汉书·张良传》："……出一編書，曰：'讀是則為王者師。'" ……唐韩愈《唐故相权公墓碑》："考定新舊令式爲三十編，舉可長用。" …… 又如：上编、中编、下编；内编、外编；第一编、

第二编、第三编。❹顺次排列。唐许敬宗《奉和春日望海》……。❺连接。参见"编町"（用例引自《文选·张衡〈西京赋〉》）。❻收列；列入。《韩诗外传》……。❼编辑；创作。茅盾《追求》四："仲昭专心编稿子。"❽编织。《庄子·大宗师》："或編曲，或鼓琴，相和而歌。"❾编造；捏造。《红楼梦》第三九回……。❿古县名。《汉书·地理志上》……。⓫姓。《后汉书·方术传下》……。

11个义项的词性和用例（有多个用例的义项只举首例）的出现时代如下：

❶名西汉—❷名唐—❸量词东汉—❹动唐—❺动东汉—❻动西汉—❼现代—❽动战国—❾动清—❿名东汉—⓫名南朝宋

动词义前后都有名词义，唐代名词义排在汉代名词义之前，现代动词义排在战国动词义之前，可见各义项既不是按词性归类，也不是按时代顺序排列的。名词义还是动词义排在前头，要以释文提供的书证为准。"编"字作名词用最早的书证"韋編三絕"引自《史记·孔子世家》。《庄子·大宗师》据信是庄子本人所作，早于司马迁所写的《史记》及"编"字条11个义项的其他例证，其中"編曲"的"編"作动词用，所以拟把本条根据《庄子·大宗师》的用例得出的动词义"編织"从原来第八位提到首位，接着依时代顺序把其他动词义排完之后再依次排名词义，如：

編[1][biān]：❶动词（1）编织。《庄子·大宗师》……。（2）收列；列入。《韩诗外传》……。（3）连接。参见"編町"……。（4）顺次排列。唐许敬宗《奉和春日望海》……。（5）编造；捏造。《红楼梦》第三九回……。（6）编辑；创作。茅盾《追求》……。

❷名词（1）穿联竹简的皮条或绳子。《史记·孔子世家》……。（2）古县名。《汉书·地理志上》……。（3）姓。《后汉书·方术传下》。……。（4）书籍。唐韩愈《进学解》："……手不停於披百家之编。"……❸量词 书的计数单位。《汉书·张良传》："……出一编书，曰：'讀是則為王者師。'"

"编"字的动词义早于名词义还可以从其他文献中找到例证。例如屈原《九章·悲回风》有"编"字作动词编结讲的用例——"编愁苦以为膺"。《公羊传·隐公六年》和《谷梁传·桓公元年》中的"《春秋》编年"也是把"编"作动词用的，《说文》的解释"編，次簡也"表明许慎以动词义为"编"字的本义。《汉语大词典》原释文义项❸"书的计数单位"和"一部书或书的一部分"的词性不同。"一编书"的"編"是量词，"上编""内编""第一编"中的"编"是名词，不可以用一个"指"字把两者等同起来，有必要给义项标明词性，以免量词义项和名词义项混合在一起。我国作家用"编"表示编辑、创作活动不是从茅盾开始的，宜选用更早的例证，至少要选用早于《红楼梦》表示编造、捏造的例证。名词作姓和地名等专名用的义项我国辞书一般排在作普通名词用的义项的后面，这种体例并不适用于历时性词典。例如"夏""商"的专名义（族名、地名、朝代名）的出现比普通词义（夏季、商量等）早得多，在历时性词典中就要排在普通词义的前面。据此，"编"字作古县名和姓氏用的词义依例证的年代（东汉和南朝）排在作书籍解的义项（唐代）前面。

六、年代标示法

能解释含义和用法的汉字是词或词素，从出土甲骨整理出来的单字有 4600—4700 个，迄今能辨识的有一千几百个。这些字收入词典中以见于甲骨文的年代为始见年代，在字头后标明。词义的始见年代一般以第一个用例的年代来表示。为确保义项能严格按照年代顺序排列,每条用例前都标示出现年代。年代统一用公元表示,以年份为基本时间单位。凡能确定年份的用年份表示(如 1945),不能准确地确定的在某一年前加"约",或者扩大时间范围。如:1945—1949、20 世纪 40 年代、20 世纪、19—20 世纪。世纪还可以依照习惯采用三分法,分早期、中期、晚期。如 19 世纪以 1800—1829 年为早期、1830—1869 年为中期、1870—1899 年为晚期,其他世纪类推。年代也可分初期、中期、末期。为节省篇幅,可考虑用国际上较通行的、表示年代的符号代替汉字。下面是拉丁字母符号和汉字的对应关系。

约 1945 年 =c 1945	19 世纪早期 =E 19C
不晚于 1945 年 / 1945 年以前 =a 1945	19 世纪中期 =M 19C
20 世纪 40 年代 =1940s	19 世纪晚期 =L 19C
20 世纪 40 年代初 =E 1940s	19 世纪早期至中期 =E-M 19C
20 世纪 40 年代中期 =M 1940s	19 世纪晚期至 20 世纪早期 =L 19-E 20C
20 世纪 40 年代末 =L 1940s	前 1300—前 1046 年 =1300-1046BC
20 世纪 =20C	前 3—前 1 世纪 =3-1C.BC
19—20 世纪 =19-20C	前 206—公元 220 年 =206BC-220AD

"c"和"a"分别是拉丁语 *circa*(约)的缩写和 *ante*(不晚于、在……以前)的缩写,用斜体字。C 是 century(世纪)的缩写。AD 表示"公元",BC 表示"公元前",英语中通用。E、M、L 分别是英语 early(早)、middle/mid(中)、late(晚)的缩写。C、AD、BC、E、M、L 均用小号大写字体。原来曾考虑用汉语拼音的缩写,如,"19sj"表示"19 世纪","19sjzq"表示"19 世纪早期","y1945"表示"约 1945 年","q 841"表示"前 841 年"。后来想这徒然增加记忆的负担,即使学过汉语拼音的人,不查词典缩略语表也不会知道这些字母代表什

么，不如用国际通用的缩略符号。学过英语或其他外语的人，不难把这些符号代表的意思记住。《大罗贝尔法语词典》用罗马数字表示世纪，与用阿拉伯数字表示的年份相区别，如 20 世纪初、20 世纪中、20 世纪末的表示法分别为 déb.XXe、mil.XXe、fin.XXe，这样就不必在数字后加"世纪"。我国读者不大习惯用罗马数字，似乎还是用阿拉伯数字加"C"的办法较好。

《夏商周年代表》（2000 年公布）所定的五帝年代"约前 30 世纪初—前 21 世纪初"《现代汉语词典（汉英双语）》外研社 2002 年版译为"$c.$30th century.B.C.-$c.$21st century B.C."，没有把"初"字的意思译出。"初"即初期或早期，通常译为"early"，添上两个"early"，译文便很长。如果年代都用缩写符号表示，"约前 30 世纪初—前 21 世纪初"的表示法可简化为"$c.$E30-E21C.BC"。

有些字在最初使用时其含义不能确定，词典只能依据后来的书证来阐释。例如"共"字在公元前 922 年用作周共王的名号，在公元前 841 年用于年号"共和"，但从这两个用例得不出"共"字表示"共同具有或承受"的意思，表示这个含义的第一个用例《汉语大字典》和《汉语大词典》均引自《论语·公冶长》，于是字的始见年代和据以概括其本义的用例出现年代便有先有后，需要分别标注。

殷商甲骨文《甲骨文合集》分五期：武丁及其以前为第一期，祖庚、祖甲时代为第二期，廪辛、康丁时代为第三期，武乙、文丁时代为第四期，帝乙、帝辛时代为第五期。这五个时期可依照《夏商周年表》推定的殷代帝王在位年份用公元表示，上下限为前 1300 年和前 1046 年。在任何一种语言的基本词汇中，表示天、地、日、月、风、雨等自然界事物的词总是最先创造出来的。属于汉语基本词汇的词《汉语大词典》的用例多引自古籍今通行本。"雨"字在殷商卜辞中已常用，《汉语大词典》第 11 卷第 611 页"雨"条字头 1 义项 ❶ 的第一个用例引自《易·说卦》，第二个用例引自韩愈诗，比实际使用时间晚了近千年。在卜辞中使用"雨"字较早的有商王武丁。如果选用他的一条卜辞补进释文，并标注字的始见年代和用例年代，再加上词性，释文便可采用这样的编写格式：

雨¹ *a*M 13C.BC［yǔ《广韵》王矩切，上虞，云。］名词❶ 知从云层中降向地面的水。*c*1250-1191BC《武丁卜辞》："（占辞）王占曰：丁雨，不唯辛。（验辞）旬丁酉，允雨。"4-3C.BC《易·说卦》："雷以動之，風以散之，雨以潤之，日以烜之。"816-819 韩愈《独钓》诗之二："雨多添柳耳，水长碱蒲芽。"

"*c*1250-1191BC"是《夏商周年代表》大致推定的武丁在位年份，共 59 年（据《书·无逸》）。有学者考证，《易》的《说卦》篇"大致成于战国晚期"（宋会群、苗雪兰著《中华第一经——〈周易〉与中国文化》河南大学出版社 1995 年版）。"4-3C.BC"指公元前 4 世纪至前 3 世纪，把《说卦》的撰写年代上推到战国中期、下延至汉初，实际撰成年代不会超出这个范围，确切年代有待词典编者研究确定。"*a*M 13C.BC"，表示"雨"字的产生年代不晚于公元前 13 世纪中期。韩愈《独钓》诗作于元和十一至十四年间，换成公历为 816—819 年。

《现代汉语词典》（2002 年增补本）比 1996 年修订本增添了新词新义 1200 余条。这些新词新义是根据大量的有年代可查的实际用例概括出来的，如果词典提供最早或较早的例证，读者据此可知这些新词大概产生于什么年代，凭老年人的亲身经历，也可以判断这 1200 余条新词新义大多数的产生时间不会早于 20 世纪晚期（1970—1999），例如"主页"不会早于 20 世纪 90 年代。大概是由于体例的原因，《现代汉语词典》增补本没有提供能显示新词新义产生年代的例证。这项工作不能留待后人去做，因为词典编者最清楚所提供的新词新义来自何时的语料。据抽查多种汉语新词新义词典，没有一种在体例上规定每个词条都尽可能提供早期例证。例如一本2003年出版的《当代汉语新词词典》，"主页"条只有释义，没有用例："电子邮件"条提供了引自2000年5月7日《文汇报》的用例，显然太晚。北京科学技术出版社1985年出版郭于军编译的《英汉信息新技术辞典》收了 "electronic mail 电子邮件"条，有500多字的中文解释，表明这个新词早在20世纪80年代中期已开始在汉语中使用。英、美、法国都有多种词典可以查到本国语言的固有词和新词新义产生于什么年代，可惜我国到现在还没有一种具有这样功能的词典。

七、充实例证数据库，具体交代引例出处，书末附引用文献目录

为便于比较借鉴，先介绍一下《牛津英语大词典》的有关做法。该词典第2版在最后一卷即第20卷卷末附有例证引用文献目录，分作者名和连续出版物名（报刊、丛书等），按字母顺序混合编排。作者名下列出所写作品，按所注明的撰写或出版年代顺序排列，连续出版物则只交代被引用的年份从何年至何年。文献目录共143页、约4.5万行（每页3栏、每栏105行）。据抽查平均每页大约有作者名和连续出版物名150条，照此计算，全书20卷使用的2436600条例证大约有21万个来源。一个作者写的书有一种至十几种不等，这些例证实际来自几万种书报刊。正文中引自出版物的例证交代书报刊名，原作分篇章的写出篇章名，直到页数。出处交代到页，这项规定十分重要，只有利用第一手资料和找到某种版本作为依据才能查到例证在作品或出版物中的哪一页并记录下来，这就避免了用转引的办法可能产生的差错和缺陷，也为读者核查提供了方便。例如edit（编辑）+ing构成的editing一词的第一个用例：

1840 J. S. Mill. *Let.* 16 Apr. in *Wks* XIII. (1963) 427 There, I think is a full account of all the world has got by my editing and reviews.

是引自英国学者穆勒（严复译《穆勒名学》的作者）1840 年 4 月 16 日写的信，出处改用中文表示则为：

1840 约·斯·穆勒《书信》4 月 16 日，载《（穆勒）文集》第 XIII 卷 1963 年版第 427 页……

作为一种体例，释文首先交代引例写作年份，用黑体字；然后是作者名、作品篇名、写作月日，刊载于什么书，卷次用罗马数字，书的出版年份用阿拉伯数字放在括号内，括号后面的数字是书的页码，最后是引例原文。值得注意的是作品的写成时间和所依据的版本的出版时间分别交代（如果引自古代抄本，则只有抄本年份）。

本条目另一条引自《电影》杂志 1963 年 4 月号含有"editing"一词的用例为：

1963 *Movie* Apr.32/2 A director shouldn't use his camera and editing bench to impose something which he hasn't been able to put into the action.

出处的交代法为"1963《电影》4 月号第 32 页第 2 栏"。例证如果引自分栏排的报刊，通常交代到栏。如引自 1955 年 5 月 9 日《泰晤士报》含有"*editio princeps*"（拉丁语"抄本的第一个印刷版"）这个用语的例证著录方式为：

1955 *Times* 9 May 13/2 He published... an *editio princeps* of several minor works.

"13/2"表示引例见于该天报纸的"第 13 版第 2 栏"。

《牛津英语大词典》正在进行全面修订出新版,即第 3 版,计划在 2010 年完成。新修订和新增补的条目从 2000 年 3 月起每季度在网上公布一批。新版主编称"以文献资料证明每一项词义首次有文字记录的用法"是该词典最重要的特色之一,在内容更新和修订的过程中请专家学者审查定义赖以确立的原例证的准确性,发现有更早的书证或原来使用的版本不符合现代图书著录要求,便改用更早的书证、更合适的版本。例如第 1 版 "magnanimity"(高尚)条有一个用例摘自《愚人船》英译本,《愚人船》是德国诗人塞·布兰特在 1494 年创作的、当时风行全欧的著名通俗讽刺作品,在 1509 年由英国诗人亚历山大·伯克莱译成英文出版。《牛津英语大词典》第 1 版(*OED1*)和第 3 版(《*OED3*》)所用的书证原文分别为:

| 1509 BARCLAY *Shyp of Folys* (1570) 206 For his strength and magnanimitie.. One founde on grounde like to him can not be. (First Edition: *magnanimity*) | 1509 A.BARCLAY tr.S.Brant *Shyp of Folys* f.ccxvii^v For his strength and magnanymyte.. One founde on grounde lyke to hym can nat be. (Revised entry: *magnanimity*) |

左栏是 *OED1* 该条目原用的书证,右栏是条目经过修订后收入 *OED3* 的书证。通过比较可以看出不同之处在于:(1) *OED3* 的书证引自 *Shyp of Folys*(《愚人船》)最早的版本,即 1509 年初版;*OED1* 使用年代较晚的 1570 年版。(2) 著作责任人 *OED3* 只写了姓 BARCLAY, *OED3* 加上名字缩写 "A"。(3) *OED3* 写明是 "伯克莱翻译塞·布兰特"的作品,*OED1* 没有交代这一点,不了解的读者则可能以为这是伯克莱的著作。(4) 表示书证所在的位置 *OED1* 用的是《愚人船》1570 年版的页码(page number)"206",*OED3* 则依照初版使用叶码(folio number),"f.ccxvii^v"的 f 是 folio(叶)的缩写。西方印刷业初创时

期书籍的印本依照中世纪抄本的传统以叶为计算单位，一叶两面像我们的线装书一样只有一个编码，在叶码（ccxvii）后加"v"表示"背面"，如果加"r"则表示"正面"。在 16 世纪中期以后西方的印刷书籍才普遍改用页码制，一张书页两面印，两个页面（page）都有页码，正文页码用阿拉伯数字代替罗马数字。（5）词目词在 *OED1* 的引证中的拼写法为 magnanimitie，在 *OED3* 中按照所依据的引证把拼写法改为 magnanymyte。（6）引证的其他文字拼写法也有些不同，如 *OED1* 的引证 "like to him can not be" 的拼写法已同现代英语完全一样，*OED3* 的引证 "lyke to hym can nat be" 则保持 16 世纪初拼写法的原貌。*OED2* 是把 *OED1* 的原 10 卷正编和后来出版的补编、增编整合为一体，条目的释文内容基本上不作改动，上述 "magnanimity" 条的书证在 *OED1* 和 *OED2* 是一样的，现在出第 3 版才改动。

英国早期出版的词典多为英拉、拉英、法英等双语词典，有些书在书末附有英语词汇表。第一本独立成书的用英语解释英语单词的纯英语词典是伦敦学校教师罗伯特·考德里（Robert Cawdrey）编纂的《按字母顺序编排的词汇表》(*A Table Alphabeticall*)，于 1604 年印行。第一版有 2543 个词目，释义简明，一般不超过十个词，通常用同义词加以解释，主要解决英语常用的难词的含义、标准拼写法和词源问题，没有用例。1828 年德国学者、《简明希腊语词典》主编弗·帕索（F. Passow）教授发表一篇论文提出一种新词典学的准则，强调使用按年代顺序排列的书证以阐明每一个词的历史。这个准则在后来欧洲大国陆续开始编纂的大型民族语言词典中得到体现。格林兄弟在 1838 年着手编纂《德语词典》，发展了这一理论。英国语文学会（British Philological Society，1842 年在伦敦成立）于 1857 年 11 月听取会员 R. C. 特伦奇后来以《关于我们英语词典的一些缺陷》为题发表的报告。报告中列举当时的英语词典存在的七点缺陷是：废词的取舍没有一定的准则；词的系属关系往往不完全；对标示词的诞生没有给予足够的注意；对词的更早用法被忽略；对同义词的区别注意较少；本来可以用来阐明词的首次应用、词源和词义的许多例证被忽略；一部词典应当知道自己的界限（而不知道）。特伦奇认为一部词典是"语言的清单，词典编纂家是一位历史学家，而不是评论家"。在讨论了报告和征求会员意见后，学会改变原来的计划，在1858年通过按历史原则编纂一部内容完备的新英语词典的决议，并开始招募志愿查阅者，为词典提供词目和书证。语文学会会长詹姆斯·默雷（James Murray）在1879年出任这部新英语词典的主编，印了2000份《向大不列颠、美洲和英国殖民地说英语和读英文的公众的呼吁书》在国内外散发，说"任何人，特别拥有现代书籍的人都能提供帮助"。效果良好，在美国约有500人、在英国约有800人响应，在1884年出版第一分册之前3年提供了例证约100万条。收集例证的工作先后约2000人参加。词典编辑部把收到的每一条例证按照统一规格誊写在小索引卡片（6英寸×4英寸）上，详细注明例证来源。这部《按历史原则编纂的新英语词典》（简称 NED），1928年出齐，共128个分册，同年把若干分册适当合并，分成10卷印装发行（在1933年重印时正式改称《牛津英语大词典》，简称 OED）。该词典编辑部现有四大资料查阅组。英国组和北美组每年向词典数据库提供例证约20万条。北美资料查阅组原设在牛津进行"遥控"，1989年在美国新泽西州莫里斯城设立办事处，直接招募和培训第一批正式的查阅人员，例证由手抄卡片改为用电脑著录，关键词加亮显示，从北美各地用电子邮件发到办事处，再传回牛津。历史组查阅近代早期至19世纪的文献。学术组则查阅第1版问世以后各国发表的有关英语词汇分析的学术论著。从1994年开始派十几个研究生到各图书馆查阅过去90年的学术著作，摘录所需材料。要是牛津的学术图书馆没有，便到伦敦、德国、荷兰、美国等地去查。此外，还同世界各国历时性词典编纂机构建立联系，利用它们收集到的有关资料。例如美国密执安大学为编纂近代早期英语词典（未完成）而收集到有关这个时期的例证近300万条，可以提供 OED3 利用。只能在光盘和网上得到的资料也广泛地搜集。编纂进度加快得以益于现在已有许多地区性词典和断代词典陆续问世，其中有《美语词典》《加拿大语词典》《按历史原则编纂的南非英语词典》《澳大利亚国家词典》《古英语词典》《中古英语词典》等，使 OED3 时空都能更好地照顾。特别是《盎格鲁-诺曼词典》的出版以系统的书证更清楚地表明了古法语、中古法语同中古英语的联系。从 1995 年 1 月起《牛津英语大词典》编辑部在自己的网站编发不定期的《牛津英语大词典新闻通报》，帮助读者及时了解词典修订进展的情况和存在的问题，呼吁国际学术界提供比已知书证"更早的书证"（antedatings）或"更晚的书证"（postdatings），就自己的研究领域对词典的内容提出改进意见。结果得到读者和专家学者的热烈响应，天天都收到来信或投稿。有时开展竞赛，对提供最多、最早或最需要的书证者给予奖励。《通报》可以用电子邮件发给需要的读者。每一期都有《求助表》，开列正在撰写或修订的词条，在哪些方面需要更多的书证。《牛津英语大词典》编辑部现有编辑 42 人，1993 年以来有 120 个学者、研究助手、系统工程师和项目经理以及约 200 名专业顾问和审读人员协助进行全面的修订工作。

  生卒时间是历史人物传记不可缺少的著录项目。如果历时性词典把为词立传作为自己的追求，除了要追溯词的诞生年代，还得让读者知道废词、废义的消亡年代。OED 采用的办法是：在废词、废义前加剑号（†）作为消亡的标志，在释义后加缩写字"Obs."表示已"废"；引例的第一条是已知的始见书证，最后一条引例是该词或该词义作废之前已知的最晚书证。这种标示词或词义存废的做法值得借鉴。

  《汉语大词典·后记》说明编者先后从一万多种古今图书报刊中收词制卡，作为该词典确定词目和建立义项的依据，且未提及全书使用的例证实际有多少条，这些例证摘自多少种图书报刊。因为书末未附例证引用文献目录，读者不知道书中所引例证依据的是什么版本，要核对就不大方便。例如第 10 卷第 1304 页"邏輯學"条提供的唯一例证是引自黎锦明的《社交问题》，从人物传记词典和一般参考书查不到作者是什么人，无从了解《社交问题》是一篇文章还是一本书，在何时发表或出版，怎样才能找到。又如第8卷第862页的"蚤服"条："谓早已服从。蚤，通'早'。《老子》：'治人事天，莫若啬。夫惟啬，是谓蚤服。'一本作'早服'。"不知道"蚤服"和"早服"各自依据的是什么版本。《老子》除通行的河上公注本和王弼注本外，还有其他多种版本，词典所依据的两种版本都须具体交代，以便读者比较"蚤服"和"早服"两种写法哪一种写法在先。版本不同，引例的其他文字也可能有所不同。如：1973年马王堆汉墓发现的帛书乙本《老子·德经》作："夫惟啬，是以蚤服"（马王堆汉墓帛书整理小组编《马王堆汉墓帛书》文物出版社1976年版）；唐易州龙兴观道德经碑本作："夫唯啬，是謂蚤服"。历时性词典似应首先引用已知较早的版本（如帛书《老子》乙本），然后再引后出的版本或今通行本。据刘又辛查考，"先秦古文字和古籍中的确没有'早'字，一律借用'蚤'字"（《古今里的假借字》语文出版社2000年版），其依据之一就是帛书《老子》乙本用的是"蚤"字，可见交代引文依据的版本对学术研究是至关重要的。用"一本作"表示不同版本的异文，这种体例不适用历时性词典，历时性词典必须明确交代所用例证出自什么版本，其准确性要经得起读者检验。

我国历时性辞书引证一般标明作者、书名、篇名或卷次、章节，戏曲注明折数和剧名，章回小说注明回数，但页数通常不交代。页数和版本有连带关系，不交代页数读者就无从了解引证所依据的版本，怀疑有差错也就无从核对。现代作者（如巴金、臧克家）发表作品的时间先后可能相隔几十年，仅提供篇名，读者不能直接了解是何时发表的，刊载于什么书报刊。因此，新编的历时性汉语词典有必要参照《牛津英语大词典》的做法，例证的出处至少交代到书报刊的页数，被引用的书报刊名及作者名全部编入文献目录附在书末。有了这样的规定，引证所依据的《老子》的各种版本在引用文献目录中就得一一列出。作者不管是否知名，只要他的作品被引用，就应收入引用文献目录；从文献目录应能查到他有什么作品和多少作品在词典的条目中被引用，被引用的作品是何时由什么出版社出版的，或是何时发表于什么报刊。

八、编纂历时性汉语新词典的意义和工作方式

在数字化时代，辞书编辑怎样搞好选题开发以适应新世纪的要求，是编辑理论研究的一个重要选题。有统计材料说1978年至2000年我国辞书出版社出版了8000多种。语文工具书也出版了不少，但选题往往重复。内容大同小异的成语词典已出版了200多种，现在仍有人在编。小字典大多数是在已出版的字典的基础上略加改造，缺乏新意。前两年笔者审阅一部已出胶片、准备出版的小字典，抽查了若干条目，发现释义部分有94%一字不改地抄自《新华字典》。另一方面，社会上欠缺但需要做艰苦细致的资料收集研究工作才能编好的词典却无人问津。例如，我们已有多种古汉语词典和现代汉语词典，而近代汉语词典迄今一种也没有，为什么？原因很简单：不好编，因为编近代汉语词典既要同古代词汇划界，又要同现代词汇划界，不能孤立地进行，需要查阅和占有现已不易得到的近代原始资料，如鸦片战争以后、五四运动以前出版的书报刊等。编一部词典，给收入词典的所有的词（立目词）及其形音义的演变提供始见以来的书证并标明书证年代，是一个整体解决办法。有了这样一部历时性词典，再编各种断代词典或其他专用词典就不难了。在词典出增订版或出增编时必然会依照既定的体例给新添的词语加注始见年代。今后社会各界从事学术研究、编纂词典可以共享其成，不必另起炉灶去追溯每一个词的历史。可以说编出这样一部历时性汉语词典，将为编纂各种类型高质量的汉语词典奠定更坚实的科学基础。整个中华民族几千年的文明史将以词语历史的形式浓缩到一部词典当中，读者可以查到某一个年代有多少新词语、新事物、新概念在神州大地产生，中华民族的文化在某个年代处于什么样的发展水平，这是多

么迷人的前景啊！他山之石，可以攻玉。下面把英国收词最多、容量最大的英语词典《牛津英语大词典》第 1 版（简称 OED1）和第 2 版（简称 OED2）同我国收词最多、容量最大的汉语词典《汉语大词典》（简称《汉大》）试作些比较。

词典名称	OED1	OED2	《汉语大词典》
开始编纂时间	1858 年	1984 年	1975 年
出版时间	1884—1928 年	1989 年	1986 年 11 月—1993 年 11 月
正编卷（册）数	10 卷（128 个分册）	20 卷	12 卷（12 册）/2001 年第 2 版 12 卷（22 册）
全书页数、行数	15487 页（1933 年重印 12 卷本）	21728 页（1 页 3 栏）1 页＝117×3 行 共约 762.7 万行	18314 页（1 页 2 栏）1 页＝54×2 行 共约 197.8 万行
条目数	252200 条	291500 条（主条 231100、参见条 60400）	375000 条（其中单字条目 22000）
有释义和/或例证的词语数	414825 个	615100 个	511000 个（据光盘版）
全书字词数		约 5900 万个词、3.5 亿个印刷字符	约 5000 万字（见第 1 版《后记》）/47631000 字（见第 2 版版权页）
例证数	1861200 例（从 500 万例中选出）	2436600 例	未查到全书实际使用例证数量的统计数字
插图	无	无	2253 幅
引用文献目录		143 页（书报刊 2 万种以上）	无
补编、增编、附录	补编 1 卷（1933 年）补编 4 卷（1972—1982 年）	增编 3 卷（1993—1997 年）	《附录·索引》1 卷（1994 年）

编纂出版时间 OED1 用了 70 年，《汉大》用了 18 年。OED 出第 2 版，卷数增加 1 倍，OED1 和 OED2 分别出了补编或增编；《汉大》未出增补卷，2001 年 9 月出第 2 版篇幅没有增加，把原 12 卷 12 册分装为 22 册。OED 只收普通词语，包括进入日常生活的百科词语，不收专

有名词（如人地名）；《汉大》兼收普通词语和专名（如姓氏及地名、国名等）。《汉大》条目配插图 2253 幅以帮助了解文字不能形象地表达的概念，OED 对词语的解说全部用文字，无插图。不收专名、不配插图，是 OED 明显的不足之处。OED 字小密排开本大，1 页的容量为《汉大》1 页的 2 倍以上，一个词的例证数量普遍比《汉大》多几倍，甚至几十倍。汉语一个词平均为 1.48 音节，英语 2 个词译成汉语平均用 3 个字，OED2 全书 5900 万个词译成汉语大约为 8850 万个汉字。《汉大》编纂出版所需时间不到 OED1 的 1/3，原因在于：（1）动手的时间晚了一百多年，社会发展水平、生产技术条件和编纂辞书的经验已经远远胜过 19 世纪。（2）由于我国政府的妥善组织安排，投入《汉大》编纂出版的人力、物力、财力之雄厚非当年力量还很薄弱牛津大学出版社一家出版社所能比拟。（3）缺少字形源流演变部分（按分工由《汉语大词典》来做），OED 有词形源流演变部分。（4）不要求提供始见书证，甚至不要求给每个多字条目和每个义项提供例证并给例证标注年代；以标注古籍作者所属的朝代（如北齐颜之推、唐韩愈等）来代替给例证标注年代，引用近现代作品不标作者时代和作品发表或出版年代。现在看来给每个义项提供例证以及给每条例证标注年代是编纂历时性词典的必经阶段，这个阶段是绕不过去的，绕过去在身后留下的是大片空白，我国迄今没有一部词典可以从中查到古今词典的已知始见年代。不补上这一课，把基础扎扎实实地打好，我国语文词典的编纂工作就不可能适应社会主义现代化建设的要求实现新的飞跃，赶超西方最权威的语文词典。

《牛津英文大词典》在 1928 年出齐时，牛津大学发布通告称："本词典的准确性和完备性优于其他所有词典。牛津词典是最高权威，是无与伦比的。"1923 年至 1937 年曾三次出任英国首相的斯坦利·鲍德温把它誉为"这一行的最伟大的事业"。英美报纸称赞该词典是"有关英语和有关英语言语和思想从产生至今的历史的最高权威"（《泰晤士报》），"所有语言中最宏伟的词典"（《每日电讯报》），"有史以来从事过的最宏伟的词典编纂工程"(《纽约时报》)。如果把本文所设想的历时性汉语词典编纂出来，结果会怎样呢？试看下面的比较表：

E 13C. BC（前 13 世纪早期）天	bef.12 C/ fr.OE heaven
E 13C. BC 山	bef.12 C/ fr. OE hill; 13 C/ fr.AF mountain
E 13C. BC 河	13 C/ fr.AF river
E 13C. BC 田	bef.12 C/ fr.OE field
E 13C. BC 本（指树木）	bef.12 C/ fr.OE tree
E 13C. BC 火	bef.12 C/ fr.OE fire
E 13C. BC 人	bef.12 C/ fr.OE man(men)
E 13C. BC 民	13 C/ fr.AF people
E 13C. BC 王（指帝王、国王）	bef.12 C/ fr.OE king
E 13C. BC 来	bef.12 C/ fr.OE come
E 13C. BC 曰	bef.12 C/ fr.OE say
E 13C. BC 居	bef.12 C/ fr.OE live
E 13C. BC 大	bef.12 C/ fr. OE great; 12 C/ fr.AF large
E 13C. BC 小	bef.12 C/ fr.OE small; little
E 13C. BC 新	bef.12 C/ fr.OE new
E 13C. BC 旧	bef.12 C/ fr.OE old
E 13C. BC 一	bef.12 C/ fr.OE one
E 13C. BC 五	bef.12 C/ fr.OE five
E 13C. BC 予；我	bef.12 C/ fr.OE I
E 13C. BC 汝（指你们）	bef.12 C/ fr.OE you
c 11C. BC（约前 11 世纪）诗	1548 / fr.L poem
1C.BC- 1C.AD（前 1 世纪—公元 1 世纪）算术	13 C/ fr.AF arithmetic
c 2AD（约公元 2 年）书肆	1760 bookstore
a 1152 书籍铺	1765 bookshop
a 18 方言	1577 / fr.L dialect

续表

a 105 纸	14 C/ fr.AF paper
554 编缉 /678 编辑	15 C/ fr.L redact; fr.L 1793 edit
636 梓行 /835 板印	14 C/ fr.AF printing（印刷）
1607 几何（学）	14 C/ fr.AF geometry
1835 火蒸机；1876 水气机；1922 蒸汽机	1751 steam engine
1835 显微镜	1651 microscope
1877 教科书	1779 textbook
1879 出版	c 1450 / fr.L publish
1912 电子	1891 electron
1917 珂罗版	1881 collotype
1964 激光	1957 laser
1986 社区	14 C/ fr.AF community
c 1985 电子邮件；1997 电子函件	1975 electronic mail; 1982 e-mail
a 1997（或 M 1990s）主页	1992 home page
c 2000 CEO（首席执行官）	1975 CEO (chief executive officer)

上表中"bef."代表"以前"，如"bef.12 C"指"12 世纪以前"；"fr.OE"指"源自古英语"，"fr.AF"指"源自中世纪英国法语"，"fr.L"指"源自拉丁语"。

左栏是中文词语及始见年代，根据笔者能查到的材料暂定。从"天"到"汝"等 20 个名词、动词、形容词、数词和代词引自《书·盘庚》。"夏商周断代工程"测定盘庚迁殷时间时认为较妥善的年份是公元前 1298 年，《夏商周年表》取整定在公元前 1300 年。《书·盘庚》所记录的是盘庚迁殷之后和迁殷之前对臣民的讲话，是殷代的遗文，据信是在盘庚或稍后在小辛时由史官记录下来、至汉初用今文隶定的（其中可能有训诂改字），这些词的出现年代在表中用"E 13C. BC（前 13 世纪早期）"标示。右栏是对应的英文词语，始见年代据美国《梅里亚姆·韦伯斯特词典》第 11 版等英语词典标注。中文词语从公元前 1300 年起至公元 2000 年时间跨度为 3300 年，英文词语从能够给出的具体年代——12世纪算起，时间跨度为900多年。为什么英文词语的始见年份早于12世纪的不能具体给出而要用"12世纪以前"来笼统表示呢？问题得从《牛津英语大词典》当初的编纂方针说起。

英语史通常划分为：(1) 古英语时期，或称盎格鲁-撒克逊时期（450—1150）；(2) 中古英语时期（1150—1500）；(3) 近代英语时期（1500年以后）。古英语和中古英语分界主要以诺曼人在11世纪征服英国为标志。现存最早的古英语文献是公元600年前后写成的。*OED1* 收词范围为1150年以来使用的词语，包括从古英语传承下来、到中古时期仍然使用的一些词语。但不收1150年以前已废的词语，古英语词汇绝大部分在中古已成为废词，保存下来的古英语文献不多，一般读者不需要阅读。古英语最初使用的如尼字母（runic letters）不同于拉丁字母，古英语的名词、形容词、冠词还有性、数、格的变化（多达三性、五格）；如照收，必须采取与12世纪以来使用的词语不同的处理办法，全书的编纂体例得另行设计，词典的复杂性和编纂难度将大大增加。编者原来打算把中古以来全部英语词汇收入词典，后来认识到这是不现实的，确定把收词数量控制在合理的范围内。*OED* 在词形的历史演变栏对"世纪"表示法，从古英语传承下来的词用"1"表示，把1100年以前整个古英语时期的各个世纪都包括在内，不具体指明是哪一个世纪；"12世纪"（12th c.）用"2"表示，"13世纪"用"3"表示，"19世纪"用"9"表示，"20世纪"用"20"表示。各世纪的例证的比例大体为：12世纪和12世纪以前的占1%，13世纪1%，14世纪3.5%，15世纪4.5%，16世纪10%，17世纪16%，18世纪11%，19世纪31%，20世纪20%，其余为年代未定的词。

一种语言最基本的词汇在古代就已经产生，但是编英语词典如果利用 *OED* 的成果，在12世纪以前产生的词只能依据 *OED* 标注"before 12th century"（12世纪以前）和"from OE"（源自古英语）等；新编的英语词典除非自己收集原始资料进行独立的研究，否则不可能把古英语词产生的具体年代逐一标明。英国史上有一个著名的 king（国王），称 Alfred the Great（阿尔弗烈德大王，871—899 年在位），仅据这一史实就完全可以把"king"和"great"两个词的产生年代定在 9 世纪或不晚于 9 世纪。但为了统一体例，《梅里亚姆·韦伯斯特词典》等英语词典对在 12 世纪以前产生的词只能依据 OED 标注"before 12th century"或"bef.12c"（在 12 世纪以前）；否则收入该词典的其他古英语词也得一一标注具体年代，目前还没有一种英语词典能够做到。与 great 同义的 large 产生于 12 世纪，属于中古英语，OED 提供了始见书证，所以《梅里亚姆·韦伯斯特词典》等英语词典能标示具体年代。而我们汉语有足够的古文献资料作为依据，能把殷代以来 3300 年间使用的字词大约始见于什么年代一一查明。我们通过上表可知，与能确定年份的英语词比较，汉语的"民"比 people 大约早 2500 年，"诗"比"poem"早 2600 多年，"算术"比"arithmetic"早一千二三百年，"纸"比"paper"早 12 个世纪，表示印刷概念的词比 printing 早 800 多年。在欧洲文艺复兴和工业革命以后，我国继续闭关自守，科学文化的发展开始落后，表示科学文化新概念的词语多从西方引进，产生时间自然晚于英语。如"几何（学）""显微镜"约晚两个世纪，"火蒸机（蒸汽机）"晚 84 年，"教科书"晚 98 年。进入 20 世纪以来，由于中西文化交流较 19 世纪便利，汉英两种语言的科技新词语产生的相距时间已缩短到一二十年以至几年。如"电子"比"electron"晚 21 年，"激光"比"laser"晚 7 年，"主页"比"home page"晚 3—5 年。

  法语史通常划分为：（1）古法语时期（9—13 世纪）；（2）中古法语时期（14—16 世纪）；（3）近代法语时期（17 世纪以后）。法语和德语现存最早的文献为法兰克王国查理大帝的两个孙子秃头查理和日耳曼路德维希在公元 842 年 2 月 14 日发布的《斯特拉斯堡誓约》（法 Serment de Strasbourg / 德 Strassburger Eide）。誓约以高卢-罗曼语（法语的前身）和条顿语（德语的前身）两种文本写成，两人在城下与他们的士兵一起宣读。他们为与他们的长兄——查理大帝的长孙、王位继承人罗退尔争夺权力和地盘结成的联盟导致《凡尔登条约》(公元843年)的签订,罗退尔被迫同意把王国一分为三:秃头查理领有的西法兰克王国后来发展成为法国,路德维希领有的东法兰克王国后来发展成为德国,罗退尔的领地发展成为意大利。公元842年被认为是文字记载有确切年代的法语史的开端,历时性法语词典给法语古词语定的始见年份没有早于这一年的,给名词"serment"和介词"de"定的始见年份就是公元842年。这两个词在口语中的使用必然早于公元842年,但词典只能以有书证的年份为准。

法语第一部历时性词典是埃米尔·利特雷(Émile Littré)在1844年开始编纂的4卷本《法语词典》(*Dictionnaire de la Langue Française*),1863—1873年出版,1877年出补编1卷,在20世纪多次重版。关于义项的排列顺序,该词典把词的最原始的意义而不是把最常用的意义置于第一位,后起义则主要依照逻辑顺序排列,各义项都举出所依据的书证。法国出版了多种古法语词典和历时性词典,如《古法语词典(至14世纪中期)》《中古法语词典》《古法语词源词典》《法语历时性词典》《大罗贝尔法语词典》《法语宝库》等。法语词典能给公元842年以来使用的法语词逐一标明始见年代,比英语词典所能标明的年代——12世纪——早3个世纪。上述比较表中引自《书·盘庚》的20个词,从《梅里亚姆·韦伯斯特词典》等英语词典只能查到一个词(large)见于12世纪,两个词(river 和 people)见于13世纪,其余的词均笼统地标注出现在12世纪以前,没有分出先后。而20个与汉语词对应的法语词的始见年代从手边一部法国常用的《拉鲁斯莱克西斯法语词典》(*Larousse Lexis Dictionnaire de la Langue Française*,拉鲁斯出版社1975年版)可以一个不少地全部查到。依照在法语文献中的出现顺序,20个法语词依次为:842 je(予、我)、842 peuple(民)、880 venir(来)、880 grand(大)、890 feu(火)、900 ciel(天)、900 vivre(居)、

c900 un（一）、980 vous（汝）、980 homme（人）、980 petit（小）、980 dire/parler（曰）、c1000 vieux（旧）、1080 montagne（山）、1080 champ（田）、1080 arbre（木）、1080 roi（王）、1080 nouveau（新）、1080 cinq（五）、1130 fleuve（河）。汉语词无法与英语词比较出现年代的先后时，可与法语词比较。中古英语的许多新词，特别是来源于拉丁语的词，是通过法语引进的，产生年代晚于法语词。

  人类创造了文字才开始脱离野蛮阶段，进入文明时代。人类文明最早发祥地两河流域苏美尔人和古埃及人在公元前四千纪先后以楔形文字和圣书字开创的文化比汉字文化更古老，但由于民族的迁徙、语言文字的变异，前者到公元1世纪、后者到公元7世纪便消亡了。古印度文明曾经出现过断层。古希腊罗马文明产生较晚，传世的文献不是很多，于今能直接利用的人很少。古罗马使用的拉丁语在中世纪早已为新形成的意大利语、法语、西班牙语等民族语言所替代。希腊曾长期沦于异族统治，到1830年才恢复独立。由于语言的变异太大，古希腊语词典和现代希腊语词典一般都须分编，不像汉语词典可以贯通古今。中国是世界上几千年来历史记载连续不断的唯一的国家，现存的典籍十分丰富，有可能依据从公元前13世纪起流传下来的文献给每一个词立传，给公元前841年以来使用过的词逐年标注始见年代或使用年代，用真实的语料说明它们各自有什么样的历史，在体现人类的认识水平上起什么作用。世界上使用汉语的人数最多，在现代的各种文化体系中汉字文化最悠久，有了这样的一部历时性汉语词典，世界各国人民不仅可以从最小的语言单位了解人类最大的民族共同体创造的文化几千年来如何由低到高的发展，而且可以很方便地以其中提供的有关信息作为参照点，衡量本国语言以词语形式表现出来的思想、文化和生活在各个历史阶段的发展水平——与中国比较属于先进还是后进。通过比较还可以帮助探索各种语言的基本词汇产生的规律。笔者原来以为表示自然界各种事物的词语的产生总是先于代词，为撰写本文查阅法语词典才知道代词"je"

(予、我)在法语比表示"天""山""河""火"等自然界事物的词产生更早,原因可能是:语言是人类交际的工具,为了与别人交流思想,让听话人注意自己在说话,总得使用一个词来代表自己,这样表示第一人称的代词便成为最早被创造出来的词语之一。盘庚在同一次讲话中使用"予""我""朕"三个词来代表自己,各有特定的使用场合。但比较表引自《书·盘庚》的 20 个词还是分不出产生年代的先后,编纂历时性汉语词典的任务就要查阅、研究包括甲骨文、金文等出土文献在内的各种资料,像历时性法语词典那样把作为词目收入书中的词语分出产生年代的先后,这 20 个词不可能都是"同龄词"。

编纂所设想的一部历时性汉语新词典是中华文化建设的一项基本工程,它将成为维系民族团结和国家统一的强大精神纽带,也将是人类有史以来最宏伟的文化建设工程之一,在世界辞书编纂史占有不可替代的地位。因为要对几千年积累下来的、各个领域有价值的文献进行全面的梳理、研究、利用,任务是极其艰巨的,需要投入人力、物力和财力之多将远远超过编纂任何其他一部书。国家的大力支持,学术界的密切配合,从各方面筹集到必要的资金,拥有一批具有远见卓识、愿意默默无闻地长年累月为此作出奉献的编辑人才,这些是保证这项文化建设的基本工程能够圆满完成的不可缺少的条件。

牛津大学出版社是世界最大的、历史最悠久的大学出版社,目前一年出书 4500 多种,包括辞书、教材和学术著作等。它成立 500 多年来所出的书中影响最大、社会效益最好的就是《牛津英语大词典》,编任何高质量的大型英语词典都离不开它。现任总编辑即第 3 版主编约翰·辛普森称这部词典是牛津大学出版社的"出版物中的旗舰",不仅分量重,而且起导航的作用。尽管该书在出版历史上从未给牛津大学出版社带来商业利润,但为牛津大学出版社在英语辞书出版方面树立了世界性的权威地位。紧接 1989 年出第 2 版之后,该社又投入 3400 万英镑(5500 万美元)于 1993 年启动全面修订计划,准备出第 3 版。该社一百多年来为这部大词典的编辑和修订再版积累了丰富的英语素材（在 2002 年年初新建的"牛津英语语料库"已收集到当代英语使用的语料达 1.1 亿词次，用例样品全部摘自 21 世纪的文献），由此带动普及性的中小型牛津英语词典和百科分类词典系列的编辑出版，在世界各地长销不衰，从中得到丰厚的回报。近年仅我国上海外语教育出版社第一批就引进了 52 种，其中有《牛津标准英语词典》《牛津简明英语语言词典》《牛津语言学词典》《牛津缩略语词典》《牛津英语谚语词典》《牛津英语词源词典》《牛津外来语词典》《牛津计算机词典》等。许慎撰成我国第一部字典《说文》比考德里编的英国第一部英语词典的刊行早 15 个世纪，前者的收字量为后者收词量的 3 倍多。直到 18 世纪初《康熙字典》问世，我国语文工具书的编纂无可争议地处于世界领先水平。但此后到 20 世纪中期长达 300 多年间，我国仍然只有大字典而无大词典，词典编纂工作明显落后了。编纂历时性汉语大词典再创辉煌，将使子孙后代受益无穷，必须着眼于长远，急功近利无法保证质量，使其达到这类词典的世界最高水平，为中华文化的伟大振兴、为丰富人类的精神宝库作出应有的贡献。

  国外编纂出版第一部 10 卷以上的本国历时性语文词典往往需要几代人持续不断的努力。格林兄弟创始的《德语词典》从 1838 年起编纂，全书 33 卷 34519 页用了 109 年（1852—1961）才出齐。《牛津英语大词典》第 1 版编纂出版用了 70 年，到第四主编 S. T. 奥尼恩斯手里才完成，第一主编默雷（1837—1915）、第二主编亨利·布雷德利（1845—1923）在全书付梓前已先后去世。《荷兰语大词典》的编纂出版（从 19 世纪 60 年代起）用了 135 年。伊姆勃斯主编的《法语宝库》16 卷本（全书约 3000 万个词），编纂用了 34 年（从 1959 年算起）、出版用了 24 年（1971—1994）。现在来新编历时性汉语词典因为已有《汉语大词典》和《汉语大字典》等雄厚的基础，许多古籍和现代文献已有数字化文本，检索便利，摘取例证不用手抄，编辑出版工作将可以大为缩短。西方辞书出版的经验教训表明，一部词典不可能把历史上出现过的词语囊括无遗，贪大求全只会使编辑工作旷日持久，不能按预定的计划完成；因此，全书的篇幅不宜过大，以控制在 20 卷以内为好，增添必要的新词语，对冷僻的在古籍中罕见的旧词语可适当减少以免篇幅膨胀。

收集、积累、分析和利用真实的语言材料是编纂词典的基础。现代计算机语料库不仅包含书面语文本，而且包含口语文本。经过加工的语料库的规模越大，词典的编纂质量越有保证。英国一家出版系列词典的大户柯林斯公司在伯明翰大学协助下建立的英语语料库——Bank of English© 收集英、美、澳、加的英语语料，据 2003 年 8 月 29 日英国《书商》周刊报道已达 8.5 亿词次。我国建立的语料库最大的也有几亿字。重要的是争取《汉语大词典》《汉语大字典》《辞源》《辞海》《现代汉语词典》《中国大百科全书》等辞书的编辑出版单位以及建有大规模语料库的高校与科研单位的参与，实现语料库资源共享。

词典的性质决定编辑工作必须打破传统的方式，向全社会开放，使读者参与全书的编辑过程。过去在内部编完一卷推出一卷，各卷有关的内容难以照应周全，有时甚至会出现自相矛盾的地方，例如《汉语大词典》的"中歐"、"南歐"和"東歐"条如果放在一起就会发现：罗马尼亚、阿尔巴尼亚、保加利亚既划入东欧国家又划入南欧国家，波兰、捷克斯洛伐克、匈牙利既划入东欧国家又划入中欧国家。新的办法是把词条稿分期分批在词典网站上公布，供读者试用并征求意见，编出一批公布一批。词条的主要撰稿人充其量不过一两千人，编辑有几十人就算是多的，而读者有亿万人，其中有各行各业的专家学者，只有依靠他们的帮助才能使词条内容更加准确完善。编辑需要什么资料、解决什么问题（比如为哪些新词新义提供更早的书证，为哪些废词废义提供更晚的书证，等等），完全可以在网上具体说明，向广大读者求助。待全书条目编完后再考虑如何分卷和编制浏览检索系统，正式出版。印刷版应有按汉语拼音顺序和按部首笔画编排的两种版本供读者选择。电子版（光盘版和网络版）可参照西方辞书的做法增加印刷版所不具备的功能，比如：(1)注音栏配男女声普通话和主要方言读音。(2)按逆序查词目。即多字条目除从第一个字起按音序或部首笔画查外还可以像韵书那样按韵脚查，如键入"*书"即出现"兵书""帛书""草书""辞书""丛书"等，键入"*编"即出现"长编""改编""汇编""简编""扩编"等词目，点击要查的词目，立即显示该条目的全文。(3)按年代查词目。试以杨衒之在东魏武定五年至六年撰写的《洛阳伽蓝记》(五卷)一书所用的新词为例加以说明。据研究该书的学者统计，书中收"菩萨""佛殿""都市""高耸""赞叹"等双音节新词670个。这些词视为"同龄词"收入词典。

547—548 东魏杨衒之《洛阳伽蓝记卷一·昭仪尼寺》："並有二菩薩，趺上銘云：'晉太始二年五月五日十五日侍中中書鑒荀勖造。'"

547—548 东魏杨衒之《洛阳伽蓝记卷一·永宁寺》："浮圖北有佛殿一所，形如太極殿。"

"菩萨""佛殿"等词无论按音序或按部首笔画排列，在词典正文中都不会聚合在一起。给始见书证标注了年代，就有可能给词典电子版设置一个"按年代排列的词目表"(LIST BY DATE)，使其具有查阅"同龄词"的功能，点击页面上的年代词目表图标或按钮，页面一侧立即显示本词典从《洛阳伽蓝记》和其他文献中选用了哪些在547—548年出现的新词，再点击年代词目表中相近的年份比如"554年"，便可查到这一年出现的新词有"编辑"等，为编纂断代词典提供莫大的方便。

以上所述只不过是一个爱好辞书的读者表示自己希望看到什么样的历时性汉语新词典问世，纯属门外人谈，未知是否妥当。不揣浅陋把多年前就已萌发的设想在这里作较具体的陈述，是想抛砖引玉，期望出版界制定辞书出版规划时能注意到我国和全世界的读者都迫切需要这样一部词典，在适当的时机组织行家论证，共同研究制定一个切实可行的方案。

书籍辅文和附件

谈谈书籍辅文

任何一本书都由正文和辅文组成。正文是主体，辅文处于从属地位。两者的关系虽然是主从关系，但又是相互依存的。没有辅文，就无所谓正文，也就没有书。

书籍的辅文指一本书中帮助读者理解和利用正文内容的材料，以及印在书上向读者（包括购买者、利用者、书店、图书馆、资料室、科研和情报单位等）提供的有关本书的各种信息。

辅文的种类很多，按位置来划分，有文前的（前言），有文后的（后记），有文上的（书眉标题），有文中的（夹注），有文下的（脚注），有文旁的（旁题）。按功能可分三大类，即识别性辅文、说明和参考性辅文、检索性辅文。下面分别加以说明。

识别性辅文

出版者提供读者和购买者至于一本书的最基本的信息就是书名、作者名、出版社名、出版时间、开本、篇幅、定价以及内容介绍等。这些是一本书区别于其他书的重要标志。书籍的识别标志集中刊印在版本记录页上，其中有：

一、书名（包括副题、汉语拼音等）；

二、作者（著者、编者、译者、校注者等）的姓名或笔名；

三、出版社参加工作的人员（责任编辑、封面和版式设计、绘图、

原刊于《编辑学刊》1988年第3期。

校对人员）的姓名；

四、卷次（多卷集）、册次（丛刊）、版次、印次；

五、出版者、印刷者和发行者的名称、标志，出版地点；

六、发排、付印、出版时间；

七、开本、印张、字数；

八、书号；

九、定价；

十、发行方式（内部发行、限国内发行，都须标明）；

十一、外文原著的版本记录（翻译书）。

参加国际版权公约的国家在书的版本记录上还印有版权保护的标志©（C是英语copyright的缩写），其后印版权所有者的名称和书的出版年份。

书名、作者名和出版社名是识别一本书的主要标志，因此不仅印在版本记录页上，而且印在封面、书脊和扉页等最引人注目的部位。两本书要是书名、作者和出版社都相同，读者就得再找其他标志来加以识别，比如看卷次、版次、开本等是否相同。

书名是一本书最重要的识别标志，除印在封面、书脊、扉页和版本记录页外，还可印在书函、护封、前扉页、副扉页、双扉页上。

扉页和版本记录页对书名的记载最完全，必须包括正副题、卷次（多卷集）、版次（再版书），封面可不印副题。

前扉页是衬页后和扉页前的书名页，西方书籍用得较多，通常印书名正题或简化的书名，不印副题和作者的名字。

副扉页是前扉页背面、扉页对面的一页，印多卷集或丛书的名称及编委名单。有的双语词典在扉页印本国语书名，副扉页印外国语书名。

有时出于特殊需要（例如微型书书名在一页排不下时），正副扉页都用来排一个书名。这种扉页称双扉页。

作者署名是仅次于书名的重要识别标志。两本书书名相同或大同小异，读者就靠作者的姓名来识别。"本书编写组""××书编写组"这种署名方式要不得，因为这不能给读者提供关于作者的信息，也就起不到识别的作用。有的书在前面加编写单位，例如"北京外国语学院《意汉词典》组编"，就比另一本词典署名"《德汉词典》编写组编"好。《德汉词典》前言对参加编写的单位有所交代，但要知道这在书名卡和图书目录上是反映不出来的。

同全书的标题——书名一样，篇、章、节的标题也是识别性标志，它们不仅有提示内容的作用，而且使书的各个部分相互区别开来。

内容介绍是标题的扩大和补充，同名书要靠它来识别书的内容有什么不同。内容介绍主要有全书内容简介和篇章内容提要两种。前者非常概括地介绍作者的身份（用一句话）、本书的主要内容和读者对象，通常印在版本记录页、勒口或封底。内容简介发稿时反正要写的，编辑把它附在书稿上不过举手之劳，却给读者带来莫大的方便。试设想一下，一部小说如果书上没有内容简介，要由各地图书馆、书店的工作人员自己读后归纳，不知要费多少人力和时间，而且未必人人都能归纳好。

全书内容简介和篇章内容提要的区别在于前者交代本书主要"讲什么"，后者则要扼要注明作者"怎样讲"，所讲的要点和所得出的结论必须包括进去，通常由作者自己来归纳，放在篇章标题下。读者看了提要便可决定是否需要整篇阅读，借助提要也可以更好地掌握正文中所讲的东西。我国有不少学术杂志已开始在文章前头加内容提要，书籍加篇章提要的还不多，但这种做法值得提倡。

某些书前头有口号页、题词页、献词页，用以表达作者的思想观点、情感、作品的宗旨等，这些辅文也起识别作用。

说明和参考性辅文

辅文有说明性的，有参考性的，也有这两性兼备的，所以合成一大类。说明和参考性辅文有：编辑说明、出版说明、凡例、序言（自序、他序、译序、代序）、后记、注释、附录、参考书目、勘误表等。

序言说明编写的意图、原则和经过，篇章结构，资料使用范围，读者对象，写作分工，写作过程中所遇到的困难和所得到的帮助等。在自序中常见"由于受水平和时间的限制缺点和错误在所难免"之类的套语，似可全部删去，或建议作者具体说明缺点和不足之处在什么地方。

序言和绪论不同，序言是正文前的辅文，绪论有时又称绪言、导论、引论。论著通常由绪论、本论和结论三部分组成。绪论是本论的先导，讲主题是怎样提出来的，其实质如何，采取什么立场、观点和方法进行研究。有的作者在序言中大谈主题的研究方法、历史和现状，这些应移入绪论。在绪论中如有讲述本书写作经过或感谢别人帮助的话，也应改到序言当中去。

后记又称跋，和前言（序言）不仅是位置不同，写作的着重点也不同。尽管有些内容（如写作分工、感谢别人的帮助等）放到前言或后记都可以，写作完成后的感想、作品读后才需要解答的问题应当写入后记。后记不能同学术著作的结束语和文学作品的尾声混淆。后者是正文的一部分。有的作品把故事的结局、主人翁的最后命运放到后记中去写，是欠妥当的。

注释是以附加文字对正文的某一部分加以解释、补充、考证、订正或评论，作用在于帮助读者扫除阅读的障碍，加深对正文内容的理解，或为进一步研究提供参考材料。按位置可分文中注（夹注）、文下注（脚注）、文旁注（边注）、文末注（尾注）。尾注有篇末注、章末注、书末注等，排在篇章或书的末尾，正文的后面。它们是篇章和书的一部分，不宜称章后注、篇后注、书后注。

对各种注释总的要求是：简明、准确、得当。注释放在什么位置是有讲究的。夹注的优点是不脱离正文就了解注解的内容或材料的出处，便于排版、校对，比脚注节省篇幅；缺点是容易打断思路，过后再找困难。因此，夹注必须十分简短，较长的可称作脚注。脚注和正文在同一页上，比尾注阅读方便，但排版比夹注和尾注费事，而且多占篇幅。脚注过多也会分散注意力，不需要随正文阅读的可改为尾注。在同一本书中，采用夹注、脚注、尾注应统一。

附录是与正文有关系、但直接写入正文又不合适的材料，这些材料具有独立存在的价值，对正文内容起补充或参考作用。附录的种类繁多，因书而异。但要注意不能把附录的范围搞得过宽，把正文后面的各种辅文全部当成附录。有一部美国史收了七个"附录"：附录一、参考书简略介绍，附录二、大事年表，附录三、美国五十州加入联邦年代表，附录四、专有名词英汉对照表，附录五、索引，附录六、地图，附录七、插图。试作些分析，看如何处理更好。参考书目开列作者曾经参考利用过的或者读者可以参考利用的文献资料，这是学术著作所必需的，不是偶然附加上去的，通常不作为附录看待。索引是为查阅正文内容而编制的，所列项目都是正文有的，不给正文附加什么材料，因而不能看作附录。大事年表附在词典等工具书正文后面，是名副其实的附录。在历史书中则不是附加的东西，最好不作为附录处理。周一良、吴于廑主编的《世界通史》的"大事年表"就没有冠以"附录"字样。至于排列顺序，大事年表似应排在参考书目前，紧接正文，因为编大事年表所利用的文献资料也入参考书目。这本美国史的地图是分散插入文中与正文间接配合的，不是附录。插图集中放在正文后，不与正文配合，称不称附录都可以。地图和插图目录通常都是单列的，不和附录混在一起。上述七个"附录"只有第三和第四两个是名副其实的附录。

检索性辅文

检索性辅文主要有目录、索引、书眉等。

目录是出现最早的检索工具之一。《史记》最后一篇《太史公自序》的后半部列出全书130篇的篇名和序列号，按本纪、表、书、世家、列传五大部分分别编排，与现代目录比较，所差的不过是在书中出现的页码，以及没有把篇名集中在一起而已。

书籍目录是按次序编排的正文和辅文的标题，注明页码，供了解全书结构和检索使用。目录是几乎一切作品不可缺少的，只有章序而无文学标题的作品及无须检索的小册子不排目录。

目录在我国和英美等西方国家习惯放在卷首，在英联、民主德国、南斯拉夫、保加利亚、罗马尼亚等国通常放在卷末。放在卷末的好处是：（1）排版方便。（2）目录固定在全书的末尾，寻找方便，在卷首有时放在长篇序言后，不好找。（3）在卷末和索引放在一起，检索正文内容方便。目录排在卷末的做法值得提倡。

哪些标题进入目录，目录是简单一点好，还是详细一点好，这些是处理目录时要考虑的问题。有人主张简单一点以节省篇幅。但是为了便于读者了解全书的结构和涉及的问题，目录还是详细一点好。编目录不像编索引那么困难，只要从正文中把大小标题摘录下来按顺序编排一下就可以。编辑所花时间不多，读者得益甚大。一般书籍如果有多级标题，在目录上至少要排两级题，教科书目录则要包括全部小标题。

卷首辅文哪些放在目录前，哪些放在目录后，是一个尚待解决的问题，目前做法还很不一致。《鲁迅全集》（1961年版）全书出版说明和各卷说明都放在目录前。《列宁全集》中文第2版编辑说明放在第一卷目录前，各卷前言放在本卷的目录后。第二种处理办法似较合理，因为多卷集的总说明（总序言）不是属于哪一卷的，自然应当放在第一卷目录前，各卷的说明（序言）是属于本卷的，最好放在目录后。

单卷本的出版说明或序言（特别是他序、译序）放在目录前面，无非是把它同正文分开。要是说明、序言比较简短，这样做未尝不可，如果篇幅很长（有的长达几十页），放在前面，目录就不好找了。

过去有一种习惯，排在目录前的辅文，包括说明、凡例等，其标题不进目录，现在有不少书仍然这样做，卷末辅文一般都进目录。同属一本书的辅文，不应厚此薄彼。

索引是书籍的主要检索工具，其作用在于为查核资料，为有选择地阅读和全面地利用书的内容提供线索。编制索引可以帮助发现原稿的问题，例如前后说法不一致、内容重复等。

索引的种类很多，常见的有人名索引、地名索引、名目索引、词语索引、报刊索引、文献索引、图表公式索引、主题索引、综合索引等。使用最普遍的是人名索引。主题索引用于学术著作，它要把书中与主题有关的各种概念用最简洁的词语概括出来再加以系统化。在所有单项（非综合）索引中主题索引是最难编的。

编制索引是需要学识、细心而又很麻烦的工作。有许多书该附索引而没有附。为防止这种情况，有的国家规定某几类教材、学术著作和资料书的篇幅在15个著作页（32开本约300页）以上必须有索引。

索引是著作的一部分，要由作者自己做。作者不做，可委托编辑或其他有经验的人做。

编索引首先要掌握好选录标准，任何著作都包含多方面的内容，索引只能给读者提供有用的材料，不能"贪多务得，细大不捐"。例如历史书中偶然出现的与历史事件无关的人物不必收入人名索引。选录范围以正文为主，附录（如大事年表）和图表有些重要材料可以选收。出版说明、献词、题词、参考书目的材料一般不入索引。

需要注意著作所写的主要对象不入索引，例如《中国地理》，中国不入索引，河北入索引；《马克思传》，马克思不入索引，马克思的亲属、战友等入索引。有一部中国近代史专题著作附有人名索引。这是很难得的，可是有些重要人物出现次数很多，例如李鸿章条有86个页码。要是能按时期或按事件分出子目（如：淮军235—236，官办军事工业312—315，俄国612），作用会更大。有的国家规定索引一个条目有页码20个以上，必须分出子目。主题索引的某一个条目如有两个以上的页码，为分清主次，为主那一个排黑体，读者检索时可先查这一个页码。

翻译书借用原著的索引，条目顺序是否重新编排要看读者对象。如以懂外文的读者为主要对象，外文照排，后附汉译，顺序照原著不变，否则要重新编排。外国人地名索引按汉语拼音排列较便当，原来的顺序变动不大，如果按笔画排就要全部打乱重新编排了。

书眉、书耳、书指，也是书籍的检索工具，以书眉较常用。书眉所排的是本页开始或者延续到本页的标题，其作用在于提示本页的内容，帮助读者迅速找到所需要的章节或词条；在阅读过程中读者看书眉就知道自己读到了什么地方。书眉通常排篇、章、节题，在左面（偶数页）排比右面（奇数页）高一级的标题。书眉是检索工具，不是装饰品，书名在书中不起检索作用，作书眉标题不是很适宜的。书稿只有章题而无节题时才可以考虑在左面排书名、在右面排章题。

古书版框左右边栏上方有时凸出个小方格，在其内印简短的篇名，这种检索工具称书耳。

现代大型工具书有时也在版框外紧靠翻口处以一个小方格印黑底白字的简短的篇名或词条的首字母。这些标题不在同一个水平上，右侧的黑边在书合着的时候从翻口处也看得见，据此可以了解各部分的篇幅和位置，但是看不见各部分的名称。国外有些大词典为了使读者不用打开书就能直接看到词条首字母如 A、B、C 等从哪一页开始，从各部分词条第一页的"书耳"上方挖去像指尖那样大小的一块。这种检索工具称"书指"。

一本书的各部分之间，例如各编之间、正编和补编之间、正文和附录之间，有时用带色的纸隔开，这些隔页也是检索工具，上面如果印各部分的标题就成为中扉页了。

书籍辅文和出版文化

近年读到几篇有关出版文化的文章，内容主要谈论书籍的形式问题，包括封面设计、版面格式、书型开本、文字与插图的编排，以及校对和印制质量等。有的文章提出：所谓出版文化并不是指出版的书籍或音像的内容，而是指在出版生产过程中体现在装帧设计、出版技术和出版者观念中的文化要素。对出版文化的这种解释似乎过于狭窄。这个概念通常指出版物所体现的一国文化或人类文化。出版文化不仅表现在装帧设计、出版技术方面，而且表现在出版物的内容方面，出版者观念中的文化要素对出版物的内容也是有影响的。装帧设计不能离开出版物的内容。书名是书的主题内容的集中反映。使用《变尸奇案》《住宅风水勘吉凶》之类书名，无论怎样煞费苦心也不可能设计出一个好的封面来。

书籍的辅文既涉及书的内容，也涉及书的形式。从书籍辅文的配备情况可以衡量一个国家、一个出版社、一个编辑的出版文化水平的高低。

列宁是个大著作家、大编辑家，对书籍辅文一向十分重视。他为格拉纳特辞典撰写"卡尔·马克思"条时，精心编制了一个至今仍有示范作用的参考书目，篇幅几乎占整个条文的1/3。他称赞一本资料书"附有一个很好的关于劳动保护问题的参考资料索引"，同时指出该书"缺少使我们能够很快找到某个问题的有关资料的主题索引"。[1] 在苏维埃

原刊于《编辑学刊》1988年第4期。
[1] 《列宁全集》中文第1版第20卷，第76页。

国家成立初期，列宁对当时出版一些粗制滥造的图书曾多次提出严厉批评，这些情况是大家都熟悉的。他批评《1919年现行法令汇编》"连书名都不清楚"，《1919年3月6—7日的第三国际》"没有目录"、"没有序言"；《1910—1914年法俄关系史料》"没有定价。没有负责人或其他人署名。没有索引！！连简单的人名名单也编得很马虎"①。问题就出在编书对辅文不重视。

出版马克思主义经典著作、古籍和翻译书，列宁强调要写好序言和加注释。伯恩施坦等人编的四卷本《马克思恩格斯通信集》，他读后指出这本书的编辑工作无论从技术方面还是从思想方面来看都不能令人满意。序言（伯恩施坦执笔）"一部分是空洞无物，一部分简直是捏造"。其他缺点还有：编者所加注释太少，而且没有同有关书信放在一起，整整四卷才有一个索引，不是每卷一个，使用不方便；综合索引也不完备，有些重要人名漏掉了。②十月革命后列宁亲自指导弗·维·阿多拉茨基编译马克思恩格斯书信选集，在病中还为他审阅序言初稿，提出修改意见，并在编辑的报告上批示："书信要加注释，使人能看懂"，"注释要简短、明了、准确"。③

我们处理书稿往往偏重于审查正文内容，对辅文注意得不够。有些书稿缺少必要的辅文也不觉得是个缺点。与国外同类书比较，我国的书籍明显有三少：插图少，参考书目少，索引少。

我们出版社翻译出版苏联、美国、英国的几种世界史，原著全都有索引，大都有参考书目，而差不多同时出版的我国学者编写的几种高等学校多卷本世界史教材，一脉相承，都只有大事年表和人地名等中外文对照表，没有参考书目和索引。从这一点也可以看出我国和外国出版文

---

① 《列宁文稿》中文版第8卷，第206页。《列宁全集》中文第1版第35卷，第425—426页；第33卷，第306页。
② 《列宁全集》中文第1版第19卷，第556页。
③ 《列宁文稿》中文版第10卷，第181、153页。

化的差距。外国人地名中文叫什么，外文叫什么，不是所有读者都需要了解。对这些教材的主要读者——高校学生来说，更重要的是这些人地名在书中什么地方讲到。如果在中外文对照表上附上人地名在正文中出现的页码，把它变成索引，所起作用要大得多。高校教材附上参考书目（推荐书目）可以加强对学生的指导，使他们了解，要进一步学习研究还可以看哪些书。编得好的参考书目，好比打开知识宝库的金钥匙，我们应当把更多的金钥匙随书送到读者手里。

外国学术著作和工具书在翻译过来时，原著编得好好的索引往往被砍掉，有一部《1917—1945年外国工人运动大事记》，"译者说明"交代"原书附有人名、地名和报刊索引以及缩写词表，中译本均略去"。缩写词表在中译本中确实没有必要保留，但这是一本供查阅的工具书，不是学习用书，要查某一个人物的活动，全书500多页只有从头翻到底了。读者没有那么多时间，就只好不查了。问题还不止于此，这本工具书连目录和书眉也没有，查一件大事要前后翻阅许多页才能找到。不知道原著是否有目录和书眉，即便没有，中译本完全可以根据读者需要加以增补。

我国人自己编的词典对如何使读者查阅方便，有时也考虑得不够。《简明类语词典》（1984年版）只有分类目录，没有词语索引。查阅时首先看类目表，类目大约有440个，你得挨个看下来估计自己要查的词属于哪一类，然后再查该类目的词目表。要是其中没有，就得再估计属于其余439类中的哪一类，继续探索下去。要想知道某一个词在该词典中收不收，除了把58页目录看完，别无他法。另一本同样性质的词典《同义词词林》（1983年版）编得较好，除有分类目录外还有汉语拼音索引。某一个词在书中收不收，位于何处，查一次就可以知道。虽然索引篇幅（400页）比正文（362页）还多，但方便了读者，大大提高了书的使用价值。编者如果不是有出版文化素养的人，就不会下决心编这样的大型索引。

有些书稿著译者本来编制了索引，责任编辑以"用处不大"为理由，不和著译者商量，擅自就把它删去了。这是出版文化水平不高的表现。实际上索引的使用率往往高于正文，工具书尤其如此。请看《出版工作》1987年第6期刊登新疆一位中学教师给编辑的来信："使用辞典的大多数教师，每天都把辞典翻来翻去，因而辞典的汉语拼音节索引、部首检字表首先被磨破，而正文却完好。一本辞典缺少前两部分，也就报废了。我建议：书店在发行辞典的同时，出售一种由出版社专印的'索引'和'检字表'的单行本。这样，一些磨损了'索引'与'检字表'的辞典就能够继续发挥作用了。"另印索引出售如果做不到，常用的辞典是否可以使用比正文更耐用的纸印索引呢？不管怎样，我们应当倾听读者的呼声，设法改进索引的编辑出版工作。

据估计，全世界在18世纪出书200万种，在19世纪出书800万种，现在世界一年出书的种数分别为上两个世纪一年的40倍和10倍。由于其他传播媒介——报刊、广播、电视迅猛发展，人们用于读书的时间与过去比较不是增加而是大大减少。面对这种新情况，图书出版工作者不能不考虑如何使有限的读书时间产生更大的效果。我们不仅要帮助读者选择对他们最有用的书，而且要创造条件使他们能在一本书中迅速找到所需要的材料。所谓经济效益不能只看能否为出版社营利，还要看能否为读者节约时间。目录、书眉、索引等编好了，查阅的速度就可以加快。时间就是金钱，从这点看来，辅文也具有经济意义。

标题是识别性辅文，它具有帮助读者选择的功能。书籍可适当地多加些小标题。有的书只有篇章题，读者要把整篇整章读完才知道哪些地方对自己有用，时间就不节约了。最近看到1985年在波恩出版的迪·拉夫著《德意志史》中文版，该书除有精美的插图和彩色地图外，书末还有注释、参考书目、人名索引（附人物简介）和内容索引。作者处处想办法帮助读者理解、消化正文。最有特色的是几乎每一个段落都有标题，排在版心外靠翻口一侧，与正文分开，显得特别醒目，读者一看就知道本段讲什么问题。在别的书曾看见过这种旁题，但没有这样多。历史教材的大事年表通常放在全书末尾，读者看了正文之后再去看大事年表的恐怕不多。本书作者根据自己的教学经验，把大事年表分散，放在每章的开头，例如"第二次世界大战和第三帝国末日"一章章题下列举了1939年至1945年每年的大事，使读者在阅读正文之前先了解历史梗概。本书在辅文配置方面的创新是有启发性的。

标题编法外国经验也有可借鉴之处。我国书籍标题过去习惯采用"编"、"章"、"节"加序码的办法。有的出版社规定了六种分层序码，依次为：一、二、三；（一）、（二）、（三）；1、2、3；1）、2）、3）；(1)、(2)、(3)；①、②、③。规定序码用法有助统一格式，但这些序码本身不表示层次，读者看了还是不知道某一个标题在书中是第几级题。国外科技书籍采用多层编序法把标题系列化，例如"1"表示"第一章"，"1.1"表示"第一章第一节"，"1.1.2"表示"第一章第一节第二小节"，"5.3.1"表示"第五章第三节第一小节"，余类推。任何人一看就知道标题在书中的顺序和层次。目前我国书籍标题采用这种系列化的多层编序法的还不多，但值得大力推广。

有些国家的书籍版本记录页上有签字发排时间、签字付印时间和印完时间，这有助于了解出版周期和书中使用资料截至何时为止，比只印一个出版时间强。国外许多书每一个版次、印次的时间在版本记录上都有记载，比只记第一版第一次印刷和本次印刷能够提供更多的关于版本的信息。这些做法都值得我们研究、借鉴。

技术性辅文的标准化是国际出版文化发展的一种趋势。我国统一书号和国际标准书号的制定就是一例。标准是分等级的，主要有出版社标准、国家标准和国际标准三种。标准的完备程度是出版文化水平的重要标志。在这方面我国出版界还有许多事情要做。例如作者的署名办法、内容提要的编写要求、翻译书原著版本说明、参考书目著录的项目和体例规格等，似应作出示范性的具体规定。像"本书编写组编"这样的署名、参考书目只开列书名，不著录作者、出版社名称和出版时间等做法，要在规定中指出是不可取的。

书稿送外审时，社外专家主要审查正文内容，很少对辅文提意见。一本书应配备什么样的辅文，更多地应由编辑根据读者的需要来考虑。参考书目和索引等如果作者原来的计划没有，在讨论写作提纲、确定书的框架时，编辑不提出要，交稿时就不会有。有一部国际共运大事记，原稿没有索引，编辑建议增加人名索引、地名索引和政党索引。作者非常乐于补编。

有一部美国出版的《世界史》原书只有一个比较简单的综合索引。译者接受编辑的建议，把综合索引加以补充、整理，分成人名、地名、族名和其他名目四类，以便读者查阅。当时我国未出版过大型世界历史地图集，外国历史上的许多小地名、小国名在一般书中不易查到，本书中译本把原著43幅历史地图的全部地名补入了地名索引。

《列宁全集》中文第1版是照俄文第4版翻译的，中文第2版是我国自己编辑的（由中共中央编译局负责），配备什么样的辅文完全可以由编者根据我国读者需要来决定。新版的辅文相当完备，有前言、注释、附录、人名索引（附人物简介）、文献索引、年表等，内容比第1版增加了几倍。第1版只有几卷有人名索引，第2版每卷都有。第1版书脊上只印书名和卷次，不标明收入本卷的是什么时期的文献。封面上也不标，连卷次都没有。查某一年的著作，只能靠猜测属于哪一卷，翻到扉页看年份，有时要从书架上一连抽出好几卷，才能把所需要的一卷找到。第2版在这方面作了显著的改进，全集60卷分著作卷、书信卷和笔记卷等三大部分，本卷属哪一部分，所收集的是什么时期的文献，在书脊上都予标明，如第1卷的书脊为："列宁全集 1893—1894 著作 1"。

由上可见，一本书是否配备必要的辅文和配备什么样的辅文，编辑所起的作用往往是关键性的。要把辅文配备好，重要的是提高编辑的出版文化素养，多为读者着想。

书籍辅文及附件加工

1. "编辑加工"以及书籍"正文""辅文"与"附件"的概念

稿件经过出版社审查认为可以采用，即进入编辑加工阶段。编辑加工是编辑按照出版要求并考虑读者需要，对作者的原稿进行的修改和整理。编辑加工力求提高原稿的思想、科学和文字水平，消除在内容和形式上存在的缺陷和差错，并在原稿上加各种必要的技术性标注，为排版、制版和校对扫除障碍，以确保出书质量。

"编辑加工"英语称 copy-editing，manuscript 泛指一般稿件，对经过审查（有时还经过修改）准备复制出版的 manuscript 称 copy，编辑对这样的稿件进行文字加工便是编辑加工。"加工编辑"称 copy editor，与 manuscript editor 有别，后者是对尚未决定采用的书稿进行审处的编辑，如审稿编辑等。

任何一本书都由正文和辅文两部分组成。正文是著作的本文，表现著作的主要内容部分。辅文是指一本书中补充与说明正文、帮助读者理解和利用书籍内容的辅助性材料，以及印在书上向受众提供的有关本书的各种信息。书籍正文和辅文，英语称为 the main body of a book 和 the apparatus of a book。

在"辅文"这个术语出现以前，有人用"附件""附录""零件"表示这个与正文相对的概念。80 年代是"辅文"与"附件"作为同义词并用时期。例如 1987 年天津出版的《编辑出版系列讲座》有一篇文章

1999 年 10 月 12 日到北京印刷学院出版系授课提纲。

《关于书稿的附件》,划分书稿的主体与附件时把前言、后记、出版说明、内容提要、注释、索引等列入"书稿的附件"。这些便于读者阅读和利用正文的辅助材料称"辅文"比称"附件"更科学,"辅"比"附"更能表明它的性质,小标题、书眉、脚注等许多辅文是和正文一起排印的,并不单独成"件"。"辅文"可以作为编辑学用语,"附件"则不能。现在倾向于把"辅文"和"附件"作为含义不同的词来使用。大型图书如果以纸印本为主,附带的光盘、磁盘、录像带、录音带等可称图书附件。图书与正文分开,单独装订的地图也可称附件。

"附录"据《现代汉语词典》的解释是"附在正文后面与正文有关的文章或参考资料"。注意不能把附录的范围搞得过宽,把正文后的各种辅文全部当成附录。有一部美国史收了七个附录;附录一 参考书简略介绍,附录二 大事年表,附录三 美国五十州加入联邦年代表,附录四 专有名词英汉对照表,附录五 索引,附录六 地图,附录七 插图。上述七个附录只有附录三和附录四是名副其实的附录。

2. 书籍辅文的分类

书籍辅文按与正文相对的位置可分为前辅文、中(内)辅文、后辅文,按功能可分三大类,即识别性辅文、说明和参考性辅文以及检索性辅文。

2.1 识别性辅文:书号、书名、作者名、出版社名、开本、篇幅、定价、出版时间、版次、印次等。主要载于主书名页正面和背面。

2.2 说明和参考性辅文:出版说明、凡例、前言、序跋、注释、附录、参考书目、勘误表。

2.3 检索性辅文:目录、索引、书眉、检标。翻口一侧用特制的切刀挖出半圆形缺口,印上检索字符,就是检标。

辅文是本书有关的材料,不是所有印在书上的材料都是辅文。例如中国书籍出版社《论编辑和编辑学》的《后记》是辅文,《后记》背面的《本社出版的出版类专业书目》是同类书广告，不是辅文。

"除环衬等空白页不计字数外，凡连续编排页码的正文、目录、辅文等，不论是否排字，均按一面满版计算字数"（《图书编校质量差错率的计算方法》），"目录"也是"辅文"的一种，不宜与辅文并列，可改为"目录及其他辅文"。

辅文是书籍的组成部分，不宜采用"书前/书后附有……"之类说法。"书前刊有按正文排列的《分类词目表》"（《出版词典·凡例》），可把"书前"改为"正文前"，这个《分类词目表》实际上是该书的目录。"书前有插图五幅"可改为"卷首有插图五幅"。"书后有索引"可改为"书末有索引"。"鉴于大陆学者对我国台湾、香港社会学发展情况了解比较少，书后特收入有关文章二篇作为附录。……各编之后附有参考书目"（《社会学史·编辑例言》），可改为"……本书特收入有关文章二篇作为附录。……各编均附有参考书目"。

3. 书名及书名页

书名是表现书的主题和特点的，一般来说朴素一点好。普通书名以不超过十个字为宜，最多十几个字。有的书名长达35个字，不可取。过长的书名可设法分出副标题，把正题缩短。

有些书名因内容问题，根本不能用，不属于加工范围。例如：《让世界充满离婚的女人》（出版社被撤销社号）、《妓女培训班》、《住宅风水相吉凶》、《外蒙古独立内幕》、《中国能打赢下一场世界大战吗？》。

《警告中国领导群众》（社科新书目），书名不知所云。《校长工作大全》，只包含中小学的工作资料，不涉及大学。《千万个为什么》，只有2400个词条。

"海外"即"国外"。《海外经济管理丛书》总序说出版这套丛书的目的是"希望有助于我国同海外经济的联系"。可见，"海外"是与我国相对而言，即指国外。这套丛书中的一种《巧用理财之手——日、德、香港财政管理特点》，副题把香港列入海外范围，另一种《四小龙腾飞之谜》把台湾、香港两地作为海外地区，不妥。

《列宁后期思想探要》（1995），可改为《列宁晚期思想探要》，"后期"是某一个时期的后一阶段，"晚期"是一个时代、一个过程、一个人的一生的最后阶段。这里"后期"不能改为"晚年"。

《原苏联七年"改革"纪实》（1992），讲1985—1991年苏联改革情况，"原"字不必加。《来自远方——前苏联卫国战争歌曲选》，讲历史上的苏联，与现在无联系，"前"字可删。

《前苏联十五个共和国旅游贸易指南》（1995），是从现在说以前的苏联，加"前"字是对的。

《守节·再嫁·缠足及其它——中国古代妇女生活面面观》（1990），可改为《守节·缠足·女权及其它——中国古代至民国初年妇女生活面面观》。

《篱笆·女人和狗》和《辘轳·女人和井》（电视连续剧，中国戏剧出版社1992年版），可改为《篱笆、女人和狗》和《辘轳、女人和井》。

书名标点和格式要保持一致。《音乐之子陈田鹤大师传》（1993）书名在封面、书脊、扉页、图书在版编目数据处理不一致：

封面：音乐之子（小）　　　扉页：音乐之子（大）
　　　陈田鹤大师传（大）　　　陈田鹤大师传（小）
书脊：音乐之子·陈田鹤大师传
图书在版编目数据：音乐之子——陈田鹤大师传

德国贝姆等著《未来的出版家——出版社的管理与营销》中译本（1998）书名有三种格式：（1）在扉页于正题与副题之间有破折号；（2）在图书在版编目数据中破折号改用冒号；（3）在封面依照德文书名把正题与副题分行排，副题比正题字小。编辑加工时要注意书名统一。有时书名标点使用不当会引起误解。例如：

(封面)　　　　　　　　　　(扉页)
邓小平　　　　　　　　《邓小平关于建设
关于建设有中国特色　　有中国特色社会主义的
社会主义的论述专题摘编　论述专题摘编》学习讲座
学习讲座　　　　　　　闫建奇　高屹主编

正文用繁体字排的，书名可用繁体字。一般书名不要用繁体字，手写的书名包括集字也不例外。不要以为用手写的书名可以不受政府发布的《出版物汉字使用管理规定》的约束。即使是古籍，如果正文排简化字，封面、书脊和扉页上的正式书名，也应当用简化字。书名繁简混用、半繁半简，更没有道理。《家用电脑壹万个为什么》(1995)，是书名，不是支票，"一"字没有必要用繁体的"壹"。古典名著译丛之一的《鹽鐵论译注》书名是手写的，"盐铁"用繁体，"论""译"左简右繁，这样的字任何字典都是查不到的。

根据国家技术监督局 1992 年批准实施的国家标准 GB 3259—89（代替 GB 3259—82）《中文书刊汉语拼音写法》，"国内出版的中文书刊应依照本标准的规定，在封面，或扉页，或封底，或版权页上加注汉语拼音书名、刊名"。拼音原则是"以词为拼写单位，并适当考虑语音、语义等因素，同时考虑词形长短适度"。为此，我们必须认真学习国家标准 GB/T 16159—1966《汉语拼音正词法基本规则》。汉语拼音书名常见的问题是：

（1）以单字为拼写单位：中国语文概要 ZHONG GUO YU WEN GAI YAO（→ ZHONGGUO YUWEN GAIYAO）。

（2）把可以分写的词连成一长串：音乐之子陈田鹤大师传 YINYUEZHIZI——CHENTIANHEDASHIZHUAN（→ YINYUE ZHI ZI CHEN TIANHE DASHI ZHUAN）；编辑的选择与组构 BIANJIDEXUANZEYUZUGOU（→ BIANJI DE XUANZE YU ZUGOU）。

（3）没有在音节会发生混淆的地方加隔音号：凯恩舰的哗变

KAIENJIAN DE HUABIAN（KAI'ENJIAN DE HUABIAN）。

（4）大小写出错：图书发行丛书 tushufaxingcongshu（→ Tushu Faxing Congshu 或全大写）。

书名页（title leaves）分主书名页（title page）和副书名页（half-title page）。

主书名页正面习惯称扉页，列载完整准确的书名（包括书名说明文字）、著作责任者及著作方式、出版者的名称及所在地（有些书还印出版年，这种做法值得提倡）。主书名页背面（verso of title page）列载版权说明、图书在版编目数据（不少书缺此项）、版本记录、印刷发行记录、载体形态记录、出版人（出版社主要责任人）姓名。图书在版编目数据要位于所在页的中部，书名已在其中，不必在其下重复出现。中国标准书号有国际标准书号和图书分类—种次号构成，通常印在封底，如《邓小平文选》第三卷的中国标准书号为 ISBN 7-01-001864-2/D·469。在版编目数据按规定只印中国标准书号中的国际标准书号 ISBN 7-01-001864-2，不印图书分类—种次号。《标点符号手册》1999 年修订本的图书在版编目数据"ISBN 7-80126-458-4/G·327"中的图书分类—种次号"G·327"可删去。

《法国图书出版业》和《科技书刊标准化18讲》等少数载明出版人，符合规定，大多数书缺此项。载体形态记录包括纸张幅面尺寸、开本、附件类型和数量等。许多书把纸张幅面尺寸写作 850×1168 毫米（《编辑手记》)、850×1168 毫米（《编辑工作与编辑学研究》)、787×1092 毫米（《法国图书出版业》)，前面的数字也应加毫米，少写一个单位，面积变成了长度。"主书名页背面"是国家技术监督局 1990 年发布的 GB 12450—90《图书书名页》使用的正式名称，过去的俗称"版权页""版本记录页"已不能反映它刊载的实际内容。1972 年出版口修订发布的《关于版本记录的规定》对"版本记录刊载的地位，不作硬性的规定"，现在《图书书名页》明确规定版本记录载入主书名页背面，不能再放在书末。《法国图书出版业》(1993)把内容提要印在扉页背面，把版本记录页放在书的末尾，《编辑工作与编辑学研究》(1996)让扉页背面空着，另设版本记录页放在书末，不符合要求。

附书名页，又称半扉页，列载多卷书的总书名及主要著作责任者、丛书名及主编、编委名单，翻译书原著的书名、著作责任者、出版者、出版年、版次。这些项目通常印在主书名页之前一页的背面，与主书名页正面相对应，刊载的项目较多时附书名页也可以在一页以上。西方书籍常在附书名页正面印简书名（书名的整体或缩略形式，不印副题），在背面印多卷书的总书名、丛书名等。《未来的出版家——出版社的管理与营销》中译本的德文原著版本记录本应印在附书名页背面，却印在主书名页背面，而图书在版书目数据和出版发行记录等应印在主书名页背面的，却又印在书的最后一页的正面。

外文扉页可根据需要自行设计。人民出版社 1987—1990 年先后出版的卡达尔·亚诺什《论匈牙利社会主义建设》、《日夫科夫选集》、《雅鲁泽尔斯基选集》、菲德尔·卡斯特罗《在古巴共产党第一、二、三次全国代表大会上的中心报告》，在中文扉页前一页的背面分别加了匈、保、波、西文扉页。例如：

匈中文扉页	KÁDÁR JÁNOS A SZOCIALIZMUS ÉPITÉSÉRÖL MAGYAROSZÁGON 1957—1985 Nēpi Könyvkiadó Beijing 1987	卡达尔·亚诺什 论匈牙利社会主义建设 1957—1985 人民出版社 北京·1987
保中文扉页	ТОДОР ЖИВКОВ ИЗБРАНИ СЬЧИНЕНИЯ （1956—1987） НАРОДНА ИЗДАТЕЛСТВО ВЕЙЗИН 1988	日夫科夫选集 （1956—1987） 人民出版社 北京·1988

按照《标点符号用法》修订组解答问题时表示的意见[①]，外国人名译名中的外文字母后用下脚点，不用中圆点。实例有：D. H. 劳伦斯、A. 罗伯特·李、埃蒙德·S. 卡彭特。用中圆点也好，用下脚点也好，重要的是全书用法要保持一致。苏联《文字的产生和发展》一书中译本的作者名字在扉页和版本记录页上为"B. A. 伊斯特林"，可是在封面上又作"B·A·伊斯特林"。作者俄文原名应写作"В. А. Истрин"，在版本记录页上却误作"В·А·Истрин"。全是外文的人名，首字母后要用下脚点，不能用中圆点。

4. 书脊

国家标准 GB 11668—89《图书和其他出版物的书脊规则》规定，图书的书脊的厚度大于或等于 5mm 时应印书名，也可以再加出版社名、作者名等。多卷集书脊除印书名和卷次外，最好能加上提示本卷内容、便于读者检索的文字。多卷集的《列宁全集》中文第 1 版 39 卷书脊只有书名和卷次，第 2 版 60 卷，依文献性质分著作卷、书信卷和笔记卷三大部分，每卷书脊上都印文献性质和写作时间，如：《列宁全集 1893—1894 著作 1》《列宁全集 1893—1904 书信 44》《列宁全集 1912—1916 笔记 54》。

《简明不列颠百科全书》1 A-bo，2 bo-fa，3 fan-hu，有检索范围标志。

《中国大百科全书·中国历史》Ⅰ、Ⅱ、Ⅲ各卷书脊应加起讫字母以便检索。我在卷Ⅱ书脊加 L—T，由此可知卷Ⅰ是 A—S，卷Ⅲ是 U—Z，"孔子"查卷Ⅰ，"老子"查卷Ⅱ，"孙子"也查卷Ⅱ。无检索范围标志，"孔子""老子""孙子"查第几卷只能推测。

《汉语大词典》卷 1 一丨丿⋯卜冂人　卷 2 八厂夕匕⋯尢弋小

[①] 见《语文建设》1991 年第 9 期，第 33 页。

《汉语大字典》— 四川辞书出版社 湖北辞书出版社

《汉语大字典》最好像《汉语大词典》那样在书脊上加印各卷部首，出版社名称可不印，或用社徽代替。

按规定，若图书太薄或有其他原因不能在书脊上印书名时，可在封底紧挨书脊边缘（订口）不大于 15mm 处印刷纵排边缘名称，便于人们查找。可是看不到有什么书这样做。

5. 出版、重印说明

"重印"和"再版"表示不同的概念，使用时要注意区别。

《语言文字规范手册》的《出版说明》写于 1988 年 8 月，初版后多次增订再版。1991 年 8 月写的《增订说明》说："这次重印，删去了附录二，增补了关于地名、广播、电视、企业、商店正确使用语言文字的若干规定。"重印限于订正文字差错等小改动。选编的文件有删有增，属于内容有重大变动，不好说是"重印"，要改为"再版"。1992 年 12 月编者为 1993 年 1 月出第二版写的《增订说明》说："这次重印，增加了出版业和体育活动中正确使用汉字和汉语拼音的规定，更换了新修改发布的……两项国家标准。"在版本记录页上对版次作了变更，更不宜说是"重印"。

有一本编辑学的 1993 年《重印后记》这样写道："本书于 1987 年出版。从 1987 年到现在，编辑工作的实践和理论有了很大的发展和变化。为了适应新的形势，趁此次重印的机会……组织作者对部分章节作了必要的补充、修改。修改较多的章节有《出版事业》、《编辑工作》、《青年修养读物》、《翻译读物》、《青年刊物》、《结束语》等。……另外……新写了《编辑与经营管理》一章。"既然"修改较多"，又加了新的一章，就不是简单的"重印"了，要改为"再版"，同版本记录页的说法一致。版本记录页对版次作了变更，改成"第 2 版"。

6. 内容提要

内容提要是重要的宣传推广工具，一定要认真写好。书店工作人员一再呼吁要在书上印内容提要，尤其是小说，如果没有内容提要，书店难以帮助推销。论文集《守节·再嫁·缠足及其它》(1990)内容提要："本书材料多来自于五四以来大陆与台湾有关这方面的著述。……"没有一篇是五四运动时期的，也没有一篇是"近年"的。最早一篇写于1929年，最晚一篇写于1982年。

7. 目录

目录详细一点好，有助于读者概括了解全书内容和查阅有关的章节。列宁的《俄国资本主义的发展》的目录在章节题之下再加上了第三级题，按中文版计算共有13页之多。列宁请他姐姐物色出版人时写道："如果不需要这样详尽的目录（虽然在我看来，目录详尽对读者方便很多），可以压缩一下，只留章节名称算了。"该书出版时，目录全部保留，没有压缩。

目录前的辅文，其标题一般不进入目录。《毛泽东选集》和《邓小平文选》的出版说明排在目录前，其标题没有进入目录。排在目录后的前言、序言等辅文，其标题要进入目录。《列宁全集》中文第2版《凡例》排在目录前，标题不进入目录，各卷《前言》排在目录后，其标题进入目录，页码用罗马数字，同正文阿拉伯数字页码相区别，便于引用。《历代文选》的《前言》（共45页）和《编例》（2页）排在目录前，标题进入目录。《中华人民共和国著作权法讲话》(1991)把《中华人民共和国著作权法》放在目录前，不如作为附录放在正文后，因为本书是讲话，以介绍《著作权法》内容为主，不是以公布《著作权法》为主。《标点符号手册》(1994)就是把政府公布的《标点符号用法》作为附录放在正文后面的。

8. 序言

在序言或前言中常常可以看到"由于水平和时间的限制，缺点和错误在所难免，欢迎批评指正"之类的套话，似可建议作者全部删去，或具体说明已感到本书有什么不足之处。

《电视丛书》12卷，有一篇总序，初审、复审、终审都没有对内容提出任何修改意见，照原样发稿。据出书后检查，差错率超过万分之二十。其中差错包括：

a. 文不对题。总序本应起导读作用。全文9000多字，只有300字与丛书有关，其他地方讲国外电视业发展情况、中国电视发展战略和干部培养。《对外宣传要开创新局面》一节有一部分内容讲对国内群众宣传要注意的问题。第三部分开头说：

> 为了实现上述战略任务，要具备许多条件，我看应着重抓好以下几个方面：
> 一、以世界大台为目标，制定事业总体发展方案

"无三不成几"，"几方面"只有一，无二、三……。作者的位置也没有摆对。作者是丛书的主编，却以领导人身份在序言中向读者布置工作。

b. 重要引文未核对。引用江泽民总书记在党的十四大上的报告，文字与标点有六处与报告原文有出入。

c. 概念混乱。"我们争取同外国华人合作"一句，把爱国的华人说成了外国的华人。

d. 事实不准确。说"欧洲各国通过欧洲中国卫星电视，播出了［中国］《新闻联播》国内部分和CCTV英语新闻"。把"广州"作为中央直辖市与"上海、天津"并列。

e. 用语不好懂，未向作者提出。"争取在1993年使中央电视台的

节目全部采用模拟分量采你机录制"中的"采你机"可能是"迷你机"之误。

9. 引文核对

引文在原则上要交代出处。出处即使不印在书上，也要作者在书稿上注明以便编辑核对。

马列著作引文要以译文最新版本为准。例如列宁《社会主义和宗教》的一句话《列宁全集》中文第1版10卷译作"宗教是麻醉人民的鸦片"，"麻醉"一词原文没有，为译者所加，第2版12卷改为"宗教是人民的鸦片"。

一本理论著作的引文"历史的经验值得注意""中国革命的错误，主要应该由中国同志负责，犯不犯错误主要还是决定于我们自己""第一个时期还是中国党的领导人应负更多的责任"，未交代出处。

毛主席说："<u>我们国家是个小资产阶级的家长制占优势的国家。</u>封建时代独裁专断的恶习惯深中于群众乃至一般党员的头脑中……不喜欢麻烦的民主制度。"（《井冈山斗争》，《毛泽东选集》横排校定本第71页）加横线的第一句话是引者的话，不是毛主席的话。

有一本书引用1927年12月21日中共中央给朱德的信，出处注见《斯大林全集》第10卷第76页，实际见《中共党史参考资料》第5册。

日夫科夫1987年5月5日《在李先念同志欢迎日夫科夫同志访华宴会上的讲话》说："我想引用你们一位古代诗人的绝妙的诗句：……"（《日夫科夫选集》第622页）交来的译稿原来译成七言绝句："和平日月化干戈，不忧战乱和灾祸。普天下同享欢乐，在人间充满和谐。"编辑请译者务必设法把中文引文还原，结果在付印前从《白居易全集》中查到了："岁丰仍节俭，时泰更销兵。圣念长如此，何忧不太平。"

核对引文连标点都不能忽视。有时误用标点会改变文意。例如："江总书记在'十四大'报告中指出：坚持两手抓，两手都要硬，把社会主义精神文明建设提高到新的水平,我们电视台是当党、政府和人民的喉舌",“水平"后的逗号应改为句号。

10. 注释

对注释的基本要求是简明、得当。过长的脚注(有的长达一两页)要请作者简化,或设法写入正文,或改为文后注。需要注释的事项,在第一次出现时加注,避免注后不注前,或重注。过多的注释会分散注意力,不必要的可建议作者删去,例如有一本翻译书提到在西班牙内战牺牲的外国革命志士时,译者给每个人加注具体介绍他们的身份和经历就没有必要。评论性的注释要特别注意审查是否适当,伯恩施坦给《拉萨尔全集》加的一条不适当的注释受到恩格斯的批评(见《编辑工作基础教程》第 146 页)。

注意注文末尾要加句号。例如:

① 参看本卷第 457 页。——编者注(《列宁全集》中文第 2 版第 35 卷,第 464 页)

选自不同时期发表于不同报刊的文章一般要在文末加注交代原载于何时何处。《编辑学研究文集》(1988)选编了 1993 年至 1997 年夏秋以前发表的所有关于编辑学的部分论文,未在文章末尾分别交代原载于何处,某些字句同最初发表时是否有出入,读者无从核对。《关于"编辑学"国际用语定名问题的通信》一文原载《编辑之友》1996 年第 2 期,通信前面有"编者按",说明为什么要发表这些通信,最后说"本刊向有关方面进行了询问,现将几封有代表性意见的信摘发于此"。因为文章来源未交代,读者就不知道"本刊"是指什么刊物。"编者按"要改为"原编者按",否则读者可能会以为是这本文集的编者按。

11. 附录

以《中国共产党第十二次代表大会文件汇编》为例说明（见《编辑工作基础教程》第 151 页）。《共产国际和中国革命关系》（1992）收作者讲稿和论文 11 篇，最后一篇《概论解放战争与苏联的关系》超出本书范围，可改为附录。

12. 参考书目

研究性的学术著作一般应当有参考书目，在约稿时与作者商定参考书目编写格式。从参考书目可以看出作者的学术水平、利用参考资料的广度、深度与新颖程度（讲解用例见《编辑工作基础教程》第 152 页）。

13. 索引·书眉

同企业、商业、饮食业有文化一样，出版业也有文化。我国出版文化落后于西方的一面是：书籍的索引少、参考书目少、图片少。原著本来有索引的，出中译本时往往被删去。有一部《1917—1945 年德国工人运动大事记》，500 多页，《译者说明》交代"原书附有人名、地名和报刊索引及缩写词表，中译本均略去"。该书连目录和书眉也没有。

一位日本专家在 1991 年《中国出版》创刊号发表评论文章指出他认为该附索引的中文书十之八九没有索引。他统计了 50 本大事记，只有 6 本有索引，其中有一本是人民出版社出版的《当代国际共运大事记（1979—1984）》原来也没有索引，责任编辑建议作者加了人名、地名和政党三个索引。文章对《赖传珠日记》附有详细的人名索引（收人名 644 个，包括周恩来、刘伯承、叶剑英、李立三等）表示赞赏，说"确实便于利用"。一家中央级出版社 1993 年出书 230 种（包括政治书籍、学术著作、工具书和翻译书等），只有 10 种有索引，占 4.3%。

新华出版社一位编辑说："我加工的书约有 20 种，没有一部有索引。我曾建议多次，但均被领导拒绝。"

世界知识出版社一位编辑说："我加工过 15 本书，没有一本有索引。我建议对一些翻译书加上索引，被领导拒绝。"

一位英国学者写的《苏共党史》（58 万字），译稿所附的索引，室主任也要删，说是"作用不大"，责编反问：如果没有索引，读者要查"莫洛托夫"，怎样知道出现在哪几页？结果索引被保留下来了。

美国海斯等著《世界史》原来只有一个比较简单的综合性索引，1975 年中译本（中央民族学院研究室胡文藻、谢冰心、费孝通和林耀华等译）扩充为人名、地名、民族名和其他名目四个索引。外国历史地名的译法很有用，原著 41 幅历史地图的地名全部补入中英文对照的地名索引。

索引的种类常见的有分类、部首、笔画、四角号码、音序索引等。任何工具书至少要有笔画和音序索引两种，哪一种查阅便捷，让读者自己选择。

《辞海》1989 年版对 1979 年版的改进。原来有笔画查字表和汉语拼音索引，修订本增加四角号码索引。外国人名、地名对照表原来只有外文和中文对照，修订本增加了页码，起索引作用。《现代汉语词典》（修订本）不知道为什么把原来有的四角号码索引删去，一些字不知道读音和笔画时，或查阅不如使用四角号码方便时，我还是利用旧版的四角号码索引。

《同义词词林》（上海辞书出版社 1983 年版），除分类目录外还有汉语拼音索引，索引篇幅（400 页）比正文（362 页）还多。《简明类语词典》（黑龙江人民出版社 1984 年版），有词条 1.4 万个，只有分类目录（大约分 440 类），没有词语索引，读者很难判断某个词属于哪一类，要知道某个词书中收不收，除了把 58 页目录看完，别无他法。此书我买回来后，查过一两次，因检索不便，便"报废"了。《康熙字典》北京先出的一种没有索引，我没买，上海书店后来出了一种带四角号码索引的我才买。

辞书、年表、大事记等应加书眉。《现代汉语八百词》是按音序排列的，可是天头上没有书眉，不能立即知道本页是讲解哪一个词，要到正文去找词目。如果词目不在本页出现，还得前后找。主编吕叔湘先生在一次编辑业务讲座中说，本书没有书眉，标上音序字母，"查的时候就少了一个方便了"。他强调，"在技术方面说，编辑要有一定的修养"（《出版工作》1981年第4期）。

索引页数较多，应设书眉以便检索。例如按笔画排的索引，书眉上要说明本页的字头属多少笔，部首或起笔是什么。《中国大百科全书》简明版2000多万字、3.1万个条目，分装12册，第12册是索引，506页，分条目笔画索引和内容音序索引两大部分，书眉上没有笔画字头和音序字母，不便于读者了解本页的收录范围。

索引由谁来做，签订合同之前就要商定。在西方学术著作索引通常由作者来做，或找编辑公司、图书生产承包商来做。百科全书的索引只好由出版社来做了。现在索引可以依靠计算机辅助，但编辑要知道计算机编制索引的软件有哪些功能，这样可以提高利用效率，节省时间和劳力。

14. 编辑加工应掌握的原则

一、审读和加工分开，先退改后加工。

理由是：修改权属于作者；修改意见是否符合作者意图，作者自己最清楚；作者对内容熟悉，对存在的问题可以举一反三；编辑修改难以完全保持原作的风格。

二、帮助作者熟悉本社书稿的技术规格。

三、不直接修改作者的观点、思路和论据，尊重作者的文字风格。对带实质性问题的修改，切忌自以为是，不与作者商量，不告诉作者。

四、每改动一处都必须有充分的根据，没有确实把握的，作为疑问向作者提出。

五、可改可不改的不改。

六、书稿加工后、发排前退作者复核,防止改错。对改错的地方编辑自己不易察觉,而作者则特别敏感。如果不能把加工过的原稿退作者复核,则要把排出的校样送作者审阅。

编辑改稿有改好和改坏两种可能性。我提交1994年11月在广州召开的全国出版科学研讨会的论文《论加强编辑人才培养的必要性》,收入1995年黑龙江教育出版社出版的会议论文集时仍保留原题名,《编辑之友》1995年第1期发表时改为《图书差错和编辑培训》,改得好。王力先生的《谈谈写文章》,《新闻战线》发表时改成《我谈写文章》则改得不好,作者有意见,说"一字之差差得很远"。

年轻编辑改稿胆子最大("改你没商量"),老编辑改稿则比较慎重。"汉语词的形态没有屈折变化",杂志主编从武汉来长途电话询问是否应为"曲折变化"。

首先要承认编辑对原稿的差错判断有可能失误,例如一部电视剧论集的加工报告说作者"生造字、生造词:差强人意、三贴近、寓教于乐"。也有可能把稿子改错。现在举一些我接触到的例子。

"庇护"被改成"屁护"。

"我国古籍现有八万种,绝大部分为民间所出,由官方出的只占极小一部分"。"小"被改成"少"。

"90%—98%"被改成"90—98%"(不应删去前一个%)。

我参加写的一本书出现十几处提到历史上的"苏联"全被改成"前苏联"。我在校样上删去,出书时发现编辑把"前"换成"原",换汤不换药。

"苏联(现为俄罗斯)列宁格勒大学社会学实验室主任雅多夫对此作了两点补充。……"(原载《出版发行研究》1990年6月)括号的字为1998年出文集编辑所加。

"美国国防部高级研究项目局网络（ARPAnet）"，"局"（Agency）被改成"局部"。

"在第二次世界大战后随着当用汉字的推广，'编辑'在日文中已改用'编集'来表记。""当用汉字"被改成"当时汉字"。

"普通书籍"（trade book）编辑误改成"商业书籍"。上海译文出版社《英汉大词典》1993年版"trade book"译作"（通过商店渠道出售的）普通版图书"，"版"字应去掉。

"依照我国国家标准《普通图书著录规则》，'如果一书系双面编一码时，则页数加倍计算'。"原稿句号在引号外，编辑误放在引号内。

"标点（ponctuation）是整套符号，在文字中用来标示一篇话语（un text）的不同句子（phrases）之间与每个句子的主要成分之间的分隔。"法语的 ponctuation 被改成英语的 punctuation。

15世纪末意大利阿尔丁出版社出版各种图书的"叶数"（folios/leaves）被改成"页数"（pages）。例如1495—1498年出版的《亚里士多德全集》5卷共1792叶的"叶"被改成"页"。欧洲早期印刷出版物依照抄本计算叶数，一张纸计算一叶。16世纪以后两面印刷的书籍，按单面编码计算页数。

编辑改稿绝对不能强加于人，让著译者背黑锅。

我译的一本外国学术著作本来附内容索引，译稿说明索引条目后的页码为原书页码，检索时请查本书的边码。责任编辑在发排后才写信来告知索引"没有多大用处"，所以删去了。由于我的坚持，后来补发了，可是索引的页码未换成中文页码，译稿原有的边码（原书页码）也未照排，责任编辑在《译者序》中——而不是在编者说明中——加了一句"书后索引为原书页码，引用时请查原书"。读者到哪儿去找原文书？查原书有什么用？从原文书能找到要查的条目在中译本中出现于何处吗？

1999年10月10日

编辑要认真核对引文

文稿内引用马克思主义经典作家的著作、党和国家的文件以及领导人著作与讲话，在进行编辑加工时要根据最新版本认真核对，防止差错。这是我国出版界的一个优良传统，许多出版社对此都有明文规定。例如，人民出版社1955年制定的《书稿加工整理办法》要求："经典著作的引文，一般应查对中央马恩列斯著作编译局的新版本予以改正。……原稿中其他引文原则上也应查对。"

引文必须绝对准确，不允许对原意有丝毫的歪曲。为保证做到这一点，出版者应要求作者给所有的引文注明出处，以便核对。没有注明的，请作者补注。如果抽查发现引文差错较多，就得退给作者全部复核一遍，再进行编辑加工。

最近参加几次书报编校质量检查，发现出版物的引文有不少值得注意的问题。

《列宁全集》中文第2版（60卷）从1984年起陆续出版，至1990年已出齐。译文经中央编译局的同志集体精心校订，质量有了全面的提高。第1版有不少差错或欠准确之处已作了改正。可是近年出版的书籍引用列宁著作，有的仍在使用旧译文。例如1991年出版的一本解释教育政策法规的书，有句常见的引文"意志如果是国家的，就应该表现为政权机关所制定的法律，否则'意志'这两个字只是毫无意义的空气震动而已"，引自《列宁全集》中文第1版第25卷第75页，"意志"二字

原刊于《出版发行研究》1992年第5期。

发生"空气震动"是很费解的。1985年，即在该书之前6年出版的《列宁全集》中文第2版第30卷在第388页已将后半句改正为"否则，'意志'一词不过是放空炮而已"。引用应以最新版本为准。

多年前经多方听取理论界专家学者的意见，中央编译局在修订经典著作译文时已把"资产阶级法权"改为"资产阶级权利"，有人在引用马克思的《哥达纲领批判》时仍使用70年代出版的《马克思恩格斯选集》第3卷所载的旧译文"资产阶级法权的狭隘眼界"（上书第12页）。

引文差错有时会严重歪曲原意。一本理论著作有句引文"从稳定中产生着资本主义〔危机〕的增长"，引自《斯大林全集》第10卷第235页，漏了方括号内的"危机"二字，原有的揭露资本主义弊病的意思就失去了。还是这本书，引用《井冈山的斗争》的一句话，说毛泽东同志指出："我们国家是个小资产阶级的家长制占优势的国家，封建时代独裁专断的恶习惯深中于群众乃至一般党员的头脑中，一时扫除不净，遇事贪图便利，不喜欢麻烦的民主制度。"带着重号的字句为《毛泽东选集》和毛主席著作各种版本所无，大概是作者自己的话，放到引号内就成了毛主席的话了。

《毛泽东选集》有分卷本、直排合订本和横排合订本等多种版本，页码不一样，同一本书的引文要使用同一版本。特别是在一些论文集中使用的版本往往不一致。有时只写《毛泽东选集》第××页，不知所指何种版本，据页码查不到引文。上面这条引文，原书脚注语是见《毛泽东选集》第1卷第71页，实际上是见横排合订本第71页、分卷本第1卷第74页。另一条引文的出处写"《毛泽东选集》合订本第2卷，第366页"，有两个问题：一是不知指直排还是横排，二是合订本不分卷次，"第2卷"字样应删去。《毛泽东选集》第2版出版后，引文一般应以这个最新版本为准。

收入马克思恩格斯全集或选集的著作有些是他们两人合写的，但大部分是一个人写的。引用时要弄清是谁写的，不能张冠李戴，或把一人写的说成是两人写的。一部教材有段引文这样写道："正如马克思、恩格斯所指出的：'公社的真正秘密在于：实质上是工人阶级的政府。''是工人阶级夺取政权'，所以，这个权力结构的实质'就是无产阶级的专政'。"单引号内的话引自《马克思恩格斯选集》第2卷所载《法兰西内战》和《马克思恩格斯全集》第17卷所载《纪念国际成立七周年》，这两篇著作都是马克思一个人写的，因此要把"恩格斯"三字删去。又因所引的不是完整的话，"……工人阶级的政府。"末尾的句号照《选集》应为逗号。

一篇报刊文章引证经典著作时提到"马克思说：'人们通过每一个人追求他自己的、自觉期望的目的而创造自己的历史。'"文章末交代引文出处，参加报纸抽查评比的一位评委从《路德维希·费尔巴哈和德国古典哲学的终结》中找到了这句话（见《马克思恩格斯选集》第4卷，第243—244页），发现有三处差错。首先，这句话不是马克思而是恩格斯说的，其他两处是标点差错——句中逗号应为顿号，所引不是完整的话，句号应放在引号外边。看来引文未经核对就发稿了。

重要时引文通常要核对两次，除一次在原稿上进行外，还要在校样上进行一次，因为校样有可能把字、字体、标点、注码、页码等排错。例如，有时表示着重的黑体字没有照排，引号漏上半截或下半截，末尾的句号误排在引号内或引号外，出处的书名或页码不对等。有一本书引用1927年12月21日中共中央给朱德的信，出处误注见《斯大林全集》第10卷第70页，实际的出处是《中共党史参考资料》第5册，差错是上下两条引文注码错位造成的。

外文书中引用中国人的著作，翻译时要尽可能把引文还原。有一部法国人写的中西文化交流史，译者把其中大段摘引的康有为等人的言论照法文的意思译出，未同中文原著核对。有一部世界灾难大事记提到1948年12月3日一艘中国轮船在黄浦江失事，2700人遇难。译者把船名译作"江涯号"，并注明"据原文音译"，也就是说这不是中文原名。

这么大的事件我国的史书或当时的上海《申报》必定有载，只要肯花时间是能够把原船名查到的。一位友好国家领导人的著作中引用了我国古代诗人的诗句，但没有交代诗人是谁。从内容无法判断是哪一个朝代的哪一位诗人写的；普查法犹如大海捞针，可能徒劳无功，并不可取。所以译者起初采用意译法，他们煞费苦心，按七言绝句的格式译成："和平日月化干戈，不忧战乱和灾祸，普天下同享欢乐，在人间充满和谐。"意思有了，但用词和韵味毕竟不像古诗，我国读者难以接受。译者依出版社的建议通过使馆向作者了解诗人的名字及所引诗集的书名及版本，结果得知诗人是白居易，诗句是从俄文转译的，俄译本书名不详。译者凭这个唯一的可靠的线索查阅了我国过去出版的几种白居易诗选都未找到，但没有失去信心，又去查多卷的白居易全集，从头到尾看了几遍，终于找到了与译文意思基本相符的原诗句："岁丰仍节俭，时泰更销兵，圣念长如此，何忧不太平？"引文还原的问题虽几经周折，但因为提出较早，还是赶在校样付印之前及时得到了解决。

定义的介绍准确无误，对科学研究人员尤其重要，最好能以引文形式出现，并交代出处以便核对。联合国教科文组织为实现出版物统计国际标准化给书和小册子所下的定义，在我国的出版物上各种说法不一，在概念上造成了一些混乱，至今尚未得到澄清，不利于这方面出版学研究的开展。

黑龙江教育出版社 1991 年出版的高等院校图书发行专业教材《图书学》，在"图书的定义"一节中提到"联合国教科文组织认为：凡由出版社（商）出版的 49 页以上的印刷品，具有特定的书名和著者名，编有国际标准书号，有定价并取得版权保护的出版物称为图书"。武汉大学出版社 1988 年出版的高等文科教材《图书发行学概论》所介绍的定义内容也一样，说是"按照联合国教科文组织的规定"。两种教材都没有交代定义的出处。汉语大辞典出版社 1990 年出版的《图书情报词典》可能另有所本，所讲的页数不一样："根据联合国教科文组织的规定，现代图书的篇幅应在 48 页以上"（上书第 515 页）。

笔者在《联合国教科文组织统计年鉴》上所看到的英文定义是这样的："A book is a non-periodical printed publication of at least 49 pages, exclusive of cover pages, published in a particular country and made available to the public"。暂且译为："书是在某一个国家出版并使公众可以得到、不算封皮页数至少有 49 页的非定期印刷出版物"。

《联合国教科文组织统计年鉴》所载的定义（简称定义 A）与两种教材所介绍的定义（简称定义 B）有如下不同：

1. "在某一国家"出版，不一定要由"出版社（商）"出版，政府部门、学术机构、宗教团体等所出的书只要符合规定的条件均可统计。

2. "49 页以上"和"48 页以上"都是有歧义的表达方式，既可包含本数，也可不包含。定义 A 为"至少 49 页"不可能作两种解释。"至少 49 页"不含封皮页数，这层意思在定义 B 中被省略了。

3. 联合国教科文组织关于书的定义是在 1964 年巴黎大会上通过的，内容不可能包含当时还不存在的国际标准书号。国际标准书号在 1969 年才为国际标准化组织代表大会所通过，从 70 年代起在部分国家推行，不使用国际标准书号的书也在统计之列。

4. "使公众可以得到"指"通过购买或免费分配的方式可以得到"，不要求必须有定价。1980 年苏联出版书和小册子 80676 种，其中无定价的占 21%，也在统计之列。

5. 不是所有国家都已制定版权保护法，有些图书，如用于对外宣传目的的图书，不要求保护版权。定义 A 并没有规定要取得版权保护才能成为图书。

6. "非定期"是书区别于期刊的一个重要标志，在定义中不可不提。

7. 我国传统的"图书"概念泛指图片和书籍，而书籍又包含小册子。定义 A 所讲的 book 指至少 49 页的一本本的"书"，不包括单张的图片和 5—48 页的小册子，定义 B 译成"图书"容易造成概念混淆。

《联合国教科文组织统计年鉴》每年公布的是世界各国书籍（不是图书）出版种数，其中包括小册子，但不包括图片。在该年鉴中历年公布的我国出版书籍种数是从我国每年出版图书种数中减去图片种数所得出的数字。

为书籍编制索引，是编辑应尽的职责

我国年出书种数早已超过 10 万种，步入了出版大国的行列。从出版大国到出版强国，还有很长的路程要走，途中迟早必经的一关就是索引关。

人们没有必要也不可能通读每一本书，他们总是希望在有限的时间内通过一定的检索工具有效地利用尽可能多的参考书。我国出版的书籍附索引的少，该附索引的书籍绝大多数没有索引，许多工具书索引不完备，这些问题早已存在，一直未能解决。1957 年 3 月，文化部出版局采纳全国政协转来贵州省政协的建议，给全国各地出版社发出通知，希望"在今后出版科学技术书籍和专门学术性著作时应根据需要，尽可能编印各种索引，以便利读者"。几十年过去了，这方面的情况不但没有多少改善，由于出书品种越来越多，部头越来越大，矛盾反而更加突出了。国内外都不时有读者提出批评意见，对此我们不能置若罔闻。要认识到，使书籍附有必要的索引，不是对读者的额外赐予，而是出版者应尽的职责，同时也是出版业自身发展的需要。该有索引的书没有索引，书的使用价值和销路必然受影响。

为书籍编制索引，谁也不会公开表示反对。但执行起来，障碍重重。外国学术著作原著有索引，翻译出版时常常被砍去。组织作者写稿编书，编辑大都不考虑索引问题，有时觉得需要做索引，未必得到复审者的赞同。不愿意给书籍编索引的一个重要原因是怕麻烦，要出书就不能怕麻烦。现在有电脑辅助，编索引的劳动强度已大大减轻。

原刊于《出版参考》1999 年第 13 期。

经验表明，对书籍索引工作要有指导、督促，不能放任自流。现在想到可采取的促进措施有：一、举办书籍编辑出版干部培训班时，把提高对索引重要性的认识列入授课内容。二、业内报刊开展有关改进书籍索引工作的讨论，介绍国内外先进经验，普及索引知识（包括索引种类、编制原则和方法等），使编辑知道哪些书应当有索引，什么性质的书应当有什么样的索引，工具书索引怎样配置才算完备。将来如能出一两本索引文集或专著，那就更好了，这方面的参考材料实在太少，而以编辑策划为主题的文章，编一二十本集子都不成问题，这反映出版科研的不平衡。三、由出版科学研究所、版协或编辑学会主持制定有关书籍索引的行业标准或试行办法，条件成熟时改为国家标准，可以说这是实现我国出版业现代化不可缺少的、能造福子孙后代的一项重要建设工程。四、约稿合同（标准样式）增设索引条款，以提醒出版者在约稿阶段就得考虑本书是否需要索引的问题。需要的索引，在合同上写明由谁编制。在西方，学术著作的索引通常由作者负责编制，作者自己不做，可委托出版社找人代做。近 1000 万字的 6 卷本《尔雅诂林》是国家古籍整理"八五"项目，是一部对继承和发扬我国古代优秀文化传统极有价值的、具有世界意义的工具书，经二十几位专家学者十几年的艰苦努力于 1988 年出齐，备受学术界的关注。主编朱祖延在出版座谈会上说："美中不足的是，这部书还缺少一个比较详细的目录索引。"如果当初订约稿合同时，出版社提出需要做索引，与编者商定做法，就不会在出书时留下这个缺陷。裘锡圭也认为"没有索引，的确是这部大书的一个缺点"，他希望编者和出版者"再努一把力，把索引编出来，单独发行"。[①] 五、把该附索引的书是否有必要的索引列入评优的条件，以增强编辑出版人员的索引观念，想评优就不能图省事。

盼望在即将到来的新世纪里，我国书籍索引工作能根本改变目前这种落后状况，更好地适应信息化时代科研人员和广大读者的要求。

[①] 见《光明日报》1999 年 5 月 5 日。

语言文字规范问题

认真学习和贯彻新颁布的两项国家标准
——《标点符号用法》和《出版物上数字用法的规定》

由国家有关主管部门和科研人员提出，经国家技术监督局批准，《标点符号用法》和《出版物上数字用法的规定》已成为国家标准（编号分别为 GB/T 15834—1995 与 GB/T 15835—1995），从 1996 年 6 月 1 日起实施。这两个文件是在 1990 年国家语委和新闻出版署修订发布的《标点符号用法》、中央和国务院七部委 1987 年颁布的《关于出版物上数字用法的试行规定》的基础上，反复听取多方面的意见，并注意到与国际接轨的需要，经过多次修改才确定下来的。它们以国家标准的形式颁布，说明其重要性和权威性。因为它们涉及全民族书面语的应用和规范化；与新闻出版部门的工作关系尤其密切，我们必须认真学习和贯彻，并力求在贯彻过程中起示范作用。以下谈谈自己的一些初步学习的体会。

一、关于《标点符号用法》

新颁布的《标点符号用法》（以下简称"新《用法》"）对标点符号的概念作了更精确的表述。1990 年颁布的《标点符号用法》（以下简称"原《用法》"）说："标点符号是书面语中不可缺少的部分，用来表示停顿、语气及词语的性质和作用。"文字和标点符号的关系在这里显示不出来。新《用法》改为："标点符号是辅助文字记录语言的符号，

原刊于《出版科学》1996 年第 2 期。

是书面语的有机组成部分，用来表示停顿、语气以及词语的性质和作用。"文字和标点符号的关系在这里就比较清楚了：两者都是书面语的组成部分，记录语言以文字为主，标点符号为辅。《中国语言学大辞典》说标点符号是"一种文字体系的特殊成分"（1991年版第69页），容易使人以为标点符号是属于文字范畴。1990年出版的一部出版百科词典在分类词目表中把生物学符号、医药学符号、气象符号、商用符号和货币符号等归入标点符号类是不适宜的，因为这些符号虽然在写文章时会用到，但它们不是记录语言的符号，所以不属于标点符号。

新《用法》把标点符号分作点号和标号两大类，并把它们的功能分别作了说明。所增加的这一部分内容有助于加深对标点符号的性质和作用的理解，但我们同时要看到两类符号的区分是根据其主要功能作出的，这种区分不是绝对的，被列入点号的符号有的可能具有标号的功能，反之亦然。例如问号和叹号这两种点号同句号一样主要用来表示句末的停顿，但有时也可用以标明对文句某一部分的态度——惊叹或怀疑。对某人的生卒时间不能肯定时所加的问号，就不是作点号用的。又如破折号、间隔号属标号，但也起一定停顿的作用。

新《用法》的前面增加了对重要语法术语的解释，对各种标点符号下定义时使用了这些术语。掌握语法基本知识对学好用好标点符号是至关重要的。标点的主要功能在于对连续性的话语加以切分，使文意表达清楚，易于阅读和理解。假如语句的性质，词、短语、句子、分句、复句、句群的概念和层次，以及句子各个成分之间的关系分辨不清楚，就难以判断在什么场合下使用什么标点合适。

了解中文标点符号的特点，对学习时掌握重点和攻克难点会有一定的用处，笔者比较了多种文字的标点用法，发现中文使用点号比大多数外文多。

《论持久战》中的一段话"战争的目的不是别的……进攻仍然是主要的"（《毛泽东选集》第2版第2卷第482页），共12句，使用点号

56个（句12、逗33、顿6、分3、冒2）。与我国外文出版社10种外文译本作了比较之后得出上述看法。这些外文使用点号总数的多寡，依次排列如下：日文46（句13、逗33），法文41（句12、逗28、冒1），俄文38（句13、逗25），西班牙文35（句12、逗22、冒1），越南文35（句12、逗19、分2、冒2），德文35（句12、逗18、分4、冒1），印尼文33（句12、逗20、冒1），朝文21（句14、逗7）。5种点号全用的只有中文，顿号为中文所独有。所比较的各种外文均无顿号，使用点号最多不超过4种。使用点号最少的是朝文，比中文少用62.5%。朝文不仅无顿号，一般也不用分号。一本几十万字的书往往找不到一个分号，可是如果译成中文，一个分号也不用则是不可思议的。

朝鲜语属黏着语，它虽然吸收了大量的汉语词，因有表示各种语法意义的词缀黏附于体词与谓词的末尾，句子的各个成分（包括分句与分句之间）的相互关系，凭所附的具有不同功能的词缀就可作出判断，一看就知道读到何处应当停顿，因此无须加很多点号加以切分。12句中文译成朝文变为14句，只有2句共使用了7个逗号，其余12句1个逗号也不用，使用句内点号的数量只有句末点号的1/2。然而中文原文12句共使用33个逗号，加上顿号、分号、冒号11个，句内点号共44个，为句末点号的3倍多。

汉语属分析语（西方有些学者称为"孤立语"），词语缺少表示语法意义的附加成分或屈折变化。汉字一个接一个排列，不像拼音文字在词与词之间有空隔作界线，一个字往上联与往下联可能产生截然不同的意义。汉语和汉字的这些特点决定中文需要使用种类和总量较多的标点来表示大小不同的停顿和结构层次等。例如"茶油"二字的语法关系及词汇意义要靠标点来显示，中间不加顿号可以理解为一种产品，加顿号只能理解为两种产品，表示两者是并列关系。

点号多是中文标点系统的一个显著特点。点号使用频繁，用错的可能性自然随之增大，因此点号的用法应当是我们学习的一个重点。在

7种点号中句号和逗号是最基本的,在一篇短文中,可能不用问号、叹号、顿号、分号或冒号,但句号和逗号不能没有,这两种点号的用法要首先学好。从实际使用情况来看,出错较多的是分号,因为分号的使用受句子结构层次的严格限制,不如逗号的使用那么自由。遇到较长较复杂的句子未弄清它的结构层次,随便加分号,自然容易出错。看来分号是学习的一个难点。

考虑到分号的用法不易掌握,新《用法》对它的适用场合作了更具体的说明。"有时,在非并列的多重复句内也用分号"现改为"非并列关系(如转折关系、因果关系等)的多重复句,第一层的前后两部分之间也用分号"。非并列关系指哪些关系,有举例提示就可以类推了。更重要的是把概念抽象的"有时"改为具体指明用在"第一层",读者不必再去琢磨何时可用何时不可用了。不用在多重复句的第一层是分号最常见的差错之一。分行列举的各项之间也可以用分号,新《用法》单列一项对分号的这一用法作了补充说明。

在标号的用法方面也有不少重要的补充。省略号一般用6个小圆点。如果是整段文章或诗行的省略,用什么形式的省略号,原《用法》未作规定。目前出版物上的用法很不一致,用6个小圆点和12个小圆点的都相当多,也有用小圆点占满一行的。新《用法》提倡在这种场合下使用12个小圆点来表示。

关于双层引号的用法,1951年出版总署公布的《标点符号用法》没有作硬性的规定,外面一层用单引号或双引号都可以,只不过要求里外有别。1990年修订发布的《用法》则确定以双引号为引号的基本形式,并说明"引号里面还要用引号时,外面一层用双引号,里面一层用单引号"。这个规定是明确的,并没有说外双内单和外单内双都可以,由使用者自由选择。直行文稿和横行文稿的使用原则应当是一致的。可是有些报刊不遵守这个规定,在直排文稿(包括直排标题)中以使用单引号为主,外单内双。新《用法》保持1990年的规定不变。我们要注意把直行文稿的双引号和单引号改用﹃和﹁，引号里面还要用引号时外面一层用﹃，里面一层用﹁。

二、关于《出版物上数字用法的规定》

关于出版物上数字用法的试行规定经过修订后已把"试行"二字去掉，成为正式的规定。新《规定》的内容已大大扩充，考虑更加周全，在原规定试用过程中发现贯彻有困难的作了变通处理，对原来没有涉及的一些令人困惑的问题提供了解决办法。

原来规定4位和4位以上的数字不能用千分撇","分节，可是一长串数字不分节又不便于阅读。针对这个问题现规定：非专业性科技出版物如排版留四分空有困难，仍可用传统的千分撇分节的办法。出版单位可根据自己的印刷技术条件选择一种适当的格式，执行效果肯定要比原来的规定好。

用例不能代替处理原则的说明，含有月日简称表示事件、节日的词组原来只举了"'一二·九'运动"一个用例，没有处理原则的说明。遇到各种事件和节日，在月日之间的间隔号及外面的引号何时用何时不用，不大明确。新《规定》单列一个专条，说明这些词组的处理原则，并举了多种类型的用例，有助于消除目前使用混乱的现象。例如知名度很高的历史事件"五四运动"可不加间隔号和引号，"'五·四'运动"这种拖泥带水的写法既累赘又多占篇幅，实在没有什么好处。像"三·八""五·一""六·一""七·一""八·一"等节日都可参照"五一国际劳动节"的用例把间隔号去掉。在不会产生歧义的情况下，自然是选择简洁的写法较好。

英文的冒号和比号"："的形式一样，都是两点居中，而且距离稍宽。我国的冒号则不同，两点的距离较窄，位置偏左靠下。我们在学习国家标准时要注意这两种符号的形式和用法的区别。

阿拉伯数字通常用来表示精确的数字，与"几""多""余"等表示约数的汉字连用是一个矛盾。在出版物上不时可以看到"10几个""数10个"之类很不得体的用法。新《规定》提出了约数一般用汉字的原则，同时把"几"与其他表示约数的字加以区别对待，"几"字不能和阿拉伯数字连用，"多""余"等在特定条件下可以和阿拉伯数字连用。

规定中的用例是经过精心挑选、要起示范作用的。为什么这样用在文件中不可能一一加以具体说明，这就需要在学习时细心体察其用意。例如紧接"34.05%"这个用例之后又写"63%—68%"，说明连续两个百分数前后都要有百分号%，只在最后一个数字用%不符合规范化要求。又如在"34℃—39℃"之后括注"34摄氏度—39摄氏度"，说明这个温度计量单位用汉字表示要写成"摄氏度"。把这个表示一个概念的术语拆开写成"摄氏34—39度"是不适宜的，这时独立使用的"摄氏"已成为一个人名，非计量单位了。

这几年笔者曾参加过一些书报刊的编校质量检查，有一个原先没有意料到的发现是出版物被检查出来的各类差错中占第一位的是标点差错。标点差错往往比错别字多许多倍。现代汉语仅常用字就有3500个，通用字多达7000个，而标点符号常用的只有十几种，加上不常用的也不过二十几种。照理说，标点符号并不比汉字难学。标点差错多的原因主要是对标点的重要性认识不足，学习标点用法和消除文稿的标点差错所下的功夫不够。数字的用法恐怕也不能说比标点更难掌握，这方面存在的差错有许多是不注意遵守已有的规定造成的。出版物是否正确运用标点和数字对全社会都有影响，我们必须重视这个问题，趁两项国家标准颁布与实施的机会，加强对有关规定的学习与研究，并落实到自己的编辑出版工作中，使我们的出版物质量进一步提高，更符合书面语规范化的要求。

《国家通用语言文字法》与编辑出版工作

语言文字的规范化和标准化是现代化建设的基础工程和先导工程。我国第一部关于语言文字的专门法律——《中华人民共和国国家通用语言文字法》(以下简称《语言文字法》),已由第九届全国人民代表大会常委会第十八次会议通过,从2001年1月1日起正式施行,这标志着我国语言文字工作在全社会范围内进入了法治的新时期,国家语言文字的规范化、标准化及其健康发展获得了强大的推动力。作品和出版物是以语言文字为主要载体的。这部法律同编辑出版工作者的关系尤其密切,我们不仅要认真学习,很好地贯彻执行,而且要善于利用它作为有力的武器,努力提高出版物质量,使我们的出版物在语言文字的正确应用上真正起表率和示范作用,为我国社会主义物质文明建设和精神文明建设作出更大的贡献。

《语言文字法》以法律的形式确立了普通话和规范汉字作为国家通用语言文字的地位和使用范围,第十一条规定"汉语文出版物应当符合国家通用语言文字的规范和标准"。

普通话是现代汉语的标准语、汉民族的共同语,也是我国各民族进行交流的通用语、对外代表中华人民共和国的中国话,在联合国使用的中文就是普通话。普通话的标准包括语音、词汇和语法三个方面,即:"以北京语音为标准音,以北方话为基础方言,以典范的现代白话文著作为语法规范"(1956年2月国务院《关于推广普通话的指示》)。

原刊于《出版科学》2001年第1期。

规范汉字指经过整理简化的字和从古代沿用下来未经整理简化过的传承字。现行的标准是：

1. 简化字以 1986 年 10 月经国务院批准重新发布的《简化字总表》为准，其中对原表个别字作了调整，共收简化字 2235 个。

2. 异体字中的选用字（正体字）以 1955 年 12 月文化部和中国文字改革委员会联合发布的《第一批异体字整理表》为准。该表淘汰异体字 1055 个，后经修正和调整，其中有 28 个字（"阪、挫" 2 个字不作为异体字处理，"诓、瞳"等 11 个字经类推简化后收入重新发布的《简化字总表》，"翦、邱"等 15 个字收入《现代汉语通用字表》）被确认为规范字，实际淘汰的异体字为 1027 个。

3. 通用字及其字形以 1988 年 3 月国家语委和新闻出版署联合发布的《现代汉语通用字表》为准。表中收字 7000 个，其中包括 1988 年 1 月发布的《现代汉语常用字表》所收全部 3500 个常用字和次常用字。通用字笔顺以 1997 年 12 月国家语委和新闻出版署联合发布的《现代汉语通用字笔顺规范》为准。

4. 更改地名用字以国家主管部门公布的为准。1955 年至 1964 年经国务院批准更改了 35 个县级以上的地名的生僻字 37 个。

5. 更改的部分计量单位名称用字以 1977 年 7 月中国文字改革委员会和国家标准计量局联合发布的《关于部分计量单位名称统一用字的通知》为准。

6. 汉字部件的使用和汉字拆分以国家语委主持制定并于 1997 年 12 月发布的《信息处理用 GB 13000.1 字符集汉字部件规范》为准。这个规范通过计算机对 20902 个汉字进行拆分和归纳，制定了汉字基础部件表及其使用规则。

7. 有异读的字词读音以 1985 年 12 月国家语委、国家教委和广播电视部发布的《普通话异读词审音表》为准。

不规范字依据新闻出版署和国家语委 1992 年 7 月发布的《出版

物汉字使用管理规定》是指：在《简化字总表》中被简化的繁体字；1986年国家宣布废止的《第二次汉字简化方案（草案）》中的简化字；在1955年淘汰的异体字（后来被确认为规范字的一些字除外）；1977年淘汰的计量单位旧译名；社会上出现的自造简体字及1965年淘汰的旧字形。把《简化字总表》中被简化的繁体字视为不规范字是有条件的，即在一般出版物中应该使用简化字时使用了繁体字，就是使用了不规范字。而在法律允许的范围内，比如在翻印的古籍中使用繁体字，在姓氏中使用异体字，研究我国古代问题的文章在引证中使用繁体字和异体字，应当认为是符合规范要求的。简化字、繁体字和异体字各有自己的使用价值，我们学习《语言文字法》，不仅要弄清规范汉字与不规范汉字的界限，还要弄清繁体字和异体字允许使用的范围，这样才能做到规范地使用汉字。

　　在出版物中用字不规范比较突出地表现在书刊的名称和广告中。比如：《全唐诗》和《全宋词》正文是用繁体字排印的，书名可用繁体字；正文用简化字排印的，书名就不应当用繁体字。有一套中国古典名著译注丛书，各卷的内文（包括古文原著和译注）都是用简化字排印的，书名用了不规范字，甚至错字。例如《鹽鐵論譯注》，"盐铁"二字用繁体，属于不规范字。"论"和"译"字原书名只把"論"和"譯"的言字旁简化，右旁不简化，这样的字是简化字、繁体字和异体字所没有的，属于错字。"译"字一错，整套丛书各卷的书名便都有错字。不少刊名用字也是不规范的，《书摘》的刊名多年一直使用繁体字，如该刊2000年继续以占封面1/3篇幅的两个醒目大字——"書摘"作刊名，给读者留下深刻的印象——用字不规范的深刻的印象。过去有些书刊，其名称用字不规范的被评为优秀书刊，不能认为是正常的现象。今后一般书刊名称如果不依照国家规定使用规范字就是有法不依了，读者有权提出批评和建议，要求改正。书名使用不规范字不仅是出版社缺乏法制意识的表现，同时也是缺乏市场竞争意识的表现。例如美国作家福克纳的主要作品《喧哗与骚动》有不同出版社的译本，在一些书店的货架上并排地摆着书名使用繁体字——《喧嘩與騷動》的译本肯定不如使用规范字的有吸引力。首先，认识繁体字的读者不如认识简化字的读者多；其次，一本书最重要的文字是书名，有见识的读者看到连书名用字出版社都不遵守国家规范，并由此对书中的译文是否合格产生怀疑，还会掏钱购买吗？

"汉语文出版物中需要使用外国语言文字的，应当用国家通用语言文字作必要的注释。"《语言文字法》作这样的规定，是为了便于不懂外国语言文字的读者了解所讲的内容。外文有不同的文种，内容有深有浅，有专业性的和非专业性的。各种外文材料和名词术语都能看懂的读者是不存在的。与此相关的是第二十五条规定："外国人名、地名等专有名词和科学技术术语译成国家通用语言文字，由国务院语言文字工作部门或者其他有关部门组织审定。"一些出版物提到外国人名、地名、报刊名、组织机构名，往往只写外文，没有译名。一家语文刊物发表一篇题为《新一轮"推普"：特点、问题和对策》的文章，开头第一句是"美国学者 Charles A. Ferguson 在 Stanford 大学说……"。推广普通话的文章更要考虑外文的使用是否适当。外国人名应当译出，至少把姓译出，英文全名可放在括弧里边。不常见的外国人名没有规范的译法时需要附外文原名。斯坦福大学是知名的大学，有定译，原名不难查到，直接写中文译名便可。世界地名的译法以中国地图出版社最新出版的世界地图册为准。"澳大利亚"不是一个洲，在出版物上依照口语的不规范的说法简称"澳洲"是一个常见的差错。经过有关部门审定的科技名词的译法，不要轻易改动。有些报刊用"镭射"或"雷射"代替"激光"，讲科学的读者是不会赞同的。

外国各行各业人员的职务名称使用的基本原则是能汉化的汉化，常见的有"董事长""总裁""首席执行官"等。2000年12月8日一家报纸报道："近三百家企业的CEO、CFO、CIO在上海、成都、深圳、广州、南京等地分会场网上交流企业信息化过程的经验、教训",读后令人困惑不解:与会的主要是中国企业家,无论是主管行政的还是主管财务或信息的,明明都有中文职务名称(例如参加交流的北京人民时空网络科技有限公司负责人的正式职务名称是"总经理"),为什么放着不用,而偏要加以"洋化",使用我国大多数读者看不懂的外文缩写词。在目前的中文出版物中"洋文"的使用有泛滥的趋势。对外来词我们既要合理地吸收,也要加强管理,注意规范,防止滥用误用。像 VCD、CT、DNA 这样的一些外文缩写词已为普通话吸收,一般人能看懂,口头也这样说,含义可以从汉语词典中查到,用起来比中文译意词简便,使用时自然不必再加解释。一些新引进的、读者还比较陌生的外文词在文章或新闻报道中第一次出现时以加注释为好。外文缩写词和对应的汉字词使用同样简便的(如"MTV"和"音乐电视"、"OPEC"和"欧佩克"),应首选汉字词。对外来词规范的原则是:(1)无损于国家通用语言文字的纯洁和健康;(2)有利于国家通用语言文字的丰富发展;(3)有利于社会利用;(4)有利于我国改革开放和国际交流。至于"表演秀""脱衣秀"这类食洋不化而产生的文理不通的垃圾词是不会有生命力的,将随着人们规范意识增强而被淘汰。

《语言文字法》第十八条规定:"国家通用语言文字法以《汉语拼音方案》为拼写和注音工具","《汉语拼音方案》是中国人名、地名和中文文献罗马字母拼写法的统一规范"。以《汉语拼音方案》为依据制定的有关规范和标准主要有 GB/T 16159—1966《汉语拼音正词法基本规则》,1974 年 5 月中国文字改革委员会发布的《中国人名汉语拼音字母拼写法》,1984 年 12 月中国地名委员会、中国文字改革委员会、国家测绘局发布的《中国地名汉语拼音字母拼写规则(汉语地名部分)》,GB 3259—92《中文书刊名称汉语拼音拼写法》等 1982 年 ISO 7098《文献工作——中文罗马字字母拼写法》确认拼写汉语以《汉语拼音方案》为国际标准,这个拼写汉语的最佳方案在国外也已战胜其他旧方案,成为帮助汉语走向世界的得力工具。《汉语拼音方案》1958年公布时A和G的印刷体小写分别为a和g，后来为教学书写的方便，学校首先改用跟手写体相近的字形ɑ和ɡ（西方称为"世纪哥特体"），现在书刊的汉语拼音多用这种字体。ɑ、ɡ和a、g两种字体可根据出版物的需要选用一种，但不能混用。例如"康kāng""傍bànɡ"这样注音是不规范的。

有关汉语拼音的规范和标准的贯彻执行在新闻出版工作中没有受到应有的重视。国家出版局1982年12月发通知要求"于1983年2月1日起，在各出版单位施行《中文书刊名称汉语拼音拼写法》"。这一国家标准的1992年新版本重申："国内出版的中文书刊应依照本标准的规定，在封面，或扉页，或封底，或版权页上加注汉语拼音书名、刊名。"可是至今大多数出版社没有按照规定给所出版的书刊加汉语拼音书名、刊名。一些电视台和报刊栏目的汉语拼音多少年来一直是错的，不知道改正。书名的拼写差错更为常见。有些出版社为避免书名的汉语拼音被查出差错，干脆取消，也有人写文章公开主张取消，这不是解决问题可取的办法。中文图书不是要打进国际市场吗？外国书商和外国图书馆就是靠书名汉语拼音编目和订货的，你把它取消了，对人家采购有利还是不利？我国许多学者能看懂日文，但未必掌握日文汉字的读音；同样，西方学者能看懂中文的，未必都能把书名用汉语拼音正确地拼写出来。他们写文章引证中文书籍，如果上面有汉语拼音书名就会给他们提供极大的方便。

拼写中文文献是要分词连写和分大小写的，拼写规则主要依据《汉语拼音正词法基本规则》。最近一家报纸的有关报道把它的名称写作《汉语标音正词法基本规律》。大概是原稿的差错，如果编辑或校对人员对这个国家标准比较熟悉，这两个错字是会察觉出来的。《汉语拼音正词法基本规则》要求"拼写普通话基本上以词为书写单位"，有篇介绍文章却说成要求"汉语拼音的拼写以词汇为单位连写"。"词汇"是一种语言或一部作品所使用的词的总汇，怎么可能作为拼写单位而又连在一起呢？西文词与词之间有隔空，中文词不像字那样有天然的界限，而拼写中文要分词连写，明确"词"的概念，知道如何按词对文本加以切分，对正确掌握汉语拼音是至关重要的。汉语拼音的功用不限于拼写和注音，用汉语拼音排序比按笔画排序容易，检索也较快。许多工具书包括各种名录只有笔画索引而没有音序索引，同责任编辑不熟悉、不重视汉语拼音不无关系。普通话、拼音和电脑三结合是现代教育的一个方向，学校从娃娃开始抓起，我们也得朝着这个方向努力提高自己，才能更好地适应信息化时代编辑出版工作的需要。汉语拼音是把双刃剑，既可帮助学习普通话和外语，又有利于掌握电脑操作技术。中文信息处理的过程包括输入、存储、加工、输出、传送等。输入是个关键环节，通不过便不能登堂入室，但我们不应被这一关难住，望而却步。下点功夫把汉语拼音学会，不仅增长了语文知识，同时也掌握了一种有用的技能——拼音输入法。此后电脑便成为你的听话工具，按照输入的指令提供所需要的各种服务。

学习和贯彻《语言文字法》，可做的事很多。比如说，举办一些语言文字法规标准教育培训班，领会精神后检查本系统本单位的出版物的语言文字应用有哪些方面不符合规范要求，报刊栏目名称所用的汉语拼音有无拼写错误，明确书刊名称的汉语拼音是可加可不加还是必须加，哪些书名不该用繁体字，今后本社的出版物夹用外文在体例上应如何处理，等等。有关的规范和标准是不同部门在不同时期制定的，会有些规定不一致，应当如何执行，不清楚时可向有关主管部门请示解决。据了解，一些与《语言文字法》配套的规章条例正在草拟或修订中，将陆续出台。历次书报刊编校质量检查表明，出版物中的差错主要与语言文字应用不当有关。提高编辑出版工作者的语文素质是提高出版物质量的可靠保证。

"水平"没有好坏之分

王力先生认为"水平"没有好坏之分我是赞同的。陈永舜同志在《语文建设》1992年第7期发表文章（以下简称"陈文"）提出不同意见，他说"将'好水平'一律挤出规范行列是不恰当的。……不能认为'好水平'是不符合规范的"。"水平"一词在报刊上使用频繁，就"好水平"是否符合规范的问题开展讨论对提高我们的认识无疑是有帮助的。

陈文讲到，"在一般情况下，'水平高'或'高水平'能够'使人满意'，'使人满意的水平'当然可以叫'好水平'"。前半句和后半句没有因果关系，看不出"使人满意的水平"为什么当然可以叫"好水平"。从文章中所能看到的论证的主要依据是《现代汉语词典》对"好"的词义有"使人满意"的一条解释。但是要知道"好"是多义词，义项在《现代汉语词典》中多达14个，其使用范围与"使人满意"不尽相同，不能用"使人满意"代替"好"去检验"好"的适用范围，认为凡适用于"使人满意"的，也适用于"好"。该词典的释文在"使人满意"之后还有"跟'坏'相对"四字对"好"的这个含义和用法作了补充说明。陈文承认"水平"有高低之分，但没有说是否有好坏之分。要是"使人满意的水平"可以叫"好水平"，那么与此相对，"不能使人满意的水平"可否叫"不好的水平"或"坏水平"呢？如果不能这样叫，应当叫什么呢？《现代汉语词典》中所举的"好人""好东西""好事情"

原刊于《语文建设》1992年第11期。

等用例无一不可以把"好"换成与之相对的"坏"或"不好的"。

现在让我们看看陈文中所举的用例。"使人满意"离不开水平的高低。"坑木消耗、金属支柱和顶梁的丢失率都创造了历史最好水平"一句，如果换成"……创造了历史最低水平"使人习惯上通不过，还可以有别的改法，如"降到历史最低水平"或"创造了历史最好成绩"等。另一例句"龙凤矿井下采煤队已实现了连续一年无事故，创造了建矿以来的最好水平"中的"最好水平"不能换成"最低水平"，换成"最好成绩"总可以吧？陈文强调"创造历史最好水平"也就是"创造历史上最使人满意的水平"，"最好水平"才是"最使人满意的水平"。未必尽然。今年谭良德第三次参加奥运会比赛，第三次获得跳板跳水银牌，这是他能够达到的"历史最好水平"。夺魁的愿望未能实现，连他自己都不满意，更谈不到"最使人满意"了。

"原煤产量、利润、成本、全员效率、坑木消耗和流动资金占用量六项经济技术指标，都达到全国同行业的先进水平"一句，不能用"高水平"去概括，也不能用"低水平"去概括，使用"先进水平"无疑是正确的。但陈文认为"'先进水平'也就是'使人满意'的'水平'，即'好水平'"，这个弯儿未免绕得太大了。这三个词组代表的概念不完全相同，怎么可以通过一个"使人满意"，在"先进水平"和"好水平"之间画等号呢？"先进"指"进步较快，水平比较高，可以作为效法的对象"（《现代汉语词典》），同水平高低有联系。水平高低是比出来的，有客观的标准可以衡量，而"满意"是一种心理状态，伸缩性很大，往往因人而异。比如某个学生平时学习成绩很差，老不及格，年终考试得了60分，水平有所提高，可以升班，家长满意了，老师可能仍不满意。就算家长、老师都满意，但绝不能因此说这个学生学习成绩好，达到了先进水平。

"大港油田三二二七钻井队创深井钻进最好水平"一句，陈文认为"只能说成'最好水平'"，其实可以有多种说法，如果改为"最好成绩",也可改为"先进水平"或"领先水平",如果事实如此。

"油料产量达到643万吨,比去年增产122万吨,创造了建国以来的最好水平"一句中的"最好水平"所指的就是"最高水平",而不是包括"最高水平",因为原意除了表示油料增产幅度之大以外,看不出还有什么别的意思。

不错,语言在本质上是一种习惯,不是逻辑。但是,用语言来表达思想时就不能不讲逻辑。"打扫卫生"和"吃食堂"一个表示行为的结果,一个表示行为的场所,这些习惯用语并不违背逻辑,谁都不会理解为"把卫生打扫掉""把食堂吃到肚子里去"。与此不同,"好水平"属于语义搭配不当的问题。"水平"指在某一方面达到的高度,需要使用能表示程度高低的词语来修饰。搭配是相互的关系,"好水平"并非用法已固定的成语,"好"和"水平"搭配不拢,就得根据具体情况把"好"或者把"水平"换成别的适当的字眼。习惯不是一成不变的。习惯有好有坏,使不好的习惯换成好的习惯,这是语言规范化的任务。

语言实践是检验一种说法能否站得住的最好的标准。"好水平"虽然不时有人使用,但总的趋势是使用者越来越少,而不是越来越多。以二十五届奥运会闭幕时《人民日报》发表的评论和有关报道为例,"水平"与"成绩"有以下的搭配法(括号内的数字为出现次数):高水平(2),最高水平(1),水平不高(1),水平不低(1),水平提高(3),水平下降(1),较好地发挥水平(1),历史上成绩最好的一次(1),不比预期的成绩好(1)。这里,"好"与"成绩"搭配,"较好"与"发挥"而不是与"水平"搭配。与"水平"搭配的都是表示高低升降的词语。至于"好水平",一例也没有出现,它受到这样的"冷遇",恐怕不能怪别人排挤,得找找自身有什么毛病。

"通讯"与"通信"的区别

由于现代信息技术迅速发展，与国民经济生活日益密切，"通讯"与"通信"之类用语频繁地在报刊和书上出现，但用法相当混乱，亟待规范化。

在一篇文章中往往可以看到，表达同一概念时既用"通讯"又用"通信"，例如"国际互联网络之所以得到迅速发展，并成为未来信息公路的基础，就是因为它在计算机通讯协议上找到了突破口，这个协议撇开了计算机通信技术的复杂性……不管用户有没有计算机背景知识，都可以在这个通讯协议之上进行快捷的通讯"，"中国于1995年5月开通了国家公用通信网，中国人的信息梦不再遥远"。[①] 文中的"通讯"与"通信"相当于英语的 communication，意思一样，不必用两个不同的词来表达，统一用"通信"似乎较好。

"桂林的邮电通讯进入国内先进城市的行列"[②]与"邮电通信业保持高速度增长"[③]，两个词在这里表达同一概念，邮电部门习惯用"通信"。北京市电信管理局有两个下属单位，称"无线通信局"与"移动通信局"，不称"无线通讯局"与"移动通讯局"。邮电部门的专业人员对"电信"与"电讯"、"通信"与"通讯"的区分是很清楚的，不会发生

原刊于《语文建设》1997年第1期、《新闻之友》1997年第1期。
① 《信息高速公路并不神秘——浅谈国际互联网络的通讯协议》，《人民日报》1996年7月31日。
② 《桂林人接待海外游客居全国之首》，《人民日报》1993年6月16日。
③ 《国家统计局公报》，《人民日报》1995年3月1日。

混淆。以《北京电信报》1993年5月10日为纪念第25届世界电信日所出的专刊（共8版）为例，其中各篇文章使用到"通信"二字的专业名词有"我国通信事业和通信网""通信单位""现代化通信""通信技术""通信水平""通信设施""通信能力""国际通信中心""通信卫星""国内长途通信""数据通信""通信服务系统""用户通信终端设备"等。整张报纸唯一使用"通讯"这个用语的地方是"北京信大通讯技术开发公司"的广告，公司名称本身就这样用，编辑是不能改的。另一家登广告的公司名为"飞华通信技术开发公司"。性质相同的公司在自身的名称中对同一技术使用不同的术语，所在多有。"通讯"的使用情况，现从《中国电视报》摘录些实例（其他报刊也有类似的用例）以供研究：

"百团大战……毁灭性地破坏了日军的铁路、公路、通讯"（1995年第27期）。

"美国的一支通讯部队"（1995年第43期）。

"特别是通讯设施美国最为发达"（1994年第25期）。

"国际通讯卫星"（1994年第26期）。

"大型广场晚会的现场直播……需要技术、通讯、制片、运输、供电、保卫、后勤等方面的保证"（1994年第41期）。

"中央电视台在北京地区招聘电视技术人员37人（其中……动力、通讯工人2人）"（1995年第25期）。

上引各例的"通讯"似乎都可考虑改为"通信"。"通讯"特指通消息，多用于新闻报道或大众传播业，如"通讯社""通讯员""通讯网"；"通信"泛指通信息，包括新闻报道和非新闻报道在内的各种信息的传输，多用于科学技术领域或邮电通信业等产业部门，如"通信技术""通信设施""通信网"。作为现代通信技术手段之一的通信卫星既可传送新闻，也可传送音乐节目，还可用来进行军事通信。担负通信联络任务的兵种"通信兵"不能称"通讯兵"，其下属的"通信工程学院"是培养通信技术人才而不是培养通讯员的。宪法规定"中华人民共和国公民的通信自由和通信秘密受法律的保护"，《中共中央关于制定国民经济社会发展"九五"计划和 2010 年远景目标的建议》提出"重点加强农业、水利、能源、交通、通信、科技、教育"，并强调"充分发挥公用通信网和专用通信网能力，继续建设通信干线特别是光缆干线，形成全国统一的综合通信体系"。从这些文件我们可领会"通信"的规范化用法。

1996 年 2 月 23 日《北京晚报》刊登新华社讯"中国太平洋保险公司和香港通信卫星有限公司 12 日签署亚太 1A 号通信卫星发射和在轨运行保险"，说这是该公司所"承保的第三颗国际通讯卫星"，在同一篇报道中"通信"和"通讯"混用。5 月份在北京举办的一期编辑岗位培训班有一道改错作业题为"截止去年 12 月底，该国已发射通讯卫星 10 几颗"，有不少答卷把"截止"改为"截至"，把"10 几"改为"十几"，但无一人把"通讯卫星"改为"通信卫星"，这也难怪，因为报刊上两者都有人用。

《现代汉语词典》(1996 年 7 月修订版) 增加了"通信卫星""无线电通信"等新条目，新条目是要起示范作用的，可是有些与通信技术有关的旧条目没有作相应的修改。例如"通信网"条 (第 1263 页) 的释义仍为"分布很广的许多电台或通讯员所组成的整体"，由通讯员组成的整体自然是通讯网，由许多电台组成的网络如果与新闻业无关的话，也能称"通讯网"吗？在军队由若干电台和传输信道组成的通信联络体系称"通信网"，不称"通讯网"。"通信网"似需另立一条以便同"通讯网"区别开来。还有，"通讯"条的释文仍为"利用电讯设备传递消息"。"电讯设备"在邮电部门称"电信设备"（见上述《北京电信报》专刊），电信设备既可传递消息或新闻，也可传递其他信息。新闻单位或其他部门不存在专用于发电讯、传递消息而不能传递其他信息的设备。"航天燕通公司……以开发无线通讯技术及电子产品为主，并经营电器材、五金交电、线缆电话和机房设备"[1]。这里的"通讯技术"和"电讯器材"都与新闻业无直接联系，似可改为"通信技术"和"电信器材"。"美攻击直升机将安装数字通讯设备"[2] 和"新型进口通讯产品展示会"[3] 中的"通讯设备"和"通讯产品"也可改为"通信设备"和"通信产品"。有些报刊使用的"信道"和"讯道"所指的是同一概念，可考虑统一用"信道"，因为发电讯的通道也是信道。

----

[1]《北京晚报》1993 年 5 月 23 日。
[2]《参考消息》1993 年 6 月 13 日。
[3]《北京晚报》1993 年 5 月 18 日。

汉语拼音阳平符号以什么体式为准

《汉语拼音方案》规定的四种声调符号为：阴平"ˉ"，阳平"ˊ"，上声"ˇ"，去声"ˋ"。这是继承1922年《注音字母书法体式》的标调法，以符号模拟"普通话中声调律动的状况"：以"ˉ"表示高平调，以"ˊ"表示中升调，以"ˇ"表示降升调，以"ˋ"表示全降调。因为阳平符号表示升调，所以写法由下往上提，笔锋向上，下粗上细，姑且照笔画名称叫作"提号"。外文字母常用的一种附加符号"´"，写法由上往下撇，笔锋向下，上粗下细，俗称"撇号"。撇号在古希腊语最先用作音高符号，后作锐重音符，可加在 α（alpha）等元音字母的上方；拉丁语和西班牙语作重音符；法语作闭音符；匈牙利语则作长音符，有 á、é、í、ó、ú 等。外文附加符号容易同汉语拼音附加符号混淆。例如，2000年看一本书的校样时发现其中的法语词"草地"pré（附加符号为撇号，是闭音符）误排成 pré（汉语拼音的阳平符号——提号），作了改正。

最近学习《国家通用语言文字法》，看到《中华人民共和国国家通用语言文字法学习读本》（2001年1月第1版）一书中的《汉语拼音正词法基本规则》和《普通话异读词审音表》用撇号作阳平符号（带阳平符号的元音字母均写为撇号，同匈牙利语表示长元音的字母一样），所载《汉语拼音方案》第四部分表示阳平符号的体式用提号"ˊ"，而示例"麻 má"则改用撇号。汉语拼音的阳平符号是不是用提号和撇号两

原刊于《出版科学》2001年第3期。

可呢？为了寻求答案，辨别正误，笔者查阅了一些常用工具书、语文课本和新编的字词典，看这个问题是怎样处理的，结果如下。

1.《现代汉语规范字典》（语文出版社1998年1月第1次印刷本）正文的汉语拼音和所载《汉语拼音方案》第四部分示例"麻má"以提号为阳平符号。

2.《新华字典》（1998年9月北京第126次印刷本）所载《汉语拼音方案》的阳平符号示例为"麻má"，á的上方为撇号，封面和版本记录页的书名汉语拼音"XĪNHUÁ ZÌDIǍN"中的Á以及正文中的单字汉语拼音均以撇号为阳平符号（如a、e、i、o、u等），但同汉语拼音并列的注音字母（ㄚ、ㄜ、ㄧ、ㄛ、ㄨ、ㄩ等）注音则以提号为阳平符号。2000年12月北京第168次印刷本将所载《汉语拼音方案》"麻"字和封面书名"华"字注音的阳平符号已把撇号改为提号，但正文的汉语拼音和版本记录页的书名"华"字注音仍以撇号为阳平符号。

《汉英双解新华字典》（2000年7月第4次印刷本）和《新华写法字典》（2001年2月第2次印刷本）的汉语拼音从母本《新华字典》的正文，以撇号为阳平符号。

3.《现代汉语词典》（2001年1月第266次印刷本）正文汉语拼音以撇号为阳平符号，注音字母则以提号为阳平符号。扉页上的书名"词"字的注音"CÍ"以提号为阳平符号，但所载《汉语拼音方案》的示例"麻má"以撇号为阳平符号。书中词条"调号"的释文"《汉语拼音方案》的调号……阳平是'ˊ'(á)"，表示阳平符号的体式用提号，示例字母á的上方用撇号。

4.《汉语大词典》12卷本（1986—1993年）的凡例和正文以撇号为阳平符号，1995年出版全书索引改用提号为阳平符号。

5.《辞海》（1999年版普及本2000年1月第3次印刷本）所载《汉语拼音方案》以斜线"ˊ"（上端和下端粗细一样）为阳平符号，全书汉语拼音索引也以撇号为阳平符号。

6.《新编小学生字典》(人民教育出版社 1999 年增订本) 附录《汉语拼音方案》的示例"麻 má"以提号为阳平符号，但正文的汉语拼音和扉页书名"学"字的注音"XUÉ"则以撇号为阳平符号。

7.《现代汉语模范字典》(中国社会科学出版社 2000 年 12 月第 1 版) 正文的汉语拼音和附录《汉语拼音方案》的示例"麻 má"，"á"的上方均以撇号为阳平符号。

8. 初中教科书《语文》第 1—6 册（北京出版社和开明出版社 1996 年第 2 版第 1 次印刷本）以撇号为阳平符号。高中课本《语文》第 2 册人民教育出版社 1991 年第 1 版北京出版社 1996 年 1 月第 5 次印刷本以提号为阳平符号，如"莨 liáng""苔 tái"；1995 年第 2 版北京出版社 1998 年 1 月第 2 次印刷本却改以撇号为阳平符号。

9.《新华字典》(2001 年 3 月北京第 42 次印刷本) 的阳平符号正文汉语拼音为撇号，注音字母为提号，扉页书名汉语拼音为斜线。

10.《〈国家通用语言文字法〉及语言文字规范知识竞赛题目》(《光明日报》2001 年 4 月 27 日) 以提号为阳平符号，如 círén（词人）。

从上面介绍的情况可以看到，各种出版物使用阳平符号的体式是不一致的，有时甚至在同一本书中也不一致。字母 a、g 和 ɑ、ɡ 两种体式可根据印刷条件或教学需要选用一种；声调符号的体式则应当固定用一种，阴平、上声、去声符号的体式都是统一用一种，阳平符号没有必要用两种（提号、撇号）、三种（提号、撇号、斜线）。《国家通用语言文字法》第十八条规定："国家通用语言文字以《汉语拼音方案》作为拼写和注音工具。"《汉语拼音正词法基本规则》《普通话异读词审音表》和各种出版物的汉语拼音都应以《汉语拼音方案》为准。现在要弄清楚的问题是《汉语拼音方案》的阳平符号以什么体式为准。各种出版物刊载《汉语拼音方案》时表示阳平符号的体式一般都用提号"ˊ"（未看到有任何出版物用撇号"ˊ"，即使有也不会多），这符合《汉语拼音方案》的规定，但示例"麻"字的注音有的用提号，有的用撇号。示例用提号是符合《汉语拼音方案》的规定的，没有人对此表示异议。使用撇号作阳平符号则是不规范的，这样做会产生一系列问题：

（1）普通话声调符号虽然只有四种，但自成体系。提号和撇号起落笔正好相反。既然去声符号的笔锋向下表示降调，再把本来笔锋向上表示升调的符号改用笔锋向下的符号表示升调就不合事理。刊印《汉语拼音方案》时用提号表示阳平符号的体式，示例注音却用撇号，是自乱体系，叫人无所适从。

（2）阳平符号的体式是在历史上形成的，不可更改。使用注音字母注音只能用提号作阳平符号，如果汉语拼音改用撇号作阳平符号，就是对历史传统的背离，有意无意地造成汉语调号系统的不统一。

（3）不利于语文教学。《国家通用语言文字法》规定初等教育要进行汉语拼音教学，阳平符号以什么为准？能否对学生说提号和撇号通用？老师照《汉语拼音方案》教学生以提号为阳平符号，学生做练习以撇号为阳平符号，教师批改时算不算错？学生若问"有些出版物书刊印《汉语拼音方案》，阴平、上声、去声三种符号的体式和示例用法都一致，为什么偏偏阳平符号的体式和示例不一致"，应该怎样解释？

（4）同外文加附字母混淆，不便于识别，增加汉语拼音对外教学的难度。

（5）《汉语拼音方案》是1958年2月11日第一届全国人民代表大会第五次会议通过的，《国家通用语言文字法》确认国家通用语言文字以《汉语拼音方案》作为拼写和注音工具。未见政府有关部门作出过允许以撇号为阳平符号的规定，用撇号作阳平符号缺乏法理依据。有些书原来以撇号为阳平符号，重印或再版时改用提号为阳平符号。如果不是书的编者和出版者察觉到用撇号不对，是不会修改的。

多年来出版物对汉语拼音阳平符号的使用一直是混乱的，造成这种现象的原因大概是：（1）原稿误用外文加符字母，出版社照样排印；（2）电脑字库没有汉语拼音加符字母，用外文加符字母代替；（3）字库有汉语拼音加符字母，原稿也是用汉语拼音加符字母，录入人员误排成外文加符字母，编校人员没有注意改正，以为阳平符号用提号和撇号两可。

怎样才能消除目前出版物使用汉语拼音阳平符号的混乱现象呢？我们不能要求本来用提号作阳平符号的出版物改用撇号，只有严格遵守《汉语拼音方案》的规定，在各种场合都以提号"´"为阳平符号，才能做到全国用法统一。《现代汉语规范字典》在这方面起了表率作用。该书刊载《汉语拼音方案》所表示阳平符号的体式和示例"麻 má"所用的阳平符号是一致的——都是提号"´"，正文的汉语拼音字母á、é、í、ó、ú、ǘ 等也都用提号作阳平符号，全书不存在提号和撇号混用的问题。

英语文字规范的一些基本知识

英语采用 26 个拉丁字母。a、e、i、o、u、y 为元音字母，其余为辅音字母。y 除代表元音 [ai] 和 [i] 外，常用来代表半元音 [j]，因而也被认为是半元音字母。拉丁语本身没有也不使用字母 W。公元 7 世纪，抄书手抄写非拉丁语文献，用 uu（大写则为 VV）代表日耳曼语族的 /w/ 音，后来这个双字母演变成合体字母 W，英语称作 "double u"。英语固有词不使用加符字母；但外来语除外，如借自法语的 communiqué（公报）用加符字母 é。英语来源于希腊语或拉丁语的词曾使用合体字母 Æ、æ 和 Œ、œ，现在改为 ae、oe，如：Aeschylus、Caesar、oedipus、Phoenicia。拼写古英语词仍用合体字母，如 Ælfric。

一、大小写字母的使用

下面讲某个词语"大写"时指首字母大写，讲某个词语"全大写"时指全部字母大写。

（1）句子和标题第一个词大写。

（2）诗歌各行的首字母大写。

（3）论文大纲中各行的首字母大写。

以上三项在现代各种西文中都要大写。

（4）人名及与之连用的称呼、职称、头衔、诨号大写。如：Daniel Defoe（丹尼尔·笛福）、Oliver C. Fairbanks Jr.（小奥利弗·C. 费尔班

原刊于《出版科学》2003 年第 1 期。

克斯)、Uncle Tom(汤姆叔叔)、Senator Bradley(布莱德利参议员)、Lieutenant Colonel Smith(斯密斯中校)、Professor Johnson(约翰逊教授)、Stonewall Jackson(石壁杰克逊)。

原籍为爱尔兰、苏格兰等地的人有许多姓以 O'、Mac、Mc 为词头。如：O'Hara(奥哈拉)、MacDonald(麦克唐纳)、McKinley(麦金莱)。

英语国家法、西、葡、意、德、荷裔的人名在姓前往往带有 de、della、du、der、d'、derla、la、l'、van、vander、von、ten、ter、zur 等附加成分，用大写还是小写从家族或个人习惯，在移民的祖籍国小写的较多。不用全名，只提姓时一般要带附加成分。如：Eugen D'Albert(D'Albert), Lee De Forest(De Forest), Walter de la Mare(de la Mare), Martin Van Braun(Van Braun), Wemer von Braun(von Braun)。附加成分在句子开头大写。如：the paintings of de Kooning/De Kooning's paintings are over there.

（5）星系、恒星、行星、卫星、星座等天体名称大写。如：Milky Way(银河系)、North Star(北极星)、Saturn(土星)、Phobos(火卫一)、Ursa Major(大熊星座)。

但 sun(太阳)、earth(地球)、moon(月球)通常小写，除非它们作为太阳系特定天体名称出现，或同其他大写天体名称连用，如 the Moon and Mars(月球和火星)。the solar system(太阳系)也小写。

（6）海洋、海峡、港湾、岛屿、半岛、湖泊、河流、山脉、高原、平原、沙漠等自然界事物的通名作为专名的一部分时大写。如：Atlantic Ocean(大西洋)、Rocky Mountains(落基山脉)、Strait of Gibraltar(直布罗陀海峡)、Rhode Island(罗得岛)、Hudson River(哈得孙河)。

通名不作为专名的一部分时小写。如：the Caribbean islands(加勒比海诸岛)、the river Thames(泰晤士河)、the river Nile(尼罗河)。

（7）东、西、南、北、中等方位名词作为专名的一部分时大写。如：East Asia(东亚)、South Carolina(南卡罗来纳州)、the Middle

East（中东）。

仅指方向时小写。如：south by east（南偏东）、west of London（伦敦西）。

（8）省、州、市、县、乡、区等行政区划单位名称作为专名的一部分时大写，作为普通名词时小写。如：the Province of Antario（安大略省）、Hainan Province（海南省）、Washington State 或 the state of Washington（华盛顿州）、New England states（新英格兰各州）、New York City（纽约市）或 the city of New York（纽约城）、Palm Beach County（棕榈滩县）、Evanston Township（埃文斯顿乡）、Seventh Congressional District（第七国会选区）或 his congressional district（他的国会选区）。

（9）街道、公园、广场、建筑物、名胜古迹等专名大写。如：Wall Street（华尔街）、Fifth' Avenue（第五街）、Hyde Park（海德公园）、Times Square（时报广场）、Empire State Building（帝国大厦）、Golden Gate Bridge（金门桥）、Leaning Tower of Pisa（比萨斜塔）、the Sphinx（狮身人面像）。

（10）组织机构等专名大写，其中的虚词小写。如：World Trade Organization（世界贸易组织）、House of Representatives（众议院）、Department of state（国务院）、the Supreme Court（最高法院）、Republican Party（共和党）、Textile Workers Union of America（美国纺织工人联合会）、the Library of Congress（国会图书馆）、Macmillan Publishers Ltd.（麦克米伦出版公司）、Oxford University（牛津大学）。

（11）国家、民族、语言名称大写。如：Canada（加拿大）、Jews（犹太人）、English（英语）。

（12）某国人、某地人名称大写。如：Austrians（奥地利人）、Asians（亚洲人）、Caucasians（高加索人）、Londoners（伦敦人）、New Yorkers（纽约市人/纽约州人）。

国名、地名、民族名、语言名称派生的形容词或作形容词用时也大写。如 Asian 作名词时指"亚洲人",作形容词时指"亚洲的、亚洲人的";Chinese 作名词时指"中国人、中国话",作形容词时指"中国的、中国人的、中国话的"。

(13)地质年代、历史时期、历史事件大写。如:the Pliocene(上新世)、Bronze Age(青铜时代)、Hellenistic period(希腊化时期)、Middle Ages(中世纪)、Victorian era(维多利亚时代)、Roaring Twenties(兴旺的 20 世纪 20 年代)、the Renaissance(文艺复兴)、Yalta Conference(雅尔塔会议)、Korean War(朝鲜战争)。

大写的 Ice Age 为新生代第四纪的"冰川时代",小写的 ice age 为"冰期"。

历史时期用于泛指时全小写。如:classical period(古典时期)、colonial period(殖民地时期)、gold age(黄金时代)、atomic age(原子时代)。

(14)星期、月份、节日的首字母大写。如:Sunday(星期日)、April(四月)、Children's Day(儿童节)。

四季名称小写,带四季名称的节气也小写。如:spring equinox(春分)、winter solstice(冬至)。中国二十四节气的英译名一律大写。如:the Beginning of Spring(立春)、the End of Heat(处暑)、the Winter Solstice(冬至)。

(15)宗教专名大写。如:God(上帝)、Allah(真主)、Society of Jesus(耶稣会)、High Church(高教会派)、Puritans(清教徒)、Zen(禅宗)。

(16)军队专名大写。如:U. S. Marine Corp(美国海军陆战队)、the Eighth Route Army(八路军)。泛指某种部队时小写,如 naval air force(海军航空兵)。

(17)奖金、奖章、勋章等专名大写。如:Nobel Prize(诺贝尔奖)、Oscar(奥斯卡奖)、National Book Award(全国图书奖)、Silver

Star（银星奖章）、Medal of Honor（荣誉勋章）。

（18）注册商标、服务标志大写。如：Coca-Cola（可口可乐）、Kodak（柯达）、Pliofilm（普利薄膜）、Air Express（航空快递）。

（19）来源于专名的主义、思想、学说、学派大写。如：Hellenism（希腊主义）、Marxism（马克思主义）、Mao Zedong Thought（毛泽东思想）、Neoplatonism（新柏拉图主义）、Stoics（斯多葛派）。

不是来源于专名的主义、思想、学说、学派小写。如：existentialism（存在主义）、postmodernism（后现代主义）、big bang theory（大爆炸说）、theory of relativity（相对论）、physiocrat（重农主义者）。

（20）宪法、法律、条约、政府文件名各个实词大写。如：United States Constitution（美国宪法）、Atomic Energy Act（原子能法案）、Treaty of Versailles（凡尔赛条约）、Tenth Five-Year Plan（第十个五年计划）。

（21）被人格化的事物大写。如：Dame Fortune（命运女士）、obey the commands of Nature（服从大自然的命令）。

（22）被强调的词语全大写。如：All applications must be submitted IN WRITING before January 31（所有申请都必须在1月31日以前以书面的形式提交）、Proofreading is NOT copyediting（校对不是编辑加工）。

（23）书信开头的称呼语和信尾的客套语大写。如：Dear Mr. Jones（亲爱的琼斯先生）、Yours sincerely（谨上）。

（24）代词 I 和叹词 O 大写。

（25）表示形态的字母大写。如：V-shaped（V 字形的）、T square（丁字尺）。

（26）专有形容词通常大写。如：Gregorian chant（格列高利圣咏）、Raphaelesque（拉斐尔风格的）、Venetian carpets（威尼斯地毯）、Roman law（罗马法）。

（27）首字母组合词一般全大写。如：OPEC（欧佩克）、MIRV

(多弹头分导再入飞行器)。

已经在日常生活中作为普通名词用的通常小写。如：laser（激光）、radar（雷达）。

(28) 在某些场合有时用"小大写"(small capitals)，大写字母同小写字母的高度一样。例如：the Han Dynasty (206BC-220AD)，用于表示"公元"的缩写词。

(29) 出版物和作品名称常用的"标题式大写法"为：第一个词和最后一个词的首字母以及名词、动词、形容词、副词、代词的首字母大写；名称内的冠词、连词、介词（不位于名称开头或末尾时）、动词不定式的 to 通常小写，超过四个字母的介词、连词有些作者使用大写。因设计的需要，标题也可以全大写（如扉页上的书名），但在文中引用时仍要分大小写，用例见下述第二、三小节。

二、斜体字的使用

(1) 书籍（包括辞书、学术著作、小说、长诗、作品集等）、报纸、期刊等出版物的名称和电影、绘画、雕塑的名称为同正文其他文字区别通常用斜体。如：*The Oxford English Dictionary*（《牛津英语词典》）、*Chicago Tribune*（《芝加哥论坛报》）、*Publishers Weekly*（《出版商周刊》）、Milton's *Paradise Lost*（弥尔顿的长诗《失乐园》）、Kyd's *Spanish Tragedy*（基德的剧作《西班牙悲剧》）、Chaplin's *Modern Times*（卓别林的影片《摩登时代》）、van Gogh's *Sunflowers*（梵高的绘画《向日葵》）、Rodin's *The Thinker*（罗丹的雕塑《思想者》）。*The Oxford English Dictionary* 开头的冠词是书名的一部分，在文献著录时要保留；在行文中使用不得体时可省略，如 the 20-volume *Oxford English Dictionary*。报纸的名称如果以冠词开头，出现在新闻报道中冠词不用斜体，也不大写。如《纽约时报》全称为 *The New York Times*，出现在 "... reported in the *New York Times*" 中 The 改为 the，这时的 the 是行文需要的冠词，不作为报纸名称的一部分看待。

剧作（包括歌剧）不管长短，是单独出版或收入作品集中，其名称用斜体。如：Shaw's *Arms and the Man*, in volume 2 of his Play: *Pleasant and Unpleasant*（萧伯纳的《武器与人》，收在他的《愉快的和不愉快的戏剧集》第2卷中）、Mozart's *The Marriage of Figaro*（莫扎特的《费加罗的婚礼》）。

乐曲通常用正体字，如 Symphony in B Major（B大调交响曲）、Fantasia in C Minor（C小调幻想曲）；作为某个人的作品名称时用斜体字，如 Chopin's *Fantasie in F Minor*（肖邦的《F小调幻想曲》）。

演说、短诗、短篇故事、散文、会议论文、报刊文章、广播电视节目的名称，以及作品集中的篇名和书籍的章节名，在正文中用正体并加引号。如："Foreign Aid Re-examined" carried in last week's *New York Times*（上周《纽约时报》刊载的《外援再检讨》）、"Gettysburg Address," in Lincoln's *Collected Works*（载《林肯著作集》的《葛底斯堡演说》）、"Formal and Semiformal Reports", chapter 11 of *Modern Technical Writing*（《现代科技写作》第11章《正式和半正式报告》）、listening to "News in Brief"（听《简要新闻》）、watching "Oriental Horizon"（看《东方时空》）。

丛书名称用大写、正体字，不加引号。series（丛书）是丛书名称的一部分大写，否则小写。如：Penguin Books（《企鹅丛书》）、Everyman's Library（《人人丛书》）、Child Welfare Monograph Series（《儿童福利专著丛书》）、Chicago History of American Civilization series（《芝加哥美国文明史》丛书，这里的 series 小写，不是原丛书名的一部分）。

作品名称中的其他作品名称通常加引号，若不加引号可以改用正体字以示区别。如：*On First Reading "Ode to the West Wind"* 或 *On First Reading* Ode to the West Wind（《初读〈西风颂〉》）。

如果一篇评论文章中包含种类不同、长短不等的各色各样的作品，可统一用斜体。

（2）船只、飞机、航天器、人造卫星的专名用斜体字。如：邮船 *Queen Elizabeth*（伊丽莎白女王号）、飞机 *Spirit of Saint Louis*（圣路易斯精神号）、航天飞船 *Apollo 13*（阿波罗 13 号）、人造地球卫星 *Sputnik II*（旅伴 2 号）。

飞机种类、型号大写，不用斜体。如：Spitfire（喷火式战斗机）、Boeing 747（波音 747）。

（3）作为例示的或被解释的词、字母、数字用斜体字。例如：

The world *effect* is often used incorrectly.（effect 一词往往用错。）

The g in *align* is silent.（align 中的 g 不发音。）

The first *1* and the last *7* are barely legible.（第一个 1 和最后一个 7 几乎看不清。）

（4）表示强调的词语用斜体字。如：Women's place *was* in the home, it certainly isn't today.（妇女的位置过去是在家里，现在当然不是了。）

（5）剧本中舞台提示用斜体字。例如：

ROBERT Ah yes, of course. Sit down, sit down, please, Mrs. Ross.[*She sits as if this made matter rather worse.*]

PHLIP(*Standing guard by her side.*) My wife is a little agitated.

上面的用例摘自陆谷孙主编《英汉大词典》。舞台提示在对话内的加圆括号，在对话后的加方括号。多幕剧各场开头的场景介绍有些剧本也用斜体字，以便同正文区别。

（6）法庭案例名称中的当事者用斜体字。如：the *Dennis case*（丹尼斯案）、*Authors' Guild v. Replica Corp.*（作者协会告里普利卡公司）。v 是 versus（对）的缩写字，前面是原告，后面是被告。

（7）象声词用斜体字。如：We sat listening to the *chat-chat-chat* of the sonar.（我们坐下来听声呐的嚓嚓嚓声。）

（8）未归化的外来词语用斜体字。如：a *de facto* government（现存政府)、resign *en bloc*（集体辞职）。拉丁文缩写词过去习惯用斜体，现在通常用正体。如：et al.、i. e.、ibid.、id.、ca.、cf.、viz、e. g.。

三、英语文献著录的格式和字体

英语文献著录的格式常用的有三种：(1)顺序编码制。对引用的文献按在论著中出现的先后用阿拉伯数字加方括号连续标注序号，编制参考文献表时依次列出。(2)著者-出版年制。多用于科技著作，近年也推广到人文科学著作。引用文献时通常在正文中括注作者的姓或姓名和出版年份，在文末或书末扩充成为参考文献表。(3)文献注释制。多用于人文科学著作，以脚注或其他注释方式交代引证的文献材料的来源，文末或书末可能附也可能不附参考文献表。《芝加哥文字规范手册》第14版(1993年)以下面的示例说明后两种著录格式的异同。

Ⅰ. 文献注释制

Smith, John Q. *Urban Turmoil: The Politics of Hope*. New City: Polis Publishing Co., 1986.

Wise, Penelope. "Money Today: Two Cents for a Dollar." *No Profit Review* 2 (1987): 123-42.

Ⅱ. 著者-出版年制

Smith, J.Q. 1986. *Urban turmoil: The politics of hope.* New City: Polis.

Wise, P. 1987. Money today: Two cents for a dollar. *No Profit Rev.* 2: 123-42.

(1)著者的名字Ⅰ式通常写出所有的字母，有时也用缩写字母，Ⅱ式只给出首字母。(2)出版年Ⅱ式直接放在著者的姓名后，Ⅰ式放在书的出版社名后或刊物的期号后。(3)书名和文章篇名Ⅰ式采用"标题式大写法"；Ⅱ式采用"正文句子式大写法"，即仅正题和副题的第一个词和题名包含的专名大写。刊名Ⅰ式和Ⅱ式都用标题式大写法。(4)正题和副题Ⅰ式全部给出，Ⅱ式可以全部给出，也可以把副题(示例中冒号后的标题）略去。(5）文章篇名（及书的章节和短诗标题）Ⅰ式加引号，Ⅱ式不加。(6）出版社名和刊名Ⅱ式比Ⅰ式更常用简化的形式。

我国 GB 7714—87《文后参考文献著录规则》关于著者-出版年制有下面的示例：

Pettee J. 1946. Subject heading: the history and theory of the alphabetical subject approach to books. New York: Wilson

Dreimanis A. Reavely GH. 1953. Differentiation of the lower and upper till along the north shore of the Lake Erie. J Sedim Petrol, 23: 238~259

通过比较可以看出国标著者-出版年制与上述Ⅱ式不同点在于：(1）著者名字的缩写字母国标不加缩写点（"Reavely GH."末尾的下脚点同"1953."末尾的下脚点一样是项目终结符号，不是 H 的缩写点），Ⅱ式加。(2）书名和刊名国标用正体字，Ⅱ式用斜体字。(3）文章篇名国标不加引号，Ⅱ式加。(4）文章篇名（及书名）的非专名开始的副题首词国标小写（示例中冒号后的冠词写作 the），Ⅱ式大写（示例中冒号后的冠词写作 The）。(5）起止页数国标用"~"连接，各位数都写全；Ⅱ式用"-"连接，在不会产生歧义时有的数字可以只写最后一两位。(6）著录项目的末尾国标不加句点，Ⅱ式加。

国标的顺序编码制在每条著录项目前加序号，把书的出版年从著者的名字后移至出版社的名称后，把文章的出版年从著者的名字后移至刊名后，卷（期）号前，外文大小写、缩写等格式与著者-出版年制相同。

四、移行规则

英语词的拆分（word division）有两种方式：一是依据词源（词的结构、派生关系）划分音节，二是依据读音划分音节。依词源和依读音拆分在一部分词里是一致的，如：trans-form、post-harvest、strict-ness；在另一些词则不一致，如：trans-action[træn'zækʃən]（依词源划分，不依读音分作 tran-saction ），post-humous['pɒstjʊməs / 'pɑstʃəməs]（依词源拆分，不依读音分作 pos-thumous）、stric-ture（依读音拆分，不依词源分作 strict-ure）。一般英语词典的词条都标明音节的分界，但不是每一个分界处都适宜于行末加连字符转行，所以需要制定一些移行规则。下面介绍一些带普遍性的移行规则。

（1）单音节词不拆分。如 bribe（非 bri-be）、change（非 chan-ge）、judge（非 jud-ge）、straight（非 stra-ight）、through（非 thro-ugh）、friends（非 fri-ends）。

（2）相连的元音字母，若分别发音可以在其间拆分，否则不能拆分。如：cre-ate、crea-ture（非 cre-ature）、li-aison、strenu-ous。

（3）元音之间的单个辅音字母的处理办法为：①若前一个音节为长元音或二合元音构成的开音节，这个辅音字母划归第二音节。如：Mongo-lian、re-cently、so-cial、thou-sand。②若前一个音节的元音为重读的短元音，则这个辅音字母划归前一音节以构成闭音节。如：lec-ithin、lig-and、lig-ature、peas-ant、phys-ical、prej-udice、prop-erty、sep-arate、thor-oughly。闭音节后如果是自成音节的单元音，在这个单元音后拆分（即将其留在上行）更适宜。如：leci-thin（优于 lec-ithin）、liga-ture（优于 lig-ature），physi-cal（优于 phys-ical），preju-dice（优于 prej-udice），sepa-rate（优于 sep-arate）。

有些同形词根据含义和读音的差异采用不同的拆分法。如：pre-sent（动词"赠送"）/pres-ent（形容词"目前的"），re-cord（动词"记录"）/rec-ord（名词"记事录"），pro-duce（动词"制造"）/prod-uce（名词"产品"），pro-ject（动词"规划"）/proj-ect（名词"方案"）。斜线前为开音节，斜线后为闭音节。

（4）合成词（复合词和加前缀/后缀构成的词）的处理办法：

　　a. 在词源和读音兼顾的前提下首先在组成部分的接合处拆分；如行长不合适，再考虑在其他音节拆分，但要注意避免造成结构混乱和理解困难。如：colour-blind（非 col-ourblind）、handle-bar（优于 handlebar）、leader-ship（优于 lead-ership）、news-paper（非 newspa-per）、railway-man（非 rail-wayman）、re-adjust（非 read-just）、throw-away（非 throwa-way）、un-equal（非 une-qual）。

b. 若词源和读音不能兼顾，一般依照读音拆分。如：anti-proton、anti-pode['æntɪpəʊd]（词源和读音兼顾），antip-odes[æn'tɪpədi:z]（依读音，不依词源分作 anti-podes，更好是分作 antipo-des）；aurif-erous（依读音，不依词源分作 auri-ferous）；extraor-dinary（依读音，不依词源分作 extra-ordinary）；struc-ture（依读音，不依词源分作 struct-ure）；demo-crat（词源和读音兼顾），democ-racy（依读音，不依词源分作 demo-cracy）；steno-graphic（词源和读音兼顾），stenog-rapher（依读音，不依词源分作 steno-grapher）。

c. 若词源和读音不能兼顾，有时依照词源拆分。如：dis-able（词源和读音兼顾），dis-aster[dɪ'zɑ:stə]（依词源，不依读音分作 di-saster）；inter-pret（词源和读音兼顾），inter-est（依词源，不依读音分作 inte-rest）；sub-order（词源和读音兼顾），sub-ordinate[sə'bɔ:dɪnət]（依词源，不依读音分作 su-bordinate）。

d. 在词源不明的情况下，依读音拆分，如 mas-sacre（非 mass-acre）。

（5）元音之间两个辅音字母（包括相同的辅音）相连时通常分属前后两个音节。如：ad-van-tage、des-parate、es-tab-lish、equilib-rium、ex-ces-sive、finan-cier、fin-ger、foun-dation、im-por-tant、In-dian、moun-tain、pol-lute（但 poll-ing day）、pop-pet、struc-ture。若前一音节为开音节，则两个辅音字母均属后一音节。如：be-tween、de-spite。

元音之间的 bt、lk、lm、gh、sh、th、ph、sc 等双辅音字母表示一个辅音（包括其中一个不发音）时作为单辅音字母看待，不拆分，而根据词的构成和读音确定归属。如：calm-est、talka-tive、de-scend（但

des-cant，s 和 c 分别发音)、hemo-therapy（但 post-harvest，t 和 h 分别发音)、hy-phen、poign-ant（但 preg-nant，g 和 n 分别发音)、wash-able。

（6）多数动名词和现在分词允许在 -ing 前拆分移行，如 carry-ing、crown-ing、divid-ing、eat-ing、sew-ing、sweep-ing、work-ing。动词末尾加 -ing 时重复的最后一个辅音，同 -ing 一起移行，如 forget-ting、run-ning。词根原有的重叠辅音不拆分，如 discuss-ing、sell-ing。以 -le 为结尾的动词拆分法为：bris-tling、chuck-ling、dwin-dling、han-dling、puz-zling、ram-bling、ruf-fling、star-tling、trick-ling、twin-kling。

（7）动词或过去分词词尾的 -ed 的处理办法：

a. 如果自成音节（e 发音），可以拆分。如：end-ed、start-ed。若 -ed 前面有两个或更多的音节，则要考虑行长是否允许在前一个音节拆分。例如 integrated 能分作 inte-grated 则不分作 integrat-ed，divided 能分作 di-vided 则不分作 divid-ed。u·nit·ed 因为 u 是单字母，只能分作 unit-ed。

b. 如果不自成音节（e 不发音），则不能拆分。如 aimed、climbed、helped、passed、spelled、vexed 等属单音节词，不能拆分成 aim-ed 等。

c. 动词末尾加 -ed 时重复的最后一个辅音，同 -ed 一起移行，如：permit-ted、rag-ged。abbreviated 中的 t 是词根中原有的，与 a 组成一个音节，可分成 abbrevi-ated，不能分成 abbrevia-ted 移行。

（8）-ceous、-cial、-cious、-cion、-geous、-gion、-gious、-sial、-sion、-tial、-tion、-tious 等后缀虽然在诗节中偶尔作为两个音节使用，实际上是一个音节，因此不拆分。如：coura-geous、espe-cial。

（9）-ism、-ist、istic 等后缀可以移行，如 capital-ism、chem-ist、Marx-ist、character-istic；但 -ism 前面是 c、ch 时习惯连在一起，如 criti-cism、fas-cism、anar-chism。

（10）移行时不允许把单个字母留在上行末或移到下行。因此，

a·cre、a·lone、a·gain、a·plomb、e·nough、e·vent、i·dea、o·nus、o·boe、u·nite、hoar·y 这类双音节词有一个音节为单字母，不拆分移行。O-hi-o 虽有三个音节，第一个和第三音节为单字母，也不能拆分移行。但是，e-book（电子书）、p-book（纸印书）等原来有连字符的合成词可把连字符和前面的单个字母留在行末。

（11）带连字符的复合词在连字符处拆分。out-of-print、up-to-date 的每个组成部分只有一个音节，只能在连字符处移行。若组成部分有多个音节，为适合于行长，有的出版单位允许在必要时增加连字符在其他音节拆分。如：high-profile 可分作 high-pro-/file，print-on-demand 可分作 print-on-de-/mand。有的出版单位只允许在原有连字符的基础上移行，不允许再增加连字符。如：energy-related 不再分作 energy-re-/lated，Washington-Oregon，不再分作 Wash-/ington-Oregon。尽可能避免增加连字符，能更好地适应出版单位的要求。

需要加连字符转行的行数避免连续超过两行。在页末或栏末的最后一个词避免加连字符转行。

（12）缩写词移行时不拆分。如：UNESCO、ISSN、bldg、Ph.D.。

缩写词要尽可能与连用的数词排在同一行。如：45mi.、150kg.、103B. C.、7:30P.M.。

（13）人名尽量避免拆分移行。必要时，Lyndon B. Johnson 可分作 Lyndon B./Johnson，其次分作 Lyndon B. John-son 或 Lyn-don B. Johnson；L.B. Johnson 可分作 L.B./Johnson，但不可分作 L./B. Johnson。

（14）对词的拆分英美出版的词典大体是一致的，但有时因为英美的读音不同，或因为有的偏重于词源，有的偏重于读音，各种英语词典对某些词的拆分不尽一致，下面举例说明以供参考。在查阅不同的英语词典时要考虑哪一种拆分法更加适合所处理作品的需要。

三种英语词典对词的不同拆分法比较表

英国《科林斯英语词典》	英国《朗文当代英语词典》	美国《韦氏新大学词典》第九版
at+mos+phere 英国读音②	at·mo·sphere 英国读音①	at·mo·sphere 美国读音③
cor+re+spond+ence ①	cor·respond·ence ①	cor·re·spon·dence ②
de+pend+ence ①	de·pen·dence ②	de·pen·dence ②
in+ex+pli+ca·ble ①	in·ex·plic·a·ble ②	in·ex·pli·ca·ble ①
read+a·ble ①	rea·da·ble ②	read·able ①
pro+gress(n) 英国读音③	pro·gress(n) 英国读音③	prog·ress(n) 美国读音②
con+vert+i·ble ①	con·ver·ti·ble ②	con·vert·ible ①
for+ci·ble ②	for·ci·ble ②	forc·ible ①
wast+rel ①	was·trel ②	wast·rel ①

①加下画直线表示依词源不依读音拆分，②加下画曲线表示依读音不依词源拆分，③加双下画线表示词源和读音兼顾。

　　上表音节分界用小圆点标示，依照《朗文》《韦氏》（及一般英语词典）的体例，都适宜于移行，位于词首和词尾的单字母音节除外。用小圆点标示音节分界处，依照《科林斯》的体例不适宜于移行，适宜于移行的音节分界处，另用加号（＋）标示。《科林斯》的《凡例》说明，如有可能应当避免该词典用小圆点标示音节分界处拆分移行。西方辞书界有一种观点认为："ble"的 e 不发音，"ble"是靠响辅音"l"构成的音节，尽可能避免单独移行。《科林斯》是据此处理的，词尾 -able、-ible 不拆分。该书认为：inexplicable 可分作 inexpli-cable，不宜分作 inexplica-ble；con-vertible 可分作 convert-ible，不宜分作 converti-ble。而《朗文》等一些英语词典则认为"ble"必要时是可以单独移行的。

出版物编校质量和编辑培训

提高编校质量，消灭报纸差错
——写在我国报纸编校质量三次抽查评比之后

1981年4月和10月以及1992年5月，被称之为"报中之报"的《新闻出版报》先后同北京前景电脑公司、西安杨森制药公司和吉林《演讲与口才》杂志主办了三次报纸编校质量抽查评比。报纸在广泛报道我国各种产品的质量问题的同时，自身的质量也在接受外界的检查。检查的结果和依差错率高低确定的名次已及时公布。

首都20家报纸参加第一次评比。前6名《解放军报》《人民日报》《中国教育报》《经济日报》《健康报》《光明日报》获优秀奖，差错率为0.88/10000至3.28/10000。最后一名差错率为16.5/10000。

全国30家省报参加第二次评比。前10名《浙江日报》《南方日报》《新疆日报》《新华日报》《湖南日报》《解放日报》《山西日报》《福建日报》《辽宁日报》《大众日报》获奖，差错率为7.44/10000至12.82/10000。最后一名的差错率为27.69/10000。

参加第三次评比的为全国计划单列市和省会城市党委机关报，共33家。前10名《大连日报》《杭州日报》《长沙晚报》《郑州晚报》《长春日报》《太原日报》《济南日报》《宁波日报》《青岛日报》《沈阳日报》获奖，差错率为6.21/10000至14.01/10000。最后一名的差错率为42.96/10000。

每次被抽查的日报都是同一天的报纸，非日报则查最接近这一天的

原载于中国出版科研所编辑出版研究室编：《书报刊文字差错评析》，中国书籍出版社1993年版。

日期。以错别字为基本计算单位。一个不规范字、一个知识性错误、两个标点符号错误按一个错别字计算；语病分轻重，按一个或两个错别字计算；标题差错按三倍错误量计算；广告的差错减半计算；同一性质的技术规格差错（如破折号排成两短横，小数点排成中圆点），不管重复出现多少次，最多按两个错别字计算。差错数量除以总发稿字数（首都报纸未查广告），得出上述差错率万分比。

报纸天天同广大群众见面，不仅在舆论导向方面，而且在语言文字的使用方面，对社会产生极大影响。从1991年"质量、品种、效益年"开始的报纸编校质量抽查评比活动，受到新闻出版界和社会各界的普遍重视，今后还要继续进行下去。《解放军报》总编辑杨子才同志说：这项活动实际上是中国新闻出版界的"质量万里行"。他强调，版面上无小事，我们应尽最大努力，把编校方面的差错消灭到最低限度。《人民日报》副总编辑郑梦熊同志说：《新闻出版报》抓住编校质量这个问题做文章，我认为是为新闻界办了一件实事，一件大好事，这对唤起人们重视编校质量，努力消灭差错，进一步办好报纸，一定会起到很好的促进作用。他把办报标准概括为三句话："政治上无懈可击，文字上万无一失，版面上精雕细刻。"国家语委副主任曹先擢同志指出：目前社会用字混乱，错别字泛滥，简化字是国务院批准公布的，人人有责任正确使用。他希望报纸在语言文字规范化方面做好表率。

参加评比工作的评委每次10—12人。他们来自不同的单位，其中有人民日报社、解放军报社、国家语委、人民出版社、人民文学出版社、商务印书馆、中国大百科全书出版社等。现把评委们三次检查出来的差错选择一些有代表性的分成几类试作粗浅的分析。第一次报纸评比后，笔者受首都两家报社的委托，对所出的报纸（共18期）作了初步检查，值得注意的问题在这里也一起探讨。看法不妥之处，望读者给予指正。

一、消灭用字差错

社会上流行"无错不成报"的说法，首先是针对用字差错说的。被抽查的报纸大多数都有错别字，例如省报的错字，少的几个（4版），多的达四十几个（8版），说明这个问题确实带有普遍性，非认真对待不可。

一字之差往往会造成重大错误。1992年4月7日以色列总理沙米尔在加沙地带说，以色列决不放弃它占领的任何阿拉伯领土。有许多家报纸在报道这条消息时却使用这样的标题："沙米尔称以色列不放弃被占领土。""被"字应为"所"字。两个不同的字代表截然相反的两种政治立场。一家报纸报道苏联总统命令"各政党……可以在这些机构之外和业务时间参加政治活动"，把"业余时间"错成"业务时间"，意思大相径庭。"5000万万元"多了一个"万"字，"37.4[万]雇员"少了一个"万"字，数字相差一万倍。"人大"两字颠倒，成了"大人"，概念完全不同。

检查出来的用字差错有以下几种类型，其中以同音或形似字居多。方括号内的为改正的字。

1.一般错别字：报导[道]，创[倡]导，架[驾]驶，座[坐]舱，一坐[座]塔，做[作]为，参予[与]，免于[予]起诉，轻予[于]管制，受制与[于]民，授于[予]，裁[栽]种，漫[蔓]延，博[搏]斗，打睹[赌]，主营[管]部门，幅[辐]射，欠[歉]收，按[安]排，按[安]装，签定[订]，装钉[订]，渡[度]假，编篡[纂]，堵[杜]绝，布[部]署，拥[涌]入，瞩[嘱]托，立功授[受]奖，挤[跻]身于，撕[厮]打，咀[诅]咒，建成投资[产]，各届[界]人士，一迭[叠]，三角州[洲]，家俱[具]，虚钱[线]，缧[螺]丝钉，必须[需]品，气慨[概]，感概[慨]，部份[分]，过份[分]，养份[分]，丝棉[绵]，全材[才]，船泊[舶]，船仓

[舱]，花式［色］设计，化装［妆］品，稻杆［秆］，手［首］饰，麦牙［芽］，囵［囫］圄，巡府［抚］，恭［供］品，景泰兰［蓝］，兰［蓝］孔雀，蓬［篷］布，炭［碳］素，萤［荧］幕，钢梁［梁］，前题［提］，木椿［桩］，这椿［桩］买卖，保值［质］期，物质［资］供应，风彩［采］，尅［克］星，矿碴［渣］，一窝［阵］风，一窝风［蜂］，低畦［洼］，血［雪］莲花，黄莲［连］，书蠹［蠹］，万户候［侯］，四盘打卤［大路］菜，烦燥［躁］，烦［繁］琐，九时正［整］，和霭［蔼］，遐尔［迩］，安祥［详］，端祥［详］，熟炼［练］，以致［至］于，信誉致［至］上，招至［致］，即［既］……又，勿［无］需出门。

2. 出现在成语和惯用语中的错别字：三顾茅卢［庐］，满腹经伦［纶］，辩［辨］证施治，相辅相承［成］，毋庸质［置］疑，切腹［肤］之痛，顾名思议［义］，迫不急［及］待，兴趣［致］勃勃，扑［铺］天盖地，下不包［保］底，后法［发］制人，光天白［化］日，狼狈难［不］堪。

3. 出现在人地名中的错别字：类［娄］淑安，藏［臧］发旺，蔡廷楷［锴］，日本前首相福田纠［赳］夫，越南副外长阮怡［颐］年，杨［扬］子江，崇照［明］，风［凤］翔，奉肾［贤］，株州［洲］，沪［泸］州，巷［苍］南县，广［江］西赣州，澳州［洲］。

4. 缺漏字：马克思主［义］，心理活［动］，半脱［产］，不［请］假外出，两［国］的经贸交往，水电装机［容量］1000千瓦，实现噪声［测量］自动化，办公［自动］化程度提高，上［级］有关部门，［本］地产品，签订意向［书］和协议，不锈［钢］薄板，经理室成［员］简历，有相当［多］观众，激动的不［得］了，寄［希］望于，出口［额］3万美元。

5. 多字（下加着重点者）：增产铜量900吨，企业业发行，6999九万元，由于一个极端走向另一个极端。

6. 字颠倒：五届大人［人大］，震慑了犯罪［罪犯］，秘奥［奥秘］，牲牺［牺牲］，质素［素质］，情灾［灾情］，情行［行情］，无煤烟［烟煤］，公厅安［安厅］，醉鬼三张［张三］，接受任聘［聘任］，诗书进仕［仕进］。

用字差错主要由以下原因造成：

1. 不确切了解字的含义及用法。例如，"既是……又是"常错成"即是……又是"，"即使"又错成"既使"，"坐座""于予与""安按"不分。

2. 已被废止的《第二次汉字简化方案（草案）》中某些字有人仍在使用。例如，兰［蓝］色，正付［副］本，过滤咀［嘴］，欠［歉］收，闫［阎］。

3. 不了解国家语委1986年重新发表的《简化字总表》对个别字作了调整。例如，复［覆］膜，全军复［覆］没，象［像］……一样，图象［像］。虽然在几年前国家已明确规定"像"不再作"象"的繁体字处理，30家省报中有23家在该用"像"的时候仍用"象"。不妨查查手边的书报，能做到完全改正的并不多。

4. 误用简化字，或使用已淘汰的异体字。例如，园［圆］柱体，迴［回］廊，浪峯［峰］，璀灿［璨］，奉勅［敕］。

5. 误用滥用繁体字或繁简混用，多见于广告。简繁随意混用对国内读者和国外读者都不适宜。

6. 人地名误以为简化。例如周厘［釐］王，浙江肖［萧］山，珠穆朗马［玛］峰，外国人名地名译名用字不规范或前后不一致，例如密西［歇］根州，土尔［耳］其，帕瓦洛弟［蒂］，秘鲁外长布莱克和布莱克尔（在同一条消息中出现）。

7. 标题、专栏名称、插图的手写字有错，未注意检查改正。例如，品嚐［尝］，吆［吆］喝，博彩［采］，杨熙［熙］城，巿［市］场。"巿"字竖直通上下，音 fú，是"韍"的本字，意为蔽膝。一家报纸的四个栏目"市场透视""市场漫笔""市场热点""市场好去处",把"市"写作"市",都错了。

8.原稿不清,字形相似的字排错未校正。例如,大干〔千〕世界,剌〔刺〕激,抢〔枪〕杀,已〔己〕未,情不能自己〔已〕,卷引〔31,三十一的阿拉伯数字〕。

消灭用字差错一靠学识,二靠认真。一篇文章中提到"葛天氏之民","葛"字误排作"菖"。读过陶渊明《五柳先生传》的人,一看就知道是个错字,不知这个典故,在辞书上查不到"菖天",不轻易放过,请教一下别人,还是可以在报上发表前改正的。"靖国〔郭〕君田婴"和"颖〔颍〕阴侯灌婴"中封号的错字,与《词源》核对一下即可发现。至于"孙〔孔〕子字仲尼"这样明显的错误,只要细心是完全可以避免的。

为促进出版物使用汉字规范化,在抽查评比中除错字外,报上使用不规范字也适当扣分。判断一个字的使用是否符合规范,有时会发生困难。例如,"渡过困难时期"(《现代汉语词典》)和"度过困难时期"(马列著作中译本),两种用法都可以还是只有一种用法是对的,尚待语文学界进一步研究。"桔"是个多音多义字,在"柑桔"中读 jú,在"桔梗"中读 jié。《简化字总表》没有把"橘"简化为"桔",《现代汉语词典》认为"桔"是"橘"的俗字。"柑桔""桔红"等用法虽不能算错,用"柑橘""橘红"似乎更符合规范化要求。

抽查发现,使用最混乱的字是"作"和"做"两字。像"作为"和"做为"这样的双音节词还比较好办,因为词典只把"作为"立为词条,可把"做为(一个教师等)"判为不规范的用法。但当这两个字作为单音节词同名词或动名词搭配时,使用往往没有一定的标准,作者各行其是,甚至在同一篇文稿中也会出现"作贡献"和"做贡献"两种用法,编辑改不胜改。报社和出版社最好能制定一份本社统一用字表。在中央编译局翻译的马列著作中,这两个字用法的区别是:与动名词搭配一般用"作",如"作分析""作报告",与名词搭配一般用"做",如"做手术""做候选人"。"份"和"分"也时常混用,如"身份"和"身分"、"成份"和"成分"。制定了统一用字表,编校人员处理尚未规范化的字就有章可循了。"其他"和"其它"的意义和用法完全一样,参照《中华人民共和国宪法》《中国共产党章程》《毛泽东选集》和马列著作中译本,统一用"其他"较好。这样,有的报纸引用宪法条文,把"其他"改为"其它"的问题就不致发生了。

二、提法力求准确无误,防止事实和知识性差错

报纸是党和人民的喉舌,重要的宣传阵地。它所发表的一切,特别是论述思想性、政治性问题的文稿,提法和意思表达要力求准确无误。

"父母官"是封建社会的地方官,我们党和国家的干部应当是人民的公仆,而不是人民的"父母"。"西安连续剧《铁市长》集中反映了父母官遇到的凡人小事,反映了党同人民群众的血肉联系",剧情介绍这样写法是欠妥的。如果一定要借用这个旧词儿,应当加上引号。

我国是一个多民族的统一国家,"蒙元""满清"这类旧提法早已不用。东北一家报纸所载"满清发源地——盛京",似应把"满清"改为"清朝"。

涉及改革开放、中外关系的报道,要特别注意内外有别,稍有疏忽就会出错。

"世界名牌运动鞋除'耐克'外还有中国的'火炬',美国的'袋鼠',德国的'飘马',台湾的'倍福来',加拿大的'奥迪斯'"一句,可在"中国"后加"大陆"、"台湾"前加"中国",避免把台湾与各国国名并列。

"去年与我国进口额比较多的地区有港澳地区、日本、德国、苏联、台湾省、南朝鲜"。这句虽然在"港澳"后加了"地区",在"台湾"后加了"省"字,还是把"港澳地区"和"台湾省"划到我国范围以外

去了。"与我国进口"也有语病，整个句子须改写，比如改为"去年向中国大陆出口……"等。

"来自新加坡、马来西亚、泰国、港、澳、台等地归侨300多人参加了（海南省琼海华侨图书馆建成）剪彩活动"。"归侨"可改为"侨胞和同胞"，不能把到海南省去的港、澳、台同胞列入"归侨"，"归侨"通常指回国定居的华侨。

"小平同志谈话的影响遍及海内海外。更多的外商特别是广东乡亲把注意力集中到广东。前来洽谈投资的人络绎不断"。并非所有居住在海外的广东乡亲都是外国人，似可改为"更多的外商，特别是其中的广东乡亲……"，必要的限制词是不能省的。

"本公司（深圳超顺柴油发电机有限公司）为中外合作企业。组装柴油机为100％日本三菱、电机为兰州的超顺柴油发电机组，……耗油只是国产机之五成，……半价于其他牌子进口机"。中外合作企业在中国境内生产的发电机组是国产机，怎么可以为了推销说成是进口机呢？

"本公司在香港、加拿大及西欧其他国家将建立产品出口总代理"。加拿大不在西欧，"西欧其他国家"可改"西方其他国家"或"西欧国家"，"香港"后面最好加上"地区"二字。

新闻除了要在细节上做到符合已知情况，还要及时准确地反映情况的变化。

"据辽宁、黑龙江、新疆、江西四省统计"，新疆不是省。

"湖北、北京、贵州、辽宁、山东、广西、江西、珠海等省、市、自治区……"，珠海是特区，不是自治区。

"昨天（1992年4月8日），国家核工业部来济发布高新技术信息"。一个部，特别是已经撤销了的部怎能来济南呢？

"产品销往美国、西德和日本"，对统一后的德国不能称"西德"。

"届时中国青旅集团新疆公司将组织独联体（原苏联）各国商贸团分批前来展销会参加选购"。独联体和原苏联不是一个概念，前苏联的波罗的海三国就没有参加独联体。

"到独联体国家和原东欧国家访问","原"字应去掉,过去的东欧国家现在还是东欧国家。

新闻报道为提供背景材料,往往会涉及过去发生的事情,即历史。"公元11、12世纪,中国的'四大发明'震惊世界。……到17世纪,火药在中国仍普遍用于造鞭炮驱邪气,罗盘被用来测风水求神灵,……中国'两弹一星'的高技术领先世界",这是一家报纸头版头条新闻报道中所讲的一段话,三处与事实有出入。四大发明有先有后,向世界传播是渐进的。我国造纸术早在汉代就已经发明,但用了长达一千年的时间才经阿拉伯世界传入欧洲。雕版印刷始于7世纪唐代初期,14世纪末才传到欧洲。在17世纪以前,中国早已把火药和罗盘用于军事和航海的目的,蒙古军队西征使用了在国内制造的火炮。郑和率舰队第一次下西洋是在明永乐三年(1405年)。"领先世界"意为先于世界其他一切国家,而我们知道"两弹一星"并非中国最先发明。

近年报纸加强了科技是第一生产力的宣传,科技新闻明显增多了,要注意避免不科学的说法。有许多家报纸刊登了题为"世界上第一个完全靠人工合成营养液孕育的婴儿在上海诞生"的消息。"婴儿"实为"胎儿",婴儿是初生的不满一岁的幼儿。报道所讲的是在母体中靠人工合成营养液孕育的胎儿,这一点在文中已交代清楚:"手术前吴肇汉教授说:'完全靠营养液孕育的胎儿到底如何,只有打开腹腔才能揭开'。"孕育是怀胎养育,对已生下来的婴儿就谈不到孕育了。只要仔细琢磨吴教授的话,以专家的说法为准,原电讯稿标题的差错是能够发现和改正的。

不准确、不科学的说法有时会造成对事实和客观真理歪曲。字词差错、语法修辞毛病也都有可能损害新闻的准确性和科学性。"赤"是一无所有,"赤地千里"形容严重自然灾害之后,广大地区寸草不存、颗粒无收的凄凉景象。"百色地区的粮食……下半年在赤地千里的大旱之年也比上年同期仍然增产",这段话读后会使人对新闻的真实性产生怀疑。

"陕西省陇县……683.7万平方公里的水土流失得到了治理",数字肯定有误。中国的国土面积约960万平方公里,陕西全省也不过19万平方公里,这个数字差错与事实相去远远超过了十万八千里。

"全世界60%的鲜花要靠荷兰出口",事实上这是不可能的,作者的本意大概是要说"全世界出口的鲜花荷兰占了60%"。

汉语的"倍"字意为"跟原数相等的数,只用于表示数量的增长,不能用于数量的减少"。一家科技报纸报道:"化工一厂不断改革工艺,加强管理,成本成倍地下降","FL908防锈颜料可代替传统防锈涂料,使成本降低1—5倍"。这是讲不通的。成本"降低1倍"为零,即生产不需要任何成本,已经无法理解;如果还要降低,就更不可思议了。原话反过来说就是:降低后的成本提高1—5倍为原来的成本。照此推算,换成分数,成本"降低1—5倍"实际上要说的是成本降低1/2,2/3,3/4,4/5,5/6,即"降低50%—83.3%"。

另一家报纸报道用示波报谱法测定食品中合成色素含量取得良好的效果,说"这一国内首创的测定方法较原来的国家标准测定方法省时60多倍,节约化学试剂费600多倍"。报道的本意是节省到原来的1/60和1/600以下,也就是说,省时60/61以上,节约600/601以上,换成百分数就是"省时98.36%以上,节约化学试剂费99.83%以上"。

赛格达声公司股票上市公告书称"达声产品始终居国内同类产品领先地位",并特别声明该公司对"刊出的资料的真实性、准确性负责"。该公司成立于1987年,据称共开发了二十几种产品,但公告书只提到有两种产品在1988年和1990年的全国性展评会上分别获"最受欢迎产品奖"和"新秀金奖"。如果这两种产品在其他年份以及该公司其他许多产品在各个年份也曾获得过全国最高奖,公告书不会不提的。如果"始终居国内同类产品领先地位"改成"居国内同类产品先进水平",

即把"始终"去掉,"领先"(走在最前面)改为"先进",可能更接近实际。

核对引文是防止援引材料出错必不可少的一道工序。报上发表的一篇理论文章有一段引文是这样写的:

马克思说:"人们通过每一个人追求他自己的,自觉期望的目的而创造自己的历史。"

引文有三处错误。首先这句话不是马克思说的,而是恩格斯在《路德维希·费尔巴哈和德国古典哲学的终结》中说的①。其他两处为标点差错。引文中"自己的"后的逗号应为顿号;所引用的不是一句完整的话,句号应移到引号外面。存在这些差错说明引文未经核对就发稿了。

另一篇文章谈道:"郑板桥喜画竹,说'宁可食无肉,不可居无竹'。"据查,这句话是苏东坡而不是郑板桥说的,个别字与苏东坡的原话也有出入。

如果报社严格要求作者在文稿中交代引文出处,编辑再加以核对,有些差错就可以避免。有一篇文章讲到"在议会制中,国家机器是由军队、警察和实际上从不撤换、拥有特权、站在人民头上的官吏组成的"。这不完全符合实际情况,因为在议会制国家并不是所有的官吏都"实际上从不撤换"。作者不认为提法有错,说是引自《列宁选集》第3卷第46页。经核对,列宁的原话是"最完善最先进的资产阶级国家是议会制民主共和国:权力属于议会;国家机器和管理机关像通常的情形一样,有常备军、警察,以及实际上从不撤换、拥有特权、站在人民头上的官吏。"列宁说议会制国家有实际上从不撤换的官吏是对的。例如,英国上院主要由世袭贵族和教会首要人物等组成,不由选举产生,有些

---

① 见《马克思恩格斯选集》第4卷,第243—244页。

上院议员终身任职，可说是从不撤换，但下院议员是要改选的，每五年一次。把提法由"有……官吏"换成"由……官吏组成"，就改变列宁的原意了。

有些引文虽然字面不错，但理解有误。重庆一家铝制品加工厂超额完成上缴利税任务，要求市主管部门兑现"工效挂钩"协议，上浮工资64%，市主管部门依据另一文件的规定，只同意上浮30%，于是双方各说各的道理，该市一家报纸以头版头条的位置发表了两位记者写的报道《听公婆说理》，开头两句话是这样写的：

民谚说："公说公有理，婆说婆有理。"到底谁有理？
李后主说："剪不断，理还乱。"理怎么搅乱？

李后主所说的"理还乱"是指离愁、思绪，不是指道理，这首词的后半句"是离愁，别有一番滋味在心头"可证明。"理"和"剪"一样，在这里都是动词，不是名词。援引别人的作品要符合原文原意，是编辑把关须注意的问题。

三、加强逻辑性，避免概念混乱和自相矛盾

"英国科托兹公司成立于1913年，该公司为世界最大的纤维厂商之一。在19世纪，科托兹是一家小型纺织公司"。如果这个公司是成立于1913年，在19世纪则不可能存在。有材料说科托兹公司成立于1825年。

"现在许多真正有价值的书却出不来，或者出来了，因为数量少要赔钱，结果就只好不出。"既然"出来了"，怎能又说结果"不出"呢？这是记者报道一位政协委员在讨论会上的发言，原话可能如此，但编辑有责任消除逻辑矛盾。

"每当人们步入北京先农坛体育场，时常会看到一群又一群热心购物者奔向体育技术开发公司"。"时常"同"每当"不能同时使用，"时

常"可改为"就"。

"1987年3月本公司开始筹建恢复经营"。"开始筹建"和"恢复经营"是互相排斥的,新筹建的公司不能说恢复经营。

"褚伯安念起了《满江红》,一会儿已泣不成声。这哭声感染了同伴"。这哭泣既然已到了发不出声音的地步,不宜再强调"哭声",似可改用"激情"之类的字眼。

"尽管人类自诩为万物之灵,但不能说在所有方面都高于一切动物"。既把人类包括在"万物"之内,又把他们排除在"一切动物"之外,这是自相矛盾的。如果把"一切动物"改为"其他动物",在逻辑上和事实上就没有问题了。

"重庆江北火柴厂的产品远销省内外",重庆就在四川本省范围之内,产品在省内包括在重庆销售不能称远,因此可改"畅销省内外"或"远销省外"。①

"作为集体(国家、集体、社会)要关心和尊重个人利益"一句中,上位概念和下位概念都使用同一个词——"集体",这是逻辑所不能允许的。后一个集体可改为"团体"或"单位"等,使其同前面作为大概念的"集体"有所区别。

"弥渡县轻工机械厂到6月底实现利润8万元,为年利润的114.7%"。半年的利润不可能超过全年的利润,原意大概是"为年利润计划的114.7%"。

"卢浮宫、枫丹白露、凡尔赛、巴黎万圣祠和大凯旋门、伦敦圣保罗教堂和大英博物馆,这些驰名世界的伟大建筑使每一个旅游者为之心醉"。枫丹白露和凡尔赛是地名,不是建筑,改为"枫丹白露别墅"和"凡尔赛宫",就可以包括在建筑之中了。

---

① 编者注:1997年6月,重庆市、万县市、涪陵市和黔江地区从四川省分离,组建为重庆直辖市。

"电力、柴油、汽油及水泥、钢铁等物资供应","电力"不是物资,可改为"电力以及柴油……"或"柴油……钢铁等物资以及电力供应",使两类不同的概念不致混淆。

"由本报(《中国化工报》)、重庆记者站、上海记者站等联合组织的'化工长江行'采访活动,5月25日在成都拉开帷幕"。三者是什么关系不清楚。如果重庆记者站、上海记者站是《中国化工报》的下属单位,那么三者就不是并列或联合关系,可改用"本报编辑部、重庆记者站、上海记者站"之类说法。

"该报告共分成三大类计九项农产品"。报告不是由农产品组成的,可改为"该报告把农产品共分成三大类,计九项"。

"描写的是教育界公认的儿童(8—12岁)和少年儿童(9—16岁)两个阶段。……而少年儿童的抽象思维和审美能力比幼儿、儿童明显增长"。这是不是教育界公认的说法,值得怀疑。从所讲年龄界限看,"儿童"和"少年儿童"这两个概念是交叉关系,而非全异关系,是不可能分成两个不同阶段来进行比较的。一个9—12岁的孩子,试问处于哪个阶段呢?

"每百毫升血液中血色素数值低于12克以下"。"低于"和"以下"同时使用反而造成逻辑混乱,可删去"以下",或把"低于"改为"在"。

"笋岗海关去年监管铁路进出境货物共达280多万吨,超过其他三大海关监管货运量十多倍。"超过十多倍是多少呢?如果到20倍就说20倍,不到20倍,那还是十多倍。因此,"超过"不宜和约数一起使用,在这里可改为"为"。

"免去原任……职务",原任职务是作任免决定时已不担任了的职务,不存在免去的问题。"原任"可改"所任"。

四、正确掌握词义

用词不当，在报上比错别字更常见，原因首先与未能确切掌握词义有关。"湖水上涨，一旦溃堤……2万家住家将被洗劫一空"（应为吞没或淹没），这类明显的语病自不必多说，需要着重探讨的是一些近义词或容易混淆的词的用法。

"税务部门给困难企业减免税收""通过减免税收和补贴，支持高新技术产业创立和发展"。"减免税收"应为"减免税"，因为税收是国家征税所得到的收入，无所谓减免的问题。

"财政税收收支计划"，改为"财政收支和税收计划"。既然是"税收"，就不是支出。

"权力下放""他们依照《企业法》赋予的权利进行管理"，"权利"应为"权力"；"为人民的民主权力而斗争"，"权力"应为"权利"。权利指公民依法应享受的权益，权力则指职责范围内的支配力量，通常用于国家、领导机构或其负责人。

"该厂已完成产量88.4万元"。"产量"应为"产值"，因为以元计算的不是产品的数量。"工业总产量"也应当是产值，工业产品有许多不同的品种，无法以一种单位计算产量。

物质可指独立于人的意识之外的一切客观存在，与精神相对；物资指具体的物质资料，意义范围较小。"物质供销站""物质浪费"中的"物质"应为"物资"，"物资奖励"则应为"物质奖励"。

"这个县在养殖业上大有突破"，文中只报道了生猪、秋鸭和鸡的饲养繁殖，没有涉及水产动植物，"养殖业"改"饲养业"为宜。

"语"和"文"含义不同，使用时往往不注意区别。"丽音系统增加两条声道，……可能只播中文或只播英文"。文字是书面语言，无声的东西，通过声道播送的是语言，不是文字。这里所讲的"中文""英文"实为"汉语""英语"。用"英文跟他对吵"，也同样要改为"英语"。

"《牛津英汉字典》用 5000 万个字解释词义"。英语不像汉语有字词之分，句中的"字"要改为"词"。

"日本借用了古汉语中原有的词汇'经济'，赋予'财政经济'之意"。句中"词汇"改成"词"。词汇是集合名词，一种语言或一部作品等使用的词的总称，"经济"不过是汉语的一个单词。

"飞龙丸……其名得之于《易经》中'飞龙在天'一词"，"一词"改为"一语"，所讲的不是一个词。

"不得以营利为目的，通过广告、商标、展览橱窗、书刊、杂志等形式使用妇女肖像""本厂承印报纸书刊期刊""五六种报刊杂志"。三例中的"杂志""期刊"可以去掉，因为书刊和报刊包含期刊和杂志。

"房租按质论价，优质优价，这就体现了住房的商品属性……方案还提出以优惠价鼓励个人购买商品房"。"优价"的说法有歧义，按下文的"优惠价"来理解，就同原来要表达的意思正好相反，不如改为"优质高价"。"我厂将以一流技术、一流质量、一流价格服务满足用户"中的"一流价格"更是不知所云。

"石油勘探仪器综合了各种学科的近代技术"。在我国，"近代"通常指介于"古代"和"现代"之间的时代，在这里可照习惯改为"现代技术"。

"他说，选择这样的题材领域，部分归结于他的身世、经历和对漂泊生活的切身体验"。本句颠倒了因果关系，"归结"应为"归因"。

"支持大干的，批评诬陷告状的"。告状未必错，不能和诬陷相提并论，一概批评。

"将款物转送或直接转给灾区"。"转送"和"转给"意思差不多，都是非直接的。前面既然讲了"转送"，后面可改为"直接送给"。

"陈从军服役期满又服从部队需要，改留志愿兵"。"改留"意思表达不清，习惯说"转改"。

"咨询"意为征求意见。"为了能直接获得大陆咨询，台湾厂方希望准予订阅大陆报刊"一句中的"咨询"应为"信息"。台湾管"信息"叫"资讯",可能是这条报道把"咨询"和"资讯"搞混了。

要用词得当,词义的褒贬不可忽视。一家报纸报道两个女青年因陷入三角恋爱而不能自拔和为逃避包办婚姻自杀身亡,说她们"服农药毙命","毙命"带贬义,但对这种情况也不能用褒义词,似可改"丧命"。"1位8岁童养媳",对小孩不必用含敬意的量词,有的报道把"位"用于恐怖分子就更不适宜了。

汉语成语十分丰富,意思要真正吃透,才能用得恰当。"轩然大波"指大的纠纷或风潮,"在全区范围掀起发展有计划的社会主义商品经济的轩然大波"一句中就用错了地方,不如改用"热潮"。

成语是约定俗成的,要按照习惯使用别人才知道是什么意思。"年逾花甲"指超过60岁,"年过半百"指超过50岁,像"张老已花甲过半"这种非驴非马的用法就不知道表示多少岁了。

"落草"通常指逃入山林当强盗。"黄宗羲意气慷慨投笔落草",把这样一个贬义词用在招募义兵抗清的进步思想家身上显然是不妥当的。成语都有特定的含义,把"投笔从戎"和"落草为寇"拆开随心所欲地拼凑使用只能增加语言的混乱。

五、语法修辞问题

1. 词语搭配

一个词进入句中就同其他词发生这样那样的关系。报上使用的多是一般成语,其含义是浅显易懂的,问题常出在词语的搭配上。少〔小〕部分,演出场次很低〔少〕,危房高〔多〕达92平方米,暴力事件最高〔多〕的地方,这个问题相当长〔复杂〕,冗〔漫〕长的山村道路,有力〔利〕时机。所举的都是最常用的形容词,而且紧靠所修饰的名词,照理说,问题是不难发现的。

动宾结构常见搭配不当的例子有:坚决打击非法出版物〔活动〕,

严惩刑事犯罪活动［分子］，解决［纠正］了行业歪风，解决［吸收或安置］了农村多余劳动力。

在长句中，相关的句子成分如果相隔较远，更要注意搭配是否适当。"她善于总结，给自己制订了'一省二查四勤'的工作作风"。作风怎能制订呢？

一个词同一组并列词语或一组并列词语同另一组并列词语发生关系，须要逐个审查搭配是否恰当。

"中国人民的立场和努力是明确而坚定的"。"立场"可说"明确而坚定"，"努力"则不能。

"区人大办理人民代表议案、意见、建议64件"。对"意见""建议"不能说"办理"，"办理"似可改"处理"。

"很多问题需要引起重视和管理"。"管理"显然不能"引起"，可改"及时处理"。

"各地可根据自己的实际情况，制定具体的贯彻落实意见和切实可行的规章制度"。如果找不到一个合适的同时可管"意见"和"规章制度"的动词，可考虑用两个动词，如改为"提出具体的贯彻落实意见和制定切实可行的规章制度"。

"洪水等灾害的袭击，使国家财产和人民群众遭受严重的经济损失"。把"财产"删去，或改为"使国家财产和人民群众经济遭受严重的损失"。

2. 虚词

助词、介词、连词等虚词是汉语用以联系句子成分、表现语法关系的重要手段，不掌握好，就写不出通顺的话。例如"日、德、法、美进口各种传感器"一句，词不达意，本来要说的是"从日、德、法、美进口的各种传感器"，由于缺"从"和"的"这两个虚词，就把日、德、法、美由传感器的出口国变成进口国了。

在所有的汉字中以"的"字使用率最高，也最容易出错，用多了少了都不行。"据《信息日报》报道，湖北省浠水县念慈村农民李则中，花费28年心血写成的一部长达52万字共24章的《伤科纲鉴》医著。""写成"后面多了一个"的"字，要去掉，否则不成为一个句子。

"另外4家撤销警告处分的企业产品是……"一句中的"企业"后少了一个"的"字，意思变成被撤销处分的是产品，就讲不通了。

"乌克兰在苏联是仅次于俄罗斯联邦第二大加盟共和国"。在"俄罗斯联邦"后应加"的"字。

"省人大代表、政协委员的提案提议共39件，在协助政府进行洽谈整顿、廉政建设方面做了有益的工作"。报道本来要说省人大代表、政协委员做了有益的工作，现在却成了提案议案做了有益的工作。问题出在"的"字使用不当。把"提案"前面的"的"字改为"提出"，使"省人大代表、政协委员"成为两个分句的主语，文意就连贯了。

"的""地""得"被赋予不同的语法作用，在使用时要注意加以区分。"积极的〔地〕投放市场""作出完整系统地〔的〕全面规划""工作做的〔得〕扎实有效""治理靠得〔的〕是技术"，括号内的是应使用的字。

助词"等"表示列举，使用时要注意辨别其前后的词语是同位关系还是偏正关系。"司令员看望了……干休所等武警官兵"中的"等"字改为"的"或"等处的"，否则"干休所"就成了武警官兵了。"天安门警卫大队利用自身警卫的天安门、故宫、历史博物馆等史料和古建筑，进行……学习游览活动"所列举的四大建筑都不是史料，其中的历史博物馆不是古建筑，句中的"等"字改"等处的"才讲得通。"京、津、沪和大连等厂家共展出千余件服装艺术品"，城市不是厂家，"等"改为"的"或改为"等市的"。同样，"亚洲、欧洲、美洲等不少国家"，"等"字去掉，或改为"等洲"。

下面举些动态助词被误用的实例。

"广州特种互感器厂成为了国家定点生产厂"。"成为"后面不能带

"了"，可去掉，或改为"成了"。

"他们把原料基地作为了工厂的第一车间"。"作为"也不宜带"了"，把"了"去掉，或改到句子末尾。

"随着镜头予以了展示"，"予以"和"给以"一样是由动词加介词合成的，所以后面的"了"字要删去。如果把"予以"改为"给予"，则可带"了"。

"赋予她了吃苦精神"，"了"改到"她"字前，紧接动词之后。

"'女'字满目的所谓'娱乐片'，不正是消极适应而结出了降低观众审美趣味的恶果吗？""结出了"改"结出的"，这是判断句，不是要陈述动作的过程。

"这时候，瑄珠还怀了福全的遗腹女玉娇"。"怀了"改"怀着"，与"这时候"相呼应。

"必将起着巨大的推动作用"。"着"表示持续态，"将起"的作用还没开始，谈不到持续，"着"字应删去。

"你要在二十年左右的时间里走完人类数千年、数万年走完的认识历程"。人类的认识过程由低到高，由浅入深，永远不会完结的，句中后一个"走完"应为"走过"。

"们"是表示多数的后缀。一些集合名词本身已包含众多的意思，不必加"们"。例如"广大职工们""公众们"的"们"字可删。

介词误用以"对""为""以""于"等字较多。

"县政府指示工商局对该工商所李、邵二人停职检查"。"对"字改为"令"，不然就成了工商局停职检查了。

"管理人员对产品出厂前严把质量关"。"对"改为"在"。

"为加强党风以及经济建设都起了积极促进作用"。"为"改为"对"。

"付以现行价格"，改"按现行价格付给"。

"致力防治血吸虫病"。"致力"后缺一"于"字。

"予国家人民毫无他求"。"予"改为"于"。

"泸州属四川省，位于川、滇、黔边界，除了有名酒外，是个偏僻的地方"。"除了"是不计算在内的意思，对于同类的事物才能用除外。名酒和偏僻地方不同类，似可用表示意思转折的词来代替"除外"。比如改为"泸州……是个偏僻的地方，但盛产名酒（或：只是酒有名）"。

关于连词的使用，在"由于……使……"这一句型中，主语往往欠缺。例如"由于人口增长过快，使剩余劳动力产生了强大的就业压力"，"使"字前需补上主语，或把"由于"去掉。"由于公司领导重视，消防网络制度健全，使一些不安全的因素被及时发现和就地消除"，把"使"字删去即可。

"特别是学工科的同学，离开了车间、工厂，就离开了生产第一线，否则永远只能是个纸上谈兵的'赵括'"。"否则"表示对上文作假定性的否定，即"要不离开车间、工厂，就永远只是个纸上谈兵的'赵括'"，与本来要表达的意思正相反。"否则"可改为"结果"。

"获国优金奖的1502丁苯橡胶，其主要性能指标，已达到和超过了国际标准"。如果主要性能指标全部都超过了国际标准，那就不能同时说达到国际标准；如果只是部分超过、部分达到，那就得把"和"改为"或"。"产品的抗压、冷冻等指标均达到国际和国内先进水平"，问题性质与上句相同，"和"改"或"。"将群众反映材料迅速查处和转有关部门"，改为"……迅速处理或转有关部门"，因为事实上不会把全部材料包括已处理了的都转给别的部门。

"美容师免费美容及为顾客提供咨询"。"及"改"以及"或"并"，"及"只能连接名词性成分。"咨询"后加"服务"。

"计划外生育第二个、第三个及以上子女"，"以上"改"更多的"。

"具备大专或以上学历"，把"或"字删去。"大专以上"通常包括大专。

副词是虚词的一种，其中要特别注意否定词的正确应用。"在未上大学以前","未"字有没有都一样。"初产妇难免不产生恐惧心理",多了一个"不"字,意思说反了。"十年九不欠收",有了"不"字。"欠"[歉]字就不能再加了。

3. 指代词

指代词可以说是半虚词。我、你、他、她、它等代表一定的人称、性别,要按照约定俗成的语法规则来使用。在这方面西方语言的要求是很严格的,我们也不能太自由。

"直到现在,已升任共和国海军少将的孟庆宁膝下也无子女。然而你却有另一个宠儿——核潜艇。"这句话不是对孟庆宁本人说的,第二人称"你"改用第三人称"他"为宜。

"他们往往存在侥幸心理,认为事故不会出在我的手上"。"我"改为"自己",否则与"他们"的人称不一致。

"3种制式的彩电……他们相互间并不兼容。""他们"不能替代物品,应该为"它们"。

代词的使用最突出的问题是:在报道一个单位(工厂、商店、公司、机关、团体、学校、医院等)或地方(市、县、区、乡镇、街道等)时,前面还没有出现过人物,就说"他们"如何如何。这个"他们"所指是不明的。遇到这种情况,要把"他们"改为"它们""它"或"该厂""该校""该县"等。例如"真有不少注意商品质量的商店,他们严格把关,取信于消费者",把"他们"改为"它们"。

有人以为"他们"所指代的只可能是男性,这是一种误解。其实,若干人全是男性或有男有女时都可以用"他们"。"一些学生和他(她)们的父母"和"文艺晚会主持人有白杨、张瑞芳、孙道临等老艺术家。……他(她)们的出场为晚会添彩增色",在"他"和"们"之间再加个"她"完全是多余的。

在性别不明或没有必要区分时,"他"也可单独用来泛指男女性。"一个天资聪颖的少年,一旦被认为是神童,就有无数人不惜代价为他

（她）铺开锦绣前程"，句中的"她"字也不必加。

"她"通常用来称呼女性，有时也可扩展到表示敬爱的事物，例如把祖国、党比作母亲时使用。但要防止滥用。例如"香港运用她的雄厚的资金"一句中，不需要用"她"来表示感情色彩，应改为"它"。

"中国战略武器部队……的保密性，使她刚诞生便注定与沉默相伴"，把全是男性或主要由男性组成的军队"女性化"是不适宜的。句中的"她"字似可改为"其"，这个代词既可以表示男女性，又可代替组织机构。

"我们共产党人的一切活动的宗旨，是为了人民大众，是为了解放和发展社会生产力。它不谋个人和党派私利"。"它"不能代替人，可改为"共产党人"。

"它"不像"他"字有"其他"的意思。"转营它业"要改为"转营他业"。

"一位工人经过五年时间的努力取得了英语本科文凭，被单位外事办公室聘用"，指什么单位不明，"单位"前加"本"字，或写明单位名称。

《乌鲁木齐晚报》记者报道："哈尔滨十分重视洽谈会，把每次洽谈会作为南联北开发本市经济文化的一个契机"。句中"本市"要改为"该市"，因为记者工作单位不在哈尔滨。

4. 词序

词序是汉语表示语法关系的主要手段之一，词组的组合方式、句子中各种成分的位置相对固定，其变动不像词形有复杂的曲折变化的西方语言那么自由。词序不对就会影响原意的正确表达。

"本公司主要从事高级音响组合、收录机、智能电子仪器的设计、制造"。句中"音响组合"不是产品名称，应为"组合音响"。

"闻讯赶来的各界艺术家和人士"，应为"艺术家和各界人士"，艺术家是各界人士中的一界。

"9个各省区推荐的先进乡镇"。"9个"应改到所修饰的"先进乡镇"前面。

"日本高松市长胁信男、副议长大熊忠臣和市长蒋仲平、南昌市人大主任王显文"。"南昌"移"市长"前。顺便提一下,"人大主任"应为"人大常委会主任"。

"他们正在探讨如何使小食品市场真正生意兴隆起来"。副词"真正"不是修饰名词"生意"的,应移到动词"兴隆起来"前。

"传统的文化无力挑战现代文化",改为"……向现代文化挑战"。"挑战"不作及物动词使用。

"这项考试在取录的16人中我是唯一的中国人"。"取录"二字颠倒。"这项考试"在句中无着落,把"在"字移前,改为"在这项考试中录取的16人中我是唯一的中国人"。

"迅速修订五年规划和科技进步计划,抓死重点科技项目前期工作"。"死"字在句中作补语,表示"抓"的结果——"不活"了,有违原意;要把"死"字改到"抓"字前面做状语,如"死死抓住",或把"抓死"改为"抓紧"。

5. 松散残缺

结构方面存在的问题为句子松散,必要的成分残缺,意思不连贯等。

"这次大赛,将从现在起,全省各市地及省直有关部门和企业,在广泛开展技术培训和技术练兵的基础上,优中选优,于10月下旬进行预选赛,11月中、下旬举行全省大赛。""这次大赛"游离在全句之外,后面需要有与其呼应的词语,如改为"这次大赛即将开始……"等。

"我市作为省会城市、沿海开放的港口城市和具有悠久文化的历史名城,广大人民群众素有讲文明、讲礼貌的优良传统。""作为"在句中是介词,一直管到历史名城,"我市"缺谓语。把"作为"改成"是"或"为"作动词,意思就完整了。

"作为大众形象媒介的电视屏幕,我们不断为普及书法艺术作努力"。在"作为"前加"利用",否则"我们"就成为"电视屏幕"了。

"各级人大及其常委会要对执法情况,特别是对宪法和重要法律的实施情况的检查和调查研究。"本句有助动词"要"。但缺表示行为的主要动词,把最后一个"的"字改为"进行",才能独立成句。

"对农民加强社会主义思想教育,提高社会主义觉悟,坚定走社会主义信念",意思不连贯,"走社会主义信念"也不通,似可改为"对农民加强社会主义思想教育,使他们提高社会主义觉悟,坚定走社会主义道路的信念"。

关于评奖的报道,在"获得""授予"等动词后往往缺"称号"等与之搭配。例如"信阳地区医药站获全国医药局质量管理检测先进集体[称号]""旋极电器荣获上海名牌产品和轻工业部优质产品[称号]""马卫东本人被授予陕西省优秀企业家[称号]""本公司91年被市工商行授予AA级企业[称号或证书],公司财务部被授予会计工作达标单位[称号或证书]""……均获一等品[奖]"。

词语缺漏、意思不完整的例子还有:

"249人达国家二级以上运动员[的标准]""连然建筑公司负责建设的工程全部达到优良工程[的标准]"。

"于是发生了本文开头的那封信[所反映的问题]"。

"沛文进屋里来求她去做自己的母亲[的工作]"。除加"的工作"外,"自己的母亲"改"自己母亲"。

"这样的领导班子才符合精兵简政[的要求]"。

"该厂产品投入市场后,正逐步代替了进口[产品]"。除加"产品"外,还要删去"了"字,因为"了"字表示动作的完成态,和表示动作正在进行中的"正"字不能同时使用。

"外公就这样平平凡凡地壮烈[牺牲]了"。

"[实行]责任制后几年间"。

"在邓小平同志关于建设有中国特色社会主义的[理论或讲话精神]

指引下"。

"在选拔社教人员中,有的部门派老、弱、多病[者],影响正常到岗"。

"本公司是从事通信、计算机应用和软件产品[开发]的技、工、贸一体化的企业"。

"产值和效益[每年]均以20%的速度增长"。讲速度增长率应有期限。

"销售油[菜]、白菜"。"油菜"缺个"菜"字就是另一种食品了。

6. 重复冗赘

新闻报道要求文字少信息量大,即"文约事丰",重复冗赘、可有可无的话要毫不可惜地删去。

"飞机因燃料耗尽而被迫在沙漠中实施紧急迫降",这条新闻见于十几家报纸。"被迫"可删去,或把"迫降"改为"降落"。

"凡所有未经批准,擅自在城区外环道路占道堆物的单位和个人,必须自行清除"。"凡"就是所有,总括主语所讲的一切,其后再加"所有"就重复了。

"省军区给预备役炮兵团一营三连予以通报表彰","给"和"予"用字不同,意思一样,"予"字可删。

"作家自身亲躬体验生活",这里用"亲躬"(一般说"躬亲")不仅与"自身"重复,而且不得体。

"给予行政撤销乡长职务处分","行政"二字是多余的。"市电信局副局长朱德明领导近日致函本报"。局长是领导,这是不言而喻的。"领导"可用于单位名称的后面,加在人名后用来称呼一个人,为日常生活中所罕见,听起来也不是味儿。

"不学无术"是讲一个人什么学问和技能也没有,"某单位有几个平时不学无术的人",加上"平时"反而讲不通了。如果要加,"不学无术"就得改为"不爱学习"。

"55岁以上"可以有两种解释，有时须要交代不含55岁。一家报纸所载的"年龄放宽到55周岁（含55周岁）"，必然含55周岁，用不着特别说明。

下述例句中方括号内的字都是重复或多余，因而可以删去的："连［许多］影视演员、播音员误读也大有人在""实行'百花齐放、百家争鸣'的［双百］方针""大不列颠［英］帝国""创产值将［达］上亿元""1988年的人均［年］收入""一群［气魄］帅气的男人""洪水围困的100户居民被［安全］转移到安全地带""证件［均］全部丢失""每日［早晨］进行晨练""深达四五厘米［高］的积水"。

六、新闻报道中一些常见词语的使用问题

"通讯""电讯"和"通信""电信"在使用时常常发生混淆。"通讯"是一种新闻体裁，"通讯社"是采编发布新闻的机构，"电讯"是用电传设备传递的新闻，这些"讯"字都跟新闻有关。"通信"则指用任何方式沟通各种信息，"电信"是用电传设备传递信息的重要方式，这些信息，可以包括新闻，但不限于新闻。通讯社或记者固然是使用电传设备（或称电信设备，包括电报、电话、通信卫星等）传递新闻的，但并没有专用于传递新闻而不能传递别的信息的"通讯设备"。按照这种理解，散见于各报刊的"1895年无线电通讯的发明""交通、能源、通讯、原材料工业""国家通讯电线""国宾馆电讯处长……安装通讯设备，以备记者使用"等语句中"通讯""电讯"似乎以改用"通信""电信"为宜。

"截止"和"截至"不分，是新闻用语最常见的差错之一。例如，"四川省将于今年9月举办国际电影节，截止3月底，已经29个国家和地区的70多家电视台和音像公司接受了邀请"，句中"截止"应为"截至"。"截止"是不及物动词，到一定期限为止，不再往前延伸，如"报名已截止""登记到5月底截止"。或把"截止"作定语，如"截止日期

5月底"。"截至"是由动词"截"和介词"至"合成的及物动词，必须带宾语，用于一个还没有结束的过程，在某一个时点切断，以便计算到那时完成的数量或程度。

"破获案件多少起"也常见于新闻报道。"破获"不宜和"案件"连用，因为这个词除了破案之外还多了一层"捕获"的意思。案件不是人，无所谓捕获。侦缉走私、贩毒、盗窃等犯罪团伙把罪犯查明抓到时才可以说"破获"。"1991年全国公安机关共破获各类盗窃案件108万起"，句中的"破获"改用"侦破"或"破"为好。以下两个是用得正确的实例："市中区检察院办案组侦破一特大贪污案"（《济南日报》），"余杭县公安局经过20多天的设卡等候，破获了一个在该县疯狂盗窃破坏农用电力设施的重大犯罪集团"（《杭州日报》）。

近几年来报上越来越频繁地出现"今年以来"的说法，抽查30家省报见于17家，有时一个版就有好几处。据《汉语大词典》第1卷解释，"以来"是表示从过去某时直到现在（或特指某一时间）的一段时期，必须从已成为过去的某时起才能算得出到现在有多长时间。例如，"解放以来""去年以来"，"解放""去年"都已成为过去。"有史以来"指从历史的开端到现在，《汉英词典》译为since the beginning of history，在英译中加了"开端"。

新闻表达时间的概念要力求明确，不容许作任何解释。今年尚未成为过去，"今年以来"从何时算起、到现在有多长时间是不清楚的。"今年以来，奉化啤酒厂生产出现好势头，产值、利润比去年同期增长"（《宁波日报》1992年4月9日），时间不确定，怎能进行同期比较呢？如果从一年开头算起，应说"年初以来"或"今年一月以来"；要是起始时间了解得不准确，可把时限适当放宽，如说"今春以来""今年一季度以来""今年上半年以来"等。要是从何时起无法确定或无须确定，就不要用"以来"，如"敦煌市今年以来已接待海外旅游者2.5万人次"，把"以来"删去，节省两个字，意思不变。新华社1991年8月

24日电提到"今年以来,我国28个省、市、自治区分别遭受各种不同的自然灾害,其中入夏以来发生的水灾最为严重"。"入夏以来"的说法是正确的,"今年以来"的"以来"二字可不用,或者改为"年初以来"。新华社记者1991年8月25日报道我国工交企业情况时说:"今年投资迅速回升,扭转了近年来连续下降的趋势……今年以来,从中央、地方到企业都大力增加资金投入。"既然无须说明增加投资从今年何时起,"今年"后面加"以来"就是多余的。还有"近年来"的"来"更应当删去,因为"近年来"指从近年到发出这条电讯的8月份。投资连续下降到1991年8月份,同"今年(1991年)以来"投资回升的说法是自相矛盾的。在英美书报中未见有 since this year 的说法。1991年11月18日《中国日报》把中文报纸消息中的"今年以来"译为 since the beginning of the year,意即"年初以来"。在全国编辑培训班,笔者曾向藏族和哈萨克族的编辑问过他们把"今年以来"译成藏文和哈文是怎样翻译的。他们都回答说按"年初以来"的意思翻译。但在语文界有人认为"今年以来"和"年初以来"表示的时间"有长短的区别,并不等同"(见《语文建设》1991年第9期)。人们对"今年以来"的含义理解不同,词典也不收这样的条目,可见这个用语尚未达到约定俗成的地步,在稿中遇到时须弄清楚原意,再作适当的修改。

"建国以来""建国后"是约定俗成的说法,指中华人民共和国成立以来。有些新闻报道在这个用语前再加"中国"或"我国"二字是欠妥的,因为中国建国是在几千年以前。"中国建国后……施行外交特权与豁免条例""30多年的时间证明,这些规定符合中国建国后……的实际情况""我国建国以来,已编制过1952年、1957年、1970年、1980年和1990年五次不变价格""蒙山3号……在我国建国以来所发现的大颗粒金刚石中位居第六位",这些话中的"中国""我国"可删去,或改为"新中国"或"中华人民共和国"。

"水平"一词在报上出现的频率很高,如何恰当使用是值得很好研究的问题。"历史最好水平"的说法是不符合汉语规范的,因为水平有高低之分,并无好坏之别。这类语病我国已故语言学家王力先生早在1980年就在全国政协的一次会议上指出过,至今仍不时在报纸(包括我们这三次抽查的报纸)上出现。

为了显示产品质量之高,有人爱用"达到国际水平"的说法,殊不知国际水平同国内水平一样也是有高有低的。我们可以说"达到国际标准",因为国际标准总是有所指的,可据以衡量产品质量指标是否达到规定的标准。而"国际水平"所指是不明确的,在报上可以看到"国际最高、领先、先进、中上、中等、平均、最低水平"等多种说法。"由我国长春第一汽车制造厂生产的解放CA141中型载重汽车,通过国家优质产品检验,各项指标在同类车中为最佳,达到国际水平",试问这个"国际水平"指国际上哪一个档次的水平呢?恐怕连这条消息的报道者也回答不出来,因为产品只"通过国家优质产品检验",未说同世界各国同类车的质量比较过。我国某一项最佳产品属国际最高水平、国际先进水平、国际中上水平都是有可能的,只有通过具体的比较才能知道属于哪一个档次。"七五期间,北京化学工业共试制新产品450项,投产新产品238种,其中72种达国际水平"。238种产品有72种达国际水平,即166种在国际水平以下,这条线不知道是怎样划的,划在国际中等水平,还是划在国际先进水平,报道应向读者交代清楚。

有人说国际水平就是指国际先进水平,未必尽然。最近看到1992年6月19日《参考消息》报道"新加坡国家虽小,旅游业目标却朝向国际最高水平",新闻标题为"目标瞄准国际水平"。同月16日《人民日报》报道"中国北方光学电子总公司……生产的各类红外观察镜、远距离微光观察仪等夜视器材,在结构及光学系统设计方面,已达到80年代末世界先进水平",新闻标题为"国产夜视器材达国际水平"。可见,"国际水平"在我国新闻界有人理解为国际最高水平,有人理解为国际(世界)先进水平。据《现代汉语词典》,"先进"是"水平比较高"的意思，当然不是最高水平。新闻用语表达的概念要准确，使人不能作任意的解释，表示水平高低程度的形容词是不可缺少的。

"为赶超世界石油仪器先进水平，西安石仪厂走了一条引进、消化、吸收、创新的路"。这句须要在"世界"之前加上"目前"或"某某年代"这类限制词，因为"世界先进水平"赶上后，把自己也包括在内，并随着自己的提高而提高，因而永远是不可能赶过的。如果不加时间限制，改为"赶超西方国家先进水平"也是可以的。

"上水平"这类话在平时讲话中说说无大碍，别人也能听懂是什么意思，但是上报纸就得慎重了。一个人或一项工作，无论原来的水平多么低，总有处于一定水平之上的。"勇于拼搏，敢上水平""我们的创建工作就上了水平"，意味着原来没有水平，怎样才能算是上了水平呢，那是不可捉摸的。似可改用"敢攀高峰""上了轨道"之类说法。"我们有信心通过几年努力，使建材边贸出口的品种和数量上一个水平，使全省建材工业整体素质和整体效益上一个水平"，"水平"不像台阶可以一个个地往上数，"上一个水平"之后能不能接着上"第二个水平"呢？看来"水平"不宜使用数量词，这句话可在"水平"前加一"新"字，以表示与过去比较有所提高。

七、使用大众化语言，增强可读性

报纸是大众传播媒介，为取得所期望的良好传播效果，要使用通俗易懂的大众化语言，处处考虑如何使内容更容易为广大读者理解和接受，避免生造怪僻词语，少用长句、倒装句、方言、文言，慎用缩略语和外文，尽量扫除阅读障碍。

"她把这份漾溢着感性生命力的骨血投入人生"，一位女演员印象记中的这句话用词太生僻抽象，借用新闻界的一个术语来说，就是"迷雾系数"太高，所以很费解。全句除了可以判断"漾溢"应为"洋溢"之外，其他意思就令人捉摸不透了。文学语言在一定条件下允许突破规范，以丰富作品的表现力。但是像"而希特勒，那'交椅'曾显得铁而硬之"硬把"铁硬"拆开，像"抚平了两个孩子心灵上的创伤"对创伤采用"抚平"疗法，实在看不出有什么高超之处。还有"血雨腥风""雾消云散""义正词严"等成语改为"血风腥雨""九霄云散""词义严正"，没有增添什么新意，还是按照习惯使用为好。一篇文学评论称赞路遥的小说"准确而深刻地反映了时代生活的内容"，末了，作者说："透视《平凡的世界》的艺术成就，一言以蔽之，似乎可以用这句话加以概括，我认为。"这样的倒装即使在外国的议论文中也是很罕见的。

全国报纸，包括首都和各省市的报纸，都有责任推广普通话。地方报纸的读者不限于本地人，就是对本地人也要推广普通话。新闻媒介在非直接引用本地人说话的场合，一般不宜使用方言土语。"啥时也不对国家耍心眼"，这是一位记者采访河北省辛集市磷肥厂厂长之后写的一篇报道中的小标题。因为不是引用厂长的或工人的话，在新闻标题中没有必要使用"啥时"之类方言。地方报纸使用的方言词一般词典上查不到，如"问题下茬解决""乘坐豪华大巴西北行"中的"下茬""大巴"，意思只能靠猜测，就妨碍思想交流了。

文言是古人的书面语，现代具有较高文化水平的读者也不一定都能看懂，一知半解，用得不恰当，反而会闹笑话。"壮哉""非也""差矣""庶几"这类文言词在普通话不是没有相应的字眼可以代替，在新闻报道不是非用不可。"是不懂安全操作规程吗？非也。"对工程技术人员说这种话，有点不伦不类。"原以为……钻井工人闭塞惯了，见到客人会忸怩，其实差矣"，不如改为"其实不然"。"不干则矣"把字写错了，"矣"应为"已"。"保驾"的本意是保卫皇帝，现多用于开玩笑的场合，但保护的对象应当是人，不是物。如果连物也用"保驾"，未免太滥了。有一则报道的标题为"'太极盾'轮胎弥合液保驾/汽车辗铁钉安然无恙"，"保驾"似可改"有……保护"。另一标题"贵州省为赤无化'八五'改造保驾"，"保驾"可改"提供保证"。

使用缩略语要遵循三条原则：一通用，二易懂，三不会产生歧义。

"徐文会见秘鲁防长"这个标题，看了报道内容才知道"防长"是指国防部长。这个缩略语不像"外长"已经通用，不用为好。

"国标"这个缩略语在词典上查不到。一家报纸报道"全面达到国标的轻质石膏砖首创成功"，句中的"国标"指什么呢？有人说指国家标准，可是另一家报纸却把"国际标准舞"简称为"国标舞"。"按国标生产"既可理解为按国家标准生产，也可理解为按国际标准生产。这种尚未定型而又有歧义的缩略语要避免使用。如果必须使用，第一次出现时要写出全称。

有条新闻一开头就说"省安 101 队 1300 余元被盗"，"安"字很容易使人联想到公安、安全保卫部门。看到后面才知道这是"省安装公司第一分公司 101 队"的简称，把全称和简称的位置对调一下，岂不更好！

有些公司等广告自称"我司"，与政府部门的司混淆。后者只能自称"我司"，再也没有别的简称。为了相区别，公司照习惯自称"我公司""本公司"没有什么不好。

"软科学研究课题"可简称"软科学课题"，不宜再简到"软课题"。"软"字不是形容科学而是形容课题，概念就变了。

评先〔评先进〕、技措〔技术措施〕、任资〔任职资格〕、毒资〔贩毒资本〕、比增〔比去年同期增长〕、"更、改的计划"〔更新、改造的计划〕——以上括号外的缩略语，节省不了几个字，意思颇费猜测，使报道的可读性大大降低，得不偿失。至于"1.8 万名农村青壮年文（半）盲走进考场"，把"半文盲"简化为"半盲"是绝对不行的。

随着对外开放政策的贯彻执行和中外经济、科学、文化交流的加强，我国报刊使用外文比去年明显增多了。有不少外文是直接使用而不加解释，这就妨碍阅读了。产品的型号、技术标准的编号使用外文字母代号，本身没有特殊的含义，只能照写。但是外国组织机构、名词术语等，不管是全称还是缩写，凡是可以意译或音译的，照惯例要译出，必要时可附外文。

有几家报纸都刊登"美国 NBC 购买 25 届奥运会转播权"的消息。NBC 在美国是家喻户晓，在我国恐怕十之八九都不会知道这是"美国全国广播公司"的英文缩写。一家科技报纸刊载的《略谈"三苯"行情》一文谈到"去年 7 月份，ARCO 生产厂发生爆炸，产量减少，市场一时供不应求"。这个厂家是哪一国的，全称和译名是什么，文中没有交代。笔者原以为这个厂家在科技界很有名，用不着交代，同该报编辑部的同志座谈时特意问了这个问题。得到的回答出乎意料，连编辑部的同志也不知道这个缩略语代表什么意思。这个厂家在西方确实很有名，从《英汉缩略语词典》查到 ARCO 是美国"大西洋富田公司"的简称。要是文章发表时把译名也写上就省得读者去查了。

"全面质量管理"我国读者已经很熟悉，一看就懂。不明白为什么有些报刊却偏偏爱用这个术语的英文缩写 TQC，而不加任何解释。有的报道写某公司推行"TQC 管理制度"，有的写某工厂成立"产品质量 TQC 小组"，翻译出来就成了"全面质量管理管理制度""产品质量质量管理小组"如果不使用这种"中英合璧"构词法，全用中文就不致出现这样的差错。至于维生素 C 更是人人皆知的营养必需品，完全没有必要在报刊文章中用英文缩写 Vc 来代替它。Vc 是英文氯化烯的正式缩写字，在词典上查不到维生素 C 的含义，大概是医生们把它作为维生素 C 的俗字使用。

我们对外文不如对汉字熟悉，于细微处更要注意用得是否准确。在报上常发现有字母和符号排错。例如英文 Virus（病毒）最后一个字母 S 未排，日本三菱 MLTSWBLSHL 应为 MITSUBISHI，10 个字母错了 4 个。人名 B·J Man 应为 B. J. Man，即把中圆点改下脚点，J 后补一个下脚点。

八、认真贯彻国家制定的各项标准及其他规范

随着信息时代的到来,社会发展、科技进步和国际交往对语言文字规范化的要求越来越高。报纸有责任带头贯彻国家为此制定的各项标准及国际公认的和约定俗成的各种规范。

要贯彻就得先熟悉,否则就会对差错视而不见。

1982年制定的国家标准《中文书刊名称汉语拼音写法》,要求用汉语拼音拼写中文书刊名称时按词连写,但不能把所有的汉字音节连写成一串。《南昌晚报》报名汉语拼音 NANCHANGWANBAO 连成一串,按规定要把 NANCHANG 和 WANBAO 分开。《吉林日报》被抽查的一期报名"吉林"的汉语拼音 JI LIN 应连写为 JILIN。《内蒙古日报》报名汉语拼音使用缩写字 NMGRB,以改用全称为宜。一些公司名称的汉语拼音缩写也有差错,如 GINTIAN(金田)应为 JINTIAN,YOUGFA(永发)应为 YONGFA。

国内统一刊号开头两个字母是 CN,有的报纸把自己的刊号错写成 GN。中国标准刊号的简称为 ISSN,有的错写成 ISSB。

数字的用法要求符合国家语委等主管部门在1987年公布的《关于出版物数字用法的试行规定》以及有关的国家标准和惯例。从报纸的实际执行情况看来,须注意以下问题。

1. 在同一篇文稿中对同一项目(如日期、基数词、序数词)的数字的用法要一致。如"1956年二月"应写为"1956年2月";"第18条第三款"应全用阿拉伯数字或全用汉字。

2. 除特殊情况外,年份一般不简写。50年、91年要写成1950年、1991年。"50年前"也可理解为"五十年前"写"1950年前"就不会产生歧义。"香港是一只会下蛋的金鹅,不论97年以前或以后都如此",句中"97年"要改为"1997年"。

3. 一般情况下不能以千、百为多数的计量单位。如"77万2千"

要改为"77.2万","4千6百"改为"4600"。

4. 在科技专业出版物中四位数以上的数字不用千分撇号",",而用加空(四分千空)的办法分节,如"35,750"改为"35 750"。非科技专业出版物目前不可分节。长数字不分节阅读不便,而排版留空又有一定困难,有人建议,《试行规定》修订时非科技出版物允许采用传统的以千分撇号分节的办法,有关部门正在考虑中。

5. 年份不移行,一个用阿拉伯数字书写的多位数尽可能避开拆开移开。5位以上的数字,尾数零多的可改用亿、万为单位,把数字缩短。技术上实在无法解决时可考虑在小数点处或分节处移行。有的报纸在1/986年,199/0年,2/0万,22/5元的斜线处移行是不可取的。

6. 表示概数的两个连用数字中间不加顿号。如"三、四个"要改为"三四个","二十八、九岁"改为"二十八九岁"。

7. 小数点和中圆点不能混淆。"1·4亿"应该为"1.4亿"。"5.26"案件使用小数点不对,要改为"5·26"案件,当然改为"五·二六"案件则更好,这样不易把中圆点错成小数点。

8. 时与分的分隔号不用小数点。例如有的广播电视节目表上表示九时十五分用"9.15",要改为"9:15"。

9. 习惯语不用阿拉伯数字。"10年9春旱"改为"十年九春旱","三合1"改为"三合一"。

10. 直排文稿中的数字一般要用汉字,只有特殊情况(如用外文字母和阿拉伯数字组成的产品型号等)才可保留阿拉伯数字。有些报纸在日期和一般数字(如"1990年7月1日""4楼""60米")直排时仍用阿拉伯数字,既不符合规定也不好看。

11. 掌握二、两、俩字用法的区别。在一般量词前面用"两",不用"二"。"二个多月、二个水电工、二头牲畜、2个百分点、二次获得",其中的"二""2"改为"两"。约数用"两","一、二千元"和"二、三千元"改为"一两千元"和"两三千元"。多位数中的个位数用

"二","一百零两岁"改"一百零二岁"。"二万五千里长征"是固定的历史事件名称,不能称"两万五千里长征"。

"俩"是"两个"的合音,可说"俩人"不能说"小俩口""老俩口"。

国家主管部门曾三令五申,要求大力推行国家法定计量,限制英制的使用,限期废除市制,在1990年年底以前完成向国家法定计量单位的过渡。可是至今报上仍时不时出现不符合规定的用法,有时在同一篇报道中法定计量单位和非法定计量单位混用。

英制计量单位非我国法定计量单位,在翻译作品中可以保留,但在一般新闻报道中要限制使用,必须使用时要注明相当于法定单位多少。有一条消息说新西兰发现一只巨型草蜢"身长48英寸、重达23磅",原始材料大概是使用英制计量单位,但完全可以换算成我国法定单位米和公斤。"该中心占地面积80万英尺、建筑面积21000平方米",这句话有三个毛病。一是在我国建造房屋,即使在特区也不宜用英制计量单位;二是同时使用"英尺"和"米",用法不统一;三是"英尺"前应有"平方"。报纸刊登彩电广告过去一般只用英寸表示尺寸大小,近来有的报纸在有关彩电的报道和广告中都先写厘米后括注英寸,如"34厘米(14英寸)""54厘米(21英寸)",这种处理办法比较好。加仑含液量在英国和美国并不相等,如果改用升或注明等于多少升,就不可能作不同的解释了。"哩、呎、吋"国家规定改称"英里、英尺、英寸",不可再用。报上出现"21吋彩电",评报时作为差错处理。"18立式遥控彩电",表示英寸的符号要用双撇号"″",不能排成下引号。

关于市制计量单位,在非正式计量的场合有时可用,如"节约每一斤粮食""这种清脆悦耳的声音,能在三里之外的山谷回响"。在正式计量的场合则要用法定计量单位,如"人均产粮500斤"改"250公斤","距加油站3里处"改"1.5公里处"。"600多万平方尺"要换算成平方米,像"占地4千6百余平方尺"这样的文句,数字和计量单位的用法都不符合规定。"12寸CRT显示器",要换成厘米或注明相当多少厘米。

"公尺""瓩"已停止使用,改称"米""千瓦"。"公升""立升""市升"都应改为"升"。箭头左边是在报上看到的一些计量单位和其他不符合规范的用法。平米、平方、方尺→平方米,立方→立方米,CM、MM→cm、mm(改小写),400米^3→400m^3,木材520元/M^3→木材520元/m^3,1250KW→1250kW(K改小写),4千W→4kW,3T柴油车→3t(吨的符号小写)柴油车,PH值→pH值(p小写),"摄氏70℃—80℃"可把摄氏删去。"最高温度12度"改"最高温度12℃","零下30°低温"改"零下30℃低温"否则不知道表示摄氏度还是华氏度。"54°38°古遂醉酒"改"54度和38度古遂醉酒"。表示几何角度和温度的符号不宜用来表示酒的浓度,两个度数要分开写。钢管等的直径符号是ø,不是Φ。"总马力3968匹"改"总功率3968马力"。

据《中华人民共和国法定计量单位使用方法》的规定,在用斜线表示相除时单位符号的分子和分母要与斜线处于同一行内。一般分数的分子和分母也不宜拆开。有的报把"立方米/秒"的"秒"和"吨/年"的"年"移至下行行首,把"1/50"的"1"留在行末,大概是未注意到这个规定的缘故。

量词是汉语特有词类之一,为数不少,方言区的用法与普通话又不完全一致,要用得恰当是不大容易的。在下述例子中改用括号内的量词似乎好些。两只[把、口]长剑,两块[把、张]小椅子,1600多件[箱]名酒,问题404件[个],一间[家]大企业,一丝[滴]雨珠,夺得三枚[次、项]欧洲锦标,一纸[张]废纸,买盒[副]棺木,微机装置1万只[台],新产品46只[种],优秀产品93个[种]。

有些报道缺量词,如"一位批信员使60多万'死信'找到归宿"缺"封"字。"一个人"有时可说"一人",但会产生歧义时量词不能省。如"一月过去了",原意实际上是要说"一个月过去了","个"字要补上，否则可以理解为"一月份过去了"。至于"15 个批次""10 个人次"中的"个"字则是多余的。"16 人（次）"的次字不宜加括号。

第二次世界大战后产生的科学技术新词语，港台的译法有些与大陆不一致，如"软件"和"软体"等。有的已为大陆吸收，如"电脑"，本身表示含义，用字比"电子计算机"少，为人们所乐用。至于国家已经标准化了的科学名词，则不宜再引进港台的会引起误解的译法，以免造成概念混乱。例如"Laser"起初音译"莱塞""睐泽"，1964 年依钱学森同志的建议意译为"激光"。这个用语早已规范化，可是近年有人却又以使用港台的译法为"时髦"，在被抽查的地方报纸中可以看到"镭射唱机""镭射音响组合""镭射投影""幻彩、镭射、扫描等多种舞厅灯光设备""镭射卡拉 OK 影碟""雷射传真机""雷射印表机"等五花八门的说法。Laser 与金属镭的放射及打雷无关。从镭蜕变出来的镭射气又称氡，是一种气体元素，不是光。现在再来使用这类会使人望文生义的音译词是一种倒退，没有任何积极意义。

九、广告问题

在报纸上所有的栏目中，广告的差错是最多的。有些广告用语用字之混乱已到了"无法无天"的地步。《汉字简化方案》是国务院明令公布的，有人认为在广告中可以不受约束。广告滥用繁体字，以为可以迎合海外读者的口味，未想到适得其反，却招来新加坡读者的非议。我国婚姻法规定实行一夫一妻制，征婚只能个别进行。有的报纸却刊登"集体征婚"启事，这是什么意思？难道人们征婚能作为"集体"进行吗？可要知道，认真追究起来，这是"违法"的语言。

1987 年国务院公布的《广告管理条例》规定："广告内容必须真实、健康、清晰、明白，不得以任何形式欺骗用户和消费者。"华而不实、夸大其词，是广告的大忌。试举一例作些分析。"我公司五交化经营部是日本（日立牌）、（高速牌）、（牧田牌）、英国（坚固牌）、法国

（标致牌）、德国（AEG）电动工具在河北省的总代理。所经营的世界名牌优质电动工具拥有最高效力，……被公认为最模范，最权威产品。声誉全球的世界名牌始终走在世界尖端科技的前列"，句中一连使用了三个最高级的形容词。"最"表示程度达到极点，超过其余。只有在世界范围内经过检验评比，才能确定某一种产品的质量达世界最高水平，广告没有提供这方面的证明材料，因而缺乏说服力。所经营的六种电动工具，价格不会一样，质量也能比出高低，请专家们来评比，绝不会公认六种电动工具齐列"世界之最"。再有，"模范"通常用于值得学习的对象，"权威"指使人信从的力量和威望，用于商品有点不伦不类，而且"最权威"后面还得加个"的"才合语法。"声誉全球"应为"誉满全球"。

在报纸广告上常见参展单位或祝贺单位"排名不分先后""排列不分次序"等说法。次序是事物在空间或时间上排列的先后，既然排名就必然有先有后，不分先后就无法排名。我们可以说排名不分主次，不分地区，不分报名先后、单位大小、级别高低、笔画多少等，但不宜说"排名不分先后"，因为这在逻辑上是讲不通的。《新闻出版报》有的广告已改用"排名不分主次"，可供参考。

十、关于标题

新闻标题可以概括全文的主要内容，也可以突出某一个方面，不管如何标法，题文务须保持一致，不能有矛盾，这是一条基本原则。

一家报纸有个栏目叫"一句话新闻"，另一家报纸的戏剧栏目叫"一句话介绍"，但内容所用的文字往往不止一句话。

有一条消息的标题是"（亚运村）康乐宫月接千人"，而文内为"每日接待游客已达千人以上"，"月"和"日"必有一个是错的。

标题"京棉三厂年节水50万立方米"，给读者的印象是年年如此，文内讲的是去年一年的节水情况，因此标题中不能把"去年"省略为"年"。

1992年4月9日《兰州晚报》标题"今年普通高校招生有新规定／计划招生11865人",全国高校一年招生几十万人,标题所举的是甘肃省一省的招生人数,"计划"前应加"我省"。

按照传统的看法:埃及金字塔是古代帝王的陵墓。有一条消息采用"金字塔并非陵墓"这样的标题,无异告诉读者过去公认的结论已被推翻。其实文内所讲的不过是一个外国牙科医生提出的新假设,并没有提供论据说明这个假设已经得到证实。因此,在这个标题前似可加"一外国医生认为"之类的引题,以免读者只看标题,误把假设作为事实来接受。

另一条消息的标题说"去年获美博士学位中国人居首",中国人获美国博士学位不可能超过美国人。消息内容是讲在非美公民当中居首位,标题没有这个限制词,意思就与事实不符了。

标题"美国著名智囊机构兰德公司预测／中国将成为世界第二经济大国"与正文"到了2010年中国可能成为世界上第二或第三经济强国"不一致。新闻内容讲了两种可能性,标题只讲一种可能性就有悖原意,"第二"后要补上"或第三"。引题倒可以压缩成"美兰德公司预测",这是美国一家著名智囊机构非关键词,在正文中交代即可。

标题"经营成本上涨,劳动力缺乏／新加坡四成企业外迁",给读者的印象是新加坡的企业已有四成外迁,事实上文内讲的是"目前新加坡已有40%的企业正在计划外迁中"。如果标题"外迁"改为"拟外迁",就不会引起误解。

一条新闻报道中国企业管理协会和中国企业家协会的活动,在标题中把两个协会的名称压缩为"中国企业管理和企业家协会",变成了一个协会。这样的压缩是不可取的。

一位记者报道江苏省泰兴县的化工产品远销日本、美国、德国、法国等10多个国家和地区,标题却改为"泰兴农民办化工／产品远销欧、亚、美"。与所在地方有很长的距离才能说"远",中国就在亚洲,中国的产品怎能说"远销亚洲"呢？这是任意扩大范围、不注意文字照应造成的语病，标题中的"亚"字要照正文用"日"字。

"桑粤春一篇论文在国际上获奖"，这一标题的"获奖"二字未能确切地概括新闻内容，因为所报道的这次学术研讨会只不过把桑粤春的论文评为优秀论文，并没有设奖。

报道用词不当要设法改正，不能在标题上照搬。一家报纸头版头条新闻标题为"卓尼贫困面大大下降"，大概是据报道内容卓尼"贫困面由42%下降到17.2%"拟定的，"下降"可改为"缩小"。

一篇报道有两种措词不同、实质一样的提法：（1）对个体、私营经济正确引导与管理，（2）更有效地引导和管理个体、私营经济发展。标题"一条引导和管理个体、私营经济健康发展的新路子"看来是根据后一种提法拟定的，在"发展"前加"健康"二字使原有的语病更明显了，因为对"健康发展"进行"管理"是不可理解的。把标题中"和管理"三个字删去，或者参照第一种提法，把标题改为"一条正确引导和管理个体、私营经济的新路子"，文字可能更顺些。

"阿拉法特座机遇沙暴失踪/美国卫星发现抵的黎波里"，这个标题大概是报社发稿编辑所拟，与新华社原电讯稿标题不同。问题出在"抵的黎波里"在句中放在"发现"后面，使标题与事实有出入，因为阿拉法特座机是在沙漠失踪处被美国卫星发现的，抵的黎波里是后来的事。把词序调整一下，改为"座机遇沙暴失踪被美国卫星发现/阿拉法特安抵的黎波里"，与事实就一致了。

标题"读书人将有自己的辞典"，词不达意，好像过去读书人还没有过辞典似的，据报道内容似可改为《中国读书大辞典》将出版"。

标题"铁价上升带动基本金属回扬"，把文内"价格回扬"的"价格"省略，句子就不通了。"回扬"一词较生，在词典上还查不到，不如改为"回升"。

"兰溪市橡胶厂规定每个职工每年有一个月脱产学习时间"，这个标题字不少，所含信息量不大。职工每年脱产学习一段时间，许多单位早已实行，将其作为新闻来报道，须抓住特点，标出新意。例如报道中讲到该厂职工轮训"措施落实、管理严格"，使脱产学习不流于形式，这些都是可以考虑提示的特点。

一条报道松下1991年中国乒乓球公开赛在京开幕的消息，文内说"中国队和香港队、中国台北队此次都派出最强的阵容"，大概是为了增加新闻的生动性，标题的措词改成在这次乒乓球公开赛中"华夏名将倾巢而出"。"倾巢"多用于贬义，如指匪军、特务全部出动等，用于华夏名将就很不得体了。还有，"派出"与"阵容"搭配不当，倒是应当改为"排出"而没有改。

新闻标题许多都是编辑记者自己拟定的，或者是经过他们审查修改过的。标题所能容纳的字数有限，一定要多推敲，使其准确精炼。长标题转行最好在语句可停顿处，或者在两个词语之间，尽量避免把一个多音词拆开。"中纪委召开会议强调加／强企业纪检案件工作""落榜青年胡彬茜获全／国家电维修优秀论文奖"，这两个标题在斜线转行，主要考虑形式（字数）而没有照顾到内容（词义）。其实，形式和内容是可以设法兼顾的。第一个标题19个字分两行，字数先9后10和先10后9，是分不出轩轾的，但是如果从"加"字而不是从"强"字起转行，就不致把一个词儿拆开。

十一、重视标点符号的正确使用

据1990年修订发布的《标点符号用法》，常用的标点符号有16种，再加上斜线号、隐讳号等其他几种也不过20来种。《现代汉语通用字表》所收汉字达7000个。应当说标点并不比汉字更难掌握。出人意料的是报上的标点差错率往往比错字率高出许多倍。

有一篇文章全文约3000字，错别字8个，占0.26%；标点符号共381个，误用43个，占11.28%。标点差错率为错别漏字率的43倍多。

评委对一家市报所提的42条修改意见，有18条属文字方面的，有26条是关于标点符号的（即占62%，接近2/3）。我们知道，在一篇文章中标点符号不过占文字符号总数的1/10。在30家省报评比中名列榜首的《浙江日报》，标点差错占全部错误的44%。《解放军日报》被抽查的那期只有一个标点差错，说明只要重视标点符号的运用，各报的差错率就会大大降低。

下面举些实例作分析，以便了解报纸在标点符号的运用方面有什么值得注意的问题。下面方括号内提出一种供参考的改正办法。

1. 句号

话语停顿处使用句逗两可的情况是比较少的，不联系上下文仔细考虑文意就随便断句，不免要出错。"该片熔惊险式、地方色彩和民间艺术于一炉。[，] 表现了日本鬼子侵占我国东北时期，抗日小英雄侯星、二如等打日寇的故事，[。] 该片编剧萧远、导演王学新"，例句中的句号应为逗号，最后一个逗号应为句号。

有篇介绍生活小常识的《巧炖骨头汤》，短文用长句："将脊骨剁成适当段放入清水浸泡半小时后，洗掉血水，[。] 待沥去水分后，把骨头放入开水锅内烧开，将血沫滗去捞出骨头，再用清水洗干净放入锅内，[。] 一次加足冷水，适当加入葱、姜、料酒，[。] 先用旺火烧开，待10—15分钟再滗去污沫，改用小火焖煮约半至1小时，[。] 煨烂后，去掉葱、姜，[删去] 及浮油，加适量食盐，少许味精，溶匀就可以盛入器皿内，再撒上蒜花、葱花或蒜泥食用。"共用了21个逗号和顿号，把整个制作过程写完直到可以下咽，才打一个句号。在加括号处4个逗号似可改成句号，把长句化为4个短句。

"手机可任意拨通由座机与市电话接通的各地电话。[，] 从而克服了有线电话通话距离短的缺点"。"从而"是连接前后两个分句的，表示因果关系，不能用句号断开。句子如以"从而"开头就没有主语了。同样，"因而""以致""并且"等连词即使所连接的分句很长，其前面也不能用句号。"因此"可用于表示结果的句子开头，因为这时其后面是有主语的。

"解放思想，振奋精神，抓住时机，加快步伐，把本市乡镇企业的发展推上一个新台阶。[，]这是虞荣仁同志在7日结束的全市乡镇企业行业工作会议上提出的新要求"。上例为新闻报道的一个常见句型。"这是"前面的一段话虽然不短，但不能独立成句，所以要把句号改为逗号。同样，"'把房改方案交给群众讨论，充分听取各方面的意见，把这种涉及千家万户和每个人切身利益的事情办好。'[',]这是市委、市政府在昨日召开的济南市住房制度改革新闻发布会上提出的要求"，要把"办好"后面的句号改为逗号，并移到引号外面。

"饮食以水果、鱼、瘦肉、豆制品、奶类为主要膳食，[。]适当吃素，注意平衡饮食"。豆制品是素食的一种，接着又说"适当吃素"，故把逗号改为句号，把话断开，以免前后矛盾。

2. 逗号

"因工作关系[，]笔者常到一些中小学校去。"介词"因"只管到"关系"，其后有停顿，须加逗号同主语"笔者"隔开。

"瑞林苑高层住宅位于沙头角北面，靠沙头角保税区、国家森林公园及游乐场、学校、商场等[，]生活设施一应俱全"，"等"字后如果不加逗号，学校、商场等都成了生活设施，就不可理解了。

"县委、县政府理解企业，支持企业[，]和企业坐在一条板凳上想问题"，句中"和"字是介词，不是连词，前面须加逗号断开。

"本版介绍的岭南水泵总汇，就充分显示了街道办企业的灵活性，和对国营经济的补充作用。""和"在这里是连词，连接并列词语，前面不能有停顿，去逗号，把"和"改为"及其"。

"……对目前北京市蔬菜生产中的气候条件、土壤条件、水利条件，[删去]及社会经济技术等条件，进行了深入广泛和细致的调查研究"。"及"字与连词"和"一样，前面不能有停顿，要把逗号删去。

"中国兴起了'自强'、'富国'为目的的洋务运动,和进行了几次反抗外敌侵略的斗争,以及20世纪初实行新政策"。"和"不能连接分句,应删去。"以及"除连接并列词语外,还可连接分句,其前面的逗号可保留,这两种用法都是"及"所没有的。

"领导小组还专门从各单位抽调了一批懂农村财务的人员,〔删去〕参加社教工作"。这是兼语句,"人员"既作"抽调"的宾语,又作"参加"的主语,后面不宜加逗号。

3. 顿号

顿号、逗号、分号和句号代表4个不同的层次,标点的误用常与不能正确区分层次有关,特别是顿号这一层次问题最多。

"中、朝之战""水、电不通""国内、外""内、外宾住房",去顿号,因词组简短、并列关系明确,不必停顿。

"三、五成群""五、六十岁"。成语和概数不用顿号。

"省、市〔省市〕电台、电视台""设中、高〔中高〕档餐厅、咖啡厅"。并列词语分属两个不同层次,把代表较低的一个层次的顿号去掉。

"原广东省委第一书记任仲夷、〔,〕原卫生部副部长董树则、〔,〕数学家王寿仁、〔,〕语言学家张志公、〔,〕戏剧家焦菊隐、洪深、石羽、〔,〕书法家刘炳森、〔,〕文学评论家侯金镜、〔,〕医学家朱宪彝、顾学勤等"。把两个层次中代表较高的一个层次的顿号改为逗号。

"有些地方缺乏种子、种苗、〔,〕农机得不到供应"。"种苗"后面是另一分句,不是与"种苗"并列的词语,顿号改逗号。

"从德国进口的面料中含有棉、麻、纱","麻、纱"中的顿号应删去,这是一种而不是两种东西。

"卷入了后党,帝党之争",逗号改顿号或"和"字,逗号用于比顿号更大的停顿。

"盆地内还蕴藏着丰富的石油、煤炭、铅、锌、金、银等多种有色金属和贵重金属",石油和煤炭不是金属,"煤炭"二字后面的顿号改为

"以及"。

"这个问题为我们一些作家所淡漠、所忽视、甚至忘却了"。"忽视"后的顿号改逗号或去掉，因为有了表示突出、强调的"甚至"，再保留顿号，就把这个连词本身同动词"淡漠""忽视"并列起来了。

"用洗洁剂、［删去］或用软毛刷""多个扬声器放出与噪声信号相位相反、［删去］但频率和音量相同的反噪声""率先在国内实行电脑联机储蓄、［删去］并获得我市计算机推广应用先进单位称号的中国银行深圳分行"。上述例子中的"或"表示选择关系，"但"表示意思转折，"并"表示更进一层，其前面不应再用表示并列关系的顿号。

4. 分号

分号表示的停顿比逗号大、比句号小，主要用来隔开并列的分句。

"西城区诚聘以下人员：会计出纳各1名；［，］供销、文秘业务人员4名；［，］电子电器技术人员1名；［。］以上人员需有三年以上实际工作经验，年龄在60岁以下。"前两个分号分隔的是并列词语，改逗号。第三个分号后面是另一句话，不是大句中的一个分句，分号改句号。

"对联既有雅的，也有俗的，［；］既有严肃的，也有谐趣的，［；］既有喜庆的，也有悲怨的。"句中包含三个并列分句，后两个"既有"前的逗号改分号。

"琼海县先后建立起五大农业生产服务体系：一是建立甘蔗生产服务体系。县成立糖业公司，主要给农民提供机耕、种苗、贷款、推广新技术以及收购甘蔗等服务；［。］二是建立蚕桑生产服务体系。……三是建立热作服务体系。……给农民提供服务；［。］四是……"句中两个分号改句号，其前面已有句号，表示这些不是并列分句，不能用分号。

5. 冒号

冒号是用来提起下文的，通常要管到句末。非提示性的话不能用冒号：

"有人说：'是药三分毒'有一定的道理。""有人说"后面的冒号管不到句末，"有一定道理"是作者的话，前面要加逗号，并把冒号去掉。

"古人不是说：'其中有真意，欲辨已忘言'吗？"全句是一个问句，"说"字后不应有停顿，要把冒号删去。

"真有：'岁月催人老'的异样感受""中外艺术家赞誉中国蜡染为：'东方第一染'"。两例中的冒号要去掉，因为"真有"和"为"在这里都无提示的意思。

"……判断改革开放究竟姓'社'还是姓'资'的是非标准：即是看它是否有利于发展社会主义的生产力。"冒号和"即是"不宜同时使用。如果保留冒号，要把"即是"去掉；保留"即是"，要把冒号改逗号。

6. 引号

引号的使用最常见的问题是引语末尾的标点放错位置。

（1）中央领导同志提出：浦东开发"胆子要大一点，步子要大一点"。

例（1）中的引语虽然结构是完整的，但它是作为宾语从句的一部分来使用的，本身不独立，因此句号要改到引号外面。

（2）厂长对持刀人说："只要你能把全厂几百号人的饭碗给端住，我就是躺着出去也认了"，持刀人乖乖地走了。

例（2）最后一个逗号要改为句号，放在引号内"认了"之后，因为厂长的话到此已说完，后面又是另一句话。

（3）否则，"前面乌龟爬泥路，后面乌龟照样爬。"就会笑歪某些年轻人的嘴巴。

引语本身完全可以独立成句，但在例（3）中可以明显看出是作者的话的一部分，"照样爬"后面的句号要改为逗号，放到引号外面。

（4）直到文化大革命发生时……

（5）地处划分南北半球的"赤道"。

（6）学校确保"九月一日"按时开学。

（7）"经堂"和"大雄宝殿"连在一起，是该寺最为壮观的建筑物。

（8）在滕王阁举行高松赠送的"九龙丸"模型揭幕仪式，并植"樱花树"以示友好纪念。

引号还用来标明具有特殊含义的词语或需要着重论述的对象。例（4）"文化大革命"应加引号。例（5）—（8）中的"赤道""九月一日"是一般用语，"经堂"和"大雄宝殿"是大家都熟悉的我国寺院建筑，"樱花树"是原产于日本的一种普通树名，在句中无特别强调的意思，不必加引号。只有"飞龙丸"（"丸"表示船名，不是药丸）具有特殊含义，需加引号。

（9）发达国家大力发展符合环保法的"先进涂料"。

对先进涂料是肯定的，不应带引号。对先进涂料加引号就是对其是否真正先进持保留态度了。

（10）我还想上大专

例（10）是两位记者所写的一篇署名文章的标题。文章介绍了一个名叫余桂兰的小保姆刻苦学习的事迹，余向记者表示读完高中后还想上大专。标题未加引号，"我"应当是指作者，可是作者为两个人。要读了文章才能知道这是记者引用小保姆的话。标题须加引号。

关于单双引号的用法，1951年出版总署公布的使用办法有一定的灵活性："用哪一种都可以……如果引号里头还要用引号，那就必须用另外一种。"1990年国家语委和新闻出版署修订发布的《标点符号用法》已经没有这种灵活性，显然是为了更好地实现标点符号的规范化。《用法》规定以双引号为引号的基本形式，"引号里还要用引号时，外面一层用双引号，里面一层用单引号"。这一规定也适用于直排文稿，只不过要把引号形式改为﹃和﹄。

各报横排文稿双层引号的用法均符合规定，但直排文稿处理办法却很不一致。参加评比的首都20家报纸的直排文稿（包括直排标题）有

11家以单引号为基本形式，双层引号外单内双；8家以双引号为基本形式，双层引号外双内单，一家未见使用直排的版式。直排文稿以单引号为基本形式造成以下问题：（1）同一引语在直排标题中用单引，在横排文稿中用双引，自身不一致；（2）同一篇新闻报道，同样是直排，在这家报纸用单引（外单内双），另一家报纸用双引（外双内单），使读者无所适从。建议各报刊都以国家的规定为准，文稿无论直排还是横排，一律以双引号为基本形式，需要使用双层引号时外双内单，《毛泽东选集》直排本是这样处理的。

7. 连接号和破折号

连接号把意义密切相关的词语连成一个整体，分一字线和半字线两种。一字线是连接号的基本形式，半字线在汉语拼音和外文中用来连接复合词、成语或转行。破折号用二字线，长度与连接号不同，功能亦异。破折号的作用是"破"，连接号的作用是"连"。写稿时如果不注意把两种标点三种长度区分清楚，或画线时忽长忽短，不免要出错。

误用的实例：1991年4月7——14日（时间起止），300——600毫米（数字起止），吐鲁番——哈密盆地（一个地名），波——黑共和国（一个国名），仰光——丁茵大桥（一条桥名），弗朗索瓦——格拉维埃·埃里（一个外国人的复名），弗雷德里克·约里奥——居里（约里奥与居里夫人的女儿结婚后使用的复姓），KC——18型（产品型号），CN52——0013（刊号）。例中的二字线都要改用一字线。"波黑共和国"在报上出现多了，大家知道这是一个复合的国名的简称，"波"和"黑"之间也可以不用连接号。

"吉林炭素厂坐落在风光秀丽的松花江畔——吉林市"。吉林市不是解释说明"松花江畔"的，破折号改为"的"字。

"我们以寥寥数语，'买了齐洛瓦［冰箱］，用户不用愁'表示衷心感谢"。句中的第一个逗号改为破折号，否则意思就不连贯了。

"××××××——编者注"，破折号前面加句号，表示注文完了。

不加句号，"编者注"就成为注文的一部分了。

电脑排版往往把破折号即一长横"——"排成两短横"——"，须改正。

校对时还须注意连接号和"一"字的区别。"进料一加工一增值一出口的外向型经济形式"一句中的三个连接号本应是一字线即占一个字位置的短线，有一家报纸排成"一"字了。

8. 省略号

比较常见的问题是在不该用的、不必用的地方使用了省略号。

一家报纸的文娱版刊登的9个剧情简介，6个末尾用了省略号，似乎都可改为句号。省略号不能代表没有说出的剧情，这6个点除了比句号多占一个字的位置之外，不起任何作用。《百合花》简介末句为"结果他们发现了很多新奇的事儿……"，《颠倒的笛子》简介末句为"不料弄出了许多不该发生的事情。"，句式一样，一个用省略号，一个用句号，看不出用省略号有什么道理。

"我国第一枚地对空导弹、第一台航空发动机，还有……都在这里诞生"。省略号是书面的东西，是读不出来的，这条消息如果就这样广播，后半句就听不明白了。似可改为"……第一台航空发动机等都在这里诞生"，用"等"字代替省略号。

"世界上一年大约需要10亿双运动鞋，仅美国在1990年就购买了1亿双……"。"仅"表示只举一个例子，不用省略号读者也知道还有其他例子未举出。

"第八届亚运会是规模最大的一届，但到底有多少运动员，多少记者，多少奖牌？……诸如此类的细节，只有查资料才能解决"。既然已有"诸如此类"的字样，再用省略号就是多余的了。

"长了，又长了，还是长……这是近来观看一些电视连续剧的突出感觉"。文章的标题是"长长长"。作者反复去讲的是一个意思——嫌一些电视剧太长，没有其他意思被省略，句中的省略号可改为逗号。

"'快去告诉丘吉尔,我已经找到那座失落的城市,它在……'他的话音未落便中箭身亡"。话到此中断,而不是省略,省略号改为破折号才对。

省略号前面可以保留句号,说明前面是完整的句子。省略号后的句号,一般的趋势是不用,因为表示省略的符号和表示意思完整的符号放到一起不大适宜。从1990年修订公布的《标点符号用法》所举的例句看来,省略号在整段话的末尾,其后不用句号。省略号出现在一个段落的中间,其后是另一个句子,这个省略号后面要不要加句号,《用法》没有明确规定。《标点符号用法》修订组认为"假如需要表示不跟下文连续,那么后面也可以使用标点"[①]。"也可以使用"不等于必须使用。中央编译局处理办法是在省略号后空一字以同下句隔开。例如:"苏维埃代表大会握有全部政权…… 凡从事社会必须的和有益的工作而不剥削他人的人,不分性别,都有选举苏维埃代表和被选为苏维埃代表的权利……"[②]。这种处理办法的好处是省略号无论出现在段末,还是出现在段中句末,都不加句号,用法一致。但是如果排版时不注意留空就会同下句连在一起,在省略号后加句号就不会发生混淆的问题。处理办法以何为准,在国家主管部门有正式的规定以前,各报似可作出自己的规定,使本报的用法做到统一。

9. 问号

问号用于疑问句,用来提出问题,希望得到回答。问号使用的常见错误是一些句子带疑问词但非疑问句也使用了句号。

"现在的问题是下一步怎么办?他对此没有明确的答案。"和"至于怎样巩固,怎样发展?毛致用指出……"两句中的句号改为逗号。

"王振义呀王振义,看你这280多万元怎么还?"问号改为感叹号。

[①] 《〈标点符号用法〉解说》,语文出版社1990年版,第75页。
[②] 《列宁全集》中文第2版第36卷,第381页。

"这也许是……所有来到东京的运动员们最大的心愿？！""也许是"表示不十分肯定，但不是提出疑问，问号应删去。

10. 书名号

书名号主要用来标示书名、篇名、报刊名等作品或出版物名称。目前有滥用的倾向，而且往往与引号不加区分。凡是与科学、文化、艺术沾边的研讨会、展览会、演唱会、比赛活动以至学校、培训班、舞厅、学科、商标、奖杯等，都有人使用书名号，而明明是作品名称却用引号。

一条关于"各地的诗坛同仁会师京城，参加《艾青作品国际研讨会》"的电讯，9家省市报纸刊登时都有书名号。在一家报纸的同一版面的不同报道中出现4个这样的书名号："召开《弘扬中华文化艺术、制作百米山水长卷展示巨砚大会》""举行《杨延文山川立志画展》""《何扬、吴茜现代画展》在当代美术馆举行""中国美术家协会主办《德国莱法州艺术家作品展》"。这些会展所带的"参加""召开"等动词都表示它们是有组织的活动，而不是作品名称，不应当用书名号。"歌曲《爱心就是太阳》揭开了《"六一"儿童节专题文艺晚会》的序幕"，歌曲名称用书名号是对的，晚会的书名号则应去掉。

不该用书名号的例子：（1）"翟乃社饰《谷文昌》"，剧中人名；（2）"《许国璋》英语各册"，编者名称；（3）"开设《高等电子电脑自控专业班》，培训班名称；（4）"社会科学方面的必修课和选修课，诸如《美学与伦理学》《心理学》和外语等"，课程名称，非书名；（5）"他研究成功《自然真气全息仪》"，仪器名称；（6）"《华光》牌光胶片""《圣塘山》牌绞股蓝茶"，商品牌名；（7）"《共同社》记者"，通讯社名称；（8）"《华榕广场》坐落于福州市中心"，地名；（9）"联合举办《行知艺术函授学校》"，校名；（10）"《国家二级计量企业》证书"，企业称号。上述例子中的书名号都应删去，例（2）中的书名号不应用在编者的名字而应用在他编的《英语》上。

有一条消息"由李先念题写片名的'纪念辛亥革命八十周年'宣传图片将出版发行",11家省报登载时用了引号。《纪念辛亥革命八十周年》在消息中已说明是一种出版物,宜用书名号。

该用书名号而用了引号的例子还有:"听过'呼伦贝尔美'这支歌""电影'卷席筒'""创办了'少先队火炬报'""小说'最后的巨头'"。

书名号应改为引号的例子:"《'赤天化杯'化工安全知识》征文竞赛""《如何搞活大中型矿山企业》征文启事""北京少年宫《第二届全国电视书法篆刻大赛》收稿办公室""获得《最佳印象》《自我审美》《卡拉OK》等6个奖杯""荣获《第五届全国发明奖》和《北京儿童用品优秀产品奖》"。

节目名称和专栏名称使用书名号好还是使用引号好,目前没有一致的意见,使用比较混乱。即使在同一家报纸对同一栏目也会出现两种用法,如节目名称《正大综艺》和"正大综艺"、《缤纷天地》和"缤纷天地"、《世界真奇妙》和"世界真奇妙"、《夜莺热线》和"夜莺热线",专栏名称《观察思考》和"观察思考"、《中国报道》和"中国报道"。在用法规范化以前,似可暂时这样处理,即节目名称一般用书名号,专栏名称一般用引号。但也不能排除有两可的情况。专栏名称有时可不加任何标点符号。例如,"观察思考专栏"有了"专栏"二字,"观察思考"就不必加引号了。

重要的是勤学习严要求

语言文字是最基本的信息载体，是人类最重要的交际工具。语言文字规范化是我国社会主义物质文明和精神文明建设的重要组成部分。做好这项工作，对加快我国文化、科学、教育事业的发展，促进民族团结、国家统一、社会安定、经济繁荣和加强国际交流都具有重大意义。同语言文字规范化关系最密切的是新闻媒体和出版物。学好语文，又是掌握一切知识的基础。正因为如此，从小学到大学都开设语文课。不可忘记，语文课本和其他课本也是出版物。离开学校以后，学习语文仍然要通过出版物等传播媒介。传媒使用语文的情况如何，对全社会都有极其广泛深远的影响。所以，党的十四届六中全会的决议强调"新闻媒体和出版物要为全社会正确使用祖国语言文字做出榜样"。要模范地正确使用祖国语言文字，对编辑人员来说，重要的是勤学习、严要求。

能辨别正误是正确使用的前提，国家依靠专家学者和广泛听取社会各界的意见后陆续制定和颁布的有关语言文字的各项现行标准和规范，是我们辨别正误的权威性依据。在信息化时代，科技日新月异，知识不断更新，这些文件在实施一个时期后又可能根据新出现的情况加以修订，也可能把旧的全部作废，代之以新的。所以我们要勤学习才能跟上语言文字规范化的进程，正确地加以运用。下列有关语言文字的国家标准和有关规定是必须熟悉和学好用好的。

原刊于《中国出版》1997 年第 7 期。

1. 有关简化字和通用字用法的规定

1986年10月重新公布的《简化字总表》所收录的简化字和1988年3月发布的《现代汉语通用字表》所收的汉字（7000个）是规范字，足够一般书报刊使用。《鲁迅全集》近300万字，只不过用了7397个不同的字。书稿中遇到上述两表所没有的字，就要查一查、问一问用法是否符合规范要求。

1997年2月1日《光明日报》发表《聋哑流浪儿的一段"母子"情》，介绍哈尔滨火车站服务员阎玉霞精心照料来自内蒙古的聋哑流浪儿的感人事迹，文中连照片总共有22处提到"阎玉霞"的名字，都印成了"闫玉霞"。"阎"的繁体字和异体字有"閻"和"閆"，"闫"属于1986年已被废止的《第二次汉字简化方案（草案）》中的简化字，不能再用。

《简化字总表》重新公布已过10年，至今仍有不少作者和新闻出版工作者不知其中有些字作了调整，如"像"字不再作"象"的繁体字处理，在书报刊中误用的情况时有出现。去年我在一个编辑岗位培训班讲课时提请大家注意这个问题，一位编辑反问："什么时候开始调整的，我怎么没有接到通知？"更出人意料的是，目前国内使用十分普遍的计算机软件微软Word 6.0和Word 7.0中文版有一种版本在词库设计上也有这类差错。如"好像""像样""相像""图像""不像话"按拼音输入，出来的是"好象""象样""相象""图象""不象话"。软件的差错影响众多的出版物，编辑如果不注意改正，还会再通过出版物去影响更多的读者。软件的出版者一定要把好质量关，在设计阶段就得把差错消灭掉，否则它就可能成为某些出版物差错的根源。

书名滥用繁体字或繁简混用，也需要注意改正。不要以为手写的书名可以不受政府发布的《出版物汉字使用管理规定》的约束。即使是古籍，如果正文排简化字，封面、书脊和扉页上的正式书名，也应当用简化字。

2.《标点符号用法》

笔者近几年曾参加过一些书报刊质量检查，发现在字词、语法、逻辑、修辞、数据、事实和知识等各类差错中占第一位的是标点差错。这与标点符号的用法标准没有普遍受到应有的重视有关。有一部供编辑用的辞书在《校对注意事项》中写道："横排本一般是先用双引号，再用单引号……直排本则相反，先单后双。"有一部分出版物（包括某些报刊的直排标题和正文）就是这样处理的。这样的解释和处理并不符合1990年以来国家施行的《标点符号用法》的规定。文稿无论横行直行，都应当先双后单，才能保持用法的一致和规范化。分号的用法和引文末尾标点的用法（如句号的位置在后引号内或后引号外如何确定）也容易出错，要作为学习的重点加以掌握。

3.《出版物上数字用法的规定》

1996年6月起实施的国家标准GB/T 15835—1995《出版物上数字用法的规定》，与1987年颁布的《出版物上数字用法的试行规定》比较，内容已大大扩充，用法说明和示例都很明确，针对性和可操作性强。例如，带"几""多""余"等约数过去在实际应用时觉得尚有疑惑的问题，看新规定就知道应如何处理。我国的比号和冒号的形式和使用位置是有区别的，尽管区别很小，使用时要注意不能混淆。比号（∶）两点距离稍宽，位置居中；冒号（：）两点距离较窄，位置靠下。多年来我国报刊刊登广播电视节目时间表一直使用不同的符号分隔时分，如"8时30分"，《中国电视报》用比号排作8∶30,《中国广播报》用冒号排作"8：30"。依照国家标准《出版物上数字用法的规定》5.1.2款的规定，分隔时分应当用冒号。其示例有15：40（15时40分）。这项国家标准关于百分数的用法示例"63%～68%"，表明两个百分数连用时前后都要有百分号（%），国际惯例也是这样用的。有一本书的原稿成对使用的百分数前后都有百分号，作者看校样时发现前一个百分号（%）被出版社的加工编辑通通删去。要是编辑熟悉有关的规定，就不会出现诸如此类的问题。

4. 国家有关计量单位统一用字的规定

出版物上不时可以看到"公尺""公分""公升""立升""立米""平米""CM""MM"等已作废的或不规范的计量单位名称。1996年举办的一次编辑室主任岗位培训班有一道作业练习题是:"英两"改用法定的名称表示。只有两张答卷正确地改为"盎司",另一张写成"盎斯",其余的不是没有答对就是没有回答。作为编辑应当熟悉国家有关计量单位统一用字的规定。

5.《汉语拼音正词法基本规则》

《汉语拼音正词法基本规则》曾于1988年7月由国家教委和国家语委公布施行,1996年改为国家标准(GB/T 16159—1966)施行。这个基本规则的制定原则是"以词为拼写单位,并适当考虑语音、语义等因素,同时考虑词形长短适度"。电视节目名称、报刊栏目名称和书名等附加汉语拼音要符合这一原则。例如北京电视台晚上6时30分开始播出的"北京新闻 BEIJING XIN WEN",依照上述规定以词为拼写单位,可改成"BEIJING XINWEN",因为"北京"和"新闻"都是一个词,"新闻"的汉语拼音同"北京"一样也要连写。1997年2月7日一家报纸的栏目名称"地市县报园地 DISHIXIANBAOYUANDI"的汉语拼音连成一长串,也不符合国家标准,应改为"DI-SHI-XIANBAOYUANDI"。至于中文书名的汉语拼音,根据抽样调查,有40%以上不符合《汉语拼音正词法基本规则》规定的拼写原则。

最近看到一篇文章强调终审的主要责任是把政治关,书稿编校质量不合格的关键在初审和复审。终审的主要责任恐怕不能限于把政治关,出版社保证图书质量的三关——品种结构关、思想政治关与总体质量关——终审人员都要把好。总体质量的一项重要内容就是语言文字质量。这三关既有区别又有联系,不能截然分割。一字之差也可能造成政治性差错。总编辑除了审查书稿的思想政治内容,也要检查书稿的语言文字质量，比如由自己或委托别人抽查若干千字，确信符合要求（书稿差错率不应超过万分之一），才能批准发稿。一本书字数那么多，要把差错全部消灭确实是不容易的。出版过程的每一个环节都要从严要求。由于一时的疏忽造成责任事故也在所难免，重大的差错一经发现，就要严肃认真地采取补救措施，不能听之任之。1963年人民出版社出版一位外国政治家的著作集，其中有一段关于团结农民政策的论述漏掉一个"不"字，意思便反了。编辑室检查出版部送来的样书才发现这个差错，这时已有一部分书在发往各地新华书店的途中。社长兼总编辑王子野同志决定向全国所有订购本书的书店发电报，要求一收到书立即寄回，更正错误后再发。编辑室从这个事故吸取教训，决定重要书稿由两个编辑通读校样。这件事给我的教训特别深刻，至今记忆犹新。市场经济需要有与其相适应的编辑工作方式，但我国社会主义出版事业的严肃认真的优良传统在新时期应当继续保持和大力发扬。

编辑加工作业题答卷评析

1999年11月，我给新闻出版署教育培训中心在北京举办的中央部委出版社编辑岗位培训班讲过一次编辑加工课。学员有50人。讲课之前几天布置作业让学员在家里做好交来，我看过之后才开始讲课，最后以半天时间讲评作业，回答疑难问题，把参考答案（提供一种或两种答案，有些题还可以有其他答案）发给学员。作业题分四类，下面依次就50份答卷的情况作粗浅的评析。

一、修改下列句子

1.南宋学者沈括的《梦溪笔谈》记录了毕升发明活字印刷术的经过。

参考答案是把"南宋"改为"北宋"，"毕升"改为"毕昇"。[1] 36人把"南宋"改为"北宋"，1人改为"宋朝"，13人未改正。[2] 42人把"毕升"改为"毕昇"，8人未改正。

2.《说文解字注》的刻本以经韵楼刻本为最佳，书后附有段氏古音学著作《六书音韵表》五篇和笔画检字表。《出版词典》在书前刊有按正文排列的《分类词目表》，查阅方便。

参考答案：《说文解字注》的刻本以经韵楼刻本为最佳，本书以此为底本，正文后（或书末）附有段氏古音学著作《六书音韵表》五篇和《笔画检字表》。《出版词典》在正文前刊有（或在卷首刊有）按正文

原刊于《出版科学》2000年第2期。

排列的《分类词目表》，查阅方便。主要的问题是"书后"和"书前"用词不当，书名号用法不一致。[3]"书后"3人改正为"正文后"或"该书"，47人未改正。[4]"书前"7人改正为"正文前"，43人未改正。"书后"和"书前"两项同时都改正的只有1人。[5]笔画检字表5人加了书名号，41人未加。4人把《六书音韵表》和《分类词目表》的书名号删去，同笔画检字表一样不加书名号，这也是一种改法；但是《说文解字注》和《出版词典》保留了书名号，给两个表的书名号删去，不如3个表全加书名号好。

3. 我国古籍现有八万种，绝大部分为民间所出，由官方出的只占极少一部分。

参考答案是把"少"改为"小"，使"小部分"和前面的"大部分"对应。[6]47人未改正，只有2人把"极少一部分"改正为"极小一部分"，1人把"绝大部分"和"极少一部分"分别改为"绝大多数"和"极少数"，也是可以的，这里"多数"和"少数"对应。

4. 按照联合国科教文组织的规定，非定期的印刷出版物超过49页的称为"图书"，不到49页但在五页以上的称为"小册子"。

参考答案：按照联合国教科文组织的规定，非定期的印刷出版物不算封皮至少有49页的称为"书"，至少有5页但不超过48页的称为"小册子"。若以作业题的说法为准，49页的非定期的印刷出版物是书还是小册子，无法断定，由此可见有错须改正。[7]"联合国科教文组织"有37人改正为"联合国教科文组织"，13人未改正。[8]有2人按照联合国教科文组织的规定把书的页数改正为"至少有49页"，48人未改正。这里的"图书"应改为"书"，因为"图书"用于泛指，可以把图、书、小册子等包括在内。[9]4人将"图书"改正为"书"，46人未改正。[10]48人把"五页"改正为"5页"，2人未改正。

5.当前出现的图书高定价、低折扣的做法不利于统一、开放、有序的图书市场的建立。

参考答案是把"低折扣"改为"高折扣"。[11]10人改正,40人未改正。

6.依法影印、拷贝台湾、香港、澳门及海外其他地区出版的中文报刊杂志、图书、音像制品等出版物可以使用繁体字。

参考答案是把"海外其他地区"改为"海外地区",把"报刊杂志"改为"报刊"。

[12]19人把"海外其他地区"改正为"海外地区",30人未改正,1人把"及海外其他地区"删去,有损原意。[13]2人把"报刊杂志"改正为"报刊";48人未改正,包括把"报刊杂志"改为"报刊、杂志"。

7.来自澳洲、新加坡、马来西亚、泰国、香港、澳门、台湾等地归侨300多人参加了海南省琼海华侨图书馆建成的剪彩典礼。

参考答案:(1)来自澳大利亚、新加坡、马来西亚、泰国、香港、澳门、台湾等地的归侨和同胞三百多人参加了海南省琼海华侨图书馆建成的剪彩典礼。(2)来自澳大利亚、新加坡、马来西亚、泰国等地的归侨和来自香港、澳门、台湾的同胞……

[14]10人把"澳洲"改正为"澳大利亚",40人未改正。[15]"归侨"的问题,27人改正,23人未改对,如有些答卷把"归侨"改为"侨胞""华人"等。"300多人"是概数,单独使用,最好改为"三百多人",不改也不算错。

8.我国建国后的前30年中,出版管理实行高度集中统一的体制。

参考答案是把"我国",改在"出版"二字的前面。"建国"是约定俗成的说法,指建立新中国,"前面"不能加"我国",加"我国"就可以理解为中国建国了。[16]8人把"我国"改在"出版"二字的前面,2人把"我国建国后"改正为"新中国成立后",40人未改正。

9. 为了赶超世界先进水平，中国航天人决定研制著名的长征二号 E 捆绑式火箭。

参考答案：为了赶上世界先进水平（或为了赶超 80 年代世界先进水平，或为了赶超西方先进水平），中国航天人决定研制长征二号 E 捆绑式火箭。世界先进水平一旦赶上，便把自己包括在内，随着自己提高而提高，因而是不可能超过的。要超过就必须把世界先进水平限制在某个年代，或把世界改成西方或外国等。[17] 1 人把"赶超世界先进水平"改正为"赶上世界先进水平"，49 人未改正。[18] "著名的"应删去，7 人未删，40 人删去。1 人把"著名的"改为"后来闻名于世的"，1 人改为"先进的"，1 人把"决定研制著名的"改为"研制出了著名的"，也消除了原句"著名的"用词不当的问题，但与原意稍有出入。

10. 截止去年 12 月底，该国已建立电视台 400 多座，发射通讯卫星 10 几颗。

参考答案：截至去年 12 月底，该国已建立电视台四百多座，发射通信卫星十几颗。[19] 19 人把"截止"改正为"截至"或"截止到"，31 人未改正。44 人把"10 几"改正为"十几"，6 人未改正。"400 多"最好改为"四百多"，不改也不算错。"通讯"是通消息，"通信"是通信息，含义比通讯广泛。"通讯卫星"应为"通信卫星"，因为它不仅可以转发电讯，还可以转发其他信息，如音乐节目等。邮电、交通部门对"通信"和"通讯"、"通信网"和"通讯网"、"通信业"和"通讯业"、"电信"和"电讯"这些不同的词语是严格加以区分的，例如"无线通信局"绝不会称为"无线通讯局"。由于报上常常混用，许多人不察觉"通讯卫星"的用法有什么不对。[20] "通讯卫星"只有 2 人——都是交通出版社的编辑——改正为"通信卫星"，48 人未改正。

11. 英国在拉美的投资从 8500 万英镑上升到 7.57 亿英镑，增长了大约 9 倍。

[21] 32 人改正为"8 倍"，18 人未改正。

12. 化工一厂使用 FL908 防锈颜料代替传统涂料，使生产成本降低 1～5 倍。

原意是"……使生产成本降低到 1/2 至 1/6"，换成百分数为"降低 50%～83.3%"。[22] 只有 1 人改对，其余的人对"使生产成本降低 1～5 倍"未作改动，或误改为使生产成本降低"1～5 成""1%～5%""10%～50%""20%～50%""50%～80%"或"100%～500%"等。

13. 同一差错在全书超过 3 处（含 3 处），计 1.5 个差错。

[23] 只有 1 人把"超过 3 处"改正为"3 处以上"，其余的人未改正。

14. 年果汁产量亚洲四小龙各国人均 16 公斤—19 公斤。我国果汁工业 1995 年总产量 100 万吨，人均 0.83 公斤。

[24] 18 人删去"各国"，32 人未改正。[25] 第一个量值后的单位"公斤"是不必要的，16 人删去，34 人未删。有人把"公斤"改为"千克"或"kg"，本句用于新闻报道，不是用于科技专业书刊，不必这样改。

15. 京、津、沪和大连等厂家生产的高挡服装远销欧、亚、美洲。

参考答案：京、津、沪和大连等地厂家生产的高档服装远销欧、亚、美洲的许多国家。

[26] 33 人在"等"字后加"地"字，17 人未改正。[27] 46 人把"高挡"改正为"高档"，4 人未改正。[28]"远销欧、亚、美洲"11 人作了改正，多改为"远销欧洲、美洲和亚洲的其他国家"；39 人未改正，其中有些人把"亚洲"删去，消除了语病，但有损原意。

16. 在 1959 年我曾参观前苏联一处"生物地理群落"，即相当于现在的生态环境研究站。

[29] 12 人删去"前"字，38 人未改正，其中有些人把"前"换成"原"，同样不对。

17. 原苏联解体，使中亚出现了几个土耳其国家（哈萨克斯坦、土库曼和吉尔吉斯等）。

参考答案：苏联解体，使中亚出现了几个突厥语国家（哈萨克斯坦、土库曼斯坦和吉尔吉斯斯坦等）。

［30］16 人把"原"删去，34 人未改正，其中有些人把"原"改成"前"。［31］哈萨克语、土库曼语和吉尔吉斯语均属突厥语族，"土耳其国家"应改为"突厥语国家"，50 份答卷无 1 份改对。卷上对"土耳其"的改法有"突厥人"、"突厥族"（现代无突厥民族）、"土耳其语"、"土耳其族"、"伊斯兰"、"穆斯林"、"新的"等，都不适当。还有人把"出现了几个土耳其国家"改成"出现了几个同土耳其相邻的国家""几个相当于土耳其面积大小的国家"，更不符合事实：土耳其在西亚最西端，不和任何中亚国家接壤；哈萨克斯坦面积为土耳其的 3.47 倍，吉尔吉斯斯坦只有土耳其面积的 1/4。［32］28 人把"土库曼和吉尔吉斯"改正为"土库曼斯坦和吉尔吉斯斯坦"，22 人未改正。

18. 目前，俄罗斯自费上大学的学费各校差别较大，由 1000 美元／每年—4000 美元／每年不等。

参考答案：……由 1000 美元／年至 4000 美元／年不等（或每年 1000～4000 美元）。

［33］14 人改正，36 人未改对或未改。例如：有的改成"由 1000 美元／年—4000 美元／年"，把"每"字去掉了，但连接号"—"未改成"至"或"到"；有人改成"每年 1000 美元～4000 美元"，浪纹连接号"～"前面重复使用了单位名称"美元"。

19. 希特勒鼓吹日尔曼民族是高等民族，比其他民族优越，应主宰世界。

［34］"日尔曼"有 11 人照习惯写法改作"日耳曼"，39 人未改，但本句要改的主要错误不在这里。日耳曼人是北欧古代民族的名称，现代无日耳曼人。句中"日尔曼民族"应改为"德意志民族"，没有答卷

改对。

20. 丽音系统增加两条声道，可放立体声，也可播放两种不同语言，或只播中文或只播英文。

"中文"和"英文"是把语言文字包括在内，声道可以播放语言，但不能播放文字。[35] 3人把"中文"和"英文"分别改正为"汉语"和"英语"，47人未改对。

21. 我社到 11 月份已经超额完成全年生产计划的 30%。

[36] 23人把"已经"改正为"已经"，27人未改正。[37] "超额完成全年生产计划的30%"的改法有：删去"的"字，"超额30%完成全年生产计划"，"完成全年生产计划的130%"。20人改正，30人未改对或未改。把"超额完成全年生产计划的30%"改成"超额完成全年生产计划的130%"或"完成全年生产计划的30%"，都不符合原意。

22. 对一些派生性词条和过于冷僻的陈旧的词条基本上均不予收录。

29人删去"均"，12人删去"基本上"，1人删去"基本上均"，2人把"基本上均"改为"原则上"，都能消除原句的逻辑错误。[38] 44人改正，6人未改正。原句摘自《汉英英汉印刷出版词汇》（1990年版）前言，删去"均"还是删去"基本上"，取决于收词的实际情况。编辑看稿遇到这样的问题须向作者提出。

23. CD—ROM，只读光盘，是多媒体世界中主要的支持产品，CD—I，交互式光盘，与 CD—ROM 尺寸、容量一样，但格式不同，用户可通过它实现人与机、人与光盘的交互作用。

CD—ROM 改 CD-ROM，CD—I 改 CD-I，即把一字线"—"（汉字的一字线比英语破折号还要长）改为连字符"-"（hyphen），即三分线，长度相当于汉字的1/3。改为半字线也可以，但不能用一字线。[39] 5人把一字线改正为半字线，42人未改，2人删去一字线，1人把一字线改为浪纹"～"，不妥。[40] "产品"后的逗号，17人改正为分号，12人改为句号也可以，21人未改正。

24. 中央领导同志提出：埔东开发"胆子要大一点，步子要大一些。"

参考答案：中央领导同志提出：浦东开发"胆子要大一点，步子要大一些"。

［41］37人把"埔东"改为"浦东"，13人未改正。［42］22人把句号移引号后；26人未改正，另有2人把前引号改至"浦东"前，这样句号可以保留在后引号前，但"浦东开发"不是直接引语，不宜扩大引号范围，将其放入引号内。

25. 洪水等灾害的袭击，使国家财产和人民群众遭到严重的经济损失。

29人删去"财产"，18人把"财产"移到"人民群众"的后边，并删去"经济"，1人把"使国家财产和人民群众遭到严重的经济损失"改为"使国家经济和人民群众财产遭到严重的损失"，都可以。［43］48人改正，2人未改正。

26. 一个天资聪颖的少年，一旦被认为是神童，就有无数人不惜代价为他（她）铺开锦绣前程。

在性别不明或没有必要区分时，"他"可以泛指任何人，不必加括号再注上女性的"她"。［44］4人删去"（她）"，46人未改正。

27. 日本借用了古汉语中原有的词汇"经济"，赋予"财政经济"的意思。

"词汇"是一种语言、一个人或一部作品使用的词的总称，"经济"只不过是一个单词。［45］1人把"词汇'经济'"改为"'经济'一词"，2人把"古汉语中原有的词汇'经济'"改为"古汉语的'经济'"，都是对的，其余47人未改正。

28. 税务部门给困难企业减免税收。

［46］14人把"税收"改为"税""税款""税费""税额"或"税负"，都可以。36人未改或未改对，例如把"税收"改为"赋税""税

率"等。有人在"税务部门"后加"无权"二字，则不属于文字的修饰，而是否定原意。

29. 世界第一个完全靠人工合成营养液孕育的婴儿在上海诞生。

〔47〕11 人把"婴儿"改正为"胎儿"，39 人未改正。

30. 我收到一部英国迪克·威尔逊撰写的《周恩来传》译稿。

参考答案：我收到英国迪克·威尔逊《周恩来传》一书的译稿。

在"《周恩来传》"和"译稿"之间需要加介词"的"，否则译稿就是威尔逊撰写的了。〔48〕20 人把"译稿"改正为"的译稿""的中文译稿"或"一书的译稿"；6 人改为"我收到一部《周恩来传》译稿，原作由英国迪克·威尔逊撰写"，也是可以的，只是对句子结构变动太大。24 人未改正。

修改句子的正误比例（正：误）

〔1〕	〔2〕	〔3〕	〔4〕	〔5〕	〔6〕	〔7〕	〔8〕	〔9〕	〔10〕
37：13	42：8	3：47	7：43	9：41	3：47	37：13	2：48	4：46	48：2
〔11〕	〔12〕	〔13〕	〔14〕	〔15〕	〔16〕	〔17〕	〔18〕	〔19〕	〔20〕
10：40	19：31	2：48	10：40	27：23	10：40	1：49	43：7	19：31	2：48
〔21〕	〔22〕	〔23〕	〔24〕	〔25〕	〔26〕	〔27〕	〔28〕	〔29〕	〔30〕
32：8	1：49	1：49	18：32	16：34	33：17	46：4	11：39	12：38	16：34
〔31〕	〔32〕	〔33〕	〔34〕	〔35〕	〔36〕	〔37〕	〔38〕	〔39〕	〔40〕
0：50	28：22	14：36	0：50	3：47	23：27	20：30	44：6	5：45	29：21
〔41〕	〔42〕	〔43〕	〔44〕	〔45〕	〔46〕	〔47〕	〔48〕		
37：13	22：28	48：2	4：46	3：47	14：36	11：39	26：24		

第一道题包含 48 个问题，有 15 个问题（占 31%）半数以上（含 25 份）的答卷作了改正，其余 33 个问题（占 69%）改正的答卷不到半数。48 个问题无 1 个问题全部答卷都改正，有 2 个问题无 1 份答卷改正，有 6 个问题只有一两份答卷改正。

二、下列计量单位如果有错，改用正确的名称或写法

公尺→米（或 m）　KW→kW（或千瓦）　立升→升（或 L 或 l）

公吨→吨（或 t）　浬→海里（或 n mile）　英两→盎司

CM（长度）→cm（或厘米）　公分（重量）→（或 g）

摄氏 35 度→35 摄氏度（或 35℃）

第二及下面第三、四题箭头左边是题目，右边是参考答案。[1] 49 人把"公尺"改正为"米"或"m"，1 人误改为 M。[2] 41 人把"KW"改正为"kW"或"千瓦"，9 人未改对或未改，其中 2 人误改为 KM（公里）。[3] 45 人把"立升"改正为"升""L"或"l"，5 人未改对或未改，其中 1 人改为"立方分米"（体积相等，但换了单位），1 人改为"立方米"，1 人改为"立方升"。[4] 44 人把"公吨"改正为"吨"或"t"，6 人未改对或未改，其中 2 人改为"T"，2 人改为"公斤"，1 人改为"1000 千克"（质量相等，但换了单位）。[5] 41 人把"浬"改正为"海里"，9 人未改对或未改，其中 2 人改为"海浬"，1 人改为"里"，1 人改为"mile"，1 人改为"1.852 千米"。[6] 13 人把"英两"改正为"盎司"，37 人未改对或未改，其中改为"盎斯"的 2 人，改为"磅""两""克"的各 4 人，改为"啊""公斤/克""in""英寸"的各 1 人，19 人未改。[7] 44 人把"CM"改正为"cm"或"厘米"，6 人未改。[8] 22 人把"公分"（重量）改正为"克"或"g"，28 人未改对或未改，其中 12 人改为"公斤""千克"或"kg"，2 人改为"厘米"，1 人改为"十克"，1 人改为"毫克"。[9] 49 人把"摄氏 35 度"改正为"35 摄氏度"或"35℃"，1 人误改为 C35°。

修改计量单位的正误比例（正：误）

[1]	[2]	[3]	[4]	[5]	[6]	[7]	[8]	[9]
49：1	41：9	45：5	44：6	41：9	13：37	44：6	22：28	49：1

9个问题中有7个问题半数以上的答卷作了改正,只有2个问题改正的答卷不到半数。

三、下列书名如有不妥之处,请作适当修改

1.《列宁后期思想探要》→《列宁晚期思想探要》
2.《辘橹·女人和井》→《辘轳、女人和井》
3.《孙子校释》→《〈孙子〉校释》

第一小题3人把《列宁后期思想探要》改正为《列宁晚期思想探要》,47人未改对或未改,其中12人把"后期"误改为"晚年"(列宁无晚年),还有人把不必修改的"探要"改为"精要""析要""探讨""评析""摘要"或"探析"等。第二小题包含文字和标点差错各1个:[1]3人把"辘橹"改正为"辘轳",18人未改对或未改,其中3人把"辘橹"改为"辘辘",1人改为"辘轱"。[1]15人把间隔号改正为顿号,12人把"和"字换成间隔号也是可以的,23人未改正。第三小题25人改正为《〈孙子〉校释》,11人改正为《孙子兵法校释》,14人未改对或未改,其中7人把书名改成《孙子兵法》、《孙子释义》、《孙子诠释》或《孙子校注》,标点差错问题未解决。

3道小题4个问题,其中3个问题有半数以上的答卷改正,1个问题只有3份答卷改正。

四、参照示例用汉语拼音写出下列两个书名

(示例:大地之歌 Dadi zhi Ge 或 DADI ZHI GE)

1. 白求恩在中国→ Bethune Zai Zhongguo 或 Baiqiu'en Zai Zhongguo
2. 中外记者笔下的第二次世界大战→ Zhongwai Jizhe Bixia de Di-er Ci Shijie Dazhan(或全部字母大写)

第四题无一份答卷拼写完全正确。错误在于:

a. 拼音不准确。例如，Zai（在）误拼作 Zhai，Zhongguo 误拼作 Zongguo 或 Zhonggue，Zhongwai 误拼作 Zhongwei，Dazhan 误拼作 Dazhai 等。

b. 该分写的连写，该连写的分写。例如，有人把第一个书名 BAIQIU'EN ZAI ZHONGGUO 整个连写为 BAIQIUENZAIZHONGGUO，也有人按单字分写为 BAI QIU EN ZAI ZHONG GUO。第二个书名也如此，有人把 ShijieDazhan 连写为 Shijiedazhan，也有人分写为 Shi Jie Da zhan。

c. 漏写隔音号。Baiqiu'en 中间的隔音号未写。依照《汉语拼音正词法基本规则》"表示序数的'第'与后面的数词中间，加短横"及"数词和量词，分写"的规定，"第二次"应拼写作 Di-er Ci。Di 和 er 之间有短横分隔，兼起隔音的作用，不必再加隔音号。如不加短横，则须加隔音号，拼写作 Di'er Ci。不少答卷写作 Dierci，有两个差错：一是漏写短横或隔音号；二是 ci 与前面的音节连写，"次"单独成词，应分写，并用大写的 Ci。

d. 大小写有误。Zhongguo 误写作 zhongguo。"在"在《白求恩在中国》中是动词，不是介词，Zai 误写作 zai。书名分大小写时第二个书名中的助词 de（的）误写作 De。

有些答卷中同一个书名的汉语拼音同时出现多种差错，例如第二个书名拼写成 Zhong Wai Jizhe Bi Xia De Di'erci Shijie Da zhan 及 zhong Waiji zhe Bi xia De Di Er Ci Shi jie Da Zhan，其中既有词语分连不当，又有大小写的差错，说明有些学员对汉语拼音的规则基本不了解。

这次作业表明了编辑加工存在一些带普遍性的问题。

1. 编辑有可能把文稿改错

以第一题的小题为例说明。第 2 小题中的"经韵楼刻本"误改为"经韵镂刻本"。《出版词典》在书前刊有按正文排列的《分类词目表》"误改为"《出版词典》在凡例中刊有按正文排列的《分类词目表》,该书的《分类词目表》不在凡例中。把《六书音韵表》和《分类词目表》误改为"六书音韵表"和"分类词目表"。

2. 没有根据地随便更改事实

第 6 小题说依法影印台湾、香港、澳门等地的出版物"可以使用繁体字",被改成"不可以使用繁体字"。第 3 小题改成"我国古籍现有八万种,绝大部分为官方所出,由民间出的只占极少一部分",把原有的"民间"和"官方"的位置对调,就不符合事实了。第 10 小题也不宜把"该国"改成"我国",因为所给出的电视台和通信卫星的数字,并非我国的数字。

3. 对引文任意作修改

引文也属于事实材料,引语原文的文字在原则上不能改动,除非有明显的排印错误或作者抄录有笔误。有些答卷改动引语的原文,例如第 24 小题的"步子要大一些"改成"步子要快一点""步子迈大一些"等,显然不是订正排印的差错,而是编辑觉得这样写才顺当。还有扩大引号的管辖范围,把作者(引者)的话放入引号内也属于任意更改引文,这个问题前面已提到。

4. 对文稿作有损原意的删改

第 7 小题把"台湾、香港、澳门"删去,"归侨"用法虽没问题了,但"300 多人"的数字就不准确了。原稿给出的数字不能减,改法只能是保留"台湾、香港、澳门",另加"同胞"。第 15 小题"京、津、沪"用单音节词,"大连"用双音节词,有的答卷将其删去,有损原意;为了用字整齐,不如保留"大连",将"京、津、沪"改为"北京、天津、上海",有些答卷是这样处理的。这方面误改的例子还有:将第 8 小题的"的前 3 年中"、第 21 小题的"的 30%"删去,把第 9 小题的"长征二号 E 捆绑式火箭"改成"一种新型的火箭"。

5. 对原意作不必要的增添

例如,第 2 小题"查阅方便"改为"查阅极其方便"。第 7 小题

"……台湾、香港、澳门等地归侨"改为"……台湾、香港、澳门等地归侨和同胞、客商",加"客商"是多余的。在第 13 小题"同一差错"前加"外文中的专有名词",或改为"同一图序、表序、公式序等序列性差错"等。

6. 可改可不改的作了修改

可改可不改的不改,必须修改的不漏改,这是编辑加工的一条重要原则。可改可不改的改了,不但徒劳无功,而且作者未必满意。这条原则说起来简单,要真正贯彻好并不容易。在答卷中最普遍的问题是应改的未改,无须改的反而作了修改,例如第 1 小题中把"学者"改为"科学家","记录"改为"记载","经过"改为"过程",第 4 小题中把"按照"改为"根据",第 11 小题中把"增长了"改为"扩大了",第 12 小题中把"降低"改为"减少"等。作者的行文习惯应受到尊重,有的答卷把第 6 小题中的"其他"改为"其它",看来是编辑按照自己的行文习惯作修改的。

文字加工是实践性很强的编辑工作环节,教师在讲课前布置作业,有助于教师了解学员的实际水平,加强讲课的针对性。另一方面,学员也可通过作业了解自己的知识和经验有哪些不足,编辑加工中哪些问题容易疏忽。有些编辑,特别是青年编辑,对自己的实际改稿能力缺乏清醒的认识,自我估计往往偏高。因为"改你没商量",不少文稿被发表出来之后,作者才无可奈何地发现被编辑改错了,除非是特别重大差错,一般不好意思向编辑指出。例如"我国古籍现有八万种,绝大部分为民间所出,由官方出的只占极小一部分",本是我的一篇文章中的一句话,一家刊物发表时"极小一部分"被改成"极少一部分",我就没有向编辑提出,因为"少部分"是一个常见差错,所以列为一道作业题(第 3 小题),以期引起注意。

有些编辑因为工作忙,要完成发稿计划,没有学习提高的紧迫感,有参加培训班的机会弃之不可惜。另一方面,培训班也需要充实讲课内容,提高质量,使学员觉得参加培训确实有从一般书本上得不到的收获。比如"减少若干倍"多数人知道这个说法不对,但不一定晓得怎么改。为中央部委出版社编辑举办的这次培训班,只有一位学员知道"使生产成本降低1～5倍"怎么改,前几年举办的一些编辑岗位培训班也曾出过同样的题目,有些班只有一两个学员改正,有些班没有一人改正。有的讲书刊标准化的参考书讲数字用法时指出:在出版物中不时见到"减少了3倍""降低了2倍"等说法,都是错误的。但是书中没有进一步讲述,遇到这类错误说法应当怎样改正。有的语文教科书甚至告诉学生自相矛盾的改法。例如初中教科书《语文》第二册说"'减少一倍'应改为'减少了一半'或'减少到一半';'减少十倍'应改为'减少到十分之一'"[①],所说"减少一倍"的改法是对的,如把"减少一倍"改为"减少到1/2","减少二倍"改为"减少到1/3","减少三倍"改为"减少到1/4"……"减少十倍"的精确改法应当是"减少到十一分之一",而不是"减少到十分之一"。若按照该书的说法,把"成本降低1～5倍"改成"成本降低到1/2至1/5",只能算改对了一半:降低到1/2对,降低至1/5不对。以上所讲的是纯数学上的换算关系。要紧的是在修改前问明或弄清作者的原意,照原意改。例如"将一百卷抄为二卷,必然是蝇头细书的袖珍本,将一部书稿缩小五十倍,只有抄在纸张上才可能办到"[②]一句,从"将一百卷抄为二卷"可知作者的原意,这时"缩小五十倍"应改为"缩小到五十分之一",而不能改为"缩小到五十一分之一"。经过作业练习和教师讲评,学员不仅知道"减少若干倍"应当改,而且知道怎样改 —— 如何把握原稿本来要表达的意思,把"倍数"准确地换算成百分数。根据以往的经验,编辑加工课中联系实际多讲这样一些的常见差错的处理办法,是受学员欢迎的。

[①] 北京出版社、开明出版社1996年版,第77页。
[②] 姚福申:《中国编辑史》,复旦大学出版社1990年版,第117页。

提高图书编校质量：问题和措施

最近读了《中国出版》第 5 期《编校质量　精品图书的生命线——新闻出版总署通报全国良好出版社图书编校质量检查情况》以及第 8、9 期图书编校质量专栏刊登的多篇有关文章，感到很有收获。特别是读到广西图书编校质量近年稳步提高、有的出版社总合格率高达 98.8%，备受鼓舞。他们的健全质量把关机制、注重人才培训与大力促进校对理论研究等许多宝贵经验都值得很好学习借鉴。下面仅就自己感觉到的图书编校质量存在的问题和如何采取改进工作的措施谈谈个人的一些想法。

一、力求检查结果接近图书编校质量的实际状况

2001 年新闻出版总署组织对全国 139 家良好出版社 1999 年出版的图书进行检查。良好出版社主管部门检查的 1750 种图书合格率为 87.5%，总署抽查的 33 种图书合格率为 66.7%，相差 20.8 个百分点。为什么检查结果会这样悬殊？原因大概是出于：被检查的图书品种不同或不完全相同，掌握标准的宽严程度不同，审读者的阅历、知识面和专业水平不同。不同的审读员对同一本书的质量进行检查，结果不会是完全一样的。任何人都会受自己的认识水平的限制，不可能要求每一个审读员把所查图书的差错百分之一百地找出来。审读员觉得某些地方有问题，一个人不敢断定是否属于差错，又不便把所有矛盾上交，有时只好在审读报告中略而不提了。检查图书编校质量较理想的办法是由一位编

原刊于《中国出版》2002 年第 11 期。

辑和两位校对组成一个小组负责对同一本书的检查，如果人力不许可，至少要有一位编辑和一位校对共同参与。因为这不是编辑质量检查，也不是校对质量检查，而是编校质量检查，编辑和校对两方面都得有人参加。由于业有专精，编辑和校对不能互相替代，但优势可以互补。假定抽查10万字，一个人通读一遍，发现10个差错，检查到此为止，这本书属于合格品。假如再通读一遍，多发现一个差错，哪怕是一个技术差错，这本书便成为不合格品。一般地说，一位编辑和一位校对通读一遍发现的差错，会多于一位编辑或一位校对通读两遍发现的差错。检查由小组负责，不是由个人负责，有问题好商量。省里（或社里）自查和总署组织对同一本书的检查都分别由至少两人组成的小组进行，然后由总署主持检查工作的评审机构把各自发现的差错经过认定后综合在一起，发给自查单位征求意见，对有异议之处妥善解决后正式公布被检查图书的评定质量等级。这样检查的结果会较接近图书编校质量的实际状况。只有每次检查的结果都较接近即较准确地反映图书编校质量的实际状况，才能确定本次检查与上次检查相比，图书编校质量是上升还是下降。对近几年图书编校质量的评估，无论说逐年上升还是下滑都需要有较全面的准确数据作为依据才能真正说明问题。

二、在检查图书编校质量的同时查阅书稿档案，弄清产生差错的根源

在检查图书编校质量的同时查阅书稿档案的好处很多，首先有助于了解图书差错产生的根源和发现规章制度贯彻执行方面的问题。如果不检查书稿档案，只凭检查出来的差错进行分析，是难以把造成某一本书的编校质量不合格的深层原因和主要责任者找出来的。据了解，有的出版社结合查阅书稿档案对各个编辑室一个年度出版的新书和重版重印书编校质量进行抽查，发现以下一些问题：

●有一套12卷本丛书准备参加评奖，其中1卷被抽查，属于不

合格品。由丛书编委会主任撰写、最能代表全书水平、各卷卷首都刊载因而各卷不同的责任编辑都必须认真审读的长篇总序，差错率超过21/10000。问题包括：在一个段落中引用十四大报告，文字和标点有6处差错；"我们争取同外国爱国华人合作"，词不达意，概念混乱；把广州作为直辖市，与天津、上海并列；"节目全部采用模拟分量采你机录制"，"采你机"从一般词典查不到，不知道是什么意思，应当作为问题向作者提出来；在谈今后工作"应着重抓好以下几方面"时，下文只有以"一、"为序号的一个方面，往下再也没有"二、""三、"等方面；把这套丛书各卷都说成是把本单位过去各个发展阶段有代表性的文章编辑而成，其实有三卷不是文章汇编（两卷是系统的历史著作和大事记，一卷是获奖目录）。看了书稿档案才知道造成质量不合格的根本原因在于：原稿粗糙，交稿晚，限期出书，编辑分头突击发稿，没有时间仔细审读加工。

●有一部翻译书，是把有关人类重大灾难事件的文章编集而成，内容偏颇，总共134篇文章中只有二百多年历史的美国占了56篇，具有几千年历史的印度的灾难事例只收了两篇。作者在原著前言提醒读者注意本书"数字往往以当时新闻报道的武断数字为准"，"有关统计数字仍待核实"。选题报批单没有指出这本书有什么缺陷，而把它抬高为"世界第一部人类重大灾难的百科全书"，说这是"一部极为有用的工具书……为我们提供了大量宝贵而可靠的资料"。译者向出版社推荐外国著作，总是希望能列入翻译选题计划，往往不提或很少提原著有什么重大缺陷。按照常规，出版社编辑在申报选题之前应当自己审读或请有关专家审读原著，写出书面报告，对原书的价值和内容问题作出独立的判断，以防止推荐意见不客观或不周全导致选题失误。其实，该书有不少说法无须专家鉴定，仅凭常识就可以判断是失实的。例如1913年3月25日美国俄亥俄河流域发生水灾，"造成500多人死亡，数百人失踪"，书中说"这场水灾是20世纪三大洪水（译文如此）之一"。我们知道，

20世纪仅在亚洲就发生过许多次特大洪水,一次就夺去几万人甚至十几万人的生命,使数千万人无家可归。造成一千多人死亡、失踪的水灾在美国也许算是一件大事,放到世界范围来考察,就排不上名次了。该书的许多材料均不交代来源和统计时间,无法核实。如"南京、上海、杭州这个三角地带,地势低洼、水源丰富,1.6亿人民世世代代在这块土地上繁衍劳动,是中国近代文明的发源地",读者看到这里会产生疑问:这是哪一年的人口统计数字?这块土地上的人民怎么经过世世代代的繁衍仍保持"1.6亿"不变?译文不妥之处甚多,例如:把14～17世纪欧洲一个国家和民族的名称"德意志"译成早已不存在的"日耳曼";"中国的华北和华中地区"无异说"中国的中国北部和中国中部地区",译给中国人看的书连这样重复累赘的话都不改一改。看了书稿档案才知道编辑室根本没有把英文原著要来看过,自然谈不到对原著价值和译文质量作鉴定了。译文读不下去,责任编辑没有外文原著在手,不知道原意说什么,怎能发现和订正译文的差错、使译本达到合格的标准呢?脱离原著,凭"想当然"进行编辑加工,结果免不了错上加错。

● 有一部国学论文集在出版六年后重印,抽查重印本发现一百多处有错别字,差错率超过2/10000。有些差错是莫名其妙的。比如收入书中的一篇文章题为《晁公武传略(一)》,篇末括注"待续"。一本独自成书的论文集,并非报刊类连续出版物或丛书、丛刊,叫读者到什么地方去找后续的《晁公武传略(二)》呢?查阅书稿档案才知道这本书原是一种国学研究集刊的第一集,集刊的主要内容未动,只是把"第一集"字样去掉,改头换面另起了个书名作为一种新书单独出版发行。这个"待续"的问题当初在出书时没有处理,重印时也没有发现。编辑室填写的发稿单注明样书一册发出版部,要求把初版平装本改为精装本,没有附改正差错表。按照规定,重印书发印前,责任编辑应加以检查,原书内容有不妥的必须认真改正,长时间没有重印的著作,应征求作者同意,并询问有无修改之处。书稿档案并无该书重印前征求作者意见的记录，也无重印前责任编辑检查初版内容的报告。该书有 11 个附图，正文提到附图一、六、七、十一，这些都是插页，重印时没有附上，读者要看就找不到。这本重印书不但没有消除初版的大量差错，反而增加了原来没有的差错。

●有一本包含政治性差错的不合格书，据查书稿档案，没有选题申报审批单，不知道选题是怎样来的，大概经社领导口头表示同意，但没有书面记录可查。档案中只有责任编辑的审读加工报告，无复审、终审意见。该书从选题组稿、审读加工到发稿的整个编辑工作过程中只有到最后发稿时才在发稿单上出现社主管领导的签名，原因很简单，如果没有社主管领导的签字批准，发稿单不产生效力。

●不止一本书的审读报告上有书稿"几经退改"这类表示责编尽心尽责的话，但书稿档案中并没有退改的记录，不知道是何时退改过的，向作者提了什么修改意见，退改是经谁核准的。责编在审读加工报告中提出许多问题，往往无领导批示如何处理。有些批示不留姓名，不知道是谁批的（责编存档时本应补记一笔）。有些领导签字没有日期，或只有月日，没有年份（大部头的质量粗糙的著作从选题到出书往往要折腾好多年，有些签字连当事人自己都记不清是在哪一年了）。有一份发稿单经过层层审批，没有一个人的签字日期是有年份的。有些书在出版一年多后，档案仍分散在各个责任编辑手里，因为检查要用，总编室来收集时已经不全。由于档案不全，或记载不详，有时会给查清责任事故造成困难。书稿档案不收校样批准付印单、样书批准发行单，时间长了，校对科、出版部不再保存，难以查清某一本书何时经哪些人之手批准印行。这些记录图书出版过程不同阶段的重要材料如果复印一份存入书稿档案，便不会散失。

健全书稿档案管理制度，结合查阅书稿档案检查图书编校质量的好处很多。旁观者清，审读员帮助查找差错主要出在哪些环节，出版社便可对症下药，据以采取改进工作的措施。比如，出版社没有外文编辑就不要出翻译书,译稿未经责任编辑自己或有关专家对照原文检查、确认译文质量达到出版要求,总编辑就不批准发稿。

三、严格按照《图书质量保障体系》的要求采取切实的措施改进编校工作

1. 把优化选题落到实处,设法使约写的书稿交来就基本可用

编辑室为选题论证提供的材料往往不够充分。在选题约稿单上有时只有一个暂定的书名,几句话的内容介绍,作者的名字及其身份,加上对方能提供多少赞助费等,没有要求作者提供写作提纲(或编纂体例)和样稿。被约稿的对象能否把书写好、编好是个未知数。有位责编在审读报告中不无感慨地说:"初稿比最初想象的粗糙",使得他不得不"几易其稿,屡次改退"。原稿的基础太差,差错改不胜改,结果印制出来的成品被检查还是不合格。因此,把图书出版的前期工作——调查研究和选题组稿工作扎扎实实做好,至关重要。

2. 加强监督和自我约束机制,防止三审制流于形式

有一些几十万字的书稿,初审和复审的签字日期在同一天,或者复审和终审的签字日期在同一天。用一天半天时间不可能仔细审阅,复审意见往往只有几句话,有的终审意见则更简单,只有几个字。有些终审意见只对编辑室提出的某些问题作批示,就事论事,不对书稿的整体质量提出自己的基本评价;不时可以看到在批示中称赞责编做了大量工作,审读加工"认真细致",但书稿是否已经符合发稿要求则不表示意见。初审不符合要求,有室主任给予指导帮助;复审不符合要求,总编辑有权把书稿退回编辑室重审;终审是否履行自己应尽的职责,靠什么机制来监督呢?现行的办法是要求复审通读全部稿件,终审者是否通读全稿,取决于图书的性质、初审和复审意见有没有重大分歧;也就是说某一部书稿终审是采用通读的办法还是采用抽查部分内容的办法,由总编辑(或主管副总编辑)自行决定。为促使终审者自我约束,便于接受

监督，似乎需要对终审意见的写作方式加以规范。比如制定终审意见表，上面有必须填写的栏目，比如：（1）审读方式（通读还是抽查部分内容；如果是抽查，写明抽查了哪些章节）。（2）对书稿整体质量的基本评价（包括同意或不同意初审、复审意见，书稿是否达到发稿要求）。（3）对存在重大问题的处理意见（对编辑室审读报告中提出的某些具体问题，当然也可以把处理意见批注在报告旁边的空白处）。（4）终审日期（年月日都要有）。有了必须单独填写的终审意见表，就可以促使终审者切实履行自己的职责，不能在编辑室的审读报告末尾附加"同意发稿"几个字敷衍了事。应当通读的书稿终审者没有通读，总编室在办理发稿手续时有责任提醒。检查图书质量时看一下书稿档案中的终审意见表便能了解某部书稿终审者是否通读过，不必再去问终审者本人；总编辑一年终审的书稿很多，是否通读过不一定本本都记得很清楚。被批准印行的图书是否合格，终审者自己要做到心里有数。在看付印样时有必要抽查若干字（比如一两万字，其中必须包含前言、后记等），逐字逐句审读，看差错率是否超过 1/10000。批准付印单上似可设置检查图书编校质量是否合格的栏目，让终审者填写，注明抽查了哪些地方、在第几页、总共多少字。这样做的结果必然是终审者抽查不合格就不批准付印，终审者批准付印就必须确认在自己抽查的范围内编校质量合格。

3. 经过编辑加工的书稿原则上要退给作者复核，看有无误改漏改

对书稿内容作重大修改要得到作者同意，这是不言而喻的。但是编辑自以为是、不与作者商量而误改原稿的情况也时有发生，下面举些实例说明。（1）日本政府在 1946 年公布《当用汉字表》，把应当使用的汉字限制为 1850 个，其中有"集"无"辑"。一部书稿介绍这个情况时写道："日语'编辑'在法律文件中最初见于明治六年……在第二次世界大战后随着当用汉字的推广，'编辑'在日文中已改用'编集'来表记。"原稿的"当用汉字"被误改为"当时汉字"。（2）"10%—15%""10%—20%""30%—50%""40%—50%""90%—98%"

等处的每一组数字原稿都有两个百分比符号，前一个百分比符号被编辑逐个查出来，统统删去。(3)"具有多媒体功能的个人电脑世界装机量1994年为16325000台，1995年将增至27375000台"被改成"具有多媒体功能的个人电脑世界装机量1994年为16325.5万台，1995年将增至27375.5万台"，数量相差10倍。(4)美国"一般图书（trade books）"中的"一般图书"被改成"贸易图书"。(5)"依照我国国家标准GB 3792.2—85《普通图书著录规则》，'如一书系双页编一页码时，则页数加倍计算'。"引文是大句的一部分，不独立成句，原稿把句号放在引号外面，编辑把句号移入引号内，改成："依照我国国家标准GB 3792.2—85《普通图书著录规则》，'如一书系双页编一页码时，则页数加倍计算。'"类似这样的误改不止一处。(6)法语"标点（ponctuation）"和英语"标点（punctuation）"的原文在原稿上是有区别的，编辑以为第二个字母"o"有误，便按照英语的拼写法，把法语标点"ponctuation"一词也改成"punctuation"。(7)所有俄文书名原稿都用正体字，这遵从俄罗斯人的书写惯例，出版社却按照英语书名的格式改成斜体字。(8)一本书的书名作者在原稿上加了汉语拼音，依照GB 3259—92《中文书刊名称汉语拼音拼写法》的体例不加声调符号，在校样上作者对排版的更正也没有声调符号。出书时发现出版社给书名汉语拼音加了声调符号，但只给8个字书名中的4个字加了声调符号，其余4个字（非轻声）未加。

作者对自己的著作被误改是极其敏感的，不要说像例3那样全书前前后后多处出现成组的百分比数字被误改，就是像例6那样的小小标点符号位置的变动，作者一检查就能发现，而且会"举一反三"，注意检查其他类似的地方有没有被改错。出版社的复审者和终审者会检查书稿上每个标点的用法，保证不被责任编辑改错吗？原稿有些差错编辑改对了，可能在其他地方还有同样的差错未改。大多数图书的出版不像报刊有严格的期限，经过编辑加工的原稿原则上要退给作者复核，看有无误改漏改。如果作者不在本地，怕原稿寄失，至少应把经过校对的校样寄给作者审读一次。

作者看过的校样，如果编辑有新的带实质性的改动，应告诉作者。作者不同意编辑的修改，应当通过协商取得一致，不宜由编辑单方面决定书稿如何修改。有一部教材上有多处提到苏联，如"原苏联在解体前一直位于世界出版大国的前列""我国出版社现行的审稿制度最初是在50年代借鉴原苏联的经验建立起来的""1975年我国出书35.76亿册，超过原苏联""前苏联历史上出书最多的一年为1985年""从1986年起前苏联图书出版业开始向市场经济过渡"等等，其中的"原""前"均为编辑加工时所加，原稿没有。作者看校样时把这些不应加的字统统删去，出书时这些字竟全部被保留下来，大出作者意外。这些字读者并不知道是编辑自作主张加上去的，作者早在1993年就写过文章谈论过当时报刊文章有些"原苏联""前苏联"用法欠妥，如今欠妥的用法却出现在自己编写的教材中，怎能不叫作者感到尴尬、难堪？这样做对编辑也没有什么好处，到检查图书编校质量时还得计算编辑差错。

四、就每次图书质量检查结果发表综合评述，帮助编校人员提高辨别正误的能力

图书存在的差错有些编校人员未能消除主要有两个原因：一是工作疏忽；二是不知道或不敢断定是差错。在通报《审读中发现的部分不合格图书中的典型差错》（见《中国出版》2002年第8期）的同时，最好能就所发现的各种差错发表综合评述，分析产生的原因，提醒编校人员注意容易疏忽的工作环节，帮助他们提高辨别正误的能力。

有些差错一点即明，有些则须说明认定是差错的理由。例如《战争离我们有多远》一书的检查结果，指出"斯得哥尔摩""瑞典克郎"为误、"斯德哥尔摩""瑞典克朗"为正即可，下面的一条仅仅指出"战场画面……。"为误、"战场画面……"为正就不够了。因为这涉及差错

的认定标准问题，是不是所有句子在省略号后面都不能用句号呢？据国家标准《标点符号用法》4.11.2 条的示例，在一个自然段末尾的省略号后不加句号，因为其后没有其他文字，不需要加句号来表明句子到此结束；4.11.3 条和 4.11.4 条的省略号是标明句内文字有省略的，在省略号后自然不能加句号。假如省略号后是另一个句子呢，要不要加句号？《标点符号用法》修订组编写的《〈标点符号用法〉解说》（1990 年版）解答了这个问题，认为"一般的趋势是不用"，"假如需要表示不跟下文连接，那么后面也可以使用标点"。书中举了一个实例："庄严的人民大会堂，是首都最宏伟的建筑之一，……。那壮丽的柱廊，淡雅的色调，以及四周层次繁多的建筑立面，组成了一幅庄严绚丽的画图。"接着说明"上例省略号前后都有标点，并不必要，删掉省略号前面的逗号，就合乎规范了"。可见省略号后面有另一个句子，需要保留句号以表示不跟下文连接。"现今，创作上有一种长的趋势：短篇向中篇靠拢，长篇呢？一部、两部、三部……。当然，也有长而优，非长不可的，但大多数不必那么长，确有'水分'可挤的。"这是该书有关省略号用法的另一个示例。省略号后也是有句号的。"战场画面……。"是在《战争离我们有多远》一书中的一个自然段的末尾，后面没有文字，还是在一个自然段的内部，后面另有文字，需要说明。不加说明，那就意味着不管省略号出现在什么地方，只要后面加句号就被定为错误。

一本书最重要的是书名，正文中有的内容可能被忽略，但书名则不可能被忽略，是初审、复审、终审、美术设计和校对人员都看过的。这次被检查的良好出版社所出的图书中有一本的书名叫《风云人物·米洛舍维奇》。这本书既然以这样的书名出版，说明出版社是经过层层审查认可的。根据《图书质量管理规定》，包含书名的封面、扉页和版权页属于必须审读、检查的内容。这个书名中的间隔号不知道这次检查算不算误用。"风云人物"和"米洛舍维奇"是"通用名词＋专用名词"组成的同位性偏正结构，指同一事物的两个同位性成分紧密相连，中间不宜加间隔号分隔。国家标准《标点符号用法》规定了外国人和某些少数民族人名内各部分的分界、书名与篇（章、卷）名之间的分界用间隔号标示，如果不加间隔号，"列奥纳多·达·芬奇"和《三国志·蜀志·诸葛亮传》改成"列奥纳多达芬奇"和《三国志蜀志诸葛亮传》，姓和名之间的分界和书名、卷名、篇名之间的分界便不清楚。"风云人物米洛舍维奇"在通名和专名之间不加间隔号，两者的界限不会发生混淆。放在句子中，把"本书介绍当代风云人物米洛舍维奇"和"本书介绍当代风云人物·米洛舍维奇"加以比较，便可看出这个间隔号的用法明显不妥，过去有一本获奖的学术著作的书名《旷世奇才·杨度》中间隔号的用法也有同样的问题。国家标准《标点符号用法》的条文要求简洁概括，只能对某种标点符号的主要用法加以规范，结合实例讲述正确的用法，不可能把出版物上各种误用的情况一一加以剖析，那是研究标点用法的专著的任务。出于封面美术设计的需要，可在"风云人物"和"米洛舍维奇"之间加空，或分两行排，不宜加间隔号。这只是笔者个人的看法，加间隔号算不算错，在学术界、出版界可能有不同意见。主持图书编校质量检查的评审机构针对有争议的问题进行讨论，统一认识，必要时向有关专家或主管部门（如国家语委）咨询，对是否属于差错给予认定，然后在综述中说明评审的结果。如果认定是差错，各个出版社就会注意今后在书名中避免类似的差错；如果认为不算差错，审读员将不再检查这类问题；如果对是否属于差错不表示态度，标点使用混乱的情况将继续下去。有一年一家报刊发表各出版社获国家图书奖的图书名单，在图书内容介绍中同一种性质的丛书名有些用引号，有些用书名号，就是书名标点用法混乱的一种反映。丛书名是书名之一种，正式的丛书名称理应都用书名号。

依照 GB 3259—92 国家标准《中文书刊名称汉语拼音拼写法》规定："国内出版的中文书刊应依据本标准的规定，在封面，或扉页，或版权页上面加注汉语拼音书名、刊名。"新成立的出版社恐怕只有少数知道国家有这项规定。有家新出版社起初效法人民出版社等老社，给所出的每一种图书的书名加注汉语拼音，后来发现加汉语拼音容易出错，又看到许多出版社的书都没有给书名加汉语拼音，照样出版发行，便决定不再给书名加汉语拼音。在检查图书编校质量时计不计错，计几个错，主管部门须要作出明确的规定，使各地检查图书编校质量时有章可循。依照《图书质量管理规定》，汉语拼音字母有错是要计错的，这自然包括书名的汉语拼音字母差错在内。要是某种书不给书名加注汉语拼音不计错，那些不执行这一国家标准的出版社就更加心安理得了，觉得没有必要去冒这个出错的风险了。一家出版社自查一年出版的 203 种图书的书名汉语拼音（包括字母、大小写、分词连写、隔音符号等），结果是：完全正确的有 106 种，占 52.2%；有差错或不符合规范要求的有 94 种，占 46.3%；有 3 种书名未加注汉语拼音，占 1.5%。社领导批准向全社编校人员印发了质量检查组写的题为《关于我社书刊名称汉语拼音规范化问题》的通报。由于这个问题引起了注意，发稿时有些书名汉语拼音责任编辑觉得没有把握，主动提出来与质量检查组商量，此后书名汉语拼音的差错率明显降低。近几年书名不加汉语拼音的图书似乎越来越多，甚至连 2002 年新出版的一些教材上也没有，不少语文书上的书名汉语拼音不符合规范要求。例如列入国家"九五"出版规划项目、于 1996 年出版的一本重点书——《汉语语法学》，版权页上的书名汉语拼音是"HANYU YUF AXUE"，书上出这样的差错绝不会来自作者原稿，应当由谁负责是不言自明的。应当说国家标准《中文书刊名称汉语拼音拼写法》的执行情况是不如人意的，评述图书编校质量检查结果时如果有统计数字表明有几家出版社未按照规定给书名加注汉语拼音，有几本书所加汉语拼音不符合规范要求，人人都知道书名汉语拼音属于被检查之列，效果比在报刊上发表有关这个问题的对出版单位没有约束力的评论文章肯定要大得多。

五、加大对不合格图书处理的力度

依照《图书质量管理规定》，经检查为质量不合格的图书，须采取技术处理或改正重印，方可继续在市场上销售。对已经在读者手里或已经入藏图书馆可供借阅的不合格图书也须有个处理办法。可以考虑采取的办法有：（1）出版社按原来的发行渠道印发勘误表，读者也可去信向出版社索取。（2）所有勘误表都要发到新闻出版总署指定一个出版信息网站集中刊载储存备查，出版社和出版集团也应在自己的网站刊载储存勘误表备查，自不待言。采取这样的措施，其好处是：（1）向全社会表明出版界对所出精神产品是负责的，不允许不合格图书的差错继续在社会上流传、扩大消极影响。（2）使读者和图书馆知道自己拥有的图书有哪些是编校质量不合格的，勘误表可直接从网上下载。（3）促使出版社自律，总结经验教训，努力降低图书不合格率。（4）为出版科研和教学人员探索图书出错的规律提供大量实用材料，使出版专业教材和出版干部业务培训的内容能更好地联系实际。总之，应当设法利用网络技术等高新科学技术提供的便利条件，使其在提高图书质量和塑造出版界良好形象等方面发挥更大的作用。

外国出版业研究

欧洲文艺复兴时期杰出的编辑出版家马怒提乌斯和阿尔丁出版社

欧洲文艺复兴时代，人才辈出，群星灿烂。14—15世纪意大利已出现资本主义生产最初的萌芽，新兴资产阶级在"复兴古典文化"的旗号下开展的人文主义运动，首先是从意大利开始的，意大利的各个文化领域涌现出来的杰出人物也较多。《文艺复兴时代的巨人》（吴泽义等编著，人民出版社1987年版）一书收有代表性的人物42位，意大利人占了一半，其中有许多大家熟悉的诗人、作家、画家、建筑家、音乐家、思想家、史学家和科学家等。可是当时在出版界为希腊罗马古典作家的著作和文艺复兴先驱们的作品广泛传播作出重要贡献的代表人物却鲜为人知。本文拟简要介绍一下意大利文艺复兴全盛时期最杰出的编辑出版家阿尔杜斯·马怒提乌斯（Aldus Manutius，约1450—1515）及其在威尼斯办的出版社，史称"阿尔丁出版社"（Aldine Press），它被认为是当时欧洲最活跃的行业——出版业的最活跃的出版社。欧洲北方文艺复兴运动的巨擘和领袖人物荷兰鹿特丹的德·伊拉斯莫（D. Erasmus，约1466—1536）成名之前在该社当过编辑，在回忆这段经历时称赞马怒提乌斯"在生产一个不受地域和时间局限的图书馆，它除了文字界限以外没有其他界限"，可见该社出版的图书影响之大。

原刊于《出版科学》1998年第1、2期。

一、为实现理想，中年改行

阿尔杜斯·马怒提乌斯在1450年前后出生于罗马南面的塞尔蒙内塔镇（Sermoneta）。从小开始受正规教育，70年代在罗马进修拉丁语，然后到费拉拉大学师从修辞学教授巴蒂斯塔·瓜里诺（Battista Guarino, 1434—1513）学习希腊语基础知识。1480年经友人、柏拉图主义哲学家皮科·德尔·米兰多拉伯爵的推荐，赴卡尔皮公国担任他的两个外甥阿尔贝托·皮奥和廖内洛·皮奥公爵的教师。马怒提乌斯被授予卡尔皮公国公民的资格，在那里拥有地产。他成年时期相当多一部分时间是在费拉拉和卡尔皮的上层社会度过的，80年代开始同人文主义学者交往。

经过了中世纪漫长的黑暗时代把重新发现和整理出来的希腊罗马古典著作由写本第一次变成刊本广泛传播，是时代向意大利人文主义者提出的最具挑战性的任务。马怒提乌斯在转向出版业之前以教书为业，语法学和语音学造诣较深，在学术界已经颇有名气，在不惑之年作出改行的重大决定不是客观环境所迫，也不是经济利益所驱使，而是出于个人作为职业教师的信念：在他看来，从事编辑出版工作不是教育工作的中断，而是教育工作借助威力强大的印刷媒介在一个新的领域广阔延伸，80年代后期对希腊古典文化的研究势头正在加强，必须抓住机遇，马怒提乌斯决定到威尼斯筹建出版社。

文艺复兴时期的意大利尚未实现国家的统一，威尼斯当时是一个独立的商业繁荣的城市共和国，国家元首是选举产生的首席执政官（Doge），政权受贵族和新兴资产阶级控制。威尼斯发展出版业具有许多特别有利的条件。它位于西欧和东方交通的航道上，是个重要的国际贸易中心；它又处于拉丁文化和希腊文化的交汇点。在君士坦丁堡陷落、拜占庭帝国瓦解后，大批希腊人为逃避奥斯曼帝国的压迫而带着珍贵的典籍移居威尼斯。谷登堡发明的活字印刷术在15世纪60年代传入意大利。威尼斯是继苏比亚科和罗马之后第三个出现活字印刷业的意大利城市。1469年9月18日德国工匠施佩耶尔的约翰被威尼斯共和国授权开办印刷所。法国刻工尼·詹森（Nicholas Jenson，约 1420—1480）曾到美因茨在谷登堡门下学习过印刷术，接着在1470年到威尼斯办印刷所。他对罗马体活字作了改进，请权威学者当编辑，10年出书约150种，大都是拉丁语书籍。威尼斯的印刷业发展极快，比罗马更早成为意大利的出版中心。70年代初出书176种，70年代末达539种。印刷所1481年有50家，1490年超过100家，到15世纪末增至150多家。1481—1501年共出书约4000种（几乎为其竞争对手巴黎的两倍），总印数达200万册，居民人均20册。15世纪末，德国75个城市有印刷所261家，意大利74个城市有印刷所526家，意大利后来居上。那时的印刷所多出书，与印刷分离的"纯"出版社极少，所以大多数印刷所（press）实际上也是出版社。

二、出版社的组建和经营管理

马怒提乌斯1489年或1490年到威尼斯，用了几年的时间在市中心筹建出版社，雇佣约30个来自克里特等地的希腊人协助校理希腊语书稿，书写标准字体供刻制字模使用，在1494年或1495年开始出书。马怒提乌斯在1496年8月出版的古希腊语法论集前言中向读者披露了筹建工作的紧张状况："我敢向你们发誓：自我从事这个烦人的印刷业务以来——于今已有6年多——我从未有过连续一小时不被打断的休息时间。"

办出版企业不仅要有事业心，还需要有足够的资金来铸造适合需要的各种文字的活字，建立印刷厂，购买稿件，聘请编校人员，开辟销售渠道。马怒提乌斯只能与人合办股份公司，他的主要资助人是他的贵族学生、卡尔皮公爵阿尔贝托·皮奥。威尼斯共和国首席执政官的儿子、参议院议员皮·巴尔巴里戈（P. Barbarigo）是他的重要合作伙伴之一，占股份的一半，但他只出钱分红，不管事。股份的另一半为马怒提乌斯和安德烈亚·托雷萨尼（Andrea Torresani）所有。据估计，马怒提乌斯只占整个公司股份的1/10，最多不超过1/4。托雷萨尼来自曼图亚的阿索拉，小城镇工匠出身，曾在詹森手下当学徒，掌握印刷技术，詹森退休时购买了他的设备，自立门户。在与马怒提乌斯合伙前，托雷萨尼已是有十几年经验的印刷商和书商。他生于1451年3月，比马怒提乌斯还年轻。1505年1月，马怒提乌斯与托雷萨尼的女儿玛丽亚结婚，次年两家资产合并，这种以家族为基础的联合在当时的出版界是普遍的现象。

阿尔丁出版社带有早期资本主义企业的性质，编辑、印刷和销售等活动统一管理，但有专人负责。托雷萨尼思想保守，缺乏学识和大胆开拓精神，出版社的实际领导权特别是编辑业务自然在马怒提乌斯控制之下，托雷萨尼主要分管技术和行政事务，如雇用印刷工人等。依马怒提乌斯的主观愿望，学术优先于经济，但出版公司不能办成文人学士的清谈馆。他作为一个有理想的人文主义学者，要实现自己的抱负，还得学会做生意。马怒提乌斯出书不如人们想象的那么自由，因为出版社是与人合办的，如果只注重学术价值，不顾有无销路，净出赔钱书，合伙人便要退出，马怒提乌斯无力独自支撑下去。阿尔丁出版社是当时威尼斯一百多家出版社之一，还有米兰和佛罗伦萨等地强手如林，竞争十分激烈。书籍本来是短缺的商品，由于先进的印刷技术的推广，一下子似乎变得生产过剩，卖书比出书难的问题这时就已经出现了。选什么书，印多少，到何处出售，都要慎重考虑。印数和定价等不是马怒提乌斯一个人说了算，往往要集体研究决定。拉丁语是当时西方学术界的国际通用语，而马怒提乌斯的出书方针是以希腊语书籍为主，拉丁语书籍为辅，意大利语书籍放在第三位。希腊语书籍排印成本高，读者面窄，托雷萨尼担心会滞销，主张多出风险小的拉丁作家的作品。詹森在70年代就是靠大量出版拉丁语书籍成为本行业的首富的。马怒提乌斯极力说服合伙人支持他的理想和计划，根据自己对市场需要的预测论证所选的希腊古典著作销路是会看好的。

阿尔丁出版社每月的管理费用，据1502年马怒提乌斯向参议院的一次报告为200达克特（ducat，带威尼斯国家元首头像的金币，1达克特约合6.4里拉），相当于一个大贵族全年的地产收入。根据对威尼斯和帕多瓦两地一些出版社（包括托雷萨尼原来的及后来与马怒提乌斯合办的出版社）的调查数字，各类职工的月薪大体如下：普通编辑10达克特、书籍图案花饰绘制者4达克特、校对4—6达克特、排字工人2.5—4.5达克特、非熟练的墨工2达克特、印刷机操作员2—3达克特。阿尔丁出版社管部分职工食宿，楼上住人，楼下办公。房租每年40—60达克特。1508年时有印刷机4—6台，每台3人，排字工人、墨工、操作员各1人。为出印刷版，阿尔丁出版社1499年购买一部古希腊辞书《苏达》写本（391叶）的费用为25达克特。马怒提乌斯在《欧里庇得斯悲剧集》（1503年）一书的前言中说印1000册的生产成本为234达克特。一册书的售价：加扎《希腊语法》（1495年版，198叶）和乔瓦尼·克拉斯顿《希腊语词典》（1497年版，243叶）各1达克特，《阿里斯托芬喜剧集》（1498年版，339叶）2.5达克特。与工资比较，当时的图书特别是希腊语图书售价并不低，有些书商要求希腊语书籍降价，否则不予接受。

公司租有多处仓库。图书通过水路运送到几家书店。保存下来的账本显示阿尔丁出版社有广大的销售网络。佩罗蒂（Perotti）的拉丁语著作《丰饶角》（Cornucopia）1499年版，德国书商约尔丹·冯·丁斯雷肯于1501年11月20日一次购进101册，1502年年初再次购106册。书商购进数量大，使书价在德国比在威尼斯还低。书商大批购书通过马费奥·阿戈斯提尼银行付款。

阿尔丁版图书销路好，与之俱来的是行贿盗版行为猖獗。有些书还在生产过程中，样本就被人偷出来抢先印卖。马怒提乌斯多次向政府申请版权保护，1503年讲到他与盗版行为作斗争时说："我雇佣的职工由于万恶之母——贪婪的驱使，在本社背着我搞阴谋，至今已有4次，但幸亏得到上帝的帮助，我一一加以粉碎了，结果他们全都为他们的背叛行为深感懊悔。"

马怒提乌斯同学术界和社会名流有广泛的联系，这是他赖以推销图书的重要渠道。早期的刊本还不可能做到像某些古典著作写本的装帧那样豪华精致，有些带偏执狂的贵族豪门以收藏刊本为可耻，不屑一顾。马怒提乌斯同神圣罗马皇帝马克西米连一世、萨克森选帝侯、那不勒斯亲王、阿特里公爵、曼图亚侯爵，同数不清的主教和大使有过私人通信关系，他不放过向他们宣传本版书的机会，力图改变他们的传统审美观和价值观，以提高刊本对写本的地位。法国枫丹白露图书馆早期的希腊文藏书大部分（31种）是法国驻威尼斯大使纪尧姆·佩利西耶购进的。

三、三种语言书籍的编辑出版

马怒提乌斯的编辑出版活动可分4个时期：（1）1494/1495—1500年为初创与巩固时期，主要研制活字的各种字体（他使用过3种文字的12种字体），同时出版希腊语和拉丁语书籍，以前者为重点，1499年开始出版意大利语作品；（2）1501—1505年为鼎盛时期，创制斜体字和大批出版古典丛书；（3）困难时期，1506年没有出书，1507—1509年一度复苏。随后由于领土纠纷，威尼斯共和国和组成康布雷联盟的一些邻邦之间爆发毁灭性战争，阿尔丁出版社被迫停业3年多；（4）1512年恢复业务至1515年马怒提乌斯去世，这个时期采取较为稳重的编辑出版方针，出拉丁语书籍较多。

5世纪希腊诗人穆泽奥斯的爱情史诗《海洛与勒安得耳》，是马怒提乌斯所出的第一种书，书上未印出版日期，大概在1494年。载明出版日期的第一种书是1495年出版的《希腊语法问答》。马怒提乌斯生前共编辑出版了希腊、拉丁、意大利三种语言的书籍124种（含同时代人的作品25种，马怒提乌斯生前开始编辑、死后才出版的不计算在内），文艺复兴开始一百多年来人文主义者重新发现和整理出来的希腊古典时期和后古典时期各个领域的文化遗产几乎尽在其中了。所出的希腊最重要的古典文学和哲学著作第一个印刷版至少有23种，包括《亚里士多德全集》与《柏拉图全集》，公元前5世纪索福克勒斯、欧里庇得斯等大剧作家与希罗多德、修昔底德、色诺芬等大史学家的著作和公元前4世纪雄辩家狄摩西尼的著作等。而在马怒提乌斯之前，希腊语书籍在意大利仅仅刊印过十几种，其中只有米兰出的伊索寓言、忒奥克里托斯与伊索克拉底二人的著作以及佛罗伦萨出的荷马史诗属古典作品，其余为圣诗篇和现代希腊语法之类书籍。阿尔丁出版社在马怒提乌斯主持期间，出版希腊古典著作始终置于优先地位，后来出版罗马古典著作和拉丁作家的作品增多，但其中有一部分（如新柏拉图主义者的著述）还是为阐释希腊古典哲学服务的。意大利语作品出版过文艺复兴运动两位先驱但丁的《神曲》和彼特拉克的《俗事》等。

在神学统治的中世纪欧洲，希腊古典著作所遭遇的历史命运与我国早在汉代就已确立支配地位的儒家经典大不相同。公元4世纪排他性极强的基督教被宣布为罗马帝国国教，公元529年全部非基督教的学校被查士丁尼下令封闭，爱智慧、尚思辨、追求真理的世俗希腊哲学在西方失去了最后存身之地，直至12世纪几乎不为世人所知。到13世纪虽然已有佛兰德翻译家莫依贝克（Moerbecke）所编的亚里士多德全集拉丁文写本，但这是译本，而且大约有一半是从阿拉伯文转译过来的，自然不能满足人文主义者根据原著研究和讲授亚里士多德哲学的需要。把尚存的原著加以收集整理出第一个印刷版，是一个巨大的工程。由于得到阿尔贝托·皮奥的赞助和许多学者的大力支持，《亚里士多德全集》分5卷于1495—1498年陆续印行，正好适应帕多瓦等地大学的教学需要，被采用为教材。亚里士多德的著作，据公元3世纪希腊作家第欧根尼·拉尔修在其《著名哲学家的生平、学说和格言》保存的目录中所载有 146 种，只有约 1/3 传世。这套《全集》，不计前言共有 1792 叶，包含了几乎全部传世的亚里士多德著作。

马怒提乌斯所出的书一般都附有献词和前言，说明本书是献给谁的，编辑出版的意图和经过，得到了谁的帮助，并提供阅读指导。马怒提乌斯在献词和前言中不放过机会大力鼓吹复兴古典文化的思想，强调通过教育和改革来促进社会进步。马怒提乌斯在《亚里士多德全集》第一卷的前言中就预言社会对希腊学术著作的需求将会增长，在第二卷的献词中感谢"威尼斯和帕多瓦学者"的帮助，其中提到参加编辑工作的有 4 人。

第一个是英国学者托马斯·利纳克尔（Thomas Linacre，约 1460—1524），1496 年 8 月他在帕多瓦大学获得医学博士学位，随后来威尼斯协助马怒提乌斯编辑《亚里士多德全集》，可能同 12 年后的伊拉斯莫一样住在社内，亦即马怒提乌斯的家里。他个人的样书仍保存在牛津新学院图书馆，是目前唯一完整地保存下来的印在羊皮纸上的《亚里士多德全集》，每卷上面都有他的亲笔签名。羊皮纸印本 1 套 11 达克特，至少比普通纸印本贵 4 倍，是 15 世纪最贵的书籍之一。马怒提乌斯在 1498 年收到一位朋友从波洛尼亚大学来信抱怨说，以一套《亚里士多德全集》的价钱可购买 10 种精美的拉丁文写本。利纳克尔于 1498 年回国，任英王储阿瑟亲王的教师，后创建医学院，任第一任院长。被提到的第二个学者是在威尼斯开业的医生弗兰切斯科·卡巴利（Francesco Caballi），经常参加帕多瓦大学学位考试评判，可见在学术界是个有影响的人，《全集》依照他制定的体例编次。其余两名编辑是马怒提乌斯的朋友、来自费拉拉大学的著名学者尼科洛·莱奥尼切诺（Niccolo Leoniceno）和洛伦佐·马约利（Lorenzo Maioli）。马怒提乌斯在 1497 年出版这两名助手的短篇作品以酬报他们所做的贡献。

哲学家马·菲奇诺（M. Ficino，1433—1499）是把柏拉图全部著作译成一种西方语言——拉丁语的第一人，1462 年出任佛罗伦萨柏拉图学园的主持人，后半生致力于柏拉图学派的著作的翻译、解释和评注工作。马怒提乌斯得知柏拉图著作的拉丁语译本引起费拉拉大学生的强烈兴趣，在完成《亚里士多德全集》出版时，宣布计划出版"圣柏拉图的全部著作和全部现存的有关他的评注"。希腊扬布利科斯（约250—约330）及其他新柏拉图主义评注家的短篇论文集，由菲奇诺翻译成拉丁文并加以校订，1497年12月在阿尔丁出版社出版，这是马怒提乌斯在同年宣布的上述宏大规划的一部分。不到一个月，马怒提乌斯便收到诗人路·阿里奥斯托（意大利文艺复兴时期不朽的巨著《疯狂的罗兰》的作者）从费拉拉来信反映人人都渴望得到该书，继续出版这类书籍，肯定好销。自然，读者更需要的是柏拉图的原著。由于遇到种种困难，编辑工作时断时续进行了十几年，马怒提乌斯的德国学生约翰·库诺在1506年12月报告柏拉图和普鲁塔克著作的整理工作仍在讨论中。《柏拉图全集》出版计划到1513年才实现，分两卷，共471叶。《柏拉图全集》第一个抄本是罗马出版家提·庞·雅典库斯在公元前1世纪中叶出版的，《亚里士多德全集》第一个抄本为罗得斯岛的安德罗尼柯在公元前60年左右编定。隔了1500多年，在各种抄本历尽坎坷之后，阿尔丁出版社最先以原文为世人提供了西方哲学两个奠基人的全集能永远流传的印刷版，任何人写他们的著作传世经过，都不能不提到马怒提乌斯的这一贡献。

为配合学术讨论出书也反映出马怒提乌斯编辑活动的一个特点。15世纪90年代后期，学术界解释老普利尼的百科全书式的《自然史》出现尖锐的分歧，引起这场争论的中心人物是马怒提乌斯的朋友和编辑尼·莱奥尼切诺。为在一个重要的领域提供有关的研究材料，古希腊医生迪奥斯科里斯（公元1世纪）和尼坎德罗斯（公元前2世纪）关于药理学的论著被收在一起在1499年出版。其中迪奥斯科里斯的《药物论》为现代植物术语学提供了最经典的原始材料，在16世纪一直是药理学的主要教材。

马努提乌斯注重语法书和词典的出版，包括古代语法和现代语法，共出了十来种，仅在1495—1497年就出了4种希腊语法和1种希腊语词典。这固然有马努提乌斯个人专业爱好的因素，更多的是为了配合古典著作研究和语文教学的需要。这类书也比较好销，有的曾多次重印。

希腊语法学者康斯坦丁·拉斯卡里斯（Constantine Lascaris, 1434—1501）在君士坦丁堡陷落后移居米兰，他1476年在那里出版的《希腊语法问答》是第一本印刷的希腊语书籍，这本基础教材在公众中传布甚广，作者由此享有盛名，晚年在西西里岛墨西拿执教。威尼斯青年学生彼埃特罗·本博（1470—1547）用拉丁语写了一本小书《埃特纳火山探险记》，记述他在西西里求学时的一段经历，总共只有30叶，马努提乌斯所以同意出版，除了本博出身于威尼斯贵族的关系，主要因为他学成带回了彼特拉克和但丁著作的一些珍贵抄本以及业师拉斯卡里斯的语法教材修订稿。修订稿末行有作者亲手写的重要日期"1494年11月25日"，大概是指完成订正日期。马努提乌斯把这位名家写的畅销书作为阿尔丁出版社第一种载明日期的书籍在1495年赶印出来。为说明他所出的新版比其他版本有所改进，在前言中强调从墨西拿带回的底本由"康斯坦丁亲手改正约150处"，依靠底本的帮助，他得以"删去若干部分，改正了多处，并增加了许多内容"，拉丁译文是他自己"主动提出"加上去的。阿尔丁版所依据的原稿据信是现存梵蒂冈图书馆希腊文档1401号。西方有关学者作了比较研究，发现改动较多的地方都出自作者的手笔，不过多数修改是为了使初学者易懂，例如在某些地方加些拉丁语以显示文意等。阿尔丁版的拉丁译文是以1480年米兰版为基础的，只不过在文字上作了一些润色。马努提乌斯在编辑加工时发挥自己的专长，附加了一篇自己写的助读文章《论希腊字母、复合元音以及它们如何流传到现代》，其中强调正音的重要性，并对拉丁语和希腊语在形式上的异同作了比较。

除了出版古典著作和成名作家的著作，马努提乌斯很早就注意发掘新作家。他坚持约请教学成绩卓著的威尼斯希腊语教师（方济各会修士、未来罗马教皇利奥十世的教师）乌尔巴诺·瓦莱里亚尼编写第一本以拉丁语说明的现代希腊语法，于1497年出版。该书成为当时最受欢迎的语法教材之一，在16世纪重印了23次。马怒提乌斯自己的语法著作《拉丁语法初阶》原由未来的合伙人托雷萨尼1493年出版，后在1501年、1508年、1514年以阿尔丁出版社的名义出增订版，改换了装帧设计。该书在1558年前重印约15次。1511年曾出过英文版，英文新版由A.H.列维编辑，1971年在伦敦出版。

在文艺复兴时代，作者自投稿多，特别是名牌出版社，根本不用为稿源发愁。马怒提乌斯的选稿标准除了著作本身的学术价值，还考虑诸多的因素：（1）是否有销路，有赞助；（2）作者是否有求于他，是否有培养前途；（3）作者是否有他不能忽视的关系，是否对自己的编辑出版工作有过帮助；（4）作品是否有他感兴趣的东西；等等。

忒奥克里托斯、赫西奥德及其他早期希腊诗人的格言诗选深受教师喜爱，适宜于做教材，销路好，又是他的老师瓜里诺大力推荐的，自然被欣然接受于1495年出版，本书在献词中写明是献给瓜里诺的。

弗·科隆纳写的意大利语宫廷骑士文学小说《梦战与爱》（*Hypnerotomachia Poliphili*）内容丰富多彩，带有160幅古典风格的插图，应一位刚获得法学博士学位的文学爱好者列·克拉索的要求于1499年出版，这是阿尔丁出版社刊印的第一种意大利语作品，如果不是对方提供几百达克特的赞助，这样的大型豪华本是不可能被接受出版的。

学术著作被赞助出版，一般都会用某种方式表示。早期希腊教会最有影响的神学家奥利金著作选译在1503年刊印时，书上特别说明本书是由于"安德烈亚·托雷萨尼负担费用和阿尔杜斯·马怒提乌斯的热心和见识"才得以出版的。

彼埃特罗·本博属于有培养前途的作家。如前述，他在学生时代马怒提乌斯就出了他的处女作。于1505年又出版了他描述罗马和费拉拉的上层社会生活和政治发展的《阿索拉人》，该书是仿照"文艺复兴之父"彼特拉克的诗体用意大利方言写的，是文学创作方法的一次重要试验，文笔优美，别具一格，出版后十分畅销，作者由此一举成名。本博后来任罗马教皇利奥十世秘书、威尼斯共和国史官。他的作品为意大利文学语言奠定了基础，编辑也有一份功劳。

文艺复兴时期威尼斯有三类教师：第一类是领国家薪俸的讲师，第二类是一般学校自由聘请的教师，第三类是贵族和富人的家庭教师。马怒提乌斯是本博的老师、威尼斯共和国政府聘任的讲师焦尔焦·瓦拉（Giogio Valla）引进威尼斯上层社会的，在瓦拉于1500年去世后第二年，马怒提乌斯出版了他的数理著作以报答引进之恩。1495年曾参加抗法战争的威尼斯军医亚·本内德蒂为沽名钓誉要自费出版一本记述个人经历的小册子，因为他是焦尔焦·瓦拉的好朋友，马怒提乌斯不得不同意，不过没有用阿尔丁出版社的名义。

马怒提乌斯重视与上层社会和学术界的关系，但不是有求必应。朋友或熟人塞来的书稿，不少因质量太差，被断然拒绝。1514年出版一部修辞学著作，他在致安德烈亚·纳瓦杰罗的献词中极其生动地诉说他要花大量时间应付各种关系的苦恼：

> 除了600件其他事务之外，还有两件特别的事不断地打扰我的工作。一是世界各地的学者经常给我来信，如果要答复的话，我日日夜夜的时间都得耗尽。二是有客人来访，有的是来问候，有的是来看手头有什么新东西，但多数是因为没有更好的事要做。"好吧，"他们说，"我们到阿尔杜斯那里串串门儿！"于是他们成群结队来，张着嘴坐在周围，"像蚂蟥一样，他们的肚皮不到把血吮吸得鼓鼓是不会离开皮肤的"。我不说那些人，他们来向我诵读一首诗或一篇散文，这些东西往往是粗糙的、未经润色的，而偏要我给他们出版。

我终于开始卫护自己，设法对付这些极其无聊的不速之客的侵扰。对于那些没有十分重要的事情要说的来信，根本不予答复；重要的信则写几句话答复。我请求我的朋友不要因此责怪，或以为我有什么别的用意：因为不是傲慢或蔑视使我这样做的，而是我需要把时间用来编好书。对于那些来探望我或为任何别的原因而来的人，好办，我已设法贴出告示，提醒他们不要再来打搅，不断地扰乱我的工作和学习。告示有点像公告一样贴在我的房门上，话是这样写的："不管你是谁，阿尔杜斯一再恳请你：如果你有什么事情要他办，请赶快说完便离开。要不然你就把他担负的工作接过去，像海格立斯① 为疲劳不堪的阿特拉斯② 所做的那样。以后总会有事给你或给其他来访的人去做的。"

四、创新·求精·垂范

关于创新，首先要说的是斜体字的创制。早期的印刷书籍模仿写本，多讲究装饰，开本大，印数少，成本高，价格贵，与穷人无缘。为使古典著作从贵族豪门的书斋普及到在人文主义运动中新涌现出来的普通读者手里，需要探索新的办法，进行出版改革试验。马怒提乌斯受罗马教廷草书体的启发，与来自波洛尼亚的刻工弗·格里佛（F. Griffo）共同研制一种新颖的斜体字，它比当时流行的哥特体（花体）易写易认，能以较少的篇幅容纳较多的文字，看起来又十分清晰。经过长期策划后，阿尔丁出版社于 1501 年 4 月开始推出一套罗马古典作家丛书普及版。斜体字最初就是为出版这套丛书设计的。以前出版的书通常为 4 开本（整张纸折叠 2 次成 4 叶 8 面）或更大的开本，如《亚里士多德全集》为大对开本（整张纸对折成 2 叶 4 面），这套丛书为 8 开本（整张

---

① 希腊神话中的大力神。
② 希腊神话中身负重任、以肩顶天的巨神。

纸折叠 3 次成 8 叶 16 面），可放到书包里，便于携带，这是对传统版本的重大革新。小开本当时已有，马怒提乌斯首先以统一的规格用于大型丛书，将其推广。

丛书第一部为古罗马最伟大的诗人维吉尔（公元前 70—前 19）的诗集。在出版前一年，马怒提乌斯曾把书稿附上一些印样送给他在佛罗伦萨的朋友彼·里奇审阅。里奇赞成整个计划，大概是根据他能看到的 5 世纪的抄本提了一些修正意见。在其后陆续出版的有贺拉斯、马提维尔、尤维纳利斯、佩尔西乌斯、斯塔提乌斯、卡图卢斯、西塞罗、卢卡怒斯、恺撒、普林尼及其他古典作家的著作集或书信集，仅在 1501—1502 年就出了 14 种。这些书具有极高的文学和史料价值，如 1 世纪罗马诗人卢卡怒斯的《内战记》（*Pharsalia*）是他许多著作唯一现存的著作，作为唯一没有提及众神的主要拉丁史诗而受人注意。拉丁语书籍比希腊语书籍拥有更多的读者，这套罗马古典作家丛书首次用新创的斜体字排印，品种多，开本小，体例统一，校勘认真，印制精美，价格便宜，出版后十分畅销，为出版社选题策划如何解决社会效益和经济效益的结合问题提供了一个范例。1500 年以前印刷业初创时期的"摇篮刊本"印数通常为二三百本，阿尔丁版图书一种的印数往往提高到 1000 册，有些高达 3000 册，总印数 10 万—12 万册。在宗教改革高潮到来之前，一种书印 3000 册是极其罕见的，3000 册现在看来也是个不小的数字，当时足以把书籍传播到全欧各大城市。

从 1502 年起也以 8 开本出版索福克勒斯、欧里庇得斯、荷马、平达尔等希腊古典作家的作品。英国《书史词典》（伦敦 1986 年版）编者约翰·费德（John Feather）高度评价马怒提乌斯的历史功绩，说"他的希腊罗马作家的价廉的 8 开本丛书具有重大意义，它们为当时第一流的学者所编，确立了文本准确和印制精美的新标准"。丛书的形式、编辑体例及斜体字随着阿尔丁版图书在欧洲各国的传播而获得迅速推广，从而开辟了西方出版史上的一个新时期。由于电子出版技术的应用，汉文现在也有了斜体字。法、英等外国人称斜体字为"意大利体"（法 italique/ 英 italic），意大利本国人则依创始人的名字称为"阿尔丁体"（aldino）。16 世纪的意大利和法国，有许多书籍（特别是诗歌）整本都用斜体字印刷，后来才像现在这样在正体字排印的书中夹用斜体字来示强调或引文。经过申请，马怒提乌斯在 1502 年 11 月 14 日被参议院授予在威尼斯国境内以斜体字出版所有希腊语和拉丁语书籍的专利权，违犯者将受毁版和被没收印刷设备的处罚。规定虽严格，但收效甚微，首先国外印刷商就不受约束。

早期的印刷出版者对语言文字的规范化起重大的作用。抄本基本上是应约生产的，按照作者或使用者各自的标准和需要抄写，各种书籍的文字体例自然不可能一致。但是一家出版社为出售而大量印刷的书，特别是套书、丛书的体例规格，包括版式、拼写法和标点用法等，则要求统一和规范化。除古典著作外，但丁和彼特拉克的作品以及雅·桑纳扎罗（1456—1530）以田园故事为题材写成的传奇《阿卡迪亚》等名著，阿尔丁出版社也按照丛书的规格以 8 开本出版，为正在形成的意大利民族共同语的拼写提供了规范格式。

这里需要特别介绍一下马怒提乌斯作为语法学家和编辑出版家对标点用法规范化所做的贡献。标点在中世纪的欧洲主要用来标示向文盲或非文盲讲读经文和作品时应停顿处，用法各行其是，缺乏科学的统一的标准。马怒提乌斯整理和改造抄本早先用过的符号，考虑公众主要读书方式已由诵读转向视读，便以语法原则取代诵读原则制订出一套适用于印刷物的标点，并规定其使用规则。例如表示最小的停顿的符号当时有（,）（/）等形式，他选择了第一种。（;）在希腊文献中为问号，在拉丁文及其他文字中有时作句号或分号，他确定在拉丁文、意大利文等非希腊文出版物中作分号使用。（;）往上看是句号，往下看是逗号，用来作分句的标志自然比作问号用更合适。他使用了 5 种具有现代意义的标点符号——逗号（,）、分号（;）、冒号（:）、句号（.）和问号（?）。文章每段首行缩进作为区分段落的标志,也是他最先作为一种统一的格式在出版物普遍推广的(到17世纪成为西方排版的标准格式),这就使他的标点系统具有5个层次——逗号、分号、冒号、句号(问号)和分段。在1500年出版的意大利语著作《圣凯瑟琳娜使徒行传》(*Epistole de Sancta Catharina*)的版式具有代表性。小段落首行缩进两个字母,大段落首行不缩进,但作为大段落的标志,首字母以20个字母的宽度下沉9行。段与段的间距大于段内的行距。两个句子中间用句号加空格隔开,句子和专有名词首字母大写。对含意不明之处以星号标示的做法,据信也是始自马怒提乌斯。包括汉语在内的世界各国语言现行的标点符号,是以阿尔丁版图书最先推行的标点系统为基础,结合本国语文的特点逐渐改进和完善的。因此,马怒提乌斯不仅是斜体字的创始人,也是现代标点系统的奠基人。

早期的印本仿照抄本按叶(folio)连续编码(foliation),1叶为1张,编1个叶码,通常放在正面右下角。从15世纪末起,有些书改按页面(page)连续编码(pagination),1张纸2面都有页码。到16世纪中叶,按张数编码法几乎完全为新式的按页面编码法所取代。我们现已习以为常的这种按页面编码法,据列·伊·弗拉基米洛夫《世界书史》(莫斯科1988年版)说,是马怒提乌斯从15世纪末开始推广的。早期刊本习惯按叶数(张数)计算篇幅。

底本的选择是古籍出版的首要问题。马怒提乌斯认为,比较众本,辨别真伪,尽量恢复古典作家原著的本来面目,不增不减,内容准确无误,比现代人加学术评注更为重要。罗马行政官小普林尼在公元100—109年发表9卷私人书信,一封信一个主题,都是以作者特有的风格特别细心地写成的,从各种角度描绘罗马帝国全盛时代的社会和私人生活。马怒提乌斯1508年出版的《普林尼书信集》(263叶)所依据的是较早的善本,具有很高的史料价值。但马怒提乌斯有许多抄本是从朋友的较晚的藏书中借来的,由于对版本研究得不够,最初选用的不一定是最好的版本。他并不否认自己所出的书存在缺陷。公元前4世纪希腊雄辩家狄摩西尼的演说集两卷本于1504年出版5年之后，不得不请罗马教皇尼古拉斯五世的秘书、希腊古典著作翻译家皮·坎·德琴布里奥（P. C. Decembrio）根据在佛罗伦萨新得到的善本再校勘。佛罗伦萨的菲奇诺是当时意大利翻译和解释柏拉图主义著作的最权威的学者，为使译文更准确，马怒提乌斯曾请他帮助审订有关的译稿。虽然这位老哲学家受时间和精力的限制，实际改动不多，但这至少可以说明马怒提乌斯对图书高质量的追求。为读者着想，他有时亲自动手给一些书增添助读材料。例如，1502年出版古罗马诗人奥维德（公元前43—公元17）的杰作《变形记》时他编了一个希腊语和拉丁语专名比较表，提请读者注意两种语言不同的历史发展，1512年出版的恺撒论集他附上了古代高卢和当代法国地名对照表。

  名牌就是声誉，声誉带来利润，这是参与市场竞争的人所共知的常识。创牌靠创新，但同时还需要一定的宣传手段配合才能产生较大的效应。为便于辨认本版书，马怒提乌斯精心设计出版社标记，是他为创立名牌、显示本社特色所作努力的一部分。从1501年起在书上印有作为社标的特殊图案——一条海豚盘绕着铁锚。海豚象征航行的快速和奔放进取精神，铁锚则意味着稳重可靠，执行既定出版方针的决心坚定不移。他在1499年就对人说过以"慢慢地加快"（*Festina lente*）为座右铭。社标常常配上这条拉丁格言以示图案的稳中求快的寓意。1473年意大利帕尔马一家印刷商为自己粗制滥造辩解时说过：为了对付别人在出同样的书，他不得不以"比烧芦笋更快的速度"炮制。出版精品，可不像烧芦笋那么容易。大部头的或较艰深的古典著作，加工整理往往要经过几个编辑之手，磨上许多年。《亚里士多德全集》5卷用三四年时间出齐，不算慢；古希腊作家普卢塔克《道德论集》（525叶）深受教育界欢迎，此书从开始策划到作为丛书之一种在1509年正式推出至少过去了10年。马怒提乌斯有时还在书上刊印自己的半身雕像。为个人和企业塑造形象的意识，在文艺复兴时代就已经强烈地表现出来了。阿尔丁版图书内容丰富、文字规范、装帧精美，在世界书业中赢得了崇高的声誉。当时有机会到威尼斯访问的文化人士，都慕名到阿尔丁出版社去参观。

马怒提乌斯自己的作品生前只出版过三种：一种是前面提过的著作《拉丁语法初阶》，一种是1503年写的对法国里昂盗版者的警告书，一种是本社书目。后两种不过是印刷宣传品。他还写了一部希腊语法，死后才由友人穆苏鲁斯整理出版。他很早就打算出版希伯来、希腊和拉丁三种古代文字的《圣经》，还有其他一些宏伟的计划，未能在生前实现，1515年在抑郁失望中去世，没有意识到自己的事业已取得辉煌的成就，在编辑出版岗位上为文艺复兴作出了不朽的贡献。他曾感慨地对人表示他从未出版过令自己满意的书籍，去世前几个月还抱病审阅他1506年赴伦巴第搜集到的维吉尔著作抄本。

五、阿尔丁出版社编辑和马怒提乌斯的继承人

马怒提乌斯被英国学者马丁·劳里誉为"希腊罗马古典著作印刷版的第一个学者型责任编辑"。他的主要功绩在于：以学者的远见卓识和企业家的开拓精神搜集和选择传世的古典著作抄本，依照带开创性的规范和标准大量编印发行以适应时代的需要。他自己并不擅长古籍的校勘，由于同学术界有极其广泛的联系，在编辑工作中获得当代第一流古典语文学家的服务。阿尔丁出版社的编辑有专职的和非专职的，有长期的和短期的，有本国人和外国人，大都是某个领域的专家学者，在社会上享有较高的地位。专职编辑领月薪，非专职的往往按劳一次整付报酬。

1500年前后，马怒提乌斯仿照柏拉图雅典学园的模式创建"新学园"，作为学术界交流信息、从事合作研究和探讨编辑出版问题的论坛，约30位通晓希腊语的学者参加，《简明不列颠百科全书》把它称为"编

辑古典书籍的学人组织"。《新学园章程》由皮斯托亚人文主义者、该社编辑斯·福尔提圭拉（S. Fortiguerra）以希腊语起草，马怒提乌斯任学园主持人。所有参加者都起了一个拉丁化的名字，隔一定的时间在出版社聚会一次，用希腊语交谈。1502年出版《索福克勒斯悲剧集》，在交代出版地和编者的书末题署中印有"Aldi Acadenmia"（阿尔丁学园）的字样，第一次公开提到存在这样一个组织。后人为曾参加过学园活动的学者立传，被列入其中的外国学者有托马斯·利纳克尔和伊拉斯莫。学园的活动持续了好几年。福尔提圭拉1508年还在罗马为马怒提乌斯购买书稿，并主持3世纪希腊语法学家阿特纳奥斯《学者的宴会》稿本的订正工作，该书在1514年出版。

阿尔丁出版社对人才是有吸引力的，连国外的学者都愿意来当编辑。鹿特丹的伊拉斯莫与马怒提乌斯的交往，比较典型地说明了当时作者与编辑出版者的关系、编辑出版者在作者心目中的地位。

伊拉斯莫把欧里庇得斯的悲剧《赫卡柏与伊菲琴尼亚》（80叶）由希腊文译成拉丁文，急于出版，在1507年10月28日给马怒提乌斯写信接洽，口气毕恭毕敬："拙作如蒙刊印得以问世，我自应认为是不朽的恩赐。"作者投稿及出版社对稿件的处理尚无成规可循。伊拉斯莫在信中表示愿意把译稿"卖给"出版社，如果他不承担全部印刷费用，可以承担200册的销售责任，编辑可以作他认为必要的修改。译稿在11月收到，赶在年底以前就出版了。随后伊拉斯莫应邀来阿尔丁出版社做编辑工作，同时为他1500年在巴黎求学时编印的拉丁语《格言集》（Adagia）出新版作准备，他早就盼望他的作品能由一家名牌出版社出版。英国学者托马斯·利纳克尔多年前曾在阿尔丁出版社当过编辑，伊拉斯莫同马怒提乌斯第一次晤面时强调他与利纳克尔的友谊，并以能与马怒提乌斯合作为荣。他负责整理泰伦提乌斯、普鲁塔克、塞内加、普劳图斯等罗马古典作家的作品，月薪20达克特，比普通编辑高一倍，食宿在马怒提乌斯家。《格言集》阿尔丁版的内容比初版几乎多三倍，要赶在1508年内出书。起初，伊拉斯莫对出版社紧张的工作节奏很不习惯，他坐在排版室的一个角落，全凭脑中博闻强记积累的那些材料编写，一页一页地交给排版工人，排出校样即送坐在另一头的马怒提乌斯默默地审读，经常饿着肚子熬到深夜。伊拉斯莫有时要停笔思考，跟不上工人排版进度，急得他抓耳挠腮。在马怒提乌斯直接参与下改写增订的《格言集》，哲理性和趣味性强，内容深入浅出，写得十分成功，一经阿尔丁出版社推出，便在思想界产生强烈的反响，使作者声名大震。马丁·劳里说：此书的出版终于使伊拉斯莫由一个有希望的小作家变成了国际文坛的大人物。

马怒提乌斯编辑希腊古典著作的主要助手是1493年结识的至交马尔库斯·穆苏鲁斯（Marcus Musurus，约1470—1517）。穆苏鲁斯来自帕多瓦大学，威尼斯政府举办的公共讲座，在他讲课时外国学者也慕名来听。从威尼斯国立马尔恰纳图书馆收藏的写本书末题署可以看出，大约有20本是在1509—1516年期间为穆苏鲁斯的知名学生抄写或献给他们的，出自他门下而没有在馆藏图书中留下姓名的希腊语学者不知凡几。穆苏鲁斯从1497年起几乎连续不断地在出版社与马怒提乌斯共事至马怒提乌斯去世。阿里斯多芬和阿弗罗狄西亚的亚历山大（生活在2世纪的亚里士多德著作评注家）等许多希腊古典作家的著作都是由他负责编的，他精心撰写的《阿里斯多芬喜剧集》（1498年）序言对读者了解雅典口语体希腊语作了很好的指导。

编辑的水平有高有低，阿尔丁版图书的编校质量并不平衡。西方有研究者对古希腊哲学家泰奥弗拉斯托斯著作的加工整理情况作了检查，发现该书的编辑们在所抽查的那40多叶上只改正差错9处、润色文字八九处，而穆苏鲁斯加工整理的书稿1叶通常改动二三十处，改动之精当，叫现代编辑叹服。纳瓦杰罗在1514年从他的朋友、数学家贾·巴尔德拉内处得到5世纪亚历山大城的赫西基奥斯编的权威性古希腊语词典《词汇大全》（Hesychii Dictionarium）写本，这是该词典唯一完整的抄本，由穆苏鲁斯负责整理并加注释，在当年出版。编者在该书的献词中对巴尔德拉内的慷慨赠与表示感谢，巴尔德拉内对编辑加工质量显然感到十分满意。阿尔丁出版社成立初期对书稿的校改批注格式没有统一的标准，排字工人搞不清如何改法，往往会造成差错。例如，《亚里士多德全集》有一处"在春天和夏天"由于编辑改得不清楚，印刷工人误排成"风和夏天的"（f132v）。后来不断总结经验，加强质量管理，逐渐形成了一套较完备的编校工作规章制度。西方学者找到《词汇大全》初印本与编辑加工的底本，从不同部分随便抽查二三十处加以对照比较，发现每一处都准确地按照编辑的修改作了改正。但穆苏鲁斯直接在底本上进行编辑加工，不用抄件（在当时是普遍现象），这一点受到了批评。他不像马怒提乌斯还要为经营管理事务分心，也没有什么鸿篇巨制传世，完全是作为文艺复兴时期的一位杰出的希腊古典著作编辑家而名垂史册，美国《韦氏新人名词典》和日本《岩波西洋人名词典》有传。

德米特里乌斯·杜卡斯（Demetrius Ducas）是十分称职的希腊语编辑，1508年11月和1509年3月先后参加格拉古兄弟演说集和普卢塔克《道德论集》编辑工作。马怒提乌斯和西班牙驻威尼斯大使一家人都十分熟悉，大概由于有这一种关系，杜卡斯应邀赴西班牙阿尔卡拉德埃纳雷斯大学讲学，任教5年。1513年到达时发现这所新成立不久的学府只有14种希腊语书籍，其中一半以上是阿尔丁版。他在该校参加《康普鲁顿合参本圣经》（几种文字的译文分栏并排的《圣经》版本最早的一种）的编辑工作，希腊文使用阿尔丁版斜体字，1514—1517年付印，后经教皇利奥十世批准发行。

马怒提乌斯的另一个老助手杰罗拉莫·阿莱安德罗（Gerolamo Aleandro）原是威尼斯教拉丁语的家庭教师，他负责整理普卢塔克《道德论集》，同时担任伊拉斯莫《格言集》的助编，在社内与伊拉斯莫同室居住，当时有到意大利留学回国的法国人，出钱请人在巴黎编印一套选自阿尔丁版的希腊语图书，伊拉斯莫启发阿莱安德罗自己去建功立业。阿莱安德罗 1508 年 7 月抵巴黎，仿照阿尔丁出版社的模式办社获得成功，1509 年 4 月最先出版的一种书就是《道德论集》，1512 年又编出《希拉词典》。他要求马怒提乌斯提供更多的语法书和工具书，否则无法教学。阿莱安德罗研究古希腊语主要是在穆苏鲁斯指导下进行的，具有语言天赋和教学才能。他在巴黎大学授课，开讲前两小时已座无虚席，直到讲堂门口都挤满了听课人。1513 年当选巴黎大学校长。

帕多瓦大学年轻诗人安德烈亚·纳瓦杰罗（Andrea Navagero）从 1509 年起便孜孜不倦地努力协助马怒提乌斯编辑西塞罗、昆体良、鲁克莱修、维吉尔、奥维德、泰伦提乌斯等罗马古典作家的著作，成为当时最有才能的拉丁语书籍编辑之一。拉丁古典著作的加工整理几乎是非他莫属，马怒提乌斯在一本书的前言中披露纳瓦杰罗"缠着他要任务"，把更多的有关拉丁诗人的作品交他编。昆体良是古罗马第一位领国家薪俸的拉丁修辞学教师，曾任罗马首席教师，他的因材施教和全面发展的教育思想被人文主义者看重。他的著作加工整理难度较大，而阿尔丁出版社又想早日发排付印，纳瓦杰罗"很少休息，把它赶编出来了"，在 1514 年出版发行。纳瓦杰罗后来出任国立马尔恰纳图书馆馆长。

马怒提乌斯留下 4 个年幼的子女，阿尔丁出版社在马怒提乌斯的岳父托雷萨尼主持下继续经营。他在 1516 年发表的意向书中表示继续奉行马怒提乌斯的编辑出版方针："阿尔杜斯走了，他挑的担子看来已落在我的身上了……我尽量效法他，他作为一个各个学科的专家认为应当奉行什么方针，我亦步亦趋。"与马怒提乌斯志同道合的学者相继迁往罗马，尽管托雷萨尼作了很大的努力，没能把穆苏普斯等编辑骨干留住，伊拉斯莫等成名学者也不肯再南来。马怒提乌斯的岳父所出的重要书籍，如 2 世纪希腊旅行家和地理学家保萨尼阿斯的 10 卷《希腊记》（1516 年）、公元前 2 世纪罗马喜剧作家泰伦提乌斯与 1 世纪中叶罗马学术界领袖人物塞内加的著作（1517 年）、希腊语《圣经·新约》（1518 年）和 2 世纪罗马大医学家、实验生理学奠基人加伦的全集

（1525年）等，不是在马怒提乌斯生前已开始编辑，就是他提出的选题设想。托雷萨尼依靠自己的两个儿子协助，但都缺乏做好编辑工作必要的学识，图书编校质量没有保证（例如1518年出版的《埃斯库罗斯悲剧集》的质量比1503年出版的《欧里庇得斯悲剧集》差得很远，为世人诟病），出版社走下坡路就是不可避免的了，从1529年起业务停顿了4年。1533年阿尔杜斯的幼子保罗·马怒提乌斯（1512—1574）长大接班，决心恢复昔日的辉煌，当年出书10种，一直到1539年大体保持这样的水平，1540年脱离外祖父家独立经营。因希腊古典著作已基本出完，这时主要出罗马古典著作。保罗·马怒提乌斯能以西塞罗体拉丁文写作，所编的书以西塞罗演说和书信集订正本最为著名。教皇庇护四世利用他陷入财政困难，1561年以重金聘请他到梵蒂冈印刷所当技术顾问，阿尔丁出版社由其长子小阿尔杜斯·马怒提乌斯（1547—1597）接着管理。小阿尔杜斯这时才14岁，就出版了用拉丁语写的著作《正写法系统》(*Orthgraphiae Ratio*)，其中介绍了阿尔丁版图书采用的拼写法，并以5页的篇幅讲解了最初由其祖父拟定的标点系统。1575年出版了内容更充实的《正写法概要》(*Epitome Orthgraphiae*)，1576年又出版了他撰写的贺拉斯《诗的艺术》评注，大概在同年被威尼斯政府任命为文学教授。他和其父都是杰出的拉丁语学者，但组织管理才能不如老阿尔杜斯，其后代无人继承所经营的出版业。

马怒提乌斯祖孙三代在一百年间（15世纪90年代中期至16世纪90年代中期）出书900多种，最先受益的是法国。1500年后法国出现亨利·埃蒂安纳等一批杰出的出版商，他们以阿尔丁出版社为样板，"使法国的图书生产在欧洲跃居第一位"（《不列颠百科全书·出版史》）。西方各国印刷出版业是在市场经济条件下发展起来的，它们几百年来积累的历史经验值得注意。面对日益激烈的市场竞争如何抓住机遇办好出版社，我们今天从马怒提乌斯的成功经验中仍能得到不少有益的启示。本文特别多写了一些编辑活动的具体情况，以便了解西方早期的出版社编辑来自何处，其教育程度和社会地位如何，他们是怎样工作的，同作者、出版者是什么样的关系，编辑和著作活动是合一的还是分离的。阿尔杜斯生活的时代相当于我国明代中叶，比来华传播西方科学文化的意大利传教士利马窦大约早 100 年。有比较才有鉴别。对中西方出版业不同的编辑模式作历史比较，可以拓宽视野，加深对古今编辑特点的认识。

主要参考书籍

马丁·劳里（Martin Lawry）：《阿尔杜斯·马怒提乌斯的世界：文艺复兴时代威尼斯的企业和学术活动》，牛津巴兹尔·布莱克韦尔公司 1979 年版。

列·伊·弗拉基米洛夫（Л. И. Вламиров）：《世界书史》，莫斯科书籍出版社 1988 年版。

叶·伊·卡茨普扎克（Е. И. Калржак）：《书史》，莫斯科书籍出版社 1964 年版。

列宁和社会主义出版事业

书刊是人类积累知识和传播思想、文化、科学的主要手段,是我们建设物质文明和社会主义精神文明的强大武器。思想、教育、文化、政治、经济、科学等各个领域的建设,无不同出版事业的发展密切相关。1983年6月中共中央、国务院《关于加强出版工作的决定》指出:"社会主义现代化建设的新形势,把出版工作推到我党我国历史上前所未有的重要地位。为了适应建设两个文明的需要,党中央和国务院认为,必须加强和改进出版工作,使出版事业有一个更大的发展。"

伟大的无产阶级革命导师列宁认为书刊是"巨大的力量",反映革命和科学真理的书刊在改造旧世界、建设新世界的过程中能起重大作用。他曾经说过书刊是"与自己毕生工作密切相关的东西"[1]。在五十四岁过早地去世之前,他总共写了几十卷不朽著作,创办或主编过《火星报》《前进报》《无产者报》《真理报》等三十几种报刊,当过几十种著译和几百篇论文的编辑,给许多书写过序言或评介[2]。十月革命以后,他又在世界历史上第一次开辟社会主义出版事业发展的新道路。出版工作的一切重要环节,从创作、编辑到出版、发行,他都作过深入的考察。学习与研究列宁关于出版工作的理论和实践,对我们响应党和国家的"努力开创出版工作的新局面"的号召,具有重大的现实意义。

原刊于《编创之友》1984年第2期。
[1] 《列宁全集》中文第1版第4卷,第304页。
[2] 参阅尼·米西科尔斯基:《书、读者、图书馆》,莫斯科书籍出版社1979年版,第46、116页。

一、列宁提出的出版工作的指导方针

列宁早在 1900 年办《火星报》时就在编辑部声明中以鲜明的态度宣布："我们将本着严正的明确方向办报。一言以蔽之，这个方针就是马克思主义"，"我们主张彻底发展马克思和恩格斯的思想。坚决反对……机会主义的修正"。①

1905 年列宁根据俄国当时的革命形势，在《党的组织和党的出版物》②等文章中进一步阐述了党的出版工作的原则，其主要内容是：

（1）出版事业应当成为无产阶级总的事业的一部分，有组织的、有计划的、统一的党的工作的一个组成部分，因此，报纸、杂志、出版社、发行所、书店、图书馆和各种书报营业所等，都应当接受党的领导和监督，向党报告工作；

（2）出版事业为千千万万劳动人民服务，不为少数贵族老爷和剥削阶级服务；

（3）出版物应当旗帜鲜明地宣传党的观点，反对资产阶级的自由主义、个人主义、无政府主义，以及一切剥削阶级的腐朽思想，把科学社会主义同现实斗争结合起来，努力丰富人类革命的最新成就；

（4）在写作方面必须保证有个人创造性和个人爱好的广阔天地，有思想和幻想、形式和内容的广阔天地，不能搞机械划一，强求一律，少数服从多数，但是决不允许背离党纲、党章和党的政策，宣传反党观点，对宣传反党观点的党员要给予纪律制裁，直至清除出党；

（5）出版事业不能是个人或集团的赚钱工具，它吸引新生力量不是靠私利贪欲、名誉地位，而是靠社会主义思想和对劳动人民的同情。

出版工作的上述思想组织原则，概括起来说就是马克思主义党性。

---

① 《列宁全集》中文第 1 版第 4 卷，第 316 页。
② 中共中央编译局的新译文，载《红旗》1982 年第 22 期。

这就是列宁最早提出来的出版工作的指导方针。后来，特别是在十月革命后，列宁又在新的历史条件下进一步丰富和发展了这一方针，使它更加完备了。

二、苏维埃出版事业的创建

在资本主义社会，出版机关是资产阶级制造舆论、愚弄人民、榨取利润、反对革命的工具。所谓"出版自由"，不过是资产阶级经营出版事业来影响和毒害人民群众的自由。列宁认为这个危险武器绝不能留在工农政权的敌人手里。十月革命胜利的第三天，即1917年10月27日（公历11月9日），以列宁为首的人民委员会通过了第一个出版法令，宣布查禁一切反革命报刊。这是列宁和布尔什维克党吸取巴黎公社失败的教训，为巩固无产阶级专政而采取的坚决措施。

反革命资产阶级及其代理人进行疯狂的反扑。左派社会革命党人在布尔什维克党内的反对列宁的投降分子支持下，企图通过全俄中央执行委员会撤销这一法令。他们攻击列宁违背党纲、破坏出版自由的原则等。列宁给予有力的驳斥，说出版自由是有阶级性的，查封敌对的资产阶级报刊并不违背布尔什维克的党纲和社会主义的出版自由的原则。列宁在为全俄中央执行委员会起草的决议草案中指出："工农政府认为出版自由就是使报刊摆脱资本的控制，把造纸厂和印刷厂变成国家的财产。"[①] 11月4日（公历17日）他在会上就出版问题发言时坚定不移地重申布尔什维克党的立场："我们从前就说过，我们一取得政权，就要封闭资产阶级报纸，容许这些报纸存在，我们就不成为社会主义者了。谁说'开放资产阶级报纸'，谁就是不了解我们正在大踏步地向社会主义前进。"[②] 结果全俄中央执行委员会通过了布尔什维克党提出的决议草

[①] 《列宁全集》中文第1版第26卷，第264页。
[②] 《列宁全集》中文第1版第26卷，第267页。

案,批准了人民委员会的措施。

反革命报刊被查封,其印刷厂收归国有,这样,苏维埃出版社的创建就有了一定的物质基础。

1917年12月29日(旧历)全俄中央委员会通过了听取列宁的意见后起草的关于国家出版局的第一个法令。法令责成教育人民委员部以图书出版处为主,吸收印刷工人等有关方面的代表和特邀专家参加,"立即广泛开展出版工作",以解决印刷工人严重失业和全国书荒的问题。法令还授权国家出版局对团体或个人出版有益于社会的书刊给予补贴。但在这些书刊赢利时要把补贴归还国家。国家出版局当时并没有作为独立的机构正式设立,而是由教育人民委员部以图书出版处为主行使其某些职能。

法令公布后,中央和地方各机关团体和个人的出版机构纷纷设立,最多时达两三千家[1],其中私营出版社有几百家(在20年代后期大部分逐渐被淘汰,最后一家私营出版社——格拉纳特兄弟出版社于1939年并入苏联大百科全书出版社)[2]。

国家出版社主要分三个系统:(1)党的系统有十月革命前成立的"生活和知识""波涛"和"浪潮"三家出版社。于1918年合并成共产党人出版社,主要出版党的文件、思想教育和理论方面的书籍。(2)全俄中央执行委员会、彼得格勒和莫斯科等地方苏维埃的出版社,主要出版政治书籍,也出一些文学和自然科学书籍。(3)最高国民经济委员会和各人民委员部的出版机构,专门出版与本部门的业务有关的专业书籍。苏维埃共和国成立初期,专业人才特别缺乏,各部委为开展经济文化建设,都急需培训职工,普及科学技术和其他专业知识,因此普遍设立出版机构。这些出版机构后来逐步发展成为大型的专业出版社。

---

[1] 阿·伊·纳扎罗夫:《苏维埃社会的书籍》,莫斯科科学出版社1964年版,第101页。
[2] 阿·伊·纳扎罗夫:《苏联出版事业简史》,高长荣等译,时代出版社1955年版,第79页。

可见，苏维埃出版社的创建同国家建设的需要是紧密联系的，从一开始就形成了一定程度的专业分工。这一点与资本主义国家的出版社有很大的不同，资产阶级的出版社也考虑社会需要，但其出版方针是以能否赢利为转移的，不可能形成全国范围的专业分工。

列宁对政府各部门新创办的出版社非常关心，设法给它们解决经费困难问题，在选题方针等方面给予具体指导。例如，列宁认为需要在人民群众当中开展关于社会主义法制的宣传教育，建议司法人民委员部及时出版苏维埃政府的法令文件，并编写有关的通俗读物。1918年4月列宁专门邀请该部部务委员来座谈，会上决定出版《工农政府法令汇编》[1]。苏维埃政权的基础工农联盟能否巩固，同解决粮食问题有密切关系。到1918年6月，列宁未见有任何同饥荒作斗争的书籍出版，便严厉地批评了粮食人民委员亚·德·瞿鲁巴。这对粮食人民委员部和其他部门加强有关粮食问题的书籍的出版，起了推动作用[2]。

由于缺乏统一规划和领导，制度不健全，各个出版社出书有很大的自发性和盲目性，许多书籍质量不高，有些反苏维埃政权的书也出版了。为了加强思想领导和计划管理，1919年5月全俄中央执行委员会通过决议，在教育人民委员部下面正式成立国家出版局，作为"统一的国家出版机关"，从此苏维埃国家的出版事业由分散管理开始走向集中化。国家出版局是在全俄中央执行委员会各部门的出版社、莫斯科市和彼得格勒市苏维埃的出版社、教育人民委员部图书出版处、共产党人出版社和合作出版社合并的基础上成立的。它既是出版各类图书的大型出版社，又是全国出版工作的领导机关，负责协调和监督全国各机关团体的出版社和私营出版社的工作，制订统一的出版计划，管理全国图书的

---

[1] 苏联科学院世界文化史研究委员会编：《书籍与文化》，莫斯科书籍出版社1979年版，第134页。

[2] 伊·谢·斯米尔诺夫：《列宁和苏维埃文化（1917年10月—1918年夏天）》，莫斯科苏联科学院出版社1960年版，第152页。

发行工作，并规划纸张的生产。沙皇俄国和任何资本主义国家都没有这样庞大的集中管理全国出版发行工作的机构，苏维埃国家出版局的建立是社会主义出版事业发展史上具有重大意义的创举。

苏联出版事业的管理体制的基本特点是专业化、集体化和统一领导，这些特点在列宁时期就已经开始形成，尽管在某些方面还不够完善。

国家出版局第一任局长是长期帮助列宁办党报的老布尔什维克、著名的政论家和文学评论家瓦·瓦·沃罗夫斯基。列宁强调党掌握的一切出版机关必须由忠于无产阶级革命事业的可靠的共产党人来主持，但同时教育党的干部要注意吸收愿意同苏维埃政权合作的旧专家参加管理工作，以发挥其所长。从事出版事业达半个世纪的俄国最大的出版家绥青，愿意以自己的知识和经验为社会主义建设服务，受聘担任国家出版局顾问。据《消息报》工作人员奥·斯·利托夫斯基回忆，绥青是"在企业国有化之前就把他所有的出版社和印刷厂献给新人民政权的第一个、也是唯一的一个资本家，为此，他得到了列宁发给的特别证书"，他的榜样力量对他的出版社的许多工作人员产生了好的影响。①

三、"要快点使群众能读到书"

十月革命前的俄国大约有一亿四千万居民，5/6是农民，3/4是文盲，四十多个民族没有文字。这是沙皇政府执行愚民和民族压迫政策的恶果。据专家统计，按照革命前的普及教育的速度，在俄国的欧洲地区扫除文盲需要一百二十年，在中亚地区需要四千六百年。②列宁深知"在一个文盲的国家内是不能建成共产主义社会的"③。要引导人民向社会主义和共产主义的伟大目标前进，必须尽快扫除文盲，普遍提高各族人民的文化科学水平，使工农群众掌握管理国家的本领。为此，必须十分重

---

① 西科尔斯基：《书、作者、图书馆》，第242页。
② 西科尔斯基：《书、作者、图书馆》，第242页。
③ 《列宁选集》第4卷，人民出版社1972年版，第357页。

视和充分发挥书刊在社会主义建设中的作用。

　　在十月武装起义刚刚取得胜利时,列宁作为执政党领袖和新政府首脑,有多少紧急的大事需要处理啊!可是列宁在攻占冬宫的第二天深夜,在阿·瓦·卢那察尔斯基被任命为教育人民委员之后,就同他谈图书出版发行工作。据卢那察尔斯基回忆,那天夜里列宁在斯莫尔尼宫走廊遇见他时便对他说:"要快点使群众能读到书","把我们的书发到俄国各地,越多越好"。列宁特别强调:"书籍是巨大的力量。革命后渴望读书的人大大增加。必须为读者开辟大型阅览室,使图书周转起来,应当把书送到读者手里。为此得利用邮局,建立各种形式的流动图书馆。我国人口众多,识字的人将增加,我们的书很可能不够用。所以,不让书籍飞速流动,把周转率提高许多倍,我们这里就会发生书荒。"列宁接着说:"我希望很快就能找到时间再同您谈这件事,还要了解您的工作计划,您吸收哪些人参加工作。您知道现在是什么时候,甚至办最重要的事情也只能挤出十来分钟,就这样已经不容易了。"[①] 这是列宁担任人民委员会主席后第一次阐述自己关于发展苏维埃社会主义出版事业的设想。

　　因为旧书已不能适应新社会的需要,新书一时编不出来,加上纸张、燃料短缺,革命初期的书荒问题的确严重。1917 年 11 月 29 日关于国家出版局的法令把出版学校教科书作为必须首先保证的重点,就是从人民群众学习的需要出发的。法令要求对原有的教科书进行审查修改,同时着手编印新的教科书,并拨专款供出版教科书使用。

　　1918 年 12 月列宁亲自起草《关于编写工农读本的指示》。《指示》明确规定读本要"面向文化程度极低的农民,叙述要非常通俗"。读本的题目定为《苏维埃政权的建设及其内外政策》,内容包括:"什么是苏

[①] 《列宁和书》,莫斯科政治书籍出版社 1964 年版,第 361—362 页;参阅《回忆列宁》第三卷,人民出版社 1982 年版,第 132 页。

维埃政权；怎样管理国家；土地法；国民经济委员会；工厂国有化；劳动纪律；帝国主义；帝国主义战争；秘密条约；我们是怎样提出和约的；我们现在为什么而战；什么是共产主义；政教分离；等等。"显然，这是要使文化教育和思想政治教育结合起来。列宁还要求这样的读本具有多种用途："既可供当众宣讲，又可供家庭阅读，既便于翻印成单份的活页，又便于译成（稍加补充）其他语言。"对读本的篇幅、体例和印装方式也提了具体意见："读本应当由分篇的、独立的、自成一个完整单元的活页编成，每一活页的篇幅为二至四印刷页"；"活页的数量：五十至二百篇；读本第一册：五十篇"。① 列宁为工农群众的学习想得这样周到，任何一个做编辑出版工作的人，看了这个读本编写大纲都会深受教育。

除了有计划地组织编写教科书，列宁还注意从其他书籍选拔教科书。如发现有什么好书经过改编后适合于作教科书，他就加以推荐。后来，在苏维埃出版工作中，重视各种教科书的编写逐渐形成一种传统。

四、把宣传马克思主义放在首位

思想建设是社会主义精神文明建设的核心，马克思主义是社会主义国家整个精神生活的指导原则和思想基础。列宁一贯强调出版工作要把宣传马克思主义放在首位，坚决反对形形色色的资产阶级思想。

苏维埃共和国成立初期，出版战线的思想政治斗争是十分激烈的。孟什维克、立宪民主党人、社会革命党人和无政府主义者的报纸被查封了，他们便改头换面办同人出版社或混入国家出版社，通过各种书籍，特别是政治和文艺书籍，或明或暗地继续宣传他们的政治主张，散布对社会主义制度的怀疑，妄图使苏维埃社会倒退。在这种情况下，加强马克思主义和社会主义教育就十分必要了。1918年5月人民委员会提出

---

① 《列宁文稿》中文版第3卷，第106页。

关于成立社会主义科学研究院的决议草案，列宁审阅后建议作如下修改："把马克思主义流派的出版协会放在首位"①。这个建议为人民委员会所采纳。

1917—1920年苏维埃共和国用俄文出版了马克思主义奠基人的著作一百多种，还有不少是用少数民族文字出版的。在内战的艰难条件下就已着手编辑《马克思恩格斯全集》，计划编二十八卷，列宁是编委之一。1918—1922年出了四卷。1921年马克思恩格斯研究院一成立，列宁就给院长写信，希望搜集马克思恩格斯已出版的全部著作，并设法搜集、复制或购买马克思恩格斯的信件。1922年出版了弗·维·阿多拉茨基编的《马克思恩格斯书信选集》，从1923年起马克思恩格斯研究院开始出版新的马恩全集②。《列宁全集》第一版是1920年开始出版的，1926年出齐，共二十卷。

鉴于在新经济政策时期敌视苏维埃政权的私营出版社有所发展，内容不健康、质量低的书刊日益泛滥，俄共（布）第十一次代表大会（1922年3—4月）在列宁主持下通过了关于出版和宣传工作的决议，提请："中央委员会和各级党委员会，首先是区域中心的党委员会注意，必须设立出版战斗性的宣传鼓动书籍和马克思主义书籍的出版社。……党的出版社应当满足工农群众的要求"。③代表大会认为非常需要加强工农青年读物的出版，以便消除低级庸俗的书籍的影响，促进对青年的共产主义教育。

为了加强马克思主义宣传教育，俄共（布）在1922年1月创办了《在马克思主义旗帜下》杂志，列宁在第三期上发表《论战斗唯物主义》，阐述了学习马克思主义的重要性。他说，为了把反对资产阶级思

---

① 《列宁全集》中文第1版第27卷，第378页。
② 列文：《马克思恩格斯著作出版情况》，莫斯科1948年版。
③ 《苏共代表大会、代表会议和中央全会决议汇编》第2分册，人民出版社1964年版，第204页。

想的斗争进行到底并取得完全的胜利，应当做一个以马克思为代表的唯物主义的自觉拥护者，即辩证唯物主义者。"……我们必须懂得，任何自然科学，任何唯物主义，如果没有充分可靠的哲学论据，是无法对资产阶级思想的侵袭和资产阶级世界观的复辟坚持斗争的"①。

五、书本要和社会主义建设实践相结合

理论联系实践是马克思主义的根本原则，学习宣传革命理论的目的完全在于应用。列宁最厌恶理论脱离实际，认为"资本主义旧社会留给我们的最大祸害之一，就是书本与生活实践完全脱节"②。

不管是中央还是地方出版社出版的新书，列宁都广泛地阅读，看到有克服了这种脱节毛病的好书就感到十分高兴。维谢冈斯克县执行委员会为纪念十月革命一周年，出版了县报编辑亚·托多尔斯基写的《持枪扶犁的一年》。列宁称赞这本书把一个偏僻的县份的社会主义革命和建设的经验教训作了出色的总结，特地写了《一幅说明大问题的小图画》一文向广大工农群众推荐，希望更多的从事群众工作的同志来写自己的经验。列宁强调：出版这些最富有宝贵实际内容的优秀作品，"对社会主义事业来说，比发表那些经常钻在故纸堆里看不见实际生活的名作家写的文章要有益得多"③。

托多尔斯基的这本小册子给列宁留下了深刻的印象。过了三年多，列宁又在俄共（布）十一大上提到了它。有些负责的共产党员不会做管理工作，不善于处理无产阶级和资产阶级的关系，甚至"跟着资产阶级随波逐流"。列宁针对这种情况，在中央委员会的政治报告中引用了托多尔斯基根据自己在当地苏维埃工厂吸收资产阶级分子参加工作的经验所作的结论："仅仅战胜和消灭资产阶级是不够的，这不过是事情的一

---

① 《列宁选集》第 4 卷，第 608—609 页。
② 《列宁选集》第 4 卷，第 345 页。
③ 《列宁全集》中文第 1 版第 28 卷，第 365 页。

半,我们还必须强迫他们为我们工作。"列宁向与会的代表们说:"看,这是多么精彩的话呵。这句精彩的话说明,甚至在维谢冈斯克这样的县城,甚至在 1918 年,对胜利的无产阶级和被战胜的资产阶级之间的关系,就有了正确的认识。"①

1918 年上半年社会主义改造已取得了重大胜利,旧的地主资产阶级国家机器已被摧毁,苏维埃政权剥夺了剥削阶级的生产资料,掌握了国家经济命脉,工人阶级和全国人民在党的领导下挫败了国内外反革命势力最初的颠覆无产阶级专政的企图,正按列宁的计划开展社会主义建设。

为了总结和推广经济管理方面取得的初步经验,列宁首先想组织编写一本 30—40 页的论述最高国民经济委员会的构成和活动的小册子。在 1918 年 7 月末 8 月初,他写信给尤·拉林谈了这个设想。列宁不仅出题目,而且拟了写作提纲:工人组织参加管理的情况;新机构是共产主义(马克思主义)性质的,即新的社会结构、制度;如何制服资本家,摧毁他们的反抗;工会的新作用;实际的成就,举五至十个最好的例子。列宁在信中指出,这样一本书"对欧洲和农民来说都特别重要"②。

过后不久,列宁拟把题目扩大,向国内人民和国外读者全面介绍苏维埃国家建立一周年的成就。1918 年 8 月 29 日人民委员会讨论了列宁的提议后,决定"责成各人民委员部在一周之内写出 1917 年 10 月 25 日以来的简要工作总结(2—5 印刷页)"③。列宁为贯彻这个决议,在会上给各人民委员写了书面通知,提出具体写作要求。通知说:

"报告应当通俗易懂,其中必须特别指出:

(1)群众生活状况的改善(工人、人民教师等等的工资的提高);

(2)工人(优秀工人个人和工人组织等等)参加管理;

---

① 《列宁选集》第 4 卷,第 638 页。
② 《列宁文稿》中文版第 7 卷,第 166—167 页。
③ 《列宁全集》中文第 1 版第 36 卷,第 516 页。

(3)同样，贫农参加管理以及在反对富农的斗争中协助苏维埃政权；

(4)剥夺地主、资本家、商人、金融家等等。"

最后，列宁强调："主要的要求就是通过各种事实具体说明，苏维埃政权究竟怎样完成了走向社会主义的一定的（最初的）步骤。"①

巴黎公社只存在了七十二天就被反革命资产阶级颠覆了。因此，列宁提出通过各种事实阐明世界第一个获得胜利的无产阶级政权走向社会主义的最初步骤，不仅对国内人民有教育作用，而且对各国无产阶级也有重大的意义。后来，出版各人民委员部的工作报告，宣传苏维埃政权的政策及其在经济文化各个领域所取得的成就，便成为苏维埃出版工作的一项重要内容。

1922年经列宁校阅后出版的伊·伊·斯切潘诺夫著《俄罗斯苏维埃联邦社会主义共和国电气化与世界经济过渡阶段》一书，是贯彻出版工作为人民群众和社会主义服务的方针所取得的丰硕成果之一。列宁写信祝贺作者"取得辉煌成就"②，并为该书写了序言，向全体共产党员推荐。他认为每个县的图书馆、每一个发电站都应当有这本书，每一个人民教师不但应当阅读，而且要讲给学生和一般农民青年听。该书最受列宁称赞的有两点：（1）它是专门"给劳动者、真正的人民群众、普通的工人和农民"写的；（2）作者卓越地说明了新经济政策的意义，有力地斥责了对电气化的怀疑论。

苏维埃共和国成立初期适用的新编教科书很少，有时不得已把旧教科书略加删节修补就拿来充数，旧学者在课堂上所讲的仍然是资产阶级的一套。列宁在上述序言中感慨地说："无产阶级掌握政权几乎有五年了，但旧的资产阶级学者还在无产阶级的国立学校和大学里用旧的资产阶级毒素教育（确切些说，是腐化）青年，这是一种耻辱。"列宁接着

---

① 《列宁全集》中文第1版第35卷，第354页。
② 《列宁全集》中文第1版第36卷，第592页。

写道,"要是我们所有的马克思主义著作家"都像斯切潘诺夫那样,"坐下来写几本有关各种社会问题的参考书或教科书,那我们就不会蒙受这样的耻辱了"①。

六、系统地整理出版优秀的文化遗产

在整理出版文化遗产方面,列宁曾给予出版界以许多具体指导,并对以波格丹诺夫为代表的"无产阶级文化派"的错误进行了严肃的批判。

这些人打着"制造无产阶级文化"的旗号,抹杀过去的一切文化成就,否定党在文化建设中的领导作用,散布反马克思主义的哲学和文化艺术观点,推行文化虚无主义和宗派主义的政策,特别是在理论界和文艺界引起了思想混乱,造成了非常有害的影响。为了给广大读者提供批判的武器,列宁在1920年秋天再版了他的理论著作《唯物主义和经验批判主义》,在再版序言中明确指出"波格丹诺夫在'无产阶级文化'的幌子下偷贩着资产阶级的反动的观点"②。

随后,针对波格丹诺夫等人散布的无产阶级文化"不需要继承的联系"③等谬论,列宁在《青年团的任务》这篇讲话中指出,无产阶级文化并不是从天上掉下来的,"只有确切地了解人类全部发展过程所创造的文化,只有对这种文化加以改造,才能建设无产阶级的文化"。他举了一个最有说服力的例证:"马克思主义就是共产主义从全部人类知识中产生出来的典范。"随后,他结合马克思学说产生的历史,对无产阶级为什么要批判地继承人类文化遗产作了透彻的说明④。

据布尔什维克党出版社负责人弗·德·邦契-布鲁耶维奇回忆,列

---

① 《列宁全集》中文第1版第33卷,第214—215页。
② 《列宁选集》第2卷,第15页。
③ 郑异凡编译:《苏联"无产阶级文化派"论争资料》,人民出版社1980年版,第6页。
④ 《列宁选集》第4卷,第347—348页。

宁为了更好地从过去吸取一切对现代无产阶级革命斗争所必需的战斗经验,十月革命后曾和他谈过,应当系统地整理出版党和各个革命组织、进步团体在地下斗争时期发表的各种文献。列宁说:"应当制定规划,研究各种文献以及已经出版的书目索引。如果没有,就应当编印出来。必须系统地再版所有这些出版物……"他所讲的范围相当广泛,从《火星报》、普列汉诺夫的《社会民主党人报》、劳动解放社的各种刊物,直到社会民主党的各种派别、革命民主主义者和民意党人的刊物,都要列入再版规划。列宁还提到召回派和孟什维克的报刊,不过他指出要"附长篇序言、无情揭露批判的导论和注释",才能再版。列宁强调,整理出版各个党派的文献都要有序言和评注,说明"它们在整个革命斗争过程中的地位,通过这种历史分析,弄清俄国社会主义社会思想和斗争,也就是说弄清俄国革命是怎样发展到今天的"①。

谈到发掘和整理民粹派的文学遗产时,列宁说伊·特·科科列夫的中篇小说《萨武什卡》"写得非常好",他知道科科列夫"还有一些不怎么动人但仍然很有趣的描写人民日常生活的短篇小说"。针对社会上存在的只重视大作家、不重视小作家的倾向,列宁对邦契-布鲁耶维奇说:"我们这里人们主要注意因有优秀作品而享受盛名的大作家。重印他们的作品是对的,但是我要重申一下,小作家也不应当忘记。应当让他们进入我们读者的图书馆。"至于怎样向读者介绍小作家的问题,列宁说,"应当给民粹派作家公正的评价","当然,他们的作品应当加注释和前言,把读者引导到他们所处的时代,对他们的活动和作品作批判性的分析"。②

外国优秀文化遗产的翻译出版工作,列宁同样十分重视,并给予大力的推动和具体的指导。1920年6月,他曾写信指示国家出版局:"出

---

① 《列宁和书》,第358—359页。
② 《列宁论文艺》,莫斯科1979年版,第699页。

版唯物主义者（17和18世纪的）著作的一系列译本和根据他们的著作编纂的一系列书籍"①。18世纪战斗的无神论文献对破除宗教迷信、打击唯心主义和僧侣主义曾经起过重大作用，列宁认为这些文献在唤醒人们的宗教迷梦方面比那些写得枯燥无味、仅仅是转述马克思主义的文字强得多，因此在《论战斗唯物主义的意义》中提出，应当像恩格斯早就嘱咐过的那样，把这些文献翻译出来，广泛地传播到人民中去。他还要《在马克思主义旗帜下》杂志密切注意用各种文字出版的一切有关文献，把这方面一切多少有些价值的东西翻译出来，或者至少应当摘要介绍。

当时有些人以"十八世纪无神论的老文献已经过时"等理由为不出版这些文献辩解，列宁说，"当然，在十八世纪革命家的无神论著作中有不少不科学的和幼稚的地方。但是谁也不会阻止出版者把这些作品加以删节和附以短跋，指出人类从十八世纪末叶以来对宗教作科学批判所取得的进步，指出有关的最新著作等等"②。

列宁在这里阐明了翻译出版外国历史文献的重要指导原则：眼界要宽，世界上用各种文字出版的有关文献都要注意到，从中选择有价值的进行翻译，必要时可以加以删节或者采取摘要介绍的方式，不一定全部照译；翻译书要有出版说明，指出书中存在的问题，交代有关领域学术研究所取得的新进展。

七、掌握现代科学文化的一切成就

按照马克思主义的观点，科学是生产力，是一种在历史上起推动作用的革命力量。列宁从来认为，科学和社会主义是不可分割的，像俄国这样的经济文化落后的国家，不掌握现代化科学文化的一切成就，社会主义便不可能实现。③

---

① 《列宁文稿》中文版第8卷，第166页。
② 《列宁选集》第4卷，第605页。
③ 《列宁选集》第3卷，第555页；《列宁全集》中文第1版第29卷，第50页。

1917年9—10月列宁最后一次从事地下活动期间,在彼得格勒住在党内同志马·瓦·佛法诺娃家里。房间里有一本书引起了列宁的注意。那是一本介绍美国农业如何依靠科学发明取得重大成就的翻译书,是克·阿·季米里亚捷夫教授据美国人阿·哈伍德所著《土地:美国现代农业成就》(纽约1906年版)一书节译的,1909年由绥青公司再版,书名改为《大地新貌》。一天,列宁对女主人说:"我从您的书架上看到一本好书,实在好极了。开本正合适,可以放在兜儿里。我们一旦掌握政权,一定要把它再版。每一个在农业部门工作的人都应当读一读这本书,特别是农村领导干部、农业和自然科学方面的学者都应当把它的思想和论据搞清楚。"

果然,在十月革命后不久,列宁请季米里亚捷夫教授重新审阅了这本书,于1919年年初由国家出版局再版了。据佛法诺娃回忆,列宁"在克里姆林宫的办公室桌子上始终放着一本《大地新貌》,领导干部,特别是农村的领导干部来访,他就向他们推荐这本书,建议宣传推广"①。

1922年夏天,列宁指示他的私人秘书、当时在国外的人民委员会办公室主任尼·彼·哥尔布诺夫,搜集有关这本书的一切资料带回莫斯科。据哥尔布诺夫回忆,"信中对'大地新貌'未作任何说明",列宁当时生病了,信是由别人执笔的,"我们束手无策,惭愧的是我们身在国外,竟落后于苏维埃俄国生活如此之远,连什么是'大地新貌'都不知道"。哥尔布诺夫在国外到处打听都毫无所获,只好给列宁写信承认自己的无知。他得到列宁答复才搞清楚这是美国人哈伍德写的一本书。哥尔布诺夫说,他回到莫斯科后,列宁"不止一次提起'大地新貌',对我们的因循守旧和官僚主义感慨万分,说这种思想作风使得人们不求上进或看不清前进的方向"。列宁说,"我们这里怎么就看不到'大地新貌',要到农业人民委员部去了解一下从国外进口了多少车皮改

---

① 《列宁和书》,第367—368页。

良种子"。①

1920年夏天，内战还未结束，苏维埃政权还在同国内外敌人、饥荒、疾病作斗争的时候，列宁就在考虑今后的建设问题。他提出要有关部门"不惜金钱"搜集国外（特别是英文的）有关经济问题的书籍、论文、小册子、剪报，各寄五份回国，摘要出版。②6月29日，他写信建议国家出版局迅速翻译出版约·梅·凯恩斯的新著《凡尔赛和约的经济后果》，但要"加以删节"。同时，列宁建议"安排一些副教授，编译最好的……新的经济学著作"③。

学会工作，学会管理，这是无产阶级夺取政权后摆在苏维埃人民面前的迫切任务。列宁十分重视有关科学管理问题的研究和出版工作。他早在1918年就提出研究美国泰罗制，指出资本主义的这一最新发明有两个方面："一方面是资产阶级剥削的最巧妙的残酷手段，另一方面是一系列的最丰富的科学成就"，其中"许多合乎科学的进步的方法"是可以采用的。④

1922年3月俄共（布）召开第十一次代表大会，对执行新经济政策第一年的工作进行总结。列宁在中央政治报告中指出：主要教训是"这一年来十分明显地证明我们不会经营"，"我们既然不会，就要从头学起，这样我们就会把事情办好。依我看，这是主要的根本的结论"。⑤在代表大会之后，列宁起草了《关于副主席（人民委员会和劳动国防委员会副主席）工作的决定》，明确提出"在副主席监督下，翻译出版有关组织劳动和管理工作的一切优秀的最新著作，特别是美国和德国的有关著作"⑥。直到他患病口授最后一篇文章《宁肯少些，但要好些》的时

---

① 参阅《回忆列宁》第三卷，人民出版社1982年版，第513—514页。
② 《书籍研究资料》，第XLIII期，莫斯科书籍出版社1981年版，第10页。
③ 《列宁文稿》中文版第8卷，第166页。
④ 《列宁选集》第3卷，第511页。
⑤ 《列宁选集》第4卷，第623页。
⑥ 《列宁全集》中文第1版第33卷，第300页。

候，还宣布悬赏征求关于组织一般劳动和组织行政管理的教科书。①

八、加强对外宣传工作

向国外读者介绍十月社会主义革命的性质、工农国家的政策以及苏维埃人民为巩固无产阶级政权和建设新生活的斗争与成就，是列宁经常关注的问题。1918年10月15日列宁写信给苏俄驻瑞士使团团长扬·米·别尔津，建议聘请翻译人员，把介绍苏维埃国家的出版物译成法、德、英、意四种外文，大大增加出版数量。列宁还代为物色编者，他发现德国"斯巴达克"联盟成员埃蒙德·佩卢索在瑞士《民权报》上发表的文章写得好，建议约佩卢索写一些小册子，可"按我们报纸上的材料改编——由您提出题目和必须改编的文章的目录"②。显然，列宁认为请外国人按要求改编，有时比直接翻译更适合外国读者阅读。

1919年年底，列宁以极大的兴趣读了美国记者约翰·里德所写的《震撼世界的十天》，为这本书写了一篇序言，向各国工人推荐，希望"这本书能发行千百万册，译成各种文字，因为它就那些对于理解什么是无产阶级革命，什么是无产阶级专政具有极端重要意义的事件，作了真实的、异常生动的描述"③。

1920年8月8日列宁在给国家出版局的信中谈到，无论是苏俄的报纸还是外国报纸，每周都积累了大量材料，特别是资产阶级报纸最能暴露自己的对手，"这些材料没有在国际共产主义的宣传中加以利用，可是这些材料极有价值"。列宁建议成立一个专门委员会，委托一些教授从国内外报刊中收集资料，特别是有关协约国对外政策的资料，经委员会审查修改后，按月出版小册子。关于这一点，列宁在信中解释说，"报纸会散失；小册子能保存下来，并能帮助国外同志"。书籍印数要根

---

① 《列宁选集》第4卷，第703页。
② 《列宁文稿》中文版第7卷，第236页。
③ 《列宁全集》中文第1版第36卷，第542页。

据实际需要确定，不能盲目多印。因此，列宁指示要把俄文版印数压到最低限度，因为"主要目的是译成其他几种文字"①。

九、搞好图书评介

搞好图书评介，有助于提高书籍的质量和社会效果。列宁尽管工作那样繁忙，还是经常抽出时间来写图书评论，这是他指导出版工作和学术研究的一种重要方式。

苏维埃共和国成立初期，新型的知识分子还没有大批培养出来，成熟的马克思主义著作家不是很多。布尔什维克历史学家、副教育人民委员米·尼·波克罗夫斯基在1920年出版的《俄国历史概要》尽管有严重的缺点，毕竟是第一部试图以马克思主义观点概括地阐述俄国历史的科学著作。列宁非常喜欢这本书，说它的"结构和表达法都很新颖"，应当译成欧洲各国文字。为了使这本书成为教科书，列宁向作者建议补充年表，大致分三栏：历史年表；资产阶级的评论；马克思主义的评论。所以要作这样的补充，是因为"学生要想不是肤浅地了解，要想知道事实，要想学会对比新旧科学"②。波克罗夫斯基遵照列宁的意见，次年在出第二版时增加了国内外历史大事对照年表，此书到60年代一共印行了15版（前10版是作者生前出版的），中、日、德、西、捷等许多国家也都出了译本。1967年《波克罗夫斯基选集》俄文版编者说"迄今为止，其普及范围超过了叙述苏联历史的其他书籍"。一本历史著作能够这样广泛流传，同列宁作了肯定的评价并向读者推荐是分不开的。

在列宁提出研究泰罗制的任务之后，奥·阿·叶尔曼斯基经过几年的研究写了一本《科学劳动组织和泰罗制》，于1922年由国家出版局出版。列宁认为这是一本"十分有用的好书"，因为它适应了当时人民

---

① 参阅《列宁文稿》中文版第8卷，第198页。
② 《列宁全集》中文第1版第36卷，第555页。

学习管理知识的迫切需要。9月,列宁在所写的书评中重申:"学会工作——这是苏维埃共和国主要的实际上是全民的任务。努力使人人识字,但决不能到此为止。无论如何要继续前进,把欧美一切确实有价值的东西学到手。"

列宁认为这本书的优点是内容丰富,特别重要的是对泰罗制的积极方面和消极方面都作了介绍,整个说来本来是适合于作学校教科书,但是它有一个严重的缺点——语言烦冗,妨碍它成为教科书。因此,列宁的这篇书评题为《一粒耗子屎搞坏一锅粥》。叶尔曼斯基在前言中自称他这本书的优点"在于通俗叙述科学问题",针对这点,列宁指出,作者"完全没有必要把同一件事重复多次",不作为教科书,作为通俗科学读物也"要求消除重复啰嗦"[①]。

指导读者读书是一项十分重要而容易被忽视的宣传教育工作,列宁建议《在马克思主义旗帜下》杂志加强图书评介,为读者"登载一些评介无神论书籍的文章,说明哪些作品在哪一方面适合哪些读者,并指出我国出版了一些什么书(译本较好的才能算数,但这样的译本还不怎么多),还应当出版些什么书"[②]。

十、提高出版物质量和建立个人工作责任制

出版物是思想内容和物质形式的统一体,是人的思想的物质体现。出版物的质量包含思想内容和物质形式两个方面。但是,出版物是以其思想内容为使用者服务的。因此列宁始终把出版物的思想性作为衡量它的质量的首要标准,要求出版物有尽可能高的思想、科学或艺术水平,决不允许粗制滥造。对粗制滥造者必定追究责任,彻底查清造成事故的原因,予以严肃的处理。为了保证出版物的质量,列宁反复强调要建立

---

① 《列宁全集》俄文第5版第45卷,第206—207页。
② 《列宁选集》第4卷,第608页。

个人工作责任制。让我们重温一下列宁给国家出版局和有关部门或个人的几封信，看看列宁多么重视出版物的质量，对编辑出版工作人员提出多么严格的要求。

1921年8月7日列宁给农业人民委员部和国家出版局写信，对出版谢明·马斯洛夫①的《农民经济》一书提出严厉的批评。信中说：

"从随便翻阅中看出，这是一本用资产阶级骗人的'学术'谎言来蒙蔽农民的、彻头彻尾资产阶级的坑人的坏书。

"全书近400页，但丝毫没有谈到苏维埃制度和它的政策，没有谈到我们的法律和向社会主义过渡的措施等等。

"只有蠢货或者恶意的怠工分子才会让这本书出版。

"请把负责审阅和出版这本书的全体人员调查清楚，开一个名单给我。"②

国家出版局出版的《1919年3月6—7日的第三国际》，列宁认为"编得糟透了。完全是粗制滥造"，把"一个伟大的历史事件……玷污了"。书中存在的具体问题是："没有序言，没有记录，没有确切的决议原文，没有把决议和发言论文、评论区分开来"，"把全部'材料'、论文、发言稿凑在一块，乱七八糟地就刊出来了"。

1919年10月24日列宁给该局局长沃罗夫斯基写信，宣布"对这一类出版物给以严重警告"，责成出版局"制定严肃的措施，保证不再发生这种丑恶的事情"。为了挽回已造成的恶劣影响，列宁要求"改版重印，一定编好"，并把校样送他审阅。③

1920年8月列宁给司法人民委员德·伊·库尔斯基写信，批评《1919年现行法令汇编》编得不好。列宁责问："这是谁出版的，这么

---

① 谢明·马斯洛夫是右派社会革命党人，前资产阶级政府农业部长，十月革命后在经济部门和科研机关工作。
② 《列宁全集》中文第1版第35卷，第517页。
③ 《列宁全集》中文第1版第35卷，第425—426页。

糟糕？乱七八糟。连书名都不清楚。琐碎的资料——还有布告，都收进来了。编者是笨蛋，还是消极怠工？"列宁认为，既然是现行法令汇编，就应该包括1920年最重要的现行法令。①

1922年4月15日列宁给斯大林写信指出：《1910—1914年法俄关系史料》是以"道地苏维埃式的马虎态度出版的"，书中"没有定价。没有负责人或其他人署名，没有索引！！连简单的人名名单也编得很马虎"。②

从这些信件可以看出，除了书的思想内容，书的整个结构，从书名是否清楚贴切，正文资料选择编排是否得当，以至序言和索引的有无，都同书的质量有关。需要特别提一下，学术著作和资料书的索引是不能省的。上述斯切潘诺夫关于苏维埃共和国电气化的著作在附录里列有参考书索引得到列宁好评，而这本《法俄关系史料》没有索引，受到了批评。

校对工作是出版工作的重要环节。是编辑工作的延长，校对工作的好坏对出版物的质量有直接的影响。列宁认为书籍"最重要的出版条件是：保证校对得很好。做不到这一点，根本用不着出版"；校对员要"有学识"，也是保证校对质量的必要条件。③

十月革命后，列宁一有机会就教育干部作出版工作要认真细致，不能匆忙草率，因为工作疏忽往往会造成严重的差错。例如，列宁在俄共（布）八大上曾经指出过《下城省党的工作手册》的一处错字造成了对政府法令的歪曲和理论上的混乱。列宁说，在这本小册子里，"我看见有这样一句话：'关于特别税的法令要把全部负担放在富农、投机者和一般中农身上。'这真可以算'了解'这个法令了！也许是印错了，但这种错误是不容许的！也许是工作匆忙，但在这种事情上任何匆忙都

---

① 《列宁文稿》中文版第8卷，第206页。
② 《列宁全集》中文第1版第33卷，第306页。
③ 《列宁全集》中文第1版第37卷，第154页。

会造成很大的危险"①。随后，下城省党组织向俄共（布）八大主席团声明："一般中农"应为"部分中农"，这是"令人遗憾的刊误"。声明表示"下城省党组织完全赞同列宁同志关于中农问题的观点，并努力加以贯彻"②。这里需要补充一句，列宁不是在一般场合，而是在一次党代表大会庄严的讲坛上谈论错字问题的，这说明列宁对出版物的质量和校对工作是何等重视。

此外，在列宁看来，出版物"排印得整齐美观"，也是非常重要的③。国家出版局编印的《俄国共产党（布）章程草案》不仅编得不好，排印质量也差，列宁于1919年12月3日写信给俄共（布）中央组织局，要求"调查出版这本编辑和印刷得如此草率的全部情况……报告中央政治局"④。

为了加强编辑出版工作人员的政治责任感，列宁再三强调要建立个人工作责任制。他在1920年12月11日给国家出版局写信，要求建立负责人登记制度，在出版每一本书时毫无例外地作下列的书面记录："1. 负责审查这本书的国家出版局编辑部委员的签字；2. 责任编辑的签字；3. 责任校对、出版者或发行者的签字。"⑤

列宁不仅要求在国家出版部门建立责任制，而且要求高级领导机关负责编辑出版工作的主要工作人员也要实行责任制。共产国际第三次代表大会决议草案初稿，列宁亲自审阅过，发现其中有"错误和荒谬绝伦的词句"。他在代表大会上指出了这个问题，当时就交给秘书处一个德文本，嘱咐"正确的引文应以此书为据"。可是代表大会各项决议的德文本出版后，错误依然如故。列宁在1921年8月2日给共产国际报刊

---

① 《列宁全集》中文第1版第29卷，第178页。
② 《列宁全集》俄文第5版第38卷，第473页。
③ 《列宁全集》中文第1版第37卷，第107页。
④ 参阅《列宁文稿》中文版第7卷，第604页。
⑤ 《列宁全集》中文第1版第35卷，第464页。

部负责人托·尔·阿克雪里罗得的电报说："我坚决抗议这样出版代表大会的决议,这把我们置于可耻的、可笑的境地。我曾多次要求,在共产国际秘书处内要实行个人负责制,即使是少数最主要的工作人员这样做也好。请告诉我,对这样的出版编辑工作谁应负责。如果其他决议也是这样出版的,那么整套集子只好付之一炬了。"①

十一、从书刊免费分配到实行经济核算制

出版物既是精神产品——作者和编辑等共同劳动的成果,又是物质产品——出版社和印刷厂等有关部门共同劳动的成果。社会主义的出版工作首先要注意出版物的社会效果,同时也要注意出版物的经济效果。

苏维埃政权在战时共产主义时期曾一度实行免费分配书刊,固然有出于政治上考虑的一面,但在经济上是不合理的。这是在通货膨胀、货币贬值的情况下不得已而采取的措施。当时国家按商品定价收回的货币,连这些商品实际价值的百分之一的东西都买不到。由使用现款改为划拨清算,在技术上有很大困难,而且耗费不少时间。从1920年秋天起按定量配给的粮食和日用品逐渐不收费,书刊也不可能例外。列宁在《论粮食税》中肯定"实行'战时共产主义'是一种功劳",但同时着重指出:"必须知道这个功劳的真正限度。'战时共产主义'是战争和经济破坏迫使我们实行的。它不是而且也不能是适应无产阶级经济任务的政策"。②

在过渡到新经济政策之后,苏维埃国家整个图书出版发行事业在经济核算制(书稿付酬、书刊收费)的基础上进行根本改革,开始走上正常的日益健全的发展轨道。图书生产连年下降的趋势迅速被扭转。到

---

① 《列宁文稿》中文版第9卷,第253页。
② 《列宁选集》第4卷,第517页。

1924 年即列宁逝世那一年，出书 18434 种，比 1921 年 6491 种增长将近两倍，印数 13980 万册，超过了俄国历史上的最高水平——1912 年 13300 万册[①]。这是列宁的新经济政策和出版方针的重大胜利。

列宁为了实现文化珍品"真正为全体人民所共有"[②]的理想，他一贯主张以低廉的价格向人民供应图书，反对单纯追求利润，把出版事业作为赚钱的工具。1917 年 12 月第一个关于国家出版局的法令规定，首先大量出版俄国古典作品的"廉价大众版"，就是列宁的意见。在新经济政策时期群众反映书价过高，列宁获悉后于 1922 年 5 月 17 日写信转告教育人民委员："我得到很多消息，说由于我们'热衷于'并滥用新经济政策，书价昂贵，人民买不起好书"，建议"从地方税中抽取一定数量的款额上缴中央，建立一笔基金"来解决这个问题。[③]随后俄共（布）中央和政府主管部门就书籍减价问题进行了讨论，并采取了相应的措施。

十二、"使书有人读，能够阅读的人更多"

列宁认为，苏维埃社会主义经济建设的主要的甚至唯一的障碍，是人民的文化科学水平低。在内战时期，苏维埃人民所以能够克服重重困难，战胜国内外的敌人和严重的灾荒，主要靠在党的正确领导下发扬不怕苦、不怕死的革命精神。在内战结束、全国的工作重心转移到经济建设上面来以后，物质贫困和文化贫困同经济建设所提出的巨大任务不相适应的问题就明显地暴露出来了。1921 年 10 月列宁在全俄政治教育局第二次代表大会上指出："仅仅扫除文盲是不够的，还需要建立苏维埃经济。在这方面，光认得几个字是成不了大事的。我们需要大大提高文化。"[④] 在新经济政策执行了一年之后，列宁在准备中央委员会向俄

---

① 纳扎罗夫：《苏维埃社会的书籍》，第 28、122 页。
② 《列宁全集》中文第 1 版第 16 卷，第 321 页。
③ 《列宁文稿》中文版第 10 卷，第 220 页。
④ 《列宁全集》中文第 1 版第 33 卷，第 56 页。

共（布）十一大的报告时，分析了当时的主客观条件，得出结论："我们有足够的手段来取得新经济政策的胜利：政治手段和经济手段。问题'只'在于文化！"①

随着社会主义经济建设的开展，列宁越来越明确认识到，必须加速国民教育事业的发展，充分发挥图书在文化教育建设中的作用。特别是在图书供不应求的情况下，更要最大限度地提高现有图书的利用率。他在《日记摘录》中强调，国家要首先关心"使书有人读，使能够阅读的人更多，使将来俄国出版局的政治影响更大"②。

为此，列宁提出了一系列措施，首先是吸取国外先进的管理经验，对图书馆事业进行彻底改革，在全国"建立有组织的图书馆网来帮助人民利用我们现有的每一本书"③。列宁要求所有新出版的图书都必须及时送到图书馆。在1921年5月写信给副教育人民委员叶·亚·利特肯斯，要求出版物供应工作规定"**明确的行政责任制**"，"如果在**每一本**苏维埃书籍出版了**一个月**（两个星期？六个星期？）之后，不是**每一个图书馆里**都有这本书的话，您（和我们）**绝对**准确地知道该把**谁**关禁闭（既有全俄中央执行委员会中央出版物供应社的人，也有图书馆网的人，一定要有这两方面的人）"④。图书馆管理工作的具体改革办法包括：1. 延长开放时间，建议彼得格勒公共图书馆"每天从早8点开放到晚11点，节日和星期日也不例外"⑤。2. 扩大服务对象，不仅对学者和教授等开放，而且也对一般群众和市民开放，以及对妇女儿童和非俄罗斯人开放。3. 借阅不收费，简化外借手续。

在"战时共产主义"时期免费分配的书刊大部分到了公务人员手

---

① 《列宁全集》中文第1版第36卷，第595页。
② 《列宁选集》第4卷，第677—678页。
③ 《列宁全集》中文第1版第29卷，第301页。
④ 《列宁文稿》中文版第8卷，第600页。
⑤ 《列宁全集》中文第1版第26卷，第310页。

里，工人和农民所得甚少。列宁要求"必须努力做到使报纸和书籍通常只免费分配给各图书馆和阅览室，分配给正确地为全国，为全体工人、士兵和农民群众服务的图书馆和阅览室网"[1]。1921年年底开始实行书刊收费办法，列宁签署的有关法令规定，"必须保证使出版物首先为国家的学校网、图书馆网、鼓动站网、农村图书室与工人俱乐部网服务，并保证劳动人民所需出版物的供应"[2]。

按照现在的发行办法，大部分图书销售到个人手里（以苏联的统计数字为例，到1976年为止，苏联总共出书460亿册，国家公共图书馆藏书40亿册，即图书馆约占10%，零售约占90%[3]）。这不能认为是合理的现象。如何创造条件增加公共图书的比例，是个值得研究的问题。真正读书的人不是人人都买得起或买得到自己所需的图书。列宁在学生时代钱就很少，他为了写《俄国资本主义的发展》，曾利用了583种书。没有图书馆提供的便利，这部巨著就不可能问世。

多出书，出好书，扩大图书发行网和图书馆网，尽量保证广大人民和图书馆所需图书的供应，使现有的图书有更多的人能够读到，这是列宁的重要思想遗训，也是社会主义现代化建设事业向广大图书出版发行工作者提出的光荣任务。

---

[1] 《列宁全集》中文第1版第32卷，第120—121页。
[2] 《列宁和书》，第430页。
[3] 西科尔斯基：《书、读者、图书馆》，第253页。

比较·鉴别·探讨
——1979年夏参加中国代表团访英观感

1978年我国出书14987种，英国出书38766种，为我国的2.5倍。按人口分配，我国每百万人16种，英国每百万人704种，为我国的44倍。差距这样大，除他们的印刷设备比较先进、纸张不缺外，还有哪些原因？他们的管理方法有哪些地方值得我们借鉴？这是我很想了解而尚未搞清楚的问题。现就所见所闻谈些杂感，并联系我们的实际情况提些问题出来探讨一下。

（一）

据1979年10月的统计，我国具一定规模的出版社有142家，全国出版社职工13820人；英国正规的出版社有2350家左右，主要的有三四百家，全国出版界，不包括书店和印刷厂，约25000人。英国出版业同其他行业相比，规模是比较小的，即使如此，也比我国出版社现有职工人数几乎多一倍。这是他们出书比我们多的一个因素。

但是应当看到，两国出版社的人员构成是不大一样的。英国出版社一般分编辑、生产（即出版）、推销和发行等四大部门。上述25000人当中推销发行人员占了相当大一部分。

我国出版社现有的职工约48%是编辑人员，英国出版社的编辑人

原刊于《求精》第13、14期（1980年3月1日和20日）、《出版工作》1980年第6期、《黑龙江出版工作》1980年第4期。

员所占的比例比我国出版社小。我问了几家出版公司，一般占20%上下，最多不超过全社人数的40%。一个编辑平均每年编书的种数英国则比我们多。查托、博德利和乔纳森·凯普联合出版公司，总共208人，其中编辑77人，每年出书405种，平均每个编辑每年编书5—6种。这个数字在英国出版社是有代表性的。

英国出版社的编辑每年编书的种数较多，不仅同出版社本身的状况，而且同整个社会的科学文化和生产力发展水平都有密切关系，原因是很复杂的，这里只能谈给我印象较深的几点。

第一，在编辑出版工作中普遍使用电子计算机

工作方式与使用剪刀、糨糊、铅字的时代大不相同。我们曾到帕盖蒙科学出版社参观，它的总编辑部大厅可容纳一二百人在一起办公。桌上除终端机外几乎看不到有什么纸张、文具和参考书。编辑就在终端机上编书。朗曼出版公司的编辑曾给我们演示他们用电子计算机编《朗曼当代英语词典》的技术。按终端机上的电键，发出指令，荧光屏上就显示出所需要的文字，并且可以修改调整。稿子改好，变成所需的字号字体，便可照相付印。编多少可以发多少，不像我们那样受印刷能力的限制。

第二，重视职工的培训，重视知识的学习，业务水平提高较快

许多高级编辑和经理不过三十来岁。前年格林作为英国出版家协会主席率领第一个英国出版代表团访华时才42岁。英国国际出版公司的编辑分七级，由七级升到一级，通常只需12年。当然不是每个编辑都能升到一级。各出版社都有自己的培训计划。英国出版家协会年年举办培训班（分初级班、中级班和高级班）。大学毕业生在出版社取得两年实际工作经验才能进初级班。高级班的培训对象主要是经理人员。

就我所见，英国出版界的一些人士对自己的学习提高颇为重视。例如上面提到的那个帕盖蒙科学出版社是一个出版科技图书杂志的跨国公司，该社董事长罗伯特·马克斯韦尔说他为适应业务开展的需要，学了

9种外语，他当场就用俄语同我们的一位团员交谈了几句。去年11月格林夫妇访华时，我陪他们到外地参观，路上要飞行几个小时。我想在飞机上做不了什么事，只好休息或聊天了。没料到他们手提袋里带了好些书，刚坐定就拿出书来看，还递给我一本。书看累了，就动手写信。有一天，一次就交给我们26封信替他们发出。据格林夫人说，他们在国内对时间也是抓得很紧的。平时乘车外出时，在路上就放录音带学习外语。她现在能讲德语和法语，还略懂意大利语。

我国出版工作者协会已经成立了，希望也能定期办一些培训班，使中央和各省市出版社的业务干部能够得到更好的学习提高和交流经验的机会。通过办培训班编一套教材，系统地介绍编辑出版各方面的基本知识，公开发行，不进培训班的人也可以从中得益。

人民出版社干部已开始实行每年轮流脱产学习专业一个月，这是培养干部的一种简单易行的形式，但还需要有适当措施使其能够全面落实。此外，在出版社工作满十年的编辑，最好每隔五年能给他们半年至一年创作假或进修假，老编辑优先。有研究成果问世，比授予职称更能提高编辑的社会地位。这样做一时可能使部门工作受点影响，但从长远看来，对整个出版事业的发展是有利的。

第三，编辑分工明确，以选题、组稿、审稿为重点，千方百计开辟稿源

英国出版社是按专业分工的，例如有的大出版社有考古学编辑、语音编辑、重印书编辑、版权编辑等，分工之细，可见一斑。他们强调编辑既要熟悉图书生产的整个过程，又要实行专业化，以利提高工作效率。编辑的职称和等级的划分各出版社很不一致，有的分高级编辑、编辑、助理编辑；有的分高级组稿编辑、组稿编辑和加工编辑。为了保证重点，许多出版社都把选题、组稿和审稿工作同加工整理和看校样等工作分开，把主要的骨干力量用于选题、组稿和审稿。因为英国出版社多，竞争激烈，不千方百计大力开辟稿源，出版社就无法存在下去。高

级编辑对自己所管的某一方面的选题,不仅要负政治责任(比如使书稿没有诽谤他人的内容),而且要负经济责任。

我们有些编辑室,人少战线长,分工不细,影响专业水平的提高。一些老编辑整天忙于书稿加工整理、看校样,选题组稿和审稿工作势必受影响。一本书如果选题不当,著译者没有物色好,或审稿没有把住关,会造成什么样的后果,就不用多说了。如何加强编辑力量,改进编辑分工,以利提高工作效率和保证工作重点,是需要很好研究的问题。

第四,广泛地利用业余编辑力量

无论审稿、加工、装帧设计、绘图或校对,英国出版社都广泛地利用业余力量。剑桥大学出版社一年出书400种,编辑(不包括辅助人员)只有35人,但业余编辑有209人。该社编辑虽然比较少,而业余编辑特别多,出书也就比较多。

我们翻译书籍编辑室的经验也表明,在翻译力量大于编辑力量的情况下,使用业余编辑力量是一个解决矛盾的好办法。如果每个编辑都能联系一两名或更多的业余编辑,就可以消除积压现象,使发稿数量成倍增长,从而把一些编辑力量从书稿加工整理中解放出来,用以加强工作中的薄弱环节。

为了提高书籍质量,可以做的事情多得很。就拿编制索引来说,这项工作过去是被忽视的。英国和其他西方国家出版的学术著作一般都有索引,通常由作者自己来做,或者由出版社找人在业余做,由作者负担费用,这是在合同上写明了的。校样送作者两份,看过之后一份退出版社,一份留下编索引,或把事先编好的索引填上校样页码。索引和目录一样,都是一本书的组成部分,不是可有可无的。索引也可以说是另一种形式的目录。一本书如果附有索引就可以节省读者和研究人员许多时间,提高书的使用价值。我国的图书出版工作缺乏编索引的传统。大部分学术著作都没有索引,翻译书往往把原著的索引删去,读者查阅很不方便。与此相反,有的翻译书不仅保留而且充实了原著的索引,例如美国海斯等著《世界史》原著索引只收正文中出现的部分地名，中译本把原著几十幅世界历史地图中的全部地名都补入索引，深受读者欢迎。

为适应四化的需要，应当提倡学术著作编索引，如编专题索引有困难，可先从编人名索引做起，过去有许多书应做索引而未做的原因，是怕占编辑过多的时间。我们可仿照英国人的办法，请著译者做，或由业余编辑做。正文先付型，就不会发生压版的问题。

第五，严格执行合同制度

有无健全的合同制度，合同制度执行得好坏，可以反映出一个出版社经营管理的水平。

英国出版社和作者签订的出版合同，内容详细具体，对双方的权利和义务都作了明确的规定。我所看到的合同项目包括：交稿的时间和份数（一式两份，作者自留一份），稿酬标准和分几次付酬的时间，作者看校样的天数，从书稿决定采用到出书的期限。合同的规定是算数的。作者不如期交稿，出版社有权拒绝出版；如果出版社不履行合同的条款，作者也有权把书稿转交其他出版社出版。合同要求作者必须交打字稿。稿子清楚，加工就省事了。改动多的要重新打字才发稿。校样排出后不能再大改。牛津大学出版社给我们看了一份校样，作者和编者在上面都只有极个别的改动。作者在校样上的改动，超过一定的限度（例如改版费超过排版费的10%），即由作者负担超过部分的改版费用。总之，处处考虑时间因素和经济因素。

我们尚未恢复合同制度。著译者交稿、出版社审稿和出书都不受时间限制。有些稿子一拖就是好几年，甚至一二十年。如果订合同使双方承担责任，这种状况就会改变。恢复合同制度的一个思想障碍是怕著译者按时交稿，我们不能如期审稿、发稿、出书。根据目前的印刷条件，要求合同规定出书时间确实有困难，但经过努力可以做到的应当在合同上确定下来，例如合同似可规定，作者交稿后出版社应在多少个月内提出处理意见，如认为可以采用，即预付部分稿酬。按照现行的办法，等出书后再整付是不大合理的，因为著译者付出了辛勤劳动，使书稿达到了出版要求，可是出书没有任何期限，有的拖到最后根本不出了，著译者往往什么报酬也得不到。希望尽快恢复出版社和著译者之间的约稿和出版合同制度，使双方明确各自的权利和义务，更好地互相配合，这对我们多出书、快出书、出好书将会起促进作用。

（二）

如何改进稿酬办法，使其更好地促进出版事业的繁荣，是当前需要研究的一个问题。我想顺便在这里把中英两国稿酬办法作些比较，谈谈个人的看法。

英国出版社稿酬办法有好几种，第一种是作者把版权卖给出版商。第二种是利润分成，常常是对半分。第三种是付版税，这是最常用的办法。版税是根据书籍定价和实际销售量计算的。版税的高低主要取决于作者的名望和书籍销路的大小，一般为定价的 10%。不知名的新作家低些；名作家则高些。定价 10 英镑的书，如版税为 10%，每销售一本应付作者 1 英镑。有的出版社还具体规定：每年销售量在 6000 册以上才付足 10%，不到 6000 册，则版税酌减。出售美国版版权（在美国出版的权利）和翻译版权所得，通常大部分归作者。

英国翻译出版外国书籍，要付双重稿费，即付作者或原出版者版税，以及付译者翻译费。翻译费是按字数计算的。麦克米伦公司的标准是每千字 10—25 镑，泰晤士-赫德逊公司平均每千字 15 镑。若按 1 镑兑换人民币 3.2 元计算，15 镑折合人民币 48 元。英文每千字折合中文约为 1800 字。英国翻译稿费标准，按币值计算比我国高五六倍。但是如果拿稿费同本国的工资比较，我国的稿费标准则高于英国。英国一般编辑月薪为 500 镑，千字 15 镑为月薪的 1/33。我国 1800 字（相当于英文 1000 字）的中等稿酬约为一般编辑每月工资的 1/10。

一个译者在业余时间一个月译三万字并不是太难的，但所得的稿费比一个普通干部一个月工资还多一两倍。因此我觉得目前在我国工资和人民生活水平普遍不高的情况下，稿费标准不宜再大幅度提高。翻译稿酬似可暂维持现状不动，需要适当提高的是著作稿酬，特别是学术著作稿酬，因为现行的办法著作稿酬和翻译稿酬差别不大，不能很好体现按劳分配的原则。写一本学术著作往往要比翻译一本多付出几倍的劳动。一个译者一年可以翻译一本学术著作，十年可译十本。在一般情况下，一个作者不可能每年都写一本学术著作，十年写三五本，甚至十年能写一本就算不错了，而且写出来不一定每本都能出版。

增加著作稿酬有两种办法：一是把著作字数稿酬的最高标准增加到翻译字数稿酬最高标准的两倍。最低标准可以相同，因为不是所有著作都比翻译难。二是在字数稿酬的基础上，再加印数稿酬。但印数稿酬应有最高限度，一般不宜超过字数稿酬的一倍。计算印数稿酬，可以鼓励作者编写广大读者需要的或长远有用的书籍。印数大的书增加了，得益的不仅是作者，而主要是出版者。

考虑到我国人口众多、书的成本高而定价偏低等特点，印数稿酬似可以万册为计算单位。例如学术著作印数20万册以下，每万册付全书字数稿酬的5%；印数21万—120万册，每万册付全书字数稿酬1%；120万册以上，每万册1‰。换句话说，印数20万册，印数稿酬为字数稿酬的1倍；120万册，印数稿酬为字数稿酬的2倍；1120万册，印数稿酬为字数稿酬的3倍。实行这种以字数稿酬为基础再加印数稿酬的办法，大多数书的稿酬不会超过现在的稿酬的2倍，每种书的稿酬平均只增加50%。因此，这不能说是大幅度增加稿酬。

美国出版业简况和关于我国出版改革的几点设想

20世纪80年代中期美国图书出版业大约有65000人，一年出书约6万种（新书占85%）、19亿册。大小出版社有1万多家，列入美国鲍克公司编的《在销书目》（1984年版）的618000种书是15200家出版社出版的，但出书常年不断的只有2000家左右。1985年出书100种以上的128家，1000种以上的3家，最大的图书出版社是麦克格罗·希尔公司，1985年出书3104种，期刊80种，在销书有20702种。小出版社有的一两年才出一种。

一、出版社的类型和结构

美国的出版社分"营利的"和"非营利的"。前者占绝大多数，称"商业性出版社"，后者主要是大学出版社，它们作为教育机构的一部分，不用纳税。学校提供房舍，支付工资，按预算拨给经费。全国90多家大学出版社一年出书五六千种，约占全国出书种数的10%，因印数不大，销售收入只占2%。此外，还有一些研究机关、学术团体和宗教组织的出版机构也是属于非营利性的。

出版社在美国被认为是劳动密集型的企业，实行"规模经济"的管理原则，即企业规模、生产要素的比例等必须符合市场需要，力求增加产出、降低成本以达到规模经济的效果。出版社的组织形式完全取决于

原刊于《出版发行研究》1989年第4—6期。

领导人的管理思想，没有固定的模式。

有一定规模的出版社一般在社长领导下设编辑、设计和出版、推销、财务和发行、行政管理等部门。推销同发行（储运、处理订单和发货）通常是分开的。编辑部和推销部被认为是出版社的两个最主要的部门，但推销人员的数量远远超过编辑人员。小社的推销发行不是与其他小社联合，就是委托大社或代销机构办理。多数出版社的书稿加工、编索引、绘图和装帧设计主要依靠社外力量。据美国出版商协会近年的调查，全国出版社各类人员所占的比例为：编辑人员15%，设计和出版10%，推销26%，发行34%，行政、管理15%。推销发行人员占了一多半，为编辑人员的4倍，出版部的人数最少。据说在美国印书最容易，卖书之难仅次于写书，怎样才能使一本书达到需要者手中，一直是个未解决的难题。

二、编辑的职能和分工

编辑家和出版家虽然不是同义语，但是美国出版社编辑的工作涉及图书出版的各个环节，在图书问世很久以后还要继续关心它在市场上的命运。他们被赋予四种职能：（1）倡导者——提出选题，说服决策人同意出书，争取出版、推销等部门支持、配合；（2）培育者——向作者介绍本社的方针、要求和工作程序，指导、支持、帮助作者把书写好；（3）管理者——在整个出版过程中处于中心地位，协调各个环节的工作，使书稿顺利运转；（4）推销者——帮助推销人员了解书的内容及销路，给他们提供必要的宣传推广材料。最了解书的人有条件成为最佳的推销员。

编辑的职称、等级和编辑工作的组织，各出版社不完全一样，有些小社没有单独的编辑部。多数大、中型的出版社编辑部为首的是总编辑（editor-in-chief）或编辑主任（editorial director），其下有时设一个管理编辑（managing editor）或执行编辑（executive ed.），再往下依次是编辑（editor）、副编辑（associate ed.）、助理编辑（assistant ed.），最低一级是编务助理（editorial assistant）或称编务秘书（editorial secretary）。大学毕业生到编辑部工作从编务秘书做起，在本社可提升到助编或副编辑，再往上升通常要转到别的出版社去。美国和西方的编辑一有升迁的机会随时都可以离开原单位，工作调动相当频繁，在一个出版社干一辈子几乎是没有的。职务的提升注重才能，不强调资深，二十几岁、三十来岁的高级编辑比比皆是。

美国的出版理论把编辑工作分成几个不同的层次：（1）创造性编辑工作（creative editing），指选题、组稿；（2）实质性编辑工作（substantive editing），指对书稿的整体、内容、结构、表达方式的其他大的方面的审读加工；（3）细节的编辑工作（line editing），指逐页、逐段、逐行对内容和形式方面的细节问题进行加工整理；（4）技术性编辑工作（technical editing），指使稿件在技术上符合排印要求。这些划分不是绝对的，有时不同的层次会有交叉。

编辑人员按工作的性质作如下的区分。

1. 组稿编辑（acquisitions editor，又称 acquiring ed., commissioning ed., procurement ed.）是一本书的责任编辑（sponsoring ed.），对一本书的整个编辑过程负责，美国在40年代只是教科书出版社才设有组稿编辑，现在已推广到各种类型的出版社，这反映出版社编辑工作的重点已逐渐转移到组稿方面。

2. 审稿编辑（manuscript ed.），又称内容编辑（content ed., development ed.），管内容方面的问题，包括主题的展开、结构调整和其他大的修改，即上面所说的实质性的编辑工作。组稿编辑也审稿，有些商业性出版社因组稿编辑专业知识不足，往往聘请一些专家、学者、作家、评论家担任专职或兼职的审稿人（editorial reader）。有的出版社收到投稿多，设初审编辑（first reader）进行初步筛选，再交给有关的编辑。

3. 原稿加工编辑（copy editor），负责细节的、技术性的编辑加工。

英语 manuscript 是"稿件"的通称,准备出版的 manuscript 称 copy。copy-editing 是稿件确定采用后为使其适于出版而进行的加工整理,所做的是上述第三、第四层次的编辑工作,不限于润色文字,有时还要解决审稿编辑忽略的实质性的问题。copy editor 有人译作"文字编辑",不完全符合原意,而且容易同相对于美术编辑所说的"文字编辑"(书稿编辑)混淆。

加工编辑的级别比组稿编辑低,但其中也有高级编辑,他们在语法修辞知识、熟悉技术规格方面往往超过组稿编辑。专业书籍的技术规格较复杂,原稿的文字往往较粗糙,所以大学出版社和专业出版社都配备一定数量的加工编辑,出版社专职的加工编辑很少,主要靠社外力量加工。组稿编辑工资高,公司不希望他们在书稿加工上面多花时间。

4. 管理编辑或执行编辑,管加工编辑,但不干预组稿编辑的工作,一般不看稿,只是偶尔作些检查。主要的职责是掌握编辑工作进度、计划安排稿件和校样的运转,监督图书生产的进程,协调编辑部和其他部门的工作等。

5. 生产编辑(production ed.),出版部管书籍整理、版式设计和同印刷厂联系的编辑。有些出版社把执行上述管理编辑职能的人称为生产编辑。

6. 美术编辑(art director),组织社外力量进行装帧设计和绘制图表,给予技术指导,并负责检查印制质量,有的出版社一个美术编辑加一个助手,管 50—100 种书。

三、编辑和编务人员的工作量

美国和其他西方国家一个编辑一年编新书一二十种是很常见的,多的可达几十种。教科书和小说等大众读物因为难编,一年在 10 种上下。学术著作有许多是专著和会议论文集,不需要做太多的编辑工作。美国 70% 以上的学术编辑一年组稿在 25 种以上。有人调查了四个西方国家的 63 个科技出版社，一个编辑一年至少组稿（acquire）20 种，有的多达 50 种。[1]

  试看一个有代表性的例子。美国普特南父子出版公司前总编辑威廉·塔格说，他当编辑的时候有一名秘书当助手，在一个典型的年份 12 个月内编辑出版新书 30 种，10 种是小说，其余的是回忆录、历史、人类学、心理学、神学、医学书籍。全部是组来的，无自投稿。所做的工作为：提选题、估算生产成本和销售收入、订合同、审稿、与作者商量如何修改、交加工编辑整理，然后发排、关注印制进程、编写宣传推广材料。除列入出版计划的书稿外，一年还要处理 250 部来稿和同样数量的写作建议，其中大约有 18 种可以订合同，在来年或以后出书。编辑工作千头万绪，上班要和各方面联系，打电话，开会，个别谈话，处理信件和各种各样的事情，或外出活动，多数编辑看稿主要在业余时间。有些老编辑一年编书超过 30 种，但也有达不到这个数字的。能干的青年编辑一年编书一般不过 8—10 种。

  编务人员的工作相当繁重。据多德出版社的查理·桑提诺说，他同时给四个编辑当编务助理。日常工作是打字（每天几个小时）、收发、稿件运转情况登记、处理信件、作会议记录、复制材料、保管档案等。每天都要处理大量的作者自投稿，一星期约 100 种（全稿、部分样稿或写作计划），当编务助理三年共处理了 15000 种，只有 1 种接受出版。有时协助编辑初步审查一些约写的稿件，或搞调查研究。例如查《在销书目》，看某一个选题是否已出过同类书。有个作者拟写《怎样写个人简历》一书，他奉编辑之命调查市场情况。在第一家书店就发现有关指导求职的书有 65 种、讲个人简历写法的书有 26 种，其中 15 种的结构和作者的设想一样，选题被否定了。

---

[1] 见大卫·萨默斯：《国际科技医学出版社组织的编辑简介》，载美国《书商周刊》1982 年 6 月 5 日。

四、出版市场上的中介人和承包编辑

美国出版市场上的中介人是出版社编辑组稿的依靠对象。一种叫"文稿经纪人"（literary agent），或译"出版经纪人"。他们参加作家或学者的会议，浏览各种刊物，发现人才，鼓励和指导作者写书，向其介绍市场需要和出版社要求，从研究选题设想、起草写作提纲，到修改稿件都可能给作者程度不同的帮助，最后代表作者同出版社商洽出版条件。出书后还帮助推销，如约人写书评，争取在报刊连载或摘要发表，或出图书俱乐部版等。文稿经纪人实际上执行了编辑的部分职能。他们推荐的选题或书稿直接送到组稿编辑或编辑主任那里，不像作者自投稿要先经过助理编辑或编务秘书筛选。出版社数以千计，版权问题又非常复杂，合同往往长达一二十页，条款有上百项之多，作者不熟悉容易吃亏，因此需要代理人为其选择出版社，与对方讨价还价，争取签订对自己最有利的合同。估计受欢迎的书稿有时采取类似"拍卖"的办法，同时投给几家出版社，限期答复，最后售给出价最高者。有经纪人牵线搭桥，对双方都有好处。在美国，作者同商业性出版社接洽出版事宜，不雇经纪人的很少，只有专门的学术著作例外，因为经纪人不懂专业，帮不了忙。付给经纪人的佣金通常是作者所得预付稿费和未来各种版本的全部版税的10%—15%。多销多得，因此文稿经纪人总是热心推销的。

出版市场还有一种中介人，称"文稿搜集人"（literary scout）。他们是编辑在科学、文化和教育界的熟人、本社在外面的推销员或友好的书商。如果经约定向出版社推荐作者、稿件，并领取报酬，他们就成了文稿搜集人。与文稿经纪人不同的是，他们由出版社付酬。

在美国图书生产中新兴的一种行业叫"图书生产承包商"（book packagers）他们可以按出版社组稿编辑的要求生产任何形式的图书产品——从选题设想、稿件到成书。如果出版社需要的是付印样，承包商就按商定的选题物色作者，给予写作指导，书稿写出后负责加工、发排、校对、编制索引，直到打出可以据以制版的最后清样或制成胶片。如果出版社需要成书，承包商再找人进行装帧设计，安排印制事宜。当然，出版社要预付生产和管理费。这种承包办法可使出版社节省人力和时间，经济上是合算的。美国图书承包商大都是只有1—3人的小公司，他们多是老编辑出身，熟悉图书生产过程的几乎所有的环节，包括装帧设计、印制、推销和财务等。为获得独立经营的自由而脱离了原来的出版社。不过，他们所承包的多属编辑工作方面的项目，包印制的较少，因此又称"承包编辑"(editor-packagers)。他们与出版社编辑不同，受外来的干扰少，可专心一意搞所承包的项目，效率较高。

美国有一种叫《出版市场》(Literary Marketplace)的年刊，刊载与图书出版业有关的25000家公司和个人的名录，其中包括出版社（至少登一个编辑的名字）、图书俱乐部、服务公司、自由文人、文稿经纪人、图书承包商等。自由文人(freelancers)指非长期受雇的或业余的作家、编辑、翻译、校对、美术设计等。书上有公司和个人的基本情况的介绍、地址和电话，可按需要进行联系。

五、经济效益和出版决策

"以最少的开支谋取最大限度的利润"，是美国一切商业性出版社经营管理的最高原则。编辑不仅要有高度的鉴识力，而且要懂生意经，知道什么书能赚钱，什么书会赔钱。编辑的任务指标不限于发稿数字，有的大出版社给组稿编辑规定的销售指标一年高达二百多万美元。书的经济效益是编辑制定选题、处理书稿时必须考虑的首要问题。耶鲁大学出版社高级编辑格·托普基斯说："任何出版社的编辑忘记了'账本底线'（赢利）的绝对要求，他是干不长的。窍门在于寻找不但质量好，而且销路也好的书。可惜两者没有必然的联系，后一种情况更难断定。"她承认，美国大企业集团的高级经理主要关心利润，如果下属出版公司不如经营其他产品的公司赚钱多，他就会要求出版公司设法降低生产费用以提高利润，即使这意味着降低书籍质量也在所不惜。要是无利可图，他就会停止出版业务，改做别的生意。美国佛·彼得逊等编的《作者手册》(1982年版)明白无误地向有意写书的人交底：大企业的出版公司"对一本书是否出版的最后决定不取决于它的文学价值或社会效益，而取决于账本底线：本书估计会给公司带来多少利润"。

选题或书稿如果编辑认为有价值，能赚钱，再送社外有关专家审阅。学术著作至少要有两位专家给予肯定的评价，才能提选题。图书的盈亏在选题批准之前就要进行测算。组稿编辑需填写选题表，选题表的内容包括作者的情况、水平、已发表的著述，对书稿的评价（书的特点，与同类书的竞争力，摘引外审意见，加上编辑意见），合同条件（版税率，预付多少），生产成本，对销路的估计，收回成本的时间表，利润率等。总编辑审阅选题报告，有时会写上这类批示退编辑修改："多说销路，少说书"。总编辑认可后再交主管副社长或有关部门复核编辑对成本和利润的测算有无问题。

笔者看到一位同志从国外带回一个国际科技出版社组稿编辑的1987—1989年选题计划。总共不满两页，所讲的从头到尾都离不开成本、市场、竞争和赢利问题。其中谈到这几年编辑工作重点抓什么，使该社成为"无可争议的市场领头人"需要采取什么措施，目下打进某某"有利可图的市场"的条件已经具备，哪些书刊已获得巨额补助，足够支付生产费用，加上努力推销，准能赚钱，如此等等。

测算一种书的盈亏要考虑多种因素，例如老作者过去的著作是否受欢迎，新作者有无培养前途，同类书已出过多少，销售情况如何，选题是否新颖，是否有可能被学校列为教材，本社是否有能力把本书推销到特定的读者手里，能否销行国外，最重要的是本书是否有生命力。第一次出版就能赢利的书是不多的。美国大多数学术出版社每年的销售收入有60%—70%来自再版书。

上述科技出版社要求编辑在计算经济效益时填写两种表格：

（1）"图书成本计算表"，项目包括开本、页数、印数、编辑加工费、排版费、校对费、纸张与印装费、装帧设计费、直接成本总额、单位直接成本、版税（赠送本不付）。精装本和平装本成本不同，分别计算。
（2）"赢利计划表"，项目包括估计定价（精平装两种）、平均折扣、总收入、版税总额、直接成本总额、毛利和纯利。该社规定毛利和纯利至少占总收入的 65% 和 25%。

版税通常为书的定价（list price）的 7.5%—15%，标准版税为 10%，特别畅销的书可高达 20%。有些大学出版社付给作者第一本书或学位论文的版税不超过 5%。一般书籍精装本售出第一个 5000 册，版税为 10%，第二个 5000 册为 12.5%，销量大者可达 15%。平装本的版税比精装本低一些，作者协会要求不少于 6%。据近年的调查数字，销售量在 5 万以下的为 10%，超过 5 万为 12.5%。彩色插图多的书，初版和再版的成本都不低，版税一律为 7.5%。版税也有按"净价"（net price）计算的。所谓"净价"是指定价减去给书商的折扣，即出版商的实际销售收入，这样版税率就要相应地提高。书出售四个月后开始付版税，预付稿费通常是在签订约稿合同时付一半，书稿接受并出版时付一半，将来从版税中扣除。书稿不符合出版要求，预付稿费实际上不会全退，作者协会认为退 30% 即可。

书的定价通常为直接成本的五六倍，有时高达七八倍，间接成本（管理费）多按直接成本一倍计算。如果达不到规定的利润率，则研究是否有可能降低版税或提高书价或增加印数，直到得出可行的方案为止，否则放弃选题。

商业性出版社一种书要销售 8000—10000 册才能保本；大学出版社一种学术著作能销售 3000—5000 册就不赔钱，但平均印数只有 2000 册，所以要依靠补助。在商业性出版社，赔钱书也不是绝对不出，为了在有培养前途的新作者身上投资，预计第二本书能把钱赚回来，第一本虽然赔钱也会出，不过这是特殊情况，而最终目的还是赚钱。

一本书是否出版在美国出版社由谁决定，根据什么因素决定，销售部门在决策过程中所起的作用如何，是人们感兴趣的问题。美国纽约大学商业研究生迈·温德洛夫以这个问题作为硕士论文的题目，写了一篇《关于出版社如何决定出版哪一本书的调查报告》。他向美国出版界500个名人发了调查表，同40个出版社领导人和部室负责人进行了深入的谈话，下面是调查的结果：

1. 由编辑部决定，不考虑销售因素。

2. 由销售部门最后决定。以上两种情况都属于极少数。

3. 由编辑部主要根据一本书的销路来决定，对销路的估计要征求销售部门的意见。

4. 由社务会议讨论决定，参加会议的人为社长和编辑、出版、推销、发行、财务等部门的负责人。意见有分歧时在大多数情况下由对该书负责的编辑和社长决定。讨论的内容包括书的价值和销路，决策的主要依据还是销路。①

可见经营管理人员在很大程度上参与了决策过程，这反映他们在出版社地位的上升。据报告，讨论大众读物和教科书时，推销人员的意见更能左右决策，只有学术著作编辑有最大的发言权。

决策不考虑销售因素的主要是非营利的出版社，例如哈佛大学出版社就是如此。该社编委会由大学最强的几个系科的领导成员组成，社长任主席。编委12人，每月开会讨论出版社提出的10—12部书稿，每人手里都有一份议事日程，责任编辑写的关于书稿的学术价值的报告，往往还附有1—3篇校外著名专家的审读意见。最熟悉专业的编委事先详细审读原稿，在会上首先发言，所有的讨论都不涉及财务和销售因素。编委会只根据学术价值决定是否出版，经济方面的考虑由出版社董事会负责（小社由行政副社长负责），参加董事会的有社长、社财务主任、

---

① 美国《出版商周刊》1980年8月5日。

校长、六个系的代表和两个商业出版家。这种把编辑评价同经济效益估计分开的做法在商业性出版社是绝对不允许的。

近年一些名牌大学出版社因校方要求自负盈亏，不再提供补贴，正设法改善经营管理，争出畅销书，同商业性出版社进行竞争。

出版学术著作、专业书籍的出版社靠什么办法赚钱或减少亏损呢？

1. 尽量争取政府、写作单位的补贴，有关的基金会、学术团体的赞助。2. 多出专业范围广或跨学科的书，专业范围太窄的书少出或不出。3. 出基础知识读物和工具书，特别是能填补某一领域空白的工具书。4. 打破专业分工的限制，出版销售量大的大众读物。5. 把学术著作的内容略加修订，使其适合外国读者需要，出海外版。6. 把编辑加工减少到最低限度，或不加工，要求作者按照本社的体例规格提供适于照相制版和直接印制的打字稿（camera-ready copy）或编码稿（穿孔纸带、磁带或软盘），以减少部分生产费用。7. 付较低的版税，甚至要求作者放弃版税。8. 出简装本，不加护封，采用标准化的封面设计。9. 多出期刊少出书，以期刊的赢利弥补图书的亏损。期刊的订阅费是先收的，有些学术刊物不但不付作者稿费，有时还向作者收发表费或赞助费。

六、出版社的推销工作

图书的销售量难以准确估计。美国普遍实行寄销制，卖不掉的书销售店可以按规定的条件向出版社退货。出版社的计划利润能否实现，关键在于能否把书卖掉，所以美国出版社同所有西方国家的出版社一样，都特别重视推销工作。大的推销部有自己的笔杆子——宣传推广材料撰稿人（copy writer），在推销主任下设几个经理分管以下几方面的工作。

1. 市场研究——收集信息，调查情况，制定推销战略。

2. 助销材料的制作——主要的助销材料有护封、目录、内文样页、单张新书内容介绍、季度新书目录、常备书目、订单等。

3. 实地推销 —— 推销员带助销材料和样书在指定地区推销和收集订单。推销员有本社专职人员，也有同时为几个社服务的，领取佣金。大社有时设若干个地区推销经理分管各自地区的推销员。

4. 广告一分三种：（1）同业广告 —— 在《出版商周刊》《书商周刊》《图书馆报》等书业刊物上刊登，向同行推销。（2）商业广告 —— 向广大读者推销，在一般报刊上刊登或通过广播电视台播放。每一种专业书至少要在本学科的主要刊物上刊登一次。（3）社店联合广告 —— 刊登征订书目，出版社和书店共同商定，广告费75%由社方负担。

5. 宣传 —— 图书宣传的任务按照美国出版界的说法是"通过一切可以利用的传播媒介使大家知道有这本书，而无须为占用这些媒介的篇幅、时间付款"。这主要是指设法使报刊、广播电台、电视台发表新书出版消息或评介，其作用比花钱登广告大。与铅笔等一般商品生产不同，重要的图书的出版具有新闻价值，推销部要善于利用书的这一特点，及时向各种大众传播媒介提供适于发表的出版消息稿。宣传人员的首要职责是组织书评，通常是利用装订成册的校样及复制本或新书样本组织人写，在书店出售前一两个月把书评稿寄给有关报刊。道布尔迪出版公司为组织书评而寄送有关单位和个人的赠阅本平均每种书有150本。

为了使本版书能够成为中小学教材，出版商不惜本钱向广大教师寄送样书，有时多达一千甚至几千本，因为教师在看到书之前是不会采用的。安排作者到各地参加售书活动，给读者签名留念，也是常用的宣传方式之一。推销部平时还要注意全国有关的专业会议动态，把书送到会上展销。

6. 直接邮售 —— 专业书折扣少，一般书店多不愿意进货，主要靠直接向需要的读者邮售。专业书读者相对固定，人数可大体计算得出来，登广告不会使读者大量增加，推销办法靠掌握全国有关学科专业工作者名录，向他们寄发征订单，一次可同时寄几种同类书的介绍，以扩大宣传，同时也可节省邮费。邮售名单由编辑提供，一些信息公司有各类专业人员名单出售。有的专业出版社储存上百万顾客名单，按学科、地址、购买次数分类。把顾客名单不断补充更新，是使出版社生意兴隆的必要条件之一。

7. 附属版权——美国和西方出书以精装本为主，所谓附属版权指以平装本重印权、图书俱乐部版版权、报刊在出书前后的连载权、翻译权、改编权、上演权等。平装本通常比精装本后出，把版权售给专业平装本的出版社，但也有留给自己出的。图书俱乐部是个重要的流通渠道，它从大量新书中挑选好书，把入选书目寄给会员，购书采取"否定选择法"，会员如不回信表明哪一种或哪几种不要，到时即按选目把书寄去。俱乐部版售价比平装本低，用便宜纸，窄边，装帧不讲究。有些大图书俱乐部由出版社提供长条校样以供选择，因此能做到几乎与出版社同时出书。小俱乐部则要晚三四个月才能出书，俱乐部版版税通常按售价10%付给原出版者，原出版者再把所得版税的50%—60%付给作者。图书俱乐部人数众多，例如美国每月最佳图书俱乐部就有一百多万会员。各出版社都力求使自己的新书能够入选。世界上懂英语的人多，为美国出版商向各国出售翻译权提供了有利条件。约翰·威利父子公司所出的书被译成了46种外文，这方面的收入相当可观。据说美国大多数书在获得附属版权销售收入之前是赔本的，因此出版商特别重视这项推销业务，往往单独设一个附属版权部进行管理。

8. 推销计划——每一本书都有推销计划，从订出版合同时就开始考虑。编辑以多种方式参加推销活动。首先使推销部了解所编的书，向它提供有效推销所必需的一切信息。与推销部一起估计所编的书在本社计划出版的全部图书中所占的地位，书的主要市场和次要市场，从而确定相应的推销战略。推销预算不平均使用，保证重点。但对任何一种书都要研究怎样用最省钱的办法把书送到需要的读者手里。

推销尽量设法取得作者的帮助——提供必要的信息，直接参加某些推销活动。霍普金斯大学出版社向作者发的推销调查表，要求填写的项目有：作者过去出版过什么书，是否在刊物上连载过，是否出过图书俱乐部版；最近在什么报刊上发表过什么文章；作者作为编辑或撰稿人同哪些刊物有过联系；本书是否有一部分曾在刊物上发表过；可以约写本书评介的名人（学者、政府官员、作家等）及其地址；对本书感兴趣、可直接邮寄样书的组织及其成员名单；应获得本书出版消息的书评报刊、专业杂志；哪些书店与作者熟识；在哪三四家刊物刊登本书广告最合适；如有机会是否愿意接受广播、电视和报纸记者采访；能否提供特别想购买本书的个人名单；提供本书简介一份，约 200 个词，包括在推销时要强调的要点，与本专业领域的其他书比较有什么不同，是否提供了新的东西，是否存在有争论的问题；提供一份个人简历（约 50 个词）和一张近照。

新书目录和存书目录是出版社向书店推销的工具。护封和封面被认为是更重要的直接向读者推销的工具。装帧设计由美术编辑负责，但文字编辑要给予提示。封面、封底、勒口、书脊上的文字（包括书名等）和图案都要和出版部、推销部一起商定。勒口通常印本书内容介绍、写作背景、作者简历和照片，封底有时印名家的评语（把校样送给同作者有来往的名人写，再版时则摘报刊对该书的评语）。审查封面设计的标准是：在五光十色的书店中所设计的封面在两米之外是否引人注目；封面制成邮票那样大小的广告，书名是否仍然看得清楚；彩色的封面印成黑白的复制品，效果如何；书在电视镜头中一晃而过，能否给观众留下鲜明的印象。各部门对封面设计的意见不一致时，一般尊重推销部的选择。有些重点书，特别是工具书，编辑选几页正文定稿加上目录按已确定的版式排印若干张"样页"，同护封一起作为推销工具。

推销计划是按季度安排的，全社性推销计划至少两季度安排一次。《秋冬季新书目录》在春季前作准备，5 月份召开本社销售会议向推销员作介绍，6 月份在美国书商协会年会上推出。6—7 月由推销员向书商和购买单位推销，争取在出版日（出版商预定新书可以在书店出售的第一天，非付印或出厂时间）前4—6周把书发到书店。《春夏季新书目录》秋季作准备，12月份开销售会议，1—2月向书店和购买单位推销。最重要的书多安排在秋季出版。9月至圣诞节，书店售出的图书占全年销售额的75%以上。7月份学校放暑假，是售书的淡季。

销售会议是出版社发行工作的一个重要环节，每年举行两三次。编辑人员、各部门经理和从全国各地召回的推销员一起开会，由责任编辑介绍新书目录中自己所编的图书，包括书的主要内容、特点、价值、读者对象、用途。把推销要点归纳成简短、顺口的几句话，使推销员容易记住。本书最能吸引购买者的特点以及高出同类书之处放在最前面讲，因为推销员再向书店推销，一本书的介绍能摊上半分钟就算不错了。然后编辑回答推销员的问题，征求对书名、护封、第一次计划印数的意见，请他们提供建设性的信息反馈。最后确定印数，把销售额分配到各个推销员。第一次印数比落实到每个推销员的销售额的总数多15%—20%，供宣传推广、约写书评、满足图书馆订货及机动使用。会后推销员把出版社事前准备好的助销材料带回去。一个推销员通常联系几个邻近地区的150—200家书店和购书单位，每隔4—6周走访一次所联系的书店，每天或每隔一天把订单寄回出版社。没有推销员的小出版社可委托独立的图书推销员代为推销，按推销量支付佣金。

据1980年美国出版商协会统计，出版社向书店出售一本书所得的收入之中成本、税、利所占的比例为：编辑费6%，设计、生产费27%，推销费14%，财务、发行费18%，稿费15%，税金10%，利润10%。推销费超过利润，为编辑费的两倍多，推销费约一半用实地推销，另一半用于宣传和广告。我国出版社用于推销的费用是微不足道的，收入的大部分都用在纸张和印制费上面了。

七、图书发行渠道和发行折扣

观察美国图书发行的一个重要方式就是看图书的销售结构。据统计，1981 年美国各种图书发行渠道所占的销售比例如下：一般零售店 25%，大学书店 15%，图书馆和机关 8%，学校 16%，出版社直接售给消费者 26%，其他国内销售 1%，出口 9%。全行业通过批发商销售的图书占 22%—40%，批发商的主要销售对象是图书馆、机关、学校。

美国出版界把图书分三大类，第一类称"贸易性图书"（trade books），是供一般读者看的，既不是儿童读物，也不是教科书、科技书，而是任何人都会感兴趣的大众图书，例如小说、生活用书、语文工具书等。这些书由商业性出版社出版，有别于由大学、研究机关、政府部门等非商业性机构出版的图书。第二类是学术著作、专业书籍，由大学出版社等非商业性出版机构出版。其中某些销售量大的，商业性出版社也出。第三类是学校教材。

发行折扣因图书的类别和购买数量而有所不同。贸易性图书给书店的折扣为 33%—50%，以 40%—45% 居多，例如 5 本 40%，50 本 42%，100 本 43%。中小学教材为 25%，大学教材和学术著作为 20%。大学教材因为是成批预售给教师或学校，大学书店拿这样少的折扣仍有利可图。一般书店主要销售贸易性图书，几乎不进教科书，学术著作只是有选择地进一些读者面较广的常备书。学术著作和专业书主要通过邮寄直接售给对口的专业工作者以及售给图书馆和机关。

美国全国大约有独立书店 10000 家，联号书店（又译"连锁书店"）2200 家，大学书店 3000 家，大图书批发公司 3 家。出版社推销员经常上门的主要书店 3000 多家。

两家最大的联号书店是多尔顿书店和沃尔登书店，是在 60 年代发展起来的，两店共拥有一千多家分店。两店分别占全国一般图书销售额的 10% 左右。联号书店由总店集中管理，进货比较一致，可供选择的品种较多，一般备货 1 万多种，大的分店多达 3 万多种。独立书店备货多在 5000—18000 种之间。联号书店订货可享受较大的优惠，出版社给的广告费也多。小的独立书店一次订三两本，而联号书店把 100 本到几百本合到一张订单，可得 43% 直到高达 50% 的折扣。大多数联号书店售书都能维持出版商的定价。近几年另一大联号书店——皇冠书店异军突起，展开折扣战。该店出售全国畅销书精装本给顾客打 30% 折扣，平装本 25%，其他一般新书 10%—25%。多尔顿书店也试行有选择地降价出售的办法与之竞争，并宣布成立一家名叫"匹直威克"的联号折扣书店。折扣战在广大书商中引起了恐慌。据估计今后将会有越来越多的书店改变按出版商定价售书的传统办法。但书商不会满足微薄的利润，出版商将面临书商要求给予更大折扣的压力。

最使出版商头痛的是退货问题。按照美国现行图书寄销办法，出版社和批发商批给销货店的书在出版四个月之后、不满一年之前可以退货（有一种简便办法是把封皮撕下来寄给出版社），书店要说明原来进货数量、发票号码、日期、每一种折扣多少，出版社根据发票上所载的折扣数把退货款记入该书店的户头，供它继续购书使用。因为退货运费和处理费按规定由店方负担，书店觉得不合算时宁可把滞销书降价出售。目前学术著作和大学教材退货率为 9%—10%，不算高，而一般书籍退货率在 30% 以上，就太高了。科罗拉多州齐诺克书店过去几年的退货率为当年进货的 10%—13%，该店经理认为是合适的，低于这个数字，进货的品种就太少了，因为一个书店不能只进畅销书。退货使运费和管理费增加，盲目进货、大量退货，使销货店、批发公司和出版社都深受其害。如何改善经营管理，加强合作，使退货率降到最低限度，是三方共同关心的问题。有些出版社对一部分图书已开始实行包销的办法，对发行折扣作了相应的调整。

八、出版人员的培训

自 70 年代以来美国有十几所大学在出版界的配合下开设了多种出版专业课程，或定期举办培训班，结业后发给文凭，或计算学分，有的主办单位还负责介绍工作。

为有志从事出版工作的人员举办培训班的单位有：丹佛大学出版研究所、纽约大学书刊研究所、霍华德大学出版社图书出版研究所、拉德克利夫学院出版专修班、莱斯大学书刊出版班等。其中莱斯大学 4—6 周一期，招收 30—85 名，以大学毕业生为主，有的也收大学肄业生或具有同等学历者，经过考试择优录取。培训方法：阅读材料、听课、做作业、实习，使学员了解从编辑、印制到销售的整个出版过程，然后试编一本书、一期杂志，每人都提出自己的试编方案。全班学员组成一个模拟的书刊出版社，分别担任不同的职务。

为出版界在职人员举办的进修班有：1. 纽约市立大学研究生院出版进修班，根据美国出版商协会出版教育委员会制定的教学大纲授课，按不同的程度编班，晚上上课，每周一课两小时，10 周一期。2. 出版社联合培训班，设在纽约，培训对象是少数民族职工。3. 乔治·华盛顿大学出版专业人员进修班，7 门必修课，15 门选修课，每周晚上授课 3 小时，共 240 小时。4. 纽约大学期刊出版班，结业后给 18 个学分。5. 纽约大学出版中心进修班，1946 年创办，设 25—30 门课程，无学分，修一门课收费 200 美元。6. 斯坦福大学出版班，为想担任社领导职务的中层管理人员而设，入学前必须完成 6 种出版案例的研究，两周 1 期，收 150 人，分图书和期刊两组，但有几门共同的课程。7. 加利福尼亚大学出版班，3 门必修课，11 门选修课，修一个学年，发文凭。

可授予出版学位的大学有两个。纽约州霍夫斯特拉大学英语专业，以讲授图书出版课程为主，学生必须修 39 个出版和文学学分、3 个历史学分，大学毕业前有机会到出版社实习。纽约大学设有图书出版研究生奖学金，是矮脚鸡图书出版公司为纪念其前任领导人奥斯卡·迪斯特尔而设，由出版界的高级专家任导师，选修纽约大学各研究生院的课程，可根据研究生个人的需要作调整，提供实习和独立研究机会，毕业时授予硕士学位。

出版社内部对本社职工也有一些在职培训措施，包括讲授微型电脑操作技术等。出版部和推销部对新手多采用师傅带徒弟的培训办法。对编辑人员强调要学习经营管理知识、公共关系学、顾客心理学，据说编辑在走出象牙之塔、进入销售领域之前只能算"半个出版家"。大学毕业生分配到出版社，在进编辑部之前我国往往先安排到校对科工作，这反映我们对编辑基本功的训练偏重于文字技术方面。而美国出版界则把了解读者的需要列为编辑的基本功之一，认为安排编辑到书店至少工作半年是十分必要的。美国出版社的组稿编辑有不少是从推销员当中选拔的，这是很自然的，因为按照他们的出版理论，推销是编辑的主要职能之一。特别是大学教科书的组稿编辑，近 75% 是推销发行人员出身。编一本教科书的投资比学术著作大得多，前者有时高达 25 万美元，而后者通常不过 1.5 万美元，编辑必须知道教科书编成什么样子才会有销路。

九、比较、借鉴

我国出版社正处在由生产型向生产经营型转变的过程中。美国大多数出版社以销售为中心，是属于经营型，它们有哪些管理经验值得借鉴呢？

1. 美国和其他许多西方国家在出版社设立强大的推销部门是有道理的。因为书的内容、作者情况和读者对象只有出版社最了解，书店只能帮助而不能代替出版社推销。现实证明卖书往往比编书还难，出版社不能没有自己的推销部门。

1979 年我国出版界在新中国成立后第一次派代表团访问英国，也是"文革"后第一次与西方出版界接触。当时我国出版社主要由编辑和出版两大生产部门组成,一般不设发行部门,编辑人员占全国出版社职工的48%。代表团成员在英国看到所访问的各个出版社大部分是推销发行人员,编辑人员只占10%—20%,无不吃惊。英国的出版商听说我国图书全由新华书店包销,出版社不必为自己的产品销路发愁,无不称羡。曾几何时,随着"文革"造成的书荒成为过去,图书品种激增,书店订货萎缩,我国也出现了卖书难的问题。许多出版社已开始建立发行部门,并设法改善经营管理。

  一个生产经营型的出版社应当建立什么样的管理体制,组织结构和人员比例怎样才算合理?试以我国一个有代表性的老出版社为例,同美国出版社各类人员的平均数字作比较。该社1987年有250人,全年出书294种。编辑部(图书编辑室、美术编辑室、地图编绘室、总编室、资料室)占50%,如果不算资料室则占45%;出版部(校对、版式设计、材料、出版)占19%,发行部(征订、储运、门市、邮购等)占10%,财务室占3%,行政部门(人事、总务、打字、车队等)占18%。编辑人员为美国出版社的3倍以上,发行人员约为美国出版社的1/3,出版部人员比美国出版社几乎多一倍,多就多在校对(该社出版部59%是校对人员,而美国出版社主要利用社外力量校对)。行政人员所占的比例两国差不多。最大的差别在于美国出版社有强大的推销部,而图书的宣传推销至今仍然是我国出版社最薄弱的一个环节。这方面的工作真正开展起来需要投入大量的人力,发行部或总编室都难以兼顾。根据现实的情况,看来有必要参照国外的经验,在出版社建立与编辑部、发行部并行的出版研究与图书宣传推广部(简称"推广部"),以加强对读者需要、市场供求情况的调查研究,为选题论证提供有用的信息,并大力制作助销材料,统一安排推广工作。

  目前我国出版社编辑人员在全社职工中所占的比例多在40%—60%之间,显然大了一些。若减至30%—40%,而把推销发行人员由10%

（有人在1986年调查了36家出版社，发行人员占总人数9.88%）至少增至20%—30%，可能较合理。即使如此，推销发行人员的比例数也只有美国出版社的1/3—1/2，而编辑人员的比例数仍然大一倍以上。

前面说过，美国和其他西方国家的出版社一个组稿编辑一年出书少的10种上下，多的二三十种，甚至更多。我国出版社编辑一年发稿多在2—4种之间。编辑工作的伸缩性和灵活性是很大的。保持现有编辑人数不变，把发稿量增加一倍，或保持目前发稿量不变，把编辑人员减少一半，只要措施得当，都是可以做到的。既然当前的矛盾不是图书品种少，而是质量不高、销路不畅，那么提高编辑人员的素质、改进编辑工作方法、降低编辑人员的比例、加强推销发行力量，应当是出版社改革的方向。

苏联出版社是生产型的，强调编辑的学术水平，最高的编辑职称是"高级学术编辑"；美国出版社是经营型的，强调编辑的组稿能力，最高的编辑职称是"高级组稿编辑"。我国出版社最高的编辑职称是"编审"，强调编辑的审稿和鉴识能力。生产经营型出版社的编辑应当具有专家的学识和企业家的头脑，把主要力量用于组织质量高、销路好的书稿。

2. 出版社实行总编辑负责制大概是我国独创。美国出版社的总编辑是编辑部的首长，地位同出版部主任和推销部主任一样，都不是社一级领导人。苏联出版社实行社长负责制，总编辑是第一副社长，只管编辑工作，不对全社的工作负责，这是出版社负责工作人员职权条例明文规定的。总编辑如果兼管出版、发行和行政事务，那他就在事实上成为社长了。无论是生产型出版社还是生产经营型出版社，恐怕都以实行社长负责制为宜。

3. 美国出版社的书籍装帧设计主要靠社外力量，本社专职的美术编辑很少，甚至一个也没有。这种做法目前不可能在我国推广。相反，鉴于我国书籍装帧的落后，出版社应当加强美编的力量，并赋予必要的职权。目前许多出版社的美编室由社领导随意指定某一个副总编辑分管，装帧设计方案由其作最后决定，这种做法不能认为是正常的。副总编绝大多数是管文字稿的，未受过装帧艺术的专业训练，怎能有效地实现艺术指导？苏联出版社设总美术设计师领导全部装帧设计和图表绘制工作，并对出版物的装帧和图表的思想艺术水平负责，每一种出版物的装帧设计方案经其批准便可实施。总美术设计师是社领导人之一，地位在副总编辑之上，直接受社长而不是受总编辑领导。如果我们不设总美术设计师，可考虑设美术副总编辑，领导全社封面设计、版式设计、地图和插图绘制以及摄影等工作，装帧设计的方案一般由其作最后决定，重点书、成套书再请总编辑核准。

4. 只要出版社按照企业经营管理，图书作为商品出售，国家或有关单位不给予补贴，图书按"（成本＋利润）÷印数"的原则定价就势在必行。有人担心这样放开之后书价就会像脱缰之野马，不可控制。从美国的情况看来，不会出现这个问题。书价同其他商品一样是要受价值规律制约的，价格定得过高，就没人买了。不要看美国图书定价为成本的好几倍，销售收入将近一半为书商所得，再减去10%—30%退货损失和税金，出版商的平均利润率不过是净价的10%，不超过我们的"薄利"标准，所得比作者的版税（净价的15%）少得多。书价按成本加利润除以印数计算，并不能保证每种书都赚钱，因为书的销售量是难以准确预测的，书印出来之后还有个是否能卖掉的问题。《美国百科全书》1980年国际版第4卷"图书出版"条指出："美国一家出版商出售的全部图书有60%赔钱，36%不赔不赚，只有4%赚钱，这不是什么稀奇的现象。"据说美国出版商都了解所出的书大部分要承担亏损的风险，指望每个季度出一两种畅销书来弥补。以盈补亏是中外出版社的一个普遍规律。既然按印张和按成本定价都是以盈补亏，为什么不采取符合价值规律的办法，使更多的学术著作能够出版呢？对专业人员的切身利益来说，最重要的是学术著作的有无，其次才是书价的高低问题。学术著作只要有价值、适用，价钱高一点还是有人愿意购买的，买不起的可以向图书馆借。按成本定价的办法并不妨碍出版社在获得补贴或在其他书赢利的情况下把学术著作的定价降低。至于有些出版商以黄色书刊谋取暴利的问题，无论采取什么样的定价政策都会出现。应当以行政手段进行干预，与定价政策本身无关。

5. 美国的发行折扣浮动幅度在 20%—50% 之间，我们只有几个折扣之差，实在太少。似可考虑根据图书不同的种类和订数把差价拉开，以鼓励销货者多进货。

主要材料来源

伊·盖泽编：《图书出版业·出版家文集》，美国韦斯特维出版社 1985 年版。

杰·格罗斯编：《编辑谈编辑工作》，美国纽约哈珀-罗出版社 1985 年版。

玛·佛克斯编：《学术著作写作与出版》，美国韦斯特维出版社 1985 年版。

沃·鲍威尔：《学术著作出版决策过程》，美国芝加哥大学出版社 1985 年版。

纳·博迪恩：《图书销售手册》，美国纽约鲍克公司 1983 年版。

奥·盖伊等编：《今天国际出版的问题和前景》，印度新德里书商俱乐部 1984 年版。

出版中介人的职能

文稿经纪人

英语为 literary agent，又译出版经纪人。在英美等西方国家，指在作者和出版者及版权的其他使用者之间，就著作的出版、销售及有关权益问题进行商洽的中间人。一般是受作者委托同出版者商洽，由作者支付佣金，数额通常为作者所得版税的 10%，有时达 15%—20%。这种文稿经纪人又称"作者代理人"（author's agent）或"作者代表"（author's representative）。还有一种为一家或几家出版商物色作者和组稿的经纪人，由出版商支付报酬，在美国又称"文稿搜集人"（literary scout），起社外组稿编辑的作用，解决书稿的出路或来源问题，通常不承包某个项目，这是他们与图书生产承包商的不同之处。

早在 16 世纪初，德国科隆就有位名叫弗朗西斯·贝克尔曼（Francis Berkman）的经纪人，把荷兰人文主义学者德·伊拉斯莫（D. Erasmus，约 1466—1536 年）的文稿推荐给出版商。后来在 1875 年，苏格兰人亚·波·瓦特（A. P. Watt，1834—1914 年），替其好友、作家乔治·麦克唐纳（Geoge Macdondald，1824—1905 年）同出版社交涉，出售小说版权，开始在伦敦正式经营出版经纪业，这个行业从此逐步发展起来，瓦特也被认为是第一个真正的文稿经纪人。直到 1892 年，美国才有第一个文稿经纪人开业，名叫保尔·雷诺兹（Paul Reynolds）。由文稿经纪人开办的具有一定规模的代理公司，1990 年在美国已有 340—350 家。

原载于边春光主编：《编辑实用百科全书》，中国书籍出版社 1994 年版。

出版商最初对文稿经纪人持怀疑态度,后来从实践中逐渐感觉到有经纪人做桥梁,对作者和出版者双方都有好处。第一次世界大战后,文稿经纪人已发展成为西方出版界的一个重要组成部分。目前在美国,一般作者同商业性出版社打交道,不雇代理人的很少。只有专门学术著作例外,因为经纪人未必懂有关的专业。有影响的文稿经纪人往往不是由个人来代表,而是组成一家公司。伦敦有几十家这样的公司,大的一般20—30人,小的几个人。美国有200多家,著名的文稿经纪人司各脱·梅雷迪斯(Scott Meredith)的公司雇佣了50人,代表2000多个作家和艺术家。重要的文稿经纪人联合组织有两个,成立较早、接受会员较严格的是"作者代理人协会"(SAR),另一个是"独立文稿经纪人协会"(ILAA)。美国《出版市场年鉴》(LMP)刊登与出版有关的各个行业的组织和人员名录,其中包括文稿经纪人。刊载的项目有:公司负责人、秘书、经纪人名字,是否属于作者代理人协会或独立文稿经纪人协会,专业范围(小说、剧本或非小说),是否收审读、加工费,书出版后收多少佣金。有些公司还刊登在国外的经纪人名字,可受理在国外出版著作事宜。严肃的文稿经纪人特别声明不接受种族和性别歧视或淫秽的稿件。联系的办法通常是先写信询问是否接受自己的稿件,得到肯定的答复后再寄去。小说或剧本通常要求寄全稿,非小说寄写作提纲和一两章样稿即可。文稿经纪人对新顾客并非有求必应,只有那些估计有希望出版的稿件才会被接受。因此未出过书的不知名作者,往往同时给一二十个经纪人发信,如能收到对方一两封表示愿意接受投稿的复信,就是幸运的。

文稿经纪人要善于联系作者,对作品的价值和销路有一定的鉴识能力,了解稿件需求和各种图书销售情况,并熟悉出版界的行情,以便能掌握谈判的主动权。他们多半是编辑出版人员出身,经常浏览各种刊物,参加作家或学者会议,发现人才,鼓励和指导写作,向作者介绍图书市场需要和出版社的要求,从研究题目、起草写作提纲到修改稿件,都可能给作者不同程度的帮助,最后代表作者同出版社商洽出版条件。文稿经纪人实际上执行了编辑的部分职能,特别是帮助新作家出版处女作,所起作用尤其显著。他们推荐的书稿一般直接送到组稿编辑或编辑主任那里,不像大批作者自投稿要先经过助理编辑或编务秘书筛选,或不经筛选就直接定为废稿。出版社为数众多,版权问题又越来越复杂,合同往往长达一二十页,条款多达上百条,新作者不知怎样同出版社联系,容易吃亏上当,因此需要代理人为其选择出版社,与对方讨价还价,争取签订对自己最有利的合同。出过书的老作家,为保证自己能够专心写作,也乐得把谈判出版条件这种麻烦事交给经纪人去做。估计受欢迎的书稿,有时采用"竞价"的办法,同时投给几家出版社,限期答复,最后售给出价(预付款和版税率)最高者。因为文稿经纪人所得是从作者各项所得中提成,所以他们除促成文稿的出版外,还设法同可能使用作品的单位或个人联系,竭力帮助推销附属版权,如图书俱乐部版权(列入图书俱乐部推荐书目出会员廉价版)、报刊转载权、电台播放权、改编上演权和翻译出版权等。

图书生产承包商

英文为 book producer 或 book packager。是西方出版界的一种新兴行业,向出版商承包图书生产过程中从选题到出书的全部或部分项目,有时还承包推销和发行的个人或公司。通常的做法是,承包商把选题设想和约人写出的一部分样稿提交出版社,说明自己要求得到多少预付款和版税。若对方愿意考虑,再进一步商定选题、承包项目和合同条件。假如出版社需要可供直接照相制版的胶片,承包商就要设法帮助作者把书写好,负责加工整理、排版、校对、编制索引等。假如出版社需要成品书,承包商还得同出版社进一步商定如何装帧设计,使用什么材料。承包商也可以负责印刷,通常印数不大。承包商的索价(生产管理费用加纯利润),一般低于出版社依靠本社力量完成同样项目所需的开支。

承包商除少数公司人员配备比较齐全外，大都是只有 1—3 人的小公司。他们多是老编辑出身，熟悉图书出版过程的几乎所有的环节，包括装帧设计、印制、推销和财务等。他们脱离原来的出版社，是为了获得独立经营的自由和发挥专长。所承包的项目以编辑方面的工作为主，因此又称"承包编辑"（editor-packager）。与出版社编辑不同的是，承包编辑通常一年只包几种书，受外界干扰少，精力比较集中。出版社编辑通常一年要组一二十种甚至几十种书稿，杂事多、精力分散，往往顾此失彼。所提选题如果领导通不过，就会作废。承包编辑的选题一家出版社不接受，还可以再同另一家接洽；也可以同时与几家出版社接洽，最后同出价最高者签订合同。承包编辑执行图书出版的大部分职能，而出版社编辑只执行出版的一小部分职能。大出版社编辑有雄厚的财力支持，出书可以有盈有亏。承包编辑财力有限，一切都得精打细算，谨慎从事，千方百计防止出差错和事故，以免造成亏损。出版社利用承包商完成某些项目，可节省本社的人力和时间，在经济上是合算的。因此，承包业务今年在西方出版界获得较迅速的发展。美国在 1980 年成立了图书生产承包商协会，该协会在成立 10 周年时还制定了新的工作条例，以增强自身的竞争能力。

附录

我自学外文的体会

——1964年夏在中国科协组织的一次报告会上的发言

我在1951年于广州中山大学语言学系毕业,主要是学中国语言文学。同年春参加抗美援朝做英语翻译工作。停战后在我军干部文化学校教语文。1956年8月转业到人民出版社,头几年在外国历史组,后来在国际政治组做编辑工作。

在调来人民出版社以前,我只会英、俄文。英语是从初中就开始学的,有一定的基础,但没有受过严格的正规训练,只是在实际工作中取得了一些翻译经验。俄文自学了两年,大体上能看懂一般书报,但看起来还很吃力。七八年来在党的培养下,在工作过程中先后学习了朝、越、德、法、日、西班牙、葡萄牙、保加利亚、波兰、捷克和印尼文。现在大致可以翻译英、俄、德、法、西这五种文字的一般政治、历史书籍;可以大体上看懂朝、越、日文的一般书籍和翻译较浅的文章;靠词典的帮助,多少能看懂葡、保、波、捷和印尼文的一般书报。此外,还学过一点拉丁文和意大利文,靠词典的帮助,在处理译稿时可以做一些查对工作。

一、从工作需要出发,结合政治和业务学习外文

要做一个社会主义的战士,就必须首先做好本岗位工作,在工作中学习本领,力争过得硬。

在我当时的岗位上,就是要把外国史书稿编好。我国过去世界史资料比较缺乏,读者希望这方面有更多更好的书籍出版。而要把世界各

国优秀的历史著作和最新的研究成果介绍到国内来，就需要掌握外文工具，我原有的一点外文知识，远不能满足工作需要。全世界国家有一百多个，光十二个社会主义兄弟国家（包括古巴）就使用十二种不同的文字。人民出版社外国历史组只有几个人，一个人要处理好些国家的书籍。组内分配我看朝鲜、越南等亚洲国家的历史书稿，因为不懂原文，在工作中碰到的困难很多，也得过不少教训。

（1）首先，选题工作陷于被动，坐待别人推荐。而在确定选题时，自己不能对原书的政治内容和学术价值作出独立的判断。有些书译出之后才发现内容有问题，不能出版，造成浪费；有的书则是在出版以后，才知道有问题。

如以前因看不懂朝鲜文原著，就只好从一些苏联人写的朝鲜史中去找书提选题，可是许多苏联史学家对朝鲜历史的研究，并无独特的成就，只是抄袭日本帝国主义者和西方资产阶级学者的论点，粗暴歪曲朝鲜人民的历史，这种恶劣的做法已受到朝鲜史学界的严正批判。但我未能及时了解这个情况，盲目进行工作，结果有的书已经出版，影响不好，另有几本已经译好的稿子则只好让它们压在柜子里。

（2）原作者的政治情况发生了变化，或者他的错误的学术观点受到了批判，他们本国的报刊有过报道，可是我不知道。有一个越南学者是"人文—佳品"反党集团分子，译者在译后记中却把他当作学术权威，称之为"越南著名史学家"。结果，越南历史学界的同志来信对此提了意见。

（3）选择译者不能光凭介绍，一般要经过试译。试稿和正式译稿的质量都得请社外专家鉴定，这些鉴定意见对我们有很多帮助，但也很难完全合乎编辑工作的要求，这也使得有时工作起来感到为难。

（4）因改错译稿或译文有错没改正受译者责难和读者批评的滋味，我是尝过的。在加工整理译稿时感到有问题也不敢动笔修改，怕改错。大大小小的问题都得一一向译者提出。更严重的是有大问题而发现不了。

（5）我社和朝鲜、越南等兄弟国家经常有书信来往，每次来信都得请社外同志翻译。有一次为信封上的一个字打电话问一个越南同学，因越南字母上有好些附加符号，不知道叫什么，我比划了半天都没有讲通。

（6）朝鲜、越南的一些出版社同我社有新书样本交换关系，每次寄来新书，都得请人译书名，很不方便。

上述种种情况使我下决心学习朝鲜文和越南文。

在学习过程中遇到不少困难，首先是缺乏入门书。当时听说北大东语系有讲义，我先后写了两封信去要都没要来，据说没有了。我向一位通过组稿认识的东语系教师借，他很客气，说编得不好，不肯外借。从内部新书预告看到商务印书馆要出朝鲜语初级读本和朝鲜语音基础教程，我盼了一年又一年，都没盼到。有一天在外文书店找到了一本布拉格出版的用英文写的朝鲜语法，如获至宝，花了好几块钱买回来看了一遍，不解决问题。因为所有的例句都不是用朝文字母，而是用英文字母写的，看了半天都不知道相当于朝文什么，正如外国人学了汉语拼音，不学汉字，就看不懂《人民日报》一样。后来看到《俄朝词典》后附有马祖尔编的《现代朝鲜语法概要》，尽管说明过于简略，但内容比较系统，因为没有找到更适合的教材，只好拿它做入门书。

朝鲜语的语法同汉语差别很大，动词变化复杂。朝鲜语有敬阶、卑阶，同一句话对长辈、平辈、晚辈的说法都不一样。标点符号用得少，句子很长，因掌握不住规律，往往读不断句。学了不久就产生了畏难情绪和不正确的想法：要学会非得下苦功不可，何必花那么多精力学这个"冷门"呢？即使费九牛二虎之力把它学会了，在别的方面用处也不大。领导上并没有规定我非学朝鲜文不可，有问题可以请教社外专家，工作中出了差错，领导上也会因为自己不懂朝鲜文而原谅自己。于是开始了思想斗争。"冷门"不学，又怎样能满足祖国各方面的需要？学习外文是为了讲时髦、装门面、为了对自己有用，还是为了更好地完成党交给自己的任务？朝鲜、越南和我国是唇齿相依的兄弟国家，关系非常密切，随着我国人民和朝鲜、越南两国人民的战斗友谊的日益增进，朝、越两国书籍的翻译出版任务日益增多，在政治书籍出版社做编辑工作，受到党的重大委托，不努力提高业务能力，就无法适应工作越来越高的要求。而且要做好任何一项革命工作，都会遇到一定的困难，不知难而进，设法克服困难，困难就会越来越多。党教导我们担子要拣重的挑，组内分配我处理朝鲜史书稿，给我提供了便利条件，更不应该把困难推给别人。毛主席说过："为什么语言要学，并且要用很大的气力去学呢？因为语言这东西，不是随便可以学好的，非下苦功不可。"（《毛泽东选集》第3卷，第838页）学任何学问，想调皮是不行的。想起了党的教导，我就下决心坚持下去。

学了一点语法就开始进行阅读，碰到重重障碍：语法不熟，满篇都是生字。现代朝鲜语的词汇的部分是借自汉语或汉字构成的，这些汉字本来是认得的，但用朝鲜字母按朝鲜读音拼写出来就面目全非了。后来发现平壤朝鲜劳动党出版社1953年出版的《毛泽东选集》第1卷，仍夹用汉字（像日文夹用汉字一样），真是高兴万分。我就用这本书作为基本学习材料。这样，困难就减少了。

以学习语法和朝鲜固有的词汇为重点，把《毛泽东选集》第1卷对读了一遍之后，就逐渐过渡到选读朝鲜本国的著作，如《金日成选集》《朝鲜近代革命史》等。

在具备初步阅读能力之后，就看一些史学杂志，对朝鲜史学动态开始有所了解。我们过去出版过苏联史学家提亚加伊谢的《1893～1894年朝鲜农民起义》一书，当时对作者底细不甚了解。后来作者把这本书和其他旧作扩充成为《19世纪后半期朝鲜史概要》。朝鲜《历史科学》1961年第4期批判了这本书的许多错误论点。例如作者美化外国侵略者所起的作用，说朝鲜社会内部不可能形成资本主义生产关系，只有外国资本主义入侵以后朝鲜才能走上资本主义道路。作者还抹杀开化派的爱国的进步立场，说他们是日本的傀儡、外国侵略朝鲜的工具。更可笑的是作者把黄遵宪说成 19 世纪 80 年代初朝鲜自由主义贵族和开化思想的代表。稍有历史常识的人都知道，黄遵宪是我国有名的诗人，堂堂的东方史专家连中国人和朝鲜人都分不清，岂不可笑亦可悲乎！苏联史学家对朝鲜史的研究不过如是，这样就慢慢地摸到了他们的底了。后来做选题工作就不像过去那样盲目了。

学习越南文困难更大。手边只有一本南越出版的袖珍《越汉新字典》，不但中文解释的教科书没有，连用别的文字说明的教科书或语法书也找不到。我本想等到教科书出版以后再学，可是这一等不知要等到何年何月，革命工作可不能等。于是我硬着头皮拿中央文件和《毛泽东选集》越文本和中文原文对照阅读，试试能否看懂。

越南文字母附加符号特别多，除七个带附加符号的字母外，还有五个声调符号，起初我对哪些是变体字母的附加符号，哪些是声调符号分辨不清，字母和附加符号的顺序也不知道。每查一个生字，都得把词典翻来翻去，来回地找。一页书有几百字，差不多每一个都是生字，对读一页，至少要查几十次词典；语法规则未学过，不知道这些字是怎样连起来，有许多问题有时简直是百思而不得其解，学习的进度比蜗牛爬行还慢。我的学习信心曾发生动摇：这样学下去会不会白费力气？可是我对读几页之后又觉得不是完全看不懂。我发现越南语有许多词同汉语是一样的，便决定学下去，试图通过大量阅读来归纳一些语法规则。

没有教科书指引，靠自己摸索，难免走一些冤枉路，有不少问题一时解决不了。不过，原文的大意当时还是勉强可以看懂。

1958 年整理加工一部越南史译稿时，因不懂越南文，译稿中的一些问题未发现。如有一处说吴权称王前三十年，译者误译为公元三十年，却加注说该原文有误，应为多少多少年。又有一处把法国殖民者"阻止阮氏朝廷禁教"译成"强迫阮氏朝廷禁教"。译者在他所加的注中引证一段史实后说原书"强迫阮氏朝廷禁教"可能是"干涉阮朝禁教"之误。1959 年年底这本书重印时，我已学了一点越南文，发现了上述问题，征得译者同意后，加以改正。当我看到自己初步学到的一点越南文知识能够用在工作上时，学习的兴趣就更大了。

随着学习的深入，有些过去不懂的问题慢慢地就搞清楚了。最近重看我最初学越南文时阅读过的八届五中全会文件和毛主席《关于正确处理人民内部矛盾的问题》越南本，发现许多过去打了问号的地方，现在大都可以看懂了。

我社是专门出版马克思和恩格斯的著作的机关，许多有关马克思、恩格斯的著作和国际共产主义运动的早期历史文献都是用德文写的。在我社出版的翻译书中，从德文译过来的仅次于俄、英文而占第三位，为了能够直接阅读马克思主义创始人的原著和适应这方面的工作需要，我学了德文。

因有英文基础，参考书比较多，学德文比较顺利些。我感到比较难掌握的所谓框形结构，动词和主语有时相隔很远，中间夹杂许多其他成分；德文的词序同英文和汉语的差别都比较大，我把这些地方作为重点来学。

在有了一些基础之后，组内就让我在业余时间试校《卢森堡评传》，边学边练。以后又和别的同志合译《共产主义者同盟史》。这样，慢慢地就可以在选题和审稿方面独立地做些工作了。

法文，和英文一样，是世界上拼写法最混乱的文字之一。许多字母不发音仍保留，如 août（八月）四个字母只有一个 [u] 音。据统计，法语的 [o] 有三十种写法，[ɛ] 有五十五种写法。法国保守的统治阶级拒绝进行改革，他们认为"这种写法可以把文人跟没有知识的人区别开来"，拼写法不合理给我们工作带来不少困难，在译稿中常常看到不懂法文的译者把 Guesde（盖得）译成"盖斯得"，懂一点法文的又把 Jaurès（饶勒斯）译成"绕斯"。法文附加符号也有五种之多，什么时候用 é，什么时候用 è，什么时候用 e 不用任何附加符号，我也常常搞不清楚。我分工负责看法国史方面的书籍，一次校对科把杨人楩著《圣鞠斯特》书后法文参考书目的校样拿来叫我核对,把我急得满头大汗,因为原书是在解放前出版的,排印有不少错误,不能照原文核对。逐字查词典,效率太低,而且有些字开头几个字母排错了,根本没法查。最后只得退给作者自己看。我总觉得自己做编辑的没尽到应负的责任。这件事情对我学习法文起了促进作用。

  法文的动词比英文、德文复杂,我就把动词部分作为学习的重点。别的难关也尽量设法突破。例如我感到法语副词性代词 en 的用法不好掌握,我就把手边几种语法参考书以及各种法文词典中有关 en 这一部分翻阅一遍,集中力量打歼灭战,以后看法文书时也随时留意。法文成语不熟,在阅读时遇到许多拦路虎,我就把商务印书馆出的《法语成语小词典》从头到尾看了三遍。为了找难点、解决难点,我把苏联科学院出的《法译俄的困难》看了两遍。

  我学日文的目的主要是为了解决工具书、参考书的问题,日文的词典、外语教学参考书、研究我国、朝鲜和其他东方国家的著作、各国学术著作的译本以及情报资料等,都是比较多的。特别是词典种类多,有单本的,也有成套的,有专业的,也有综合的,除有一部分是粗制滥造的以外,一般都比较实用,它能收人之所无,在编辑工作中遇到不少杂七杂八的问题都是查日文词典得到解决的。

  在西文书籍中常常碰到日本人地名及其他名词不知怎样还原,在审稿时无从判断译者译得对不对,这也是促使我学日文的原因之一。

  在平时我比较喜欢使用日文解释另一种外文的词典,因为日本人编的词典,一般都不太笨重,编排醒目,用起来方便,同时这也可以增加接触日文的机会。

  外国历史组很早就想出版一套兄弟国家的历史书,看不懂书名就没法找,我学习波、捷、保文主要是为了解决选题的问题。

  学了俄语再学这三种斯拉夫语并不太难,可是我下的功夫不多。每种只花了几个月时间,看了几本教学参考书,对读了《毛泽东选集》第

1卷保文版、《刘少奇言论集》捷文版、波兰统一工人党三大文件等。然后又看了几份保加利亚、波兰、捷克的报纸，当时靠查词典勉强能看下来，因基础没打好，学得很不牢固。

随着拉丁美洲民族解放运动的高涨，特别是古巴革命胜利之后，外国历史组需要选择一些古巴史和拉丁美洲各国史，我便开始学习一点西班牙和葡萄牙文，后来调到国际政治组参加卡斯特罗著作译稿的编校工作，对我学习西班牙文起了进一步的推动作用。

西班牙语和法语同属罗曼语族，有一点法文基础，学习西班牙文比较便利。西班牙文经过改革，拼写法比较合理，本身确比法文易学些。但是西班牙文的动词也很复杂，我没有好好下功夫去记它的变化。后来发现这样行不通，西班牙文的主语非必要时不写出来，要从动词词尾去判断，动词变化不熟，就不知道文中说的是谁。我从而得到了一条教训：遇到难点不应该避开，而应当竭力设法突破。

在学印尼文时也有过思想障碍。印尼文不仅词尾有变化，词头也有变化，不懂它的变化规律，连词典都没法查。在学了朝、越、日文之后已深知学习东方语文的甘苦，光学这三种文字的字母已费了不少功夫，再学一种新的同汉语差别更大的东方语文，我就感到有些气馁。不正确的思想又开始抬头：已学了三种东方语文，不再学也可以说得过去了。这种"差不多"的思想同党的教导是完全违背的。自己的学习不是"差不多"了，比起社会主义建设事业的要求来，还差得远，不应当自满自足，裹足不前。为适应新的工作需要，我便下决心学印尼文。

按照我过去的经验，处理一部译稿，要是对原文一点不懂，就会遇到很多困难，而且在辛辛苦苦地把这部译稿加工整理完毕后，外文知识也不会增长。因此，当我得知自己要调到外面和译校《艾地选集》的同志一起做该书译稿的编辑工作时，我就抓紧时间把印尼语法浏览了一下，把印尼语词头和词尾的变化规则和一些最基本的单字记住，学会查词典。凭这些极有限的知识，加上印尼语的政治名词有不少是从西方语文借过来的，比较好认，在看译稿时我就可以和原书核对一下标题和文中的字体。

在印尼文的翻译同志讨论译文上的问题时，我就留心听。如我听了他们讨论 sukubangsa 的译法后，就比较透彻地了解了这个词儿为什么要译成"族"而不能译成"民族""部族"的道理。这些知识从书本上是得不到的。

在饭后散步聊天时我也注意学习。有一位翻译同志谈到一位印尼朋友访问中国时要求中文翻译在大会上说得"keras，keras"一些，我当时不明白他说的是什么意思，回来查词典才知道 keras 是"有力"的意思，这就学会了一个字。我经常听到翻译同志谈到"贝嘎异"怎样怎样，后来一问才知道"贝嘎异"是印度尼西亚共产党的简称 PKI。

《艾地选集》的编译工作是很紧张的，差不多每天都工作到晚上十点钟以后，可利用的时间不多，星期六晚上和星期天回家时我就抓紧时间学语法，有疑难问题就记下来回去请教翻译同志。

在《艾地选集》译稿编辑工作搞完后，我又趁热打铁对读了毛主席的《论人民民主专政》和我党几篇反修文章的印尼文本，这样就为以后进一步学习打下了初步基础。

学习一种外文，在具备初步阅读能力后就设法看一些史学杂志，了解学术动态和出版消息，摘译一些有用的资料。平时注意根据出版需要做好选题工作，开辟稿源，增加文种。在选题、审读、加工工作中边做边学。在提选题时避免只看原文书的前言、后记，尽可能看全书的主要内容。处理一部译稿时，只要有别的文字的译本就找来参考。在审读外国史著作时设法找一些有关的外文书来参考。在查词典时尽可能用原文解释的词典或用另一种外文解释的词典。总之，要设法使自己在完成每一部书稿的编辑工作之后在外文知识方面也有所收获。

各种外文学习我是这样穿插的：在一个时期主要学一种，不齐头并进。在掌握了一种外文的基本知识、能够初步看懂一般书报后再转到第二种,以第二种为主,同时复习第一种。因为时间毕竟有限,不可能同时兼顾多种,在工作中常用的几种外文经常复习,几种不常用的外文只是到工作上要用的时候才复习一下。不管怎样,复习起来总比初学时容易一些。

脑子里同时记几种外文可能记得不太清楚,但阅读时不会发生混乱,因为书本里的词都是按照一定的规律组织起来的,词形是变化好了的,只要认识就可以看懂。

但是,作为一个编辑,光有外文知识还不能做好工作,在努力掌握外文工具的同时,还要力求提高自己的政治、理论和思想水平以及专业知识水平。因此在平时除注意学习政治、理论和党的方针政策外,在学外语时我还有意多选毛主席著作和中央文件的外文译本来学习。这不仅因为毛主席著作的外文译本质量一般比较高,更重要的是通过学习外文,同时也学习了毛泽东思想。正如陈毅同志所指出的:"外国文是最容易联系政治的,我们可以读毛主席著作的外文译本,读马克思、恩格斯、列宁著作的外文版,这就是很好地联系政治",他接着又说熟读经典著作,"既可学习外文,也是政治学习"(见《外语教学与研究》1962年第1期)。过去我为学外文的需要,读了一些外文本经典著作,从中学到了一些政治理论,而在陈毅同志报告的启发下我就更加有意识地把外文学习同政治理论学习结合起来。无论学习什么外文,我都首先以毛主席著作的外文译本为基本学习材料。几年来我先后买了朝、越、日、德、西班牙、捷克等文字的《毛泽东选集》来学习,法、保、意等其他几种文字的《毛泽东选集》是从资料室借来学的。

马克思恩格斯的著作主要学习《马克思恩格斯文选》,和《马克思恩格斯全集》的中译文对照着阅读。除《共产党宣言》等基本著作外,还有目的地选德文版《德国农民战争》、《暴力在历史中的作用》、《关于共产主义者同盟的历史》和法文版《一九四八至一九五〇年的法兰西阶级斗争》、《路易·波拿巴的雾月十八日》、《法兰西内战》等重要历史著作来学习，试图使外文、理论和专业学习结合起来。

《马克思恩格斯全集》的中译文是标准的，每出一卷我都要翻阅书中夹用的外文及书后外文书名和报刊名，看中共中央马恩列斯著作编译局是怎样译的。列宁著作也常常夹用德文和其他外文，在阅读时也留意看编译局怎样译法。书稿中的一些重要人名译法要尽可能向全集看齐，全集的人名索引有时也看看。看人名索引不但可以学会各国人名的译法，而且可以帮助自己区别各国人的姓名。

我从几年前开始围绕"普法战争"这个专题收集一些材料。我选这个题目是出于以下的考虑：（1）这次战争在欧洲近代史上具有重大的意义，而且了解这次战争同时可以了解巴黎公社产生的历史背景，组内分配我看德、法两国历史书稿，希望增加一些这方面的专业知识；（2）我感到自己看外文的速度太慢，想借此提高阅读能力；（3）推动自己学习理论。

首先学习毛主席的军事论文以及列宁关于战争与和平的论点。然后学习了恩格斯几十篇有关的军事论文以及马克思恩格斯关于德、法两国历史的论著。

在学习了经典作家关于这个问题的基本观点以后，就开始阅读各国有关的历史文献，摘译了德、法等十几种专著。有的书因为是珍本，市内图书馆不出借，只能到那儿去看。如法国杜肖著《一八七〇～一八七一年战争通史》一书前后到科学院图书馆去了八次才摘译完。

这个收集专题材料的工作推动自己学习了一些过去没有学过的经典的著作，看了若干专业书，通过摘译材料进行了多种文字的翻译练习，同时摸索了一些钻研业务的方法，我觉得好处很大。

在把外文学习同政治、理论学习和业务学习结合起来以后，我感到自己的工作有所改进，政治差错减少了，有时还可以给著译者提供一些有用的材料，从而进一步培养了学习外文、学习政治和钻研业务的浓厚兴趣。

二、学习方法和几个具体问题

外文学习同工作、同政治理论和专业知识学习相结合,这是我学外文的基本方法,上面已经说过了。现在谈谈具体的学习方法和学外文中的几个具体问题。

(一)怎样过四关

我在学习过程中一般地注意到以下四个环节:

(1)语音关

语音关是学习外文的第一关,对自学的人来说,这一关尤其难过。

做文字工作的虽然不要求学得像从事口译的那么好,但是一点也不会,就会妨碍阅读和记生字。要是连字母也不会念,在工作中碰到一些书名或原文上的问题就无法通过电话请教人家。

为了学外语语音,需要看一些有关普通语音学的书,学会审辨音值和自觉操纵发音器官的动作,以便按照教科书指出的方法来练习发音。不过,外语的正确发音单靠书本是无法学会的。有些书发音方法交代得不清楚,看了还是不知道怎么回事。如我学西班牙文时看到一本书上说 b、v 出现在停顿之后的词首读 [b]。这个"停顿"具体指什么,我猜了半天还是不敢肯定。翻了好些书也得不到解决。后来听了西班牙语教学留声片才知道所谓停顿后的词首指的是什么(外文书店有好几种外语教学留声片出售)。

一般外语教学留声片是教国际音标的,国际音标是学生学发音的拐棍,必须学会。我过去有一个坏习惯,查词典时急急忙忙看字义,不管音标。后来才感觉到应当养成查词典先看音标的习惯。

(2)语法关

在学了语音之后就开始学语法,这是第二关。

外语教科书一般都贯彻循序渐进、少讲多练的原则,即教几条语法规则和若干生字就通过阅读课文和大量练习来巩固。这是正规的教学法,好固然好，但进度太慢。我采取另一种方法。先把语法书（先看简易的）从头到尾看一遍，这时并不要求全部记住，也不可能全部记住，只要理解，知道大概就行。然后通过大量阅读来消化和加深所学的语法知识和积累词汇。阅读时遇到有什么疑难问题要随时翻阅语法书。在阅读了一定数量的材料以后再回过头来系统地复习语法，达到温故知新的目的。这时会发现有一部分语法现象自己在第一次阅读时没有注意到或体会不深。自己还没有掌握住的那一部分往往是难点，要集中力量把它突破。

各种语言的难点不尽相同，但是一般说来是动词最难。这一关必须突破。检查外语的基本功的主要环节就看动词的变化和用法掌握得怎样，即使一个动词有一百多种变化也不要紧，可以把它当作一百多个生字看待，多念多抄写，尤其是在阅读时注意动词词尾变化，看它属于什么人称、数、时、体、式和语态等，逐渐就会记住。名词的变动化比动词简单得多，德文的名词只有四个格，形态的变动化比较复杂的俄文，它的名词也不过六个格。英、法、西、葡、保等文字的名词没有格的变化。掌握了名词和动词，句子的骨架就可以搭起来了，再学附加语就不难了。有的外文形容词不变，如有变化也是跟着名词变。副词一般不变。介词和连词为数有限，只要学会用法就行。

一般语法书因为要面面俱到，内容比较简单，因此在掌握了基本语法知识之后还需看一些专题参考书。例如专门研究冠词、动词、介词、成语或句法的书。除语法外，不妨涉猎一下词汇学和语言史。

（3）阅读关

阅读是第三关，对我们说来也是主要的一关。

阅读方法很多，首先是对读。对读的好处是，有现成的译文帮助，可节省推敲的时间，在对读时不要先看译文，不懂的时候再看。

在精读时除弄懂原文的意思外，还要对句子结构进行语法分析，把每一个词的形态变化及其在句子中的作用搞清楚，不能囫囵吞枣。商务印书馆出版的《英语句法图解》对分析句子结构很有帮助。

"熟读唐诗三百首,不会吟诗也会吟",熟能生巧,学外文也是同样的道理。不要说三百篇,初学时真正做到背诵或默写三十遍范文,对自己掌握外文将有不可思议的帮助。如果做不到,那么背上三篇也是好的。过去我在学校时不大懂得老师叫我背《鲁滨逊漂流记》的道理,现在才知道其中的奥妙:把文章背熟了,其中的生字及其形态变化和用法、词序、外国人惯用的表达方式等全记住了,用起来就会得心应手。

记生字的问题主要通过大量阅读来解决。"一回生,二回熟",一个生字一次记不住,在阅读过程中出现几次之后就会记住,因为查了几次词典之后,对这个生字的印象就加深了。

语法是高度概括的关于词的变化和用词造句的规则,外国人的语言习惯和丰富多彩的表达方式单靠语法书是难以得到的,有的句子从语法上看来非常正确,但未必合乎习惯。在汉语也有这样的情况。如"我到外面去让太阳晒",在语法上没有毛病,可是我们习惯不那样说,而是说"我到外面去晒太阳"。外国人学汉语,除了要学汉语语法,还需要进行大量阅读才能学到"晒太阳"这类结构。反之,中国人学外语,也只能是这样。

因此,我感到学外文多读是非常必要的,有些地方一时看不懂可以放过,读得多了慢慢就会弄通。鲁迅学外文的硬功夫对我很有启发。他说:"学外国文须每日不放下,光记生字和文法是不够的,要硬看。比如一本书,拿来硬看,一面翻生字,记文法;到看完,自然不大懂,便放下,再看别的。数月或半年之后,再看前一本,一定比第一次懂得多。"(《鲁迅全集》第十卷,人民文学出版社1958年版,第360页)

(4) 翻译关

在编辑工作中有时也有翻译任务,需要学会翻译。

在无人指导的情况下,现成的译本就是老师,自己先试译一段,再和人家的译文比较,取长补短,发现有好的译法、新颖的译法,随时抄录下来。但是,不是所有的译本都能达到信、达、雅的标准。因此必须注意挑选好的译本。

为避免外国式的中文或中国式的外文,我有时采用还原式的翻译法,如把《毛泽东选集》外文版的译文还原为中文,把《马克思恩格斯全集》中文版的译文还原为德文,把《列宁全集》、《斯大林全集》中文版的译文还原为俄文等。有马克思、恩格斯、列宁、斯大林和毛主席的著作做典范,就可以知道怎样译才能达到最高的标准。

(二)几个具体问题

(1)学习一点普通语言学知识对学外文有帮助

学外文需要懂一点关于语言的理论知识。掌握了一些科学的方法,又有理论作指导,就可以避免盲目的实践。

斯大林的语言学理论对我启发很大。我学习了他的《马克思主义与语言学问题》之后,在学外文时就注意学习构成语言基础的基本词汇和语法。外语的词汇无比丰富,但常用词是有限的;外语的语法变化多端,但它的变化是稳定的、有规律的,这就加强了我学外语的信心。

学习普通语言学,了解语言的本质和发展规律、语言的各个范畴、世界语言的分类、各个语系的特点,扩大自己的视野,这对学习任何一种语言都会有好处。例如名词有性、数、格等范畴,形容词和名词有一致关系和非一致关系,动词有人称、数、时、体式和语态等变化,词序有主动宾和主宾动等区别,修饰语不是在被修饰语前面就是在被修饰语后面,介词不是在名词前面,就是在名词后面,这一套都熟悉了之后,就容易察觉某一种外文的特点,而不感到太难学。

(2)打好中文基础是学好外文的必要条件

外语是我们学习的第二种语言,在学习时要注意避免汉语习惯的干扰和利用汉语知识的帮助。我感到了解本国语文的规律,在学习外语时就可以自觉地进行比较,注意有关外文的特点,这对掌握外文和做翻译工作都会很有帮助。

例如,汉语的"虽然……但是"、"因为……所以",可以连用,英文的"although……but","because……therefore"不能连用。英文的描写句要有联系动词,如 She IS very beautiful,中文则不用加"是"如"她很漂亮"。知道了这些语法差别,在造句时就可以避免这方面的错误。

译文上的错误有许多都是中文不通顺造成的。遇到外文复杂的句子,要是不懂汉语语法,就难以把它拆开,用适当的形式把原意表达出来。

起初我想套用英语语法和凭习惯来分析中文句子的结构,有许多问题都解决不了。例如"这是我所看到的好处"的"所"字的用法,我说不出所以然来。这才使我感到有认真学点汉语语法的必要。

因为每一个词都不是无缘无故地放在句子里的,我学习汉语语法时注意对句子进行分析,弄清每一个词的构成方法和词类以及它在句子中的作用。有时找一些复杂的句子进行图解,作为一种语法练习。

由于汉语语法学系统有分歧,各家说法不一,有时感到无所适从。后来看到我国语言学界集体编写的《语法和语法教学》(人民教育出版社出版,张志公主编)一书,得益不少。这本书介绍了全国中学共同采用的汉语教学语法系统,把几十年来许多语法学者的研究成果融汇在内,从中可以得到有定论的汉语语法基本知识。

汉字是非拼音文字,本身看不出音素的痕迹,为便于同外语语言进行比较,需要学会汉语拼音和一些语言学知识,做到一般的汉字不用查字典就可以拼写出来,听到一个语音就知道它是由什么音素构成的。例如听到一个"挑"字就知道它是由 t, i, a, o 四个音素构成的。通过汉语音素的发音练习,学会自觉操纵发音器官的动作,再学外语的语音就会省力些。外语有好些辅音都是清浊相配的,英语就有十一对。英语的 p 和 b, t 和 d, k 和 g 的区别不在于送气不送气,而在于声带颤动不颤动。过去浊音我老发不准,不知道怎样才能使声带颤动,怎样才算声带颤动,后来学了一点语音知识,才知道普通话也有一对清浊相对的辅音,即 sh (诗) 和 r (日)。通过这对辅音来体察清浊音的区别,慢慢地学会浊辅音的发音方法。

我感到学习汉语拼音对南方人还有一个好处：学会区别 n 和 l、n 和 ng，就不至于分不清英语的 night（夜晚）和 light（光线）、in（在）和 -ing（现在分词词尾）的读音。

有些外语语音在普通话里没有，在方言里则可能有。如法语的 [œ] 和西班牙语的 [θ] 在我的家乡话就有近似的音。越南语八个韵尾辅音 p、t、c(k)、m、n、ng、nh、ch 前六个广州话里都有，而普通话里只有 n、ng 两个。如越南语的 hoc tâp（学习）同普通话的 xue xi 完全不同，而同广州话的 hok zap 则比较相近。因此，我觉得懂一点自己的方言的语音知识对学习外语有便利之处。

学国际音标也一样，把汉语普通话和自己方言的国际音标学会，拿来同外语的国际音标比较，知道它们的异同，也就有可能学得更准确一些。

过去我对语言知识重视不够，一看到什么"软腭""小舌""清塞音""浊擦音""塞擦音"之类语音学名词心里就烦了，想跳过去不学，可是每学一种外语一开头都要碰到这些问题，不学不行。罗常培和王均编著的《普通语音学纲要》一书联系实际由浅入深地提供了学习汉语和外语语音一切必需的基础知识，对我很有帮助。

（3）第一种外文一定要学好

第一种外文一定要扎扎实实地学好，把基本功练好，做到融会贯通，运用自如。第一种学好了，取得了经验，知道了学外文的奥妙，再学第二种就不那么费劲了。特别是西方语文，在语法和词汇上都有许多共同点，例如英语和法语虽然属于不同语族，但由于历史原因，词汇大约有一半左右是近似的。俄语同波兰语、捷克语、保加利亚语和塞尔维亚语同属斯拉夫语族，英语同德语和荷兰语同属日耳曼语族，法语同西班牙语、葡萄牙语、意大利语和罗马尼亚语同属罗曼语族，词汇和语法构造都比较接近，先学一个语族中一种最常用的有代表性的语言，再学同族其他语言时，就可以触类旁通。至于东方语，情况有所不同，比较难学些。但也有有利的条件，如朝、越、日语因为历史上受到汉语深远的影响，有相当大一部分词汇同汉语相同。朝鲜语和日语的语法也有些接近。把一两种外文基础打好，充分利用上述有利条件，学习其他外文的速度就可以加快。如果第一种外文没学好，就不能通过它来学更多的外文。多掌握一种外文就可以多利用一些工具书和参考书。例如1960年出版的《越汉辞典》内容比较充实，但有的常用词还是查不到，如"主义"栏共有八十三条，连"宗派主义""教条主义""寂静主义""写实主义"等都收了，就是没有"修正主义"，"修正主义"这个词是通过苏联人编的《俄越词典》才查到的。

（4）注意收集工具书和参考材料

"工欲善其事，必先利其器"，学外文需要有一定数量的参考书。适用的书不是随时可以买到，因此必须注意搜集。我差不多每星期都到外文书店或新华书店转一次。宁可在吃穿方面省一些，每个月在一般情况下总要买三两本，近几年来共搜集了二百几十种，大多数兄弟国家和西方主要国家的语文工具书都收集了一些。为了学习发音，我先后买了俄、英、德、西等几套外语教学留声片。

初学德文时看到外文书店有一本英文解释的《德文入门》，觉得编得还好，就是定价太贵，页数不多，却要十元（俄文的同类书只要几角钱或一元左右），因为找不到更合适的书，又急于学习，就狠了狠心，把它买了回来。学习德文就需要有较好的德文词典。我看见莱比锡百科词典出版社出的两卷本德文词典编得不错，想买回来。可是王府井外文书店门市部当时只卖剩一本下卷，我到别的门市部打听没有，我恐怕连这本很快也被卖掉，就赶紧把它买了回来，然后发信到长春、沈阳、天津、上海等地外文书店或新华书店外文部询问有没有这部德文词典上卷。接到天津新华书店外文部复信说有存货，可是不单卖上卷。我只好把上下两卷都邮购回来，一卷十三元三角，三卷共用了三十九元九角。

有的外文教学参考书在市面上买不到，市内图书馆也不出借，我就到那儿去看。我看到科学院图书馆阅览室有一本中型的阿俄词典（我社资料室没有），后面附有简明阿尔巴尼亚语法，我就把它看了一遍，抄录了若干语法规则。

有时从杂志上也可以收集到一些有用的材料，例如关于朝鲜文，《中国语文》1956 年第 7 期郑之东的《朝鲜的文字改革》、1963 年第 3 期胡明扬的《〈老乞大谚解〉和〈朴通事谚解〉中所见的汉语、朝鲜语对音》以及《拼音》1956 年第 2 期、朝鲜科学院编《朝鲜语词连写规则》等都给我提供了不少别的书得不到的知识。

我社和国外出版机关或个人经常有书信来往，有时需要附英文副本。秘书组拿来叫我翻译，我真感到抓瞎。过去缺乏中译外的训练，对出版用语又不熟悉，搞错了就会闹笑话。我买了一本柏林出版的《英文商业书信》，还借了一本《英文商业实践和书信》来学习，但是这些书信都是商业性的，格式可以参考，但不能解决出版业务的问题。我便开始收集一些图书出版用语辞典和国内出版的外文书目。外国寄给我社的新书目录、出版消息等随时翻看，记下一些常用的出版用语和习惯说法。外国给我社的书信有用的就抄下来。

有时逢什么节日给兄弟国家的贺电也得用几句外文，我便从外文报纸上剪贴一些贺电、祝词留作参考。我看到外文版《中国共产党第八次全国代表大会文件汇编》第三册收集了各国兄弟党给八大的贺电、贺词，我便把英文本和德文本买回来学习。

三、几点体会

（一）学外文要有正确的政治思想作指导

政治是灵魂，是统帅，不以红带专，就会迷失方向，走上错误的道路。我在解放初期，由于缺乏正确的革命思想作指导，继续翻译反动的小说，这实际上是为反动的政治服务。由于没有认真进行思想改造，后来在工作中，在激烈的阶级斗争中也犯过错误。

我体会到，任何时候都不能以个人主义为学习动机。为了个人利益学外文，急功近利，就不会下苦功夫把外文学好。相反地，有了正确的政治方向，有了为社会主义和共产主义事业奋斗到底的决心，这个伟大的理想就会推动自己积极钻研业务，以坚韧不拔的精神去战胜在学习过程中遇到的各种困难，力求以最好的工作成果贡献给人民。

外国史是外国阶级斗争的历史，国际政治是国际的阶级斗争。我感到在外国历史组和国际政治组通过业务实践可以提高自己的政治觉悟。但是要使自己的世界观得到根本的改造，仅仅靠业务实践是不够的。除业务实践外，还需要努力学习马、恩、列、斯著作和毛主席著作，学习党的方针政策；深入工农群众，在思想感情上和劳动人民打成一片，同他们一起积极参加生产斗争和阶级斗争，实现知识分子的革命化、劳动化。特别是像我这样出身于剥削阶级、长期生活在城市的人更需要这样做。最近到农村参加了几个月的社会主义教育运动，同贫下中农一起生活、劳动和斗争，时间虽短，但是在思想上却有不少的收获，同时也更明显地看出了自己的弱点，因此我感到这个初步的锻炼对我今后的思想改造是非常宝贵的。

（二）做什么，学什么

做什么学什么，学用结合，不能脱离岗位工作而去追求什么"远大的理想"。起初我对外国史这个专业并不感兴趣，认为在这个岗位上搞不出什么"名堂"来。钻进去以后才感到这里有广阔的天地，大有可为。如果我照原来的想法，为了"成名成家"而把主要精力用来研究汉语或语言学的什么问题，那就势必同政治、理论和业务学习发生矛盾，做工作也不会专心致志。

学什么外文也有个选择的问题。常用的要学，急用的更应当先学。如果学了工作中用不上的外文就很难把它学好。

（三）不怕困难，持之以恒

做任何革命工作都会有困难，我们就是为解决困难而去工作的。在学外文时遇到了困难（例如没有人指导的困难、没有时间的困难、外文本身的困难等等）不应当畏缩，而要知难而进，千方百计地设法克服。按照毛主席的指示去做，"承认困难、分析困难、向困难作斗争"（《毛泽东选集》第 4 卷，第 1162 页），困难就一定能够克服。

学外文同与敌人作战不同，作战时敌情随时都可能发生变化，而外文教科书就在自己的跟前，可以随时摆弄，翻来翻去，直到背得烂熟为止。学外文同科学实验也不同，一项新的创造发明往往要经过几十次、几百次的实验才能成功，有时即使实验了几百次也不一定会成功，可是科学家绝不会因为最初的实验失败而灰心丧气。而学外文只要不怕困难，肯下苦功就一定能学好。

我每学一种外文时起初都有些畏难情绪，怕学不会。其实这种顾虑是多余的。一种语言的基本语法规则不过几百条，需要记住的常用词和习惯语不过四五千个，为数有限，学了一条就是一条，记住一个就是一个，可以计日程功，只要勤学苦练，持之以恒，上了马就不下马，一两年就可以初步掌握一种外文。

学习就如逆水行舟，不进则退，如果不能持之以恒，半途而废，那所学的一点外文知识就会逐渐忘光，以至前功尽弃。这方面我也有过教训。例如我学西班牙文，学了之后没有好好地巩固提高，忘了不少，后来工作中真正需要用的时候，就感到非常生疏。

所谓勤学苦练，不等于皱着眉头看书。学外文要付出艰苦劳动，但未尝不是一件乐事。学会一种外文，等于掌握了一把打开新的知识宝库的钥匙，增添一种与敌人作斗争的武器。当资料室、图书馆的各种外文书自己可以利用，自己的外文知识能用来消灭书稿的错误时，就会体会到学外文的无穷兴味。有了正确的学习目的，又有了浓厚的兴趣，就不会发生没有恒心的问题了。

外文难学易忘主要是因为实践少，我考虑学外文的这个特点，不放过一切机会，并设法为自己创造一个学习环境，以增加接触外文的机会。

除在工作中注意学习外，业余时间不白白浪费。除上书店外，我很少上街，特别是前几年，我觉得与其上街排队买东西，不如留在家里多看些书。看电影看戏的次数也适当地加以控制。

零零碎碎的时间不放过，我觉得有五分钟时间记几个生字也是好的。平时随身带着一本外文书或一份外文报纸，在候车、排队领粮票、买米、等候理发或等候开会时就拿出来看。在空隙时间经常到阅览室浏览各种外文书报、杂志等。

孩子少，也是一个有利条件。我只有一个孩子，现已上小学一年级，家务事少，可用于学习的时间也就相对地多一些。

如果说我学外文有一点成绩的话，那首先要归功于党。党的教育使我认识到知识分子应当走又红又专的道路，要努力改造思想，提高政治觉悟发奋图强，刻苦学习本领，认真把出版工作做好。人民出版社党组织一直关心我在政治上和业务上的进步，给了我许多培养、教育和鼓励。在外国历史组和国际政治组，都得到了同志们的许多帮助。资料室的同志总是有求必应地给我提供了各种必需的参考书。国家为满足外文学习需要大量购进各种外文书报，国内出版的外语教学用书和词典日益增多等，所有这些优越的条件在解放前是不可想象的。正由于党和国家的大力培养和生活在社会主义社会里，我才有可能学到这样一些外文。

最后，我要说明的是，我的外文学习由于基本功练得不够，离熟练掌握、学深学透的要求还很远。上述各种外文大多只记住若干语法规则和少数单字，并不能满足工作需要。这在实际工作中，我是有深切感受的，如突击翻译卡斯特罗著作时，从社外请来的同志一天就译了近一万字，只听见他们的笔尖在纸上沙沙作响，写个不停，而我却抱着词典不放，一天三四千字都赶不出来。我一定要记住毛主席的"虚心使人进步，骄傲使人落后"的教导，好好向同志们学习，克服自己思想上、工作上和学习上的缺点，扎扎实实地把外文学好，把工作做好。

《林穗芳自选集》的编选说明及目录

编选说明

收入选集的主要是20世纪70年代以来我所写的有关编辑出版方面的文章和职务作品（选题报告、书稿审读加工意见之类），分理论探索、出版工作研究、翻译书编辑工作、辞书编纂和稿件审校、书籍辅文和附件、语言文字规范问题、出版物编校质量和编辑培训、外国出版业研究、附录九部分，共90篇，约74万字。篇名前加星号的九篇文章曾收入《中外编辑出版研究》（华中师范大学出版社1998年版）。

收入第一部分"理论探索"的文章反映了我从20世纪80年代以来怎样参与我国编辑出版学理论研究的进程。第一篇是《关于图书编辑学的性质和研究对象》（提交1986年11月武汉出版科研会的论文），在编辑学界产生了较大的影响。

——关于编辑学（如文章的题目及论述内容所示，所指的是图书编辑学）的性质，文中表示："编辑学是出版学的一个分支，是一门综合性、边缘性和应用性学科，主要从属于社会科学。""编辑学的综合性

编者注：本文系林穗芳先生遗作，写于2003年，发表于《济南大学学报》（社会科学版）2013年第23卷第6期。关于本文的写作背景，可参王华良：《林穗芳未及出版的自选集》，《出版史料》2013年第1期；刘光裕：《"文章千古事，得失寸心知"——纪念林穗芳逝世四周年》，《济南大学学报》（社会科学版）2013年第23卷第6期。

本书最终收入作者原定90篇作品中的59篇，共计50余万字。未收入的文章中，多是未发表过的，如那些珍贵的书稿档案摘录，共计8篇约10万字。已收入的文章中，个别篇的内容做了删改，标题也相应做了改动。

是由两种因素决定的：一是研究对象的综合性——各种不同学科的书籍的编辑工作；二是编辑工作本身包含各种成分——科学（专业）编辑、文字编辑、技术编辑、地图编辑、美术编辑等。所谓边缘性，一方面指编辑学运用各种学科的方法从不同的角度研究同一对象——编辑，另一方面指编辑学的研究对象同各种学科的研究对象有交叉。""编辑学是直接为图书生产和培训编辑人员服务的，属于应用学科。""编辑学虽然也使用自然科学和技术科学的研究方法，但主要还是使用社会科学的方法。"《中国大百科全书·新闻出版》的"编辑学"条介绍了上述观点（见该书第 39 页右栏下）。

——编辑学研究在我国兴起初期，有不少学者认为"编辑学"的概念来自苏联，通过倍林斯基《书刊编辑学教学大纲》中译本（中国人民大学出版社 1956 年版）引进我国。拙文对此作了澄清，说明俄语没有"编辑学"这个术语，上述书名中的"编辑学"据俄文原文 курс редактирования 实为"编辑课"。这一事实引起了编辑学研究者的普遍注意，此后不再认为"编辑学"的概念来自苏联。

——鉴于"编辑学"这个术语是我国首先使用的，在西文中没有对应的名称，拙文建议以 redactology（英语形式）或 rédactologie（法语形式）作为"编辑学"的国际用语。美国《克利夫兰旗帜日报》1990 年 8 月 26 日的一篇报道中提到："在全世界一直在对编辑出版进行研究，但把编辑工作作为一门严整的学问加以深入研究是很少见的。最近几年，中国编辑界开始研究编辑学，因而创造了'redactology'这个术语。"姜振寰主编《交叉科学学科辞典》（人民出版社 1990 年版）的"编辑学"条的对应英文名称也是"redactology"。中国编辑学会成立时曾就使用什么英文名称征求过我的意见，最后定为 China Redactological Society（见 1992 年 10 月通过的《中国编辑学会章程》），《第六届国际出版学研讨会论文集》（中英文对照本，高等教育出版社 1994 年版）把各篇文章中出现的汉语"编辑学"一词译作 redactology。

——拙文介绍了日本、朝鲜、苏联、南斯拉夫、民主德国、英、美等国的词典关于"编辑"一词的10种定义,这些定义译文后来为许多编辑学论著广泛地转引,并作为编辑学理论的观点选辑的头条收入朱美士主编的《编辑学概览》(1993年)。

——这篇文章把"(图书)编辑"最概括的意义归纳为"为出版准备稿件",并提出一个供讨论的内容较详细的释义方案——"收集和研究有关出版的信息,按照一定的方针制订并组织著译力量实现选题计划,审读、评价、选择、加工、整理稿件或其他材料,增添必要的辅文,同著译者和其他人员一起通力协作,从内容、形式和技术方面使其适于出版,并在出版前后向读者宣传介绍"。这个"编辑"释义方案为《中国大百科全书·新闻出版》的"编辑"条所引述(见该书第37页左栏中)。

——编辑工作是整个出版工作的中心环节,编辑工作的中心环节又是什么?弄清这个问题对指导编辑工作具有重大意义。我一直认为"审稿是编辑工作的中心环节",在文中以一个小节的篇幅加以论证。这个提法同《图书质量保障体系》(1997年)第八条的提法"审稿是编辑工作的中心环节"是一致的。

——这篇文章提出:"编辑工作的实质似可归结为编辑对稿件和其他工作对象的评价。这个看法如能成立,编辑学研究的重点就可以放在制订编辑对稿件和其他工作对象评价的原则、标准和方法等方面。"我随后又在《图书编辑工作的本质、规律及其他》(1988年)一文中对编辑实质(本质)问题作了进一步阐述。王华良先生认为对编辑实质的这一看法"把编辑活动与著述活动区别开来,可以成为界定'编辑'概念的理论依据,由此建立自己的概念体系"(见《编辑学刊》1994年第4期,第29页)。

——"编辑过程往往被说成'编辑工艺流程',研究这一过程的学问被称为'编辑工艺学'。这种说法的科学性值得怀疑。编辑是科学,也是艺术,但艺术不等于工艺。"把工艺和工艺流程"这两个术语的使用范围从工业生产扩大到创造精神产品的编辑工作显然不合适。用技术手段不能解决选题、组稿和审稿的根本问题"。"编辑加工包括内容加工、文字加工和技术性加工，其目的不仅仅在于，甚至主要不在于使稿件达到投入生产的工艺要求。每一本书稿的内容和文字都不一样。解决这两方面的问题主要靠学识和文字修养，而不是靠技能和印刷工艺知识。如果要用编辑工艺这样的字样，恐怕只能限于与印刷有关的那一部分加工技术，批注字体、字号和版式等。把研究整个编辑过程的学问称为编辑工艺学会使人误认为编辑学属于技术科学。"上述观点《中国大百科全书·新闻出版》在"编辑学"条中加以正面的引述（见该书第41页右栏下）；邵益文同志在《编辑学研究在中国》一文中也加以引述，认为"意见很有道理"。

——编辑学术语标准化是亟待解决的一个问题，文中建议用"辅文"取代"附件"作为与"正文"相对的编辑学专门用语，说明书籍的前言、后记、目录、注释、参考书目、索引等称为"辅文"比较科学，称"附件"或"附录"不合适，不能在整体上表达书籍正文的这些辅助材料的性质。此后越来越多编辑学论著把这些辅助材料称为"辅文"。新闻出版署和国家语委联合起草的《出版物汉字使用管理规定》在1992年7月发布前，署法规司让我看了规定草稿并征求我的意见。第五条原条文为"出版物的内文（包括正文、内容提要、目录以及版权记录项目等附件文字），必须使用规范汉字，禁止使用不规范汉字"，我建议把其中的"附件文字"改为"辅文"，意见被采纳。

如何理解"编辑"概念是长期以来争论不休的问题。我不赞同古代编辑的特征是"编著合一"的说法。针对"著作"和"编辑"概念容易混淆，《"编辑"和"著作"概念及有关问题》一文提出"作为著作方式一种的'编辑'和作为出版工作一部分的'编辑'代表不同的概念"（后来在陆续发表的《做好编辑学理论的研究的奠基工作》等几篇文章对两种编辑——作为著作方式一种的"编辑"和作为出版工作及其他传媒专业工作一部分的"编辑"——的联系和区别作了进一步探讨），对深化编辑学这个核心问题的研究起了推动作用。刘光裕先生认为这个"思路清楚，合乎科学逻辑，可以令讨论双方都感到豁然开朗"（《编辑学刊》1994年第3期，第1页）；徐庆凯先生认为区分两种编辑"这个论点之所以重要，因为揭开在编辑学、编辑史上的研究中纠缠不清的一个死结，把相当普遍地存在的混淆概念纠正过来了"（同上刊第9页）。也有研究者不赞同作这样的区分，坚持"编著合一"是古代编辑的特征。

我在1994年发表的这篇《"编辑"和"著作"概念及有关问题》还介绍："欧洲大多数语言的'编辑'一词源自拉丁语 redigere 及其过去分词 redactus。例如法语 rédiger 和英语 redact 均首见于15世纪，比汉语'编辑'一词的产生晚八九百年。其词义的逐步演变过程为：带回（bring back）→删削或归结（reduce to a certain state）→整理（arrange in order）→编辑（edit）。"这篇拙文除提出区分两种"编辑"外，其他内容对学界也有一定的影响。

《试论独立的编辑职业的形成》一文通过中外出版史的比较研究说明：近代编辑工作作为一种独立的社会职业始于16—17世纪的欧洲报刊；编辑工作在我国是鸦片战争以后和五四运动以前逐渐形成一种独立的社会职业的。在西欧，报刊编辑比图书编辑大约早200年形成独立的社会职业；在我国，这一过程是在同一时期内实现的，这与西方的新闻业和出版业的组织形式同时被引进和推广有关。'95全国编辑学理论研讨会有的论文引述了这一观点。

随着编辑学的研究范围从图书扩大到其他传媒，我在《试论独立的编辑职业的形成》中第一次把现代各种传播机构的编辑工作的基本内容归结为："依照一定的方针开发选题，选择和加工稿件以供复制向公众传播。"这个定义随后写进阙道隆、徐伯容和我合著的编辑教材《书籍编辑学概论》（辽宁教育出版社1995年版）。这里用"开发选题"，不用"选题策划"，因为"开发"的含义更广，不限于制订选题计划，而且包含写作提纲、作品内容的审读和修改。范军先生评论我在《关于图书编辑学的性质和研究对象》一文中提出的"编辑"释义方案时写道:"这个阐释不能说是精练、完善的,但它有创新、有发展。作者在释文中反映编辑的起点和终点(这个终点与传统的看法又有不同),使读者得到比较完整的概念,同时也有助于明确编辑学的研究对象。"而在《试论独立的编辑职业的形成》一文中对"编辑"概念的界定,他认为"更为清晰简洁,其用意在于把编辑工作同著作活动及其他精神劳动区分开来,它较好地概括了编辑的本质特征和基本要素"(《出版科学》1999年第3期,第18—19页)。

我的出版学论文较有影响的一篇是《明确"出版"概念,加强出版学研究》,写于《中华人民共和国著作权法》颁布之前(稿子在1990年1月寄给《出版发行研究》,在1990年第6期刊登)。文章发表后不久,在一次会议期间与当时新闻出版署王强华见面时他说这篇文章很有参考价值,他看到后即剪下来保存。有两次开会与王益同志见面时他都说我写这篇文章敢于向权威人士的出版定义和传统的出版观念挑战。拙文提出:法语 publier 和英语 publish 源自拉丁语 *publicare*(公于众),后来获得"出版"的意义,其着眼点在于"公众"(public),而不像汉字词"出版"的着眼点在于"印刷"(出于印版);欧洲主要语言有两套表示"出版"的用语,基本意义是"公于众""使问世",词源同印刷没有联系。拙文提出一个关于"出版"的释义方案供讨论研究:"选择文字、图像或音响等方面的作品或资料进行加工,用印刷、电子或其他复制技术制作成为书籍、报纸、杂志、图片、缩微制品、音像制品或机读件等以供出售、传播。"如果采用概括的说法,"出版"就是"选择作品复制发行"。提法同1991年《中华人民共和国著作权法实施条例》的"出版"定义"指将作品编辑加工后,经过复制向公众发行"基本一致。刘光裕教授在提交'95全国编辑学理论研讨会的论文《四论何谓编辑》中提到拙文所界说的"出版"概念优点有三:"其一,包括了编辑、复制、发行这三项内容，具有界说的完整性；其二'作品'的含义和'复制'的含义皆已扩大，具有界说的现代性和广义性；其三是表达语言较为严谨，具有界说的精确性。"他还说此文"征引资料，特别是国外资料之详瞻，分析之细致，迄今为我所仅见"。

出版史的起点与出版概念密切相关，不能离开现代出版概念来研究出版史的起点。我认为，仅仅把作品公于众，或为了自用或收藏而传抄作品，不是按照一定的数量复制使公众可以得到，不构成出版活动。发行是出版的必要因素，没有发行就没有完全意义的出版。拙文提出我国抄本出版业发端于西汉末期（以公元前53—公元18年的语文学家扬雄提到的书肆出现为标志），而公元前5世纪雅典出现书肆则是西方抄本出版业萌芽的标志。阙道隆《编辑学理论纲要》确认"出版业的萌芽以书肆为标志（中国不晚于公元前53年至公元18年），西方在公元前5世纪"（《出版科学》2001年第3期，第14页），说明上述观点已得到有影响的编辑学家的赞同。

关于出版学的性质，拙文概括为："出版学就是研究读者（阅听人）、出版物、出版业及其相互关系以揭示出版的规律和社会作用的综合性社会科学。"中国出版科学研究所张立在《关于出版理论体系构想》中把一些出版学定义作了比较之后写道："……《明确"出版"概念，加强出版学研究》一文给出版学下的定义则明确和严谨得多，作者明确提出了'狭义出版学'的研究范围，它包括了三个组成部分，即读者（阅听人）、出版物、出版业。'出版学就是研究读者（阅听人）及其相互关系以揭示出版的规律和社会作用的综合性社会科学'。这个定义非常明确、简练，而且摆脱了以往以出版专业分工为学科划分标准的不准确性，因而有积极意义。"（《编辑之友》1992年第3期，第46—47页）

王益同志在《"出版"再探源》（《出版发行研究》1999年第6期）一文中说："1987年至1988年间，朱光暄同志、薛钟英同志和我，曾一起考证'出版'一词的起源。……中国人最早使用'出版'是在1899年

12月（梁启超：《汗漫录》）。……以后吉少甫同志又考证，认为梁启超最早使用'出版'，是在1899年8月，见之于梁的文章《自由书》，提前了4个月。吉的文章发表在《出版发行研究》1991年第5期。"其实，我在《出版发行研究》1990年第6期发表的这篇《明确"出版"概念，加强出版学研究》已提到：梁启超使用"出版"一词最早是在《自由书》，后来在《汗漫录》等论著中又使用过。我是这样写的："迄今查到的资料，这个日本汉字词中国人是梁启超最先在1899年8月8日（清光绪二十五年七月一日）用于他在日本写的《自由书》。该书叙言写道：'西儒约翰弥勒曰，人群之进化莫要于思想自由言论自由出版自由。三大自由皆备于我焉，以名吾书，己亥年七月一日著者识。'……当年12月梁启超由东京赴檀香山途中写的《汗漫录》以及后来在20世纪初写的论著和书信都多次提到'出版'问题。"据王益同志的考证，黄遵宪使用"出版"一词比梁启超早20年，在1879年与日本友人的笔谈中就使用了这个词。

早在12年前我在这篇文章中介绍了西方还处于萌芽状态的"按需出版"，说"国外现有一种'按需出版'，学位论文、专门论著、绝版书等输入电脑存储，按订户需要供应，要一本也印"。"按需出版"成为我国出版界的热门话题是近几年的事。

《"杂志"和"期刊"的词源和概念》一文试图说明"杂志"和"期刊"概念的异同，纠正汉语"杂志"源自日语和英语的传统说法，以史实表明"杂志"是汉语固有词，无论作为书名还是作为刊名都比日本早。

西方的标点系统不是由政府制定而是由出版者制定并随着他们的出版物而推广的。在20世纪90年代初起我参加多次出版物编校质量检查，发现在各类差错中标点差错占第一位，由此萌发研究标点的念头。最初的成果是1997年在《语文建设》1997年第4、5期发表的《"标点"的词源和概念——兼论独立的标点学科的必要性》。袁晖主编《标点符号词典》2000年修订本增设了一个专条介绍这篇文章，强调有必要在语言学下面建立一个标点学科以改变目前标点研究薄弱状况。

在编辑出版理论以至标点理论方面，我着重就基本概念问题陆续写了一些文章进行探索，这一研究方法得到同行专家的认可。王华良先生在《我国编辑学研究的现状和前瞻》中写道："值得指出的是，林穗芳先生对基本概念的系列性研究，为讨论提供了丰富的材料，对讨论的深入起了很好的促进作用。几年来，他通过历史考察和中外比较，以翔实的材料、严密的逻辑，对'书籍'、'杂志'、'期刊'、'编辑'、'出版'、'著作'、'标点'等一系列概念作了研究，写出了一批论文，为进一步的研究奠定了很好的基础。他首先提出的区分两类'编辑'，即把作为著作方式之一的'编辑'同作为出版工作一部分的'编辑'区分开来的主张，对科学地界定'编辑'概念起了很好的促进作用。"（《编辑学刊》1998年第1期，第23页）

本自选集第二部分"出版工作研究"的第一篇是《关于加速我国图书出版业现代化问题》(1993年)。当时在一些管理干部的心目中，计算机的最大用处是算账，首先给了财务部门，出版社配置的计算机多不在编辑部，一个编辑室能安装一部电话就算不错了，大多数编辑干部不会使用计算机。针对这种情况，拙文提出："我们已经丢掉了一个多世纪的机械打字时代，科学的进步使汉字信息与西文信息同样可以数字化，建立初级的电子编辑出版系统的费用已经降到多数出版社能承受的地步，用'光和电'取代'铅与火'的现实可能性已展现在眼前，这个千载一遇的良机不能再失了。""在出版社建立电子编辑出版系统需要采取一些措施来消除认识上和技术上的障碍。"建议"多举办一些出版社领导干部的电子出版讲习班，请已率先实行电子化的出版社来传授经验"。

拙文在《满足社会需要——备货问题》一节中谈到如何认识出版业现代化的问题时写道："电子化或数字化不过是使出版业现代化的一种技术手段。出版业是否达到现代的要求，还得看出版物的质量、品种、人均消费量和满足社会需要的程度。近几年，我国每年出书八九万种。人们在估价我国出版业的状况喜欢说，我国出版业已跃居前列，世界每出 10 种就有 1 种姓'中'。这确实是一项巨大的成绩。但是如果从产品经济转到市场经济的角度来看这个问题，我们就会发现，在任何一家书店都没有八九万种书可供读者选择，一般县级书店备书只有几千种，省市级书店经常在两万种以上的寥寥可数。全国在售图书有多少种，未见有正式统计数字。全国性书市和订货会大约有 2 万—5 万种。"有数据表明：我国发货店的添货满足率仅为 10% 左右（日本为 90%）；1992 年在售图书德国有 52 万种，英国有 60 多万种，美国有 120 万种（不包括中小学课本、一般小册子和单幅地图，为全世界一年出书种数的一倍半，比我国大陆从 1950 年至 1991 年出版的图书累计种数还要多）。进入 90 年代以来，超级书店在美国全国迅猛发展，到 1992 年已建立 100 多家，估计到 1993 年将达 300 家。所谓超级书店指经常备货在 7 万—10 万种以上的书店。法国伊尔－维兰省会雷恩市"图书广场书店"常备书 9 万—11 万种（1992 年销售额 550 万美元），全市人口 20 万人，合每两个人一种书。拙文接着说："我国人口比法国多 20 倍，具有更广阔的潜在图书市场。各省市的新华书店多处在闹市区，具有十分优越的发展条件。如果各省会城市至少有一家备书在 5 万—10 万种以上的大书店，目前买书难的状况将会大大缓解。"在一次会议上见到新华书店总店总经理时曾当面建议总店率先示范建立备书一二十万种的大型书店。值得高兴的是，现在我国一些大城市终于有了大型书城，而且建立了超级书店联盟，并取得了良好的社会效益和经济效益。拙文还着重讨论了在实现我国图书出版业现代化的过程中两个不容忽视的问题：（1）创新求精，提高质量；（2）以经济建设为中心改善品种结构，增加常备书。大概是考虑这篇文章有一定的历史价值，宋应离同志把它收入了他主编的《中国当代出版史料》（大象出版社出版）。

《关于出版改革实际步骤的两点设想》提出了两点建议：（1）加强出版信息管理与服务工作；（2）建立和发展超级书店。《出版业发展不可缺少的信息工具——在版书目》介绍了西方一些发达国家在版书目的出版情况，强调全国读者、作者、出版社、书店、图书馆、出版行政管理部门和国际图书贸易都迫切需要这样一个图书信息工具，希望我国的在版书目在出版界共同努力下能早日面世。

我国图书出版统计往往对"初版""新书""新版""重版""重印"不加区别，重版书有时包括重印书，而又作为新版书统计，初版书有时也被看作新版书。《谈谈图书出版统计标准化问题》和《再谈图书出版统计标准化与国际接轨问题》是针对出版统计混乱的问题而写的。进入90年代以来，不时在报上看到我国"年出书种数居世界首位"之类报道，这是统计标准不同给人造成的错觉。我国年出书种数包括当年的重印书，外国出书统计通常不包括重印书，拿我国新书加重印书的年出版种数和别国的新书年出版种数比较，自然是我们的种数多。为与国际接轨，我建议我国图书出版统计分成初版（不包括修订再版）、重版（限于版次有变更者）和重印三类。把重印书分出来，使我们有可能在更科学的分类基础上进行中外出版业发展水平的分析比较。据《出版参考》主编陆本瑞同志说，文章发表后所产生的影响是比较大的。

最能体现本书特色的应当是第三部分"翻译书的编辑工作"，因为我在出版社几十年主要是从事这方面的工作，其他都不是我的主业。但是许多材料埋藏在历年的书稿档案中，挖掘和整理相当费工夫，选题确定之后才能动手。有些文章是现成的，如英语倍数的翻译常常出错。拙文《关于英语倍数的翻译问题》在《中国翻译》发表后，该刊编辑部转来1986年6月12日湖北荆州地区农业机械学校揭邦涛给我的信说："拜读了您的《关于英语倍数的翻译问题》一文之后，教益匪浅，澄清了我以前的好多糊涂概念，实为一篇难得的佳文。"本文所概括英语times的翻译规则至今仍被证明是对的。1991年12月在福建泉州举行的第二次全国社科翻译研讨会上曾有学者援引我的论点和例证。

我国从未出版过严格按照历史原则编纂的汉语词典。第四部分"辞书编纂和稿件审校"有一篇《关于编纂历时汉语大词典的设想》用了多半年时间撰写，接近完成，目前正在研究西方新出版历时语言词典，拟借鉴他们的新经验和经过改进的编纂体例作点补充。我的设想如能实现，就单个项目而言将是我国有史以来最宏伟的、具有世界意义的文化建设工程，基本思路见过去写的《中华文化建设的一项基本工程》(《中国出版》1994年第1期、上海《辞书研究》1994年第5期、《新华文摘》1994年第8期)。

收入第五部分"书籍辅文和附件"的《谈谈书籍辅文》和《书籍辅文和出版文化》原是一篇谈书籍辅文的专论，因为文章较长，《编辑学刊》在1988年分作两篇发表。《编辑学刊》第3期《编后记》说文章"很富知识性，值得向读者推荐"。文章论述正文和辅文的关系，具体说明书籍辅文的内涵和外延，按功能将其分成识别性辅文、说明和参考性辅文、检索性辅文三大类，并强调编好辅文对提高一个国家的出版文化的重要意义。

党的十四届六中全会的决议强调"新闻媒体和出版物要为全社会正确使用祖国语言文字做出榜样"。《人民日报》1995年12月25日社论《在社会树立语言文字规范意识》指出："很难设想，没有语言文字的规范化、标准化，一个国家的文字处理技术能够适应高新技术的发展，其现代化事业能够顺利进行。"收入本书第六部分"语言文字规范问题"的是一组有关中外语言文字规范的文章。有关汉语的规范和标准比较好找，有关外语的不大好找。辞书和古典学术著作中常常出现古希腊语词，编校人员要辨别正误殊非易事。新中国成立五十多年来我国从没有出版过一本古希腊语词典、教科书或语法书，连有关的文章都几乎看不到。各种著译编校手册最多附一个希腊字母表，不带气息符号和重音符号，而古希腊语必定带气息符号和三种重音符号。从我国出版的一些古希腊学术著作可以看到如下差错：(1)形体近似的字母混淆。(2)字符混淆，把气息符号错成小字母，把锐音符错成钝音符。(3)符号位置不对，把应加在元音字母上的重音符号加在了辅音字母上。（4）多用重音符号，一个希腊语多音节词一般只能有一个（三种中的一种）重音符号，有的词用了两个，多用了一个。收入书中《古希腊语和现代希腊语文字规范的一些基本知识》一文，是为一本将出版的校对培训教材而写的，其中包含：（1）希腊字母表，注明古典读音拟测和现代读音；（2）希腊字母用拉丁字母转写办法；（3）大小写字母的形体和高低位置；（4）下加字母和后加字母；（5）气息符号；（6）重音符号；（7）在书刊和作品中的大小写体例；（8）移行规则；（9）现代希腊语新式拼写法；（10）古今希腊语语音变化；（11）希腊语的标点符号。上述内容大部分是现有的中文参考书中看不到的，编辑校对人员会觉得有实用价值。

持续了多年的全国性书报刊编校质量检查是从报纸开始的，1991—1992年《新闻出版报》和有关单位主办了最早的三次报纸编校质量抽查评比，先后参加检查评比的有首都20家报纸、全国30家省报和全国计划单列市和省会城市党委机关报。前两次评比情况我写过两篇综述在《新闻出版报》上发表。发表省报评比结果综述时，《新闻出版报》加的编者按语为："由本报主办的全国省报编校质量抽查评比活动揭晓后，已先后作过报道。这里再将评委林穗芳写的'结果综述'发表，这些意见比较系统，条分缕析，很有参考价值。让我们从消灭错字、标点差错和严格贯彻语言文字的各种规范入手，努力提高编校质量，使我们的党报不仅在舆论导向方面，而且在语言文字方面也起示范作用。"新华社主办的《中国记者》杂志转载此文时所加的编者按语是："这项活动有很强的针对性，对推动报刊消灭差错、提高质量起了很好的作用。本文作者系这次评比活动的评委之一，文章比较系统地分析了这次评比中发现的几个带普遍性的问题，特向读者推荐。"收入本书第七部分"出版物编校质量和编辑培训"的第一篇《提高编校质量，消灭报纸差错——写在我国报纸编校质量三次抽查评比之后》是这三次抽查评比结果的综述，可以帮助了解报纸以及其他出版物哪些方面容易出差错，编辑应当注意什么问题。我每次讲编辑加工课时，培训班的同志都希望多举些实例讲解，这篇文章有四万多字，其中包含了大量的典型差错实例。《提高报纸编校质量须注意的一些问题——向〈深圳商报〉汇报检查结果的发言稿》从不同的方面补充了上一篇的内容。《编辑加工作业题答卷评析》一文评析了 1999 年 11 月参加中央部委出版社编辑岗位培训班的 50 位学员的答卷，可以帮助了解目前我国编辑干部的实际语文水平和编辑加工的能力。

第八部分"外国出版业研究"第一篇《欧洲文艺复兴时期杰出的编辑出版家马怒提乌斯和阿尔丁出版社》是对西方早期出版业的个案研究。阿尔杜斯·马怒提乌斯（约 1450—1515）是意大利文艺复兴时期最杰出的编辑出版家，斜体字创始人和西方标点系统的奠基人，精通古希腊语和拉丁语，他在威尼斯创办的阿尔丁出版社是当时欧洲最有影响力的出版社，包括《柏拉图全集》和《亚里士多德全集》等在内的许多希腊罗马古典著作的第一个印刷版是他出版的。阿尔丁出版社带有早期资本主义企业的性质，编辑、印刷和销售等活动统一管理，但有专人负责。马怒提乌斯祖孙三代在一百年间（15 世纪 90 年代中期至 16 世纪 90 年代中期）出书 900 多种，最先受益的是法国。1500 年后法国出现亨利·埃蒂安纳等一批杰出的出版商，他们以阿尔丁出版社为样板，"使法国的图书生产在欧洲跃居第一位"（《不列颠百科全书·出版史》）。西方各国印刷出版业是在市场经济条件下发展起来的，它们几百年来积累的历史经验值得注意。面对日益激烈的市场竞争如何抓住机遇办好出版社，我们今天仍能从马怒提乌斯的成功经验得到不少有益的启示。本文特别多写了一些编辑活动的具体情况，以便了解西方早期的出版社编辑来自何处，其教育程度和社会地位如何，他们是怎样工作的，同作者、出版者是什么样的关系，编辑和著作活动是合一的还是分离的。阿尔杜斯生活的时代相当于我国明中叶，比来华传播西方科学文化的意大利传教士利玛窦大约早 100 年。有比较才有鉴别。对中西方出版业不同的编辑模式作历史比较，可以拓宽视野，加深对古今编辑特点的认识。

《英国的出版业》载《中国出版代表团访英考察报告》，1979年8月国家出版局办公室编印，16000字，未公开发表过。这是改革开放初期随陈翰伯同志率领的代表团第一次实地考察西方一个出版大国后所写的长篇报道，反映当时对西方出版业所了解的程度，有一定的史料价值。这也是我接触和研究西方出版业的起点。后来在社内刊物《求精》第13和14期（1980年3月1日和20日）作为出访汇报发表的《比较·鉴别·探讨——1979年夏参加中国代表团访英观感》是在这个基础上写成的。《黑龙江出版工作》1980年第4期转载时加了编者按语，说这篇访英观感"虽然篇幅较长，但我们认为是一篇不可多得的好文章。现征得《求精》编辑的同意，转载于此，推荐给同志们一读。希望大家读后，能比较一下我国同世界、我省同兄弟省在出版工作方面存在的差距，鉴别一下哪些可以为我所用，进而从全局直至每个局部，探讨一下出版工作如何实行现代化管理问题"。

《美国出版业简况和关于我国出版改革的几点设想》写于1989年，较早、较系统地对资本主义头号大国的出版业概况作了介绍，《出版发行研究》分三期连载。文章分（1）出版社的类型和结构；（2）编辑的职能和分工；（3）编辑和编务人员的工作量；（4）出版市场上的中介人和承包编辑；（5）经济效益和出版决策；（6）出版社的推销工作；（7）图书发行渠道和发行折扣；（8）出版人员的培训；（9）比较·借鉴。所论述的都是当时我国出版界人士所关注的问题。《比较·鉴别·探讨》是把我国出版业同英国出版业作比较，这篇则是把我国出版业同美国出版业作比较。文末提出的关于我国出版改革设想的内容包含：（1）美国和其他许多西方国家在出版社设立强大的推销（营销）部门是有道理的。因为书的内容、作者情况和读者对象只有出版社最了解，书店只能帮助而不能代替出版社推销。现实证明卖书往往比编书还难，出版社不能没有自己的推销部门。图书的宣传推销至今仍然是我国出版社最薄弱的一个环节，有必要设立专门的部门以加强对读者需要、市场供求情况的调查研究，为选题论证提供有用的信息，并大力制作辅助材料，统一安排推销工作。既然当前的矛盾不是图书品种少，而是质量不高、销路不畅，那么提高编辑人员的素质，改进编辑工作方法，降低编辑人员比例，加强推销发行力量，应当是出版社改革的方向。（2）出版社实行总编辑负责制大概是我国独创，美国和苏联的出版社都不这样。无论生产型还是生产经营型出版社，恐怕都以实行社长负责制为宜。（3）书价按成本加利润除印数计算，并不能保证每种书都赚钱，因为书的销售是难以准确预测的，书印出来之后还有个是否能卖掉的问题。《美国百科全书》1980年国际版第4卷"图书出版"条指出："美国一家出版商出售的全部图书有60%赔钱，36%不赔不赚，只有4%赚钱，这不是什么稀奇的现象。"美国出版商都了解所出的书大部分要承担亏损风险，指望每个季度出一两种畅销书来弥补。以盈补亏是中外出版社的一个普遍规律。我们应当采取符合价值规律的办法，使更多的学术著作能够出版。上述"图书出版"条的内容后来不断地看到有论著转引，引文用的是我的译文，看来这篇文章产生了一定的影响。

附录一《我自学外文的体会》是1964年夏在中国科普协会组织的一次报告会上的发言，谈的是我如何结合编辑工作自学多种外文，听众是科技人员和外语干部，会后应要求将发言稿整理成文在二机部的内刊登载过，曾收到不少读者从全国各地的来信表示鼓励。附录二《学习、研究与写作——我的一些体会和看法》是2000年12月向北京印刷学院出版系学生的一次讲课内容，主要谈自己作为一个外语编辑的成长过程。

林穗芳
2003年1月7日

目录

理论探索

*1. 关于图书编辑学的性质和研究对象（《出版与发行》1987年第2期、《编辑学论集》中国书籍出版社1987年版）

2. 图书编辑工作的本质、规律及其他（《出版发行研究》1988年第1期、《论编辑和编辑学》中国书籍出版社1991年版、《出版科研论文选萃》浙江教育出版社1992年版）

*3. "编辑"和"著作"概念及有关问题（《编辑学刊》1994年第4期）

*4. 试论独立的编辑职业的形成（《编辑学刊》1994年第6期）

*5. 做好编辑学理论研究的奠基工作（《编辑学刊》1995年第6期，收入俞建章主编《编辑工作与编辑学研究》江西教育出版社1996年版、《中国编辑研究（1996）》）

6. 关于"编辑学"国际用语定名的通信（《编辑之友》1996年第2期，收入邵益文、祝国华编《编辑学研究文集》陕西人民教育出版社1998年版）

7. 关于"著作"概念和著作方式的历史发展（《编辑学刊》1996年第5期，收入《中国编辑研究（1997）》）

8. 编辑学和编辑史中的"编辑"概念应当保持一致——兼论开展编辑模式历史比较研究的必要性（《编辑学刊》1997年第6期，收入《中国编辑研究（1998）》）

9. 《辞海》新版对"编辑"定义的修订在编辑学上的意义（用原来的标题。主要内容《新闻出版报》曾以《"编辑"的编辑学定义》为题在2000年3月3日发表）

10. "编辑"词义从古到今的演变（《编辑学刊》2001年第2、3期）

11. 撰写和完善《编辑学理论纲要》需要探讨的一些问题（《出版科

学》1999年第1期，收入《中国编辑研究（2000）》）

12. 对我国编辑学理论研究深化的重大贡献——喜读阙道隆《编辑学理论纲要》(《出版科学》2001年第4期）

13. 编辑基本规律新探(《出版科学》2002年第2期，收入邵益文、孙鲁燕编《编辑学的研究与教育》)

*14. 明确"出版"概念，加强出版学研究(《出版发行研究》1990年第6期）

15. 关于《世界版权公约》"出版"定义的译法问题(《出版参考》2002年第7期）

16. "出版"概念和出版史研究（为《出版史料》而作，待刊号批下来后发表）

*17. "书籍"的词源和概念(《编辑学刊》1993年第1期）

*18. "杂志"和"期刊"的词源和概念(《编辑学刊》1993年第2期）

19. 出版物·印刷品·图书·小册子(《编辑实用百科全书》，中国书籍出版社1994年版词条）

20. 编辑工作的中心环节是什么？(《编辑之友》1997年第6期）

21. 编辑的首要职责是什么？（笔名"隋祥"，载《出版科学》1994年第1期，收入邵益文、祝国华编《编辑学研究文集》陕西人民教育出版社1998年版）

*22. 责任编辑的主要职责——西方组稿编辑重选题组稿轻审读加工吗？(《编辑学刊》1995年第4期，人民大学书报资料中心《出版工作·图书评介》月刊1995年第10期转载，收入赵劲主编《中国出版理论与实务》中国书籍出版社2000年版）

23. "标点"的词源和概念（上）（下）——兼论独立的标点学科的必要性(《语文建设》1997年第4、5期）

出版工作研究

24. 关于加速我国图书出版业现代化问题（上）（下）(《中国出版》1993 年第 10、11 期，收入宋应离主编《中国当代出版史料》大象出版社 2000 年版）

25. 关于出版改革的实际步骤的两点设想(《出版科学》1995 年第 4 期）

26. 建立和发展超级书店(《出版发行研究》1995 年第 5 期）

27. 重在树立精品意识(《新闻出版天地》1997 年第 5 期）

28. 国外出版业的发展趋势和我们的对策(《出版广角》2000 年第 2 期）

29. 谈谈图书出版统计标准化问题(《出版参考》1995 年第 15 期）

30. 再谈图书出版统计标准化与国际接轨问题(《出版参考》1997 年第 17 期）

31. 出版业发展不可缺少的信息工具——在版书目(《科技与出版》1998 年第 1 期，收入《中国编辑研究（1999）》)

翻译书编辑工作

32. 谈谈外书编辑的业务学习和工作问题(《编创之友》1981 年第 3 期、《编辑杂谈》(第 2 集）北京出版社 1983 年版、《编辑札记》山西人民出版社 1984 年版）

33. 翻译读物编辑工作(《实用编辑学》中国书籍出版社 1986 年版，修改补充后载 1995 年第 2 版）

34. 从出版社看社科翻译——1987 年 10 月在贵阳全国第一届社会科学翻译经验交流会上的发言稿

35. 使像样的译本多起来——谈谈出版社对翻译出版外国政治学术著作的要求(《编辑之友》1992 年第 3 期）

36. 英国韦尔斯《世界史纲》中译本选题报告和译稿审读意见（1973 年提选题，材料摘自书稿档案，7000 字。中译本 1983 年出版，吴文藻、谢冰心、费孝通、邝平章等译）

37. 美国兰格《世界史编年手册》中译本选题报告和译稿修改意见（1974年提选题，材料摘自书稿档案，20000字。现代部分北京大学历史系高望之等译，1978年出版；古代和中世纪部分武汉大学历史系刘绪贻等译、吴于廑校；近代部分北师大历史系教师组织翻译，译稿经多次退改，未达到要求，决定不出版）

38.《马克思主义社会主义和共产主义词典》中译本选题报告（1981年，摘自书稿档案，5000字。报告主要内容见《介绍一本有用的工具书——〈马克思主义社会主义和共产主义词典〉》，《国际共运教研参考》1982年第2期）

39.《铁托选集》（四卷本）中文版选题报告和编选翻译方案（1979年，摘自书稿档案，10000字）

40. 东欧八国政治和历史著作译稿修改意见（摘编）

　　一、对阿尔巴尼亚文译稿的修改意见

　　二、对保加利亚文译稿的修改意见

　　三、对波兰文译稿的修改意见

　　四、对德文译稿的修改意见

　　五、对捷克文译稿的修改意见

　　六、对罗马尼亚文译稿的修改意见

　　七、对南斯拉夫塞文译稿的修改意见

　　八、对匈牙利文译稿的修改意见

（80年代，摘自书稿档案）

41. 西欧四国政治和历史著作译稿修改意见（摘编）

　　一、对伊巴露丽（西班牙共产党主席）《热情之花回忆录》译稿的修改意见

　　二、对《建设法国色彩的社会主义》（法共第二十四次代表大会文件集）译稿的修改意见

　　三、对阿门多拉《意大利共产党历史》和意共代表大会文件集

的译稿修改意见

　　四、对索拉罗《希腊共产党历史》译稿的修改意见

　　（80年代，摘自书稿档案）

42. 对《中国文化西传欧洲史》译稿的复审意见（《出版科学》1994年第4期）

43. 关于英语倍数的翻译问题（《中国翻译》1986年第3期）

辞书编纂和稿件审校

44. 列宁对辞书编辑出版工作的要求（摘自《列宁和编辑出版工作》中国书籍出版社1987年版）

45. 对一部现代汉语多用字典清样的审读报告（1999年）

46. 对《麦克米伦英语词典》台湾版部分译稿的校改意见（1989—1990年）

47. 关于编纂历时汉语大词典的设想（在写作中）

书籍辅文和附件

48. 列宁对书籍辅文的要求

　1. 书名、标题、目录

　2. 序言

　3. 注释

　4. 图表、附录

　5. 参考书目

　6. 索引

　（摘自《列宁和编辑出版工作》，中国书籍出版社1987年版）

49. 谈谈书籍辅文（《编辑学刊》1988年第3期）

50. 书籍辅文和出版文化（《编辑学刊》1988年第4期）

51. 书籍辅文及附件加工（1999年10月12日到北京印刷学院出版

系授课提纲）

52. 编辑要认真核对引文（《出版发行研究》1992 年第 5 期）

53. 为书籍编制索引，是编辑应尽的职责（《出版参考》1999 年第 13 期）

54. 编制索引：哪些工序电脑可以代劳（《出版参考》1999 年第 23 期）

语言文字规范问题

55. 认真学习和贯彻新颁布的两项国家标准——《标点符号用法》和《出版物上数字用法的规定》（《出版科学》1996 年第 2 期）

56. 要正确使用祖国语言文字（《出版发行研究》1996 年第 6 期）

57. 《国家通用语言文字法》与编辑出版工作（《出版科学》2001 年第 1 期）

58. "减少若干倍"商兑（《语文建设》1995 年第 1 期）

59. 《语言文字报》1998 年 5 月 31 日

60. 书报刊名称要使用规范字（《新闻出版报》1996 年 12 月 20 日）

61. 书刊名称汉语拼音拼写要规范化（《中国出版》1995 年第 7 期）

62. "水平"没有好坏之分（《语文建设》1992 年第 11 期）

63. 注意内外有别——涉及台港澳的一些用语和提法问题（《新闻之友》1995 年第 4 期）

64. 不该误解"海外"的内涵（《新闻出版报》1998 年 6 月 11 日）

65. "原""前"用法例析（《新闻之友》1996 年第 1 期）

66. "通讯"与"通信"的区别（《语文建设》1997 年第 1 期、《新闻之友》1997 年第 1 期）

67. 赶超世界先进水平的说法能成立吗？（《语言文字报》1998 年 3 月 29 日）

68. 口径 2 厘米的武器是枪还是炮（《语言文字报》1999 年 6 月 6 日）

69. 汉语拼音阳平符号以什么体式为准（《出版科学》2001 年第 3 期）

70. 古希腊语和现代希腊语文字规范的一些基本知识（为一本校对培训教材而作）

71. 拉丁语文字规范的一些基本知识（为一本校对培训教材而作）

72. 英语文字规范的一些基本知识（《出版科学》2003 年第 1 期）

73. 俄文字母用拉丁字母转写办法（《科技与出版》2003 年第 1 期）

出版物编校质量和编辑培训

74. 提高编校质量，消灭报纸差错——写在我国报纸编校质量三次抽查评比之后（《书报刊文字差错评析》中国书籍出版社 1993 年版）

75. 提高报纸编校质量须注意的一些问题——向《深圳商报》汇报检查结果的发言稿（《深圳商报通讯》1994 年第 2 期）

76. 重要的是勤学习严要求（《中国出版》1997 年第 7 期）

77. 编辑加工作业题答卷评析（《出版科学》2000 年第 2 期）

78. 提高图书编校质量：问题和措施（《中国出版》2002 年第 11 期）

外国出版业研究

79. 欧洲文艺复兴时期杰出的编辑出版家马怒提乌斯和阿尔丁出版社（《出版科学》1998 年第 1、2 期）

80. 列宁和社会主义出版事业（《编创之友》1984 年第 2 期）

81. 英国的出版业（载《中国出版代表团访英考察报告》，1979 年 8 月国家出版局办公室编印）。

82. 比较·鉴别·探讨——1979 年夏参加中国代表团访英观感（《求精》13—14 期（1980 年 3 月 1 日和 20 日）、《出版工作》1980 年第 6 期、《黑龙江出版工作》1980 年第 4 期）

83. 美国出版业简况和关于我国出版改革的几点设想（上）（中）

(下)(《出版发行研究》1989年第4、5、6期)

  84. 借鉴美国发行经验，克服出版行业"经盲"现象(《出版发行研究》1993年第2期)

  85. 美国图书批发商的竞争方式(《新闻出版天地》1996年第1期)

  86. 美国超级书店大发展(《出版参考》1996年第14期)

  87. 世界最大的书店在何处？——英美书商的网络战(《新闻出版报》1997年8月17日)

  88. 西方各类编辑和出版中介人的职能

    管理编辑或执行编辑　高级编辑　组稿编辑　审稿编辑　加工编辑　生产编辑　助理编辑　编务助理或编务秘书　文稿经纪人　图书生产承包商

  （载《编辑实用百科全书》中国书籍出版社1994年版）

附录

  89. 我自学外文的体会——1964年夏在中国科普协会组织的一次报告会上的发言

  90. 学习、研究与写作——我的一些体会和看法（2000年12月13日向北京印刷学院出版系学生的讲课内容）